COMPACT 변시
환경법의 感 [이론과 사례]

변호사/법학박사 이관형 著

제7판 머리말

올해부터는 COMPACT 변시 환경법의 感 이라는 새로운 이름으로 책을 전면 개정하였습니다. 변호사시험 환경법 해설에 필요한 개념을 진도별 편제 맞추어 간략하게 정리하고, 이후에는 변호사시험 기출문제와 연도별 모의고사 문제를 배열하였습니다. 변호사시험 기출문제는 전부 포함하였고, 연도별 모의고사 문제는 전형적인 패턴이 출제되는 공법상·사법상 구제수단의 경우에 출제가 오래된 문제는 생략하여 분량을 조절하였습니다. 개별환경법 분야는 어디에서 출제될지 아무도 모르기 때문에 전부 포함하여 수험적으로 불안함이 없도록 하였습니다.

제13회 변호사시험 환경법에 대한 간략한 강평을 하면 다음과 같습니다.

제1문의 문제 1은 사법상 구제수단을 묻는 전형적인 문제였습니다. 2021년 6모 제2문 문제3과 2018년 6모 제2문 문제 1, 2를 적절하게 혼합 출제하였습니다. 다만, 주어진 사실관계에 충실하게 갑과 시설공단의 항변에 대한 판단 즉, 오염원인자 판단 여부와 공동불법행위자인 공군비행장에 대한 과실 비율에 대한 서술 여부가 고득점을 할 수 있는 부분이었다고 봅니다. 제1문의 문제 2는 제10회 변호사시험과 동일한 문제였으며, 제1문 문제 3은 제3회 변시 및 2023년 8모에서 출제된 부분이었습니다.

제2문은 출제가 예상되었던 토양환경보전법에서 보전 조치 및 정화책임자 해당 여부, 우선순위에 대한 예외적 법령의 해석이 출제되어서 예상범위에서 크게 벗어나지 않은 무난한 출제였습니다.

끝으로 이 책을 검수해 준 HY 변호사에게 고마운 마음을 전하며, 이 책으로 공부하는 모든 분들이 합격하시길 기원합니다.

이관형 변호사, 법학박사 올림

제6판 머리말

제12회 변호사시험 환경법에 대한 간략한 강평을 하면 다음과 같습니다.

제1문의 문제 1은 원고적격을 묻는 전형적인 문제였습니다. 사례집을 통하여 충분한 연습을 하였던 쟁점이기에 편안하게 작성하셨을 것으로 봅니다. 제1문의 문제 2는 환경영향평가의 실체적 하자의 효과를 묻는 문제로 2020년 6모 제1문 문제 2에 출제된 부분이었습니다. 제1문의 문제 3은 환경영향평가법의 개별규정을 알고 있는지를 묻는 문제로서 2016년 6모 제1문 문제 1에 출제된 쟁점이었습니다.

제2문의 문제 1은 사법상 구제수단의 전형적인 문제였습니다. 이 부분도 사례집을 통하여 충분한 연습을 하였다면 실전에서도 큰 문제가 없었을 것입니다. 제2문의 문제 2는 배출시설 설치허가 신청가부와 관련된 쟁점으로 2021년 10모 제2문 문제 1에 출제된 부분이었습니다. 제2문의 문제 3은 2022년 10모 제2문 문제 3에서 기출된 쟁점이었습니다.
즉, 배점이 큰 40점 문제는 공법상수단의 전형적인 문제인 원고적격 관련 쟁점과 사법상 구제수단을 묻는 문제로 출제하였고, 나머지 문제도 이미 기출된 쟁점에서 출제함으로써 모의고사 문제는 선택적 학습사항이 아닌 필수적 학습 대상임이 입증되었습니다. 따라서 본서는 기출과 모의고사 전개년 문제를 모두 담고 있기에 이 책을 충실하게 학습하면 합격에 필요한 점수를 성취하는 것에는 큰 어려움이 없을 것입니다.

저는 수험생들을 위하여 환경법 사례문제집을 작성한 것이 벌써 6년이 되었다는 사실이 놀랍게 느껴집니다. 6년의 기간 동안 많은 일들이 있었습니다만, 개인적으로 학업과 강의를 병행하였고 법학박사 학위 취득이라는 성취를 얻게 된 사실에 감사한 마음을 가질 뿐입니다. 박사 학위 취득 기간 동안 학점을 이수하고, 연구 학기를 등록하여 학술논문과 학위논문을 작성하였습니다. 그 과정에서 변호사로서의 법 문서 작성능력과는 다른 법학의 학술적 연구와 나름의 결론을 표현하고 서술하는 훈련은 그간의 학업과정을 테스트하는 좋은 기회였던 것 같습니다. 이러한 훈련을 통하여 저의 강의를 수강하는 분들께도 조금이라도 나은 양질 강의를 제공할 수 있게 되어 다행입니다.

끝으로 이 책을 검수해 준 신준호 변호사에게 고마운 마음을 전하며, 이 책으로 공부하는 모든 분들이 합격하시길 기원합니다.

이관형 변호사, 법학박사 올림

제5판 머리말

좀 더 이른 시기에 환경법 공부를 하고 싶다는 독자들의 요구에 부응하여 제5판은 환경법 출간 이후 가장 빠른 시기에 개정판을 간행하게 되었습니다. 베리타스 법학원에서 민사법 전임강사로 활동하면서 수험생분들이 선택과목 160점을 소홀히 하는 부분이 없도록 하는데 도움이 되고자 환경법을 출간하였는데, 벌써 5판이 된 것을 보니 시간은 참으로 빠른 것 같습니다.

제4판에 비하여 변호사시험 기출문제를 추가하였고, 전체적인 큰 틀과 맥락은 기존과 크게 다르지 않습니다. 6, 8, 10모 법전협 모의고사에 대한 해설은 학연출판사 홈페이지나 카페를 통하여 업데이트하도록 하겠습니다.

제11회 변호사시험 기출문제에 대한 총평을 해보면, 제1문의 문제 1은 전형적인 사법상 구제수단에서 40점 정도 출제되었고, 문제2와 문제3은 그동안 출제가 적었던 대기환경보전법상 조치를 묻는 문제였습니다. 환경법의 공법적 성격을 갖는 특성상 법문언에 부합하는 문언적 해석의 포섭을 정확하게 하는 부분에 대한 역량 측정이 이루어진 것으로 보입니다.

제2문은 출제가 예상되었던 폐기물관리법에서 나왔습니다. 진도별 모의고사 과정을 하면서 마지막 순간까지 강조했던 파트에서 출제가 되어 개인적으로 감사하고 놀라울 따름입니다. 최선을 다하여 준비하니 이러한 우연과 행운이 있는가 봅니다.

수험생 여러분. 몹시 힘든 시기를 잘 지나고 계실 거라 믿습니다. 이 터널도 끝이 날 것이고 화창한 날이 여러분을 기다리고 있습니다. 조금만 더 힘을 내시고 저 또한 부족하지만 최선을 다해 강의를 하겠다고 다짐하면서 제5판 머리말을 마칩니다. 이 책으로 공부하는 여러분은 반드시 합격하실 겁니다.

이관형 변호사 올림

제4판 머리말

　제4판은 개인적으로 쉽지 않은 여건 속에서 준비하였습니다. 부족한 역량에도 대학원 수업과, 학원 강의, 법무법인 구성원 변호사로서의 역할을 하기에 너무나도 바쁜 한 해였습니다. 하지만 나의 노력이 누군가에게 도움이 된다면 의미 있는 하루, 의미 있는 삶이라는 신념에는 변함이 없었고, 이 책 또한 변호사의 꿈을 꾸고 있는 누군가에게 도움이 될 거라는 믿음으로 한 글자 한 글자 직접 정성을 담아 작성하였습니다.

　이번 제4판은 사법상 구제수단 부분에 있어서 목차를 전면적으로 개편하고 많은 손을 보았습니다. 아직 변호사시험 출제 범위에 포섭되지 않았습니다만 올해 4월부터 시행되고 있는 환경오염피해구제에 관한 법률은 실제 분쟁에서 해결되는 법령으로 적용되고 판례가 누적된다면 변호사시험 출제 범위에도 포섭될 수 있지 않을까 조심스럽게 예상해 봅니다. 이 법령과 환경정책기본법 제44조 제1항과의 관계에서는 본문 중에서 짧게나마 언급하였으니 참고하시기 바랍니다. 그리고 문제의 배치도 제3판과는 달리 쟁점별로 가급적 나열하여 자연스러운 학습이 가능하도록 하였습니다.

　요즘 변호사 시장이 어렵다고들 말을 합니다. 때로는 변호사 선배님들이 "무엇하러 변호사를 하려 하느냐."라는 말을 할 때도 있습니다. 그건 제가 변호사가 되려 했을 때에도, 되었을 때도 마찬가지였습니다. 그때나 지금이나 제가 갖는 생각에는 변함이 없습니다. 선배님들이 경험하신 그 시절을 제가 경험해 본적이 없기 때문에 저는 지금의 상황이 어려운지를 알지 못합니다. 그저 저는 제가 속해있는 집단에서 해야할 일에 최선을 다해 여기까지 왔고, 꿈을 이룬 것에 만족하며, 이 꿈을 이루려는 사람들을 위해 살아가려 합니다. 라고 대답하였습니다.

　지금 이 글을 누군가는 신림동 고시촌 쪽방에서, 누군가는 기숙사에서, 누군가는 독서실에서 읽고 있을 거라는 생각이 듭니다. 저 또한 새벽 시간 잠을 줄여가면 개정판을 작업하였고, 올해 10월 모의고사와 법령도 가급적 최신버전으로 업데이트 하려고 노력하였습니다. 부족한 역량에 오탈자와 개정 반영이 안 된 부분도 더러 있을 수 있겠습니다만 인간적인 혜량으로 넓게 이해해주기 바랍니다.

　삶이란 그저 감사함의 연속이고, 자신의 부족함에 그저 고개가 숙여지는 올 한해였습니다. 내년에도 부푼 희망보다는 저에게 주어진 역할과 사명에 최선을 다해보자는 생각을 합니다. 끝으로, 학위 취득 여부를 떠나 늘 여행처럼 느껴지는 강의를 느끼게 해주시는 대학원 박사과정 교수님들께 감사함을 전하며 머리말을 마칩니다.

이관형 변호사 올림

제3판 머리말

제3판은 제2판의 큰 틀을 유지하면서 탈고 당시 기출된 변호사시험과 법전협 모의고사를 모두 포함하였고, 최신법령을 반영하였으며, 핵심내용을 정리하는 부분에서 기출조문에 밑줄을 추가하여 학습에 도움이 되도록 노력 하였습니다.

공부방법에 대한 소개는 제1판 머리말과 변시 환경법에 대한 접근방법을 일독해주시기 바랍니다. 그리고 출제가 예상되던 환경분쟁조정법에서 조정과 재정의 효력 부분의 개정 조문은 2020년 8월 모의고사에 출제되었는바, 실제 변호사시험에서의 출제가능성을 더 높이 예상할 수 있습니다.

최신 변시 및 모의고사 문제의 출제경향은 점점 더 진화되어 기출문제에 대한 확실한 학습을 전제로 조금 더 응용하는 식의 유형이 출제되고 있는바, 기출문제에 대한 회독수를 좀 더 높이실 필요가 있습니다.

추석 명절 틈틈이 시간을 내어 작업하였고, 수험생들에게 조금이나마 도움이 되고자 구슬땀을 흘려가며 서술하였습니다. 여러분의 합격에 도움이 되길 진심으로 바랍니다.

이관형 변호사 올림

제2판 머리말

　제2판은 제1판과 같이 진도별 사례연습 부분에 앞서 간단히 핵심내용을 정리하는 부분을 추가하였습니다. 내용은 말 그대로 답안지에 현출할 수 있는 부분만 서술한 것으로 환경법에 대한 깊은 이해를 원하시는 분은 교수님 기본서를 참고하셔야 됩니다.

　공부방법에 대한 소개는 제1판 머리말과 변시 환경법에 대한 접근방법을 일독해주시기 바랍니다. 원고를 탈고하는 시점 기준으로 최신 법령을 반영하였습니다. 이 책을 보지 않으시더라도 환경분쟁조정법에서 조정과 재정의 효력 부분의 개정 조문을 꼭 확인하시기 바랍니다. 갖고 계신 변호사시험 환경법전과 실전에서 받은 법전이 상이할 것이기 때문입니다.

　휴정일에 휴가도 반납하고, 수험생들에게 조금이나마 도움이 되고자 열심히 서술하였습니다. 여러분의 합격에 도움이 되길 진심으로 바랍니다.

　　　　　　　　　　　　　　　　　　　　　　　　　　　　　　　이관형 변호사 올림

머리말

환경법은 변호사시험에서 160점 배점을 차지하고 있고, 마지막 날 민사법 사례시험이 끝난 뒤에 보는 시험으로 매우 지치고 힘든 상태에서 시험을 보게 됩니다. 160점 배점은 공법과 형사법 기록형 100점보다도 60점이나 많음에도 실제 수험생들이 선택과목에 투자하는 시간에 그에 미치지 못합니다.

수험은 전략입니다. 결코 특정 과목에 치우쳐서는 안 됩니다. 배점에 맞게 시간을 분배하고 투자하는 것이 전체적으로 보았을 때 가장 높은 승산이 있는 전략입니다. 즉, 환경법이 변호사 시험 총점 1660점에서 160점인 10분의 1을 차지한다면 여러분도 전체 공부량의 10분의 1을 투자하는 것이 옳은 방법입니다.

다만, 현실적으로 그렇지 못한 수험생들이 너무나 많습니다. 그렇기 때문에 이 책으로 공부하시는 수험생분들 10분의 1을 투자하셔야 됩니다. 그렇게 하시면 시간 투자 대비 성과점수는 훨씬 높을 수밖에 없습니다. 다른 사례문제에서 남들보다 10점 높은 점수를 받기란 여간 어려운 것이 아닙니다. 하지만, 환경법은 다릅니다. 매번 출제가 예상되는 공법상 구제수단 및 사법상 구제수단에서 정해진 판례와 조문을 정확하게 적시하면 분명 좋은 점수를 획득할 것이고, 효율성 높은 공부를 한 것입니다.

변호사시험의 합격은 기준은 총점입니다. 내가 공법이나 형사법에서 남들이 모르는 판례 하나를 맞추기는 정말 어렵습니다. 하지만 환경법에서 출제가 반복되는 유형을 하나 익히는 것은 그에 비하여 어렵지 않습니다.

이 책은 그런 관점에서 기획 준비하였습니다. 지금까지 연도별 기출문제해설에서 벗어나 공법상 구제수단, 사법상 구제수단, 개별환경법 순으로 기출문제를 분류 해설하였고, 법령 또한 최신법령으로 해설하여 수험생들이 새롭게 법조문을 찾아보아야 하는 수고로움을 줄이실 수 있도록 노력하였습니다.

이제 이 책은 편저자의 손을 떠나 수험생의 손으로 넘어갑니다. 베리타스 법학원에서 진행된 환경법 강의를 수강한 수험생들에게 힘주어 말한 것은 민사법 사례시험 이후 환경법을 볼 수 있는 두 시간 인생의 모든 것을 걸고 이 책을 보아야 합니다. 환경법에서 최선을 다하지 못해 변호사시험에 합격하지 못한다면 그것은 절대 Legal Mind의 부족도 아니고 법학에 대한 적성이 없어서도 아닙니다. 합격을 향한 강한 의지와 신념의 부족입니다. 마지막까지 투혼을 잃지 마십시오. 그렇다면 환경법 때문에 변호사시험에 합격하는 기적이 일어날지도 모릅니다.

여러분의 합격을 진심으로 기원하는 마음으로 머리말을 마칩니다. 마지막까지 포기하지 마십시오. 부탁드립니다.

이관형 변호사 올림

변시 환경법 접근방법

1. 시험시간, 배점 및 문항

시험은 가장 지쳐있는 마지막 날 마지막 시간 120분, 2문항 각 80점, 총 160배점으로 변호사시험 총점 1660점에서 대략 10%의 비율을 차지하고 있으며, 공법과 형사법 기록형 100점 보다 60점 높은 점수 임에도 수험생들이 공부에 쏟는 비중은 그에 미치지 못하고 있습니다.

2. 출제유형

(1) 공법상 구제수단, (2) 사법상 구제수단, (3) 개별환경법 조문 및 판례 적시 유형이 3가지 유형이 있으며, 전형적으로 공법상 구제수단이나 사법상 구제수단이 해를 번갈아 가면서 1문항으로 출제되고, 나머지 문항은 개별환경법 조문 및 판례를 적시하는 식으로 출제되고 있습니다. 여기서 유의해야 할 점은 절대 후자에 공부에 초점을 맞추어서는 안 된다는 점입니다.

환경법을 처음 공부하는 수험생들은 개별환경법 조문을 적시만하면 점수를 맞출 수 있다는 안일한 생각으로 환경법을 접근하게 되면 낭패를 보기 십상입니다. 왜냐하면 제한된 시험시간에서 법조문을 찾아낸다는 것은 결코 쉬운 일이 아니기 때문입니다. 따라서, 수험생은 철저하게 공법상, 사법상 구제수단 80점 배점에서 적어도 50점 이상을 획득한다는 생각으로 평소 공부에 임해두어야 합니다.

공법상, 사법상 구제수단은 누가 봐도 아주 전형적인 문제 패턴이므로 민사 사례형 시험이 끝나고 주어진 2시간의 쉬는 시간 동안 집중해서 이 부분을 학습하면 모범답안과 거의 똑같은 형태의 답안을 구현해 낼 수 있습니다.

그리고 또 하나의 주의점으로 환경법은 80점 배점에 답안지 앞뒤면 한 장을 가득 채워내야 합니다. 타 과목 사례 유형과는 달리 답안지 1장에 100점이 아닌 80점이므로 수험생은 당연히 빈 칸을 용납해서는 안 됩니다. 선택과목은 변호사 시험 합격에 마지막 관문으로 최선을 다해야 하고, 필자의 경험상 최선을 다한 사람이 합격할 자격이 있습니다.

3. 공부방법

이 책은 이러한 분석에 기초해서 만들어 졌습니다. 제1편 공법상 구제수단을 공부하다 보면 행정법을 공부하는 느낌이 들 수 있습니다. 당연합니다. 환경법은 행정법 각론의 한 분과로 분류되기 때문입니다. 따라서, 필자는 행정법을 공부할 때 환경법을 포섭시켜서 공부하였고, 따로 선택과목을 공부하기 위해 시간을 내지 않았습니다. 수험생들도 참고하시기 바랍니다.

제2편 사법상 구제수단은 환경정책기본법 제44조에 근거한 책임과 민법상 불법행위책임을 청구권경합에 근거하여 서술하고, 관련 조문과 판례 적시 및 사안 포섭으로 이루어지는 패턴을 확실하게 익혀야 합니다. 그리고 유지청구에서 민법에서 보았던 중요 판례 또한 출제 범위이기 때문에, 이 부분에서는 민법 공부와 겹치는 부분이 존재하며 민사집행법 분야의 추상적 유지청구가 가부 쟁점까지, 민사법 사례문제처럼 관련조문, 해당판례 서술을 쟁점에 맞게 정확히 해주셔야 합니다.

제3편 개별환경법 분야입니다. 이 부분은 이미 출제된 조문 근처에서 변호사시험에 출제되는 경향이 있습니다. 평소 공부해 두면서 기출 조문은 형광펜으로 밑줄을 긋고, 시행령과 연결되는 지점을 확인하면서 공부해두는 습관을 들인다면 시험장에서 관련 조문을 빨리 찾아내어 적시할 수 있고, 필자와 함께 공부한 제8, 9, 10회 합격생 중에 100점이 넘는 점수를 받았다는 이야기도 들었습니다.

4. 당부의 말씀

끝까지 최선을 다한다면 환경법 고득점으로 변호사가 되는 기적이 일어날 수 있습니다.

목 차

제1편 공법상 구제수단

2018년도 제1회 변호사시험 모의시험 ·· 8
2021년도 제2회 변호사시험 모의시험 ·· 10
2016년도 제3회 변호사시험 모의시험 ·· 14
2015년도 시행 제4회 변호사시험 ··· 16
2012년도 제2회 변호사시험 모의시험 ·· 18
2023년도 시행 제12회 변호사시험 ··· 21
2020년도 시행 제9회 변호사시험 ··· 26
2020년도 제1회 변호사시험 모의시험 ·· 31
2019년도 제1회 변호사시험 모의시험 ·· 37
2018년도 제1회 변호사시험 모의시험 ·· 42
2016년도 제1회 변호사시험 모의시험 ·· 47
2014년도 제3회 변호사시험 모의시험 ·· 51
2014년도 제2회 변호사시험 모의시험 ·· 54
2014년도 제1회 변호사시험 모의시험 ·· 57
2018년도 시행 제7회 변호사시험 ··· 61
2018년도 제2회 변호사시험 모의시험 ·· 63
2017년도 제1회 변호사시험 모의시험 ·· 67
2013년도 제2회 변호사시험 모의시험 ·· 73
2012년도 제2회 변호사시험 모의시험 ·· 79
2013년도 시행 제2회 변호사시험 ··· 83
2015년도 시행 제4회 변호사시험 ··· 88
2013년도 제3회 변호사시험 모의시험 ·· 93
2017년도 제3회 변호사시험 모의시험 ·· 96
2017년도 제2회 변호사시험 모의시험 ·· 98

2012년도 시행 제1회 변호사시험 ·· 100
2021년도 제1회 변호사시험 모의시험 ·· 103
2021년도 시행 제10회 변호사시험 ·· 106
2018년도 시행 제7회 변호사시험 ·· 108
2017년도 시행 제6회 변호사시험 ·· 111
2014년도 시행 제3회 변호사시험 ·· 113
2022년도 제3회 변호사시험 모의시험 ·· 117
2019년도 제2회 변호사시험 모의시험 ·· 120
2017년도 제3회 변호사시험 모의시험 ·· 123
2013년도 제1회 변호사시험 모의시험 ·· 126
2011년도 제1회 변호사시험 모의시험 ·· 129
2016년도 시행 제5회 변호사시험 ·· 132
2017년도 제1회 변호사시험 모의시험 ·· 134

제2편 사법상 구제수단

2024년도 시행 제13회 변호사시험 ·· 147
2023년도 시행 제12회 변호사시험 ·· 152
2022년도 시행 제11회 변호사시험 ·· 156
2021년도 시행 제10회 변호사시험 ·· 160
2019년도 시행 제8회 변호사시험 ·· 164
2017년도 시행 제6회 변호사시험 ·· 169
2016년도 시행 제5회 변호사시험 ·· 173
2015년도 시행 제4회 변호사시험 ·· 177
2015년도 시행 제4회 변호사시험 ·· 181
2014년도 시행 제3회 변호사시험 ·· 187
2012년도 시행 제1회 변호사시험 ·· 195
2023년도 제2회 변호사시험 모의시험 ·· 199
2023년도 제1회 변호사시험 모의시험 ·· 203
2022년도 제2회 변호사시험 모의시험 ·· 209

2021년도 제2회 변호사시험 모의시험 ··· 217
2019년도 제1회 변호사시험 모의시험 ··· 224
2018년도 제1회 변호사시험 모의시험 ··· 229
2017년도 제2회 변호사시험 모의시험 ··· 235
2016년도 제3회 변호사시험 모의시험 ··· 238
2016년도 제2회 변호사시험 모의시험 ··· 243
2020년도 시행 제9회 변호사시험 ·· 252
2023년도 제1회 변호사시험 모의시험 ··· 255
2017년도 제2회 변호사시험 모의시험 ··· 257

제3편 환경분쟁조정법

2024년도 시행 제13회 변호사시험 ·· 268
2021년도 시행 제10회 변호사시험 ·· 270
2018년도 시행 제7회 변호사시험 ·· 272
2023년도 제3회 변호사시험 모의시험 ··· 276
2023년도 제2회 변호사시험 모의시험 ··· 279
2023년도 제1회 변호사시험 모의시험 ··· 282
2021년도 제1회 변호사시험 모의시험 ··· 284
2020년도 제2회 변호사시험 모의시험 ··· 287
2019년도 제1회 변호사시험 모의시험 ··· 290
2018년도 제2회 변호사시험 모의시험 ··· 292
2016년도 제3회 변호사시험 모의시험 ··· 295
2015년도 제1회 변호사시험 모의시험 ··· 300
2014년도 제2회 변호사시험 모의시험 ··· 306
2013년도 제1회 변호사시험 모의시험 ··· 310

제4편 환경정책기본법

2021년도 제2회 변호사시험 모의시험 ··· 319
2017년도 제2회 변호사시험 모의시험 ··· 321

제5편 환경영향평가법

2023년도 시행 제12회 변호사시험 ········· 336
2020년도 시행 제9회 변호사시험 ········· 339
2013년도 시행 제2회 변호사시험 ········· 343
2023년도 제2회 변호사시험 모의시험 ········· 346
2017년도 제1회 변호사시험 모의시험 ········· 350
2021년도 제3회 변호사시험 모의시험 ········· 354
2019년도 제1회 변호사시험 모의시험 ········· 361
2018년도 제1회 변호사시험 모의시험 ········· 363
2014년도 제2회 변호사시험 모의시험 ········· 366
2014년도 제1회 변호사시험 모의시험 ········· 369
2013년도 제3회 변호사시험 모의시험 ········· 373

제6편 자연환경보전법

2018년도 시행 제7회 변호사시험 ········· 384
2023년도 제2회 변호사시험 모의시험 ········· 387
2022년도 제1회 변호사시험 모의시험 ········· 391
2017년도 제3회 변호사시험 모의시험 ········· 397
2016년도 제1회 변호사시험 모의시험 ········· 401
2014년도 제3회 변호사시험 모의시험 ········· 404

제7편 대기환경보전법

2022년도 시행 제11회 변호사시험 ········· 417
2016년도 시행 제5회 변호사시험 ········· 421
2012년도 시행 제1회 변호사시험 ········· 424
2023년도 제3회 변호사시험 모의시험 ········· 427

2022년도 제2회 변호사시험 모의시험 ·· 431
2021년도 제1회 변호사시험 모의시험 ·· 440
2020년도 제3회 변호사시험 모의시험 ·· 444
2019년도 제3회 변호사시험 모의시험 ·· 449
2018년도 제3회 변호사시험 모의시험 ·· 454
2016년도 제3회 변호사시험 모의시험 ·· 458
2015년도 제3회 변호사시험 모의시험 ·· 463
2014년도 제3회 변호사시험 모의시험 ·· 468
2013년도 제1회 변호사시험 모의시험 ·· 473

제8편 물환경보전법

2023년도 시행 제12회 변호사시험 ·· 485
2021년도 시행 제10회 변호사시험 ·· 490
2019년도 시행 제8회 변호사시험 ·· 493
2014년도 시행 제3회 변호사시험 ·· 495
2023년도 제3회 변호사시험 모의시험 ·· 498
2022년도 제3회 변호사시험 모의시험 ·· 505
2021년도 제3회 변호사시험 모의시험 ·· 513
2020년도 제1회 변호사시험 모의시험 ·· 520
2018년도 제3회 변호사시험 모의시험 ·· 527
2017년도 제3회 변호사시험 모의시험 ·· 535
2016년도 제2회 변호사시험 모의시험 ·· 538
2015년도 제2회 변호사시험 모의시험 ·· 545

제9편 소음진동관리법

2024년도 시행 제13회 변호사시험 ·· 554
2018년도 시행 제7회 변호사시험 ·· 556
2014년도 시행 제3회 변호사시험 ·· 559

2023년도 제2회 변호사시험 모의시험 ·············· 562
2015년도 제1회 변호사시험 모의시험 ·············· 564
2013년도 제2회 변호사시험 모의시험 ·············· 568

제10편 폐기물관리법

2022년도 시행 제11회 변호사시험 ·············· 581
2020년도 시행 제9회 변호사시험 ·············· 588
2016년도 시행 제5회 변호사시험 ·············· 592
2013년도 시행 제2회 변호사시험 ·············· 598
2012년도 시행 제1회 변호사시험 ·············· 604
2022년도 제1회 변호사시험 모의시험 ·············· 606
2020년도 제3회 변호사시험 모의시험 ·············· 613
2019년도 제2회 변호사시험 모의시험 ·············· 620
2018년도 제2회 변호사시험 모의시험 ·············· 626
2017년도 제2회 변호사시험 모의시험 ·············· 635
2016년도 제1회 변호사시험 모의시험 ·············· 638
2015년도 제3회 변호사시험 모의시험 ·············· 642
2013년도 제3회 변호사시험 모의시험 ·············· 650
2012년도 제3회 변호사시험 모의시험 ·············· 657

제11편 토양환경보전법

2024년도 시행 제13회 변호사시험 ·············· 669
2021년도 시행 제10회 변호사시험 ·············· 675
2019년도 시행 제8회 변호사시험 ·············· 682
2017년도 시행 제6회 변호사시험 ·············· 686
2012년도 시행 제1회 변호사시험 ·············· 691
2023년도 제1회 변호사시험 모의시험 ·············· 695
2022년도 제3회 변호사시험 모의시험 ·············· 699

2020년도 제2회 변호사시험 모의시험 ·· 705
2019년도 제3회 변호사시험 모의시험 ·· 715
2017년도 제2회 변호사시험 모의시험 ·· 723
2015년도 제2회 변호사시험 모의시험 ·· 726
2015년도 제1회 변호사시험 모의시험 ·· 733
2011년도 제1회 변호사시험 모의시험 ·· 739

COMPACT 변시 환경법의 感

제1편
공법상 구제수단

서편 환경법 일반

제1장 환경법의 기본원리

1. 예방의 원칙

2. 오염원인자 책임원칙

   자기의 행위 또는 사업활동으로 환경오염 또는 환경훼손의 원인을 발생시킨 자는 그 오염·훼손을 방지하고 오염·훼손된 환경을 회복·복원할 책임을 지며, 환경오염 또는 환경훼손으로 인한 피해의 구제에 드는 비용을 부담함을 원칙으로 한다(환경정책기본법 제7조).

3. 협동의 원칙

4. 지속가능한 개발의 원칙

5. 정보공개 및 참여의 원칙

제2장 환경권

1. 환경법의 '환경'의 의미

   환경이란 자연환경과 생활환경을 말하고, "자연환경"이란 지하·지표(해양을 포함한다) 및 지상의 모든 생물과 이들을 둘러싸고 있는 비생물적인 것을 포함한 자연의 상태(생태계 및 자연경관을 포함한다)를 말한다. "생활환경"이란 대기, 물, 토양, 폐기물, 소음·진동, 악취, 일조(日照), 인공조명, 화학물질 등 사람의 일상생활과 관계되는 환경을 말한다.(환경정책기본법 제3조 제1,2,3호)

2. 환경오염

   "환경오염"이란 사업활동 및 그 밖의 사람의 활동에 의하여 발생하는 대기오염, 수질오염, 토양오염, 해양오염, 방사능오염, 소음·진동, 악취, 일조 방해, 인공조명에 의한 빛공해 등으로서 사람의 건강이나 환경에 피해를 주는 상태를 말한다.(환경정책기본법 제3조 제4호)

3. 헌법상 환경권의 법적성질

   (1) 관련 조문 - 모든 국민은 건강하고 쾌적한 환경에서 생활할 권리를 가지며, 국가와 국민은 환경보전을 위하여 노력하여야 한다(헌법 제35조 1항).

   (2) 학설 - ① 자유권·사회권 병존설, ② 총합적 기본권설, ③ 종합적 기본권설, ④ 사회적 기본권설이 있다.

   (3) 판례

      1) 환경권을 행사함에 있어 국민은 국가로부터 건강하고 쾌적한 환경을 향유할 수 있는 자유를 침해당하지 않을 권리를 행사할 수 있고, 일정한 경우 국가에 대하여 건강하고 쾌적한 환경에서 생활할 수 있도록 요구할 수 있는 권리가 인정되기도 하는바, 환경권은 그 자체 종합적 기본권으로서의 성격을 지닌다.

      2) 환경권은 명문의 법률규정이나 관계 법령의 규정 취지 및 조리에 비추어 권리의 주체, 대상, 내용, 행사방법 등이 구체적으로 정립될 수 있어야만 인정되는 것이므로, 사법상의 권리로서의 환경권을 인정하는 명문의 규정이 없는데도 환경권에 기하여 직접 방해배제청구권을 인정할 수 없다.

제3장 일조권

1. 일조권의 내용

   (1) 의의 - 햇빛으로 인한 이익을 향유할 수 있는 권리를 말하고, 헌법 제35조 1항에서 모든 국민은 건강하고 쾌적한 환경에서 생활할 권리를 가지며 국가와 국민은 환경보존을 위하여 노력하여야 한다고 규정하고 있다.

   (2) 판례

      1) 주거의 일조는 쾌적하고 건강한 생활에 필요한 생활이익으로서 법적 보호의 대상이 되는 것이며, 이를 수인한도를 넘어 방해하는 것은 위법한 가해행위로 평가되어 일조방해로 인한 불법행위가 성립한다.

2) 일조방해 행위가 사회통념상 수인한도를 넘었는지 여부는 피해의 정도, 피해이익의 성질 및 그에 대한 사회적 평가, 가해 건물의 용도, 지역성, 토지이용의 선후관계, 가해 방지 및 피해 회피의 가능성, 공법적 규제의 위반 여부, 교섭 경과 등 모든 사정을 종합적으로 고려하여 판단하여야 하고, 건축 후에 신설된 일조권에 관한 새로운 공법적 규제 역시 이러한 위법성의 평가에 있어서 중요한 자료가 될 수 있다.

3) 일조방해 행위가 사회통념상 수인한도를 넘었는지 여부를 판단함에 있어서 어떠한 건물 신축이 건축 당시의 공법적 규제에 형식적으로 적합하다고 하더라도 현실적인 일조방해의 정도가 현저하게 커서 사회통념상 수인한도를 넘은 경우에는 위법행위로 평가될 수 있다.

4) 구체적으로 동지를 기준으로 오전 9시부터 오후 3시까지 사이의 6시간 중 일조시간이 연속하여 2시간 이상 확보되는 경우 또는 동지를 기준으로 오전 8시부터 오후 4시까지 사이의 8시간 중 일조시간이 통틀어 4시간 이상 확보되는 경우에는 일응 수인한도를 넘지 않는 것으로, 위 두 가지 중 어느 것에도 속하지 않는 일조방해의 경우에는 일응 수인한도를 넘는 것으로 본다.

2. 일조권의 법적성격

(1) 학설 - ① 물권설, ② 인격권설, ③ 환경권설, ④ 불법행위설

(2) 판례 - 일조권 침해에 있어 객관적인 생활이익으로서 일조이익을 향유하는 '토지의 소유자 등'은 토지소유자, 건물소유자, 지상권자, 전세권자 또는 임차인 등의 거주자를 말하는 것으로서, 당해 토지·건물을 일시적으로 이용하는 것에 불과한 사람은 이러한 일조이익을 향유하는 주체가 될 수 없다.

제4장 조망권

1. 의의

건물의 소유자나 점유자가 그 건물로부터 향유하는 조망이익이 사회통념상 독자의 이익으로 승인되어야 할 정도로 중요성을 갖는다고 인정되는 경우에 법적 보호의 대상이 된다.

2. 판례

(1) 조망이익이 법적인 보호의 대상이 되는 경우에 이를 침해하는 행위가 사법상 위법한 가해행위로 평가되기 위해서는 조망이익의 침해 정도가 사회통념상 일반적으로 인용하는 수인한도를 넘어야 한다.

(2) 그 수인한도를 넘었는지 여부는 조망이익의 내용, 가해건물의 위치 및 구조와 조망방해의 상황 및 건축·사용 목적 등 가해건물의 상황, 가해건물 건축의 경위, 조망방해를 회피할 수 있는 가능성의 유무, 조망방해에 관하여 가해자 측이 해의(害意)를 가졌는지의 유무, 조망이익이 피해이익으로서 보호가 필요한 정도 등 모든 사정을 종합적으로 고려하여 판단한다.

제1편 공법상 구제수단

제1장 행정심판

1. 행정심판

(1) 취소심판

행정청의 위법 또는 부당한 처분을 취소하거나 변경하는 행정심판으로 처분이 있음을 알게 된 날로부터 90일, 있었던 날로부터 180일 이내에 제기하여야 한다(행정심판법 제5조 제1호, 제27조 제1,3항).

(2) 무효 등 확인심판

행정청의 처분의 효력 유무 또는 존재 여부를 확인하는 행정심판으로, 취소심판과는 달리 청구기간에 대한 규정이 적용되지 않는다(행정심판법 제5조 제2호, 제27조 제7항).

(3) 의무이행심판

당사자의 신청에 대한 행정청의 위법 또는 부당한 거부처분이나 부작위에 대하여 일정한 처분을 하도록 하는 행정심판으로, 부작위를 대상으로 하는 심판의 청구기간은 제한을 받지 않고 언제든지 청구할 수 있고, 거부를

대상으로 하는 심판청구는 처분이 있음을 알게 된 날로부터 90일, 있었던 날로부터 180일 이내의 제척기간이 적용된다(행정심판법 제5조 제3호, 제27조 제1,3,7항).

제2장 행정소송

1. 취소소송

(1) 원고적격

1) 관련 조문 - 행정청의 위법한 처분 등을 취소 또는 변경하는 소송은 취소를 구할 법률상 이익이 있는 자가 제기할 수 있다(행소법 제12조).

2) 판례

① 법률상 보호되는 이익이란 처분의 근거법규 및 관련법규에 의하여 보호되는 개별적·직접적·구체적 이익이 있는 경우를 말하고, 근거법규 및 관련법규의 명문규정이 없더라도 합리적 해석상 이를 보호하는 취지가 있는 경우까지 포함하나, 공익보호의 결과로 생기는 일반적·간접적·추상적 이익의 경우는 포함되지 않는다.

② 행정처분의 근거 법규에 그 처분으로 환경상 침해가 예상되는 영향권의 범위가 구체적으로 규정되어 있는 경우 그 범위 내의 주민들은 직접적으로 중대한 환경피해를 입으리라고 예상할 수 있고, 이는 주민 개개인에 대한 개별적·직접적·구체적 이익으로서 그들에 대하여는 환경상 이익의 침해가 있는 것으로 사실상 추정되어 법률상 보호되는 이익이 인정된다.

③ 영향권 밖의 주민들은 당해 처분으로 인하여 그 처분 전과 비교하여 수인한도를 넘는 환경피해를 받거나 받을 우려가 있다는 자신의 환경상 이익에 대한 침해 또는 침해 우려가 있음을 입증하여야만 법률상 보호되는 이익으로 인정되어 원고적격이 인정된다.

④ 환경상 침해를 받으리라고 예상되는 영향권 내의 주민들을 비롯하여 그 영향권 내에서 농작물을 경작하는 등 현실적으로 환경상 이익을 향유하는 사람도 포함되나 단지 그 영향권 내의 건물·토지를 소유하거나 환경상 이익을 일시적으로 향유하는 데 그치는 사람은 포함되지 않는다.

(2) 대상적격

1) 관련 조문 - 행정청의 위법한 처분 등의 취소를 구하는 소를 제기할 수 있다(행소법 제4조 1호). 처분이란 행정청이 행하는 구체적 사실에 관한 법집행으로서 공권력의 행사 또는 그 거부를 말한다(행소법 제2조 제1항 제1호).

2) 판례 - 국민의 적극적 행위 신청에 대하여 행정청이 거부한 행위가 항고소송의 대상이 되는 행정처분에 해당하려면, 그 신청한 행위가 공권력의 행사 또는 이에 준하는 행정작용이어야 하고, 그 거부행위가 신청인의 법률관계에 어떤 변동을 일으키는 것이어야 하며, 그 국민에게 그 행위발동을 요구할 법규상 또는 조리상의 신청권이 있어야 한다.

3) 법규상 또는 조리상 신청권 존부 (행정개입청구권 인정여부)

① 의의 - 행정청의 부작위로 인하여 권익을 침해당한 자가 당해 행정청에 대하여 타인에 대한 규제 등 일정한 행정권의 발동을 청구할 수 있는 공권을 말한다.

② 요건 - 행정청의 개입의무, 관련법규의 사익보호성을 요한다.

③ 재량의 0으로 수축여부

ㄱ) 요건 - 사람의 생명, 신체 및 재산 등에 중대하고 급박한 위험이 존재하고, 그러한 위험이 행정권의 발동에 의해 제거될 수 있고, 피해자의 개인적 노력으로 권익침해의 방지가 이루어질 수 없는 경우이어야 한다.

ㄴ) 판례 - 국민의 생명, 신체, 재산 등에 대하여 절박하고 중대한 위험상태가 발생하였거나 발생할 우려가 있어서 국가가 초법규적, 일차적으로 그 위험 배제에 나서지 아니하면 국민의 생명, 신체, 재산 등을

보호할 수 없는 경우에는 형식적 의미의 법령에 근거가 없더라도 국가나 관련 공무원에 대하여 그러한 위험을 배제할 작위의무를 인정할 수 있다.

(3) 위법성

1) 관련 조문 – 행정청의 재량에 속하는 처분이라도 재량권의 한계를 넘거나 그 남용이 있는 때에는 법원은 이를 취소할 수 있다(행소법 제27조).

2. 무효 등 확인소송

(1) 관련 조문 – 행정청의 처분등의 효력 유무 또는 존재여부를 확인하는 소송으로 행정청의 처분 등으로 환경침해를 입은 자는 행정처분의 위법성이 중대하고 명백한 경우에 한하여 제기할 수 있다(행소법 제4조 제2호).

3. 부작위위법확인소송

(1) 관련 법리 – 행정청의 부작위가 위법하다는 것을 확인하는 소송으로 당사자가 행정청의 행정개입을 청구하고, 이에 대하여 행정청의 재량권이 기속재량이거나 0으로 수축되는 일정한 경우에 그 부작위에 대한 위법확인청구가 인정되는바, 법규상 조리상 신청권 존부 판단이 핵심이 된다.

4. 가구제 – 집행정지

(1) 관련 조문 – 취소소송의 제기는 처분 등의 효력이나 그 집행 또는 절차의 속행에 영향을 주지 아니하는바, 처분으로 생길 회복하기 어려운 손해를 예방하기 위하여 긴급한 필요가 있다고 인정할 때에는 본안이 계속되고 있는 법원은 당사자의 신청 또는 직권에 의하여 처분 등의 효력을 정지할 수 있다(행소법 제23조 제1항, 제2항).

(2) 적극적 요건 충족여부

1) 요건 – ① 집행정지의 대상인 처분의 존재, ② 심판청구의 계속, ③ 회복하기 어려운 손해 발생, ④ 긴급한 필요의 존재

2) 판례

① 회복하기 어려운 손해란 금전으로 보상할 수 없는 손해로서 이는 금전보상이 불가능한 경우 내지는 금전보상으로는 사회 관념상 행정처분을 받은 당사자가 참고 견딜 수 없거나 또는 참고 견디기가 현저히 곤란한 경우의 유형, 무형의 손해를 일컫는다.

② 긴급한 필요가 있는지 여부는 처분의 성질과 태양 및 내용, 처분상대방이 입는 손해의 성질 내용 및 정도, 원상회복 금전배상의 방법 및 난이 등은 물론 본안청구의 승소가능성의 정도 등을 종합적으로 고려하여 구체적 개별적으로 판단하여야 한다.

(3) 소극적 요건 충족여부

1) 요건 – ① 본안청구가 이유 없음이 명백하지 아니하고, ② 공공복리에 중대한 영향을 미칠 우려가 없을 것 (행소법 제23조 제3항).

제3장 국가배상

1. 국가배상법 제2조 책임

(1) 의의 – 국가 또는 지방자치단체는 공무원이 직무를 집행하면서 고의 또는 과실로 법령을 위반하여 타인에게 손해를 입힌 경우 그 손해를 배상해야 한다.

(2) 작위의무 인정여부

1) 재량의 0으로 수축여부

① 의의 – 사람의 생명, 신체 및 재산 등에 중대하고 급박한 위험이 존재하고, 그러한 위험이 행정권의 발동에 의해 제거될 수 있고, 피해자의 개인적 노력으로 권익침해의 방지가 이루어질 수 없는 경우이어야 한다.

② 판례 - 국민의 생명, 신체, 재산 등에 대하여 절박하고 중대한 위험상태가 발생하였거나 발생할 우려가 있어서 국가가 초법규적, 일차적으로 그 위험 배제에 나서지 아니하면 국민의 생명, 신체, 재산 등을 보호할 수 없는 경우에는 형식적 의미의 법령에 근거가 없더라도 국가나 관련 공무원에 대하여 그러한 위험을 배제할 작위의무를 인정할 수 있다.

(3) 사익보호성

1) 판례 - 공무원이 직무를 수행하면서 근거법령에 따라 구체적 의무를 부여받았고, 국민의 이익과 관련된 것이라도 직접 국민 개개인의 이익을 위한 것이 아니라 전체적으로 공공 일반의 이익을 도모하기 위한 것이라면 그 의무에 위반하여 국민에게 손해를 가하여도 국가 또는 지방자치단체는 배상책임을 부담하지 아니한다.

2. 국가배상법 제5조 책임

(1) 관련 조문 - 영조물의 설치나 관리에 하자가 있기 때문에 타인에게 손해를 발생하게 하였을 때에는 국가나 지자체는 그 손해를 배상하여야 한다(국배법 제5조 1항).

(2) 기능상 하자 존부

1) 의의 - 하자는 영조물이 그 용도에 따라 갖추어야 할 안전성을 갖추지 못한 상태 즉, 물적 하자 뿐만 아니라 이용 상태 및 정도가 일정한 한도를 초과하여 제3자에게 사회통념상 참을 수 없는 피해를 입히는 경우 즉, 이용상 하자까지 포함된다.

2) 판례 - 수인한도의 기준은 침해되는 권리나 이익의 성질과 침해의 정도뿐만 아니라 침해행위가 갖는 공공성의 내용과 정도, 그 지역 환경의 특수성, 공법적인 규제에 의하여 확보하려는 환경기준, 침해를 방지 또는 경감시키거나 손해를 회피할 방안의 유무 및 그 난이도 등을 종합적으로 고려하여 개별적으로 결정한다.

(3) 위법성(수인한도론)

1) 의의 - 사회통념상 수인한도를 넘는 경우에는 위법행위로 평가할 수 있다.

2) 판례 - 수인한도의 기준을 결정함에 있어서는 침해되는 권리나 이익의 성질과 침해의 정도뿐만 아니라 침해행위가 갖는 공공성의 내용과 정도, 그 지역 환경의 특수성, 공법적인 규제에 의하여 확보하려는 환경기준, 침해를 방지 또는 경감시키거나 손해를 회피할 방안의 유무 및 그 난이도 등을 종합적으로 고려하여 구체적 사건에 따라 개별적으로 결정한다.

(4) 인과관계

1) 판례 - 비특이성 질환의 경우 특정위험인자와 비특이성 질환 사이에 역학적 상관관계뿐만 아니라 위험인자에 노출된 집단과 노출되지 않은 다른 일반 집단을 대조하여 그 위험인자에 노출된 집단에서 그 비특이성 질환에 걸린 비율이 그 위험인자에 노출되지 않은 집단에서 그 비특이성 질환에 걸린 비율을 상당히 초과한다는 점을 증명하여 그 위험인자에 의하여 그 비특이성 질환이 유발되었을 개연성이 있다는 점을 증명하여야 한다.

(5) 위험에의 접근이론

1) 의의 - 이미 환경피해를 입은 자의 손해배상청구나 유지청구를 판단함에 있어서 피해자가 위험에 스스로 접근한 사실을 고려해야 한다.

2) 판례 - 일반인이 위험지역으로 이주하여 거주하는 경우에 위험에 접근하게 된 경위와 동기 등의 여러 가지 사정을 종합하여 그와 같은 위험의 존재를 인식하면서도 위험으로 인한 피해를 용인하면서 접근하였다고 볼 수 있는 경우에는 손해배상액의 산정에 있어 형평의 원칙상 과실상계에 준하여 감액사유로 고려한다.

2018년도 제1회 변호사시험 모의시험

<제2문>

　甲은 2000년부터 한우 농장을 경영해왔다. 그 후 한국철도시설공단(이하 "시설공단")이 농장 주변지역에 철도를 건설, 1일 24회 정도 열차가 통행하고 있다. 시설공단은 철로의 건설·관리를 맡고 있다. 한국철도공사(이하 "철도공사")는 여객·화물 운송을 맡고 있는데, 최근 들어 운행 지연으로 승객들로부터 클레임이 수차례 제기되자 내부규정상의 운영최고속도를 종종 초과해 운행하곤 하였다. 철도 개설 이후 위 농장에서 사육 중인 한우들에 유·사산, 성장지연 등의 피해가 발생하였다. 농장과 철로 사이의 직선거리는 62.5m에 불과한데 소음·진동 방지를 위한 방지대책은 전혀 없다. 위 농장에서 24시간 동안 소음 및 진동을 측정한 결과, 최대소음도는 63.8~81.8dB(A), 5분 등가소음도는 51.0~67.7dB(A)였고, 최대진동도는 39.5~67.2dB(V)이었다. 그리고 항공기가 통과하면서 발생한 소음·진동이 20% 정도 영향을 미친 것으로 나타났다. 甲은 한우 피해가 계속 발생하자 사육중인 한우를 모두 처분하고 농장을 폐업한 후 위 철도공사와 시설공단을 상대로 각각 손해배상을 청구하고자 한다.

　그런데 철도공사는 적법한 철도운행을 했으므로 책임이 없거나 피해발생에의 기여를 한도로 책임이 제한되어야 한다고 주장한다. 시설공단은 자신은 소음·진동의 발생원인자가 아니므로 책임이 없다고 주장한다.

　「환경정책기본법」상의 소음환경기준은 항공기소음, 철도소음 및 건설작업 소음에는 적용되지 않는다(법 시행령 "별표 중 '2. 소음' 중 비고 3"). 또 「소음·진동관리법」은 "항공기소음과 관련하여서는 소음한도기준(법 제39조 및 같은 법 시행령 제9조)을 정하고 있으나, 철도소음과 관련하여서는 철도차량 자체에 대한 소음기준을 정하도록 권고하고(법 제45조의2) 있을 뿐이다. "한편 환경부 산하 중앙환경분쟁조정위원회는 '철도 소음·진동으로 인한 가축 피해 평가방법 및 배상액 산정기준'을 다음과 같이 정하고 있다.

가축 피해 현황	평가방법	피해인정기준
폐사, 유·사산, 부상 등	최대음압(LAmax)	- 소음: 60dB(A) - 진동: 57dB(V) (0.02cm/sec)
성장 지연, 수태율 저하, 산자수 감소, 생산성 저하등	5분 등가음압(LAeq, 5min)	

3. 甲은 철도소음기준을 따로 정하지 않은 것은 정온한 환경에서 생활할 수 있는 환경권을 침해하는 것이라며 헌법소원을 청구하려 한다. 헌법상의 환경권 침해를 이유로 헌법소원을 청구할 수 있는지 검토하시오(헌법소원의 적법요건은 갖춘 것으로 한다). (20점)

문제해설 [2018년 제1차 제2문] 문제 3. 해설

1. 문제
(1) 헌법상의 환경권의 법적성격, (2) 입법부작위에 대한 헌법소원 청구가부가 문제된다.

2. 헌법상의 환경권의 법적성격

(1) **관련 조문** - 모든 국민은 건강하고 쾌적한 환경에서 생활할 권리를 가지며, 국가와 국민은 환경보전을 위하여 노력하여야 한다(헌법 제35조 1항).

(2) **학설** - ① 자유권·사회권 병존설, ② 총합적 기본권설, ③ 종합적 기본권설, ④ 사회적 기본권설이 있다.

(3) **판례** - 환경권을 행사함에 있어 국민은 국가로부터 건강하고 쾌적한 환경을 향유할 수 있는 자유를 침해당하지 않을 권리를 행사할 수 있고, 일정한 경우 국가에 대하여 건강하고 쾌적한 환경에서 생활할 수 있도록 요구할 수 있는 권리가 인정되기도 하는바, 환경권은 그 자체 종합적 기본권으로서의 성격을 지닌다.

(4) **사안의 경우** - 甲이 정온한 환경에서 생활할 수 있는 환경권은 종합적 기본권으로 헌법소원 청구의 대상이 되는 기본권에 해당한다.

3. 입법부작위에 대한 헌법소원 청구가부

(1) **관련 조문** - 환경권의 내용과 행사에 관하여는 법률로 정한다(헌법 제35조 2항).

(2) **판례** - 환경권의 내용과 행사는 법률에 의해 구체적으로 정해지나 일정한 요건이 충족될 때 환경권 보호를 위한 입법이 없거나 현저히 불충분하여 국민의 환경권을 과도하게 침해하고 있다면 헌법재판소에 그 구제를 구할 수 있다.

(3) **사안의 경우** - 甲은 철도소음기준을 따로 정하지 않은 것은 정온한 환경에서 생활할 수 있는 환경권을 침해하는 것으로 소음법에서 철도소음기준을 정하지 아니한 입법부작위를 헌법상의 환경권 침해로 보아 헌법재판청구를 할 수 있다.

4. 결론
甲은 입법부작위에 의한 헌법상 환경권 침해를 이유로 헌법소원을 청구할 수 있다.

2021년도 제2회 변호사시험 모의시험

〈제1문〉

甲은 A광역시 B구에 위치한 C아파트 상가 3층에서 독서실을 개업하여 운영하는 사람이고, 乙은 이 독서실을 이용하는 사람이다. 甲은 독서실 개업 후 독서실 천장의 배관에서 일정 간격으로 물이 지나가는 배관소음 때문에 독서실 운영이 어렵다고 판단되자, 추가비용을 지불하여 방음공사를 진행하였다. 그 결과 독서실 실내소음도는 공사 전에는 60~70dB(A)이었으나 공사 후에는 50~55dB(A)로 낮아졌다. 甲은 소음·진동관리법령상 생활소음 규제기준에 맞게 방음공사를 하였지만 여전히 실내 배관소음으로 이 사건 독서실 운영이 어려운 상황이다.

甲과 乙은 환경정책기본법 제12조 제2항, 환경정책기본법 시행령 제2조 [별표 1] 2. 소음환경기준, 소음·진동관리법 제21조 제2항과 소음·진동관리법 시행규칙 제20조 제3항 [별표 8] 1. 생활소음규제기준이 자신들의 직업수행의 자유 및 환경권을 침해한다며 헌법소원을 청구하였다.

甲은 소음·진동관리법 제21조 제2항에서 생활소음의 규제대상 및 규제기준을 환경부령에 위임하고 있는 것이 포괄위임금지원칙에 위반된다고 주장하고 있다. 乙은 '독서실은 개인이 조용한 환경에서 학습할 수 있는 환경을 보장받기 위하여 이용하는 곳이므로 다른 장소에 비하여 특별히 엄격한 소음 규제가 필요함에도, 환경정책기본법상의 소음환경기준과 소음·진동관리법상의 생활소음규제기준이 실내소음을 규율하고 있지 않아 독서실이 제 기능을 발휘하지 못하고 있다'며 위 조항들이 자신의 환경권을 침해한다고 주장하고 있다.

2. 소음·진동관리법 제21조 제2항이 포괄위임금지원칙에 반하는지 여부를 검토하시오. (25점)

3. 헌법상 환경권의 의의를 서술하고 국가가 환경정책기본법과 소음·진동관리법에서 실내소음을 규율하고 있지 않은 것이 乙의 환경권을 침해하는지 여부를 검토하시오. (35점)

문제해설 [2021년 제2차 제1문] 문제 2. 해설

1. 문제
소음진동관리법 제21조 제2항이 구체적 범위를 예측할 수 없어 포괄위임금지원칙에 반하는지여부가 문제 된다.

2. 포괄위임금지원칙 위배 여부

(1) **관련 조문** - 국민의 기본권은 법률에 의하여 제한할 수 있고(헌법 제37조 제2항), 예외적으로 법률에서 구체적으로 범위를 정하여 위임받은 사항과 법률을 집행하기 위하여 필요한 사항에 관하여 행정입법으로 위임할 수 있다(헌법 제75조, 제95조).

(2) **위임의 필요성** (전문적·기술적 영역)
 1) 관련 조문 - 생활소음·진동의 규제대상 및 규제기준은 환경부령으로 정한다(소음진동관리법 제21조 제2항).
 2) 사안의 경우 - 생활소음 규제기준은 도시화, 산업발전의 정도와 생활수준의 향상 등과 같은 경제적·사회적 상황에 영향을 받을 수 있으며, 고도의 전문적이고 과학적인 판단을 요구하는 것으로서, 소음으로부터의 보호라는 공익을 보다 효과적으로 달성하기 위해서는 소음환경기준 및 생활소음 규제기준을 대통령령이나 부령으로 정하도록 하여 상황에 맞게 유동적으로 대처할 필요가 있는바, 위임의 필요성이 인정된다.

(3) **예측 가능성**
 1) 판례 - 위임입법의 경우 그 한계는 예측가능성인바, 이는 당해 특정조항 하나만을 가지고 판단할 것은 아니고 관련 법조항 전체를 유기적·체계적으로 종합 판단하여 각 대상법률의 성질에 따라 구체적·개별적으로 검토하여 법률조항과 법률의 입법 취지를 종합적으로 고찰할 때 합리적으로 그 대강이 예측될 수 있는 것이라면 위임한계를 일탈하지 아니한 것이다.
 2) 사안의 경우 - 소음진동관리법 제21조 제1항의 생활소음 규제기준은 환경정책기본법상의 소음환경기준을 유지하기 위한 것으로서, 소음진동관리법의 관련규정 및 환경정책기본법의 규정 등을 종합적으로 고려할 때, 수범자인 사업자로서는 법 제21조 제2항에 따라 환경부령에서 정해질 규제기준이 해당지역의 용도에 상응하는 소음환경기준을 유지하기에 충분한 정도를 상한으로 하고, 환경상의 위해발생 가능성 및 건강상의 위해발생 가능성이 없다고 판단되는 정도를 하한으로 하여 설정될 것이라는 점을 충분히 예측할 수 있다.

3. 결론
甲의 포괄위임금지원칙 위배주장에 대하여 전문적 기술적 영역으로 하위법령 위임의 불가피성이 있고, 법률의 종합적 체계적 해석을 통해 예측가능성이 존재하는바, 포괄위임금지원칙에 반하지 않는다.

문제해설 [2021년 제2차 제1문] 문제 3. 해설

1. 문제
(1) 헌법상 환경권의 의의, (2) 입법부작위의 환경권 침해 여부가 문제 된다.

2. 헌법상 환경권의 의의
(1) **관련 조문** – 모든 국민은 건강하고 쾌적한 환경에서 생활할 권리를 가지며, 국가와 국민은 환경보전을 위하여 노력하여야 한다(헌법 제35조 1항).

(2) **학설** – ① 자유권·사회권 병존설, ② 총합적 기본권설, ③ 종합적 기본권설, ④ 사회적 기본권설이 있다.

(3) **판례** – 환경권을 행사함에 있어 국민은 국가로부터 건강하고 쾌적한 환경을 향유할 수 있는 자유를 침해당하지 않을 권리를 행사할 수 있고, 일정한 경우 국가에 대하여 건강하고 쾌적한 환경에서 생활할 수 있도록 요구할 수 있는 권리가 인정되기도 하는바, 환경권은 그 자체 종합적 기본권으로서의 성격을 지닌다.

3. 입법부작위의 환경권 침해 여부
(1) **입법부작위 성부**

1) 의의 – 입법부작위에는, 입법자가 헌법상 입법의무가 있는 어떤 사항에 관하여 전혀 입법을 하지 아니함으로써 입법행위의 흠결이 있는 경우 진정입법부작위와 입법자가 어떤 사항에 관하여 입법은 하였으나 그 입법의 내용·범위·절차 등이 당해 사항을 불완전, 불충분 또는 불공정하게 규율함으로써 입법행위에 결함이 있는 부진정입법부작위로 구분된다.

2) 판례 – 환경권의 내용과 행사는 법률에 의해 구체적으로 정해지므로, 입법자는 환경권의 구체적인 실현에 있어 광범위한 형성의 자유를 가지는바, 정온을 요하는 사업장의 실내소음 규제기준을 마련할 것인지 여부나 소음을 제거·방지할 수 있는 다양한 수단과 방법 중 어떠한 방법을 채택하고 결합할 것인지 여부는 당시의 기술 수준이나 경제적·사회적·지역적 여건 등을 종합적으로 고려하지 않을 수 없다.

3) 사안의 경우 – 독서실과 같이 정온을 요하는 사업장의 실내소음 규제기준을 만들어야 할 입법의무가 헌법의 해석상 곧바로 도출된다고 보기 어려워, 입법자의 입법 의무를 인정할 수 없는바, 진정입법부작위가 환경권을 침해한다는 주장은 헌법소원의 대상이 될 수 없는 입법부작위를 대상으로 한 것으로서 부적법하다.

4. 결론
(1) 乙의 주장은 입법의무가 인정되지 않는 진정입법부작위를 대상으로 한 것으로서 헌법소원의 대상이 되지 않아 각하될 것인바, 환경권을 침해한다고 보기 어렵다.

(2) 설령 부진정입법부작위로 보아도 관련 법령이 주민의 정온한 생활환경을 보장하기 위한 규정일 뿐, 생활소음의 피해를 받는 지역에서 사업을 수행하는 개별 사업자의 직업수행이나 소비자의 사업장

이용을 제한 혹은 보장하는 내용을 담고 있지 않으므로 청구인들이 입는 불이익은 간접적·사실적·경제적인 불이익에 불과하여 이에 대한 청구는 기본권침해의 자기관련성 요건을 충족하지 못하여 부적법하다.
(3) 따라서, 국가가 환경정책기본법과 소음·진동관리법에서 실내소음을 규율하고 있지 않은 것이 乙의 환경권을 침해한다고 보기 어렵다.

2016년도 제3회 변호사시험 모의시험

〈제2문〉

A시에서 자동차부품 등 제조업체로서 대기오염물질배출시설을 운영하는 甲은 사업장 내에 부품제작기계 3대 및 대기오염물질의 배출 및 방지를 위한 집진시설 1대를 설치, 운영해 오고 있다. 2015.7.27. 甲의 집진시설에 대한 A시의 대기오염도 검사결과 먼지 배출허용기준 100mg/S㎥을 훨씬 초과하는 2,879.3mg/S㎥의 먼지가 검출되었다. 이 때 대기오염도 검사는 부품제작기계 3대가 모두 가동된 상태로 이루어졌다.

A시장은 2015. 8. 1. 甲에게 개선명령을 발하였다. 甲은 2015. 10. 31.까지 위 집진시설을 개선하겠다는 내용의 개선계획서를 제출한 다음 2015. 10. 31. 개선완료보고를 하였다. A시장은 2015. 11. 2. 그 개선이행상태를 확인한 후 위 2015. 7. 27.자 초과농도 측정결과를 토대로 초과배출기간을 위 집진시설에 대한 오염물질 채취일인 2015. 7. 27.부터 원고의 개선완료보고일인 2015. 10. 31.까지(중간의 휴무일 공제)로 하고 그 기간 중 1일 조업시간을 10시간으로 확정하여 초과배출부과금 산정계산식에 따라 총 85일의 배출기간에 대한 초과배출부과금으로 1,303,020,520원을 부과하였다.

이 사안에 대하여 다음 질문에 답하시오.

1. 甲은 「대기환경보전법」제35조 제2항과 제4항이 초과배출부과금의 산정방법 및 초과배출부과금 부과 여부를 결정하는 배출허용기준의 구체적인 내용에 대해 규정하지 않고 전부 대통령령이나 환경부령으로 정하도록 규정하는 것은 국회가 자신의 임무를 방기한 것이라고 생각한다. A의 법률대리인으로서 A의 이러한 생각을 어떠한 법리에 담아 주장할 수 있는지 설명하고, 그 주장이 받아들여질 수 있는지 검토하시오. (20점)

문제해설 [2016년 제3차 제2문] 문제 1. 해설

1. 문제
대기환경보전법 제35조 제2항과 제4항의 포괄위임금지원칙 위배여부가 문제된다.

2. 甲주장

(1) **관련 조문** – 국민의 기본권은 법률에 의하여 제한할 수 있고(헌법 제37조 제2항), 예외적으로 법률에서 구체적으로 범위를 정하여 위임받은 사항과 법률을 집행하기 위하여 필요한 사항에 관하여 행정입법으로 위임할 수 있다(헌법 제75조, 제95조).

(2) **사안의 경우** – 대기법 제35조 제2항에서는 배출부과금을 기본부과금과 초과부과금으로 나누고 있으나 배출허용기준은 동법 제16조 1항에서 환경부령으로 정하고 있고, 동법 제35조 제4항 배출부과금의 산정방법과 산정기준 등 필요한 사항을 대통령령으로 정하고 있어, 법률에서 구체적 범위를 정하지 않고 하위법령에 위임한 포괄위임금지원칙 위배의 소지가 있다.

3. A주장

(1) **위임입법의 예측가능성 존재**

1) 판례 – 위임입법의 경우 그 한계는 예측가능성인바, 이는 당해 특정조항 하나만을 가지고 판단할 것이 아니고 관련 법조항 전체를 유기적·체계적으로 종합 판단하여 각 대상법률의 성질에 따라 구체적·개별적으로 검토하여 법률조항과 법률의 입법 취지를 종합적으로 고찰할 때 합리적으로 그 대강이 예측될 수 있는 것이라면 위임한계를 일탈하지 아니한 것이다.

2) 사안의 경우 – 위 시행령의 각 규정은 법 제35조에서 부과대상, 기본배출부과금, 초과배출부과금의 부과요건을 모두 정한 다음 배출기간 등 그 세부적 사항을 대통령령에 위임한 데에 근거한 것이어서 사업자로서는 배출부과금의 산정방법 및 그 기준의 대강을 쉽게 예측할 수 있다.

(2) **전문적 기술적 영역**

1) 판례 – 사업장에서 일정 기간에 걸친 오염물질의 실제 배출량은 그 시기와 종기는 물론 그 기간 중에도 늘 같을 수는 없는 관계로 정확한 배출량의 측정 및 그에 따른 배출부과금의 산정은 현실적으로 불가능한 바, 산정방법과 기준은 전문적·과학적인 판단과 탄력적인 규율이 요구되는 영역이므로 하위 법령으로의 위임의 필요성이 인정된다.

2) 사안의 경우 – 배출부과금 산정을 위한 배출량의 현실적 측정의 어려움 때문에 전문적 과학적인 판단에 따른 탄력적 규율이 불가피한 영역으로 하위법령의 위임의 필요성이 존재한다.

4. 결론
A는 甲의 이 사건 법률의 포괄위임금지원칙 위배주장에 대하여 법률의 종합적 체계적 해석을 통해 예측가능성이 존재하고, 전문적 기술적 영역으로 하위법령 위임의 불가피성을 주장한다면, 그 주장은 받아들여질 수 있다.

2015년도 시행 제4회 변호사시험

〈제2문〉

甲은 2003. 10. 27. A시장으로부터 A시 B동 144 대 29,413㎡ 지상에 임대아파트인 독수리아파트 7개동 1,032세대(이하 '독수리아파트'라고 한다)를 건설하는 사업계획승인을 받은 다음 건축공사를 시행하여 2005. 11. 20. 준공검사를 받았다. 한편, 위 준공검사 당시 독수리아파트에서 북쪽방향으로 40m 떨어진 곳에 이미 건축되어 주민들이 입주한 장미아파트가 있었고, 위 40m의 거리 및 독수리아파트의 높이는 일조 등의 확보를 위한 건축물의 높이제한과 관련된 건축법령상의 제반 요건을 충족하고 있다.

乙은 甲이 독수리아파트 건축공사를 완료한 시점인 2005. 11. 20. 기준으로 그 이전에 장미아파트 101동 305호를 분양받아 소유 및 점유·사용하고 있었고, 丙도 2005. 11. 20. 기준으로 그 이전에 장미아파트 101동 705호를 분양받아 소유 및 점유·사용하고 있었다. 한편, 丁은 장미아파트 101동 306호를 분양받은 소유자인 戊로부터 101동 306호를 2005. 11. 20. 기준으로 그 이전에 임차하여 점유·사용하고 있었다.

독수리아파트의 건축으로 인하여 장미아파트 101동 305호와 306호는 동지일을 기준으로 9시부터 15시까지 사이의 6시간 중 연속하여 2시간의 일조시간을 확보할 수 없게 되었고, 또한 동지일을 기준으로 8시에서 16시까지 사이의 8시간 중 통틀어서 4시간의 일조시간을 확보할 수 없게 되었으며, 101동 705호는 동지일을 기준으로 9시부터 15시까지 사이의 6시간 중 연속하여 2시간의 일조시간은 확보되지만, 동지일을 기준으로 8시에서 16시까지 사이의 8시간 중 통틀어서 4시간의 일조시간은 확보할 수 없게 되었다.

1. 乙, 丙, 丁이 甲을 상대로 일조침해를 이유로 하는 손해배상 혹은 건물철거를 청구하는 경우, 그 청구의 권원으로서 일조권의 내용과 법적 성격에 대해 검토하시오. (20점)

문제해설 [2015년 제4회 변시 제2문] 문제 1. 해설

1. 일조권의 내용

(1) **의의** - 햇빛으로 인한 이익을 향유할 수 있는 권리를 말하고, 헌법 제35조 1항에서 모든 국민은 건강하고 쾌적한 환경에서 생활할 권리를 가지며 국가와 국민은 환경보존을 위하여 노력하여야 한다고 규정하고 있다.

(2) **판례** - 주거의 일조는 쾌적하고 건강한 생활에 필요한 생활이익으로서 법적 보호의 대상이 되는 것이며, 이를 수인한도를 넘어 방해하는 것은 위법한 가해행위로 평가되어 일조방해로 인한 불법행위가 성립한다.

(3) **사안의 경우** - 乙, 丙, 丁은 甲의 독수리아파트에 대한 신축완료로 인해 자신들이 햇빛으로 인한 이익을 향유할 수 있는 권리의 침해를 주장할 수 있다.

2. 일조권의 법적성격

(1) **학설** - ① 물권설, ② 인격권설, ③ 환경권설, ④ 불법행위설

(2) **판례** - 일조권 침해에 있어 객관적인 생활이익으로서 일조이익을 향유하는 '토지의 소유자 등'은 토지소유자, 건물소유자, 지상권자, 전세권자 또는 임차인 등의 거주자를 말하는 것으로서, 당해 토지·건물을 일시적으로 이용하는 것에 불과한 사람은 이러한 일조이익을 향유하는 주체가 될 수 없다.

(3) **사안의 경우** - 乙, 丙은 아파트 소유자, 丁은 아파트 임차인으로서 모두 일조권의 향유주체가 되고, 이러한 일조권은 소유권의 본질적 내용인 사용에 대한 제한임과 동시에 일조방해를 받는 건축물에서 생활하는 자의 환경권을 제한하는바, 종합적이고 독자적인 권리로 파악된다.

2012년도 제2회 변호사시험 모의시험

〈제1문〉

대한불교조계종 산하 봉암사의 주지인 甲은 사찰 인근에 건축예정인 지상 19층 건물인 운암빌딩으로 인해 사찰에서 수행중인 승려들과 신도들이 심대한 피해를 입게 될 것이라고 판단하여 변호사인 귀하를 찾아와서 공사금지청구와 손해배상청구를 포함한 민사적 구제수단에 관한 상담을 하고 있다. 아래의 사실관계를 전제로 해서 다음 각 질문의 쟁점에 대하여 변호사로서 귀하의 법률적 의견을 서술하시오.

〈 사실관계 〉

① 운암빌딩의 설계도에 따르면 위 건물은 봉암사의 동쪽 경계로부터 6m의 거리를 두고 높이 87.5m로 건축되는 지상 19층의 건물이다.

② 운암빌딩은 건축법상 인접 건물과의 일조 등의 확보를 위한 건축물의 높이 제한에 관한 규정을 포함하여 공법상 인접 건물과의 거리에 따른 높이 제한 관련 규정은 모두 준수하는 것으로 설계되었고 그에 따른 건축허가를 받았다.

③ 운암빌딩의 건축으로 인해 봉암사 건물의 일조가 일출시간으로부터 봉암사 내부의 건물 위치에 따라 오전 9시 내지 10시까지 침해된다.

④ 운암빌딩이 원 설계대로 건축되면, 앞에서 본 바와 같이 일조가 침해되는 이외에도, 현대식 건물인 운암빌딩이 봉암사 사찰의 전체 경관과 조화되지 않는 문제가 발생하고, 사찰 경내의 시계 차단으로 조망이 저해되며, 인접한 고층 건물에서 사찰 내부를 쉽게 들여다볼 수 있어서 봉암사 내에서 수행하는 승려나 불공을 위해 출입하는 신도들에게 그들의 일상생활이나 종교 활동이 감시되는 듯한 느낌을 줄 수 있다.

1. 공사금지청구소송을 하는 경우 청구원인으로서 주장할 수 있는 가능한 피침해법익의 내용과 그 법적 성질에 대해 논하시오. (35점)

문제해설 [2012년 제2차 제1문] 문제 1. 해설

1. 문제
(1) 헌법상 환경권의 내용과 법적성질, (2) 일조권의 내용과 법적성질, (3) 조망권의 내용과 법적성질, (4) 소유권에 기한 방해배제청구 등을 주장할 수 있다.

2. 헌법상 환경권의 내용과 법적성질

(1) **관련 조문** - 모든 국민은 건강하고 쾌적한 환경에서 생활할 권리를 가지며, 국가와 국민은 환경보전을 위하여 노력하여야 한다(헌법 제35조 1항).

(2) **판례** - 환경권은 명문의 법률규정이나 관계 법령의 규정 취지 및 조리에 비추어 권리의 주체, 대상, 내용, 행사 방법 등이 구체적으로 정립될 수 있어야만 인정되는 것이므로, 사법상의 권리로서의 환경권을 인정하는 명문의 규정이 없는데도 환경권에 기하여 직접 방해배제청구권을 인정할 수 없다.

(3) **사안의 경우** - 봉암사 주지 甲은 정온한 환경에서 생활할 수 있는 환경권을 인정하는 명문의 규정이 없는바, 환경권에 기하여 방해배제청구권으로 공사금지청구소송을 제기할 수는 없다.

3. 일조권의 내용과 법적성질

(1) **내용**

1) 의의 - 햇빛으로 인한 이익을 향유할 수 있는 권리를 말하고, 헌법 제35조 1항에서 모든 국민은 건강하고 쾌적한 환경에서 생활할 권리를 가지며 국가와 국민은 환경보존을 위하여 노력하여야 한다고 규정하고 있다.

2) 판례 - 주거의 일조는 쾌적하고 건강한 생활에 필요한 생활이익으로서 법적 보호의 대상이 되는 것이며, 이를 수인한도를 넘어 방해하는 것은 위법한 가해행위로 평가되어 일조방해로 인한 불법행위가 성립한다.

3) 사안의 경우 - 봉암사 주지 甲은 지상 19층 건물인 운암빌딩으로 인해 햇빛으로 인한 이익을 향유할 수 있는 권리의 침해를 주장할 수 있다.

(2) **법적성질**

1) 학설 - ① 물권설, ② 인격권설, ③ 환경권설, ④ 불법행위설

2) 판례 - 일조권 침해에 있어 객관적인 생활이익으로서 일조이익을 향유하는 '토지의 소유자 등'은 토지소유자, 건물소유자, 지상권자, 전세권자 또는 임차인 등의 거주자를 말하는 것으로서, 당해 토지·건물을 일시적으로 이용하는 것에 불과한 사람은 이러한 일조이익을 향유하는 주체가 될 수 없다.

3) 사안의 경우 - 봉암사 주지 甲은 봉암사에서 거주하는 자로 일조권의 향유주체가 되고, 이러한 일조권은 소유권의 본질적 내용인 사용에 대한 제한임과 동시에 일조방해를 받는 건축물에서 생활하는 자의 환경권을 제한하는바, 종합적이고 독자적인 권리로 파악된다.

4. 조망권의 내용과 법적성질

(1) **의의** – 건물의 소유자나 점유자가 그 건물로부터 향유하는 조망이익이 사회통념상 독자의 이익으로 승인되어야 할 정도로 중요성을 갖는다고 인정되는 경우에 법적 보호의 대상이 된다.

(2) **판례**

1) 조망이익이 법적인 보호의 대상이 되는 경우에 이를 침해하는 행위가 사법상 위법한 가해행위로 평가되기 위해서는 조망이익의 침해 정도가 사회통념상 일반적으로 인용하는 수인한도를 넘어야 한다.

2) 그 수인한도를 넘었는지 여부는 조망이익의 내용, 가해건물의 위치 및 구조와 조망방해의 상황 및 건축·사용목적 등 가해건물의 상황, 가해건물 건축의 경위, 조망방해를 회피할 수 있는 가능성의 유무, 조망방해에 관하여 가해자 측이 해의(害意)를 가졌는지의 유무, 조망이익이 피해이익으로서 보호가 필요한 정도 등 모든 사정을 종합적으로 고려하여 판단한다.

(3) **사안의 경우** – 봉암사 사찰이 갖는 조망이익이 사회통념상 독자적 이익으로 인정되는 사실과 현대식 건물인 운암빌딩이 봉암사 사찰의 전체 경관과 조화되지 않고, 사찰 경내의 시계 차단으로 조망이 저해됨으로 인해 수인한도를 초과하는 피해사실을 입증한다면, 조망권 침해를 이유로 한 공사금지청구를 주장할 수 있다.

5. 소유권에 기한 방해배제청구 가부

(1) **판례** – 인접 대지에 건물을 신축함으로써 조용하고 쾌적한 종교적 환경 등의 생활이익이 침해되고 그 침해가 사회통념상 일반적으로 수인할 정도를 넘어선다고 인정되는 경우에는 토지 등의 소유자는 소유권에 기하여 방해의 제거나 예방을 위하여 필요한 청구를 할 수 있다.

(2) **사안의 경우** – 사찰 경내의 시계 차단으로 조망이 저해되며, 인접한 고층 건물에서 사찰 내부를 쉽게 들여다볼 수 있어서 봉암사 내에서 수행하는 승려나 불공을 위해 출입하는 신도들에게 그들의 일상생활이나 종교 활동이 감시되는 듯한 느낌을 줄 수 있어 조용하고 쾌적한 종교적 환경 등의 생활이익이 침해되는 정도가 수인한도를 초과하는 바, 소유권에 기하여 공사금지청구를 할 수 있다.

6. 결론

甲이 공사금지청구소송을 하는 경우 청구원인으로서 환경권, 일조권, 조망권, 소유권을 피침해법익으로 주장할 수 있다.

2023년도 시행 제12회 변호사시험

〈제1문〉

국방부장관은 국방·군사시설을 A시로 이전하는 사업(이하 '이 사건 사업'이라 한다)을 추진하는 과정에서 B를 사업시행자로 지정하였다. B는 이 사건 사업의 실시계획을 수립하여 국방부장관에게 승인을 신청하였는데, 이 사건 사업은 「환경영향평가법」에 따른 환경영향평가 대상사업이다. 국방부장관은 이 사건 사업에 대한 환경영향평가에서 "법정보호종인 맹꽁이가 환경영향평가 대상지역(이하 '대상지역'이라 한다) 내에는 서식하지 않는다."라는 조사결과를 바탕으로 「국방·군사시설사업에 관한 법률」에 따른 승인처분(이하 '이 사건 처분'이라 한다)을 한 후 고시하였다.

이에 대하여 대상지역 내에서 거주하고 있는 甲, 대상지역 내에 거주하지는 않지만 대상지역 내에서 토지를 소유하고 있는 乙, 대상지역 밖에 거주하면서 대상지역 내 농지를 임차하여 농사를 짓고 있는 丙, 대상지역과 약 50km 이상 떨어진 곳에 거주하지만 수 년 동안 매년 2회 이상 대상지역 내의 늪지대를 탐사하며 맹꽁이 연구를 수행하고 있는 생물학자 丁은 대상지역 내에 맹꽁이가 서식하고 있다는 구체적인 증거를 제시하면서 이 사건 처분의 취소를 구하는 행정소송을 제기하였다.

1. 甲, 乙, 丙, 丁은 이 사건 처분의 취소를 구할 원고적격이 있는지를 검토하시오. (40점)
2. 환경영향평가서가 부실하게 작성되었다는 이유로 이 사건 처분이 위법하다는 주장의 당부를 검토하시오. (20점)

문제해설 [2023년 제12회 변시 제1문] 문제 1. 해설

1. 문제
(1) 법률상 이익여부 및 근거법규 해당여부, (2) 甲, 乙, 丙, 丁의 원고적격 인정 여부가 문제 된다.

2. 법률상 이익여부 및 근거법규 해당여부

(1) **관련조문** – 취소소송은 처분 등의 취소를 구할 법률상 이익이 있는 자가 제기할 수 있다(행소법 제12조).

(2) **학설** – ① 권리구제설, ② 법률상 이익 구제설, ③ 소송상 보호할 가치 있는 이익구제설, ④ 적법성 보장설 등이 있다.

(3) **판례** – 법률상 보호되는 이익이란 처분의 근거법규 및 관련법규에 의하여 보호되는 개별적·직접적·구체적 이익이 있는 경우를 말하고, 근거법규 및 관련법규의 명문규정이 없더라도 합리적 해석상 이를 보호하는 취지가 있는 경우까지 포함하나, 공익보호의 결과로 생기는 일반적·간접적·추상적 이익의 경우는 포함되지 않는다.

(4) **사안의 경우** – 이 사건 승인처분의 판단 근거인 법률의 의미에 환경영향평가법을 근거법규로 볼 수 있는지 살펴보면, 이 사건 사업은 환경영향평가법에 따른 환경영향평가 대상사업에 해당된다. 그리고, 국방부장관은 법정보호종인 맹꽁이가 대상지역에 서식하지 않는다는 조사결과를 바탕으로 이 사건 처분을 하였는바, 환경영향평가법은 처분에 직접적인 영향을 미치는 근거법규로 판단된다.

3. 甲, 乙, 丙, 丁의 원고적격 인정여부

(1) **甲의 경우**

1) **판례** - 행정처분의 근거 법규에 그 처분으로 환경상 침해가 예상되는 영향권의 범위가 구체적으로 규정되어 있는 경우 그 범위 내의 주민들은 직접적으로 중대한 환경피해를 입으리라고 예상할 수 있고, 이는 주민 개개인에 대한 개별적·직접적·구체적 이익으로서 그들에 대하여는 환경상 이익의 침해가 있는 것으로 사실상 추정되어 법률상 보호되는 이익이 인정된다.

2) **사안의 경우** – 甲은 환경영향평가 대상지역 내에 거주하고 있는 자로 개별적·직접적·구체적으로 환경상 이익에 대한 침해가 예상되어 법률상 보호되는 이익이 있는 자인바, 원고적격이 인정된다.

(2) **乙, 丙, 丁의 원고적격**

1) **판례**
① 영향권 밖의 주민들은 당해 처분으로 인하여 그 처분 전과 비교하여 수인한도를 넘는 환경피해를 받거나 받을 우려가 있다는 자신의 환경상 이익에 대한 침해 또는 침해 우려가 있음을 입증하여야만 법률상 보호되는 이익으로 인정되어 원고적격이 인정된다.

② 환경상 침해를 받으리라고 예상되는 영향권 내의 주민들을 비롯하여 그 영향권 내에서 농작물을 경작하는 등 현실적으로 환경상 이익을 향유하는 사람도 포함되나 단지 그 영향권 내의 건물·토지를 소유하거나 환경상 이익을 일시적으로 향유하는 데 그치는 사람은 포함되지 않는다.

2) 乙의 경우

乙은 대상 지역 내에 토지를 소유하고 있으나 거주하고 있지 않다는 점에서 대상 지역에서 현실적인 환경상 이익을 향유하고 있다고 보기 어려운바, 원고적격이 인정되지 않는다.

3) 丙의 경우

① 丙이 대상 지역 밖에서 거주하고 있다는 사실관계에 주목하면, 이 사건 처분 전과 비교하여 수인한도를 넘는 환경피해를 받거나 받을 우려가 있어 자신의 환경상 이익에 대한 침해 또는 침해 우려가 있음을 입증하는 경우, 법률상 보호되는 이익이 있는 자로 보아 원고적격을 인정받을 수 있다.

② 또한, 丙은 대상지역 내에서 농지를 임차하여 농사를 짓고 있으므로 그 영향권 내에서 현실적으로 환경상 이익을 향유하는 사람에 포함되는바, 원고적격이 인정된다.

4) 丁의 경우

① 丁은 대상지역으로부터 50Km 떨어진 곳에 거주하고 있는 자로, 이 사건 처분으로 수인한도를 넘어 자신의 환경상 이익에 대한 침해 또는 침해 우려가 있음을 입증한다면, 원고적격이 인정될 수 있다. 대상지역 밖에서 거주하면서 대상지역 내에서 농작물을 경작하는 丙에 비하여, 수인한도를 넘는 환경피해 내지 우려에 대한 입증정도가 강화되어 원고적격 인정이 쉽지 않을 것으로 보인다.

② 또한, 丁은 수년 동안 매년 2회 이상 대상지역 내의 늪지대를 탐사하며 맹꽁이 연구를 수행하면서 대상지역 내에 법정보호종인 맹꽁이가 서식하고 있다는 구체적인 증거를 제시하는 생물학자이기도 하다. 생물학자로서 대상지역 내의 환경상의 이익을 현실적으로 향유하고 있는 자임을 입증한다면 원고적격인 인정될 여지도 있으나, 일시적으로 향유하는 자에 포섭된다면 인정되기 어렵다.

4. 결론

甲은 영향권 내의 주민으로, 丙은 영향권 내에서 농지를 경작하고 있는 자로서 원고적격이 인정된다. 乙은 영향권 밖의 주민으로 대상지역 내 토지 소유 사실만으로 원고적격을 인정하기 어렵다. 丁은 영향권 밖의 주민이자 생물학자로서 수인한도를 넘는 환경상 이익에 대한 침해 또는 우려를 입증한다면 원고적격이 인정될 수 있으나 입증의 어려움을 고려하면 인정받기 어려울 것으로 보인다.

문제해설 [2023년 제12회 변시 제1문] 문제 2. 해설

1. 문제
(1) 환경영향평가의 실체적 하자 유무와 효과, (2) 재량행위의 일탈 남용 여부가 문제 된다.

2. 환경영향평가의 실체적 하자 유무와 효과

(1) 환경영향평가의 실체적 하자 유무
대상 지역이 맹꽁이 집단 서식지로서 환경적·생태적으로 가치가 큰 지역임에도 불구하고 사업대상지에 포함되는 현장조사를 부실하게 실시하였고, 그에 기반하여 작성된 환경영향평가서 또한 부실하게 작성되었다면 실체적 하자가 존재한다고 볼 수 있다.

(2) 환경영향평가의 실체적 하자 효과
1) 판례 - 환경영향평가를 거쳐야 할 대상사업에 대하여 환경영향평가를 하지 않고 승인처분을 하였다면 그 처분은 위법하나, 그러한 절차를 거쳤다면 환경영향평가의 내용이 다소 부실하더라도 그 부실은 당해 승인 등 처분에 재량권 일탈·남용의 위법이 있는지 여부를 판단하는 하나의 요소이지 당연히 당해 승인 처분이 위법한 것은 아니다.

2) 사안의 경우 - 판례의 태도에 따르면 환경영향평가서가 부실하게 작성된 사실 그 자체만으로 처분이 바로 위법하다고 볼 수 없고, 행정처분의 재량행위성의 일탈·남용 여부를 판단하는 하나의 요소가 될 수 있음을 밝히고 있는바, 사업대상지역에 대한 환경영향평가를 부실하게 실시하고 승인처분을 한 것으로 재량행위 일탈 내지 남용의 요소가 된다.

3. 재량행위의 일탈 남용여부

(1) 관련조문 - 행정청의 재량에 속하는 처분이라도 재량권의 한계를 넘거나 그 남용이 있는 때에는 법원은 이를 취소할 수 있다(행소법 제27조).

(2) 사안의 경우
1) 이 사건 사업의 추진여부는 당해 사업으로 얻을 수 있는 국민경제적인 가치와 이로 인하여 훼손되는 환경의 가치를 비교하여 결정한다.

2) 사업 시행 전과 비교하여 사회통념상 수인한도를 넘는 생활이익의 침해 즉, 해당 부지가 주민들의 거주지와 매우 가깝게 위치하고 있어 향후 국방·군사시설이 설치되면 소음 공해로 인해 환경상 이익의 침해는 물론 주민의 건강에 대한 난청, 이명 등의 피해가 발생할 우려가 있음에도 환경피해 저감방안 등이 포함되지 않은 것으로 보인다.

3) 또한, 대상지역 내에 법정보호종인 맹꽁이의 집단폐사를 방지하기 위한 조사 내지 예방조치가 이루어진 않은 사안임에도 행정청이 이러한 환경피해 발생을 충분히 고려하지 아니한 채 승인하였다면 재량권을 일탈 또는 남용한 행위로써 취소될 수 있다.

4. 결론

　환경영향평가서가 부실하게 작성되었다는 이유로 이 사건 처분이 위법 하다는 주장 자체가 바로 인용되기는 어려우나, 부실하게 작성된 사실은 처분청이 재량행위를 일탈 남용한 하나의 요소로서 여겨지는바, 다른 위법사유와 함께 주장되는 경우 이 사건 처분은 위법한 처분에 해당되어 취소될 여지는 존재한다.

2020년도 시행 제9회 변호사시험

〈제2문〉

A군과 B군 사이에 ○○산도립공원이 위치하고 있다. 5년 전 B군이 관할구역 내에 ○○산도립공원 정상부근까지 케이블카를 설치하자 많은 관광객이 B군으로만 몰리게 되었고, 그 결과 A군의 관광수입이 급격히 줄어들어 경제사정이 악화되었다. 이에 A군수는 지역경제 활성화를 위하여 A군의 관할구역에서 출발하지만 정상부근이 아닌 다른 봉우리에 도착하는 케이블카와 상부 케이블카 정류장에서 정상을 잇는 국내에서 가장 긴 흔들다리를 설치하는 사업(이하 '케이블카사업'이라고 함)을 시행하고자 하였다.

케이블카사업은 환경영향평가대상사업으로 환경영향평가대상지역(이하 '대상지역'이라고 함)으로 지정된 구역은 한국의 알프스로 불릴 정도로 광활한 초원지대가 발달된 곳이며, 왕벚나무 등 A군에만 자생하는 희귀 동·식물이 많은 지역으로 알려져 있다.

甲은 대상지역 내에 아파트를 소유하여 거주하는 자이며, 乙은 대상지역 내의 임야를 1년간 임차하여 은퇴한 경주용 말 20마리를 방목하며 관광객을 상대로 승마영업을 하는 자로 대상지역으로부터 10km 떨어진 곳에 거주하고 있다. 丙은 대상지역 내의 토지를 소유하고 있으나 해당 토지는 경작이 불가능한 관계로 이 곳에 출입을 거의 하지 않고 있다. 丁은 퇴직 후 대상지역의 자연환경을 만끽하고자 대상지역으로부터 50m 떨어진 곳에 전원주택을 신축하여 7년 전 이주한 자이다.

주민 甲은 35명의 주민과 함께 케이블카사업이 주변 환경에 미치는 심각한 영향을 우려하여 공청회 개최가 필요하다는 의견을 제출하였으나, 공청회는 개최되지 않았다. 환경부장관과의 협의를 거쳐 A군수는 환경영향평가서를 작성하였고, C도지사는 이러한 환경영향평가서를 근거로 케이블카사업에 대한 승인처분을 하였다.

2. 甲, 乙, 丙, 丁은 케이블카사업승인처분에 대하여 취소를 구할 원고적격이 인정되는가? (30점)

3. 주민 甲이 공청회 생략은 케이블카사업승인처분의 무효사유라고 주장하고 있다. 이에 대하여 A군수는 사업의 시급성으로 인한 공청회 생략은 정당한 사유에 해당하며 자신이 작성한 환경영향평가서를 근거로 한 C도지사의 케이블카사업승인처분은 유효라고 주장한다. A군수 주장의 타당성에 대하여 논하시오. (20점)

문제해설 [2020년 제9회 변시 제2문] 문제 2. 해설

1. 문제
(1) 법률상 이익여부 및 근거법규 해당여부, (2) 甲, 乙, 丙, 丁의 원고적격 인정 여부가 문제 된다.

2. 법률상 이익여부 및 근거법규 해당여부

(1) **관련 조문** – 취소소송은 처분 등의 취소를 구할 법률상 이익이 있는 자가 제기할 수 있다(행소법 제12조).

(2) **학설** – ① 권리구제설, ② 법률상 이익 구제설, ③ 소송상 보호할 가치 있는 이익구제설, ④ 적법성 보장설 등이 있다.

(3) **판례** – 법률상 보호되는 이익이란 처분의 근거법규 및 관련법규에 의하여 보호되는 개별적·직접적·구체적 이익이 있는 경우를 말하고, 근거법규 및 관련법규의 명문규정이 없더라도 합리적 해석상 이를 보호하는 취지가 있는 경우까지 포함하나, 공익보호의 결과로 생기는 일반적·간접적·추상적 이익의 경우는 포함되지 않는다.

(4) **사안의 경우** – 이 사건 승인처분의 판단 근거인 법률의 의미에 환경영향평가법을 근거법규로 볼 수 있는지 살펴보면, 환경영향평가대상사업의 경우 승인처분을 위해서는 환경영향평가의 협의내용을 사업계획에 반영하도록 하여야 하는바, 환경영향평가법은 처분에 직접적인 영향을 미치는 근거법규가 된다.

3. 甲, 乙, 丙, 丁의 원고적격 인정여부

(1) **甲의 경우**

1) 판례 – 행정처분의 근거 법규에 그 처분으로 환경상 침해가 예상되는 영향권의 범위가 구체적으로 규정되어 있는 경우 그 범위 내의 주민들은 직접적으로 중대한 환경피해를 입으리라고 예상할 수 있고, 이는 주민 개개인에 대한 개별적·직접적·구체적 이익으로서 그들에 대하여는 환경상 이익의 침해가 있는 것으로 사실상 추정되어 법률상 보호되는 이익이 인정된다.

2) 사안의 경우 – 甲은 환경영향평가 대상지역 내에 아파트를 소유하며 거주하고 있는 자로 개별적·직접적·구체적으로 환경상 이익에 대한 침해가 예상되어 법률상 보호되는 이익이 있는 자인 바, 원고적격은 인정된다.

(2) **乙, 丙, 丁의 원고적격**

1) 판례
① 영향권 밖의 주민들은 당해 처분으로 인하여 그 처분 전과 비교하여 수인한도를 넘는 환경피해를 받거나 받을 우려가 있다는 자신의 환경상 이익에 대한 침해 또는 침해 우려가 있음을 입증하여야만 법률상 보호되는 이익으로 인정되어 원고적격이 인정된다.

② 환경상 침해를 받으리라고 예상되는 영향권 내의 주민들을 비롯하여 그 영향권 내에서 농작물을 경작하는 등 현실적으로 환경상 이익을 향유하는 사람도 포함되나 단지 그 영향권 내의 건물·토지를 소유하거나 환경상 이익을 일시적으로 향유하는 데 그치는 사람은 포함되지 않는다.

2) 乙의 경우

① 乙은 환경영향평가 내의 임야를 1년간 단기임차하여 은퇴한 경주용 말 20마리를 방목하며 관광객을 상대로 승마 영업을 하는 자인데, 케이블카사업으로 인해 관광객이 늘어날 경우 乙의 침해를 인정하기 어렵고, 환경영향평가 내에서 말을 방목하여 얻는 이익은 환경상 이익이기 보다는 재산상 이익에 해당하고, 환경상 이익을 일시적으로 향유하는 것에 불과한바, 이를 근거로 한 원고적격은 인정되기 어렵다.

② 다만, 乙은 대상지역으로부터 10km 떨어진 곳에 거주하고 있는 주민이므로 이 사건 처분으로 수인한도를 넘는 자신의 환경상 이익에 대한 침해 또는 침해 우려가 있음을 입증하면 법률상 보호되는 이익으로 인정되는 원고적격이 인정될 수 있다.

3) 丙의 경우

丙은 대상 지역 내에 토지를 소유하고 있으나 해당 토지는 경작이 불가능한 관계로 이곳에 거의 출입을 하지 않고 있는 자로 대상 지역에서 현실적인 환경상 이익을 향유하고 있다고 보기 어려운바, 원고적격을 인정하기 어렵다.

4) 丁의 경우

丁은 퇴직 후 대상 지역의 자연환경을 누리고자 대상지역으로부터 50m 떨어진 곳에 전원주택을 신축하여 7년 전 이주한 자로, 이 사건 처분으로 수인한도를 넘어 자신의 환경상 이익에 대한 침해 또는 침해 우려가 있음을 입증하여, 원고적격이 인정될 수 있는데, 대상지역에서 10Km 떨어진 乙과 비교하여 입증정도가 완화되어 원고적격 인정이 수월한 것으로 보인다.

4. 결론

甲은 원고적격이 인정되고, 丙은 원고적격이 부정되며, 乙과 丁은 영향권 밖의 주민으로 수인한도를 넘는 환경상 이익에 대한 침해 또는 우려를 입증한다면 원고적격이 인정된다.

문제해설 [2020년 제9회 변시 제2문] 문제 3. 해설

1. 문제
(1) 공청회 개최요건 및 생략사유 존재여부, (2) 절차상 하자에 따른 처분의 위법성 여부가 문제된다.

2. 공청회 개최요건 및 생략사유 존재여부

(1) **관련 조문**

1) 환경영향평가법 제13조 제1항
   개발기본계획을 수립하려는 행정기관의 장은 개발기본계획에 대한 전략환경영향평가서 초안을 공고·공람하고 설명회를 개최하여 해당 평가 대상지역 주민의 의견을 들어야 한다. 다만, 대통령령으로 정하는 범위의 주민이 공청회의 개최를 요구하면 공청회를 개최하여야 한다.

2) 환경영향평가법 시행령 제16조 제1항 제1호
   개발기본계획을 수립하려는 행정기관의 장은 법 제13조제1항 단서에 따라 공청회 개최가 필요하다는 의견을 제출한 주민이 30명 이상인 경우에는 공청회를 개최하여야 한다.

3) 환경영향평가법 시행령 제18조 제1항 제1호, 제2호
   동법 제13조 제3항에 따라 설명회나 공청회를 개최하지 아니할 수 있는 경우는 설명회가 주민 등의 개최 방해 등의 사유로 개최되지 못하거나 개최되었더라도 정상적으로 진행되지 못한 경우, 공청회가 주민 등의 개최 방해 등의 사유로 2회 이상 개최되지 못하거나 개최되었더라도 정상적으로 진행되지 못한 경우로 한다.

(2) **사안의 경우**

1) 주민 甲은 35명의 주민과 함께 케이블카 사업이 주변 환경에 미치는 심각한 영향을 우려하여 공청회 개최가 필요하다는 의견을 A군수에게 제출하였으므로 공청회 개최요건을 충족되었다.

2) 그런데, A군수는 공청회를 열지 않았고, 생략사유로 주장하는 사업의 시급성은 법이 규정한 공청회 절차 생략사유에 해당되지 않음에도 불구하고 이를 생략하였는바, 이 사건 처분은 절차상 하자가 존재한다.

3. 절차상 하자에 따른 처분의 위법성 여부

(1) **관련 법리** - 주민의견수렴 절차 등 경미한 절차상 하자의 경우에는 취소사유가 되지 않는다는 견해도 존재하나, 법령상 규정된 절차를 거치지 않은 것을 경미한 절차위반이라고 보기는 어려우며 위법, 취소사유에 해당하는 것이 원칙이다.

(2) **판례** - 재량행위·기속행위를 불문하고 절차적 하자가 존재하는 경우 독자적 위법사유로 인정하고 있다.

(3) **사안의 경우** - 甲을 비롯한 A군 주민 35명이 공청회를 요청하였음에도 공청회를 개최하지 아니한 절차적 하자가 존재하여, 절차가 갖는 사전적 권리구제로서의 역할을 간과한 처분에 대한 위법성을 주장할 수 있다.

4. 결론
　절차적 하자가 존재하지 않음을 이유로 이 사건 승인처분의 유효를 주장하는 A군수의 주장은 타당하지 않다.

2020년도 제1회 변호사시험 모의시험

〈제1문〉

甲은 민간건설회사로서 공항개발사업에 참여하면서 여객터미널(국제·국내 16만2400㎡) 및 화물터미널(2만㎡) 공사를 시행하기로 하고 국토교통부장관 乙로부터 사업실시계획 승인을 받았다. 이후 甲은 화물터미널 부지를 확대(5만㎡)하면서 乙에게 사업실시계획 변경승인(이하 '제1차 변경처분'이라 한다)을 받았다. 이에, 공항개발사업 부지 인근 주민들은 제1차 변경처분은 앞서 이루어진 사업실시계획 승인과 동일영향권역에서 시행되는 동종의 사업으로 전체 사업규모를 기준으로 할 때 환경영향평가 대상임에도 불구하고 환경영향평가를 거치지 않았으므로 위법하다고 주장한다.

제1차 변경처분에 대한 반대 여론이 증가하자 乙은 甲에게 사업부지 일부의 축소·변경을 조건으로 사업실시계획 변경신청을 하여 줄 것을 협의·요청하였으며, 甲은 이에 응하여 환경영향평가를 실시한 후, 乙에게 사업실시계획 변경신청을 하여 승인(이하 '제2차 변경처분'이라 한다)을 받았다. 하지만 甲은 공사지연이 우려되어 다급하게 환경영향평가를 실시하면서 사업대상지에 포함되는 지하수자원보전지구 1등급 지역 및 철새도래지에 대한 현장조사를 실시하지 않았고, 공사소음에 대한 환경저감방안을 포함하지 않았다. (환경영향평가 대상지역의 범위는 사업부지 경계로부터 1.2km 이내로 지정되었음을 전제한다.)

1. 인근 주민들이 공항소음 등 환경상 이익 침해를 우려하여 제1차 변경처분에 대한 행정소송을 제기할 때, 다음 사항을 검토하시오. (50점)

   1) 이 사건 주민 A는 사업부지 반경 1km에 거주하고 있으며, B는 사업부지 반경 0.5km에서 음식점 영업을 하면서 사업부지 반경 3km에 거주하고 있으며, C는 사업부지 반경 3km에서 거주하고 있다. 주민 A, B, C는 원고적격을 갖추었는지 검토하시오. (20점)

   2) 乙의 제1차 변경처분의 위법성 및 효력을 검토하시오. (30점)

2. 인근 주민들은 甲의 환경영향평가가 부실하게 이루어졌으므로 乙의 제2차 변경처분이 위법하다고 주장한다. 위 주장의 타당성을 검토하시오. (30점)

〈환경영향평가법 시행령 제33조 별표 3〉

구 분	환경영향평가대상사업의 종류 및 범위	협의 요청시기
8. 공항 또는 비행장의 건설사업	공항시설법 제2조제9호 또는 제10호에 따른 공항개발사업 또는 비행개발사업 중 다음의 어느 하나에 해당하는 사업 1) 공항 또는 공항시설법 시행령 제2조제1호에 따른 육상비행장의 신설 2) 길이가 500미터 이상인 활주로의 건설 3) 그 밖의 공항개발사업 또는 비행장개발사업으로서 사업면적이 20만제곱미터 이상인 것	공항시설법 제7조제6항 본문에 따른 실시계획의 고시 전

〈비고〉

4. 다음 각 목의 어느 하나에 해당하는 사업은 그 사업 전체에 대하여 환경영향평가를 하여야 한다. 다만, 위 표 제17호마목의 골재채취예정지 및 준공된 선형사업은 다음 각 목의 사업에서 제외한다.

   가. 같은 사업자가 동일 영향권역에서 같은 종류의 사업을 하는 경우로서 각 사업 규모의 합이 평가 대상규모에 이른 경우

   나. 사업의 승인등을 할 당시에 평가대상사업에 해당되나 평가 대상규모 미만이어서 환경영향평가를 하지 않은 사업이 동일 영향권역에서 사업계획의 변경으로 그 사업규모가 평가 대상규모에 이르거나, 그 사업규모와 신규로 승인등이 된 사업규모(사업자가 같은 경우만 해당한다)의 합이 평가 대상규모에 이른 경우

〈공항시설법 제2조〉

공항시설법 제2조(정의) 이 법에서 사용하는 용어의 뜻은 다음과 같다.

　9. "공항개발사업"이란 이 법에 따라 시행하는 다음 각 목의 사업을 말한다.

　　가. 공항시설의 신설·증설·정비 또는 개량에 관한 사업

　　나. 공항개발에 따라 필요한 접근교통수단 및 항만시설 등 기반시설의 건설에 관한 사업

　　다. 공항이용객 및 항공과 관련된 업무종사자를 위한 사업 등 대통령령으로 정하는 사업

문제해설 [2020년 제1차 제1문] 문제 1.의 1) 해설

1. 문제
   (1) 법률상 이익여부 및 근거법규 해당 여부, (2) A, B, C의 원고적격 인정 여부가 문제 된다.

2. 법률상 이익여부 및 근거법규 해당여부

   (1) **관련 조문** - 취소소송은 처분 등의 취소를 구할 법률상 이익이 있는 자가 제기할 수 있다(행소법 제12조).

   (2) **학설** - ① 권리구제설, ② 법률상 이익 구제설, ③ 소송상 보호할 가치 있는 이익구제설, ④ 적법성 보장설 등이 있다.

   (3) **판례** - 법률상 보호되는 이익이란 처분의 근거법규 및 관련법규에 의하여 보호되는 개별적·직접적·구체적 이익이 있는 경우를 말하고, 근거법규 및 관련법규의 명문규정이 없더라도 합리적 해석상 이를 보호하는 취지가 있는 경우까지 포함하나, 공익보호의 결과로 생기는 일반적·간접적·추상적 이익의 경우는 포함되지 않는다.

   (4) **사안의 경우** - 이 사건 승인처분의 판단 근거인 법률의 의미에 환경영향평가법을 근거법규로 볼 수 있는지 살펴보면, 환경영향평가대상사업의 경우 승인처분을 위해서는 환경영향평가의 협의내용을 사업계획에 반영하도록 하여야 하는바, 환경영향평가법은 처분에 직접적인 영향을 미치는 근거법규가 된다.

3. A, B, C의 원고적격 인정 여부

   (1) A의 경우
   1) 판례 - 행정처분의 근거 법규에 그 처분으로 환경상 침해가 예상되는 영향권의 범위가 구체적으로 규정되어 있는 경우 그 범위 내의 주민들은 직접적으로 중대한 환경피해를 입으리라고 예상할 수 있고, 이는 주민 개개인에 대한 개별적·직접적·구체적 이익으로서 그들에 대하여는 환경상 이익의 침해가 있는 것으로 사실상 추정되어 법률상 보호되는 이익이 인정된다.

   2) 사안의 경우 - A는 환경영향평가 대상지역 1.2Km이내인 1Km에 거주하고 있는 자로 개별적·직접적·구체적으로 환경상 이익에 대한 침해가 예상되어 법률상 보호되는 이익이 있는 자인바, 원고적격이 인정된다.

   (2) B, C의 경우
   1) 판례
   ① 영향권 밖의 주민들은 당해 처분으로 인하여 그 처분 전과 비교하여 수인한도를 넘는 환경피해를 받거나 받을 우려가 있다는 자신의 환경상 이익에 대한 침해 또는 침해 우려가 있음을 입증하여야만 법률상 보호되는 이익으로 인정되어 원고적격이 인정된다.

② 환경상 침해를 받으리라고 예상되는 영향권 내의 주민들을 비롯하여 그 영향권 내에서 농작물을 경작하는 등 현실적으로 환경상 이익을 향유하는 사람도 포함되나 단지 그 영향권 내의 건물·토지를 소유하거나 환경상 이익을 일시적으로 향유하는 데 그치는 사람은 포함되지 않는다.

2) B의 경우

① B는 사업부지 반경 0.5Km에서 음식점 영업을 하는 것은 환경영향평가대상지역 내에서 재산상 이익을 향유하는 주체이지 법적으로 보호받은 환경상 이익에 침해가 있다고 보기 어려운바, 이를 근거로 원고적격을 인정받기 어렵다.

② 다만, B는 대상지역으로부터 3Km 떨어진 곳에 거주하고 있는 주민이므로 이 사건 처분으로 수인한도를 넘는 자신의 환경상 이익에 대한 침해 또는 침해 우려가 있음을 입증하여야만 법률상 보호되는 이익으로 인정되는 원고적격이 인정된다.

3) C의 경우

C는 대상지역으로부터 3Km 떨어진 곳에 거주하고 있는 주민이므로 제1차 처분으로 수인한도를 넘는 자신의 환경상 이익에 대한 침해 또는 침해 우려가 있음을 입증하여야만 법률상 보호되는 이익으로 인정되는 원고적격이 인정된다.

4. 결론

A는 원고적격이 인정되고, B. C는 영향권 밖의 주민으로 수인한도를 넘는 환경상 이익에 대한 침해 또는 우려를 입증한다면 원고적격이 인정될 수 있다.

문제해설 [2020년 제1차 제1문] 문제 1.의 2) 해설

1. 문제
(1) 환경영향평가 대상사업 해당 여부, (2) 환경영향평가를 생략한 처분의 효력 여부가 문제된다.

2. 환경영향평가 대상사업 해당여부

(1) **관련 조문**

1) 환경영향평가법 제22조 제1항 제8호
   공항의 건설사업에 해당하는 사업을 하려는 자는 환경영향평가를 실시하여야 한다.

2) 환경영향평가법 시행령 제31조 별표 3. 구분 8.
   공항개발사업으로서 사업면적이 20만 제곱미터 이상인 경우, 실시계획의 고시 전에 환경영향평가 협의를 요청하여야 한다.

3) 환경영향평가법 시행령 제31조 별표 3. 비고 4.
   같은 사업자가 동일 영향권역에서 같은 종류의 사업을 하는 경우로서 각 사업 규모의 합이 평가대상규모에 이른 경우에는 그 사업 전체에 대하여 환경영향평가를 실시하여야 한다.

(2) **판례** - 동일영향권역에서 시행되는 동종의 사업들에 대해서는 사업자가 동일한지를 불문하고 전체적으로 하나의 사업으로 보아 각 사업의 규모를 합산하여 환경영향평가 대상 여부를 결정하여야 하고, 두 사업이 "동일영향권역에서 시행되는 동종의 사업"에 해당한다고 판단되는 경우, 환경영향평가 대상사업에 해당한다.

(3) **사안의 경우** - 최초 사업면적이 18만 2,400㎡이므로 환경영향평가 미실시 사업이었으나, 제1차 변경처분으로 추가되는 사업면적이 5만㎡로서 전체 사업면적은 23만2400㎡이므로 환경영향평가법 시행령 제31조 별표 3 비고 4.에 따라 제1차 변경처분이 환경영향평가 대상사업에 해당한다.

3. 환경영향평가를 생략한 처분의 효력 여부

(1) **판례** - 환경영향평가를 거쳐야 할 대상사업에 대하여 환경영향평가를 거치지 아니하였음에도 불구하고 승인처분이 이루어진 하자는 법규의 중요 부분을 위반한 중대한 것이고 객관적으로도 명백한 것으로 이는 당연무효이다.

(2) **사안의 경우** - 제1차 변경처분은 앞서 이루어진 사업실시계획 승인과 동일영향권역에서 시행되는 동종의 사업으로 전체 사업규모를 기준으로 할 때 20만㎡을 초과한 환경영향평가 대상임에도 불구하고 환경영향평가를 거치지 않은 절차적 하자는 법규의 중요 부분을 위반한 중대·명백한 것으로 당연무효이다.

4. 결론
乙의 제1차 변경처분은 중대·명백한 위법이 있는바, 효력이 없다.

문제해설 [2020년 제1차 제1문] 문제 2. 해설

1. 문제
(1) 환경영향평가의 실체적 하자 유무와 효과, (2) 재량행위의 일탈남용 여부가 문제 된다.

2. 환경영향평가의 실체적 하자 유무와 효과

(1) 환경영향평가의 실체적 하자 유무
해당 지역이 환경적·생태적으로 가치가 큰 지역임에도 불구하고 사업대상지에 포함되는 지하수자원 1등급 지역 및 철새 도래지에 대한 현장조사를 실시하지 않았고, 공사소음에 대한 환경저감방안도 포함되지 않는 등 환경영향평가가 부실하게 실시된 실체적 하자가 존재한다.

(2) 환경영향평가의 실체적 하자 효과
1) 판례 - 환경영향평가를 거쳐야 할 대상사업에 대하여 환경영향평가를 하지 않고 승인처분을 하였다면 그 처분은 위법하나, 그러한 절차를 거쳤다면 환경영향평가의 내용이 다소 부실하더라도 그 부실은 당해 승인 등 처분에 재량권 일탈·남용의 위법이 있는지 여부를 판단하는 하나의 요소이지 당연히 당해 승인 처분이 위법한 것은 아니다.

2) 사안의 경우 - 상술한 지하수자원 1등급 지역 및 철새도래지에 대한 현장조사를 실시하지 않았고, 공사소음에 대한 환경저감방안도 포함되지 않는 등의 실체적 하자는 사업대상지역에 대한 환경영향평가를 부실하게 않고 승인처분을 한 것으로 재량행위 일탈 내지 남용의 요소가 분명하다.

3. 재량행위의 일탈남용여부

(1) 관련 조문
행정청의 재량에 속하는 처분이라도 재량권의 한계를 넘거나 그 남용이 있는 때에는 법원은 이를 취소할 수 있다(행소법 제27조).

(2) 사안의 경우
1) 개발사업 추진여부는 당해 사업으로 얻을 수 있는 국민경제적인 가치와 이로 인하여 훼손되는 환경의 가치를 비교하여 결정한다.

2) 개발 전과 비교하여 사회통념상 수인한도를 넘는 생활이익의 침해 즉, 해당 부지가 주민들의 거주지와 매우 가깝게 위치하고 있어 향후 공항이 설치되면 소음 공해로 인해 환경상 이익의 침해는 물론 주민의 건강에 대한 난청, 이명 등의 피해가 발생할 우려가 있음에도 방음벽 설치, 운행시간 제한 등의 환경피해 저감방안 등이 포함되지 않았다.

3) 그리고, 지하수자원 1등급 지역으로 공항시설 건설과정에서 발생될 수 있는 피해와 철새도래지를 보전하기 위한 현장실태조사조차 이루어진 않은 사안임에도 행정청이 기본적인 환경적 위해 발생을 충분히 고려하지 아니한 채 승인하였다면 재량권을 일탈 또는 남용한 행위로써 취소되어야 한다.

4. 결론
주민들의 환경영향평가의 실제적, 내용상 하자를 이유로 한 처분행위의 위법주장은 처분청이 재량행위를 일탈 남용한 것으로 타당한바, 취소될 수 있다.

2019년도 제1회 변호사시험 모의시험

〈제1문〉

한국고속철도건설공단은 고속철도차량정비기지 건설사업과 관련하여 「환경영향평가법」과 동시행령에 따라 이 사업에 관한 환경영향평가서의 작성을 대행업자인 P에게 의뢰하였다. P가 작성한 환경영향평가서 초안이 공고, 공람된 후, 이 초안에 대하여 甲을 포함한 8인의 지역주민이 의견을 제출하였다. 한국고속철도건설공단은 주민들의 의견을 일부 반영하여 작성된 환경영향평가서를 사업계획승인권자인 K에게 제출하였다. 이에 K는 위 환경영향평가서를 검토한 후 관계기관과의 협의를 마치고 이 사업의 실시계획승인처분을 하였다. 甲, 乙 및 丙은 다음과 같은 이유로 위 승인처분의 취소를 구하는 소송을 제기하고자 한다.

(1) 甲은 환경영향평가 대상지역 안에 거주하는 자로서, 같은 지역주민 7인과 함께 환경영향평가서 초안의 공람기간이 끝난 후 7일 이내에 대상사업의 관할 행정청에 해당 계획의 수립으로 인하여 예상되는 환경영향, 환경보전방안 등에 대한 의견을 제출하였는데 이들 중 甲을 포함한 5인은 공청회 개최를 요구하는 의견을 제출하였다. 甲은 환경영향평가서 작성에 앞서 공청회를 개최하지 않았으므로 이 사업실시계획승인처분이 위법하고, 이러한 위법한 처분으로 인하여 분진, 소음, 수질오염 등의 피해를 입을 우려가 있다고 주장한다.

(2) 乙은 환경영향평가 대상지역 안에 위치한 토지를 임대하여 돼지를 사육하고 있는 자로서, 고속철도차량정비기지가 건설되면 소음, 진동 및 분진 등으로 인해 돼지의 성장지연, 번식저하, 조산 및 유산이 발생할 가능성을 염려하고 있다. 乙은, 이 승인처분에 앞서 이루어진 환경영향평가에서 환경부장관이 소음, 진동 및 분진에 대한 억제방안을 보완요청하였는데, 보완된 평가서는 실시계획 및 공사 시 분진과 소음 피해를 최대한 억제할 계획이라고만 하였을 뿐 피해를 막을 수 있는 구체적인 계획을 언급하지 않았기 때문에 이처럼 부실한 환경영향평가에 근거한 이 사건 승인처분은 위법한 것으로서 취소되어야 한다고 주장한다.

(3) 丙은 환경영향평가 대상지역에 속하지 아니하는 인근 C지역에 거주하는 주민이다. C지역은 농촌지역으로 3년 전 TV 프로그램에 소개된 후 아름다운 자연경관과 조용한 마을의 분위기가 널리 알려지면서, 휴양을 원하는 방문객이 늘어났고 이에 丙을 비롯한 C지역주민들이 민박업을 운영하면서 소득을 올리고 있다. 丙은 K의 사업실시계획승인처분으로 B차량정비기지가 건설되면 인근의 C지역으로 휴양을 오는 방문객이 현저히 줄어들 수 있어 경제적 손실이 매우 클 것이라 염려하며 그 처분의 취소를 주장한다.

이를 토대로 다음 물음에 답하시오.

1. 甲, 乙 및 丙에게 K의 위 사업실시계획승인처분의 취소를 구할 원고적격이 있는지의 여부에 대해 검토하시오. (30점)

2. 甲과 乙의 주장에 근거하여 K의 위 사업실시계획승인처분의 위법성이 인정될 수 있는지에 관하여 검토하시오(甲과 乙의 원고적격은 논외로 함). (35점)

문제해설 [2019년 제1차 제1문] 문제 1. 해설

1. 문제

처분의 직접 상대방이 아닌 甲, 乙 및 丙이 K의 위 사업실시계획승인처분의 취소를 구할 원고적격이 있는지 여부가 문제된다.

2. 법률상 이익여부 및 근거법규 해당여부

(1) **관련 조문** – 취소소송은 처분 등의 취소를 구할 법률상 이익이 있는 자가 제기할 수 있다(행소법 제12조).

(2) **학설** – ① 권리구제설, ② 법률상 이익 구제설, ③ 소송상 보호할 가치 있는 이익구제설, ④ 적법성 보장설 등이 있다.

(3) **판례** – 법률상 보호되는 이익이란 처분의 근거법규 및 관련법규에 의하여 보호되는 개별적·직접적·구체적 이익이 있는 경우를 말하고, 근거법규 및 관련법규의 명문규정이 없더라도 합리적 해석상 이를 보호하는 취지가 있는 경우까지 포함하나, 공익보호의 결과로 생기는 일반적·간접적·추상적 이익의 경우는 포함되지 않는다.

(4) **사안의 경우** – 이 사건 승인처분의 판단 근거인 법률의 의미에 환경영향평가법을 근거법규로 볼 수 있는지 살펴보면, 환경영향평가대상사업의 경우 승인처분을 위해서는 환경영향평가의 협의내용을 사업계획에 반영하도록 하여야 하는바, 환경영향평가법은 처분에 직접적인 영향을 미치는 근거법규가 된다.

3. 甲의 원고적격

(1) **판례** – 행정처분의 근거 법규에 그 처분으로 환경상 침해가 예상되는 영향권의 범위가 구체적으로 규정되어 있는 경우 그 범위 내의 주민들은 직접적으로 중대한 환경피해를 입으리라고 예상할 수 있고, 이는 주민 개개인에 대한 개별적·직접적·구체적 이익으로서 그들에 대하여는 환경상 이익의 침해가 있는 것으로 사실상 추정되어 법률상 보호되는 이익이 인정된다.

(2) **사안의 경우** – 甲은 환경영향평가 대상지역 내인 사업지구에 거주하고 있는 자로 개별적·직접적·구체적으로 분진, 소음, 수질오염 등의 환경상 이익에 대한 침해가 예상되어 법률상 보호되는 이익이 있는 자인 바, 원고적격은 인정된다.

4. 乙의 원고적격

(1) **판례** – 환경상 침해를 받으리라고 예상되는 영향권 내의 주민들을 비롯하여 그 영향권 내에서 농작물을 경작하는 등 현실적으로 환경상 이익을 향유하는 사람도 포함되나 단지 그 영향권 내의 건물·토지를 소유하거나 환경상 이익을 일시적으로 향유하는 데 그치는 사람은 포함되지 않는다.

(2) **사안의 경우** – 乙은 환경영향평가 대상지역 안에 위치한 토지를 임대하여 돼지를 사육하고 있는 자로서, 고속철도차량정비기지가 건설되면 소음, 진동 및 분진 등으로 인해 돼지의 성장지연, 번식 저하, 조산 및 유산이 발생할 가능성을 염려하고 있으므로, 영향권 밖의 주민이라도 그 영향권 내에서 가축을 사육함으로써 현실적으로 환경상 이익을 향유하는 자에 해당하는바, 원고적격이 인정된다.

5. 丙의 원고적격

(1) **판례** – 영향권 밖의 주민들은 당해 처분으로 인하여 그 처분 전과 비교하여 수인한도를 넘는 환경피해를 받거나 받을 우려가 있다는 자신의 환경상 이익에 대한 침해 또는 침해 우려가 있음을 입증하여야만 법률상 보호되는 이익으로 인정되어 원고적격이 인정된다.

(2) **사안의 경우** – 丙은 환경영향평가 대상지역에 속하지 아니하는 인근 C지역에 거주하는 주민으로서, K의 사업실시계획승인처분으로 B차량정비기지가 건설되면 C지역으로 휴양을 오는 방문객이 현저히 줄어들 수 있어 경제적 손실이 매우 클 것이라 염려하며 그 처분의 취소를 주장하고 있으므로, 이는 환경상 이익이 아닌 경제적 이익에 대한 침해에 해당하는바, 원고적격이 인정되기 어렵다.

6. 결론

(1) 甲은 환경영향평가 대상지역 내 주민으로서 환경상 이익의 침해가 추정되는 자에 해당하는바, 원고적격이 인정된다.

(2) 乙은 환경영향평가 대상지역 밖의 주민이라도 그 영향권 내에서 가축을 사육함으로써 현실적으로 환경상 이익을 향유하는 자에 해당하는바, 원고적격이 인정된다.

(3) 丙은 환경영향평가 대상지역 밖의 주민으로 환경상 이익이 아닌 경제적 이익에 대한 침해우려가 있는 자에 해당하는바, 원고적격이 부정된다.

문제해설 [2019년 제1차 제1문] 문제 2. 해설

1. 문제

환경영향평가의 절차적, 실체적 하자와 관련하여 사업실시계획승인처분의 위법성 인정여부가 문제된다.

2. 甲 주장의 당부

(1) 공청회 개최요건 및 생략사유 존재여부

1) 환경영향평가법 제13조 제1항

개발기본계획을 수립하려는 행정기관의 장은 개발기본계획에 대한 전략환경영향평가서 초안을 공고·공람하고 설명회를 개최하여 해당 평가 대상지역 주민의 의견을 들어야 한다. 다만, 대통령령으로 정하는 범위의 주민이 공청회의 개최를 요구하면 공청회를 개최하여야 한다.

2) 환경영향평가법 시행령 제16조 제1항 제2호

개발기본계획을 수립하려는 행정기관의 장은 법 제13조제1항 단서에 따라 공청회 개최가 필요하다는 의견을 제출한 주민이 5명 이상이고, 전략환경영향평가서 초안에 대한 의견을 제출한 주민 총수의 50퍼센트 이상인 경우에는 공청회를 개최하여야 한다.

3) 환경영향평가법 시행령 제18조 제1항 제1호, 제2호

법 제13조제3항에 따라 설명회나 공청회를 개최하지 아니할 수 있는 경우는 설명회가 주민 등의 개최 방해 등의 사유로 개최되지 못하거나 개최되었더라도 정상적으로 진행되지 못한 경우, 공청회가 주민 등의 개최 방해 등의 사유로 2회 이상 개최되지 못하거나 개최되었더라도 정상적으로 진행되지 못한 경우로 한다.

4) 사안의 경우

환경영향평가서 초안에 대해 甲을 비롯한 주민 8명이 의견을 제출하였고, 이들 중 50퍼센트 이상인 5명이 공청회 개최를 요구하였으나 K는 공청회를 열지 않았으며, 공청회 절차를 생략할 만한 사유가 존재하지 않음에도 불구하고 공청회를 개최하지 않고 관계기관의 협의를 거쳐 이 사건 처분을 한 절차상 하자가 존재한다.

(2) 절차상 하자에 따른 처분의 위법성 여부

1) 관련 법리 - 주민의견수렴 절차 등 경미한 절차상 하자의 경우에는 취소사유가 되지 않는다는 견해도 존재하나, 법령상 규정된 절차를 거치지 않은 것을 경미한 절차위반이라고 보기는 어려우며 위법, 취소사유에 해당하는 것이 원칙이다.

2) 판례 - 재량행위·기속행위를 불문하고 절차적 하자가 존재하는 경우 독자적 위법사유로 인정하고 있다.

3) 사안의 경우 - 공청회를 개최하지 아니한 절차적 하자가 존재하는바, 절차가 갖는 사전적 권리구제로서의 역할을 간과한 처분에 대한 위법성을 주장할 수 있다.

(3) 소결

　　甲의 주장은 타당하다.

3. 乙 주장의 당부

(1) 환경영향평가의 실체적 하자 존부

　　환경영향평가에서 환경부장관이 소음, 진동 및 분진에 대한 억제방안을 보완요청 하였는데, 보완된 평가서는 실시계획 및 공사 시 분진과 소음 피해를 최대한 억제할 계획이라고만 하였을 뿐 피해를 막을 수 있는 구체적인 계획을 언급하지 않았기 때문에 환경영향평가가 부실하게 실시된 실체적 하자가 존재한다.

(2) 환경영향평가의 실체적 하자 효과

　1) 판례 - 환경영향평가를 거쳐야 할 대상사업에 대하여 환경영향평가를 하지 않고 승인처분을 하였다면 그 처분은 위법하나, 그러한 절차를 거쳤다면 환경영향평가의 내용이 다소 부실하더라도 그 부실은 당해 승인 등 처분에 재량권 일탈·남용의 위법이 있는지 여부를 판단하는 하나의 요소이지 당연히 당해승인 처분이 위법한 것은 아니다.

　2) 사안의 경우 - 상술한 실체적 하자는 소음, 진동 및 분진에 대한 억제방안 계획을 수립하지 않은 환경영향평가를 바탕으로 승인처분을 한 것으로 재량행위 일탈내지 남용의 요소가 분명하다.

(3) 재량행위의 일탈남용여부

　1) 관련 조문 - 행정청의 재량에 속하는 처분이라도 재량권의 한계를 넘거나 그 남용이 있는 때에는 법원은 이를 취소할 수 있다(행소법 제27조).

　2) 사안의 경우 - 한국고속철도건설공단의 고속철도차량정비기지 건설사업 추진여부는 당해 사업으로 얻을 수 있는 국민경제적인 가치와 이로 인하여 훼손되는 환경의 가치를 비교하여 결정하여야 하는데, 개발 전과 비교하여 사회통념상 수인한도를 넘는 생활이익의 침해가 발생할 우려가 있는데도 행정청이 이러한 환경적 위해발생을 충분히 고려하지 아니한 채 승인하였다면 재량권을 일탈 또는 남용한 위법한 행위이다.

(4) 소결

　　乙의 주장은 타당하다.

4. 결론

　K의 사업실시계획승인처분은 甲의 주장에 따른 절차적 하자 및 乙의 주장에 따른 실체적 하자가 존재하는바, 위법성이 인정될 수 있다.

2018년도 제1회 변호사시험 모의시험

〈제1문〉

A시는 제4차산업혁명에 대응하고 지역경제를 활성화시키기 위하여 『산업입지 및 개발에 관한 법률』 제2조 제9호에 따라 사업면적 20만m^2 규모로 자율주행자동차 산업단지를 조성하는 내용의 자율주행자동차 산업단지 개발기본계획(이하 '개발기본계획')에 대한 전략환경영향평가서 초안을 공고·공람한 후 주민의 의견을 수렴하고자 한다.

주민들은 이 단지 부지를 확보하기 위해서는 습지를 매립해야 하고, 습지를 매립할 경우에는 생태계에 악영향을 미칠 수 있다고 주장하고 있다. 또한 주민들은 해당 부지가 주민들의 거주지 및 경작하고 있는 논밭과 매우 가깝게 위치하고 있어 향후 산업단지가 설치되면 오염물질로 인해 건강은 물론 작물피해가 발생할 수 있다고 우려한다. 이에 甲을 비롯한 주민 40여명은 공청회 개최를 요구하였다. 그러나 A시는 공청회를 열지 않고 설명회 개최 후 환경부장관과의 협의를 거쳐 개발기본계획을 확정·고시하였다. (이 개발기본계획은 처분성이 있음을 전제로 한다)

해당 사업부지는 농지와 습지가 혼재되어 있는 지역으로 주민들은 습지와 연결된 청정환경에서 유기농 농사와 함께 수경식물을 재배하고 있다. 또한 습지 인근에는 철새도래지가 있어 관광지로도 이름이 알려져 있으며, 조류보호단체인 '철새지킴이'가 정기적으로 철새교실 및 철새먹이주기 등의 보호활동을 펼치고 있다.

한편, 주민 乙과 환경단체 '자연지킴이'는 해당 지역이 환경적·생태적으로 가치가 큰 지역임에도 불구하고 도래하는 철새종의 상당부분이 평가에서 누락되어 있고, 철새 도래에 대한 계절별 시뮬레이션도 이루어지지 않는 등 전략환경영향평가가 부실하게 실시되었다고 주장하고 있다. 乙은 전략환경영향평가지역 내에 거주하면서 농업에 종사하고 있는 주민으로서 오랫동안 해당지역에서 철새도래지 안내원으로도 활동하면서 철새연구를 해오고 있다.

【참조조문】
〈환경영향평가법 시행령〉
  별표 3. (환경영향평가 대상사업의 구체적인 종류, 범위 및 협의 요청시기)
    2. 산업입지 및 산업단지의 조성사업
  「산업입지 및 개발에 관한 법률」 제2조제9호에 따른 산업단지 개발사업 또는 같은 조 제11호에 따른 산업단지 재생사업 중 사업면적이 15만제곱미터 이상인 사업

〈산업입지 및 개발에 관한 법률〉
· 제2조 제9호 : "산업단지개발사업"이란 산업단지를 조성하기 위하여 시행하는 다음 각 목의 사업을 말한다. 가. 제7호의2에 따른 시설의 용지조성사업 및 건축사업

· 제2조 제7의2호 : "산업시설용지"란 공장, 지식산업 관련 시설, 문화산업 관련 시설, 정보통신 산업 관련 시설, 재활용산업 관련 시설, 자원비축시설, 물류시설, 교육·연구시설 및 그밖에 대통령령으로 정하는 시설의 용지를 말한다.

1. 주민 甲 등은 A시의 개발기본계획 확정·고시에 대하여 의견수렴절차상 하자가 있다고 주장하면서 해당 개발기본계획의 취소를 구하는 소를 제기하였다. 소의 인용가능성을 검토하시오. (25점)

2. 주민 乙과 환경단체 '자연지킴이'는 전략환경영향평가의 부실을 이유로 개발기본계획의 취소를 구하는 소를 제기하고자 한다. 주민 乙 그리고 환경단체 '자연지킴이'의 원고적격과 개발기본계획의 적법성에 대해서 검토하시오. (30점)

문제해설 [2018년 제1차 제1문] 문제 1. 해설

1. 문제
(1) 공청회 개최요건 및 생략사유 존재여부, (2) 절차상 하자에 따른 처분의 위법성 여부가 문제된다.

2. 공청회 개최요건 및 생략사유 존재여부

(1) 관련 조문

1) 환경영향평가법 제13조 제1항
개발기본계획을 수립하려는 행정기관의 장은 개발기본계획에 대한 전략환경영향평가서 초안을 공고·공람하고 설명회를 개최하여 해당 평가 대상지역 주민의 의견을 들어야 한다. 다만, 대통령령으로 정하는 범위의 주민이 공청회의 개최를 요구하면 공청회를 개최하여야 한다.

2) 환경영향평가법 시행령 제16조 제1항 제1호
개발기본계획을 수립하려는 행정기관의 장은 법 제13조제1항 단서에 따라 공청회 개최가 필요하다는 의견을 제출한 주민이 30명 이상인 경우에는 공청회를 개최하여야 한다.

3) 환경영향평가법 시행령 제18조 제1항 제1호, 제2호
법 제13조제3항에 따라 설명회나 공청회를 개최하지 아니할 수 있는 경우는 설명회가 주민 등의 개최 방해 등의 사유로 개최되지 못하거나 개최되었더라도 정상적으로 진행되지 못한 경우, 공청회가 주민 등의 개최 방해 등의 사유로 2회 이상 개최되지 못하거나 개최되었더라도 정상적으로 진행되지 못한 경우로 한다.

(2) 사안의 경우
甲을 비롯한 주민 40여명은 공청회 개최를 요구하였으나 A시는 공청회를 열지 않았고, 공청회 절차를 생략할 만한 사유가 존재하지 않음에도 불구하고 이를 생략한 다음, 설명회를 개최한 후 환경부장관과의 협의를 거쳐 개발기본계획을 확정·고시한 절차상 하자가 존재한다.

3. 절차상 하자에 따른 처분의 위법성 여부

(1) **관련 법리** - 주민의견수렴 절차 등 경미한 절차상 하자의 경우에는 취소사유가 되지 않는다는 견해도 존재하나, 법령상 규정된 절차를 거치지 않은 것을 경미한 절차위반이라고 보기는 어려우며 위법, 취소사유에 해당하는 것이 원칙이다.

(2) **판례** - 재량행위·기속행위를 불문하고 절차적 하자가 존재하는 경우 독자적 위법사유로 인정하고 있다.

(3) **사안의 경우** - 甲을 비롯한 A시 주민 40여명이 연서하여 공청회를 요청하였음에도 공청회를 개최하지 아니한 절차적 하자가 존재하는바, 절차가 갖는 사전적 권리구제로서의 역할을 간과한 처분에 대한 위법성을 주장할 수 있다.

4. 결론
주민 甲 등은 A시의 개발기본계획 확정·고시에 대하여 의견수렴절차상 하자가 있다고 주장하면서 해당 개발기본계획의 취소를 구하는 소는 절차상 하자의 위법성이 인정되어 인용된다.

문제해설 [2018년 제1차 제1문] 문제 2. 해설

1. 문제
(1) 주민 乙과 환경단체 '자연지킴이'의 원고적격 인정여부, (2) 환경영향평가의 실체적 하자 유무와 효과가 문제된다.

2. 주민 乙과 환경단체 '자연지킴이'의 원고적격 인정여부

(1) 법률상 이익여부 및 근거법규 해당여부

1) 관련 조문 – 취소소송은 처분 등의 취소를 구할 법률상 이익이 있는 자가 제기할 수 있다(행소법 제12조).

2) 학설 – ① 권리구제설, ② 법률상 이익 구제설, ③ 소송상 보호할 가치 있는 이익구제설, ④ 적법성 보장설 등이 있다.

3) 판례 – 법률상 보호되는 이익이란 처분의 근거법규 및 관련법규에 의하여 보호되는 개별적·직접적·구체적 이익이 있는 경우를 말하고, 근거법규 및 관련법규의 명문규정이 없더라도 합리적 해석상 이를 보호하는 취지가 있는 경우까지 포함하나, 공익보호의 결과로 생기는 일반적·간접적·추상적 이익의 경우는 포함되지 않는다.

4) 사안의 경우 – 이 사건 승인처분의 판단 근거인 법률의 의미에 환경영향평가법을 근거법규로 볼 수 있는지 살펴보면, 환경영향평가대상사업의 경우 승인처분을 위해서는 환경영향평가의 협의 내용을 사업계획에 반영하도록 하여야 하는바, 환경영향평가법은 처분에 직접적인 영향을 미치는 근거법규가 된다.

(2) 乙의 원고적격

1) 판례 – 행정처분의 근거 법규에 그 처분으로 환경상 침해가 예상되는 영향권의 범위가 구체적으로 규정되어 있는 경우 그 범위 내의 주민들은 직접적으로 중대한 환경피해를 입으리라고 예상할 수 있고, 이는 주민 개개인에 대한 개별적·직접적·구체적 이익으로서 그들에 대하여는 환경상 이익의 침해가 있는 것으로 사실상 추정되어 법률상 보호되는 이익이 인정된다.

2) 사안의 경우 – 乙은 전략환경영향평가지역 내에 거주하면서 농업에 종사하고 있는 주민으로서 오랫동안 해당지역에서 철새도래지 안내원으로도 활동하면서 철새연구를 해오고 있어 개별적·직접적·구체적으로 환경상 이익에 대한 침해가 예상되어 법률상 보호되는 이익이 있는 자인바, 乙의 원고적격은 인정된다.

(3) 환경단체 자연지킴이의 원고적격

1) 판례 – 환경상 이익은 주민 개개인에 대하여 개별적·구체적으로 인정되는 것으로 자연인이 아닌 지역 어촌계 등의 단체는 그 행정처분의 취소를 구할 원고적격이 없다.

2) 사안의 경우 – 환경단체 자연지킴이는 환경상 이익의 향유주체가 될 수 없어, 이해관계인으로서의 의견진술이익을 법률상 보호되는 이익으로 보아 원고적격을 인정하기는 어려운바, 환경단체 자연지킴이의 원고적격은 부정된다.

3. 환경영향평가의 실체적 하자 유무와 효과

(1) 환경영향평가의 실체적 하자 유무
해당 지역이 환경적·생태적으로 가치가 큰 지역임에도 불구하고 도래하는 철새종의 상당부분이 평가에서 누락되어 있고, 철새 도래에 대한 계절별 시뮬레이션도 이루어지지 않는 등 전략환경영향평가가 부실하게 실시된 실체적 하자가 존재한다.

(2) 환경영향평가의 실체적 하자 효과
1) 판례 - 환경영향평가를 거쳐야 할 대상사업에 대하여 환경영향평가를 하지 않고 승인처분을 하였다면 그 처분은 위법하나, 그러한 절차를 거쳤다면 환경영향평가의 내용이 다소 부실하더라도 그 부실은 당해 승인 등 처분에 재량권 일탈·남용의 위법이 있는지 여부를 판단하는 하나의 요소이지 당연히 당해승인 처분이 위법한 것은 아니다.

2) 사안의 경우 - 상술한 실체적 하자는 철새 부분에 대한 환경영향평가를 하지 않고 승인처분을 한 것으로 재량행위 일탈내지 남용의 요소가 분명하다.

4. 재량행위의 일탈남용여부

(1) 관련 조문
행정청의 재량에 속하는 처분이라도 재량권의 한계를 넘거나 그 남용이 있는 때에는 법원은 이를 취소할 수 있다(행소법 제27조).

(2) 사안의 경우
개발사업 추진여부는 당해 사업으로 얻을 수 있는 국민경제적인 가치와 이로 인하여 훼손되는 환경의 가치를 비교하여 결정하여야 하는데, 개발 전과 비교하여 사회통념상 수인한도를 넘는 생활이익의 침해 즉, 해당 부지가 주민들의 거주지 및 경작하고 있는 논밭과 매우 가깝게 위치하고 있어 향후 산업단지가 설치되면 오염물질로 인해 건강은 물론 작물피해가 발생할 우려가 있는데도 행정청이 이러한 환경적 위해발생을 충분히 고려하지 아니한 채 승인하였다면 재량권을 일탈 또는 남용한 행위이다.

5. 결론
(1) 주민 乙의 원고적격은 인정되고, 환경단체 자연지킴이의 원고적격은 부정된다.

(2) 이 사건 개발기본계획의 처분은 절차적 하자 및 실체적 하자가 존재하는바, 처분청인 A시의 재량행위 일탈남용에 해당하여 위법하다.

2016년도 제1회 변호사시험 모의시험

〈제1문〉

한국도시철도공단 甲은 교통문제를 해소하고, 지역 접근성을 제고하기 위하여 경부고속철도 일부 구간(5.7㎞)을 기존 경부선 구간과 연결하는 사업을 시행하려고 하고 있다. 사업지역은 산림지역으로서 최고 높은 곳은 800여 미터이다. 甲은 약 4개월 정도 주민의견 수렴 등 환경영향평가 절차를 진행하였다. 甲은 환경영향평가서초안을 작성하여 주민의견수렴 절차를 진행하였다. 이 과정에서 35인의 주민이 공청회 개최를 요구하였는데, 주민보상이 충분히 이루어지지 않는 것에 불만을 갖는 다른 주민들이 공청회 개최를 방해함으로써 정상적으로 진행되지 못하였다. 甲은 차후의 공청회가 정상적으로 진행되지 못할 것이 확실하다고 보고 더 이상의 공청회는 개최하지 아니하였다. 다만 甲은 공청회를 생략하게 된 사유, 의견제출 시기 및 방법, 설명자료 열람방법 등을 일간신문과 지역신문에 각각 1회 공고하였다. 환경단체는 주민의견 수렴절차가 이루어질 때부터 해당 지역이 생태·경관보전지역으로서, 사업 부지 중 임야 면적이 상당한 정도에 이르러 자연경관이 침해될 가능성이 있다고 주장하면서 계획대상지 입지의 타당성에 의문을 제기하였다. 2014. 12. 甲은 국토의 계획 및 이용에 관한 법률에 따라 국토교통부장관에게 사업승인을 신청하였고, 국토교통부장관은 2015. 1. 환경부장관에게 환경영향평가 협의를 요청하였다. 甲은 이 사업이 전형적이고 저감방안을 자세히 제시하였으므로 곧 승인이 나올 것으로 예상하고 2015. 2. 사업의 공사에 착수하였다. 그 후 같은 해 4. 국토교통부장관은 사업승인을 하였다. 이러한 사안에서 다음의 질문에 답하시오.

1. 주민들이 국토교통부장관의 사업승인에 대하여 취소를 구하는 소송을 할 경우 다툴 만한 주장은 어떠한 것이 있는지 그 당부와 함께 답하시오. (50점)

[참조조문]
1. 환경영향평가법 시행령 [별표 3]에서는 철도의 건설사업으로서 "국토의계획및이용에관한법 제2조 제6호에 따른 철도 또는 고속철도의 건설사업 중 길이가 4㎞ 이상이거나 철도시설의 면적이 100,000㎡ 이상인 것"을 대상사업으로 정하고 있다.

2. 자연환경보전법 시행령 제20조(자연경관영향의 협의 또는 검토대상 등)
   ① 법 제28조제1항제1호에서 "대통령령이 정하는 거리"라 함은 별표 1과 같다.
   ② 법 제28조제1항제2호에서 "대통령령이 정하는 개발사업등"이라 함은 별표 2와 같다.

[별표 1]
자연경관영향의 협의대상이 되는 거리(자연환경보전법 시행령 제20조제1항관련)

1. 일반기준

구분		경계로부터의 거리
자연공원	최고봉 1200m 이상	2,000m
	최고봉 700m 이상	1,500m
	최고봉 700m 미만 또는 해상형	1,000m
습지보호지역		300m
생태·경관보전지역	최고봉 700m 이상	1,000m
	최고봉 700m 이하 또는 해상형	500m

비고

생태·경관보전지역이 습지보호지역과 중복되는 경우에는 습지보호지역의 거리기준을 우선 적용한다.

2. 도시지역 및 관리지역(계획관리지역에 한한다)의 거리기준

제1호의 일반기준에 불구하고 법 제28조제1항제1호의 규정에 따른 자연공원, 습지보호지역 및 생태·경관보전지역이 「국토의 계획 및 이용에 관한 법률」 제36조제1항의 규정에 따른 도시지역 및 관리지역(계획관리지역에 한한다)에 위치한 경우에는 경계로부터의 거리를 300미터로 한다.

문제해설 [2016년 제1차 제1문] 문제 1. 해설

1. 문제
   (1) 공청회 미실시의 하자, (2) 사전 공사시행 금지규정 위반의 하자와 승인처분의 위법성이 문제된다.

2. 공청회 미실시와 승인처분의 위법성
   (1) 관련 조문
      1) 사업자가 환경영향평가절차를 진행하는 경우에 있어 주민의견수렴절차를 거쳐야 하나, 행정기관의 장이 책임질 수 없는 사유로 공청회가 정상적으로 진행되지 못하는 경우에는 이를 생략할 수 있다(환경영향평가법 제25조 제2항, 제13조 제3항, 동법 시행령 제18조).
      2) 공청회가 주민 등의 개회 방해 등의 사유로 2회 이상 개최되지 못하거나 개최되었더라도 정상적으로 진행되지 못한 경우에는 공청회를 개최하지 않을 수 있고, 이 때 공청회를 생략하게 된 사유, 의견제출 시기 및 방법, 설명자료 열람방법 등을 일간신문과 지역신문에 각각 1회 이상 공고하고, 그 밖의 방법으로 주민 등의 의견을 듣기 위하여 성실히 노력하여야 한다(동법 시행령 제41조 제1항 제2호, 동조 제2항 제2호).
   (2) 판례 - 사업반대세력에 의한 공청회의 개회 방해 등 사업자가 책임질 수 없는 사유로 인해 공청회를 개최하는 것이 불가능할 경우에는 공청회를 생략하고, 다른 방법으로 주민의 의견을 들을 수 있도록 하는 데 그 취지가 있으므로 1회의 공청회가 개최되지 못한 경우에도 공청회가 개최되지 못한 사유 등에 비추어 차후의 공청회 역시 개최되지 못할 것이 확실한 경우에는 반드시 2회 공청회를 개최할 필요는 없다.
   (3) 사안의 경우 - 甲은 환경영향평가서 초안을 작성하여 주민의견수렴 절차를 진행하는 과정에서 보상이 충분히 이루어지지 않는 것에 불만을 갖는 다른 주민들이 공청회 개최를 방해함으로써 정상적으로 진행되지 못하였다. 甲은 차후의 공청회가 정상적으로 진행되지 못할 것이 확실하다고 보고 더 이상의 공청회는 개최하지 아니하고, 공청회를 생략하게 된 사유, 의견제출 시기 및 방법, 설명자료 열람방법 등을 일간신문과 지역신문에 각각 1회 공고하여, 동법 시행령 제41조 제2항 제2호를 준수하였는바, 승인처분의 절차적 위법성이 없다.

3. 사전 공사시행 금지규정 위반의 하자와 승인처분의 위법성
   (1) 관련 조문 - 사업자는 환경영향평가와 관련한 관계기관과의 협의·재협의 또는 변경협의의 절차가 끝나기 전에는 환경영향평가 대상사업의 공사를 하여서는 아니 된다(동법 제34조 제1항). 다만, 환경영향평가서를 작성하여 승인기관의 장에게 제출하고 협의를 거쳐 승인을 받아, 재협의나 변경협의의 대상에 포함되지 아니하는 지역에서 시행되는 공사는 예외에 해당된다(동법 제34조 제1항 제1호).
   (2) 판례 - 환경영향평가절차가 완료되기 전에 공사시행을 금지하고, 그 위반행위에 대하여 형사 처벌을 하도록 한 것은 환경영향평가의 결과에 따라 사업계획에 대한 승인 여부를 결정하고, 공사를 시행

하도록 하여 당해 사업으로 인한 해로운 환경영향을 피하거나 줄이고자 하는 데에 입법 취지가 있어 사업자가 이러한 사전 공사시행 금지규정을 위반하였다고 하여 승인기관의 장이 한 사업계획 등에 대한 승인 등의 처분이 위법한 것은 아니다.

(3) **사안의 경우** - 2014. 12. 甲은 국토교통부장관에게 사업승인을 신청하였고, 국토교통부장관은 2015. 1. 환경부장관에게 환경영향평가 협의를 요청하였다. 甲은 아직 환경부장관의 협의 및 승인을 받지 않았음에도 이 사업이 전형적이고 저감 방안을 자세히 제시하였으므로 곧 승인이 나올 것으로 예상하고 2015. 2. 사업의 공사에 착수하였는바, 환경영향평가법이 환경영향평가절차가 완료되기 전에 공사시행을 금지하고, 위반행위에 대하여 형사처벌을 하고 있다는 점에 비추어 甲이 사전 공사시행 금지규정을 위반하였음이 명백하므로 국토교통부 장관의 사업승인처분은 위법하다.

4. 결론

(1) 주민들이 공청회 절차 생략에 대한 위법주장은, 甲이 주민 공청회 절차를 생략한 것은 환경영향평가법 시행령 제41조 제1항 제2호, 동조 제2항 제2호의 따른 것으로 부당하다.

(2) 주민들이 사전 공사시행 금지규정 위반에 대한 위법주장은, 甲이 위 사업이 전형적이고 저감방안을 자세히 제시하였으므로 곧 승인이 나올 것으로 예상하고 2015. 2. 사업의 공사에 착수한 것으로 환경영향평가법 제34조 제1항에 위배되는 것으로 위법한 바, 타당하다.

2014년도 제3회 변호사시험 모의시험

〈제2문〉

사업자 A는 전라북도 甲시 일원에 케이블카 운영사업 (궤도운송법에 따르면 "궤도사업"이다. 이하 "케이블카 사업"이라 한다)을 하려고 한다. 위 甲시장은 침체된 지역관광경제를 활성화시키고 지방 세수를 확보하고자 위 케이블카 사업을 적극 밀어주겠다는 방침을 정하였다. 그런데 위 케이블카 사업예정부지 중 일부가 전라북도 도지사가 2010. 5.경 지정한 생태경관보전지역에 포함되어 있다. 이에 甲 시장은 위 보전지역에 포함된 사업부지를 보전지역에서 제외해 줄 것을 도지사에게 요청하였다. 도지사도 지방관광산업의 활성화를 통한 지역발전을 명분으로 위 케이블카 사업을 위하여 위 보전지역에 포함된 사업해당부지를 생태경관보전지역에서 제외하려고 한다. 이러한 계획에 대해 지역환경단체는 강하게 반발하였으나 결국 도지사는 관련절차를 거쳐 해당 사업부지를 생태경관보전지역에서 제외하는 내용의 생태경관보전지역변경결정을 하고 이를 고시하였다.

환경단체 A와 그 단체의 회원 B는 단지 개발사업의 편의를 위하여 생태경관보전지역을 일부라도 해제하는 것은 생태경관보전지역제도의 취지, 목적 등에 반하고, 특히 이곳은 생태자연도 1등급 지역으로 개발보다는 보전해야 한다는 점에서 도지사의 결정은 자연환경보전법의 목적 등에 위배되며, 또 도지사가 환경보전에 이해를 가지는 자의 의견을 제대로 듣지 아니한 채 일방적으로 해제결정을 한 것은 절차상으로도 문제가 있다고 주장한다. 그리고 이러한 도지사의 잘못된 처분에 의하여 생태경관보전지역에 대하여 가지는 자신들의 환경상 이익(특히 B는 해당 지역주민이자 고등학교 과학교사로 오래 전부터 이곳을 자주 찾아와 보전지역을 관찰·연구하고, 또 이곳을 관찰하기 위하여 찾는 내·외국인들에 대한 안내, 학생들의 교육, 자연보호 및 감시활동 등을 벌여 오는 등의 방법으로 그 환경이익을 향유하고 있었다) 및 자연환경보전법상의 의견진술이익이 침해되었다고 주장하며 위 변경결정고시처분의 취소를 구하는 소송을 제기하고자 한다(사업자 A가 하려는 케이블카 사업의 규모는 환경영향평가 대상사업 규모에 해당한다).

1. 환경단체 A와 회원 B는 도지사의 위 생태경관보전지역 변경결정고시처분의 취소를 구하는 소송을 제기할 원고적격이 있는지 검토하시오. (40점)

문제해설 [2014년 제3차 제2문] 문제 1. 해설

1. 문제
환경단체 A와 회원 B의 원고적격 인정여부가 문제된다.

2. 법률상 이익여부 및 근거법규 해당여부

(1) **관련 조문** - 취소소송은 처분 등의 취소를 구할 법률상 이익이 있는 자가 제기할 수 있다(행소법 제12조).

(2) **학설** - ① 권리구제설, ② 법률상 이익 구제설, ③ 소송상 보호할 가치 있는 이익구제설, ④ 적법성 보장설 등이 있다.

(3) **판례** - 법률상 보호되는 이익이란 처분의 근거법규 및 관련법규에 의하여 보호되는 개별적·직접적·구체적 이익이 있는 경우를 말하고, 근거법규 및 관련법규의 명문규정이 없더라도 합리적 해석상 이를 보호하는 취지가 있는 경우까지 포함하나, 공익보호의 결과로 생기는 일반적·간접적·추상적 이익의 경우는 포함되지 않는다.

(4) **사안의 경우** - 이 사건 승인처분의 판단 근거인 법률의 의미에 자연환경보전법을 근거법규로 볼 수 있는지 살펴보면, 동법은 자연환경을 인위적 훼손으로부터 보호하고, 생태계와 자연경관을 보전하여 국민이 쾌적한 환경에서 여유 있고 건강한 생활을 할 수 있도록 하는바, 자연환경보전법을 도지사의 생태경관보전지역 변경결정고시처분의 근거법규로 볼 수 있다.

3. 환경단체 A

(1) **관련 조문** - 환경부장관은 생태경관보전지역을 지정하거나 변경하고자 하는 때에는 당해 지역주민과 이해관계인의 의견을 수렴하여야 한다(자연환경보전법 제13조 제1항).

(2) **판례** - 환경영향평가대상지역 밖의 환경보호단체의 환경상 이익은 개별적·직접적·구체적 이익으로 보호하려는 내용 및 취지를 가지는 규정을 두고 있지 아니하므로, 이들에게는 위와 같은 이익 침해를 이유로 개발사업 실시계획 승인처분의 취소를 구할 원고적격이 없다.

(3) **사안의 경우** - 환경단체 A는 환경상 이익의 향유주체가 될 수 없어, 이해관계인으로서의 의견진술 이익을 법률상 보호되는 이익으로 보아 원고적격을 인정하기는 어려운 바, 원고적격이 부정된다.

4. 환경단체 회원 B

(1) **관련 조문** - 환경부장관은 생태경관보전지역을 지정하거나 변경하고자 하는 때에는 당해 지역주민과 이해관계인의 의견을 수렴하여야 한다(자연환경보전법 제13조 제1항).

(2) **판례** - 행정처분의 근거 법규에 그 처분으로 환경상 침해가 예상되는 영향권의 범위가 구체적으로 규정되어 있는 경우 그 범위 내의 주민들은 직접적으로 중대한 환경피해를 입으리라고 예상할 수

있고, 이는 주민 개개인에 대한 개별적·직접적·구체적 이익으로서 그들에 대하여는 환경상 이익의 침해가 있는 것으로 사실상 추정되어 법률상 보호되는 이익이 인정된다.

(3) **사안의 경우** - B는 해당 지역주민이자 고등학교 과학교사로 오래 전부터 이곳을 자주 찾아와 보전지역을 관찰·연구하고, 또 이곳을 관찰하기 위하여 찾는 내·외국인들에 대한 안내, 학생들의 교육, 자연보호 및 감시활동 등을 벌여 오는 등의 방법으로 그 환경이익을 향유하고 있어, 개별적·직접적·구체적 이익으로서 환경상 이익의 침해가 있는 것으로 추정되어 법률상 보호되는 이익이 인정되는바, 환경단체 회원 B는 의견진술이익 침해를 이유로 도지사의 위 생태경관보전지역 변경결정고시처분의 취소를 구하는 소송을 제기할 원고적격이 있다.

5. 결론
(1) 환경단체 A는 단체로써 환경상 이익을 누릴 주체가 될 수 없어 원고적격이 부정되고,

(2) 환경단체 회원 B는 환경상 이익 및 의견진술이익의 침해를 이유로 원고적격이 긍정된다.

2014년도 제2회 변호사시험 모의시험

〈제1문〉

수도권 인근의 A시는 폐기물을 주변 시의 폐기물처리장에 위탁처리하여 왔다. 그러나 A시의 경제개발로 인해 인구가 점차 늘어나고 이에 따른 폐기물이 증가하자, A시는 2012년 위탁처리가 아닌 자체 처리를 위한 계획을 수립하였다. 폐기물관리법에 따라 A시가 작성한 계획은 일일 처리량 90톤의 중간처분시설에 해당하는 시립 쓰레기 소각장 및 재활용센터 등의 건설을 포함하고 있다. 해당 소각장은 스토커(stoker) 방식으로 폐기물 연소 후 나온 가스를 최종적으로 굴뚝 바로 아래에서 섭씨 900도 정도로 재가열하여 다이옥신의 발생 가능성을 완벽하게 차단하도록 설계된 방식이다(다이옥신은 섭씨 700도 정도에서 분해됨). 해당 건설계획은 2013년 전략환경영향평가를 하였으며, 주민의견수렴 절차 및 환경부 장관과의 협의 등을 포함한 모든 절차는 적법하게 진행되었다.

동 쓰레기 소각장 설치사업 승인 후 공사 기초작업이 진행되기 전, A시는 기존 계획과는 달리 소각장의 일일 처리량을 100톤으로 늘리고 처리방식 역시 기존 스토커 방식에서 열용융 방식으로 변경하였다. 해당 설계변경에 따르면 쓰레기 투입구조가 위에서 아래를 향해 직선으로 투하하는 방식으로, 쓰레기 투입구를 통해 일정정도 유독가스 및 다이옥신이 새어나오는 것을 완벽하게 방지하기 어렵다. 이에 대해 시민단체 및 시의회 의원들의 문제제기가 있자 시에서는 투입구 문을 이중으로 설치해서 교대로 열고 닫아 다이옥신 등 유독가스의 방출 가능성은 없다고 반박하였으나, 전문가들의 의견에 따르면 문과 문 사이의 공간에 들어온 가스는 외부유출을 막을 길이 없는 구조로 평가되었다.

A시는 소각장 처리량 변경 후 별도의 환경영향평가를 진행하였으나, 환경영향평가서 초안에 따르면 다이옥신에 대한 평가 및 저감 방식 등이 전혀 언급되어 있지 않다. 이에 A시 주민 50여명이 연서하여 공청회를 요청하였다. 그러나 A시는 1년 전 전략환경영향평가에서 공청회를 개최하였으므로 또 다른 공청회가 필요 없다는 이유로 거부하였다. 지역 환경단체 회원인 甲과 乙은 동 소각장 운영방식 변경 및 주민의견수렴 등의 절차 미비를 이유로 동 사업의 승인처분취소소송을 제기하였다. 甲은 A시에 거주하나 乙은 A시에 바로 인접한 B시에 거주하고 있다.

1. 위 승인처분취소소송에서 甲과 乙의 원고적격에 대해 검토하시오. (20점)

3. 위 승인처분취소소송을 담당하는 변호사의 입장에서 해당 환경영향평가의 하자에 대해 어떤 주장을 할 수 있는지를 검토하시오. (30점)

   ※ 환경영향평가법 시행령에 따르면 환경영향평가 대상사업이 되는 폐기물소각장의 최소 사업규모는 일일 처리량 100톤 이상이다.

   ※ 동 사안에 있어 전략환경영향평가 변경협의 문제는 논외로 한다.

문제해설 [2014년 제2차 제1문] 문제 1. 해설

1. 문제
甲과 乙의 원고적격 인정여부가 문제된다.

2. 법률상 이익여부 및 근거법규 해당여부

(1) **관련 조문** - 취소소송은 처분 등의 취소를 구할 법률상 이익이 있는 자가 제기할 수 있다(행소법 제12조).

(2) **학설** - ① 권리구제설, ② 법률상 이익 구제설, ③ 소송상 보호할 가치 있는 이익구제설, ④ 적법성 보장설 등이 있다.

(3) **판례** - 법률상 보호되는 이익이란 처분의 근거법규 및 관련법규에 의하여 보호되는 개별적·직접적·구체적 이익이 있는 경우를 말하고, 근거법규 및 관련법규의 명문규정이 없더라도 합리적 해석상 이를 보호하는 취지가 있는 경우까지 포함하나, 공익보호의 결과로 생기는 일반적·간접적·추상적 이익의 경우는 포함되지 않는다.

(4) **사안의 경우** - 이 사건 승인처분의 판단 근거인 법률의 의미에 환경영향평가법을 근거법규로 볼 수 있는지 살펴보면, 환경영향평가대상사업의 경우 승인처분을 위해서는 환경영향평가의 협의내용을 사업계획에 반영하도록 하여야 하는바, 환경영향평가법은 처분에 직접적인 영향을 미치는 근거법규가 된다.

3. 甲의 원고적격

(1) **판례** - 행정처분의 근거 법규에 그 처분으로 환경상 침해가 예상되는 영향권의 범위가 구체적으로 규정되어 있는 경우 그 범위 내의 주민들은 직접적으로 중대한 환경피해를 입으리라고 예상할 수 있고, 이는 주민 개개인에 대한 개별적·직접적·구체적 이익으로서 그들에 대하여는 환경상 이익의 침해가 있는 것으로 사실상 추정되어 법률상 보호되는 이익이 인정된다.

(2) **사안의 경우** - 甲은 환경영향평가 대상지역 내인 A시 주민으로 개별적·직접적·구체적으로 환경상 이익에 대한 침해가 예상되어 법률상 보호되는 이익이 있는 자인 바, 甲의 원고적격은 인정된다.

4. 乙의 원고적격

(1) **판례** - 영향권 밖의 주민들은 당해 처분으로 인하여 그 처분 전과 비교하여 수인한도를 넘는 환경피해를 받거나 받을 우려가 있다는 자신의 환경상 이익에 대한 침해 또는 침해 우려가 있음을 입증하여야만 법률상 보호되는 이익으로 인정되어 원고적격이 인정된다.

(2) **사안의 경우** - 乙은 A시에 바로 인접한 B시에 거주하는 자로 영향권 밖에 있으므로 그 처분 전과 비교하여 수인한도를 넘는 피해를 입증한다면, 乙의 원고적격은 인정된다.

5. 결론
甲의 원고적격은 인정되고, 乙은 수인한도를 넘는 피해를 입증하여야 원고적격이 인정된다.

문제해설 [2014년 제2차 제1문] 문제 3. 해설

1. 문제
(1) 취소소송의 대상여부 (2) 절차적 하자, (3) 실체적 하자에 따른 처분의 위법성이 문제된다.

2. 취소소송의 대상여부
(1) **관련 조문** – 행정청의 위법한 처분 등의 취소를 구하는 소를 제기할 수 있다(행소법 제4조 1호). 처분이란 행정청이 행하는 구체적 사실에 관한 법집행으로서 공권력의 행사 또는 그 거부를 말한다(행소법 제2조 제1항 제1호).

(2) **사안의 경우** – A시의 소각장 승인행위는 공권력의 주체로서 행하는 구체적 사실에 관한 법집행이고, 이로 인해 A시 주민은 생명·건강·재산 등에 직접적으로 영향을 미치는 처분행위에 해당하는바, 취소소송의 대상이 된다.

3. 절차적 하자에 따른 처분의 위법여부
(1) **관련 조문** – 사업자는 환경영향평가서 초안을 작성하여 주민 등의 의견을 수렴해야 하고, 주민 등의 의견 수렴과 관련하여 30인 이상의 주민 요구가 있으면 공청회를 개최하여야 한다(환경영향평가법 제25조 제2항 및 시행령 제40조 제1호).

(2) **판례** – 재량행위·기속행위를 불문하고 절차적 하자가 존재하는 경우 독자적 위법사유로 인정하고 있다.

(3) **사안의 경우** – A시 주민 50여명이 연서하여 공청회를 요청하였음에도 공청회를 개최하지 아니한 절차적 하자가 존재하는바, 절차가 갖는 사전적 권리구제로서의 역할을 간과한 처분에 대한 위법성을 주장할 수 있다.

4. 실체적 하자에 따른 처분의 위법여부
(1) **판례** – 환경영향평가를 거쳐야 할 대상사업에 대하여 환경영향평가를 하지 않고 승인처분을 하였다면 그 처분은 위법하나, 그러한 절차를 거쳤다면 환경영향평가의 내용이 다소 부실하더라도 그 부실은 당해 승인 등 처분에 재량권 일탈·남용의 위법이 있는지 여부를 판단하는 하나의 요소이지 당연히 당해승인 처분이 위법한 것은 아니다.

(2) **사안의 경우** – 2013년 전략환경영향평가는 다이옥신을 최소화하기 위한 스토커 방식에 대한 평가였고, 변경된 열용융방식은 다이옥신이 새어나오는 것을 방지하기 어려운 구조로 이에 대한 저감대책이 반드시 포함되어야 함에도 이에 대한 환경영향평가 없이 이 사건 처분이 내려진 것은 재량권의 일탈 내지 남용이 있다고 판단되는바, 실체적 하자에 따른 처분의 위법성이 인정된다.

5. 결론
주민들의 적법한 요구에도 공청회를 개회하지 아니한 절차적 하자가 존재하고, 변경된 열용융방식에 대한 위험평가 및 저감 대책에 관한 평가가 없는 것은 환경영향평가를 실시하지 않은 것과 다름 없는 실제적 하자가 존재하는바, 당해 승인 처분은 위법하여 취소되어야 한다.

2014년도 제1회 변호사시험 모의시험

〈제1문〉

甲 회사는 A시에 액화석유가스(LNG)를 주연료로 하는 복합화력발전소를 건설, 운영하려고 한다. 甲 회사는 환경영향평가서초안을 작성하여 2011. 5. A시 지역주민들을 상대로 환경영향평가 설명회를 개최한 후, 2011. 12. 주무관청에 발전사업허가신청을 하여 허가를 받았다. 이어서 2012. 2. 환경영향평가 협의완료를 마치고 주무관청에 공사계획인가신청을 하여 인가를 받았다. 이에 지역주민 乙 및 환경단체 소속 회원 丙은 위 발전소에 배출되는 온배수와 이산화탄소등 대기오염물질은 인근 해양생태계 및 천연기념물이자 멸종위기동물 2급에 속하는 검은머리물떼새의 서식지에 부정적 영향을 미칠 것이라며, 주무관청을 상대로 공사계획인가처분의 취소를 구하는 소를 제기하였다. 법원이 사건을 심리한 결과 다음과 같은 사실이 인정되었다.

가. A시와 B군은 '은(銀)강' 하구를 사이에 두고 남북으로 위치하여 있는데 이 사건 발전소는 A시에 위치하고 있다. 동 발전소는 일과식 냉각방식(Once-Through Cooling System)을 채택하여 해양생태계에 부정적 영향을 미칠 우려가 있는 다량의 온배수를 위 강 하구에 배출하고 있다. 발전소 사업부지에서 강 건너편 B군까지의 최단거리는 2km 이내이고, 원고 乙은 B군 주민으로서 사업지역에서 30km 정도 떨어진 곳에서 거주하며 '강 하구'와 동 사업지역에서 10km 정도 떨어진 '인근 해역'에서 어업활동을 하고 있다. 원고 丙은 B군에 인접한 C시에 거주하며 '자연과 새들의 친구'라는 환경단체에서 활동하고 있고, 오래 전부터 검은머리물떼새 서식지(동 서식지는 발전소 부지에서 4km 정도 떨어져있다)를 자주 찾아 새를 관찰·연구하며, 또 검은머리물떼새를 관찰하기 위하여 이곳을 찾는 내·외국인들에 대한 안내, 학생들의 교육, 자연보호 및 감시활동 등을 벌여 오고 있다.

나. B군 주민들은 이 사건 발전소에 배출되는 온배수 및 이산화탄소 등 대기오염물질은 자신들이 어업활동을 하는 강하구와 주변해역의 자연생태계 및 건강 등에 악영향을 미칠 것을 우려하고 있고 이에 주민 중 70여명은 사업자에게 환경영향평가초안에 대하여 주민들의 의견을 듣는 공청회를 개최하여 줄 것을 요청하였다. 그런데 사업자는 사업지역은 A시이므로 A시 주민들의 의견만 수렴하면 충분하다고 보면서도 B군 주민들의 집단행동을 우려하여 "의견수렴을 하되 그 방법은 공청회가 아니라 설명회로 하겠다"고 주민들에게 통보하였다. 그러자 주민들은 설명회에 의해서는 주민의견이 제대로 수렴될 수 없다며 사업자가 개최하는 설명회에 참석하지 않았다.

다. 이 사건 환경영향평가서에는 발전소의 운영이 검은머리물떼새 서식지에 미치는 영향에 관한 평가가 누락되었다. 그런데 소송과정에서 사업자에 의하여 별도로 이루어진 영향조사에서 발전소의 운영이 검은머리물떼새의 서식지에 미치는 영향은 그리 크지 않은 것으로 나타났다.

라. 사업자가 작성한 환경영향평가서상의 평가항목과 평가대상지역은 다음과 같다.

[환경영향평가 항목별 평가대상지역 및 예측범위]

항목\구분		예측범위		설정내용
		공간적 범위	시간적 범위	
자연환경	동식물상 (육상)	사업예정지역 및 인접영향지역	공사 시	사업예정지역을 포함한 주변지역
			운영 시	사업예정지역 5km 범위
	동식물상 (해양)	사업예정지역 전면 해역 및 주변 해역	공사 시 운영 시	사업예정지역 전면 해역 및 주변해역(온배수 확산지역*)
	해양환경	사업예정지역 전면 해역 및 주변 해역	공사 시 운영 시	사업예정지역 전면 해역 및 주변해역(온배수 확산지역)
생활환경	대기질	사업예정지역 및 주변영향지역	공사 시 운영 시	사업예정지역 중심 반경 20km 범위
	수질	사업예정지역 주변수계	운영 시	사업예정지역 주변 인근수계

* 온배수 확산지역 : 온배수 확산지역은 계절과 조석에 따라 변화하는데, 주변 수온을 1℃ 이상 초과하여 온배수가 확산되는 면적을 기준으로 하는 경우 온배수는 동계 대조기에 가장 멀리까지 퍼져 서해까지 이르고, 그 면적은 강 하구 중 상당 부분을 포함하게 될 것으로 예측

1. 원고들에게 이 사건 소를 제기할 원고적격이 인정되는가. (40점)

문제해설 [2014년 제1차 제1문] 문제 1. 해설

1. 문제

乙과 丙의 원고적격 인정여부가 문제된다.

2. 법률상 이익여부 및 근거법규 해당여부

(1) **관련 조문** – 취소소송은 처분 등의 취소를 구할 법률상 이익이 있는 자가 제기할 수 있다(행소법 제12조).

(2) **학설** – ① 권리구제설, ② 법률상 이익 구제설, ③ 소송상 보호할 가치 있는 이익구제설, ④ 적법성 보장설 등이 있다.

(3) **판례** – 법률상 보호되는 이익이란 처분의 근거법규 및 관련법규에 의하여 보호되는 개별적·직접적·구체적 이익이 있는 경우를 말하고, 근거법규 및 관련법규의 명문규정이 없더라도 합리적 해석상 이를 보호하는 취지가 있는 경우까지 포함하나, 공익보호의 결과로 생기는 일반적·간접적·추상적 이익의 경우는 포함되지 않는다.

(4) **사안의 경우** – 이 사건 승인처분의 판단 근거인 법률의 의미에 환경영향평가법을 근거법규로 볼 수 있는지 살펴보면, 환경영향평가대상사업의 경우 승인처분을 위해서는 환경영향평가의 협의내용을 사업계획에 반영하도록 하여야 하는바, 환경영향평가법은 처분에 직접적인 영향을 미치는 근거법규가 된다.

3. 乙의 원고적격

(1) **판례** – 행정처분의 근거 법규에 그 처분으로 환경상 침해가 예상되는 영향권의 범위가 구체적으로 규정되어 있는 경우 그 범위 내의 주민들은 직접적으로 중대한 환경피해를 입으리라고 예상할 수 있고, 이는 주민 개개인에 대한 개별적·직접적·구체적 이익으로서 그들에 대하여는 환경상 이익의 침해가 있는 것으로 사실상 추정되어 법률상 보호되는 이익이 인정된다.

(2) **사안의 경우** – 乙은 B군 주민으로서 사업지역에서 30km 정도 떨어진 곳에서 거주하며 '강 하구'와 동 사업지역에서 10km 정도 떨어진 '인근 해역'에서 어업활동을 하고 있어, 이 사건 환경영향평가 대상지역 내의 주민인지 여부는 불분명하나 사업영향권인 온배수 확신지역 내에서 어업에 종사하고 있으므로 현실적으로 영향권 내 환경으로부터 환경상 이익을 향유하고 있다는 점에서 원고적격이 인정된다.

4. 丙의 원고적격

(1) **판례** – 영향권 밖의 주민들은 당해 처분으로 인하여 그 처분 전과 비교하여 수인한도를 넘는 환경피해를 받거나 받을 우려가 있다는 자신의 환경상 이익에 대한 침해 또는 침해 우려가 있음을 입증하여야만 법률상 보호되는 이익으로 인정되어 원고적격이 인정된다.

(2) **사안의 경우** – 丙은 B군에 인접한 C시에 거주하며 '자연과 새들의 친구'라는 환경단체에서 활동하고 있고, 오래 전부터 발전소 부지에서 4km 정도 떨어져 있는 검은머리물떼새 서식지를 자주 찾아 새를 관찰·연구하며, 또 검은머리물떼새를 관찰하기 위하여 이곳을 찾는 내·외국인들에 대한 안내, 학생들의 교육, 자연보호 및 감시활동 등을 벌여 오고 있어 서식지 및 주변자연환경상의 이익을 현실적으로 향유하고 있는 바, 丙의 원고적격은 인정된다.

5. 결론
乙과 丙은 이 사건 소를 제기할 원고적격이 인정된다.

2018년도 시행 제7회 변호사시험

〈제1문〉

A시에 소재한 X지역은 특이한 암반대로 구성된 아름다운 경관을 보유하고 있을 뿐만 아니라, 멸종위기종 2급 동물인 붉은발말똥게의 서식지와 연산호 군락지가 분포하고 있음이 최근에 밝혀짐에 따라, 환경단체 甲과 지역주민들은 환경부장관에게 X지역을 「자연환경보전법」에 따른 생태·경관보전지역으로 지정할 것을 요구하였다. 이에 따라 환경부장관은 「자연환경보전법」이 규정하는 소정의 절차를 거쳐 X지역을 생태·경관보전지역 중 핵심구역으로 지정·고시하고, 종전까지 생태·자연도 등급권역 3등급으로 지정되어 있었던 X지역을 1등급으로 변경하였다.

A시는 관할구역 내의 교통문제를 해소하고 지역접근성을 제고하기 위해 X지역의 외곽경계선으로부터 50m에서 300m 떨어진 4.8km 구간의 토지를 기존의 지방도 구간과 연결하는 도로건설사업(이하 '이 사건 도로건설사업'이라 한다)을 추진하고자 한다.

이 사건 도로건설사업으로 인하여 발생되는 소음·진동·먼지·강우유출수 등은 붉은발말똥게의 서식지와 연산호 군락지를 포함해 이 지역에서만 서식하는 야생동·식물의 생태계를 파괴할 것으로 예상되는바, 환경단체 甲과 일부 지역주민들은 환경영향평가 대상사업인 이 사건 도로건설사업의 인·허가를 반대하고 있다. 甲은 10년 전 자연환경보호 목적으로 설립된 단체로서 이를 정관에 명시하고 환경부장관의 허가를 받은 비영리법인이며, 회원 150명으로 지금까지 자연환경보호 활동을 해 오고 있다.

한편 X지역 내의 나대지를 소유하고 있는 乙은 해당 토지 위에 건축행위를 계획하고 있다.

[참조조문]
「자연환경보전법 시행령」

[별표1]
자연경관영향의 협의대상이 되는 거리(제20조제1항 관련)
1. 일반기준

구분		경계로부터의 거리
자연공원	최고봉 1200m 이상	2,000m
	최고봉 700m 이상	1,500m
	최고봉 700m 미만 또는 해상형	1,000m
습지보호지역		300m
생태·경관보전지역	최고봉 700m 이상	1,000m
	최고봉 700m 이하 또는 해상형	500m

1. 乙이 계획하고 있는 건축행위가 「자연환경보전법」상 허용될 수 있는지, 그리고 乙이 환경부장관의 생태·자연도 등급권역 변경처분에 대한 무효확인소송을 제기할 원고적격이 있는지 각각 검토하시오. (20점)

문제해설 [2018년 제7회 변시 제1문] 문제 1. 해설

1. 乙 건축행위의 자연환경보전법상 허용여부

(1) **의의** – 생태경관보전지역이란 생물다양성이 풍부하여 생태적으로 중요하거나 자연경관이 수려하여 특별히 보전할 가치가 큰 지역으로서 환경부장관이 지정 고시하는 지역을 말한다(자연환경보전법 제2조 12호).

(2) **관련 조문** – 생태경관보전지역 안에서는 건축물 그 밖의 공작물의 신축·증축 및 토지의 형질변경으로 자연생태 또는 자연경관의 훼손행위를 할 수 없다(자연환경보전법 제15조 제1항 2호). 환경부장관이 당해 지역의 보전에 지장이 없다고 인정하여 환경부령에 따라 허가하는 경우 등은 예외로 한다(자연환경보전법 제15조 제2항 4호).

(3) **사안의 경우** – 乙은 생태·경관보전지역인 X지역 내의 나대지를 소유하고 있는 자로 해당 토지 위의 건축행위를 계획하고 있으나, 이는 동법 제15조 1항 2호에 의해 원칙적으로 금지되고 동법 제15조 제2항 각호의 예외사유에 해당하지 않는바, 乙 건축행위는 자연환경보전법상 허용되지 않는다.

2. 乙의 원고적격 여부

(1) **관련 조문** – 무효확인소송은 처분 등의 효력 유무 또는 존재 여부의 확인을 구할 법률상 이익이 있는 자가 제기할 수 있다(행정소송법 제35조).

(2) **판례**

1) 법률상 보호되는 이익이란 당해 처분의 근거 법규 및 관련 법규에 의하여 보호되는 개별적·직접적·구체적 이익이 있는 경우를 말하고, 공익 보호의 결과로 국민 일반이 공통적으로 가지는 일반적·간접적·추상적 이익이 생기는 경우에는 해당되지 않는다.

2) 생태·자연도 등급체계는 자연환경을 체계적으로 보전·관리하기 위한 것이지 주민들이 가지는 생활상 이익을 직접적이고 구체적으로 보호하기 위한 것이 아니어서 주민들이 가지는 이익은 환경보호라는 공공의 이익이 달성됨에 따라 반사적으로 얻게 되는 이익에 불과하다.

(3) **사안의 경우** – 환경부장관의 생태·자연도 등급권역 변경처분으로 발생하는 乙의 불이익을 법률상 이익으로 볼 수 없는 바, 乙은 원고적격이 없다.

2018년도 제2회 변호사시험 모의시험

〈제1문〉

　사립학교법인 A는 B시에 있던 기존의 학교를 이전하기 위하여 C산의 임야를 매수하였다. A는 이 임야를 학교부지로 만들어 새 학교를 설치할 것을 내용으로 하는 도시관리계획변경 입안신청을 B시장에게 하였다. 이후 B시장은 전략환경영향평가 등 법적 절차를 거쳐 입안하였고, 그에 따라 B시장은「국토의 계획 및 이용에 관한 법률」과 동 시행령에 근거하여 이 부지를 학교인 도시계획시설로 변경하는 결정을 하였다. 더 나아가 A는「학교시설사업촉진법」제4조에 따라 학교시설사업시행계획(이하 '사업시행계획'이라 함)을 수립하여 B시의 교육감인 D에게 승인신청을 하였다. 승인신청 시 제출한 A의 계획에 따르면, A의 기존 학교건물이 노후되어 정상적인 학습에 지장을 주고 있고, 이 사업으로 C산의 일부가 절토되지만 환경침해를 최소화할 수 있는 조치를 강구하여 환경상 큰 문제가 없다고 하였다. 그 후 교육감 D는 A의 사업시행계획을 승인하였고,「학교시설사업촉진법」제5조의2에 따라 학교시설의 건축승인처분까지 하였다. 현재 A는 건축행위를 개시하여 기초공사가 상당부분 진척된 상태이다.

　그러나 이 부지에는 E초등학교가 바로 붙어 있어서 A의 사업시행계획에 따라 시뮬레이션을 했더니 甲을 포함한 E초등학교 학생들과 교사 乙이 등교한 후 오전 내내 학교에 그림자가 지게 되어 일조문제를 일으킬 개연성이 큼이 확인되었다. 그리고 위 학교시설이 들어설 C산은 B시의 유일한 자연숲이 있고 다양한 동식물이 분포하여 생태가치가 높은 자연녹지공간으로서 丙을 포함한 지역주민들은 이 부지를 산책로와 휴식공간으로 이용해왔다. 그러나 학교시설 건축이 시작되면 C산의 절토로 인해 이러한 환경의 파괴우려가 크고, 丁을 회원으로 하는 환경보호단체 'C산지킴이'가 관리하는 청소년 생태학습장도 없어지게 된다. 그럼에도 불구하고 A는 이러한 환경상 위해가능성을 알고도 사업시행계획에 반영하지 않은 채 승인처분을 받아 공사를 개시한 것이었다.

〈참조조문〉학교시설사업촉진법

제4조(학교시설사업 시행계획의 승인 등) ① 학교시설사업을 시행하려는 자는 대통령령으로 정하는 바에 따라 학교시설사업의 시행지·규모 및 재원 등이 포함된 학교시설사업 시행계획을 작성하여「초·중등교육법」제6조에 따른 감독기관(이하 "감독청"이라 한다)의 승인을 받아야 한다.

제5조의2(학교시설의 건축등) ① 제4조제1항 본문 또는 제2항에 따라 시행계획의 승인 또는 변경승인을 받은 자는 학교시설의 건축등을 하려면「건축법」제11조 및 제14조에도 불구하고 대통령령으로 정하는 바에 따라 감독청의 승인을 받거나 감독청에 신고하여야 한다. 제4조제1항 단서에 따라 학교시설의 건축 등을 하려는 경우에도 또한 같다.

제11조(시행계획 승인의 취소 등) 감독청은 사업시행자가 다음 각 호의 어느 하나에 해당하면 이 법에 따른 승인을 취소하거나 시행계획의 변경, 그 밖에 필요한 조치를 명할 수 있다.

  1. 부정한 수단으로 이 법에 따른 승인을 받은 경우

  (이하 생략)

초·중등교육법

제6조(지도·감독) 국립학교는 교육부장관의 지도·감독을 받으며, 공립·사립학교는 교육감의 지도·감독을 받는다.

  *「교육환경 보호에 관한 법률」의 대상이 아님을 전제하며, 따라서 동 법령을 고려하지 아니한다.

2. 甲, 乙, 丙, 丁은 교육감 D의 A에 대한 사업시행계획승인처분에 대하여 취소소송을 제기하고자 한다. 각각의 원고적격을 검토하시오. (30점)

문제해설 [2018년 제2차 제1문] 문제 2. 해설

1. 문제

(1) 법률상 이익 여부 및 근거법규 해당 여부, (2) 甲과 乙, (3) 丙, (4) 丁의 원고적격 인정 여부가 문제 된다.

2. 법률상 이익 여부 및 근거법규 해당 여부

(1) **관련 조문** - 취소소송은 처분 등의 취소를 구할 법률상 이익이 있는 자가 제기할 수 있다(행소법 제12조).

(2) **학설** - ① 권리구제설, ② 법률상 이익 구제설, ③ 소송상 보호할 가치 있는 이익구제설, ④ 적법성 보장설 등이 있다.

(3) **판례** - 법률상 보호되는 이익이란 처분의 근거법규 및 관련법규에 의하여 보호되는 개별적·직접적·구체적 이익이 있는 경우를 말하고, 근거법규 및 관련법규의 명문규정이 없더라도 합리적 해석상 이를 보호하는 취지가 있는 경우까지 포함하나, 공익보호의 결과로 생기는 일반적·간접적·추상적 이익의 경우는 포함되지 않는다.

(4) **사안의 경우** - 이 사건 승인처분의 판단 근거인 법률의 의미에 환경영향평가법을 근거법규로 볼 수 있는지 살펴보면, 환경영향평가대상사업의 경우 승인처분을 위해서는 환경영향평가의 협의 내용을 사업계획에 반영하도록 하여야 하는바, 환경영향평가법은 처분에 직접적인 영향을 미치는 근거법규가 된다.

3. 甲과 乙의 원고적격 인정 여부

(1) **판례**

1) 일조권 침해에 있어 객관적인 생활이익으로서 일조이익을 향유하는 '토지의 소유자 등'은 토지 소유자, 건물소유자, 지상권자, 전세권자 또는 임차인 등의 거주자를 말하는 것으로서, 당해 토지·건물을 일시적으로 이용하는 것에 불과한 사람은 이러한 일조이익을 향유하는 주체가 될 수 없다.

2) 초등학교 학생들은 공공시설인 학교시설을 방학기간이나 휴일을 제외한 개학기간 중, 그것도 학교에 머무르는 시간 동안 일시적으로 이용하는 지위에 있을 뿐이고, 학교를 점유하면서 지속적으로 거주하고 있다고 할 수 없어서 생활이익으로서의 일조권을 법적으로 보호받을 수 있는 지위에 있지 않다.

(2) **사안의 경우** - E초등학교 학생 甲과 교사 乙은 등교한 후 오전 내내 학교에 그림자가 지게 되어 일조문제를 일으킬 개연성이 있으나, 학생과 교사 모두 학교 건물을 일시적으로 이용하는 자로서 일조이익을 향유하는 주체가 될 수 없어 생활이익으로서의 일조권을 법적으로 보호받을 수 있는 지위에 있지 않는 바, 원고적격이 부정된다.

4. 丙의 원고적격 인정여부

(1) **판례** - 행정처분의 근거 법규에 그 처분으로 환경상 침해가 예상되는 영향권의 범위가 구체적으로 규정되어 있는 경우 그 범위 내의 주민들은 직접적으로 중대한 환경피해를 입으리라고 예상할 수 있고, 이는 주민 개개인에 대한 개별적·직접적·구체적 이익으로서 그들에 대하여는 환경상 이익의 침해가 있는 것으로 사실상 추정되어 법률상 보호되는 이익이 인정된다.

(2) **사안의 경우** - 지역주민 丙은 학교시설이 들어설 C산을 생태가치가 높은 자연녹지공간으로서 이를 산책로와 휴식공간으로 이용해 온 자로서, 환경영향평가범위 내의 거주 주민으로 개별적·직접적·구체적 이익으로서 환경상 이익의 침해가 있는 것으로 사실상 추정되는 법률상 보호이익이 있는 자인바, 원고적격이 인정된다.

5. 丁의 원고적격 인정여부

(1) **판례** - 영향권 밖의 주민들은 당해 처분으로 인하여 그 처분 전과 비교하여 수인한도를 넘는 환경피해를 받거나 받을 우려가 있다는 자신의 환경상 이익에 대한 침해 또는 침해 우려가 있음을 입증하여야만 법률상 보호되는 이익으로 인정되어 원고적격이 인정된다.

(2) **사안의 경우** - 환경보호단체 'C산 지킴이'의 회원 丁은 그 단체가 관리하는 청소년 생태학습장이 없어지게 되므로 이 사건 처분 전과 비교하여 수인한도를 넘는 환경피해를 입음을 입증하여 원고적격을 인정받을 수 있다. 그리고 환경단체의 원고적격은 입법론으로 논의가 있으나 현재는 실정법상 인정받기 어렵다.

6. 결론

(1) 甲과 乙의 원고적격은 부정된다.

(2) 丙의 원고적격은 인정된다.

(3) 丁은 수인한도를 초과하는 환경피해 및 우려사실을 입증해야 원고적격이 인정된다.

2017년도 제1회 변호사시험 모의시험

〈제1문〉

재단법인 A공원은 2014.10.15. 경기도 광주시 일원 임야 200,000㎡에 사설 법인묘지설치허가를 성남시장에게 신청하였다. 성남시장은 2015.12.20. A공원에 대하여 장사 등에 관한 법률에 따라 위 임야에 법인묘지설치허가를 하였다.

그 후 2015.12.25. A공원은 성남시장에게 위 법인묘지설치허가지역에 연접한 광주시 소재 임야 70,000㎡에 봉안시설(납골당)설치신고를 하였고 성남시장은 이를 수리하였다.

수년전 생태전문가들의 생태계현황조사에 따르면, 광주시 일대 숲에서 천연기념동물인 흑비둘기, 크낙새의 서식처가 다수 발견되었고 천연기념식물인 모감주나무, 희귀식물인 왕벚나무 자생지 군락이 산재해 있는 것이 확인되었다. A공원은 위 각 사업이 환경영향평가법상 평가대상사업에 해당하지 않는다고 판단하고 환경영향평가를 받지 않았다.

甲은 위 묘지설치허가 및 봉안시설설치신고 사업지역에서 불과 300m 떨어진 광주시 소재 자연부락에 살고 있고, 乙은 위 각 사업지역에서 500m 떨어진 광주시 소재 농공단지의 업체에 근무하고 있다. 丙은 위 각 사업지역으로부터 약 10km 떨어진 성남시 분당구에 살고 있다.

자연환경 평가항목(동·식물상 등)이 환경영향평가대상에 포함되는 경우는 평가대상사업예정지역으로부터 5km 이내의 공간적 범위로 하고, 봉안시설설치신고수리는 처분성이 있는 것으로 전제한다.

[참조 법률]

환경영향평가법 시행령 제31조 제2항 [별표 3] 제12호 (환경영향평가의 대상 사업 및 범위)

12. 산지의 개발사업	가.「산지관리법」제2조제1호에 따른 산지에서 시행되는 다음의 어느 하나에 해당하는 사업	
	1)「장사 등에 관한 법률」 제2조제7호·제9호에 따른 묘지 또는 봉안시설의 설치사업 중 사업면적이 25만제곱미터 이상인 사업	가) 시·도지사 또는 시장·군수·구청장이 설치하는 경우:「장사 등에 관한 법률」 제13조에 따른 설치·조성 전 나) 그 밖의 자가 사설묘지 및 사설봉안시설을 설치하는 경우:「장사 등에 관한 법률」 제14조 또는 제15조에 따른 허가 또는 신고 전

비고

4. 다음 각 목의 어느 하나에 해당하는 사업은 그 사업 전체에 대하여 환경영향평가를 하여야 한다. 다만, 위 표 제17호마목의 골재채취예정지 및 준공된 선형사업은 다음 각 목의 사업에서 제외한다.

가. 같은 사업자가 동일 영향권역에서 같은 종류의 사업을 하는 경우로서 각 사업 규모의 합이 평가 대상규모에 이른 경우

나. 사업의 승인등을 할 당시에 평가대상사업에 해당되나 평가 대상규모 미만이어서 환경영향평가를 하지 않은 사업이 동일 영향권역에서 사업계획의 변경으로 그 사업규모가 평가 대상규모에 이르거나, 그 사업규모와 신규로 승인 등이 된 사업규모(사업자가 같은 경우만 해당한다)의 합이 평가 대상규모에 이른 경우

장사 등에 관한 법률

제2조(정의) 이 법에서 사용하는 용어의 뜻은 다음과 같다.

5. "봉안"이란 유골을 봉안시설에 안치하는 것을 말한다.

7. "묘지"란 분묘를 설치하는 구역을 말한다.

9. "봉안시설"이란 유골을 안치(매장은 제외한다)하는 다음 각 목의 시설을 말한다.

가. 분묘의 형태로 된 봉안묘

나. 「건축법」 제2조제1항제2호의 건축물인 봉안당

다. 탑의 형태로 된 봉안탑

라. 벽과 담의 형태로 된 봉안담

제14조(사설묘지의 설치 등) ① 국가, 시·도지사 또는 시장·군수·구청장이 아닌 자는 다음 각 호의 구분에 따른 묘지(이하 "사설묘지"라 한다)를 설치·관리할 수 있다.

4. 법인묘지 : 법인이 불특정 다수인의 분묘를 같은 구역 안에 설치하는 묘지

③ 가족묘지, 종중·문중묘지 또는 법인묘지를 설치·관리하려는 자는 보건복지부령으로 정하는 바에 따라 해당 묘지를 관할하는 시장 등의 허가를 받아야 한다. 허가받은 사항 중 대통령령으로 정하는 사항을 변경하려는 경우에도 또한 같다.

④ 시장 등은 묘지의 설치·관리를 목적으로 「민법」에 따라 설립된 재단법인에 한정하여 법인묘지의 설치·관리를 허가할 수 있다.

제15조(사설화장시설 등의 설치) ① 시·도지사 또는 시장·군수·구청장이 아닌 자가 화장시설(이하 "사설화장시설"이라 한다) 또는 봉안시설(이하 "사설봉안시설"이라 한다)을 설치·관리하려는 경우에는 보건복지부령으로 정하는 바에 따라 그 사설화장시설 또는 사설봉안시설을 관할하는 시장·군수·구청장에게 신고하여야 한다. 신고한 사항 중 대통령령으로 정하는 사항을 변경하려는 경우에도 또한 같다.

② 사설봉안시설의 시공자는 제1항에 따른 봉안시설 신고 여부를 확인하여야 한다.

③ 유골 500구 이상을 안치할 수 있는 사설봉안시설을 설치·관리하려는 자는 「민법」에 따라 봉안시설의 설치·관리를 목적으로 하는 재단법인을 설립하여야 한다. 다만, 대통령령으로 정하는 공공법인 또는 종교단체에서 설치·관리하는 경우이거나 「민법」에 따라 친족관계였던 자 또는 종중·문중의 구성원 관계였던 자의 유골만을 안치하는 시설을 설치·관리하는 경우에는 그러하지 아니하다.

2. 甲, 乙, 丙이 성남시장의 봉안시설설치 신고수리에 대하여 소송을 제기할 수 있는 자격이 있는지에 대하여 검토하시오. (30점)

3. 소송이 제기된 경우 성남시장의 봉안시설설치 신고수리의 효력에 대하여 검토하시오. (20점)

문제해설 [2017년 제1차 제1문] 문제 2. 해설

1. 문제
(1) 법률상 이익여부 및 근거법규 해당여부, (2) 甲, 乙, 丙의 원고적격 인정여부가 문제된다.

2. 법률상 이익여부 및 근거법규 해당여부

(1) **관련 조문** – 취소소송은 처분 등의 취소를 구할 법률상 이익이 있는 자가 제기할 수 있다(행소법 제12조).

(2) **학설** – ① 권리구제설, ② 법률상 이익 구제설, ③ 소송상 보호할 가치 있는 이익구제설, ④ 적법성 보장설 등이 있다.

(3) **판례** – 법률상 보호되는 이익이란 처분의 근거법규 및 관련법규에 의하여 보호되는 개별적·직접적·구체적 이익이 있는 경우를 말하고, 근거법규 및 관련법규의 명문규정이 없더라도 합리적 해석상 이를 보호하는 취지가 있는 경우까지 포함하나, 공익보호의 결과로 생기는 일반적·간접적·추상적 이익의 경우는 포함되지 않는다.

(4) **사안의 경우** – 이 사건 승인처분의 판단 근거인 법률의 의미에 환경영향평가법을 근거법규로 볼 수 있는지 살펴보면, 환경영향평가대상사업의 경우 승인처분을 위해서는 환경영향평가의 협의내용을 사업계획에 반영하도록 하여야 하는바, 환경영향평가법은 처분에 직접적인 영향을 미치는 근거법규가 된다.

3. 甲의 원고적격

(1) **판례** – 행정처분의 근거 법규에 그 처분으로 환경상 침해가 예상되는 영향권의 범위가 구체적으로 규정되어 있는 경우 그 범위 내의 주민들은 직접적으로 중대한 환경피해를 입으리라고 예상할 수 있고, 이는 주민 개개인에 대한 개별적·직접적·구체적 이익으로서 그들에 대하여는 환경상 이익의 침해가 있는 것으로 사실상 추정되어 법률상 보호되는 이익이 인정된다.

(2) **사안의 경우** – 甲은 환경영향평가 대상지역인 묘지설치허가 및 봉안시설설치신고 사업지역에서 불과 300m 떨어진 광주시 소재 자연부락에 살고 있는 자로 개별적·직접적·구체적으로 환경상 이익에 대한 침해가 예상되어 법률상 보호되는 이익이 있는 자인 바, 甲의 원고적격은 인정된다.

4. 乙의 원고적격

(1) **판례** – 환경상 침해를 받으리라고 예상되는 영향권 내의 주민들을 비롯하여 그 영향권 내에서 농작물을 경작하는 등 현실적으로 환경상 이익을 향유하는 사람도 포함되나 단지 그 영향권 내의 건물·토지를 소유하거나 환경상 이익을 일시적으로 향유하는 데 그치는 사람은 포함되지 않는다.

(2) **사안의 경우** – 乙은 위 각 사업지역에서 500m 떨어진 광주시 소재 농공단지의 업체에 근무하는 자로 환경영향평가 대상지역 내에 있지만, 사업장 근무자로서 환경상 이익을 일시적으로 향유하는 자인바, 원고적격이 부정된다.

5. 丙의 원고적격

(1) **판례** – 영향권 밖의 주민들은 당해 처분으로 인하여 그 처분 전과 비교하여 수인한도를 넘는 환경 피해를 받거나 받을 우려가 있다는 자신의 환경상 이익에 대한 침해 또는 침해 우려가 있음을 입증하여야만 법률상 보호되는 이익으로 인정되어 원고적격이 인정된다.

(2) **사안의 경우** – 丙은 환경영향평가 대상지역 각 사업지역으로부터 약 10km 떨어진 성남시 분당구에 거주하고 있는 자로서 그 처분 전과 비교하여 수인한도를 넘는 피해를 입증한다면, 丙의 원고적격은 인정된다.

문제해설 [2017년 제1차 제1문] 문제 3. 해설

1. 문제
환경영향평가 대상사업임에도 환경영향평가 절차를 거치지 않은 처분의 효력이 문제된다.

2. 환경영향평가의 흠결과 처분의 효력

(1) **판례** – 환경영향평가를 거쳐야 할 대상사업에 대하여 환경영향평가를 거치지 아니하였음에도 불구하고 승인처분이 이루어진 하자는 법규의 중요부분을 위반한 중대한 것이고 객관적으로도 명백한 것으로 이는 당연 무효이다.

(2) **사안의 경우** – A공원은 위 각 사업이 환경영향평가법상 평가대상사업에 해당하지 않는다고 판단하고 환경영향평가를 받지 않았으나, 문제 1에서 본바와 같이 연접사업에 해당하여 후속사업인 봉안시설설치사업은 환경영향평가대상사업이 됨에도 성남시장은 환경영향평가 없이 봉안시설설치 신고를 수리하였는바, 이는 중대하고 명백한 하자로서 당연 무효이다.

3. 결론
성남시장의 봉안시설설치 신고수리는 당연무효로서 효력이 없다.

2013년도 제2회 변호사시험 모의시험

〈제1문〉

X는 A시에 소재한 약 14만 9천㎡의 부지에 산업단지를 조성하려고 한다. 이 부지 인근에 위치한 소라천(지방2급하천)은 낙동강(국가하천)으로 흘러들어가 합류하게 되는데, 이 합류지점 인근 낙동강 상류와 하류에는 각각 청록취수장과 하늘취수장이 존재하고 있다. 이 산업단지 부지로부터 청록취수장은 약 2.4㎞, 하늘취수장은 약 2.7㎞ 지점 떨어져 있다.

X가 산업단지계획을 수립하고 승인신청을 하자 A시는 전략환경영향평가서를 작성하여 제출하도록 한 후, 환경부장관과 협의를 하였다. 전략환경영향평가협의를 위해 제출된 평가서는 소라천이 낙동강과 만나는 합류지점의 하류에 위치한 하늘취수장을 주요보호 대상 시설물로 기재하고 여기에 미치는 영향을 주로 분석하였고 청록취수장에 대하여는 분석하지 아니하였다. 그리고 X는 전략환경영향평가대상지역 주민들의 의견수렴을 하였으나 그 과정에서 반대의견을 가진 일부 주민들의 참여가 배제되었다. 환경부장관은 청록취수장에 미치는 영향을 보완하도록 하였고 이에 X는 전략환경영향평가서의 내용을 보완하여 제출하였다. A시가 환경부장관에 대하여 다시 협의를 요청하자 환경부장관은 청록취수장에 대하여 미치는 환경영향에 대한 조사가 여전히 미진하며, X가 계획하고 있는 공장설립으로 인하여 이들 취수장에 수질오염을 유발할 우려가 있다는 점을 이유로 공장설립은 바람직하지 않다는 의견을 제시하였다. 이와 같이 환경부장관이 부동의 의견을 제시하자 A시 시장은 협의내용을 반영하지 않겠다고 환경부장관에게 통보하고 해당 부지에 산업단지계획승인처분을 하였다.

甲은 A시로부터 약 200㎞ 떨어진 다른 도시에 거주하는 자로서 X의 사업부지 경계 부근에 부동산을 소유하고 있다. 乙은 청록취수장으로부터 취수하여 생산된 수돗물을 공급받아 이용하는 자로서 사업부지로부터 50㎞ 떨어진 다른 도시에 거주하는 자이다. 丙은 하늘취수장으로부터 취수하여 생산된 수돗물을 공급받아 이용하는 A시의 주민이다.

1. 甲, 乙, 丙이 X에 대한 산업단지계획승인처분에 대하여 행정소송을 통해 다툴 경우, 원고적격을 갖추고 있는지 여부를 논하시오. (30점)

2. 전략환경영향평가절차와 관련하여 산업단지계획승인처분의 위법 여부를 논하시오. (30점)

3. 당사자적격을 갖춘 원고가 위 산업단지계획승인처분에 대하여 단지조성 공사를 막기 위해 효력정지신청을 제기한다면 그 결과는 어떠할 것인지에 대하여 논하시오. (20점)

문제해설 [2013년 제2차 제1문] 문제 1. 해설

1. 문제
甲, 乙, 丙의 원고적격 인정여부가 문제된다.

2. 법률상 이익여부 및 근거법규 해당여부

(1) **관련 조문** - 취소소송은 처분 등의 취소를 구할 법률상 이익이 있는 자가 제기할 수 있다(행소법 제12조).

(2) **학설** - ① 권리구제설, ② 법률상 이익 구제설, ③ 소송상 보호할 가치 있는 이익구제설, ④ 적법성 보장설 등이 있다.

(3) **판례** - 법률상 보호되는 이익이란 처분의 근거법규 및 관련법규에 의하여 보호되는 개별적·직접적·구체적 이익이 있는 경우를 말하고, 근거법규 및 관련법규의 명문규정이 없더라도 합리적 해석상 이를 보호하는 취지가 있는 경우까지 포함하나, 공익보호의 결과로 생기는 일반적·간접적·추상적 이익의 경우는 포함되지 않는다.

(4) **사안의 경우** - 이 사건 승인처분의 판단 근거인 법률의 의미에 환경영향평가법을 근거법규로 볼 수 있는지 살펴보면, 환경영향평가대상사업의 경우 승인처분을 위해서는 환경영향평가의 협의 내용을 사업계획에 반영하도록 하여야 하는바, 환경영향평가법은 처분에 직접적인 영향을 미치는 근거법규가 된다.

3. 甲의 원고적격 인정여부

(1) **판례** - 환경상 침해를 받으리라고 예상되는 영향권 내의 주민들을 비롯하여 그 영향권 내에서 농작물을 경작하는 등 현실적으로 환경상 이익을 향유하는 사람도 포함되나 단지 그 영향권 내의 건물·토지를 소유하거나 환경상 이익을 일시적으로 향유하는 데 그치는 사람은 포함되지 않는다.

(2) **사안의 경우** - 甲은 A시로부터 약 200㎞ 떨어진 다른 도시에 거주하는 자로서 X의 사업부지 경계 부근에 부동산을 소유하고 있는 자로 거주하지는 않더라도 해당토지에서 농작물을 경작하거나 영업을 하는 등 환경상 이익을 현실적으로 향유하고 있다면, 원고적격이 인정될 수도 있으나, 부재지주로서 토지를 소유하는 데 그치는 바, 원고적격이 부정된다.

4. 乙의 원고적격 인정여부

(1) **판례** - 영향권 밖의 주민들은 당해 처분으로 인하여 그 처분 전과 비교하여 수인한도를 넘는 환경피해를 받거나 받을 우려가 있다는 자신의 환경상 이익에 대한 침해 또는 침해 우려가 있음을 입증하여야만 법률상 보호되는 이익으로 인정되어 원고적격이 인정된다.

(2) **사안의 경우** - 乙이 환경영향평가 대상지역에 거주하지는 않으나 청록취수장으로부터 수돗물을 공급받는 주민들이 가지게 되는 수돗물의 수질악화 등으로 인한 환경상 이익의 침해나 침해 우려는

그 거주 지역에 불구하고 그 수돗물을 공급하는 취수시설이 입게 되는 수질오염 등의 피해나 피해 우려와 동일하게 평가될 수 있으므로 청록취수장에서 취수된 물을 수돗물로 공급받는 乙은 이 사건 승인 처분의 근거 법규 및 관련 법규에 의하여 개별적·구체적·직접적으로 보호되는 환경상 이익, 즉 법률상 보호되는 이익이 침해되거나 침해될 우려가 있는 주민임을 입증한다면 원고적격이 인정된다.

5. 丙의 원고적격 인정여부

(1) **판례** - 행정처분의 근거 법규에 그 처분으로 환경상 침해가 예상되는 영향권의 범위가 구체적으로 규정되어 있는 경우 그 범위 내의 주민들은 직접적으로 중대한 환경피해를 입으리라고 예상할 수 있고, 이는 주민 개개인에 대한 개별적·직접적·구체적 이익으로서 그들에 대하여는 환경상 이익의 침해가 있는 것으로 사실상 추정되어 법률상 보호되는 이익이 인정된다.

(2) **사안의 경우** - 丙은 A시의 주민으로 대상지역 인근에 위치해 "산업단지계획의 수립이나 사업의 시행으로 영향을 받게 되는 지역으로서 환경영향을 과학적으로 예측·분석한 자료에 따라 그 범위가 설정된 지역"으로 행정청이 결정한 대상지역에 포함되어 있을 것으로 보여 환경영향평가법상 법률상 보호이익을 향유하고 있는 바, 원고적격이 인정된다.

6. 결론

(1) 甲은 환경상 이익을 향유하는 자가 아니어서 원고적격이 부정되고,

(2) 乙은 수인한도를 넘는 피해를 입증한다면 원고적격이 인정되고,

(3) 丙은 대상지역 내의 주민으로 원고적격이 인정된다.

문제해설 [2013년 제2차 제1문] 문제 2. 해설

1. 문제
(1) 이 사건 처분행위의 법적성질, (2) 절차적 하자, (3) 실체적 하자로 인한 처분의 위법성이 문제된다.

2. 이 사건 처분행위의 법적성질
이 사건 처분은 X에게 일정한 권한을 부여하는 특허 내지 예외적 승인으로 재량행위로 판단된다.

3. 절차적 하자
(1) **관련 조문** - 행정기관이 장은 개발기본계획에 대한 전략환경영향평가서 초안을 공고·공람하고 설명회를 개최하여 해당 평가 대상지역 주민의 의견을 들어야 한다(환경영향평가법 제13조 1항).

(2) **판례** - 재량행위·기속행위를 불문하고 절차적 하자가 존재하는 경우 독자적 위법사유로 인정하고 있다

(3) **사안의 경우** - 전략환경영향평가 대상지역 주민들의 의견수렴과정에서 반대의견을 가진 일부 주민들의 참여가 배제된 것은 절차적 하자로 독자적 위법사유에 해당한다.

4. 실체적 하자
(1) **환경부장관의 부동의 의견배제**

1) 관련 조문 - 승인기관장은 환경영향평가 대상사업에 대한 승인 등을 하거나 환경영향평가 대상사업을 확정하기 전에 환경부장관에게 협의를 요청해야 하고, 승인기관장은 협의 내용을 통보받았을 때에는 그 내용을 해당 사업계획 등에 반영하기 위하여 필요한 조치를 해야 한다(환경영향평가법 제27조 제1항, 제30조 제1항).

2) 판례 - 국립공원 관리청이 국립공원 집단시설지구개발사업과 관련하여 그 시설물기본설계 변경승인처분을 함에 있어서 환경부장관과의 협의를 거친 이상 환경부장관의 환경영향평가에 대한 의견에 반하는 처분을 하였다고 하여 그 처분이 위법하다고 할 수 없다.

3) 사안의 경우 - A시 시장이 환경부장관과 협의를 거치고, 그 의견을 수용하지 아니한 처분을 하였다고 하여 그 자체로 위법하다고 볼 수 없다.

(2) **부실한 환경영향평가 효과**

1) 판례 - 환경영향평가를 거쳐야 할 대상사업에 대하여 환경영향평가를 하지 않고 승인처분을 하였다면 그 처분은 위법하나, 그러한 절차를 거쳤다면 환경영향평가의 내용이 다소 부실하더라도 그 부실은 당해 승인 등 처분에 재량권 일탈·남용의 위법이 있는지 여부를 판단하는 하나의 요소이지 당연히 당해승인 처분이 위법한 것은 아니다.

2) 사안의 경우 - X가 제출한 환경영향평가서는 산업단지로부터 2.4㎞ 인근에 존재하는 청록취수장에 대한 평가가 완전히 누락되어 있어 이 부분에 대한 환경영향평가를 하지 않고 승인처분을 한 것으로 위법하다.

5. 재량행위의 일탈남용여부

(1) **관련 조문** - 행정청의 재량에 속하는 처분이라도 재량권의 한계를 넘거나 그 남용이 있는 때에는 법원은 이를 취소할 수 있다(행소법 제27조).

(2) **사안의 경우** - 개발사업 추진여부는 당해 사업으로 얻을 수 있는 국민경제적인 가치와 이로 인하여 훼손되는 환경의 가치를 비교하여 결정하여야 하는데, 개발 전과 비교하여 사회통념상 수인한도를 넘는 생활이익의 침해를 초래할 우려가 있는데도 행정청이 이러한 환경적 위해발생을 충분히 고려하지 아니한 채 승인하였다면 재량권을 일탈 또는 남용한 행위이다.

6. 결론

이 사건 처분은 재량행위로, 전략환경영향평가에서 반대의견을 가진 일부 주민들의 참여를 배제한 절차적 하자가 존재하고, 평가대상에서도 주민들의 상수원으로 이용하고 있는 청록취수장에 대한 환경영향평가가 완전히 배제되어 실체적 하자도 존재하는바, 재량행위의 일탈남용으로 위법성이 인정된다.

문제해설 [2013년 제2차 제1문] 문제 3. 해설

1. 문제
집행정지신청 인용여부가 문제된다.

2. 집행정지신청 인용여부

(1) 관련 조문
취소소송의 제기는 처분 등의 효력이나 그 집행 또는 절차의 속행에 영향을 주지 아니하는바, 처분으로 생길 회복하기 어려운 손해를 예방하기 위하여 긴급한 필요가 있다고 인정할 때에는 본안이 계속되고 있는 법원은 당사자의 신청 또는 직권에 의하여 처분 등의 효력을 정지할 수 있다(행소법 제23조 제1항, 제2항).

(2) 적극적 요건 충족여부

1) 요건 – ① 집행정지의 대상인 처분의 존재, ② 심판청구의 계속, ③ 회복하기 어려운 손해 발생, ④ 긴급한 필요의 존재

2) 판례
① 회복하기 어려운 손해란 금전으로 보상할 수 없는 손해로서 이는 금전보상이 불가능한 경우 내지는 금전보상으로는 사회 관념상 행정처분을 받은 당사자가 참고 견딜 수 없거나 또는 참고 견디기가 현저히 곤란한 경우의 유형, 무형의 손해를 일컫는다.

② 긴급한 필요가 있는지 여부는 처분의 성질과 태양 및 내용, 처분상대방이 입는 손해의 성질 내용 및 정도, 원상회복 금전배상의 방법 및 난이 등은 물론 본안청구의 승소가능성의 정도 등을 종합적으로 고려하여 구체적 개별적으로 판단하여야 한다.

3) 사안의 경우 – 산업단지가 조성될 경우 취수장의 오염으로 수인한도를 초과하여 생활이익을 침해할 우려가 있고, 이에 대한 금전보상으로는 회복하기 어려운 손해가 발생하여 긴급한 필요가 존재하는바, 적극적 요건은 충족한다.

(3) 소극적 요건 충족여부

1) 요건 – ① 본안청구가 이유 없음이 명백하지 아니하고, ② 공공복리에 중대한 영향을 미칠 우려가 없을 것(행소법 제23조 제3항).

2) 사안의 경우 – 현재 적법한 본안소송이 계속 중이고 환경영향평가법 위반 또는 재량권의 일탈 남용에 해당될 여지가 있어 본안청구가 이유 없음이 명백하지 아니하고, 집행정지로 공공복리에 중대한 영향을 미칠 우려가 없는바, 소극적 요건도 충족한다.

3. 결론
집행정지의 적극적, 소극적 요건을 모두 충족하는바, 당사자적격을 갖춘 원고가 위 산업단지계획승인 처분에 대하여 단지조성 공사를 막기 위해 효력정지신청을 제기한다면 그 결과는 인용된다.

2012년도 제2회 변호사시험 모의시험

〈제2문〉

A주식회사는 B도의 국립공원지역 일원에 지상송전선로(400KV, 20km)를 설치하는 사업을 시행하고자 지식경제부장관에게 전원개발실시계획에 대한 승인을 신청하였다. 이에 지식경제부장관은 A주식회사의 송전선로 신청안은 다른 대안에 비해 비용 절감의 효과가 있고 낙후지역으로의 전기 공급을 위해 송전선로를 설치할 필요성도 인정된다고 보아 실시계획을 승인(이하 '이 사건 처분'이라 한다)하였다.

그런데 A주식회사가 설치하고자 하는 지상송전선로의 일부는 희귀 조류의 서식지로서 자연환경보전법상 생태경관보전지역으로 지정되어 있는 지역을 관통하게 될 예정이고, 위 사업은 환경영향평가의 대상이 되는 사업이기도 하다. 그럼에도 A주식회사가 제출한 환경영향평가서에는 희귀 조류의 서식지에 대한 분석이 포함되어 있지 않고 다수 주민이 요구한 공청회도 실시하지 않는 등 부실한 것이었고, 지식경제부장관 또한 자연환경보전법 제28조에 따른 생태경관보전지역에서의 개발 사업에 관한 환경부장관과의 협의를 거치지도 않았다.

한편 甲은 송전선로 인근 사유지를 임차하여 소와 말의 방목지로 사용하고 있는 사람으로서 이 사건 처분에 따라 송전선로를 설치하게 되면 전자파 등의 위험으로 방목에 지장이 초래될 수 있음을 우려하는 사람이고, C도의 주민인 乙은 전국적 규모 조류보호 환경단체의 대표이다. 甲과 乙은 행정소송을 제기하여 이 사건 처분의 취소를 구하고자 한다.

1. (1) 甲과 乙에게는 이 사건 처분의 위법을 다툴 법률상 이익이 인정될 수 있는가. 귀하는 甲과 乙의 변호사로서 판례의 취지에 비추어 원고적격의 인정 여부에 대해 어떤 고려요소가 있을 수 있는지 법률적 판단을 해보시오. (25점)

   (2) 환경소송과 관련하여 환경운동단체에게 원고적격을 별도의 입법으로 인정할 필요가 있다는 입법론이 제기되어 왔다. 그 필요성에 대해 평가해 보시오. (15점)

2. 이 사건 처분이 위법한지 여부에 대해 다툼이 있을 만한 법적 쟁점을 나열하고 그 당부를 판단해 보시오. (40점)

[참고조문]
전원개발촉진법 제5조 (전원개발사업실시계획의 승인)
① 전원개발사업자는 전원개발사업의 실시계획을 작성하여 지식경제부장관의 승인을 얻어야 한다.

문제해설 [2012년 제2차 제2문] 문제 1. (1) 해설

1. 문제
甲, 乙의 원고적격 인정여부가 문제된다.

2. 법률상 이익여부 및 근거법규 해당여부

(1) **관련 조문** – 취소소송은 처분 등의 취소를 구할 법률상 이익이 있는 자가 제기할 수 있다(행소법 제12조).

(2) **학설** – ① 권리구제설, ② 법률상 이익 구제설, ③ 소송상 보호할 가치 있는 이익구제설, ④ 적법성 보장설 등이 있다.

(3) **판례** – 법률상 보호되는 이익이란 처분의 근거법규 및 관련법규에 의하여 보호되는 개별적·직접적·구체적 이익이 있는 경우를 말하고, 근거법규 및 관련법규의 명문규정이 없더라도 합리적 해석상 이를 보호하는 취지가 있는 경우까지 포함하나, 공익보호의 결과로 생기는 일반적·간접적·추상적 이익의 경우는 포함되지 않는다.

(4) **사안의 경우** – 이 사건 승인처분의 판단 근거인 법률의 의미에 환경영향평가법을 근거법규로 볼 수 있는지 살펴보면, 환경영향평가대상사업의 경우 승인처분을 위해서는 환경영향평가의 협의내용을 사업계획에 반영하도록 하여야 하는바, 환경영향평가법은 처분에 직접적인 영향을 미치는 근거법규가 된다.

3. 甲의 원고적격 인정여부

(1) **판례** – 환경상 침해를 받으리라고 예상되는 영향권 내의 주민들을 비롯하여 그 영향권 내에서 농작물을 경작하는 등 현실적으로 환경상 이익을 향유하는 사람도 포함되나 단지 그 영향권 내의 건물·토지를 소유하거나 환경상 이익을 일시적으로 향유하는 데 그치는 사람은 포함되지 않는다.

(2) **사안의 경우** – 甲은 송전선로 인근 사유지를 임차하여 소와 말의 방목지로 사용하고 있는 사람으로서 이 사건 처분에 따라 송전선로를 설치하게 되면 전자파 등의 위험으로 방목에 지장이 초래될 수 있음을 우려하는 자로서 甲은 소유권자가 아닌 임차권자이지만 환경상 이익을 현실적으로 향유하고 있는바, 원고적격이 인정된다.

4. 乙의 원고적격 인정여부

(1) **판례** – 영향권 밖의 주민들은 당해 처분으로 인하여 그 처분 전과 비교하여 수인한도를 넘는 환경피해를 받거나 받을 우려가 있다는 자신의 환경상 이익에 대한 침해 또는 침해 우려가 있음을 입증하여야만 법률상 보호되는 이익으로 인정되어 원고적격이 인정된다.

(2) **사안의 경우** – 乙은 C도의 주민으로 송전탑이 설치되는 B도 국립공원지역 근처에 거주하는 자가 아니어서 A사의 B도 국립공원지역 일원에 지상송전선로 설치로 수인한도를 초과하는 환경상 이익에 대한 피해를 입증하여야만 원고적격이 인정된다.

5. 결론

(1) 甲은 환경영향평가지역내의 주민으로 환경상 이익을 향유하는 자로서 원고적격이 인정되고,

(2) 乙은 수인한도를 넘는 피해를 입증해야 원고적격이 인정된다.

문제해설 [2012년 제2차 제2문] 문제 1. (2) 해설

1. 문제
(1) 환경운동단체의 원고적격 인정여부, (2) 입법론에 대한 평가가 문제된다.

2. 환경운동단체의 원고적격 인정여부
(1) **판례** - 환경상 이익은 주민 개개인에 대하여 개별적·구체적으로 인정되는 것으로 자연인이 아닌 지역 어촌계 등의 단체는 그 행정처분의 취소를 구할 원고적격이 없다.

(2) **사안의 경우** - 전국적 규모 조류보호 환경단체는 환경상 이익을 향유할 수 있는 주체가 될 수 없는바, 원고적격이 인정될 수 없다.

3. 입법론에 대한 평가
(1) **의의** - 단체소송이란 다수의 피해자가 발생할 경우 그 피해 집단의 1인이나 수인이 다른 피해자들의 개별적 수권 없이 가해자를 상대로 모든 피해자들의 손해를 일거에 청구하고, 그 판결의 효력이 소송에 참가하지 아니한 모든 피해자들에게 미치도록 하는 제도이다.

(2) **환경분쟁조정법의 환경운동단체의 신청인 적격**

1) 관련 조문 - ① 민법 제32조에 따라 환경부장관의 허가를 받아 설립된 비영리법인, ② 정관에 따라 환경보호 등 공익의 보호와 증진을 목적으로 하는 단체, ③ 구성원이 100명이상이고, 법인으로서 자연환경분야 활동실적이 2년 이상인 환경단체는 중대한 자연상태계 파괴로 인한 피해가 발생하였거나 발생한 위험이 현저한 경우에는 위원회의 허가를 받아 분쟁당사자를 대리하여 위원회에 조정을 신청할 수 있다(환경분쟁조정법 제26조 제1항).

2) 사안의 경우 - 환경단체가 민법 제32조에 따라 자연환경보호 목적으로 설립된 단체로서, 이를 정관에 명시하고 환경부장관의 허가를 받은 비영리법인으로, 100명 이상의 회원으로 자연환경보호 활동을 하여, 동법 제26조 제1항의 각호의 사유를 모두 충족하는 경우 환경분쟁조정법의 신청인 적격을 갖는다.

(3) **평가**

환경운동단체의 원고적격을 인정하는 것은 환경상 이익의 향유 주체를 넓혀 처분의 적법여부를 다툴 수 있는 주체의 확대를 의미하는바, 국민들의 환경상 권리 침해를 구제할 수 있는 길이 더 넓혀지는 것은 사실이다. 다만, 현행법상 항고소송의 경우까지 그 범위를 넓힐 경우 항고소송의 남발 및 남용의 폐해가 예상되므로 환경분쟁조정법상의 신청인 적격에 한하여 제한적으로 인정하고 있다.

2013년도 시행 제2회 변호사시험

〈제1문〉

한국토지주택공사는 수도권지역의 주택난 해소 및 택지의 효율적 공급 추진을 위하여 「택지개발촉진법」에 따라 경기도 용인시 ○○리 일원에 사업면적이 25만㎡인 택지개발사업(이하 '제1차 택지개발사업'이라 한다)을 하기 위해 경기도에 사업승인을 신청하였고, 경기도지사는 2011. 10. 한국토지주택공사의 제1차 택지개발사업 실시계획을 승인하였다. 한편 한국토지주택공사는 제1차 택지개발사업을 시행하는 과정에서 그 사업의 전체 골격은 유지하되 사업규모를 확대하기 위하여 동일 지역에 사업면적이 10만㎡인 택지를 추가로 개발하기로 하고 2012. 9. 경기도지사로부터 이에 대한 개발사업(이하 '제2차 택지개발사업'이라 한다) 실시계획의 승인을 받았다.

그런데 제2차 택지개발사업이 이루어지는 사업지구(이하 '사업지구'라 한다)에 거주하는 주민 A, 사업지구의 인근 지역에 거주하는 주민 B 및 사업지구에 건물을 소유하고 있으나 서울시에 거주하고 있는 C는, 경기도지사가 제1차 택지개발사업 및 제2차 택지개발사업에 대한 실시계획 승인을 하면서 사전에 환경영향평가를 거치지 않았기 때문에 위법하므로 이들에 대한 실시계획 승인처분은 취소되어야 한다고 주장하고 있다. 이에 대하여 경기도지사는 제1차 택지개발사업 및 제2차 택지개발사업은 환경영향평가 대상사업에 해당하지 않고, 나아가 주민 A, B 및 C는 모두 처분의 상대방이 아니므로 취소를 구할 자격이 없기 때문에 다툴 수 없다고 주장하고 있다.

이상의 사실관계를 전제로, 다음의 질문에 답하시오.

[참조조문]
1. 환경영향평가법 시행령 [별표 3](환경영향평가 대상사업의 구체적인 종류, 범위 및 협의 요청시기)은 도시의 개발사업으로서 "택지개발촉진법 제7조 제1항에 따른 택지개발사업 중 사업면적이 30만㎡ 이상인 사업"을 환경영향평가 대상사업으로 규정하고 있다.
2. 환경영향평가법 시행령 [별표 3](환경영향평가 대상사업의 구체적인 종류, 범위 및 협의 요청시기) 비고 제4항은 다음과 같이 규정하고 있다.
   다음 각 목의 어느 하나에 해당하는 사업은 그 사업 전체에 대하여 환경영향평가를 하여야 한다.
   가. 같은 사업자가 동일 영향권역에서 같은 종류의 사업을 하는 경우로서 각 사업 규모의 합이 평가 대상규모에 이른 경우(위 표 제17호 마목의 골재채취예정지는 제외하고, 위 표 제3호 다목 및 라목의 송전선로건설사업, 제5호의 도로건설사업, 제7호의 철도건설사업의 경우에는 준공된 사업은 제외한다.)
   나. 사업의 승인등을 할 당시에 평가대상사업에 해당되나 평가 대상규모 미만이어서 환경영향평가를 하지 않은 사업이 동일 영향권역에서 사업계획의 변경으로 그 사업규모가

평가 대상규모에 이르거나, 그 사업규모와 신규로 승인등이 된 사업규모의 합이 평가 대상규모에 이른 경우

다. 해당 사업의 승인 등이 이루어진 후 위 표의 개정으로 새로 환경영향평가대상사업에 해당하게 된 사업이 다음의 어느 하나에 해당하는 경우

  1) 위 표의 개정 당시 평가 대상규모 미만인 사업이 동일 영향권역에서 사업계획의 변경 또는 신규 승인 등으로 사업규모가 평가 대상규모에 이르거나 해당 사업의 규모와 신규로 승인 등이 되는 사업의 규모와의 합이 환경영향평가 대상규모 이상이 되는 경우

  2) 위 표의 개정 당시에 새로 추가된 환경영향평가대상사업의 평가 대상규모 이상인 사업이 동일 영향권역에서 사업계획의 변경 또는 신규 승인등으로 해당 사업의 승인 등을 받을 당시 보다 15퍼센트 이상 그 규모가 증가되거나 증가되는 사업의 규모가 평가 대상규모 이상인 경우

2. 주민 A, B 및 C가 환경영향평가를 받지 않았다는 이유로 경기도지사의 실시계획 승인처분을 다툴 수 있는 법률상 이익을 가지고 있는지에 대하여 각각 검토하시오. (35점)

3. 경기도지사의 제1차 택지개발사업 및 제2차 택지개발사업에 대한 각 실시계획 승인처분이 적법한지, 그리고 만약 위법하다면 그 효력은 어떠한지에 대하여 각각 검토하시오. (25점)

문제해설 [2013년 제2회 변시 제1문] 문제 2. 해설

1. 문제
(1) 법률상 이익의 근거법규, (2) 주민 A, B 및 C의 원고적격 인정여부가 문제된다.

2. 법률상 이익여부 및 근거법규 해당여부

(1) **관련 조문** – 취소소송은 처분 등의 취소를 구할 법률상 이익이 있는 자가 제기할 수 있다(행소법 제12조).

(2) **학설** – ① 권리구제설, ② 법률상 이익 구제설, ③ 소송상 보호할 가치 있는 이익구제설, ④ 적법성 보장설 등이 있다.

(3) **판례** – 법률상 보호되는 이익이란 처분의 근거법규 및 관련법규에 의하여 보호되는 개별적·직접적·구체적 이익이 있는 경우를 말하고, 근거법규 및 관련법규의 명문규정이 없더라도 합리적 해석상 이를 보호하는 취지가 있는 경우까지 포함하나, 공익보호의 결과로 생기는 일반적·간접적·추상적 이익의 경우는 포함되지 않는다.

(4) **사안의 경우** – 이 사건 승인처분의 판단 근거인 법률의 의미에 환경영향평가법을 근거법규로 볼 수 있는지 살펴보면, 환경영향평가대상사업의 경우 승인처분을 위해서는 환경영향평가의 협의내용을 사업계획에 반영하도록 하여야 하는바, 환경영향평가법은 처분에 직접적인 영향을 미치는 근거법규가 된다.

3. A의 원고적격

(1) **판례** – 행정처분의 근거 법규에 그 처분으로 환경상 침해가 예상되는 영향권의 범위가 구체적으로 규정되어 있는 경우 그 범위 내의 주민들은 직접적으로 중대한 환경피해를 입으리라고 예상할 수 있고, 이는 주민 개개인에 대한 개별적·직접적·구체적 이익으로서 그들에 대하여는 환경상 이익의 침해가 있는 것으로 사실상 추정되어 법률상 보호되는 이익이 인정된다.

(2) **사안의 경우** – A는 환경영향평가 대상지역 내인 사업지구에 거주하고 있는 자로 개별적·직접적·구체적으로 환경상 이익에 대한 침해가 예상되어 법률상 보호되는 이익이 있는 자인 바, 원고적격은 인정된다.

4. B의 원고적격

(1) **판례** – 영향권 밖의 주민들은 당해 처분으로 인하여 그 처분 전과 비교하여 수인한도를 넘는 환경피해를 받거나 받을 우려가 있다는 자신의 환경상 이익에 대한 침해 또는 침해 우려가 있음을 입증하여야만 법률상 보호되는 이익으로 인정되어 원고적격이 인정된다.

(2) **사안의 경우** – B는 영향권 밖 인근지역에 거주하고 있는 주민으로 그 처분 전과 비교하여 수인한도를 넘는 피해를 입증한다면, 원고적격은 인정된다.

5. C의 원고적격

(1) **판례** – 환경상 침해를 받으리라고 예상되는 영향권 내의 주민들을 비롯하여 그 영향권 내에서 농작물을 경작하는 등 현실적으로 환경상 이익을 향유하는 사람도 포함되나 단지 그 영향권 내의 건물·토지를 소유하거나 환경상 이익을 일시적으로 향유하는 데 그치는 사람은 포함되지 않는다.

(2) **사안의 경우** – C는 사업지구에 건물을 소유하고 있으나 서울시에 거주하고 있는 자로 대상지역인 사업지구에서 현실적인 환경상 이익을 향유하는 것이 아니라 일시적으로 향유하는데 그치는 바, 원고적격은 부정된다.

6. 결론

(1) A는 사업지구에 거주하는 자로 환경영향평가 대상지역 내 주민으로서 원고적격이 인정된다.

(2) B는 사업지구 인근에 거주하는 자로 환경영향평가 대상지역 밖에 거주하는 주민으로서 자신의 환경상 이익의 침해 또는 우려를 입증한다면 원고적격이 인정된다.

(3) C는 일시적으로 대상지역의 환경상 이익을 향유하는 자로서 원고적격이 부정된다.

문제해설 [2013년 제2회 변시 제1문] 문제 3. 해설

1. 문제

(1) 1차 사업처분의 적법성, (2) 2차 사업의 적법성 및 효력이 문제된다.

2. 1차 사업처분의 적법성

(1) **판례** - 행정소송에서 행정처분의 위법 여부는 행정처분이 행하여졌을 때의 법령과 사실 상태를 기준으로 하여 판단하여야 하고, 처분 후 법령의 개폐나 사실상태의 변동에 의하여 영향을 받지는 않는다.

(2) **사안의 경우** - 1차 택지개발사업에 대한 승인처분은 사업면적이 25만㎡에 불과하여 처분당시인 2011. 10. 환경영향평가 대상사업이 아니므로 환경영향평가를 받지 않는 하자가 없는바, 위 처분은 적법하다.

3. 2차 사업의 적법성 및 효력

(1) **연접개발에서의 절차적 하자**

1) 판례 - 사전환경성검토협의 대상면적 미만으로 이미 허가를 받은 개발사업지역과 연접한 지역에 추가로 개발사업을 하고자 하는 연접개발이 사전환경성검토협의 대상사업에 해당하는지 여부를 판단함에 있어서, 위 연접개발에 관하여 규정한 사업주체가 동일한 경우는 물론 사업주체나 사업시기를 달리하는 경우에도 그 적용이 있다.

2) 사안의 경우 - 2차 사업은 10만㎡로 환경영향평가대상인 30만㎡의 미만으로 대상사업에 해당하지 않지만, 2차 사업의 주체가 1차 사업 주체인 한국주택토지공사 동일하여 연접개발로 판단되는바, 2차 사업의 면적은 1차 사업 면적 25만㎡를 누적 합산한 35만㎡로 대상사업에 해당하여 환경영향평가절차를 거쳐야 하는바, 이를 누락한 절차적 하자가 존재하고 이는 독자적 위법사유가 된다.

(2) **2차 사업 승인처분의 효력**

1) 판례 - 환경영향평가를 거쳐야 할 대상사업에 대하여 환경영향평가를 거치지 아니하였음에도 불구하고 승인처분이 이루어진 하자는 법규의 중요부분을 위반한 중대한 것이고 객관적으로도 명백한 것으로 이는 당연무효이다.

2) 사안의 경우 - 2차 사업은 연접개발로 환경영향평가 대상사업임에도 불구하고 이를 실시하지 아니한 중대 명백한 하자가 존재하는바, 이는 무효에 해당된다.

4. 결론

(1) 1차 사업 승인처분을 적법 유효하다.

(2) 2차 사업 승인처분은 환경영향평가의 절차를 누락한 위법하고 중대·명백한 하자가 있어 무효이다.

2015년도 시행 제4회 변호사시험

〈제1문〉

甲은 A군 B면 일대 토지에 「산업집적활성화 및 공장설립에 관한 법률」에 따라 공장을 설립하고자 관할 군수 乙에게 공장설립 사업계획의 승인을 신청하였다. 甲이 설립하려는 공장 예정지 주변의 하천수는 인근 하천을 통해 강에 합류하게 되는데, 강과 합류하는 지점 부근에는 인근 주민의 상수원인 C취수장이 위치하고 있다. 甲이 설립하려는 공장은 환경영향평가의 대상인바, 이에 따라 甲이 제출한 환경영향평가서는 공장설립으로 인해 C취수장에 미치는 수질오염의 영향을 실제보다 과소평가하고 있으며, 주민의 의견수렴 절차 또한 甲의 사업에 찬성하는 주민들을 중심으로 이루어지는 등 부실한 것이었다. 그러나 乙은 甲이 제출한 환경영향평가서의 적정성 및 부실 여부 등에 대한 충분한 검토 없이 환경영향평가 결과를 그대로 수용하여 사업계획을 승인하였다.

甲에 대한 공장설립 사업계획의 승인에 반대하는 丙과 丁은 모두 C취수장으로부터 수돗물을 공급받는 자인바, 丙은 환경영향평가 대상지역 내에 토지를 소유하고 경작을 하는 자이나, 丁은 甲의 사업부지에서 20여 킬로미터 이상 떨어진, 영향권과는 무관한 지역에 거주하면서 C취수장에서 취수하여 생산된 수돗물을 이용하는 자이다.

[참조조문]

「산업집적활성화 및 공장설립에 관한 법률」

제8조(공장입지의 기준) 산업통상자원부장관은 관계 중앙행정기관의 장과 협의하여 다음 각 호의 사항에 관한 공장입지의 기준(이하 "입지기준"이라 한다)을 정하여 고시하여야 한다. 이를 변경한 경우에도 또한 같다. 〈개정 2013. 3. 23.〉

   1. 「국토의 계획 및 이용에 관한 법률」 등 대통령령으로 정하는 법령에서 용도지역별로 허용 또는 제한되는 공장의 업종·규모 및 범위 등에 관한 사항

   2. 제조업종별 공장부지면적에 대한 대통령령으로 정하는 공장건축물등(이하 "공장건축물등"이라 한다)의 면적의 비율(이하 "기준공장면적률"이라 한다)과 그 적용 대상

   3. 제조업종별 환경오염 방지에 관한 사항

   4. 환경오염을 일으킬 수 있는 공장의 입지 제한에 관한 사항

「국토의 계획 및 이용에 관한 법률 시행령」 [별표 1의2] 〈개정 2014. 11. 11.〉 개발행위허가기준(제56조 관련)

검토분야	허가기준
라. 주변지역과의 관계	(2) 개발행위로 인하여 당해 지역 및 그 주변지역에 대기오염·수질오염·토질오염·소음·진동·분진 등에 의한 환경오염·생태계파괴·위해발생 등이 발생할 우려가 없을 것. 다만, 환경오염·생태계파괴·위해발생 등의 방지가 가능하여 환경오염의 방지, 위해의 방지, 조경, 녹지의 조성, 완충지대의 설치 등을 허가의 조건으로 붙이는 경우에는 그러하지 아니하다.

1. 丙과 丁이 위 공장설립 사업계획의 승인처분에 대하여 취소소송을 제기하는 경우, 취소소송과 관련된 법적 쟁점에 대해 검토하시오. (45점)

2. 丙은 乙에게 환경영향평가의 부실을 이유로 甲으로 하여금 환경영향평가를 다시 하도록 명령할 것을 요구하였으나 거부되었다. 丙은 乙의 거부에 대하여 취소소송으로 다툴 수 있는가? (15점)

문제해설 [2015년 제4회 변시 제1문] 문제 1. 해설

1. 문제
(1) 원고적격 인정여부, (2) 환경영향평가 하자에 따른 승인처분의 취소여부가 문제된다.

2. 원고적격 인정여부

(1) 법률상 이익여부 및 근거법규 해당여부

1) 관련 조문 - 취소소송은 처분 등의 취소를 구할 법률상 이익이 있는 자가 제기할 수 있다(행소법 제12조).

2) 학설 - ① 권리구제설, ② 법률상 이익 구제설, ③ 소송상 보호할 가치 있는 이익구제설, ④ 적법성 보장설 등이 있다.

3) 판례 - 법률상 보호되는 이익이란 처분의 근거법규 및 관련법규에 의하여 보호되는 개별적·직접적·구체적 이익이 있는 경우를 말하고, 근거법규 및 관련법규의 명문규정이 없더라도 합리적 해석상 이를 보호하는 취지가 있는 경우까지 포함하나, 공익보호의 결과로 생기는 일반적·간접적·추상적 이익의 경우는 포함되지 않는다.

4) 사안의 경우 - 이 사건 승인처분의 판단 근거인 법률의 의미에 환경영향평가법을 근거법규로 볼 수 있는지 살펴보면, 환경영향평가대상사업의 경우 승인처분을 위해서는 환경영향평가의 협의 내용을 사업계획에 반영하도록 하여야 하는바, 환경영향평가법은 처분에 직접적인 영향을 미치는 근거법규가 된다.

(2) 丙의 원고적격

1) 판례 - 행정처분의 근거 법규에 그 처분으로 환경상 침해가 예상되는 영향권의 범위가 구체적으로 규정되어 있는 경우 그 범위 내의 주민들은 직접적으로 중대한 환경피해를 입으리라고 예상할 수 있고, 이는 주민 개개인에 대한 개별적·직접적·구체적 이익으로서 그들에 대하여는 환경상 이익의 침해가 있는 것으로 사실상 추정되어 법률상 보호되는 이익이 인정된다.

2) 사안의 경우 - 丙은 환경영향평가 대상지역 내에 토지를 소유하고 경작하고 있는 자로 개별적·직접적·구체적으로 환경상 이익에 대한 침해가 예상되어 법률상 보호되는 이익이 있는 자인 바, 丙의 원고적격은 인정된다.

(3) 丁의 원고적격

1) 판례 - 영향권 밖의 주민들은 당해 처분으로 인하여 그 처분 전과 비교하여 수인한도를 넘는 환경피해를 받거나 받을 우려가 있다는 자신의 환경상 이익에 대한 침해 또는 침해 우려가 있음을 입증하여야만 법률상 보호되는 이익으로 인정되어 원고적격이 인정된다.

2) 사안의 경우 - 丁은 영향권 밖에 거주하고 있으므로 그 처분 전과 비교하여 수인한도를 넘는 피해 즉, C취수장으로부터 수돗물을 공급받는 자로서 식수에 사용하는 물의 오염으로 환경상 이익에 대한 침해를 입증한다면, 丁의 원고적격은 인정된다.

3. 환경영향평가 하자에 따른 승인처분의 취소여부
  (1) 부실한 환경영향평가의 효과
    1) 판례 - 환경영향평가를 거쳐야 할 대상사업에 대하여 환경영향평가를 하지 않고 승인처분을 하였다면 그 처분은 위법하나, 그러한 절차를 거쳤다면 환경영향평가의 내용이 다소 부실하더라도 그 부실은 당해 승인 등 처분에 재량권 일탈·남용의 위법이 있는지 여부를 판단하는 하나의 요소이지 당연히 당해승인 처분이 위법한 것은 아니다.
    2) 사안의 경우 - 甲이 설립하려는 공장은 환경영향평가의 대상으로 이에 따라 甲이 제출한 환경영향평가서는 공장설립으로 인해 C취수장에 미치는 수질오염의 영향을 실제보다 과소평가하고 있으며 주민의 의견수렴 절차 또한 甲의 사업에 찬성하는 주민들을 중심으로 이루어지는 등 부실한 것이나, 위 사정만으로 공장설립 사업계획의 승인처분이 위법한 것은 아니다.
  (2) 재량행위 일탈남용
    1) 관련 조문 - 행정청의 재량에 속하는 처분이라도 재량권의 한계를 넘거나 그 남용이 있는 때에는 법원은 이를 취소할 수 있다(행소법 제27조). 개발행위로 인하여 당해 지역 및 그 주변지역에 수질오염에 의한 환경오염이 발생할 우려가 없어야 하지만 환경오염의 방지를 위한 완충지대의 설치 등을 허가의 조건으로 붙이는 경우에는 그러하지 아니하다(「국토의 계획 및 이용에 관한 법률 시행령」 [별표 1의2] 라).
    2) 사안의 경우 - 수질오염의 우려가 있을 경우 개발행위 허가를 할 수 없고, 하더라도 환경오염 방지를 위한 허가의 조건으로 붙여야 하는데 군수 乙의 공장설립 사업계획의 승인처분은 아무런 조치 없이 처분을 하여 재량권을 일탈하였다.
  (3) 소결 - 부실한 환경영향평가자체만으로 당해 처분이 위법하다고 할 수 없으나 처분에 조건을 붙이지 않은 것은 명문의 규정에 위배되는 재량권의 일탈로 위법성이 인정되는 바, 승인처분은 취소되어야 한다.

4. 결론
  (1) 丙은 환경영향평가범위 내에 있는 자로 원고적격이 인정되고, 丁은 환경영향평가범위 밖에 있는 자로 수인한도를 넘는 피해가 발생함을 입증하면 원고적격이 인정된다.
  (2) 공장설립 사업계획에 대한 군수 乙의 승인처분은 재량권을 일탈·남용한 것으로 행정소송법 제27조에 의해 취소될 수 있다.

문제해설 [2015년 제4회 변시 제1문] 문제 2. 해설

1. 문제
(1) 거부행위의 취소소송 대상성, (2) 법규상 또는 조리상 신청권 존부가 문제된다.

2. 거부행위의 취소소송 대상성
(1) **판례** - 국민의 적극적 행위 신청에 대하여 행정청이 거부한 행위가 항고소송의 대상이 되는 행정처분에 해당하려면, 그 신청한 행위가 공권력의 행사 또는 이에 준하는 행정작용이어야 하고, 그 거부행위가 신청인의 법률관계에 어떤 변동을 일으키는 것이어야 하며, 그 국민에게 그 행위발동을 요구할 법규상 또는 조리상의 신청권이 있어야 한다.

(2) **사안의 경우** - 丙이 군수 乙에게 환경영향평가의 부실을 이유로 환경영향평가를 다시 하도록 요구한 것은 공권력의 행사 또는 이에 준하는 행정작용이고, 군수 乙의 거부행위로 신청인은 충실한 환경영향평가를 받지 못하게 되었는바, 丙에게 행정청의 환경영향평가를 요구할 수 있는 법규상 또는 조리상 신청권이 있는지가 논의된다.

3. 법규상 또는 조리상 신청권 존부 (행정개입청구권 인정 여부)
(1) **행정청의 개입의무** - ① 丙은 환경영향평가 내의 토지를 소유하고 경작하는 자로 수질오염으로 인해 생명, 신체 및 재산의 피해가 발생될 위험이 있고, ② 이러한 수질오염 위험은 乙군수의 환경영향평가 재실시로 제거될 수 있고, ③ 이러한 수질오염 위험은 丙 개인이 제거할 수 없고 현재 丙이 乙군수에게 환경영향평가 재실시를 요구하고 있어 재량이 0으로 수축하는 바, 행정청의 개입의무가 인정된다.

(2) **사익보호성** - 환경영향평가를 통해 국민이 건강하고 쾌적한 삶을 누릴 수 있게 함을 목적으로 하는 사익보호성도 인정된다.

(3) **소결** - 행정개입청구권이 인정되는바, 丙의 법규상 또는 조리상의 신청권이 존재한다.

4. 결론
丙은 乙의 거부에 대하여 취소소송으로 다툴 수 있다.

2013년도 제3회 변호사시험 모의시험

〈제2문〉

甲 회사는 국토의 계획 및 이용에 관한 법률 제6조제2호에 따른 계획관리지역에 시멘트공장을 설치, 운영하기 위하여 A광역시장에게 공장설립승인신청을 하였다. 甲 회사는 동 신청을 하기에 앞서 환경영향평가법에 따라 환경영향평가를 실시하였는데 시멘트분진이 발생할 것으로 예상되는 사업의 특성상 특히 평가항목으로 대기환경에 주안점을 두고 사업부지에서 반경 20㎞를 영향평가 대상지역으로 설정하여 영향을 예측, 평가하고 관련하여 저감방안을 제시한 다음 평가대상지역 안 주민들의 의견을 수렴하였다. 의견수렴 뒤 사업자는 환경영향평가서를 작성하여 A광역시장에게 제출하였다. 이에 A광역시장은 환경부장관의 권한을 위임받은 관할지방환경청장에게 환경영향평가서를 제출하며 환경영향평가협의를 요청하였는바 협의요청을 받은 환경청장은 사업예정 및 주변지역은 비교적 자연환경이 잘 보전된 청정지역으로 분지형태인 지형특성상 이곳에 시멘트공장이 설치, 운영된다면 공장에서 배출되는 시멘트 관련 먼지 등으로 인한 대기환경질의 악화와 이로 인한 주민건강에 피해가 우려된다며 "최신의 대기오염방지시설을 설치, 운영할 것"을 내용으로 하는 협의의견을 통보하였다. A광역시장과 사업자는 이러한 환경청장의 협의내용에 이의를 제기하지 않고 사업계획에 반영하는 조치를 하였다. 이후 A광역시장은 공장설립승인처분을 하였다.

시멘트공장 운영 이후 주변지역 주민들(이들은 공장으로부터 가깝게는 5㎞ 멀게는 20㎞이내에 거주하고 있다)은 시멘트 공장의 사업장과 굴뚝에서 배출되는 먼지 등으로 인하여 생활불편은 물론 호흡기질환 등(진폐증, 만성 폐쇄성 폐질환(COPD)) 건강피해를 받고 있다고 주장하며 사업자에게 적절한 방지대책 등을 수립할 것을 수차례 요구하였다(사업자의 공장에서 발생한 시멘트 분진이 주민들의 생활공간 곳곳에 낙하되어 있다는 점은 육안으로 확인이 가능하다). 이러한 주민들의 요구에 대하여 사업자는 법으로 정해진 배출허용기준을 준수하고 있으며 주민불편을 최소화하기 위하여 노력을 다하겠다는 말을 되풀이하고 있다. 그러나 협의내용인 최신의 대기오염방지시설을 설치·운영하지 않은 채 공장을 운영하고 있다.

이러던 차에 최근 들어 호흡기 이상을 호소하는 지역주민들의 수가 크게 증가하였고 이에 주민들은 A광역시장에게 대기환경보전법에 따라 방지시설의 개선명령 등 필요한 조치를 명하여 줄 것을 요청하였다. 주민들의 요청이 거듭되자 A광역시장은 법위반 등 조사에 착수하였는데 TMS(굴뚝의 배출가스 농도를 자동으로 측정하는 기기) 자료에 의하면 먼지와 질소산화물(NOx)의 농도는 법정배출허용기준 이내로 밝혀졌고, A광역시장은 대기환경보전법에 따른 감독권을 발동할 사유가 없다고 회신하였다. 한편 지역주민들의 건강조사결과 일부 주민에게서 진폐증과 COPD가 발병한 것으로 나타났는데 이는 대조지역에 비하여 유의하게 높은 비율인 것으로 평가되었다.

1. 지역주민들은 호흡기에 이상을 느껴 병원을 찾는 지역주민들의 수가 크게 증가하였음에도 감독권을 발동하지 않겠다는 A광역시장의 민원회신은 위법하다고 보아 민원회신취소의 소를 제기하였다. 이 소는 적법한가? (20점)

문제해설 [2013년 제3차 제2문] 문제 1. 해설

1. 문제
(1) 거부행위의 취소소송 대상성, (2) 법규상 또는 조리상 신청권 존부가 문제된다.

2. 거부행위의 취소소송 대상성

(1) **판례** - 국민의 적극적 행위 신청에 대하여 행정청이 거부한 행위가 항고소송의 대상이 되는 행정처분에 해당하려면, 그 신청한 행위가 공권력의 행사 또는 이에 준하는 행정작용이어야 하고, 그 거부행위가 신청인의 법률관계에 어떤 변동을 일으키는 것이어야 하며, 그 국민에게 그 행위발동을 요구할 법규상 또는 조리상의 신청권이 있어야 한다.

(2) **사안의 경우** - 지역주민들이 A시장에게 대기환경보전법에 따라 방지시설의 개선명령 등 필요한 조치를 명하여 줄 것을 요청한 것은 공권력의 행사 또는 이에 준하는 행정작용이고, A시장의 거부행위로 지역주민들의 호흡기 질병이 크게 증가하였는바, 지역주민들에게 A시장의 대기환경보전법 제33조의 조치명령 내지 제34조의 개선명령을 요구할 수 있는 법규상 또는 조리상 신청권이 있는지가 논의된다.

3. 법규상 또는 조리상 신청권 존부 (행정개입청구권 인정여부)

(1) **관련 조문** - 시장은 조업 중인 배출시설에서 나오는 오염물질의 정도가 배출허용기준을 초과한다고 인정되면 개선명령을 명할 수 있고, 개선명령을 이행하지 않으면 조업정지 내지 조업시간의 단축을 명할 수 있다(대기환경보전법 제33조, 제34조).

(2) **판례** - 환경영향평가대상지역 안의 주민들의 경우 자신의 환경상 이익을 보호하기 위하여 행정청에 공유수면매립법 제32조 소정의 취소 등의 처분과 관련한 조리상의 신청권이 있다.

(3) **사안의 경우**

  1) 행정청의 개입의무 - ① 공장으로부터 가깝게는 5㎞ 멀게는 20㎞이내에 거주하고 있는 환경영향평가 대상지역 내 주민은 시멘트 공장에서 배출되는 먼지 등으로 인해 생명, 신체에 피해가 발생하였고, ② 이러한 위험은 A시장의 조치명령으로 제거될 수 있고, ③ 이는 지역주민들이 제거할 수 없으며 현재 A시장에게 조치명령을 요구하고 있어 재량이 0으로 수축하는 바, 행정청의 개입의무가 인정된다.

  2) 사익보호성 - 대기환경보전법은 대기환경을 적정하고 지속가능하게 관리 보전하여 건강하고 쾌적한 환경에서 생활할 수 있게 하는 것을 목적으로 하는바, 지역주민들의 사익보호성도 인정된다.

4. 결론
지역주민들은 A시장의 거부회신에 대하여 취소소송으로 다툴 수 있다.

2017년도 제3회 변호사시험 모의시험

〈제2문〉

A군 소재 둠벙습지는 지하수에 의하여 형성되는 산지형 습지로, 범무늬꼬리 도롱뇽과 백오초 등 멸종위기 동·식물을 포함해 다양한 동식물종이 서식하고 있는 것으로 확인됐다. 주변의 너른 바위계곡 또한 멸종위기종인 쉬리와 A군 지역에서 쉽게 발견되지 않는 편백나무등 수백의 생물종이 서식하고 있는 것으로 조사됐다. 이에 환경부장관은 위 습지와 계곡 일대를 자연환경보전법상 생태·경관보전지역으로 지정(이하 "지역지정")하였다. 그런데 위 습지 일부에 토지를 소유한 B(A군에 거주하고 있지는 아니하다)은 환경부장관이 토지소유자인 자신의 의견을 반영하지 아니한 채 지역지정을 하였다며 이 지정처분을 취소하든지 아니면 자신의 토지를 매수해줄 것을 주장하고 있다.

환경부장관은 지역지정을 하기에 앞서 자연환경보전법이 정하는 바에 따라 지역주민들과 이해관계인 그리고 지방자치단체의 장의 의견을 수렴하였으므로 별 문제가 없으며, 토지매수는 행정청이 필요하다고 인정되는 경우 소유자와 협의해 매수할 수 있을 뿐 토지소유자가 매수를 신청할 권리는 없다며 매수요청에 응하지 않았다. 환경부장관이 지역지정을 취소하지도 않고 또 토지 매수에 응하지도 않자 B는 자신이 지역지정 전에 하던 버섯재배를 확장한다는 이유로 자신의 소유 부분인 습지를 메워버렸다.

2. B는 환경부장관의 토지매수거부행위의 취소를 구하는 행정소송을 제기하였다. 환경부장관의 거부행위는 처분성을 갖는지 검토하시오. (30점)

문제해설 [2017년 제3차 제2문] 문제 2. 해설

1. 문제
환경부 장관의 토지매수 거부행위의 처분성 여부가 문제 된다.

2. 환경부 장관의 토지매수 거부행위의 처분성 여부

(1) 거부행위의 처분성
1) 관련 조문 - 처분이란 행정청이 행하는 구체적 사실에 관한 법집행으로서 공권력의 행사 또는 그 거부를 말한다(행소법 제2조 제1항 제1호).
2) 판례 - 국민의 적극적 행위 신청에 대하여 행정청이 거부한 행위가 항고소송의 대상이 되는 행정처분에 해당하려면, 그 신청한 행위가 공권력의 행사 또는 이에 준하는 행정작용이어야 하고, 그 거부행위가 신청인의 법률관계에 어떤 변동을 일으키는 것이어야 하며, 그 국민에게 그 행위발동을 요구할 법규상 또는 조리상의 신청권이 있어야 한다.
3) 사안의 경우 - B가 환경부장관에게 자연환경보전법상 생태·경관보전지역지정이 토지소유자인 자신의 의견을 반영하지 아니한 채 지역지정을 하였다며 토지매수를 신청하는 것은 공권력의 행사 또는 이에 준하는 행정작용을 요구하는 것이고, 환경부장관의 거부행위로 B는 자신의 소유 토지가 지역지정의 제한을 받는 토지가 되어 재산권 행사에 제한이 생기게 되었는바, 丙에게 토지매수신청권이라는 법규상 또는 조리상 신청권이 있는지가 논의되어야 한다.

(2) 생태·경관보전지역 안의 토지매수신청권 존부
1) 관련 조문 - 환경부장관은 생태·경관보전지역 및 자연유보지역의 생태계를 보전하기 위하여 필요한 경우에는 동 지역의 토지 등을 그 소유자와 협의하여 매수할 수 있다(자연환경보전법 제19조 제1항).
2) 판례 - 상수원 수질보전을 위하여 필요한 지역의 토지소유자가 국가에 그 토지매수 신청을 하였으나 환경청장 등이 매수거절을 한 경우, 이를 항고소송의 대상이 되는 행정처분으로 보지 않으면 토지소유자로서는 재산권의 제한에 대하여 달리 다툴 방법이 없게 되어, 그 매수거부행위는 항고소송의 대상이 되는 행정처분에 해당한다.
3) 사안의 경우 - 동법 제19조 1항의 매수신청권은 토지소유자의 재산권 제한에 대한 손실 보상을 대체하는 성격을 가지고 있고 이해관계인의 이익을 적극적으로 보호해야 하는바, 조리상 신청권이 인정된다.

3. 결론
환경부 장관의 토지매수 거부행위는 토지매수신청권이 인정되어, 처분성을 갖는다.

2017년도 제2회 변호사시험 모의시험

〈제1문〉

　甲사는 1995. 6. A시에 석탄화력발전소를 건설하여 운영하고 있다. 甲사의 발전소 운영 이후 발전소에서 배출하는 매연 등 대기오염물질로 인해 인근에 주택을 소유한 주민 乙은 실내환기를 하지 못하고 빨래를 야외에 널지 못하는 불편을 호소하는 한편, 건강에 미칠 악영향을 염려하고 있다.

　甲사는 2016. 5. 정부의 자원절약과 재활용촉진 시책에 부응하기 위하여 고형폐기물을 연소하여 발전하는 발전시설을 추가 설치하는 내용의 증설계획을 세우고 대기오염물질배출시설 설치 변경허가를 B도지사에게 신청하였다.

　甲사의 계획에 따라 고형폐기물이 연소되는 경우 벤젠, 염화수소 및 다이옥신 등 특정대기유해물질이 연간 30톤 이상 추가 배출될 것이 예상된다. 한편, A시의 甲사 발전소 인근에는 제1종 지구단위계획 등이 수립되어 있어 가까운 장래에 이 발전소 시설 반경 1km 안의 상주인구가 2만 명 이상이 될 것이 예상된다.

　B도지사는 이 추가시설이 설치·가동될 경우, 현재 거주하는 주민들뿐만 아니라 증가가 예상되는 주민들의 건강 및 생활환경도 보호해야 한다는 등의 사정을 감안하여 甲사의 대기오염물질 배출시설 설치 변경허가 신청을 불허하였다.

1. 甲사가 B도지사의 불허처분에 대하여 취소소송을 제기하는 경우, 처분의 성격과 위법성을 검토하시오. (30점)

문제해설 [2017년 제2차 제1문] 문제 1. 해설

1. 문제
(1) 배출시설 설치 변경허가 불허처분의 성격, (2) 처분의 위법성이 문제된다.

2. 배출시설 설치 변경허가 불허처분의 성격

(1) **관련 법리** – 허가는 일반적으로 금지되는 행위를 특정한 경우에 해제하는 것으로 원칙적으로 기속행위의 성격을 가지고, 특허는 특정인에게 일정한 권리나 법률관계를 설정하는 것으로 원칙적으로 재량행위의 성격을 갖는다.

(2) **판례** – 대기오염물질 총량관리사업장 설치의 허가 또는 변경허가는 특정인에게 인구가 밀집되고 대기오염이 심각하다고 인정되는 수도권 대기관리권역에서 총량관리대상 오염물질을 일정량을 초과하여 배출할 수 있는 특정한 권리를 설정하여 주는 행위로서 그 처분의 여부 및 내용의 결정은 행정청의 재량에 속한다.

(3) **사안의 경우** – 대기환경보전법 제23조 제8항에서 대기오염물질로 인하여 환경기준의 유지가 곤란하거나 주민의 건강·재산에 심각한 위해를 끼칠 우려가 있다고 인정되면 특정대기유해물질을 배출하는 배출시설의 설치를 제한할 수 있다고 규정하고 있는바, B도지사의 불허처분은 재량행위에 해당한다.

3. 처분의 위법성

(1) **관련 조문** – 도지사는 배출시설 설치 지점으로부터 반경 1킬로미터 안의 상주인구가 2만 명 이상인 지역으로서 특정대기유해물질 중 한 가지 종류의 물질을 연간 10톤 이상 배출하거나 두 가지 이상의 물질을 연간 25톤 이상 배출하는 시설을 설치하는 경우에는 배출시설의 설치를 제한할 수 있다(대기환경보전법 시행령 12조 1호).

(2) **판례** – 환경부장관은 배출시설 설치허가 신청이 대기환경보전법 시행령 제12조 각 호에서 정한 사유에 준하는 사유로서 환경 기준의 유지가 곤란하거나 주민의 건강·재산, 동식물의 생육에 심각한 위해를 끼칠 우려가 있다고 인정되는 등 중대한 공익상의 필요가 있을 때에는 허가를 거부할 수 있다.

(3) **사안의 경우** – 甲사의 계획에 따라 고형폐기물이 연소되는 경우 벤젠, 염화수소 및 다이옥신 등 특정대기 유해물질이 연간 30톤 이상 추가 배출될 것이 예상되고, A시의 甲사 발전소 인근에는 제1종 지구단위계획 등이 수립되어 있어 가까운 장래에 이 발전소 시설 반경 1km 안의 상주인구가 2만 명 이상이 될 것이 예상된다. 이는 동법 시행령 제12조 1호에 준하는 사유에 해당되어 이 사건 불허처분이 재량권을 일탈남용한 행위에 해당되지 않는바, 이 사건 처분이 위법하지 않다.

4. 결론
(1) 이 사건 처분은 재량행위로서의 성격을 갖고,
(2) 위 처분이 재량권을 일탈남용 하였다고 보기 어려워 적법하다.

2012년도 시행 제1회 변호사시험

〈제2문〉

A는 자신이 소유하는 토지 위에서 철물을 주조·가공하는 공장을 운영하면서 다량의 철강슬래그 등을 장기간에 걸쳐 매립하여 왔다. 그러나 불황으로 철강공장의 운영이 어려워진 A는 폐업을 결정했고, 공장부지(이하 "이 사건 토지"라 한다)를 B에게 매도하였다. 이 사건 토지를 인도받은 B는 이 사건 토지에 업무용 빌딩을 건축하기로 하였다. 그런데 위 철강공장이 가동된 이후 질병으로 고생하는 인근 주민들이 유달리 많아졌음을 이상하게 생각한 인근 주민 C는 관할 행정청 甲시장에게 토양환경보전법상의 적절한 조치를 취해줄 것을 요구했다. 이에 甲시장은 토양오염실태조사를 실시한 바, 그 결과 토양환경보전법 제2조 제2호 및 같은 법 시행규칙 제1조의2 [별표 1]에서 규정하는 토양오염물질인 구리, 비소, 수은 및 납이 같은 법 제4조의2 및 같은 법 시행규칙 제1조의5 [별표 3]에서 규정하는 토양오염우려기준을 초과하는 것으로 나타났다. 이에 甲시장은 A와 B에 대하여 토양환경보전법상의 조치를 취할 것인지를 검토하고 있다.

2. C에게 '甲시장이 B에 대하여 토양정밀조사·오염토양정화를 명할 것을 요구할 권리'가 있는지(10점)와 만일 있다면 C가 행정소송이나 국가배상소송에서 이를 어떻게 실현할 수 있는지(10점)에 대하여 검토하시오.

문제해설 [2012년 제1회 변시 제2문] 문제 2. 해설

1. 행정개입청구권 인정여부

(1) 의의 - 행정청의 부작위로 인하여 권익을 침해당한 자가 당해 행정청에 대하여 타인에 대한 규제 등 일정한 행정권의 발동을 청구할 수 있는 공권을 말한다.

(2) 재량의 0으로 수축여부

1) 요건 - ① 사람의 생명, 신체 및 재산 등에 중대하고 급박한 위험이 존재하고, ② 그러한 위험이 행정권의 발동에 의해 제거될 수 있고, ③ 피해자의 개인적 노력으로 권익침해의 방지가 이루어질 수 없는 경우이어야 한다.

2) 판례 - 국민의 생명, 신체, 재산 등에 대하여 절박하고 중대한 위험상태가 발생하였거나 발생할 우려가 있어서 국가가 초법규적, 일차적으로 그 위험 배제에 나서지 아니하면 국민의 생명, 신체, 재산 등을 보호할 수 없는 경우에는 형식적 의미의 법령에 근거가 없더라도 국가나 관련 공무원에 대하여 그러한 위험을 배제할 작위의무를 인정할 수 있다.

3) 사안의 경우 - ① C는 이 사건토지의 인근 주민으로서, 철강공장이 가동된 이후 질병으로 고생하는 인근 주민들이 유달리 많아져 자신에게도 생명, 신체에 대한 중대하고 급박한 위험이 존재하고, ② 이러한 매립물은 A시장의 甲에 대한 조치명령 즉, 토양정밀조사·오염토양정화명령으로 제거될 수 있고, ③ C의 개인적 노력으로 이러한 매립물에 대한 제거가 이루어질 수 없는바, 재량이 0으로 수축한다.

(3) 소결 - ① 재량이 0으로 수축하여 행정청의 개입의무가 인정되고, ② 토양법은 오염토양을 정화하는 등 토양을 적정하게 관리·보전하여 모든 국민이 건강하고 쾌적한 삶을 누릴 수 있게 함을 목적으로 하여 사익보호성도 인정되는바, 행정개입청구권이 인정된다.

2. 행정소송에서 실현방법

(1) 부작위위법확인소송

1) 관련 조문 - 행정청의 부작위가 위법하다는 것의 확인을 구하는 소송을 제기할 수 있다(행소법 제4조 3호). 부작위란 행정청의 당사자의 신청에 의하여 상당한 기간 내에 일정한 처분을 하여야 할 법률상 의무가 있음에도 불구하고 하지 않는 것을 말한다(동법 제2조 2호).

2) 사안의 경우 - 행정개입청구권이 인정되는 주민 C는 甲시장의 토양법상 조치명령을 신청하고, 상당기간 내에 甲시장이 조치를 하지 않는 경우 부작위위법확인소송을 제기할 수 있다.

(2) 거부처분취소소송

1) 관련 조문 - 행정청의 위법한 처분 등의 취소를 구하는 소를 제기할 수 있다(행소법 제4조 1호). 처분이란 행정청이 행하는 구체적 사실에 관한 법집행으로서 공권력의 행사 또는 그 거부를 말한다(행소법 제2조 제1항 제1호).

2) 사안의 경우 - 행정개입청구권이 인정되는 주민 C는 甲시장의 토양법상 조치명령을 신청하고, 이를 甲시장이 거부하는 경우 거부처분취소소송을 제기할 수 있다.

3. 국가배상소송에서 실현방법

(1) **관련 조문** - 국가 또는 지방자치단체는 공무원이 직무를 집행하면서 고의 또는 과실로 법령을 위반하여 타인에게 손해를 입힌 경우 그 손해를 배상해야 한다(국가배상법 제2조).

(2) **사안의 경우** - 甲시장의 작위의무 위반으로 인한 법령위반사실과 토양법의 사익보호성 및 손해 발생사실, 인과관계를 입증하여 국가배상청구 소송을 제기할 수 있다.

2021년도 제1회 변호사시험 모의시험

〈제1문〉

甲은 A시에서 제련업을 운영하고 있다. 甲의 사업장에서 5km 떨어진 곳에는 B아파트 단지가 들어서 있다. 2020. 1.부터 B 아파트 주민들은 단지 내 식물이 고사하고 주민들이 두통, 어지러움 등 이상증세를 보이자 A시장에게 甲 사업장에 대한 조사를 요구하였다. B 아파트 인근에서 대기오염물질을 배출하는 사업장은 甲의 사업장이 유일하다. 해당 사업장은 우리나라 제련수요의 상당부분을 담당하고 있고, A시 고용에도 크게 기여하고 있다. 이 때문에 조사를 지지하는 주민과 반대하는 주민 간 갈등이 격화되는 등 문제가 발생하자 A시장은 甲 사업장에 대한 조사에 착수하지 못하고 있다.

주민들은 A시 소재 국립 A대학교 환경공학연구소에 의뢰하여 해당 시설 인근의 대기를 포집하여 검사한 결과 납화합물은 기준치의 4배, 아연화합물은 3배, 질소산화물은 2.8배, 황산화물은 1.3배가 측정되었다. 이들 물질들은 모두 제련소에서 사용하는 원료에서 발생할 수 있는 성분으로 두통 및 어지러움을 일으킬 수 있는 것으로 알려져 있다. 국립 A 대학교 환경공학연구소가 파악한 바, 해당 제련소가 대기오염방지시설에 딸린 기계장치의 고장에도 특별한 사정이 없이 이를 수리하지 않고 방치한 것이 주된 원인으로 밝혀졌다.

한편, 甲은 원자재 및 완제품을 보관하기 위한 창고를 짓기 위해 유휴시설로 방치되어 있던 구 공장건물을 철거하고 해당 부지에 연면적 3,200㎡ 규모의 건설공사를 위한 계약을 乙과 체결하였다. 乙은 유휴 구 공장건물의 철거를 위하여 철거전문업자인 丙에게 하도급을 주어 철거공사를 진행하게 하였다. 乙은 A시장에게 비산먼지 발생사업 신고를 하고 A시장은 이를 수리하였다. 그러나 철거공사가 진행되는 동안 비산먼지억제를 위한 조치가 이루어지지 않아 주민들은 해당 사업장에 대해 A시장의 조치를 요구하였고 A시장은 환경특별사법경찰관으로 하여금 비산먼지 발생여부를 조사하게 한 바, 다량의 비산먼지가 발생하고 있음을 확인하였다. 丙의 사업장에서는 철거공사에 투입한 살수시설 2대 중 한 대와 세륜시설이 펌프고장을 일으켜 사용하지 못하고 있었다.

1. B 아파트 단지 내 식물의 고사와 주민들의 건강상 위해가 발생하고 있음에도 불구하고 A시장이 B 아파트 주민들이 요구한 조사에 착수하지 않을 경우 주민들이 취할 수 있는 행정법적 구제수단을 논하시오. (25점)

문제해설 [2021년 제1차 제1문] 문제 1. 해설

1. 문제
(1) 행정개입청구권 인정 여부, (2) 행정법적 구제수단이 문제 된다.

2. 행정개입청구권 인정 여부

(1) **의의** – 행정청의 부작위로 인하여 권익을 침해당한 자가 당해 행정청에 대하여 타인에 대한 규제 등 일정한 행정권의 발동을 청구할 수 있는 공권을 말한다.

(2) **관련 법령** – 시장은 민원이 제기된 경우에는 휘발성 유기화합물을 발생시키는 자에게 필요한 보고를 명하거나 자료를 제출하게 할 수 있으며, 관계 공무원으로 하여금 해당 시설이나 사업장 등에 출입하여 따른 배출허용기준 준수 여부, 측정기기의 정상운영 여부를 확인하기 위하여 오염물질을 채취하거나 관계 서류, 시설, 장비 등을 검사하게 할 수 있다(대기환경보전법 제82조 제1항 제5호).

(3) **재량의 0으로 수축 여부**(작위의무 인정 여부)
  1) 요건 – ① 사람의 생명, 신체 및 재산 등에 중대하고 급박한 위험이 존재하고, ② 그러한 위험이 행정권의 발동에 의해 제거될 수 있고, ③ 피해자의 개인적 노력으로 권익침해의 방지가 이루어질 수 없는 경우이어야 한다.
  2) 판례 – 국민의 생명, 신체, 재산 등에 대하여 절박하고 중대한 위험상태가 발생하였거나 발생할 우려가 있어서 국가가 초법규적, 일차적으로 그 위험 배제에 나서지 아니하면 국민의 생명, 신체, 재산 등을 보호할 수 없는 경우에는 형식적 의미의 법령에 근거가 없더라도 국가나 관련 공무원에 대하여 그러한 위험을 배제할 작위의무를 인정할 수 있다.
  3) 사안의 경우 – ① B 아파트 단지 주민들은 甲의 사업장 인근 주민으로서, 제련공장이 가동된 이후 두통, 어지러움 등의 이상증세를 보이는 주민들이 많아져 생명, 신체에 대한 중대하고 급박한 위험이 존재하고, ② 이러한 위험의 원인이 되는 배출물은 A시장의 甲에 대한 조치명령 즉, 측정기기의 정상운영 등으로 제거될 수 있고, ③ B 아파트 주민들의 개인적 노력으로 이러한 배출물에 대한 제거가 이루어질 수 없는바, 재량이 0으로 수축한다.

(4) **사익보호성** – 대기환경보전법은 "대기오염으로 인한 국민건강이나 환경에 관한 위해를 예방하고 대기환경을 적정하고 지속가능하게 관리·보전하여 모든 국민이 건강하고 쾌적한 환경에서 생활할 수 있게 하는 것을 목적"으로 하는바, 사익보호성이 인정된다.

(5) **소결** – ① 재량이 0으로 수축하여 행정청의 개입의무가 인정되고, ② 대기환경보전법의 사익보호성도 인정되는바, 행정개입청구권이 인정된다.

3. 행정법적 구제수단

(1) **의무이행심판**
  1) 관련 조문 – 당사자의 신청에 대한 행정청의 위법 또는 부당한 거부처분이나 부작위에 대하여 일정한 처분을 하도록 하는 행정심판을 청구할 수 있다(행정심판법 제5조 제3호).

2) 사안의 경우 - B 아파트 주민들의 조치명령 신청에 대한 행정청 부작위에 대하여 이행을 구하는 심판을 구할 수 있다.

(2) 부작위위법확인소송

1) 관련 조문 - 행정청의 부작위가 위법하다는 확인을 구하는 소송을 제기할 수 있다(행소법 제4조 3호). 부작위란 행정청 당사자의 신청에 의하여 상당한 기간 내에 일정한 처분을 하여야 할 법률상 의무가 있음에도 불구하고 하지 않는 것을 말한다(동법 제2조 2호).

2) 사안의 경우 - 행정개입청구권이 인정되는 주민은 甲시장의 대기환경보전법상의 조치명령을 신청하고, 상당기간 내에 甲시장이 조치를 하지 않는 경우 부작위위법확인소송을 제기할 수 있다.

(3) 거부처분취소소송

1) 관련 조문 - 행정청의 위법한 처분 등의 취소를 구하는 소를 제기할 수 있다(행소법 제4조 1호). 처분이란 행정청이 행하는 구체적 사실에 관한 법집행으로서 공권력의 행사 또는 그 거부를 말한다(행소법 제2조 제1항 제1호).

2) 사안의 경우 - 행정개입청구권이 인정되는 주민은 甲시장의 대기환경보전법상의 조치명령을 신청하고, 이를 甲시장이 거부하는 경우 거부처분취소소송을 제기할 수 있다.

(4) 국가배상소송

1) 관련 조문 - 국가 또는 지방자치단체는 공무원이 직무를 집행하면서 고의 또는 과실로 법령을 위반하여 타인에게 손해를 입힌 경우 그 손해를 배상해야 한다(국가배상법 제2조).

2) 사안의 경우 - 甲시장의 작위의무 위반으로 인한 법령위반사실과 대기환경보전법의 사익보호성 및 손해발생사실, 인과관계를 입증하여 국가배상청구 소송을 제기할 수 있다.

4. 결론

행정개입청구권의 요건을 충족하므로, A시장을 상대로 의무이행심판, 부작위위법확인소송, 거처분취소소송, 국가배상청구 등을 할 수 있다.

2021년도 시행 제10회 변호사시험

〈제2문〉

甲은 2014. 10. 서울특별시 A구 소재 35,000㎡ 규모의 부지(이하 '이 사건 토지'라 한다)를 복합쇼핑몰 신축을 위해 乙로부터 매입하였다. 그런데 2019년 甲이 공사를 위해 이 사건 토지를 조사하는 과정에서 이 사건 토지가 불소, 아연, 니켈, 구리 등 토양오염물질로 「토양환경보전법」상 토양오염대책기준을 초과하여 오염되었음이 밝혀졌다. 甲은 A구청에 이를 신고했고, A구청 소속 공무원이 이 사건 토지에 출입하여 오염 원인을 수차례 조사한 결과 이 토양오염은 1998년부터 2000년 사이에 이 사건 토지 인근에서 철강공장을 운영하던 丙에 의해 발생한 것으로 乙에게는 이 사건 토지를 소유하던 중에 해당 토양오염 발생에 귀책사유가 없음이 확인되었다. 한편 이 사건 토지의 인근에는 반환 예정 미군기지부지(이하 '이 사건 미군기지부지'라 한다)가 일부 포함되어 있는데, 환경조사 결과 이 사건 미군기지부지가 우려기준을 넘는 토양오염물질 외에 「잔류성유기오염물질 관리법」 제2조 제1호에 따른 잔류성유기오염물질로도 함께 오염되어 있음이 밝혀졌다. 이 사건 미군기지부지의 환경오염에 대해서는 법률의 효력이 있는 대한민국과 미합중국 간에 체결된 협정에 따라 대한민국 국방부장관이 정화책임을 지는 것으로 되어 있다.

2. 이 사건 토지의 오염에 대하여,

  2) 중대한 건강 피해를 우려하는 인근 주민 B에게 환경부장관에 대하여 조치를 요구할 권리가 있는지를 검토하시오. (15점)

문제해설 [2021년 제10회 변시 제2문] 문제 2-2). 해설

1. 문제

인근 주민 B에게 환경부 장관의 토양환경보전법상 조치를 요구할 수 있는 행정개입청구권 인정 여부가 문제 된다.

2. 행정개입청구권 인정 여부

(1) 의의 – 행정청의 부작위로 인하여 권익을 침해당한 자가 당해 행정청에 대하여 타인에 대한 규제 등 일정한 행정권의 발동을 청구할 수 있는 공권을 말한다.

(2) 재량의 0으로 수축 여부(작위의무 인정 여부)

  1) 요건 – ① 사람의 생명, 신체 및 재산 등에 중대하고 급박한 위험이 존재하고, ② 그러한 위험이 행정권의 발동에 의해 제거될 수 있고, ③ 피해자의 개인적 노력으로 권익침해의 방지가 이루어질 수 없는 경우이어야 한다.

  2) 판례 – 국민의 생명, 신체, 재산 등에 대하여 절박하고 중대한 위험상태가 발생하였거나 발생할 우려가 있어서 국가가 초법규적, 일차적으로 그 위험 배제에 나서지 아니하면 국민의 생명, 신체, 재산 등을 보호할 수 없는 경우에는 형식적 의미의 법령에 근거가 없더라도 국가나 관련 공무원에 대하여 그러한 위험을 배제할 작위의무를 인정할 수 있다.

  3) 사안의 경우 – ① B는 토양환경보전법상의 토양오염물질 이외에 잔류성유기오염물질로도 함께 오염된 토양 근처에 거주하고 있어, 중대한 건강 피해가 우려되는 위험이 존재하고, ② 이러한 위험의 원인이 되는 오염토양은 환경부장관의 조치명령 등으로 제거될 수 있고, ③ 이는 B의 개인적 노력으로 오염 토양 제거가 이루어질 수 없는바, 재량이 0으로 수축한다.

(3) 사익보호성

토양환경보전법은 "국민건강 및 환경상의 위해를 예방하고, 오염된 토양을 정화하는 등 토양을 적정하게 관리·보전함으로써 토양생태계를 보전하고, 자원으로서의 토양가치를 높이며, 모든 국민이 건강하고 쾌적한 삶을 누릴 수 있게 함을 목적"으로 하는바, 사익보호성이 인정된다.

3. 결론

재량이 0으로 수축하여 행정청의 개입의무가 인정되고, 토양환경보전법의 사익보호성도 인정되는바, 주민 B는 환경부 장관에게 토양환경보전법상의 조치를 요구할 권리가 있다.

2018년도 시행 제7회 변호사시험

〈제2문〉

시공회사 甲은 A시 소재 ○○동에서 대지 1,000㎡상에 연면적 6,000㎡의 지하 3층, 지상 7층의 상가건물 신축공사를 하게 되었다. 甲은 2017. 12. 25.부터 2018. 1. 13. 현재까지 터파기공사, 발파공사, 흙막이공사 등의 토(土)공사와 기초공사를 진행하고 있다. 이 과정에서 주변에 아무런 소음방지시설을 설치하지 않은 채 항타기, 천공기, 공기압축기, 브레이커, 굴삭기, 콘크리트 절단기, 콘크리트 펌프 등을 사용하고 있다. 공사작업시간은 8시부터 16시이고, 평균 80dB(A), 최대 100dB(A)의 소음이 지속적으로 발생하고 있다. 이러한 소음수준은 「소음·진동관리법 시행규칙」 별표 8의 생활소음 규제기준을 크게 초과하는 것이다.

乙은 위 공사장 인근에서 예전부터 거주하고 있는 자로서, 공사작업과정에서 발생하는 소음으로 인한 어지럼증, 이명, 불안감, 불면증 등 심각한 정신적·신체적 피해를 호소하고 있다. 乙은 甲에게 공사작업시간의 단축, 방음벽의 설치, 특정 기계의 사용 금지 등 개선대책의 시행을 여러 차례 요구하였으나, 甲은 아무런 조치를 취하지 않고 있다.

[참조조문]

「소음·진동관리법 시행규칙」

제21조(특정공사의 사전신고 등) ①법 제22조제1항에서 "환경부령으로 정하는 특정공사"란 별표 9의 기계·장비를 5일 이상 사용하는 공사로서 다음 각 호의 어느 하나에 해당하는 공사를 말한다. 〈단서 생략〉

1. 연면적이 1천제곱미터 이상인 건축물의 건축공사 및 연면적이 3천 제곱미터 이상인 건축물의 해체공사
2. 구조물의 용적 합계가 1천세제곱미터 이상 또는 면적 합계가 1천 제곱미터 이상인 토목건설공사
3. 면적 합계가 1천제곱미터 이상인 토공사(土工事)·정지공사(整地工事)
4. 총연장이 200미터 이상 또는 굴착 토사량의 합계가 200세제곱미터 이상인 굴정공사
5. 영 제2조제2항에 따른 지역에서 시행되는 공사

②~⑧ 〈생략〉

[별표 9]

특정공사의 사전신고 대상 기계·장비의 종류(제21조제1항 관련)

1. 항타기·항발기 또는 항타항발기(압입식 항타항발기는 제외한다)
2. 천공기
3. 공기압축기(공기토출량이 분당 2.83세제곱미터 이상의 이동식인 것으로 한정한다)
4. 브레이커(휴대용을 포함한다)
5. 굴삭기
6. 발전기
7. 로더
8. 압쇄기
9. 다짐기계
10. 콘크리트 절단기
11. 콘크리트 펌프

3. 乙은 A시장에게 '甲에 대하여「소음·진동관리법」상 일정한 조치를 명할 것'을 요구할 권리가 있는지 검토하시오. (20점)

문제해설 [2018년 제7회 변시 제2문] 문제 3. 해설

1. 문제
(1) 소음진동관리법상 조치명령 가부, (2) 행정개입청구권 인정여부가 문제된다.

2. 소음진동관리법상 조치명령 가부
(1) **관련 조문** - 시장은 생활소음·진동이 규제기준을 초과하면 소음·진동을 발생시키는 자에게 작업시간의 조정, 소음·진동 발생행위의 분산·중지, 방음·방진시설의 설치, 환경부령으로 정하는 소음이 적게 발생하는 건설기계의 사용 등 필요한 조치를 명할 수 있다(소음진동관리법 제23조 1항).

(2) **사안의 경우** - 소음·진동관리법 시행규칙 별표 8의 생활소음 규제기준을 크게 초과하는 평균 80dB(A), 최대 100dB(A)의 소음이 지속적으로 발생하고 있는 바, A시장은 甲에게 조치명령을 할 수 있고 이는 명문의 규정상 재량행위로 판단된다.

3. 행정개입청구권 인정여부
(1) **의의** - 행정청의 부작위로 인하여 권익을 침해당한 자가 당해 행정청에 대하여 타인에 대한 규제 등 일정한 행정권의 발동을 청구할 수 있는 공권을 말한다.

(2) **요건** - ① 행정청의 개입의무, ② 사익보호성을 요한다.

(3) **재량의 0으로 수축여부**
   1) 요건 - ① 사람의 생명, 신체 및 재산 등에 중대하고 급박한 위험이 존재하고, ② 그러한 위험이 행정권의 발동에 의해 제거될 수 있고, ③ 피해자의 개인적 노력으로 권익침해의 방지가 이루어질 수 없는 경우이어야 한다.
   2) 판례 - 국민의 생명, 신체, 재산 등에 대하여 절박하고 중대한 위험상태가 발생하였거나 발생할 우려가 있어서 국가가 초법규적, 일차적으로 그 위험 배제에 나서지 아니하면 국민의 생명, 신체, 재산 등을 보호할 수 없는 경우에는 형식적 의미의 법령에 근거가 없더라도 국가나 관련 공무원에 대하여 그러한 위험을 배제할 작위의무를 인정할 수 있다.
   3) 사안의 경우 - ① 乙은 위 공사장 인근에서 예전부터 거주하고 있는 자로서, 공사작업과정에서 발생하는 소음으로 인한 어지럼증, 이명, 불안감, 불면증 등 심각한 정신적·신체적 피해를 호소하고 있고, ② 이러한 소음은 A시장의 甲에 대한 조치명령 즉, 공사작업시간의 단축, 방음벽의 설치, 특정 기계의 사용 금지 등으로 제거될 수 있고, ③ 乙의 지속적 요청에도 불구하고 A의 방지조치 및 甲의 공사행위 중단이 없었는바, 재량이 0으로 수축한다.

(4) **소결** - ① 재량이 0으로 수축하여 행정청의 개입의무가 인정되고, ② 소음법은 건설공사장으로부터 발생하는 소음으로 인한 피해를 방지하고, 소음을 적정하게 관리하여 국민이 조용하고 평온한 환경에서 생활할 수 있게 함을 목적으로 하여 사익보호성도 인정되는바, 행정개입청구권이 인정된다.

4. 결론
乙은 A시장에게 甲에 대하여 소음진동관리법 제23조 1항의 조치명령을 할 것을 요구할 권리가 있다.

2017년도 시행 제6회 변호사시험

〈제2문〉

甲은 1990. 3. 1.부터 A시에 소재한 X토지를 토지소유자인 乙로부터 임차하여 폐기물처리시설을 설치하고 폐기물최종처분업을 운영하였다. 그 후 乙은 X토지의 매도를 용이하게 하기 위하여 甲으로 하여금 폐기물처리시설을 철거하도록 한 뒤 甲과의 임대차 계약을 해지하였다. 그리고 복합쇼핑몰을 건축하려고 하는 丙에게 1995. 2. 4. X토지를 매도하였다. 그러나 丙은 갑작스럽게 경제상황이 악화되어 예정대로 건축공사에 착수하지 못하고 X토지를 2000. 12. 1. 丁에게 매도하였다.

폐기물처리시설이 철거된 이후 X토지 주변의 다수 주민들은 토양오염에서 비롯된 질병으로 고생하고 있다. 이에 2013. 1. 15. A시 시장은 X토지에 대하여 토양오염도 조사를 하였는데, 그 결과 X토지에서는 아연, 구리, 비소 등 각종 유해물질이 「토양환경보전법」상의 우려기준 이상으로 검출되고 있음이 확인되었다. 추가 조사에서는 과거 甲이 폐기물최종처분업을 운영할 때 X토지 지하에 설치한 폐기물처리탱크에서 배관 불량으로 폐기물 침출수의 누수가 발생하였음이 밝혀졌다. 현재 인근 주민들은 A시 시장에게 「토양환경보전법」상의 적절한 조치를 취해줄 것을 강력히 요구하고 있다.

3. 인근 주민들이 「토양환경보전법」상의 적절한 조치를 요구하였으나 A시 시장이 이에 대하여 아무런 대응을 하지 않을 경우, 그 요구를 행정소송에서 어떻게 실현할 수 있는지 검토하시오. (20점)

문제해설 [2017년 제6회 변시 제2문] 문제 3. 해설

1. 행정개입청구권 인정여부

(1) **의의** - 행정청의 부작위로 인하여 권익을 침해당한 자가 당해 행정청에 대하여 타인에 대한 규제 등 일정한 행정권의 발동을 청구할 수 있는 공권을 말한다.

(2) **요건** - ① 행정청의 개입의무, ② 사익보호성을 요한다.

(3) **재량의 0으로 수축여부**

1) 요건 - ① 사람의 생명, 신체 및 재산 등에 중대하고 급박한 위험이 존재하고, ② 그러한 위험이 행정권의 발동에 의해 제거될 수 있고, ③ 피해자의 개인적 노력으로 권익침해의 방지가 이루어질 수 없는 경우이어야 한다.

2) 사안의 경우 - ① X토지 주변의 다수 주민들은 폐기물처리시설이 철거된 이후 토양오염에서 비롯된 질병으로 고생하고 있고, ② 이러한 오염토양은 A시장의 정화책임자 甲, 丁에 대한 오염토양의 정화명령으로 제거될 수 있고, ③ 오염토양정화를 인근주민들의 노력으로 개선할 수 없고 현재 인근주민들이 A시장에게 토양환경보전법상의 적절한 조치를 요구하고 있는바, 재량이 0으로 수축한다.

(4) **소결** - ① 재량이 0으로 수축하여 행정청의 개입의무가 인정되고, ② 토양법은 오염토양을 정화하는 등 토양을 적정하게 관리·보전하여 모든 국민이 건강하고 쾌적한 삶을 누릴 수 있게 함을 목적으로 하여 사익보호성도 인정되는바, 행정개입청구권이 인정된다.

2. 행정소송의 실현수단

(1) **거부처분취소소송**

1) 관련 조문 - 행정청의 위법한 처분 등의 취소를 구하는 소를 제기할 수 있다(행소법 제4조 1호). 처분이란 행정청이 행하는 구체적 사실에 관한 법집행으로서 공권력의 행사 또는 그 거부를 말한다(행소법 제2조 제1항 제1호).

2) 사안의 경우 - 행정개입청구권이 인정되는 주민들은 A시장의 토양법상 조치명령을 신청하고, 이를 A시장이 거부하는 경우 거부처분취소소송을 제기할 수 있다.

(2) **부작위위법확인소송**

1) 관련 조문 - 행정청의 부작위가 위법하다는 것의 확인을 구하는 소송을 제기할 수 있다(행소법 제4조 3호). 부작위란 행정청의 당사자의 신청에 의하여 상당한 기간 내에 일정한 처분을 하여야 할 법률상 의무가 있음에도 불구하고 하지 않는 것을 말한다(동법 제2조 2호).

2) 사안의 경우 - 행정개입청구권이 인정되는 주민들은 A시장의 토양법상 조치명령을 신청하고, 상당 기간 내에 A시장이 조치를 하지 않는 경우 부작위위법확인소송을 제기할 수 있다.

〈제2문〉

B시에 소재하는 A하천의 상류지역은 「환경정책기본법」에 따른 수질보전특별대책지역으로 지정, 관리되고 있다. 그런데 특별대책지역의 지정에 따라 여러 가지 규제를 받던 하천 상류지역 주민들은 그 지정을 해제하여줄 것을 요청하였다. 환경부장관은 규제 완화 요청이 타당하다고 판단하고, 특별대책지역의 일부를 해제하는 것으로 결정하여 변경고시하였다.

한편, 특별대책지역으로 지정되지 않은 A하천의 중류지역에는 화학제품을 제조·판매하는 甲회사가 폐수배출시설 설치허가를 받고 폐수처리시설을 설치·운영하고 있다. 지역주민들은 우기 시에 인근 하천에 종종 검은 폐수가 흐르는 것을 목격하고 B시에 원인을 확인한 후 조치를 취해줄 것을 여러 차례 요청하였다. 그러나 이에 대해 B시는 아무런 조치를 취하지 않았다. 이와 관련하여 B시의 단속 방치가 지역주민의 식수원인 취수장의 수질에 악영향을 미쳐 주민들의 건강침해가 우려된다는 내용이 언론에 보도되었다. 지역에서 비난 여론이 들끓자 한참 후에 B시 소속 공무원은 비가 오는 날 甲회사 사업장을 방문하여 甲회사가 폐수처리시설을 정상적으로 가동하지 않고 폐수를 하천으로 방류하는 현장을 목격하였다. 이에 방류수를 채수하여 B시 부속 보건환경연구원에 수질오염도 검사를 의뢰하였는데, 그 결과 「수질 및 수생태계 보전에 관한 법률」상의 배출허용기준을 초과하는 것으로 나타났다.

乙은 A하천 하류지역에 거주하며 송어를 양식하고 있다. 최근 乙이 양식하는 송어가 집단폐사하였는데, 이는 甲회사가 방류한 폐수가 원인인 것으로 밝혀졌다. 또한 乙은 위 취수장으로부터 수돗물을 공급받는 입장에서 폐수로 인한 심각한 건강침해를 우려하고 있다. 이에 B시에 적절한 조치를 취해 줄 것을 여러 차례 요청하였지만 아직 아무런 조치가 취해지고 있지 않다.

1. 특별대책지역 인근에 거주하며 하천 상류지역의 지천을 식수 등 생활용수로 이용하는 지역주민들은 위 특별대책지역의 지정변경처분을 소송으로 다투려고 한다. 이들 주민에게 원고적격이 있는지 검토하시오. (20점)

3. 乙이 甲회사에 대한 손해배상청구와는 별도로 관할 행정청이 적절한 조치를 취하지 아니하여 피해가 발생 또는 가중되었다면서 손해배상소송을 제기하려고 한다. 이 경우 예상되는 쟁점과 승소 가능성을 검토하시오. (30점)

문제해설 [2014년 제3회 변시 제2문] 문제 1. 해설

1. 법률상 이익여부 및 근거법규 해당여부

(1) **관련 조문** – 취소소송은 처분 등의 취소를 구할 법률상 이익이 있는 자가 제기할 수 있다(행소법 제12조).

(2) **학설** – ① 권리구제설, ② 법률상 이익 구제설, ③ 소송상 보호할 가치 있는 이익구제설, ④ 적법성 보장설 등이 있다.

(3) **판례** – 법률상 보호되는 이익이란 처분의 근거법규 및 관련법규에 의하여 보호되는 개별적·직접적·구체적 이익이 있는 경우를 말하고, 근거법규 및 관련법규의 명문규정이 없더라도 합리적 해석상 이를 보호하는 취지가 있는 경우까지 포함하나, 공익보호의 결과로 생기는 일반적·간접적·추상적 이익의 경우는 포함되지 않는다.

(4) **사안의 경우** – 이 사건 승인처분의 판단 근거인 법률의 의미에 환경영향평가법을 근거법규로 볼 수 있는지 살펴보면, 환경영향평가대상사업의 경우 승인처분을 위해서는 환경영향평가의 협의내용을 사업계획에 반영하도록 하여야 하는바, 환경영향평가법은 처분에 직접적인 영향을 미치는 근거법규가 된다.

2. 원고적격 해당여부

(1) **판례** – 수돗물을 공급받아 이를 마시거나 이용하는 주민들로서는 근거 법규 및 관련 법규가 환경상 이익의 침해를 받지 않은 채 깨끗한 수돗물을 마시거나 이용할 수 있는 자신들의 생활환경상의 개별적 이익을 직접적·구체적으로 보호하고 있음을 증명하여 원고적격을 인정받을 수 있다.

(2) **사안의 경우** – A하천의 상류지역의 특별대책지역의 해제로 인해 취수장에서 취수된 물을 공급받는 인근주민들은 위 처분의 근거 법규인 환경정책기본법에 의하여 개별적·구체적·직접적으로 보호되는 환경상 이익, 즉 깨끗한 물을 마실 수 있는 법률상 보호되는 이익이 침해되거나 침해될 우려가 있는 주민인바, 원고적격이 인정된다.

문제해설 [2014년 제3회 변시 제2문] 문제 3. 해설

1. 문제

국가배상법 제2조 책임 성부가 문제된다.

2. 국가배상법 제2조 책임 성부

(1) 관련 조문 - 국가 또는 지방자치단체는 공무원이 직무를 집행하면서 고의 또는 과실로 법령을 위반하여 타인에게 손해를 입힌 경우 그 손해를 배상해야 한다(국가배상법 제2조 제1항).

(2) 사안의 경우 - 甲회사가 방류한 폐수가 원인이 되어 乙이 양식하는 송어가 집단폐사 하였고, 乙은 위 취수장으로부터 수돗물을 공급받는 입장에서 폐수로 인한 심각한 건강침해를 우려되어, 이에 B시에 적절한 조치를 취해 줄 것을 여러 차례 요청하였지만 아직 아무런 조치가 취해지고 있지 않는바, 乙의 손해와 관할 행정청 부작위 사이에 인과관계가 인정된다. 다만, 이러한 관할청 부작위의 위법성을 인정하기 위해서 작위의무가 인정되는지가 논의된다.

3. 작위의무 인정여부

(1) 관할 행정청이 취할 조치의 법적성격 - 수질오염도가 수질 및 수생태계 보전에 관한 법률상의 배출허용기준을 초과하는 경우 물환경보전법 제39조에서 개선명령을 명할 수 있고, 물환경보전법 제40조에서 조업정지명령을 명할 수 있다고 규정하고 있는바, 재량행위에 해당한다.

(2) 재량의 0으로 수축여부

1) 요건 - ① 사람의 생명, 신체 및 재산 등에 중대하고 급박한 위험이 존재하고, ② 그러한 위험이 행정권의 발동에 의해 제거될 수 있고, ③ 피해자의 개인적 노력으로 권익침해의 방지가 이루어 질 수 없는 경우이어야 한다.

2) 판례 - 국민의 생명, 신체, 재산 등에 대하여 절박하고 중대한 위험상태가 발생하였거나 발생할 우려가 있어서 국가가 초법규적, 일차적으로 그 위험 배제에 나서지 아니하면 국민의 생명, 신체, 재산 등을 보호할 수 없는 경우에는 형식적 의미의 법령에 근거가 없더라도 국가나 관련 공무원에 대하여 그러한 위험을 배제할 작위의무를 인정할 수 있다.

3) 사안의 경우 - ① 乙은 취수장으로부터 수돗물을 공급받는 입장에서 폐수로 인한 심각한 건강침해를 우려하고 있고, 양식하는 송어가 집단폐사 하였고, ② 이러한 수질오염은 관할 행정청의 甲회사에 대한 개선명령 및 조업정지명령으로 제거될 수 있고, ③ 수질오염은 乙의 개인적인 노력으로 개선할 수 없으며 현재 乙이 관할 행정청에 적절한 조치를 요구하고 있는바, 재량이 0으로 수축한다.

(3) 소결 - 재량이 0으로 수축하여 행정청의 작위의무가 인정된다.

4. 사익보호성

(1) **판례** - 공무원이 직무를 수행하면서 근거법령에 따라 구체적 의무를 부여받았고, 국민의 이익과 관련된 것이라도 직접 국민 개개인의 이익을 위한 것이 아니라 전체적으로 공공 일반의 이익을 도모하기 위한 것이라면 그 의무에 위반하여 국민에게 손해를 가하여도 국가 또는 지방자치단체는 배상책임을 부담하지 아니한다.

(2) **사안의 경우** - 물환경보전법은 수질오염으로 인한 국민건강 및 환경상의 위해를 예방하고 공공수역의 수질을 적정하게 관리·보전함으로써 국민이 그 혜택을 널리 향유할 수 있도록 함을 목적으로 하는바, 사익보호성도 인정된다.

5. 결론

재량이 0으로 수축하여 행정청의 작위의무가 있음에도 불이행한 것으로 위법하고, 물환경보전법은 乙의 재산과 신체에 대한 사익보호성도 인정되는바, 국가배상법 제2조 청구는 인용된다.

2022년도 제3회 변호사시험 모의시험

〈제1문〉

甲은 「공간정보의 구축 및 관리 등에 관한 법률」에 따른 지목이 공장용지인 이 사건 토지를 1990년 6월 2일 乙로부터 양수하여 2015년 6월 3일 주식회사 丙에게 임대하였다. 丙은 「화학물질관리법」에 따른 유해화학물질 제조영업 허가를 받은 자로서 이 사건 토지에 유해화학물질 저장시설을 설치하였다. 이 저장시설에서는 '트리클로로에틸렌(TCE)'을 저장하고 있는데, 저장시설의 노후로 인해 'TCE'가 누출되었을 것으로 의심되어 관계기관의 조사결과 이 사건 토지의 토양에서 150mg/kg의 'TCE'가 검출되었고 이로 인해 토양이 오염된 사실이 확인되었다. 이 사건 토지의 인근 지역에 거주하는 주민들은 관할 행정청에 대해, 정화책임자에게 오염토양의 정화조치를 명할 것을 요구하였으나 관할 행정청은 정화조치를 명하지 않았다. 이후 관할 행정청은 이 사건 토지와 주변지역을 「토양환경보전법」상 토양보전대책 지역으로 지정한 후, 丙에게 저장시설의 철거를 명하였으나 丙이 이에 응하지 않자 명령불이행을 이유로 丙을 고발하였다.

3. 丁은 이 사건 토지의 인근에 거주하는 주민으로서 TCE에 노출되어 자신과 가족들에게 의식장해와 경련, 부정맥 등 중독 증상이 나타났다. 이에 丁은 관할 행정청이 정화조치를 명하지 아니하여 자신과 가족들이 피해를 입었다며 「국가배상법」제2조에 따른 손해배상을 청구하였다. 이 청구의 인용여부를 검토하시오.(20점)

문제해설 [2022년 제3차 제1문] 문제 3. 해설

1. 문제
국가배상법 제2조 책임 성부와 관련하여 (1) 작위의무 인정 여부, (2) 사익보호성이 문제 된다.

2. 국가배상법 제2조 책임 성부

(1) 관련 조문
국가 또는 지방자치단체는 공무원이 직무를 집행하면서 고의 또는 과실로 법령을 위반하여 타인에게 손해를 입힌 경우 그 손해를 배상해야 한다(국가배상법 제2조).

(2) 사안의 경우
환경보호 의무가 있는 관할 행정청이 오염토양에 대한 정화조치 의무를 이행하지 않는 것이 위법행위에 해당하기 위해서는 그 전제로 작위의무가 있어야 하며, 나아가 이러한 작위의무를 규정한 법규에 사익보호성이 있어야 하는바, 이에 대하여 논의한다.

3. 작위의무 인정 여부

(1) 관할 행정청이 취할 조치의 법적성격

1) 관련 법령

① 토양환경보전법 제11조 제3항

오염도가 우려기준을 넘는 토양(이하 "오염토양"이라 한다)에 대하여는 대통령령으로 정하는 바에 따라 기간을 정하여 정화책임자에게 토양관련전문기관에 의한 토양정밀조사의 실시, 오염토양의 정화 조치를 할 것을 명할 수 있다.

② 토양환경보전법 시행령 제5조의 8 제1항

관할 행정청은 정화책임자에게 토양정밀조사를 실시할 것을 명하는 때에는 토양오염지역의 범위 등을 고려하여 6개월의 범위에서 그 이행기간을 정해야 한다.

2) 사안의 경우

오염토양의 오염 정도가 법률상의 배출허용기준을 초과하는 경우 동법 제11조 3항 및 시행령 제5조의 9 제1항에 따라 정화조치명령을 명할 수 있다고 규정하고 있는바, 재량행위에 해당 한다.

(2) 재량의 0으로 수축여부

1) 요건 - ① 사람의 생명, 신체 및 재산 등에 중대하고 급박한 위험이 존재하고, ② 그러한 위험이 행정권의 발동에 의해 제거될 수 있고, ③ 피해자의 개인적 노력으로 권익침해의 방지가 이루어질 수 없는 경우이어야 한다.

2) 판례 - 규정이 재량으로 되어 있으나 국가가 위험 배제에 나서지 아니하면 국민의 생명, 신체, 재산 등을 보호할 수 없는 경우에는 재량이 영으로 수축할 수 있고, 권한을 행사하지 아니한 것이 현저하게 합리성을 잃어 사회적 타당성이 없는 경우에는 직무상 의무를 위반한 것이 되어 위법하게 된다.

3) 사안의 경우 - ① 丁은 이 사건 토지 인근에 거주하는 주민으로서 TCE에 노출되어 자신과 가족들에게 의식장해와 경련, 부정맥 등 중도 증상이 나타났고, ② 이러한 오염 토양은 관할 행정청의 정화조치 명령으로 제거될 수 있고, ③ 오염 토양은 丁의 개인적인 노력으로 개선할 수 없는바, 재량이 0으로 수축 한다.

(3) 소결 - 재량이 0으로 수축하여 행정청의 작위의무가 인정 된다.

4. 사익보호성

(1) **판례** - 공무원이 직무를 수행하면서 근거법령에 따라 구체적 의무를 부여받았고, 국민의 이익과 관련된 것이라도 직접 국민 개개인의 이익을 위한 것이 아니라 전체적으로 공공 일반의 이익을 도모하기 위한 것이라면 그 의무에 위반하여 국민에게 손해를 가하여도 국가 또는 지방자치단체는 배상책임을 부담하지 아니한다.

(2) **사안의 경우** - 토양환경보전법은 토양오염으로 인한 국민건강의 위해를 예방하고 모든 국민이 건강하고 쾌적한 삶을 누리게 하는 것을 입법목적으로 하고 있고, 토양오염으로 인한 건강과 신체의 위해를 예방하기 위한 각종 조치들이 오직 행정청의 수행여부에 따라 국민의 안전과 건강이 좌우되게 하는 것은 타당하지 않는바, 이러한 규정들은 사익보호성이 있는 것으로 보아야 한다.

5. 결론

재량이 0으로 수축하여 행정청의 작위의무가 있음에도 불이행하였고, 토양환경보전법은 丁의 재산과 신체에 대한 사익보호성도 인정되는바, TCE가 토양오염대책기준을 초과하여 검출된 경우에 정화조치 명령을 아니한 행정청의 부작위는 국가배상법상 위법성을 구성하여 배상책임 인정될 수 있다.

2019년도 제2회 변호사시험 모의시험

〈제2문〉

甲은 乙공사가 운영하는 K매립지(「물환경보전법」상 폐수배출시설에 해당한다고 전제함) 인근에 거주하며 관할 관청으로부터 어업허가를 받아 연안어업에 종사하여 왔다. 甲의 허가어업인 연안어업은 허가받은 어선과 어구를 사용하여 허가된 조업구역 내를 돌아다니며 수산동물을 포획하는 어업인데, 주로 H어장에서 조업하고 있다.

乙공사는 K매립지에 2002년부터 2011년 사이에 3개 시·도에서 발생되는 폐기물(연평균 7,203,000톤)을 반입하여 매립하였다. 그런데 매립된 폐기물로부터 유기물질, 질소, 고형물질, 중금속(Fe, Mn 등) 등이 다량 함유된 고농도 침출수가 발생되었다. 乙공사는 위와 같은 침출수를 정화처리하기 위하여 침출수 정화처리장을 설치하여 현재까지 가동하고 있으며 정화처리된 물은 외부 배출구를 통하여 K매립지 인근 하천에 배출되고 다시 그 하천과 경계면에 있는 바다로 방류된다. 바다로 방류된 침출처리수가 포함된 하천수는 해수와 합류하여 희석되면서 주변조류의 영향으로 H어장 쪽으로 이동하는 형태로 확산된다.

K매립지에서 침출처리수가 배출된 이후 H어장에서 출몰하던 동·식물성 플랑크톤, 어란 및 자치어 등의 공간분포 및 출현량 등에 변동이 있었고 甲은 침출처리수가 배출되기 전과 비교하여 어획량이 70% 감소하는 등의 피해를 입었다.

이러한 침출수에 대하여 각 어류의 산소소비량, 혈액학적 변화, 조직학적 변화 및 누적폐사율을 관측하는 생물검정실험을 실시한 결과 침출처리수가 일정 농도에 이르면 각 어류의 호흡률 등에 변화가 생기고, 침출처리수의 농도를 높이고 지속시간을 늘리면 종국에는 폐사에 이르는 것으로 밝혀졌다.

한편, 행정청은 침출처리수를 채취하여 「물환경보전법」상 수질오염물질에 해당하는 항목들의 농도를 조사한 결과, 중금속 등 일부항목이 배출허용기준을 초과하는 것으로 나타났다.

甲은 乙공사의 침출수 정화처리장이 정상적으로 작동하지 않아 중금속 등의 수질오염물질이 다량 포함된 하천수가 H어장에 흘러들게 되었다고 생각하여 관할 행정청에 원인을 확인한 후 「물환경보전법」 제39조 상의 조치를 취해줄 것을 여러 차례 요청하였다. 그러나 관할 행정청은 이에 응하지 않고 있다.

2. 甲은 행정청이 「물환경보전법」 제39조에 따라 적절한 조치를 취했다면 피해를 감소시킬 수 있었다고 생각하여 관할 행정청이 속한 지방자치단체를 상대로 손해배상을 청구하려고 한다. 이 경우 예상되는 쟁점을 중심으로 인용가능성을 검토하시오. (30점)

문제해설 [2019년 제2차 제2문] 문제 2. 해설

1. 문제
지자체의 부작위로 인한 국가배상법 제2조 책임성부가 문제된다.

2. 국가배상법 제2조 책임성부
(1) **관련 조문** - 국가 또는 지방자치단체는 공무원이 직무를 집행하면서 고의 또는 과실로 법령을 위반하여 타인에게 손해를 입힌 경우 그 손해를 배상해야 한다(국가배상법 제2조 제1항).

(2) **사안의 경우** - 甲은 乙공사의 K매립지에서 발생되는 침출처리수로 인해 어획량이 70% 감소하는 피해를 입었고, 이에 관할 행정청이 속한 지방자치단체를 상대로 물환경보전법 제39조에 따른 적절한 조치를 취해 줄 것을 여러 차례 요청하였지만 아직도 아무런 조치가 취해지고 있지 않는바, 甲의 손해와 지차체의 부작위 사이에 인과관계가 인정된다. 다만, 이러한 지자체의 부작위에 따른 위법성을 인정하기 위해서 작위의무와 사익보호성 인정여부가 논의된다.

3. 작위의무 인정여부
(1) **관할 행정청이 취할 조치의 법적성격** - 乙공사의 K매립지에서 배출되는 침출처리수가 물환경보전법상의 배출허용기준을 초과하는 경우 동법 제39조에 따라 사업장에게 수질오염물질의 정도가 배출허용기준 이하로 내려가도록 필요한 조치 즉, 개선명령을 할 수 있는 바, 명문의 규정상 재량행위에 해당한다.

(2) **재량의 0으로 수축여부**
   1) 요건 - ① 사람의 생명, 신체 및 재산 등에 중대하고 급박한 위험이 존재하고, ② 그러한 위험이 행정권의 발동에 의해 제거될 수 있고, ③ 피해자의 개인적 노력으로 권익침해의 방지가 이루어질 수 없는 경우이어야 한다.
   2) 판례 - 국민의 생명, 신체, 재산 등에 대하여 절박하고 중대한 위험상태가 발생하였거나 발생할 우려가 있어서 국가가 초법규적, 일차적으로 그 위험 배제에 나서지 아니하면 국민의 생명, 신체, 재산 등을 보호할 수 없는 경우에는 형식적 의미의 법령에 근거가 없더라도 국가나 관련 공무원에 대하여 그러한 위험을 배제할 작위의무를 인정할 수 있다.
   3) 사안의 경우 - ① 甲은 乙공사의 K매립지에서 배출되는 침출처리수로 인해 배출되기 전과 비교하여 어획량이 감소하는 재산 등의 손해가 발생하였고, ② 이러한 침출처리수 배출은 지자체의 乙에 대한 개선명령으로 제거될 수 있고, ③ 침출처리수 배출문제는 甲의 개인적인 노력으로 개선할 수 없고 甲이 관할 행정청에 여러 차례 요구하였는바, 재량이 0으로 수축한다.

(3) **소결** - 재량이 0으로 수축하여 행정청의 작위의무가 인정된다.

4. 사익보호성

(1) **판례** - 공무원이 직무를 수행하면서 근거법령에 따라 구체적 의무를 부여받았고, 국민의 이익과 관련된 것이라도 직접 국민 개개인의 이익을 위한 것이 아니라 전체적으로 공공 일반의 이익을 도모하기 위한 것이라면 그 의무에 위반하여 국민에게 손해를 가하여도 국가 또는 지방자치단체는 배상책임을 부담하지 아니한다.

(2) **사안의 경우** - 물환경보전법 상의 배출시설 및 배출허용기준 관련조항 등에 비추어 볼 때 법 제39조의 규제조치의무는 공익뿐만 아니라 국민 개개인의 이익을 보호목적으로 하고 있다고 볼 수 있는 바, 부작위는 위법하다.

5. 결론

재량이 0으로 수축하여 행정청의 작위의무가 있음에도 불이행하고, 물환경보전법은 甲의 재산에 대한 사익보호성도 인정되어, 지차체의 부작위는 위법한 바, 국가배상법 제2조 청구는 인용된다.

2017년도 제3회 변호사시험 모의시험

〈제1문〉

A도에는 주민의 식수원으로 쓰이는 하천이 흐르고 있다. 이 하천의 상류지역은 상수원 보호구역으로 지정되어 있고, 중류지역에는 수돗물로 사용하기 위해 하천수를 취수하는 취수장이 있으며, 취수장에서 500M 떨어진 곳에는 취수한 하천수를 정화하는 정수장이 있다.

甲은 乙건설회사에 이 하천의 상류지역 상수원보호구역 경계선으로부터 2km 떨어진 야산에 골프장을 건설하는 공사를 도급하였고, 乙은 다시 丙에게 공사의 일부인 토목공사를 하도급 하였다. 丙은 토목공사 과정에서 굴착한 다량의 토사를 다른 공사에 사용하기 위해 정수장에서 200M정도 떨어진 곳에 임시로 야적하였다. 토사의 야적장은 정수장 보다 지면이 높고 경사진 곳에 위치하고 있는데, 丙은 토사를 야적하기 위해 간단한 기반공사를 한 후, 그 위에 굴착한 토사를 쌓아두었다.

그런데 그해 장마철 폭우로 인해 골프장 건설현장의 파헤쳐진 곳에서 법령에서 정하는 기준 이상의 토사가 이 하천의 상수원보호구역으로 유출되어 하천수를 오염시켰다. 또한 정수장 인근의 야적장에 쌓아둔 토사가 폭우와 함께 법령에서 정하는 기준 이상으로 유출되어 정수장에 흘러들었다.

한편, A도의 주민인 丁은 이 하천수를 수돗물로 공급받는 자로서 하천의 하류지역에서 일반음식점영업을 하는 자이다.

〈참조조문〉

「수질 및 수생태계보전에 관한 법률시행규칙」 제5조(공공수역)법 제2조제9호에서 "환경부령으로 정하는 수로"란 다음 각 호의 수로를 말한다.

1. 지하수로
2. 농업용 수로
3. 하수관로
4. 운하

2. 丁은, 이 사건 토사유출로 인해 상수원인 하천수가 오염되었음에도 불구하고 도지사가 오염원인자에게 적절한 조치를 취하지 아니하여 자신이 오염된 수돗물을 공급받게 되었고, 오염된 수돗물로 제조한 음식에서 발생하는 악취로 인해 음식점 이용객이 급감하여 영업상 손해를 입었다고 주장하며, A도를 상대로 국가배상청구소송을 제기하고자 한다. 이 청구는 인용될 수 있겠는가? (35점)

문제해설 [2017년 제3차 제1문] 문제 2. 해설

1. 문제
A도지사의 부작위에 대한 국가배상법 제2조의 책임성부가 문제된다.

2. 국가배상법 제2조 책임성부
(1) **관련 조문** - 국가 또는 지방자치단체는 공무원이 직무를 집행하면서 고의 또는 과실로 법령을 위반하여 타인에게 손해를 입힌 경우 그 손해를 배상해야 한다(국가배상법 제2조 제1항).

(2) **사안의 경우** - A도지사의 부작위의 위법성을 인정하기 위해서 작위의무가 인정여부와, 사익보호성, 그리고 인과관계 인정여부가 논의된다.

3. 작위의무 인정여부
(1) **관할 행정청이 취할 조치의 법적성격** - 물환경보전법 제15조 제3항은 도지사는 오염 행위자 등이 방제조치를 하지 아니하는 경우에는 그 행위자 등에게 방제조치의 이행을 명할 수 있고, 동법 제15조 제4항은 조치명령을 이행하지 아니하는 경우 대집행을 할 수 있다고 규정하고 있는 바, 재량행위에 해당한다.

(2) **재량의 0으로 수축여부**
  1) 요건 - ① 사람의 생명, 신체 및 재산 등에 중대하고 급박한 위험이 존재하고, ② 그러한 위험이 행정권의 발동에 의해 제거될 수 있고, ③ 피해자의 개인적 노력으로 권익침해의 방지가 이루어질 수 없는 경우이어야 한다.
  2) 판례 - 국민의 생명, 신체, 재산 등에 대하여 절박하고 중대한 위험상태가 발생하였거나 발생할 우려가 있어서 국가가 초법규적, 일차적으로 그 위험 배제에 나서지 아니하면 국민의 생명, 신체, 재산 등을 보호할 수 없는 경우에는 형식적 의미의 법령에 근거가 없더라도 국가나 관련 공무원에 대하여 그러한 위험을 배제할 작위의무를 인정할 수 있다.
  3) 사안의 경우 - ① 丁은 상수원으로부터 수돗물을 공급받는 입장에서 토사유출로 인한 오염된 수돗물을 공급받아 음식적 영업에 심각한 손해를 받았고, ② 이러한 수질오염은 관할 행정청 도지사 A의 乙, 丙에 대한 방제조치 명령으로 제거될 수 있고, ③ 수질오염은 丁의 개인적인 노력으로 개선할 수 없는바, 재량이 0으로 수축한다.

(3) **소결** - 재량이 0으로 수축하여 행정청의 작위의무가 인정된다.

4. 사익보호성
(1) **판례** - 공무원이 직무를 수행하면서 근거법령에 따라 구체적 의무를 부여받았고, 국민의 이익과 관련된 것이라도 직접 국민 개개인의 이익을 위한 것이 아니라 전체적으로 공공 일반의 이익을 도모하기 위한 것이라면 그 의무에 위반하여 국민에게 손해를 가하여도 국가 또는 지방자치단체는 배상책임을 부담하지 아니한다.

(2) **사안의 경우** – 물관리보전법은 수질오염으로 인한 국민건강 및 환경상의 위해를 예방하고 공공수역의 수질을 적정하게 관리·보전함으로써 국민이 그 혜택을 널리 향유할 수 있도록 함을 목적으로 하는바, 사익보호성도 인정된다.

5. 인과관계

(1) **판례** – 수질오염으로 인한 공해소송에서 공장에서 유해한 폐수가 배출되고, 폐수 중 일부가 양식장에 도달하였으며, 그 후 피해가 있다는 사실이 각 모순 없이 증명되면 가해행위와 손해사이의 인과관계가 일응 증명된다.

(2) **사안의 경우** – 丁은 이 사건 토사유출로 인해 상수원인 하천수가 오염되었음에도 불구하고 도지사가 오염원인자에게 적절한 조치를 취하지 아니하여 자신이 오염된 수돗물을 공급받게 되었고, 오염된 수돗물로 제조한 음식에서 발생하는 악취로 인해 음식점 이용객이 급감하여 영업상 손해를 입었다는 사실을 증명하면 개연성 이론에 따라 인과관계가 일응 증명된다.

6. 결론

재량이 0으로 수축하여 행정청의 작위의무가 있음에도 불이행한 것으로 위법하고, 수질법은 丁의 재산과 신체에 대한 사익보호성도 인정되며, A도지사의 부작위와 丁의 영업손해 발생 사이에 인과관계도 인정되는바, 국가배상법 제2조 청구는 인용된다.

2013년도 제1회 변호사시험 모의시험

〈제1문〉

A연구소는 호흡기질환의 치료에 필요한 신약을 개발하기 위하여 서울특별시 관내에서도 비교적 대기상태가 양호한 청명산 근처의 소규모 인근 마을 B에 입지하여 상당한 연구성과를 보이고 있으며 연구성과의 일부에 대하여 특허를 취득하여 상업화에도 성공을 거두고 있다. 그런데 최근 A연구소 인근에 대규모 종합병원 C가 신축되면서 인구의 유입이 늘게 되었고 특히 A연구소 바로 인근 부지에 C병원의 의료폐기물의 처리를 위한 시설이 입지하게 되어 대기질이 현저히 악화되었다. C병원에서 발생하는 의료폐기물의 소각, 수집과 운반을 위하여 소각로에서의 소각은 물론 하루에도 수십 차례 폐기물 운반트럭이 이동함에 따라서 A연구소는 임상실험 등 신약개발에 막대한 지장을 받고 있으며 B마을의 주민들도 고통을 겪고 있다. 그런데 C병원은 중증장애인 치료를 전담하는 팀을 운영하고 있으며, 장애인 치료와 재활에 있어서 국제적인 명성을 얻어가고 있는 중이다.

A연구소와 B마을에 거주하는 주민들은 자체 팀을 동원하여 일산화탄소와 오존의 농도를 측정하였는데, 모두 환경정책기본법상의 환경기준을 초과하였다. 특히, C병원 소각로에서 배출되는 일산화탄소의 경우는 지속적으로 대기환경보전법상의 배출허용기준을 초과한 것으로 나타났다.

일산화탄소의 경우 독성이 강해 A연구소의 신약개발은 물론 B마을 주민들의 건강에 심각한 위해가 발생할 수 있는 사안이므로 주민들은 시장 D는 물론 환경부장관 E에 대하여 대기환경보전법상 일정한 조치가 불가피하다는 점을 수차례 진정하였다.

3. B마을 주민들은 시장 D에게 환경부장관으로부터 위임된 대기환경보전법상 개선명령 등의 조치를 취하여 줄 것을 지속적으로 요구하였으나 이것이 이루어지지 못하여 B마을 주민 상당수가 일산화탄소에 중독되는 일이 발생하였다. 이에 B마을 주민들이 시장 D를 상대로 법원에 손해배상을 청구하는 경우 법원은 어떠한 판단을 할 것인가? (30점)

문제해설 [2013년 제1차 제1문] 문제 3. 해설

1. 문제

   국가배상법 제2조 책임성부가 문제된다.

2. 국가배상법 제2조 책임성부

   (1) **관련 조문** - 국가 또는 지방자치단체는 공무원이 직무를 집행하면서 고의 또는 과실로 법령을 위반하여 타인에게 손해를 입힌 경우 그 손해를 배상해야 한다(국가배상법 제2조 제1항).

   (2) **사안의 경우** - B마을 주민들은 C병원에서 발생하는 의료폐기물의 소각으로 발생하는 일산화탄소로 인해 건강에 심각한 위해가 발생하였고, 이에 시장 D에게 적절한 조치를 취해 줄 것을 여러 차례 요청하였지만 아직도 아무런 조치가 취해지고 있지 않는바, B마을 주민들의 손해와 시장 D의 부작위 사이에 인과관계가 인정된다. 다만, 이러한 시장 D의 부작위에 따른 위법성을 인정하기 위해서 작위의무와 사익보호성 인정여부가 논의된다.

3. 작위의무 인정여부

   (1) **관할 행정청이 취할 조치의 법적성격** - C병원 소각로에서 배출되는 일산화탄소도가 대기환경보전법상의 배출허용기준을 초과하는 경우 동법 제8조에 따라 사업장의 조업 단축을 명하거나 필요한 조치를 할 수 있는바, 명문의 규정상 재량행위에 해당한다.

   (2) **재량의 0으로 수축여부**

   1) 요건 - ① 사람의 생명, 신체 및 재산 등에 중대하고 급박한 위험이 존재하고, ② 그러한 위험이 행정권의 발동에 의해 제거될 수 있고, ③ 피해자의 개인적 노력으로 권익침해의 방지가 이루어질 수 없는 경우이어야 한다.

   2) 판례 - 국민의 생명, 신체, 재산 등에 대하여 절박하고 중대한 위험상태가 발생하였거나 발생할 우려가 있어서 국가가 초법규적, 일차적으로 그 위험 배제에 나서지 아니하면 국민의 생명, 신체, 재산 등을 보호할 수 없는 경우에는 형식적 의미의 법령에 근거가 없더라도 국가나 관련 공무원에 대하여 그러한 위험을 배제할 작위의무를 인정할 수 있다.

   3) 사안의 경우 - ① B마을 주민들은 C병원에서 배출되는 일산화탄소로 인해 심각한 건강침해가 발생할 우려가 있고, ② 이러한 대기오염은 시장 D의 C병원에 대한 조업단축명령 및 필요한 조치명령으로 제거될 수 있고, ③ 대기오염은 B마을 주민들의 개인적인 노력으로 개선할 수 없으며 현재 주민들이 시장 D에게 적절한 조치를 지속적으로 요구하고 있는바, 재량이 0으로 수축한다.

   (3) **소결** - 재량이 0으로 수축하여 행정청의 작위의무가 인정된다.

4. 사익보호성

(1) **판례** – 공무원이 직무를 수행하면서 근거법령에 따라 구체적 의무를 부여받았고, 국민의 이익과 관련된 것이라도 직접 국민 개개인의 이익을 위한 것이 아니라 전체적으로 공공 일반의 이익을 도모하기 위한 것이라면 그 의무에 위반하여 국민에게 손해를 가하여도 국가 또는 지방자치단체는 배상책임을 부담하지 아니한다.

(2) **사안의 경우** – 대기환경보전법상의 배출허용기준은 단순히 환경공익을 보호하기 위한 것뿐만 아니라 주민의 생명과 재산을 보호하기 위한 사익보호성의 목적을 가지고 있으므로 부작위는 위법하다.

5. 결론

재량이 0으로 수축하여 행정청의 작위의무가 있음에도 불이행하고, 대기환경보전법은 마을주민들의 재산과 신체에 대한 사익보호성도 인정되어, 시장 D의 부작위는 위법한 바, 국가배상법 제2조 청구는 인용된다.

2011년도 제1회 변호사시험 모의시험

> 〈제1문〉

　丙은 2000. 1. 25.부터 2011. 7. 15.에 이르기까지 건축부산물을 파쇄하여 건축용 골재를 재생산하는 골재채취업을 하는 사업자이다. 골재파쇄기 및 시멘트벽돌기계 등을 설치하여 밤낮없이 건축부산물을 원료로 한 골재채취업을 운영하면서 파쇄공정에 따르는 비산먼지를 방치한 나머지 인근에 거주하는 주민들에게 환경정책기본법 시행령 별표 1 소정의 미세먼지에 대한 환경기준인 24시간 평균치 $100\mu g/m^3$을 초과하는 미세먼지를 유발하였다.

　丙은 비산먼지 발생 사업자로서 관할행정청에 신고한 내용에서는 비산먼지 억제시설 설치 및 조치내용으로 자동식 세륜시설 및 이동식 살수시설을 모두 설치하여 운영하겠다는 점이 포함되어 있었다. 그러나, 丙은 비산먼지 주요억제시설인 자동식 세륜시설은 고장을 이유로 가동하지 않을 때가 많았고, 이동식 살수시설을 사용하는데 그쳤다.

　그 이후 丙이 배출하는 비산먼지가 대기환경보전법상의 배출허용기준을 초과하는 정도에 이르게 되자, 甲은 1년 이상에 걸쳐 환경부장관 乙에게 대기환경보전법 제33조, 제34조 소정의 규제권한을 행사하여 줄 것을 여러 차례 요청하였지만, 乙은 丙의 비산먼지 억제시설의 운영상황을 제대로 점검하지도 않았고, 甲의 요청에 대하여 답신조차 하지 않았다. 주민들 가운데 만성천식으로 고생하는 甲은 자신의 천식이 丙의 사업장에서 발생한 비산먼지로 인한 것이라고 보며, 그에 대한 법적 대응을 생각하기에 이르렀다.

별표1. 환경기준(환경정책기본법 시행령 제2조 관련)

1. 대기

미세먼지 (PM-10)	연간평균치　$50\mu g/m^3$ 이하 24시간평균치 $100\mu g/m^3$ 이하	베타선흡수법(β - Ray Absorption Method)
미세먼지 (PM-2.5)	연간평균치　$25\mu g/m^3$ 이하 24시간평균치 $50\mu g/m^3$ 이하	중량농도법 또는 이에 준하는 자동측정법

3. 甲이 대기환경보전법에 규정된 규제권한을 행사하지 않은 乙을 상대로 항고소송을 제기하는 경우 그 소의 적법성 여부 및 국가에 대하여 손해배상을 청구하는 경우 乙의 권한불행사의 위법 여부에 대하여 검토하시오. (25점)

문제해설 [2011년 1차 제1문] 문제 3. 해설

1. 문제

(1) 국가배상법 제2조 성부에서 乙 부작위의 위법성, (2) 부작위위법확인소송의 적법성이 문제된다.

2. 국가배상법 제2조 책임성부

(1) **관련 조문** – 국가 또는 지방자치단체는 공무원이 직무를 집행하면서 고의 또는 과실로 법령을 위반하여 타인에게 손해를 입힌 경우 그 손해를 배상해야 한다(국가배상법 제2조 제1항).

(2) **작위의무 인정여부**

1) 관할 행정청이 취할 조치의 법적성격 – 대기환경보전법상의 배출허용기준을 초과하는 경우 동법 제33조에서 개선명령을 명할 수 있고, 동법 제34조에서 조업정지명령을 명할 수 있다고 규정하고 있는바, 재량행위에 해당한다.

2) 재량의 0으로 수축여부

① 요건 – 사람의 생명, 신체 및 재산 등에 중대하고 급박한 위험이 존재하고, 그러한 위험이 행정권의 발동에 의해 제거될 수 있고, 피해자의 개인적 노력으로 권익침해의 방지가 이루어질 수 없는 경우이어야 한다.

② 판례 – 국민의 생명, 신체, 재산 등에 대하여 절박하고 중대한 위험상태가 발생하였거나 발생할 우려가 있어서 국가가 초법규적, 일차적으로 그 위험 배제에 나서지 아니하면 국민의 생명, 신체, 재산 등을 보호할 수 없는 경우에는 형식적 의미의 법령에 근거가 없더라도 국가나 관련 공무원에 대하여 그러한 위험을 배제할 작위의무를 인정할 수 있다.

③ 사안의 경우 – 甲은 丙이 발생시킨 비산먼지로 인해 천식이 발생하는 심각한 건강침해가 발생하였고, 이러한 대기오염은 관할 행정청 乙의 丙회사에 대한 개선명령 및 조업정지명령으로 제거될 수 있고, 대기오염은 甲의 개인적인 노력으로 개선할 수 없으며 현재 甲이 관할 행정청에 적절한 조치를 요구하고 있는바, 재량이 0으로 수축한다.

(3) **사익보호성**

1) 판례 – 공무원이 직무를 수행하면서 근거법령에 따라 구체적 의무를 부여받았고, 국민의 이익과 관련된 것이라도 직접 국민 개개인의 이익을 위한 것이 아니라 전체적으로 공공 일반의 이익을 도모하기 위한 것이라면 그 의무에 위반하여 국민에게 손해를 가하여도 국가 또는 지방자치단체는 배상책임을 부담하지 아니한다.

2) 사안의 경우 – 대기법은 대기환경보전법상의 배출허용기준은 단순히 환경공익을 보호하기 위한 것뿐만 아니라 주민의 생명과 재산을 보호하기 위한 사익보호성도 인정된다.

(4) **소결** – 甲이 乙에게 국가배상법 제2조 책임을 묻는 경우 乙은 작위의무가 있는데도 그 권한을 행사하지 않았는바, 乙의 직무행위는 위법하다.

3. 부작위위법확인소송의 적법성

   (1) **관련 조문** - 행정청의 부작위가 위법하다는 것의 확인을 구하는 소송을 제기할 수 있다(행소법 제4조 3호).

   (2) **원고적격 및 대상적격**

   1) 의의 - 부작위란 행정청의 당사자의 신청에 의하여 상당한 기간 내에 일정한 처분을 하여야 할 법률상 의무가 있음에도 불구하고 하지 않는 것을 말한다(동법 제2조 2호).

   2) 판례 - 부작위위법확인소송에서 당사자가 행정청에 대하여 어떠한 행정행위를 하여 줄 것을 요구할 수 있는 법규상 또는 조리상의 신청권이 없다면 원고적격이 없거나 항고소송의 대상인 위법한 부작위가 있다고 볼 수 없다.

   3) 사안의 경우 - 상술한 바와 같이 乙의 재량행위가 0으로 수축하여 甲은 乙에게 대기법상 규제권한 행사에 대한 신청권이 있다고 판단되는 바, 원고적격 및 항고소송의 대상이 되는 위법한 부작위가 있어 대상적격이 인정된다.

   (3) 소결 - 甲의 乙에 대한 부작위법확인소송은 적법하다.

4. 결론

   (1) 甲이 乙을 상대로 부작위법확인소송을 제기하는 것은 적법하다.

   (2) 甲이 국가배상청구소송을 제기하는 경우 乙의 권한불행사는 위법하다.

2016년도 시행 제5회 변호사시험

〈제2문〉

A주식회사는 2013. 3. 'Q'라는 모델의 대형 승용차를 출시하였다. 대형 승용차의 제작차배출허용기준은 일산화탄소 4.0g/kWh, 질소산화물 0.40g/kWh, 탄화수소(배기관가스) 0.14g/kWh 이었으며, A주식회사는 대기환경보전법령에 따른 제작차배출허용기준에 맞춰 자동차를 생산할 수 있는 기술을 보유하고 있었다.

하지만 제작차배출허용기준을 준수하면서 A주식회사가 공시한 리터당 18㎞의 연소효율(연비)을 유지하기 위해서는 차량 1대당 약 500만 원의 생산원가가 추가로 투입되어야 했다.

이 문제를 고민하던 A주식회사의 경영진은 제작차배출허용기준에 맞추기 위해 필요한 공장설비 개선 등의 조치를 취하지 않고 'Q' 모델 승용차를 제작하여 판매하기로 결정하였다. 그리고 프로그램 조작을 통해 제작차배출허용기준을 준수한 것처럼 인증기관을 기망하여 「대기환경보전법」 제48조에 따라 인증을 받았다.

2013. 5.경 기존 4차로에서 6차로로 확장되어 차량 통행량이 2배 이상 증가한 ○○순환도로 인근에 살고 있는 甲은 제작차배출허용기준을 위반한 제작행위로 인해 천식이 발병되고 악화되었음을 이유로 국내 자동차 시장 점유율이 70%에 이르는 A주식회사를 상대로 배상을 청구하는 한편, ○○순환도로의 관리주체인 서울특별시를 상대로 배상을 청구하고자 한다.

[참조조문]

「대기환경보전법 시행규칙」 [별표 17] 제작차배출허용기준

사. 2013년 1월 1일 이후

차 종	일산화탄소	질소산화물	탄화수소			포름알데히드	측정방법
			배기관가스	블로바이가스	증발가스		
대형 승용·화물 초대형 승용·화물	4.0 g/kWh 이하	0.40 g/kWh 이하	0.14 g/kWh 이하	0g/1 주행	-	-	WHTC 모드

3. 서울특별시를 상대로 하는 甲의 손해배상청구와 관련하여 법적 쟁점과 인용가능성을 검토하시오. (20점)

문제해설 [2016년 제5회 변시 제2문] 문제 3. 해설

1. 문제
국가배상법 제5조의 책임 성부에서 (1) 기능적 하자의 존재, (2) 인과관계 입증이 문제된다.

2. 국가배상법 제5조 책임 성부

(1) **관련 조문** - 도로의 설치나 관리에 하자가 있기 때문에 타인에게 손해를 발생하게 하였을 때에는 국가나 지자체는 그 손해를 배상하여야 한다(국배법 제5조 1항).

(2) **기능상 하자 존부**

   1) 의의 - 하자는 영조물이 그 용도에 따라 갖추어야 할 안전성을 갖추지 못한 상태 즉, 물적 하자 뿐만 아니라 이용 상태 및 정도가 일정한 한도를 초과하여 제3자에게 사회통념상 참을 수 없는 피해를 입히는 경우 즉, 이용상 하자까지 포함된다.

   2) 판례 - 수인한도의 기준은 침해되는 권리나 이익의 성질과 침해의 정도뿐만 아니라 침해행위가 갖는 공공성의 내용과 정도, 그 지역 환경의 특수성, 공법적인 규제에 의하여 확보하려는 환경 기준, 침해를 방지 또는 경감시키거나 손해를 회피할 방안의 유무 및 그 난이도 등을 종합적으로 고려하여 개별적으로 결정한다.

   3) 사안의 경우 - 이 사건 도로 인근에 살고 있는 甲이 2013. 5.경 기존 4차로에서 6차로로 확장되어 차량 통행량이 2배 이상 증가하여 천식이 발병되고 악화되었음을 입증하면 서울시의 도로 확장에 따라 수인한도를 초과하는 피해가 발생하였는바, 기능적 하자의 존재가 인정된다.

(3) **인과관계**

   1) 판례 - 비특이성 질환의 경우 특정위험인자와 비특이성 질환 사이에 역학적 상관관계 뿐만 아니라 위험인자에 노출된 집단과 노출되지 않은 다른 일반 집단을 대조하여 그 위험인자에 노출된 집단에서 그 비특이성 질환에 걸린 비율이 그 위험인자에 노출되지 않은 집단에서 그 비특이성 질환에 걸린 비율을 상당히 초과한다는 점을 증명하여 그 위험인자에 의하여 그 비특이성 질환이 유발되었을 개연성이 있다는 점을 증명하여야 한다.

   2) 사안의 경우 - 서울시의 도로 확장으로 통행량이 증가하여 그렇지 않은 지역에 비해 천식이 걸린 비율이 현저하게 높고, 도로확장 이전에 기왕증이나 가족력 등에서 그러한 증상이 없었음을 입증한다면 인과관계의 개연성이 인정될 수 있다.

3. 결론
甲이 서울시를 상대로 국가배상법 제5조에 의한 손해배상을 청구하는 경우, 도로에 수인한도를 초과하는 기능적 하자의 존재를 입증하고, 서울시의 도로확장과 천식발생사이의 인과관계를 입증한다면 위 소송은 인용될 수 있다.

2017년도 제1회 변호사시험 모의시험

〈제2문〉

　원주시 ○○면에 위치하고 있는 A 공군비행장은 1980년 설치되었는데, 그 면적은 약 30㎢이고, 그 안에 F16, F5 등 60대 이상의 전투기를 갖춘 규모의 2개의 전투부대로 구성된 비행단이 구성되어 있다. 비행장에는 2개의 활주로가 설치되어 있는데, 이 중 주활주로는 약 2.75㎞ 정도 뻗어 있으며, 1997. 12.경부터는 국내선 민간항공기도 취항하고 있다. A 공군비행장에서의 월 평균 비행횟수는 약 3,000회에 이르며, 1일 평균 비행횟수(7일 기준)는 약 42회[주간 (07:00~19:00) 37회 + 석간(19:00~22:00) 약 5회]이다. 비행은 전투기의 비행훈련이 주된 것이고, 비정기적으로 군수송기와 헬기가 비행한다. A 공군비행장에서의 비행훈련은 주로 주중 평일 09:00 ~ 21:00 사이에 이뤄지고, 토요일, 일요일, 공휴일, 평일야간 및 기상악화 시에는 없으며, 석간비행은 주 1~2회 정도 이뤄진다. 비행훈련이 없을 때는 전투기 정비를 위하여 엔진 공회전이나 전투기의 지상이동으로 인한 소음이 발생하고 있다. 전투기 운항패턴에는 이륙, 착륙, 선회 및 t&g(touch & go)가 있는데, 전투기는 일반 항공기와 달리 운항패턴이 수시로 바뀌는 특성을 갖고 있다. 주변지역에서는 선회비행이 주로 이뤄지고 있다.

　A 공군비행장 근방의 거주민들은 주로 농업, 축산업 등에 종사하고 있다. 甲은 1975년부터 인근지역으로 전입하여 살고 있으며, 乙은 부모, 형제 등이 A 공군비행장 주변에 거주하여 생활의 근거를 마련하고 있었던 차에 부모의 권유로 1995년 경 이 지역에 귀농하였다. 丙은 8세 나이에 가족과 함께 비행장 주변지역에서 거주하기 시작하였다. 丁은 공군에 속한 군무원으로서 근무지 배속관계로 비행장 주변 소음피해가 지역사회문제가 된 2000년 비행장 주변으로 전입하였다. 이들은 만성적인 불안감, 집중력 저하, 잦은 신경질 등의 정신적 고통을 호소하고 있으며, 회화방해, 전화통화방해, TV, 라디오 시청장해, 독서방해나 사고중단, 수면방해 등을 겪고 있다. A 공군비행장의 항공기로 인한 이들의 주거지에서의 소음 정도는 85웨클 정도이다. A 공군비행장 측은 소음피해를 줄이기 위하여 2005년경부터 전투기 엔진점검을 방음정비고(hushhouse)에서 실시하고 있다.

　「소음·진동관리법」제39조 제1항, 동법 시행령 제9조 제1항은 환경부장관으로 하여금 항공기소음이 항공기소음한도[공항주변 인근지역: 90웨클(WECPNL), 그 밖의 지역: 75웨클(WECPNL)]를 초과하여 공항주변의 생활환경이 매우 손상된다고 인정하는 경우에는 관계 기관의 장에게 방음시설의 설치나 그 밖에 항공기소음의 방지에 필요한 조치를 요청할 수 있도록 하고 있고, 동법 시행령 제9조 제2항, 동법 시행규칙 제49조는 공항주변 인근지역과 그 밖의 지역을 소음피해지역과 소음피해예상지역으로 구분하고 있다. 한편, 「공항소음 방지 및 소음피해지역 지원에 관한 법률」제5조 제1항, 동법 시행령 제2조 제1항, 시행규칙 제3조는 소음대책지역의 구역별 예상 소음영향도 기준을 ① 제1종 구역: 소음영향도(WECPNL) 95 이상, ② 제2종 구역: 소음영향도(WECPNL) 90 이상 95 미만, ③ 제3종 구역: 소음영향도(WECPNL) 75 이상 90 미만으로 하고 제3종 구역을 지구별로 다음과 같이 세분화하고 있다.

「소음·진동관리법」 등 관계법령상 구분	「공항소음 방지 및 소음피해지역 지원에 관한 법률」상 구분	구역		소음영향도 (WECPNL)
공항주변 인근 지역(소음피해예상지역)	소음대책지역	제1종		95 이상
		제2종		90 이상 95 미만
그 밖의 지역 (소음피해지역)	소음대책지역	제3종	가지구	85 이상 90 미만
			나지구	80 이상 85 미만
			다지구	75 이상 80 미만

이러한 사안에서 다음의 질문에 답하시오(소멸시효 문제는 논외로 함).

1. 甲이 A 공군비행장 측을 상대로 항공기소음으로 인한 손해배상을 구할 경우 예상되는 쟁점과 함께 소송의 인용가능성을 검토하시오. (50점)

2. A 공군비행장 측이, 乙, 丙, 丁에 대해 배상책임이 인정된다고 하더라도 손해배상액을 감면하여야 하며, 최소한 丁의 경우 일반인에 비하여 그 피해에 관하여 잘 인식하거나 인식할 수 있는 지위에 있으므로 면책이나 손해배상액의 감액이 이루어져야 한다고 주장할 경우 그 주장의 당부를 검토하시오. (30점)

문제해설 [2017년 제1차 제2문] 문제 1. 해설

1. 문제
국가배상법 제5조 책임성부가 문제된다.

2. 국가배상법 제5조 책임 성부

(1) **관련 조문** – 영조물의 설치나 관리에 하자가 있기 때문에 타인에게 손해를 발생하게 하였을 때에는 국가나 지자체는 그 손해를 배상하여야 한다(국배법 제5조 1항).

(2) **기능상 하자 존부**

   1) 의의 – 하자는 영조물이 그 용도에 따라 갖추어야 할 안전성을 갖추지 못한 상태 즉, 물적 하자뿐만 아니라 이용 상태 및 정도가 일정한 한도를 초과하여 제3자에게 사회통념상 참을 수 없는 피해를 입히는 경우 즉, 이용상 하자까지 포함된다.

   2) 판례 – 수인한도의 기준은 침해되는 권리나 이익의 성질과 침해의 정도뿐만 아니라 침해행위가 갖는 공공성의 내용과 정도, 그 지역 환경의 특수성, 공법적인 규제에 의하여 확보하려는 환경기준, 침해를 방지 또는 경감시키거나 손해를 회피할 방안의 유무 및 그 난이도 등을 종합적으로 고려하여 개별적으로 결정한다.

   3) 사안의 경우 – 甲은 1975년부터 인근지역으로 전입하여 살고 있으며 A공군 비행장이 1980년 설치되면서 발생하는 소음으로 이들은 만성적인 불안감, 집중력 저하, 잦은 신경질 등의 정신적 고통을 호소하고 있으며, 회화방해, 전화통화방해, TV, 라디오 시청장해, 독서방해나 사고중단, 수면방해 등을 겪고 있는바, 이는 일상적으로 수인할 수 있는 한도를 넘는 피해로서 A공군 비행장의 기능적 하자의 존재가 인정된다.

(3) **위법성(수인한도론)**

   1) 의의 – 사회통념상 수인한도를 넘는 경우에는 위법행위로 평가할 수 있다.

   2) 판례 – 수인한도의 기준을 결정함에 있어서는 침해되는 권리나 이익의 성질과 침해의 정도뿐만 아니라 침해행위가 갖는 공공성의 내용과 정도, 그 지역 환경의 특수성, 공법적인 규제에 의하여 확보하려는 환경기준, 침해를 방지 또는 경감시키거나 손해를 회피할 방안의 유무 및 그 난이도 등을 종합적으로 고려하여 구체적 사건에 따라 개별적으로 결정한다.

   3) 사안의 경우 – 원주시 A공군비행장 주변 지역의 항공기소음으로 인한 피해의 내용 및 정도, 그 비행장 및 군용항공기의 운항이 가지는 공공성과 아울러 그 비행장이 개설 당시와 달리 점차 주거지 및 도시화되어 인구가 밀집되는 등으로 비도시지역에 위치한 국내의 다른 비행장과 확연히 구별되는 지역적, 환경적 특성을 갖는 점 등 여러 사정을 종합적으로 고려하여, 원주시 A공군비행장 주변 지역의 소음 피해가 소음도 85WECPNL 이상인 경우 사회생활상 통상의 수인한도를 넘어 위법하다.

(4) 인과관계

1) 판례 – 비특이성 질환의 경우 특정위험인자와 비특이성 질환 사이에 역학적 상관관계뿐만 아니라 위험인자에 노출된 집단과 노출되지 않은 다른 일반 집단을 대조하여 그 위험인자에 노출된 집단에서 그 비특이성 질환에 걸린 비율이 그 위험인자에 노출되지 않은 집단에서 그 비특이성 질환에 걸린 비율을 상당히 초과한다는 점을 증명하여 그 위험인자에 의하여 그 비특이성 질환이 유발되었을 개연성이 있다는 점을 증명하여야 한다.

2) 사안의 경우 – 원주시 A공군비행장의 설치로 그렇지 않은 지역에 비해 만성적인 불안감, 집중력 저하, 잦은 신경질 등의 정신적 고통을 호소하고 있는 비율이 현저하게 높음을 입증하고, 비행장 설치 이전에 기왕증이나 가족력 등에서 그러한 증상이 없었음을 입증한다면 인과관계의 개연성이 인정될 수 있다.

3. 결론

甲이 A공군비행장을 상대로 국가배상법 제5조에 의한 손해배상을 청구하는 경우, 공군비행장에 수인한도를 초과하는 기능적 하자의 존재 및 수인한도를 초과하는 위법성, 그리고 A공군비행장의 하자에 따른 甲의 정신적 피해 발생사이의 인과관계를 입증한다면 위 소송은 인용될 수 있다.

문제해설 [2017년 제1차 제2문] 문제 2. 해설

1. 문제
乙, 丙, 丁에게 위험에의 접근이론에 따라 국가의 손해배상책임 감면 주장이 가능한지가 문제된다.

2. 위험에의 접근이론 적용가부
(1) **의의** - 이미 환경피해를 입은 자의 손해배상청구나 유지청구를 판단함에 있어서 피해자가 위험에 스스로 접근한 사실을 고려해야 한다.

(2) **판례** - 일반인이 위험지역으로 이주하여 거주하는 경우에 위험에 접근하게 된 경위와 동기 등의 여러 가지 사정을 종합하여 그와 같은 위험의 존재를 인식하면서도 위험으로 인한 피해를 용인하면서 접근하였다고 볼 수 있는 경우에는 손해배상액의 산정에 있어 형평의 원칙상 과실상계에 준하여 감액사유로 고려한다.

(3) **사안의 경우** - 乙, 丙, 丁 개인들의 위험인식 정도와 위험에 접근하게 된 동기 등을 종합적으로 고려하여 위험에의 접근이론 적용여부가 결정된다.

3. 乙의 경우
(1) **판례** - 소음 등 공해의 위험지역으로 이주하였을 때 위험의 존재를 인식하고 피해를 용인하면서 접근한 것으로 볼 수 있는 경우, 가해자의 면책을 인정할 수 있고, 위험의 존재를 인식하고 피해를 용인하면서 접근한 것이라고 볼 수 있는 경우, 손해배상액 감액사유로 고려하여야 한다.

(2) **사안의 경우** - 乙은 공군비행장이 설치된 1980년 이후인 1995년에 이 지역에 전입한 자로 가족들이 이미 거주하고 있었으므로 위험의 존재를 인식한 것으로 판단되나 乙이 이러한 피해를 용인하면서 접근하였다는 등의 특별한 사정이 없는 한, 국가의 면책이 인정될 수 없고 다만 손해액 산정과정에서 과실상계에 준하여 일부 30%정도 감액할 수 있는바, 이 부분에 대한 공군비행장 측의 주장은 타당하다.

4. 丙의 경우
(1) **판례** - 전입사유가 출생, 혼인이거나, 전입당시 위험에 대한 지각능력이 부족하고 거주지를 선택할 지위에 있지 아니한 미성년자인 경우는 감액하지 않는다.

(2) **사안의 경우** - 丙은 8세 나이에 가족과 함께 비행장 주변지역에서 거주하기 시작하여 감액의 대상이 아닌바, 이 부분에 대한 공군비행장 측의 주장은 부당하다.

5. 丁의 경우
(1) **판례** - 일반인에 비하여 항공기 소음 피해에 관하여 잘 인식하거나 인식할 수 있는 공군에 속한 군인이나 군무원의 경우, 가해자의 면책이나 손해배상액의 감액에 있어 달리 볼 수 없다.

(2) 사안의 경우 - 丁은 공군에 속한 군무원으로서 근무지 배속관계로 비행장 주변 소음피해가 지역사회문제가 된 2000년 비행장 주변으로 전입하였다고 하여도 가해자 면책이 손해배상액의 감액에 있어 일반인과 달리 볼 수 없어 甲과 동일하게 판단되는바, 손해액 산정과정에서 과실상계에 준하여 일부 30%정도 감액할 수 있어, 이 부분에 대한 공군비행장 측의 주장은 타당하다.

6. 결론

위험에의 접근이론에 따른 공군비행장의 손해배상책임 감면주장은 乙과 丁에게는 30%가 감면되는 점에서 일부 타당하나, 丙에게는 감면이 허용되지 않으므로 부당하다.

COMPACT 변시 환경법의 感

제2편
사법상 구제수단

제2편 사법상 구제수단

제1장 손해배상청구

I. 환경정책기본법 제44조 제1항에 의한 손해배상청구

1. 환경오염피해에 대한 무과실책임

(1) 관련 조문 - 환경오염 또는 환경훼손으로 피해가 발생한 경우에는 해당 환경오염 또는 환경훼손의 원인자가 그 피해를 배상하여야 한다(환경정책기본법 제44조 제1항).

(2) 판례 - 환경정책기본법 제44조 제1항은 불법행위 규정에 대한 특별 규정으로서, 환경오염 또는 환경훼손의 피해자가 원인자에게 손해배상을 청구할 수 있는 근거규정이다. 따라서 환경오염 또는 환경훼손으로 피해가 발생한 때에는 원인자는 환경정책기본법 제44조 제1항에 따라 귀책사유가 없더라도 피해를 배상하여야 한다.

2. 요건충족 여부

(1) 요건 - 가해자가 어떤 유해한 원인물질을 배출한 사실, 유해의 정도가 사회통념상 참을 한도를 넘는다는 사실, 그것이 피해물건에 도달한 사실, 그 후 피해자에게 손해가 발생한 사실에 관한 증명책임은 피해자가 부담한다.

(2) 위법성 (수인한도론)

1) 관련 법리 - 불법행위 성립요건으로서 위법성의 판단 기준은 유해 정도가 사회생활상 통상의 수인한도를 넘는지 여부에 따라 판단한다.

2) 판례 - 수인한도 기준을 결정할 때는 일반적으로 침해되는 권리나 이익의 성질과 침해 정도뿐만 아니라 침해행위가 갖는 공공성의 내용과 정도, 지역 환경의 특수성, 공법적인 규제에 의하여 확보하려는 환경기준, 침해를 방지 또는 경감시키거나 손해를 회피할 방안의 유무 및 난이도 등 여러 사정을 종합적으로 고려하여 구체적 사건에 따라 개별적으로 결정하여야 한다.

(3) 인과관계 증명

1) 원칙 - 환경피해의 가해행위와 손해사이의 인과관계 증명을 완화해주기 위해 개연성이론, 간접반증이론 들이 적용된다.

2) 판례

① 피해자에게 인과관계의 존재에 관하여 엄밀한 증명을 요구하는 것은 공해로 인한 사법적 구제를 사실상 거부하는 결과가 될 우려가 있으므로 가해기업이 어떠한 유해한 원인물질을 배출하고 그것이 피해물건에 도달하여 손해가 발생하였다면 가해자 측에서 그것이 무해하다는 것을 입증하지 못하는 한 책임을 면할 수 없다.

② 비특이성 질환(천식, 폐암)의 경우 특정위험인자와 비특이성 질환 사이에 역학적 상관관계 뿐만 아니라 위험인자에 노출된 집단과 노출되지 않은 다른 일반 집단을 대조하여 그 위험인자에 노출된 집단에서 그 비특이성 질환에 걸린 비율이 그 위험인자에 노출되지 않은 집단에서 그 비특이성 질환에 걸린 비율을 상당히 초과한다는 점을 증명하여 그 위험인자에 의하여 그 비특이성 질환이 유발되었을 개연성이 있다는 점을 증명하여야 한다.

③ 특이성질환(악성 중피종)의 발병과 석면 노출사이의 역학적 인과관계에 관하여 방사선치료를 받은 적이 없는 일반인에게 악성중피종이 발생할 수 있는 현실적인 유일한 원인은 석면노출 외에 다른 현실적인 원인이 없고, 노출환경에 대한 거리가 중피종의 발병률에 상당한 영향을 미치는 것으로 보이는바, 석면에 대한 비직업적·환경적 노출과 악성중피종의 발병 사이의 인과관계는 충분히 인정된다.

3. 손해배상액 산정
(1) 과실상계 유추적용
   1) **관련 조문** - 불법행위 손해배상책임에 관하여 채권자에게 과실이 있는 때에는 법원은 손해배상의 책임 및 그 금액을 정함에 이를 참작하여야 한다(민법 제393조, 제763조).
   2) **판례** - 가해행위와 피해자 측의 요인이 경합하여 손해가 발생하거나 확대된 경우 피해자 측의 귀책사유와 무관한 것이라고 할지라도 가해자에게 손해의 전부를 배상시키는 것이 공평의 이념에 반하는 경우에는 법원은 배상액을 정하면서 과실상계의 법리를 유추적용하여 손해의 발생이나 확대에 기여한 피해자 측의 요인을 참작할 수 있다.
(2) 위험에의 접근이론
   1) **의의** - 이미 환경피해를 입은 자의 손해배상청구나 유지청구를 판단함에 있어서 피해자가 위험에 스스로 접근한 사실을 고려해야 한다.
   2) **판례** - 일반인이 위험지역으로 이주하여 거주하는 경우에 위험에 접근하게 된 경위와 동기 등의 여러 가지 사정을 종합하여 그와 같은 위험의 존재를 인식하면서도 위험으로 인한 피해를 용인하면서 접근하였다고 볼 수 있는 경우에는 손해배상액의 산정에 있어 형평의 원칙상 과실상계에 준하여 감액사유로 고려한다.
(3) 자연력의 기여
   1) **의의** - 피해자가 입은 손해가 자연력과 가해자의 과실행위가 경합되어 발생된 경우 배상범위는 손해의 공평한 부담이라는 견지에서 손해발생에 대하여 자연력이 기여하였다고 인정되는 부분을 공제한 나머지 부분으로 제한하여야 한다.
   2) **판례** - 피해자가 입은 손해가 특수한 자연적 조건 아래 발생한 것이라 하더라도 가해자가 그와 같은 자연적 조건이나 그에 따른 위험의 정도를 미리 예상할 수 있었고 또 과도한 노력이나 비용을 들이지 아니하고도 적절한 조치를 취하여 자연적 조건에 따른 위험의 발생을 사전에 예방할 수 있었다면, 그러한 사고방지 조치를 소홀히 하여 발생한 사고로 인한 손해배상의 범위를 정함에 있어서 자연력의 기여분을 인정할 것은 아니다.

4. 공동원인자 연대 책임 - 환경정책기본법 제44조 제2항
환경오염 또는 환경훼손의 원인자가 둘 이상인 경우에 어느 원인자에 의하여 환경오염에 따른 피해가 발생한 것인지를 알 수 없을 때에는 각 원인자가 연대하여 배상하여야 한다(환경정책기본법 제44조 제2항).

II. 민법 제750조 불법행위책임
1. **관련 조문** - 고의 또는 과실로 인한 위법행위로 인하여 타인에게 손해를 가한 자는 그 손해를 배상할 책임이 있다(민법 제750조).
2. 고의 또는 과실
(1) **관련 법리** - 환경정책기본법 제44조 제1항의 책임과는 달리 고의 또는 과실에 대한 입증책임이 피해자 측에게 있다. 이는 환경정책기본법 제44조 제1항이 민법 제750조 불법행위책임의 특별규정을 보는 핵심 근거가 된다.
(2) 공동불법행위 - 민법 제760조 제2항 공동불법행위 성부
   1) **관련 조문** - 공동 아닌 수인의 행위 중 어느 자의 행위가 그 손해를 가한 것인지를 알 수 없는 때에는 연대하여 그 손해를 배상할 책임이 있다(민법 제760조 제2항).
   2) **판례** - 민법 제760조 제2항은 피해자를 보호하려는 입법정책상의 고려에 따라 각각의 행위와 손해 발생 사이의 인과관계를 법률상 추정한 것이므로, 개별 행위자가 자기의 행위와 손해 발생 사이에 인과관계가

존재하지 아니함을 증명하면 면책되고, 손해의 일부가 자신의 행위에서 비롯된 것이 아님을 증명하면 배상책임이 그 범위로 감축된다.

3. 소멸시효기간 도과여부

(1) **관련 조문** – 불법행위로 인한 손해배상청구권은 피해자가 그 손해 및 가해자를 안 날로부터 3년, 불법행위를 한 날로부터 10년을 경과한 때에는 시효로 소멸한다(민법 제766조 제1항).

(2) **판례** – 일반적으로 위법한 건축행위에 의하여 건물공사가 완료되면 그 건축행위에 따른 일영의 증가는 더 이상 발생하지 않게 되고 해당 토지의 소유자는 그 시점에 이러한 일조 방해 행위로 인하여 현재 또는 장래에 발생 가능한 재산상 손해나 정신적 손해 등을 예견할 수 있다고 할 것이므로, 민법 제766조 제1항 소정의 소멸시효는 원칙적으로 그 때부터 진행한다.

III. 양자 간의 관계

1. **관련 법리** – 두 청구권 모두를 인정해야 한다는 청구권경합설과 환경정책기본법 제44조 제1항에 의한 손해배상청구권만 인정되어야 한다는 법조경합설의 논의가 있다.

2. **판례** – 환경정책기본법 제44조 제1항의 규정은 손해의 책임과 발생에 관한 입증책임을 환경오염을 발생시키는 사업자에게 지우는 것으로서 민법 제750조에 대한 특별규정이라고 보아야 하므로 환경오염으로 인한 손해배상사건에 관하여는 그 피해자가 위 법률의 적용을 구하는 주장을 하였는지 여부를 가리지 아니하고 민법상의 손해배상 규정에 우선하여 적용하여야 한다.

3. **검토**

(1) 환경정책기본법에 따른 무과실책임 조항이 민법에 따른 불법행위책임 규정과의 관계에서 특별법적 지위에 있는 것이 분명하고, 환경정책기본법에서는 민법상의 과실책임과 달리 고의·과실 유무와 관계없이 가해자의 손해배상책임을 인정한다는 점에서 피해자의 두터운 보호가 가능하다는 점 등에서 법조경합설에 따라 환경정책기본법 제44조 제1항에 따른 손해배상을 청구하는 것이 입증책임 측면에서 피해자 측에게 수월한 것으로 보인다.

(2) 다만, 2021. 4. 1.부터 시행되는 환경오염피해구제법에 기한 손해배상청구권을 주장할 경우, 인과관계의 추정 등의 규정이 적용되어 보다 피해자의 두터운 보호가 가능하게 될 수 있다고 볼 수 있으나, 배상책임한도가 규정되어 있다는 점, 일정한 시설에 기인한 환경오염피해에 대해서만 무과실책임이 인정된다는 점 등에 있어서는 오히려 환경정책기본법 제44조에 기한 손해배상청구권을 주장하는 편이 보다 피해자의 두터운 보호에 가깝게 될 수 있다는 점에서 청구권 경합이 유리한 경우 또한 배제할 수 없다.

IV. 민법 제758조의 공작물 책임

1. **관련 조문** – 공작물의 설치 또는 보존의 하자로 인하여 타인에게 손해를 가한 때에는 손해를 배상할 책임이 있다(민법 제758조 1항).

2. **판례** – 민법 제758조는 공작물의 설치·보존의 하자로 인하여 타인에게 손해를 가한 경우 그 점유자 또는 소유자에게 일반 불법행위와 달리 이른바 위험책임의 법리에 따라 책임을 가중시킨 규정일 뿐이고, 그 공작물 시공자가 그 시공상의 고의·과실로 인하여 피해자에게 가한 손해를 민법 제750조에 의하여 직접 책임을 부담하게 되는 것을 배제하는 취지의 규정은 아니다.

3. **기능적 하자의 존재여부**

(1) **의의** – 하자는 물적 하자 뿐만 아니라 이용 상태 및 정도가 일정한 한도를 초과하여 제3자에게 사회통념상 참을 수 없는 피해를 입히는 경우 즉, 이용상 하자까지 포함된다.

(2) **판례** – 수인한도의 기준은 침해되는 권리나 이익의 성질과 침해의 정도뿐만 아니라 침해행위가 갖는 공공성의 내용과 정도, 그 지역 환경의 특수성, 공법적인 규제에 의하여 확보하려는 환경기준, 침해를 방지 또는 경감시키거나 손해를 회피할 방안의 유무 및 그 난이도 등을 종합적으로 고려하여 개별적으로 결정한다.

제2장 유지청구

1. 의의

건물의 소유자 또는 점유자가 인근의 소음으로 인하여 정온하고 쾌적한 일상생활을 영유할 수 있는 생활이익이 침해되고 그 침해가 사회통념상 수인한도를 넘어서는 경우에 건물의 소유자 또는 점유자는 그 소유권 또는 점유권에 기하여 소음피해의 제거나 예방을 위한 유지청구를 할 수 있다.

2. 유지청구 요건

(1) **요건** - ① 피해의 성질과 정도에 비추어 금전적 평가가 곤란, ② 사후 금전보상으로 피해회복이 어렵고, ③ 피해가 계속적이며 중대명백하고, ④ 피해가 수인한도를 초과할 것을 요한다.

(2) **수인한도의 판단 - 위법성 단계설**

1) **의의** - 유지청구의 수인한도 기준은 손해배상청구의 수인한도와 다르게 훨씬 높아야 한다.

2) **판례** - 소음으로 인한 생활방해를 원인으로 소음의 예방 또는 배제를 구하는 방지청구는 금전배상을 구하는 손해배상청구와는 내용과 요건을 서로 달리하는 것으로 방지청구는 인용될 경우 소송당사자뿐 아니라 제3자의 이해관계에도 중대한 영향을 미칠 수 있어, 법원은 해당 청구가 인용될 경우에 당사자가 받게 될 이익과 상대방 및 제3자가 받게 될 불이익 등을 고려한다.

(3) **추상적 유지청구 가부**

1) **의의** - 가해원을 특정하여 일정한 종류의 생활방해를 일정한도 이상 미치지 않게 할 것을 청구하는 유지청구를 말한다.

2) **판례** - 소음이 피해 주민들 주택을 기준으로 일정 한도를 초과하여 유입되지 않도록 하라는 취지의 유지청구는 소음발생원을 특정하여 일정한 종류의 생활방해를 일정 한도 이상 미치게 하는 것을 금지하는 것으로 청구가 특정되지 않은 것이라고 할 수 없고, 이는 민사집행법 제261조 제1항에 따라 간접강제의 방법으로 집행을 할 수 있다.

2024년도 시행 제13회 변호사시험

〈제1문〉

甲은 2007년부터 A지역에서 양돈장을 운영해 왔다. 한국철도시설공단(이하 '시설공단')이 2020년 양돈장 인근을 지나는 철로를 설치하여 관리하고 있고, 한국철도공사(이하 '철도공사')가 2022년부터 위 철로상으로 1일 30회 열차를 운행하고 있다. 그런데 2023년부터 양돈장에서 사육 중인 돼지들에 유·사산, 성장 지연 등의 피해가 발생하기 시작하였다. 양돈장과 가장 가까운 철로 사이의 직선거리는 약 70미터에 불과하여 甲을 비롯한 인근 주민들이 시설공단에 방음·방진시설 설치 등을 여러 차례 요구하였으나, 시설공단은 열차 운행으로 인한 소음·진동을 저감하기 위한 대책을 전혀 마련하지 않고 있다. 甲은 피해가 계속 발생하자 (1) 시설공단은 '오염원인자'이자 '철로의 설치·관리자'에 해당하고, (2) 철도공사는 '오염원인자'에 해당하므로, 둘 다 배상책임이 있다고 주장하면서 피해배상을 요구하고 있다.

이에 대해 시설공단은 (1) 자신은 직접적인 '오염원인자'가 아니고, (2) 철도 소음·진동이 양돈장에 도달된 사실과 피해가 발생한 사실은 인정되나 인근 공군비행장에서 이착륙하는 항공기 소음·진동이 피해 발생의 원인이라며 맞서고 있다.

이와 관련하여, 공인된 측정방법에 따라 양돈장에서 소음·진동을 측정한 결과, 최대소음도는 63~80dB(A), 5분 등가소음도는 51~65dB(A), 최대진동도는 45~65dB(V)로 나타났으며, 인근 공군비행장에서 이착륙하는 항공기가 양돈장을 통과하면서 발생하는 소음·진동도 양돈장 피해에 20퍼센트 정도의 영향을 미치는 것으로 밝혀졌다.

[참조 기준]
환경부 산하 중앙환경분쟁조정위원회 '철도 소음·진동으로 인한 가축 피해 평가방법 및 배상액 산정기준'

가축 피해 현황(돼지)	평가방법	피해인정기준
폐사, 유·사산, 부상 등	최대음압(LAmax)	-소음: 60dB(A) -진동: 57dB(V)
성장 지연, 수태율 저하, 산자수 감소, 생산성 저하 등	5분 등가음압 (LAeq, 5min)	

1. 甲이 시설공단을 상대로 손해배상청구소송을 제기할 경우 인용 가능성을 검토하시오(쟁점이 중복되는 경우 앞에서 한 검토를 적절한 방법으로 뒤에서 인용해도 무방함). (50점)

문제해설 [2024년 제13회 변시 제1문] 문제 1. 해설

1. 문제

甲이 시설공단을 상대로 환경정책기본법 제44조 제1항에 의한 원인자의 무과실책임에 의하여, 그리고 민법 제750조 제1항에 근거한 불법행위로 인한 손해배상청구권, 민법 제758조의 공작물책임을 행사할 수 있는지와 관련하여 각 청구권 행사의 요건충족 여부가 문제 된다.

2. 환경정책기본법 제44조 제1항에 의한 손해배상청구

(1) 의의 - 환경오염피해에 대한 무과실책임

1) 관련 조문 - 환경오염 또는 환경훼손으로 피해가 발생한 경우에는 해당 환경오염 또는 환경훼손의 원인자가 그 피해를 배상하여야 한다(환경정책기본법 제44조 제1항).

2) 판례 - 환경정책기본법 제44조 제1항은 불법행위 규정에 대한 특별 규정으로서, 환경오염 또는 환경훼손의 피해자가 원인자에게 손해배상을 청구할 수 있는 근거규정이다. 따라서 환경오염 또는 환경훼손으로 피해가 발생한 때에는 원인자는 환경정책기본법 제44조 제1항에 따라 귀책사유가 없더라도 피해를 배상하여야 한다.

3) 사안의 경우 - 甲과 시설공단 사이에서 오염원인자 해당 여부가 핵심 쟁점으로 다투어지고 있는바, 이를 선행적으로 살펴보고 다른 요건을 순차적으로 검토한다.

(2) 시설공단이 환경정책기본법 제44조 제1항의 환경오염 원인자 해당하는지 여부

1) 판례 - 사업자는 피해의 원인인 오염물질을 배출할 당시 사업장을 운영하기 위하여 비용을 조달하고 이에 관한 의사결정을 하여 사업장을 사실상·경제상 지배하는 자를 의미하고, 원인자는 자기의 행위 또는 사업 활동을 위하여 자기의 영향을 받는 사람의 행위나 물건으로 환경오염을 야기한 자를 의미하는바, 환경오염이 발생된 사업장의 사업자는 일반적으로 원인자에 포함된다.

2) 사안의 경우

① 양돈장에서 사육 중인 돼지들이 유산 내지 사산되거나, 성장 지연 등의 피해가 발생하였다. 이러한 피해의 원인으로 양돈장에서 가까운 철도의 잦은 운행이 원인으로 지목되고 있는 상황이다. 이러한 철도 운행이 가능하도록 철도를 설치하여 관리하고 있는 시설공단은 사업장의 사업자이므로 철도를 운행하고 있는 철도공사와 함께 오염원인자에 해당한다.

② 환경오염이란 사업활동 및 그 밖의 사람의 활동에 의하여 발생하는 소음·진동 등으로서 환경에 피해를 주는 상태를 말하는 것으로서, 乙의 사업활동에 의하여 소음·진동이 발생하고 환경에 피해를 주는 상태가 야기된 것인바, 환경오염에 해당한다.

③ 따라서, 원인자인 시설공단이 야기한 환경오염으로 인하여 甲에게 피해가 발생하였으므로, 시설공단의 고의·과실 여부와 상관없이 무과실책임을 진다.

(3) 기타 요건충족 여부

1) 요건 – 가해자가 어떤 유해한 원인물질을 배출한 사실, 유해의 정도가 사회통념상 참을 한도를 넘는다는 사실, 그것이 피해물건에 도달한 사실, 그 후 피해자에게 손해가 발생한 사실에 관한 증명책임은 피해자가 부담한다.

2) 위법성 (수인한도론)

① **관련 법리** – 불법행위 성립요건으로서 위법성의 판단 기준은 유해 정도가 사회생활상 통상의 수인한도를 넘는지 여부에 따라 판단한다.

② **판례** – 수인한도 기준을 결정할 때는 일반적으로 침해되는 권리나 이익의 성질과 침해 정도뿐만 아니라 침해행위가 갖는 공공성의 내용과 정도, 지역 환경의 특수성, 공법적인 규제에 의하여 확보하려는 환경기준, 침해를 방지 또는 경감시키거나 손해를 회피할 방안의 유무 및 난이도 등 여러 사정을 종합적으로 고려하여 구체적 사건에 따라 개별적으로 결정하여야 한다.

③ **사안의 경우** – 철도는 유통과 여객 수송 측면에서 공공성이 크지만, 발생하는 소음과 진동의 감정 결과 5분 등가소음도가 최대 65dB(A), 최대 진동도 65dB(V)로 측정되었고, 가축피해 인정기준인 60dB(A), 57dB(V) 고려해 볼 때, 소음면에서 공법적 기준을 초과한 점이 인정된다. 그럼에도, 시설공단은 소음·진동의 피해 경감을 위해 아무런 조치를 취하지 않았고, 방음벽을 설치한다면 실효적으로 소음을 줄일 수 있는 것으로 판단되는바, 설시한 사정을 종합적으로 고려해 볼 때 수인한도를 넘는 위법성이 인정된다.

3) 인과관계 (개연성 이론)

① **관련 법리** – 환경피해의 가해행위와 손해사이의 인과관계 증명을 완화해주기 위해 개연성 이론, 간접반증이론들이 적용된다.

② **판례** – 피해자에게 인과관계의 존재에 관하여 엄밀한 증명을 요구하는 것은 공해로 인한 사법적 구제를 사실상 거부하는 결과가 될 우려가 있으므로 가해기업이 어떠한 유해한 원인 물질을 배출하고 그것이 피해물건에 도달하여 손해가 발생하였다면 가해자 측에서 그것이 무해하다는 것을 입증하지 못하는 한 책임을 면할 수 없다.

③ **사안의 경우** – 시설공단이 철도에서 발생하는 소음·진동이 양돈장에 도달된 사실과 피해가 발생한 사실을 인정하고 있으므로, 소음 진동과 甲의 피해발생 사이에 아무런 관련이 없음을 입증하지 못하는 한 책임을 면할 수 없다. 그런데, 시설공단이 공군비행장에서 발생하는 항공기 소음·진동이 피해 발생의 원인이라는 주장을 하고 있으므로, 공동불법행위자의 책임 성부를 이하에서 검토한다.

4) 공동불법행위자의 책임 성부

① **관련 조문** – 수인이 공동의 불법행위로 타인에게 손해를 가한 때에는 연대하여 그 손해를 배상할 책임이 있다(민법 제760조 제1항).

② **사안의 경우** – 시설공단과 공군비행장에서 발생하는 소음 진동이 공동하여 甲의 손해를 발생시켰는바, 부진정연대채무에 따른 책임을 지고, 피해자인 甲은 각 공동행위자들을 상대로 환경침해에 대한 비율의 고려 없이 임의의 행위자에 대하여 손해 전액을 청구할 수 있다. 행위자들 사이의 책임의 분담 관계는 내부 관계의 구상 문제로 처리된다. 따라서, 甲은 시설공단에 대하여 손해 전액을 청구할 수 있다.

3. 민법 제750조의 불법행위로 인한 손해배상청구

   (1) **관련 조문** – 고의 또는 과실로 인한 위법행위로 타인에게 손해를 가한 자는 그 손해를 배상할 책임이 있다(민법 제750조).

   (2) **사안의 경우** – 상술한 요건뿐만 아니라 가해자 시설공단의 고의, 과실을 피해자 甲이 증명하여 민법 제750조의 불법행위 손해배상 책임을 물을 수 있다.

4. 양자 간의 관계

   (1) **관련 법리** – 두 청구권 모두를 인정해야 한다는 청구권경합설과 환경정책기본법 제44조 제1항에 의한 손해배상청구권만 인정되어야 한다는 법조경합설의 논의가 있다.

   (2) **판례** – 환경정책기본법 제44조 제1항의 규정은 손해의 책임과 발생에 관한 입증책임을 환경오염을 발생시키는 사업자에게 지우는 것으로서 민법 제750조에 대한 특별규정이라고 보아야 하므로 환경오염으로 인한 손해배상사건에 관하여는 그 피해자가 위 법률의 적용을 구하는 주장을 하였는지 여부를 가리지 아니하고 민법상의 손해배상 규정에 우선하여 적용하여야 한다.

   (3) **검토 및 사안의 경우** – 환경정책기본법에 따른 무과실책임 조항이 민법에 따른 불법행위책임 규정과의 관계에서 특별법적 지위에 있는 것이 분명하고, 환경정책기본법에서는 민법상의 과실책임과 달리 고의·과실 유무와 관계없이 가해자의 손해배상책임을 인정한다는 점에서 피해자의 두터운 보호가 가능하다는 점 등에서 법조경합설에 따라 甲이 시설 공단을 상대로 환경정책기본법 제44조 제1항에 따른 손해배상을 청구하는 것이 입증책임 측면에서 수월한 것으로 보인다.

5. 민법 제758조 공작물책임 성부

   (1) **관련 조문** – 공작물의 설치 또는 보존의 하자로 인하여 타인에게 손해를 가한 때에는 손해를 배상할 책임이 있다(민법 제758조 1항).

   (2) **기능적 하자의 존재**

   1) 의의 – 하자는 물적 하자뿐만 아니라 이용 상태 및 정도가 일정한 한도를 초과하여 제3자에게 사회통념상 참을 수 없는 피해를 입히는 경우 즉, 이용상 하자까지 포함된다.

   2) 판례 – 수인한도의 기준은 침해되는 권리나 이익의 성질과 침해의 정도뿐만 아니라 침해행위가 갖는 공공성의 내용과 정도, 그 지역 환경의 특수성, 공법적인 규제에 의하여 확보하려는 환경기준, 침해를 방지 또는 경감시키거나 손해를 회피할 방안의 유무 및 그 난이도 등을 종합적으로 고려하여 개별적으로 결정한다.

3) 사안의 경우 - 이 사건 철로의 설치·관리자인 시설공단은 철로 건설 후에도 이를 관리하면서 열차 운행으로 인하여 참을 한도를 넘는 소음·진동 피해가 발생하지 않도록 하여야 할 주의의무가 있음에도 시설공단이 이러한 주의의무를 다하지 않아 철로를 통한 열차 운행으로 인해 참을 한도를 넘는 피해가 발생한 경우에는 하자의 존재가 인정된다.

(3) 소결 - 시설공단은 민법 제758조 제1항에 따라 그 손해를 배상할 책임이 있다.

6. 결론

甲은 시설 공단을 상대로 환경정책기본법 제44조 제1항의 무과실책임, 민법 제750조의 불법행위책임, 민법 제758조의 공작물책임을 물을 수 있으며, 입증책임을 감안할 때 법조경합설에 따라 환경정책기본법 제44조 제1항의 무과실책임을 묻는 것이 인용 가능성이 가장 높다고 판단된다.

2023년도 시행 제12회 변호사시험

〈제2문〉

甲은 2015년부터 A시에서 「물환경보전법」에 따른 폐수배출시설의 설치허가를 받고 자동차부품을 제조하는 사업장을 운영하고 있다. 이 사업장에서 배출되는 오폐수 등으로 인해 여름이면 상당한 악취가 발생하였고, 이에 지역 주민들은 관할 행정청 및 甲에게 지속적으로 민원을 제기하였다. 그런데 2018년부터 사업장에서 배출되는 오폐수가 인근 지천과 지하수를 오염시키면서 이를 식수원으로 사용하는 乙을 포함한 지역 주민들에게 심각한 건강상 피해를 줄 우려가 제기되었는데, 관할 행정청 소속 담당공무원이 사업장을 방문하여 조사한 결과 발암물질에 해당하는 수질오염물질이 배출허용기준을 초과하여 배출된 사실이 확인되었다.

한편, 甲은 최근 금속도금업을 추가 운영할 필요가 있어서 새로운 사업장 부지를 물색하였다. 甲은 A시에서는 더 이상 사업장의 부지 확보가 어려울 것으로 판단하고, 인근의 B시에서 사업장 부지를 매입한 후 관련 법령에 따른 공장설립절차를 시작하였다. B시 일대에는 X하천이 지나가고 있고, 그 하류지역에는 취수시설이 있는 관계로 이 지역의 주민들은 공장설립에 반대하고 있다. 특히 금속도금 공장에서 발생하는 구리와 그 화합물로 인하여 하천과 농경지가 오염될 것을 우려하고 있다.

1. 식수오염으로 인하여 위암이 발생하였다고 주장하는 乙이 甲을 상대로 손해배상청구소송을 제기하는 경우 다투어질 쟁점을 검토하시오(공작물책임은 논외로 함). (40점)

문제해설 [2023년 제12회 변시 제2문] 문제 1. 해설

1. 문제

乙이 甲을 상대로 환경정책기본법 제44조 제1항, 민법 제750조 제1항 불법행위로 인한 손해배상청구권을 행사할 수 있으며, 각 청구권 행사의 요건충족 여부가 문제 된다.

2. 환경정책기본법 제44조 제1항에 의한 손해배상청구

(1) 환경오염피해에 대한 무과실책임

1) 관련조문 - 환경오염 또는 환경훼손으로 피해가 발생한 경우에는 해당 환경오염 또는 환경훼손의 원인자가 그 피해를 배상하여야 한다(환경정책기본법 제44조 제1항).

2) 판례 - 환경정책기본법 제44조 제1항은 불법행위 규정에 대한 특별규정으로서, 환경오염 또는 환경훼손의 피해자가 원인자에게 손해배상을 청구할 수 있는 근거규정이다. 따라서 환경오염 또는 환경훼손으로 피해가 발생한 때에는 원인자는 환경정책기본법 제44조 제1항에 따라 귀책사유가 없더라도 피해를 배상하여야 한다.

3) 사안의 경우

① 원인자는 환경오염으로부터 피해발생이라는 연속적인 인과과정에 참여하거나 그 요인을 제공한 자로서 사업자는 당연히 포함되는바, 자동차부품을 제조하는 사업장을 운영하는 甲은 원인자에 해당한다.

② 환경오염이란 사업활동 및 그 밖의 사람의 활동에 의하여 발생하는 대기오염, 수질오염, 토양오염, 해양오염, 방사능오염, 소음·진동, 악취, 일조 방해, 인공조명에 의한 빛공해 등으로서 사람의 건강이나 환경에 피해를 주는 상태를 말하는 것으로서, 甲의 사업활동에 의하여 배출되는 오폐수로 등으로 인해 수질오염이 발생하고 건강이나 환경에 피해를 주는 상태가 야기된 것인바, 환경오염에 해당한다.

③ 따라서, 원인자 甲이 배출한 폐수로 인하여 인근 지천과 지하수를 오염시켰고, 이를 식수원으로 사용한 乙에게 위암이 발생하여, 가해행위와 손해 발생 사실이 인정되는바, 이에 관한 수인한도를 넘는 위법성 및 양자 간의 인과관계 충족 여부가 논의되어야 한다.

(2) 요건충족 여부

1) 관련 법리 - 가해자가 어떤 유해한 원인물질을 배출한 사실, 유해의 정도가 사회통념상 참을 한도를 넘는다는 사실, 그것이 피해물건에 도달한 사실, 그 후 피해자에게 손해가 발생한 사실에 관한 증명책임은 피해자가 부담한다.

2) 위법성 (수인한도론)

① **관련 법리** - 불법행위 성립요건으로서 위법성의 판단 기준은 유해 정도가 사회생활상 통상의 수인한도를 넘는지 여부에 따라 판단한다.

② **판례** - 수인한도 기준을 결정할 때는 일반적으로 침해되는 권리나 이익의 성질과 침해 정도 뿐만 아니라 침해행위가 갖는 공공성의 내용과 정도, 지역 환경의 특수성, 공법적인 규제에 의하여 확보하려는 환경기준, 침해를 방지 또는 경감시키거나 손해를 회피할 방안의 유무 및 난이도 등 여러 사정을 종합적으로 고려하여 구체적 사건에 따라 개별적으로 결정하여야 한다.

③ **사안의 경우** - 자동차부품을 제조하는 사업장은 자동차 산업에 일정 역할을 담당하고 있고, 고용 창출을 통해 지역경제에 이바지하는 공공성을 갖는다. 다만, 甲의 사업장에서 배출되는 오폐수 등으로 인해 식수원이 오염되었고, 이를 음용수로 사용하는 乙에게 위암이라는 심각한 건강상 피해를 발생시켰는바, 설시한 사정을 종합적으로 고려해 볼 때 수인한도를 넘는 위법한 행위로 판단된다.

3) 인과관계 (개연성 이론)

① **관련 법리** - 환경피해의 가해행위와 손해 사이의 인과관계 증명을 완화해주기 위해 개연성 이론, 간접반증이론들이 적용된다.

② **판례** - 피해자에게 인과관계의 존재에 관하여 엄밀한 증명을 요구하는 것은 공해로 인한 사법적 구제를 사실상 거부하는 결과가 될 우려가 있으므로 가해 기업이 어떠한 유해한 원인 물질을 배출하고 그것이 피해물건에 도달하여 손해가 발생하였다면 가해자 측에서 그것이 무해 하다는 것을 입증하지 못하는 한 책임을 면할 수 없다.

③ **사안의 경우** - 관할 행정청 소속 담당 공무원이 사업장을 방문하여 조사한 결과 발암물질에 해당하는 수질오염 물질이 배출허용기준을 초과하여 배출된 사실이 확인되었고, 甲 사업장에서 배출되는 오폐수가 지하수를 오염시켜서 이를 식수원으로 사용한 乙에게 위암이라는 건강상 중대한 위해가 발생하였는바, 甲이 자신들이 배출한 오폐수와 乙의 위암 발생사이에 관련이 없다는 사실을 입증하지 못하는 한 책임을 져야 한다.

3. 민법 제750조의 불법행위로 인한 손해배상 청구

(1) **관련조문** - 고의 또는 과실로 인한 위법행위로 타인에게 손해를 가한 자는 그 손해를 배상할 책임이 있다(민법 제750조).

(2) **사안의 경우** - 상술한 요건뿐만 아니라 가해자 甲의 고의, 과실을 피해자 乙이 증명하여 민법 제750조의 불법행위 손해배상 책임을 물을 수 있다.

4. 양자 간의 관계

(1) **관련 법리** - 두 청구권 모두를 인정해야 한다는 청구권경합설과 환경정책기본법 제44조 제1항에 의한 손해배상청구권만 인정되어야 한다는 법조경합설의 논의가 있다.

(2) **판례** - 환경정책기본법 제44조 제1항의 규정은 손해의 책임과 발생에 관한 입증책임을 환경오염을 발생시키는 사업자에게 지우는 것으로서 민법 제750조에 대한 특별규정이라고 보아야 하므로 환경오염으로 인한 손해배상사건에 관하여는 그 피해자가 위 법률의 적용을 구하는 주장을 하였는지 여부를 가리지 아니하고 민법상의 손해배상 규정에 우선하여 적용하여야 한다.

(3) **검토 및 사안의 경우** - 환경정책기본법에 따른 무과실책임 조항이 민법에 따른 불법행위책임 규정과의 관계에서 특별법적 지위에 있는 것이 분명하고, 환경정책기본법에서는 민법상의 과실책임과 달리 고의·과실 유무와 관계없이 가해자의 손해배상책임을 인정한다는 점에서 피해자의 두터운 보호가 가능하다는 점 등에서 법조경합설에 따라 乙이 甲을 상대로 환경정책기본법 제44조 제1항에 따른 손해배상을 청구하는 것이 입증책임 측면에서 수월한 것으로 보인다.

5. 결론

乙은 甲을 상대로 환경정책기본법 제44조 제1항에 또는 민법 제750조에 의한 불법행위책임에 의한 손해배상 청구가 가능하다.

2022년도 시행 제11회 변호사시험

〈제2문〉

甲은 2013. 5. A시 ○○구 자연녹지지역에 레미콘·아스콘공장(이하 '아스콘공장'이라 한다)을 설립하면서 대기환경보전법상 대기오염물질 배출시설로 신고·운영해 오고 있다. 아스팔트를 주된 원료로 사용하는 아스콘공장은 설치 당시부터 지금까지 1급 발암물질의 일종인 벤조a피렌을 배출하고 있다. 아스콘공장 주변 1km 안에는 乙을 포함하여 약 2만1천 명의 지역주민이 거주하고 있으며, 아스콘공장은 벤조a피렌을 연간 11t 배출하고 있다. 乙과 지역주민들은 아스콘공장이 설립된 후부터 폐암과 천식 등 호흡기 질환으로 건강상 위해를 입었다고 주장하고 있다. 최근 벤조a피렌과 위 질환 간에 역학적 상관관계가 있다는 의학계의 발표가 있었다.

2020. 1. 1. 개정 대기환경보전법은 특정대기유해물질로 벤조a피렌을 새로이 추가하였다. 개정 전까지 해당 물질을 배출하는 시설은 대기환경보전법상 설치허가 대상 배출시설이 아니었다. A시장은 2020. 6. 아스콘공장에서 배출되는 벤조a피렌의 농도를 측정하였고, 그 결과는 12ng/㎥이었다.

1. 乙을 포함한 지역주민들이 아스콘공장을 상대로 손해배상소송을 제기하는 경우 다투어질 쟁점에 관하여 검토하시오. (40점)

문제해설 [2022년 제11회 변시 제1문] 문제 1. 해설

1. 문제

乙은 포함한 지역주민들이 아스콘 공장을 상대로 환경정책기본법 제44조 제1항에 의한 원인자의 무과실책임에 의하여, 그리고 민법 제750조 제1항에 근거한 불법행위로 인한 손해배상청구권을 행사할 수 있으며, 각 청구권 행사의 경우 요건충족 여부가 쟁점이 된다.

2. 환경정책기본법 제44조 제1항에 의한 손해배상청구

(1) 환경오염피해에 대한 무과실책임

1) 관련 조문 - 환경오염 또는 환경훼손으로 피해가 발생한 경우에는 해당 환경오염 또는 환경훼손의 원인자가 그 피해를 배상하여야 한다(환경정책기본법 제44조 제1항).

2) 판례 - 환경정책기본법 제44조 제1항은 불법행위 규정에 대한 특별 규정으로서, 환경오염 또는 환경훼손의 피해자가 원인자에게 손해배상을 청구할 수 있는 근거규정이다. 따라서 환경오염 또는 환경훼손으로 피해가 발생한 때에는 원인자는 환경정책기본법 제44조 제1항에 따라 귀책사유가 없더라도 피해를 배상하여야 한다.

3) 사안의 경우

① 원인자는 환경오염으로부터 피해발생이라는 연속적인 인과과정에 참여하거나 그 요인을 제공한 자로서 사업자는 당연히 포함되는바, 아스콘 공장은 원인자에 해당한다.

② 환경오염이란 사업활동 및 그 밖의 사람의 활동에 의하여 발생하는 대기오염, 수질오염, 토양오염, 해양오염, 방사능오염, 소음·진동, 악취, 일조 방해, 인공조명에 의한 빛공해 등으로서 사람의 건강이나 환경에 피해를 주는 상태를 말하는 것으로서, 아스콘 공장의 사업활동에 의하여 대기오염물질이 배출되어 乙을 포함한 지역주민들의 건강이나 환경에 피해를 주는 상태가 야기된 것인바, 환경오염에 해당한다.

③ 따라서, 원인자 아스콘 공장에서 1급 발암물질인 벤조a피렌이 배출되었고, 이로 인해 을과 지역주민들은 폐암과 천식 등의 호흡기 질환와르 온힌 건강상 위해가 발생하여, 가해행위와 손해발생 사실이 인정되는바, 이에 관한 수인한도를 넘는 위법성 및 양자 간의 인과관계 충족 여부가 논의되어야 한다.

(2) 요건충족 여부

1) 관련 법리 - 가해자가 어떤 유해한 원인물질을 배출한 사실, 유해의 정도가 사회통념상 참을 한도를 넘는다는 사실, 그것이 피해물건에 도달한 사실, 그 후 피해자에게 손해가 발생한 사실에 관한 증명책임은 피해자가 부담한다.

2) 위법성 (수인한도론)

① **관련 법리** - 불법행위 성립요건으로서 위법성의 판단 기준은 유해 정도가 사회생활상 통상의 수인한도를 넘는지 여부에 따라 판단한다.

② **판례** - 수인한도 기준을 결정할 때는 일반적으로 침해되는 권리나 이익의 성질과 침해 정도뿐만 아니라 침해행위가 갖는 공공성의 내용과 정도, 지역 환경의 특수성, 공법적인 규제에 의하여 확보하려는 환경기준, 침해를 방지 또는 경감시키거나 손해를 회피할 방안의 유무 및 난이도 등 여러 사정을 종합적으로 고려하여 구체적 사건에 따라 개별적으로 결정하여야 한다.

③ **사안의 경우** - 주로 도로를 포장하는 데 사용하는 '아스콘'은 아스팔트 콘크리트(Asphalt Concrete)의 줄임말로, 원유를 정제하고 남은 찌꺼기(아스팔트유)와 골재를 섞어 만든다. 물류 인프라 구축에 필수적 공공재인 도로에 사용된다는 점에서 공공성을 갖는 제품이다. 다만, 아스콘 공장 측은 주변 1Km 안에 약 2만 1천 명의 지역주민이 거주하고 있고, 연간 11t에 해당하는 상당량을 배출하고 있음에도 특별한 배출정화장치 등을 운영하였다거나, 대기환경보전법상 조치를 준수하기 위한 노력 등을 한 사정이 발견되지 않는다. 그렇다면, 설시한 사정을 종합적으로 고려해 볼 때 수인한도를 넘는 위법한 행위로 판단된다.

3) 인과관계 (개연성 이론)

① **관련 법리** - 환경피해의 가해행위와 손해사이의 인과관계 증명을 완화해주기 위해 개연성 이론, 간접반증이론들이 적용된다.

② **판례** - 피해자에게 인과관계의 존재에 관하여 엄밀한 증명을 요구하는 것은 공해로 인한 사법적 구제를 사실상 거부하는 결과가 될 우려가 있으므로 가해기업이 어떠한 유해한 원인물질을 배출하고 그것이 피해물건에 도달하여 손해가 발생하였다면 가해자 측에서 그것이 무해하다는 것을 입증하지 못하는 한 책임을 면할 수 없다.

③ **사안의 경우** - 乙을 포함한 지역주민들이 아스콘공장 측에서 설치 당시부터 지금까지 1급 발암물질인 벤조a피렌을 배출하고 있고, 이 물질이 도달한 사실을 입증하면, 공장 측에서 그것이 乙과 지역주민들의 폐암, 천식과 같은 호흡기 질환발생에 관련이 없다는 사실을 입증하지 못하는 한 인과관계는 입증된 것으로 보아야 한다. 최근 벤조a피렌과 위 질환 간에 역학적 상관관계가 있다는 의학계의 연구결과는 이를 뒷받침하는 유력한 증빙자료로 활용될 수 있다.

3. 민법 제750조의 불법행위로 인한 손해배상 청구

(1) **관련 조문** - 고의 또는 과실로 인한 위법행위로 타인에게 손해를 가한 자는 그 손해를 배상할 책임이 있다(민법 제750조).

(2) **사안의 경우** - 상술한 요건뿐만 아니라 가해자 아스큰 공장 측의 고의, 과실을 피해자 乙을 포함한 지역주민들이 증명하여 민법 제750조의 불법행위 손해배상 책임을 물을 수 있다.

4. 양자 간의 관계

(1) **관련 법리** - 두 청구권 모두를 인정해야 한다는 청구권경합설과 환경정책기본법 제44조 제1항에 의한 손해배상청구권만 인정되어야 한다는 법조경합설의 논의가 있다.

(2) **판례** - 환경정책기본법 제44조 제1항의 규정은 손해의 책임과 발생에 관한 입증책임을 환경오염을 발생시키는 사업자에게 지우는 것으로서 민법 제750조에 대한 특별규정이라고 보아야 하므로 환경오염으로 인한 손해배상사건에 관하여는 그 피해자가 위 법률의 적용을 구하는 주장을 하였는지 여부를 가리지 아니하고 민법상의 손해배상 규정에 우선하여 적용하여야 한다.

(3) **검토 및 사안의 경우** - 환경정책기본법에 따른 무과실책임 조항이 민법에 따른 불법행위책임 규정과의 관계에서 특별법적 지위에 있는 것이 분명하고, 환경정책기본법에서는 민법상의 과실책임과 달리 고의·과실 유무와 관계없이 가해자의 손해배상책임을 인정한다는 점에서 피해자의 두터운 보호가 가능하다는 점 등에서 법조경합설에 따라 乙이 아스콘 공장을 상대로 환경정책기본법 제44조 제1항에 따른 손해배상을 청구하는 것이 입증책임 측면에서 수월한 것으로 보인다.

5. 결론

乙은 포함한 지역주민들이 아스콘 공장을 상대로 상술한 쟁점 등을 입증하여 환경정책기본법 제44조 제1항에 또는 민법 제750조에 의한 불법행위책임에 의한 손해배상 청구가 가능하다.

2021년도 시행 제10회 변호사시험

〈제1문〉

甲이 대표이사로 있는 주식회사 A는 X산업단지 내에서 화학제품을 생산하는 업체이다. 주식회사 A는 2019. 3. 「물환경보전법」제33조에 따른 폐수배출시설 설치허가를 받고, 같은 법 제37조에 따른 폐수배출시설 및 수질오염방지시설의 가동시작 신고를 한 후 공장을 가동하고 있다.

그런데 제품을 생산하는 과정에서 수은, 구리, 비소, 크롬 등 다량의 수질오염물질이 배출되어 그 처리비용이 과다해지자 甲은 수질오염물질 처리담당자인 직원 乙에게 처리비용을 크게 절감할 수 있는 방법을 강구할 것을 수차례 지시하였다. 이에 乙은 2020. 7. 오염도를 낮추기 위해 수질오염물질에 물을 섞어 인근 Y하천으로 방류하였다. 그런데 같은 시기에 발생한 태풍으로 인해 이 지역에 폭우가 내려 Y하천이 범람하였고, 丙이 운영하는 인근 송어 양식장으로 위 수질오염물질이 포함된 하천수가 대량 유입되었다.

하천수가 유입된 이후 양식장의 송어가 집단폐사하여 丙은 10억 원 상당의 재산적 피해를 입게 되었다. 관할 행정청의 조사 결과, 주식회사 A가 운영하는 공장에서 배출되는 수질오염물질 중 구리와 비소의 농도가 배출허용기준을 초과하고 있다는 사실이 확인되었다.

2. 丙이 A를 상대로 한 손해배상청구의 인용가능성을 검토하시오. (40점)

문제해설 [2021년 제10회 변시 제1문] 문제 2. 해설

1. 문제

丙이 A를 상대로 환경정책기본법 제44조 제1항에 의한 원인자의 무과실책임에 의하여, 그리고 민법 제750조 제1항에 근거한 불법행위로 인한 손해배상청구권을 행사할 수 있으며, 각 청구권 행사의 경우 요건충족 여부, 그리고 자연력 기여에 따른 책임감경 사유가 문제 된다.

2. 환경정책기본법 제44조 제1항에 의한 손해배상 청구

(1) 환경오염피해에 대한 무과실책임

1) 관련 조문 - 환경오염 또는 환경훼손으로 피해가 발생한 경우에는 해당 환경오염 또는 환경훼손의 원인자가 그 피해를 배상하여야 한다(환경정책기본법 제44조 제1항).

2) 판례 - 환경정책기본법 제44조 제1항은 불법행위 규정에 대한 특별 규정으로서, 환경오염 또는 환경훼손의 피해자가 원인자에게 손해배상을 청구할 수 있는 근거규정이다. 따라서 환경오염 또는 환경훼손으로 피해가 발생한 때에는 원인자는 환경정책기본법 제44조 제1항에 따라 귀책사유가 없더라도 피해를 배상하여야 한다.

3) 사안의 경우 - 원인자인 주식회사 A의 대표이사 甲이 직원 乙에게 지시하여 수질오염물질에 물을 섞어 인근 Y하천으로 방류하였고, 이로 인해 환경오염 물질인 오염수가 丙의 송어양식장으로 유입되어 송어가 집단폐사하여 10억 원 상당의 재산상 손해가 발생하여, 가해행위와 손해 발생 사실이 인정되는바, 이에 관한 수인한도를 넘는 위법성 및 양자간의 인과관계 충족 여부가 논의되어야 한다.

(2) 요건충족 여부

1) 요건 - 가해자가 어떤 유해한 원인물질을 배출한 사실, 유해의 정도가 사회통념상 참을 한도를 넘는다는 사실, 그것이 피해물건에 도달한 사실, 그 후 피해자에게 손해가 발생한 사실에 관한 증명책임은 피해자가 부담한다.

2) 위법성 (수인한도론)

① **관련 법리** - 불법행위 성립요건으로서 위법성의 판단 기준은 유해 정도가 사회생활상 통상의 수인한도를 넘는지 여부에 따라 판단한다.

② **판례** - 수인한도 기준을 결정할 때는 일반적으로 침해되는 권리나 이익의 성질과 침해 정도 뿐만 아니라 침해행위가 갖는 공공성의 내용과 정도, 지역 환경의 특수성, 공법적인 규제에 의하여 확보하려는 환경기준, 침해를 방지 또는 경감시키거나 손해를 회피할 방안의 유무 및 난이도 등 여러 사정을 종합적으로 고려하여 구체적 사건에 따라 개별적으로 결정하여야 한다.

③ **사안의 경우** - 화학제품 공장은 제조업에 근간이 되는 사업으로 산업 전반에 필요한 원자재를 생산하는 공공성이 인정된다. 다만, A사가 수질오염물질 처리비용의 절감을 위해 배출허용기준을 초과한 폐수를 Y 하천에 무단 방류한 위법행위로 인해 丙의 양식장 송어가 집단폐사

한 것은 정상적으로 오염방지시설을 가동하였다면 이러한 손해를 방지할 수 있었고, 그러한 수단을 갖추고 있었음에도 비용문제를 가동하지 않아 손해를 발생시킨 점에서 수인한도를 넘는 위법한 행위로 판단된다.

3) 인과관계 (개연성 이론)

① **관련 법리** - 환경피해의 가해행위와 손해사이의 인과관계 증명을 완화해주기 위해 개연성 이론, 간접반증이론들이 적용된다.

② **판례** - 피해자에게 인과관계의 존재에 관하여 엄밀한 증명을 요구하는 것은 공해로 인한 사법적 구제를 사실상 거부하는 결과가 될 우려가 있으므로 가해기업이 어떠한 유해한 원인 물질을 배출하고 그것이 피해물건에 도달하여 손해가 발생하였다면 가해자 측에서 그것이 무해하다는 것을 입증하지 못하는 한 책임을 면할 수 없다.

③ **사안의 경우** - A사에서 수은, 구리, 비소, 크롬 등의 다량의 수질오염물질이 Y 하천에 배출되었고, 이러한 오염된 하천수가 丙의 양식장에 유입되어, 양식장의 송어가 폐사하였고, 수질오염물질 중 구리와 비소의 농도가 배출허용기준을 초과한 사실이 확인되었는바, A가 무해하다는 사실을 입증하지 못하는 한 책임을 져야 한다.

3. 민법 제750조의 불법행위로 인한 손해배상 청구

(1) **관련 조문** - 고의 또는 과실로 인한 위법행위로 타인에게 손해를 가한 자는 그 손해를 배상할 책임이 있다(민법 제750조).

(2) **사안의 경우** - 상술한 요건뿐만 아니라 가해자 A의 고의, 과실을 피해자 丙이 증명하여 민법 제750조의 불법행위 손해배상 책임을 물을 수 있다.

4. 양자 간의 관계

(1) **관련 법리** - 두 청구권 모두를 인정해야 한다는 청구권경합설과 환경정책기본법 제44조 제1항에 의한 손해배상청구권만 인정되어야 한다는 법조경합설의 논의가 있다.

(2) **판례** - 환경정책기본법 제44조 제1항의 규정은 손해의 책임과 발생에 관한 입증책임을 환경오염을 발생시키는 사업자에게 지우는 것으로서 민법 제750조에 대한 특별규정이라고 보아야 하므로 환경오염으로 인한 손해배상사건에 관하여는 그 피해자가 위 법률의 적용을 구하는 주장을 하였는지 여부를 가리지 아니하고 민법상의 손해배상 규정에 우선하여 적용하여야 한다.

(3) **검토 및 사안의 경우** - 환경정책기본법에 따른 무과실책임 조항이 민법에 따른 불법행위책임 규정과의 관계에서 특별법적 지위에 있는 것이 분명하고, 환경정책기본법에서는 민법상의 과실책임과 달리 고의·과실 유무와 관계없이 가해자의 손해배상책임을 인정한다는 점에서 피해자의 두터운 보호가 가능하다는 점 등에서 법조경합설에 따라 丙이 A를 상대로 환경정책기본법 제44조 제1항에 따른 손해배상을 청구하는 것이 입증책임 측면에서 수월한 것으로 보인다.

5. 책임감경 사유 - 자연력 기여 여부

(1) 의의 - 피해자가 입은 손해가 자연력과 가해자의 과실행위가 경합되어 발생된 경우 배상범위는 손해의 공평한 부담이라는 견지에서 손해발생에 대하여 자연력이 기여하였다고 인정되는 부분을 공제한 나머지 부분으로 제한하여야 한다.

(2) 사안의 경우 - A가 2020. 7.월경 배출한 오염수가 같은 시기에 발생한 태풍으로 인한 폭우로 하천이 범람하였고, 이로 인한 오염수가 丙의 양식장까지 유입되었다는 점에서 자연력의 기여분을 손해배상액 산정시 책임감경사유로 참작하여야 한다.

6. 결론

丙이 A를 상대로 환경정책기본법 제44조 제1항에 또는 민법 제750조에 의한 불법행위책임에 의한 손해배상 청구가 가능하다.

2019년도 시행 제8회 변호사시험

〈제1문〉

甲은 폐수배출시설을 설치·운영하였는데, 이 시설로부터 배출되는 폐수에는 유기물질, 유류, 질소화합물, 중금속 등의 수질오염물질이 다량 함유되어 있었다. 甲은 폐수배출시설에서 배출되는 수질오염물질을 감소시키거나 제거하기 위하여 수질오염방지시설을 설치·가동해 오고 있으며, 수질오염방지시설에서 처리된 폐수는 최종 방류구를 통해 인근 X하천으로 배출되었다.

배출된 폐수는 X하천수와 합류되어 하류의 Y유수지에 일정기간 저류되는데, Y유수지의 수위가 일정 높이 이상으로 올라가는 경우 간헐적으로 X하천과 바다 경계면에 있는 배수갑문이 개방되면서 바다로 방류되었다. 바다에 방류된 폐수는 해수와 합류·희석되었고, 조류의 흐름에 따라 乙의 양식장에 도달하였다.

乙은 甲의 폐수배출시설에서 배출된 폐수가 정상적으로 처리되지 않은 상태로 乙의 양식장에 유입되어 양식장이 황폐화되는 피해를 입었다고 주장하고 있다.

1. 乙이 甲을 상대로 손해배상을 청구하는 경우, 다툼이 될 수 있는 법적 쟁점에 대해 검토하시오. (40점)

2. 甲이 배출한 수질오염물질의 정도가 배출허용기준을 초과하지 않는다는 사실이 입증된 경우, 甲의 손해배상책임 성립에 어떤 영향을 미칠 것인지에 대해 검토하시오. (20점)

문제해설 [2019년 제8회 변시 제1문] 문제 1. 해설

1. 문제

乙이 甲을 상대로 환경정책기본법 제44조 제1항에 의한 원인자의 무과실책임에 의하여, 그리고 민법 제750조 제1항에 근거한 불법행위로 인한 손해배상청구권을 행사할 수 있으며, 각 청구권 행사의 경우 요건충족 여부, 그리고 자연력 기여에 따른 책임감경 사유가 문제 된다.

2. 환경정책기본법 제44조 제1항에 의한 손해배상 청구

(1) 환경오염피해에 대한 무과실책임

1) 관련 조문 - 환경오염 또는 환경훼손으로 피해가 발생한 경우에는 해당 환경오염 또는 환경훼손의 원인자가 그 피해를 배상하여야 한다(환경정책기본법 제44조 제1항).

2) 판례 - 환경정책기본법 제44조 제1항은 불법행위 규정에 대한 특별 규정으로서, 환경오염 또는 환경훼손의 피해자가 원인자에게 손해배상을 청구할 수 있는 근거규정이다. 따라서 환경오염 또는 환경훼손으로 피해가 발생한 때에는 원인자는 환경정책기본법 제44조 제1항에 따라 귀책사유가 없더라도 피해를 배상하여야 한다.

3) 사안의 경우 - 폐수시설설치를 운영하는 원인자 甲이 배출한 폐수가 정상적으로 처리되지 않은 상태로 X하천으로 방류되었고, 이로 인해 환경오염 물질인 오염수가 乙의 양식장에 유입되어 양식장이 황폐화되는 피해가 발생하여, 가해행위와 손해발생 사실이 인정되는바, 이에 관한 수인한도를 넘는 위법성 및 양자간의 인과관계 충족 여부가 논의되어야 한다.

(2) 요건충족 여부

1) 요건 - 가해자가 어떤 유해한 원인물질을 배출한 사실, 유해의 정도가 사회통념상 참을 한도를 넘는다는 사실, 그것이 피해물건에 도달한 사실, 그 후 피해자에게 손해가 발생한 사실에 관한 증명책임은 피해자가 부담한다.

2) 위법성 (수인한도론)

① **관련 법리** - 불법행위 성립요건으로서 위법성의 판단 기준은 유해 정도가 사회생활상 통상의 수인한도를 넘는지 여부에 따라 판단한다.

② **판례** - 수인한도 기준을 결정할 때는 일반적으로 침해되는 권리나 이익의 성질과 침해 정도뿐만 아니라 침해행위가 갖는 공공성의 내용과 정도, 지역 환경의 특수성, 공법적인 규제에 의하여 확보하려는 환경기준, 침해를 방지 또는 경감시키거나 손해를 회피할 방안의 유무 및 난이도 등 여러 사정을 종합적으로 고려하여 구체적 사건에 따라 개별적으로 결정하여야 한다.

③ **사안의 경우** - 甲이 운영하는 폐수배출시설에 위탁하는 폐수발생의 성격이 나타나 있지 않으나, 사회공동체에서 필수불가적으로 발생되는 폐수를 처리하기 위함이라면 폐수처리행위의 공공성을 인정할 수 있고, 폐수배출시설은 이른바 점오염원으로 물환경보전법 제32조의 배출허용기준을 준수하였는지 여부는 위법성 판단의 일차적 척도로 활용될 수 있다.

甲은 폐수배출시설에 배출되는 수질오염물질을 감소시키거나 제거하기 위하여 수질오염방지 시설을 설치·가동해 왔으므로 환경침해를 방지하기 위한 조치는 준수한 것으로 판단되나, 배출된 폐수는 X하천수와 합류되어 하류의 Y유수지에 일정기간 저류되고, Y유수지의 수위가 일정 높이 이상으로 올라가는 경우 배수갑문이 개방되면 폐수가 바다로 방류되어 甲에게 손해를 발생시켰으므로, Y유수지의 수위를 일정 높이 이하로 유지하였다면 손해를 방지할 수 있었는바, 사회통념상 甲에게 요구되는 수인한도를 초과하는 위법한 행위로 판단된다.

3) 인과관계 (개연성 이론)

① **관련 법리** - 환경피해의 가해행위와 손해사이의 인과관계 증명을 완화해주기 위해 개연성이론, 간접반증이론들이 적용된다.

② **판례** - 피해자에게 인과관계의 존재에 관하여 엄밀한 증명을 요구하는 것은 공해로 인한 사법적 구제를 사실상 거부하는 결과가 될 우려가 있으므로 가해기업이 어떠한 유해한 원인물질을 배출하고 그것이 피해물건에 도달하여 손해가 발생하였다면 가해자 측에서 그것이 무해하다는 것을 입증하지 못하는 한 책임을 면할 수 없다.

③ **사안의 경우** - 乙은 甲의 폐수배출시설에서 배출된 폐수가 정상적으로 처리되지 않은 상태로 乙의 양식장에 유입되어 손해가 발생하였다는 사실을 증명하면, 甲이 배출된 폐수와 乙의 양식장 황폐화 사이에 인과관계가 없음을 입증하지 못하는 한 인과관계가 추정되는바, 甲이 무해하다는 사실을 입증하지 못하는 한 책임을 져야 한다.

3. 민법 제750조의 불법행위로 인한 손해배상 청구

(1) **관련 조문** - 고의 또는 과실로 인한 위법행위로 타인에게 손해를 가한 자는 그 손해를 배상할 책임이 있다(민법 제750조).

(2) **사안의 경우** - 상술한 요건뿐만 아니라 가해자 A의 고의, 과실을 피해자 丙이 증명하여 민법 제750조의 불법행위 손해배상 책임을 물을 수 있다.

4. 양자 간의 관계

(1) **관련 법리** - 두 청구권 모두를 인정해야 한다는 청구권경합설과 환경정책기본법 제44조 제1항에 의한 손해배상청구권만 인정되어야 한다는 법조경합설의 논의가 있다.

(2) **판례** - 환경정책기본법 제44조 제1항의 규정은 손해의 책임과 발생에 관한 입증책임을 환경오염을 발생시키는 사업자에게 지우는 것으로서 민법 제750조에 대한 특별규정이라고 보아야 하므로 환경오염으로 인한 손해배상사건에 관하여는 그 피해자가 위 법률의 적용을 구하는 주장을 하였는지 여부를 가리지 아니하고 민법상의 손해배상 규정에 우선하여 적용하여야 한다.

(3) **검토 및 사안의 경우** - 환경정책기본법에 따른 무과실책임 조항이 민법에 따른 불법행위책임 규정과의 관계에서 특별법적 지위에 있는 것이 분명하고, 환경정책기본법에서는 민법상의 과실책임과 달리 고의·과실 유무와 관계없이 가해자의 손해배상책임을 인정한다는 점에서 피해자의 두터운 보호가 가능하다는 점 등에서 법조경합설에 따라 乙이 甲을 상대로 환경정책기본법 제44조 제1항에 따른 손해배상을 청구하는 것이 입증책임 측면에서 수월한 것으로 보인다.

5. 책임감경 사유 – 자연력 기여 여부

(1) 의의 – 피해자가 입은 손해가 자연력과 가해자의 과실행위가 경합되어 발생된 경우 배상범위는 손해의 공평한 부담이라는 견지에서 손해발생에 대하여 자연력이 기여하였다고 인정되는 부분을 공제한 나머지 부분으로 제한하여야 한다.

(2) 사안의 경우 – 甲이 배출한 폐수가 조류의 흐름에 따라 乙의 양식장에 도달한 점에서 자연력의 기여분을 손해배상액 산정시 책임감경 사유로 참작하여야 한다.

6. 결론

乙은 甲을 상대로 환경정책기본법 제44조 제1항에 또는 민법 제750조에 의한 불법행위책임에 의한 손해배상 청구가 가능하다.

문제해설 [2019년 제8회 변시 제1문] 문제 2. 해설

1. 문제

甲이 배출한 수질오염물질의 정도가 배출허용기준을 초과하지 않은 경우 불법행위 손해배상청구 요건 중 위법성 판단에 어떠한 영향을 주는지가 문제된다.

2. 배출허용기준 충족이 위법성 판단에 영향을 주는 정도

(1) **관련 조문** - 폐수배출시설에서 배출되는 수질오염물질의 배출허용기준은 환경부령으로 정한다 (물환경보전법 제32조 제1항). 동법 제32조제1항에 따른 수질오염물질의 배출허용기준은 별표 13과 같다(물환경보전법 시행규칙 제34조).

(2) **판례**

1) 수인한도 기준을 결정할 때는 일반적으로 침해되는 권리나 이익의 성질과 침해 정도뿐만 아니라 침해행위가 갖는 공공성의 내용과 정도, 지역 환경의 특수성, 공법적인 규제에 의하여 확보하려는 환경기준, 침해를 방지 또는 경감시키거나 손해를 회피할 방안의 유무 및 난이도 등 여러 사정을 종합적으로 고려하여 구체적 사건에 따라 개별적으로 결정하여야 한다.

2) 일조방해 행위가 사회통념상 수인한도를 넘었는지 여부를 판단함에 있어서 어떠한 건물 신축이 건축 당시의 공법적 규제에 형식적으로 적합하다고 하더라도 현실적인 일조방해의 정도가 현저하게 커서 사회통념상 수인한도를 넘은 경우에는 위법행위로 평가될 수 있다.

(3) **사안의 경우** - 甲이 배출한 수질오염물질의 정도가 배출허용기준을 초과하지 않는다는 사실이 입증되었다 하더라도, 그것만으로 위법성이 인정되지 않은 것으로 볼 수는 없으며 다른 여러 사정 즉, 침해되는 권리나 이익의 성질, 침해행위가 갖는 공공성, 환경침해방지 조치 준수 여부를 고려하여 수인한도를 넘은 경우에는 위법성이 인정된다.

3. 결론

甲이 배출한 수질오염물질의 정도가 배출허용기준을 초과하지 않는다는 사실이 입증된 경우, 甲의 손해배상책임 성립요건 중 위법성 판단에 간접적 영향을 미칠 수 있으나, 배출허용기준 충족만으로 위법성이 부정되는 것은 아니다.

2017년도 시행 제6회 변호사시험

〈제1문〉

甲은 서울특별시 소재 A아파트 단지(「주택법」상 공동주택임)의 시행 및 시공회사이고, 乙은 A아파트 단지의 101동 404호(이하 '이 사건 아파트'라고 한다)를 甲으로부터 분양받아 소유권을 취득한 후 현재까지 거주하고 있다.

이 사건 아파트의 바로 위층인 504호에는 丙이 살고 있다. 그런데 丙은 매일 이른 새벽부터 밤 12시경까지 일정한 시간대에 구애받지 않고 방을 걷거나 기구를 사용하여 운동함으로써 소음을 1년 정도 발생시키고 있으며, 乙은 이로 인하여 수면장애, 스트레스성 위궤양 등의 병을 얻어 고통을 받고 있다. 乙은 丙을 상대로 층간소음의 발생을 중단해 줄 것을 지속적으로 요청하였고, 丙은 이 요청에 따라 자신의 집 바닥에 매트리스를 까는 조치를 취하였으나 乙이 느끼는 소음의 정도는 크게 감소되지 않는 상황이다. 최근 소음측정을 한 결과 환경부령인 「공동주택 층간소음의 범위와 기준에 관한 규칙」에 규정된 층간소음기준을 간헐적으로 초과하기는 하지만, 그 초과의 정도는 새벽 시간대를 제외하고는 그리 크지 않은 것으로 확인되었다.

한편 乙은 이와 같은 소음의 발생과 그로 인한 피해가 甲이 시공을 하면서 아파트 층간 바닥 충격을 충분히 차단하는 차음시설 등을 제대로 하지 않았기 때문이라고 주장하면서 甲의 책임있는 조치를 지속적으로 요구하여 왔다. 甲은 A아파트 단지를 분양하는 과정에서 층간소음과 관련하여 최고등급을 획득하였다는 광고를 한 사실이 있으나, 실제로 건축된 결과는 이 등급에 현저히 미치지 못하였다. 또한 주택건설 관련법령에 따른 건축기준조차 일부 위반하였다는 사실이 언론 보도에 의하여 밝혀졌다. (소멸시효나 제척기간의 문제는 논외로 함)

1. 乙이 丙을 상대로 층간소음의 발생을 중단할 것을 구하는 소를 제기할 경우의 법적 쟁점에 대하여 검토하시오. (40점)

문제해설 [2017년 제6회 변시 제1문] 문제 1. 해설

1. 문제
(1) 유지청구의 법적근거, (2) 유지청구 요건충족, (3) 추상적 유지청구 가부가 문제된다.

2. 유지청구의 법적근거

(1) **의의** – 환경상의 가해행위가 계속됨으로 인하여 손해가 발생되거나 발생할 우려가 있는 경우 손해를 제거하거나 예방하기 위하여 가해행위의 소극적 또는 적극적 중지를 구하는 것이다.

(2) **학설** – ① **물권적 청구권설**: 민법상의 소유권 또는 점유권에 근거하여 유지청구를 할 수 있다. ② **불법행위설**: 민법 제750조를 근거로 손해배상뿐만 아니라 유지청구도 할 수 있다. ③ **환경권설**: 헌법 제35조 제1항에 근거하여 직접 유지청구를 할 수 있다. ④ **상린관계설**: 민법 제217조를 근거로 유지청구가 가능하다.

(3) **판례**
 1) 환경권은 명문의 법률규정이나 관계 법령의 규정 취지 및 조리에 비추어 권리의 주체, 대상, 내용, 행사 방법 등이 구체적으로 정립될 수 있어야만 인정되는 것이므로, 사법상의 권리로서의 환경권을 인정하는 명문의 규정이 없는데도 환경권에 기하여 직접 방해배제청구권을 인정할 수 없다
 2) 건물의 소유자 또는 점유자가 인근의 소음으로 인하여 정온하고 쾌적한 일상생활을 영유할 수 있는 생활이익이 침해되고 그 침해가 사회통념상 수인한도를 넘어서는 경우에 건물의 소유자 또는 점유자는 그 소유권 또는 점유권에 기하여 소음피해의 제거나 예방을 위한 유지청구를 할 수 있다.

(4) **사안의 경우** – 乙은 A아파트 단지의 101동 404호를 甲으로부터 분양받아 소유권을 취득한 후 현재까지 거주하고 있는 자로, 소유권 또는 점유권에 기하여 丙을 상대로 소음피해의 제거나 예방을 위한 유지청구를 할 수 있다.

3. 유지청구 요건충족여부

(1) **요건** – ① 피해의 성질과 정도에 비추어 금전적 평가가 곤란, ② 사후 금전보상으로 피해회복이 어렵고, ③ 피해가 계속적이며 중대명백하고, ④ 피해가 수인한도를 초과할 것을 요한다.

(2) **수인한도의 판단 – 위법성 단계설**
 1) 의의 – 유지청구의 수인한도 기준은 손해배상청구의 수인한도와 다르게 훨씬 높아야 한다.
 2) 판례 – 소음으로 인한 생활방해를 원인으로 소음의 예방 또는 배제를 구하는 방지청구는 금전배상을 구하는 손해배상청구와는 내용과 요건을 서로 달리하는 것으로 방지청구는 인용될 경우 소송당사자뿐 아니라 제3자의 이해관계에도 중대한 영향을 미칠 수 있어, 법원은 해당 청구가 인용될 경우에 당사자가 받게 될 이익과 상대방 및 제3자가 받게 될 불이익 등을 고려한다.

(3) 사안의 경우

1) 乙은 A아파트 단지 101동 404호에 거주하고 있는 자로 바로 위층인 504호에는 살고 있는 丙이 매일 이른 새벽부터 밤 12시경까지 일정한 시간대에 구애받지 않고 방을 걷거나 기구를 사용하여 운동함으로써 소음을 1년 정도 발생시키고 있다.

2) 피해의 성질과 정도에 비추어 금전적 평가의 곤란 - 乙은 이로 인하여 수면장애, 스트레스성 위궤양 등의 질병을 얻어 고통을 받고 있는바, 이는 신체적 손해로서 쉽게 금전적 평가를 내리기 어렵다.

3) 사후 금전보상으로 인한 피해회복 - 乙의 피해는 수면장애 및 스트레스성 위궤양으로 단순 금전보상으로 완전히 회복하기 어렵다.

4) 피해가 계속적이고 중대 명백할 것 - 소음발생의 원인이 되는 행위를 1년 동안 계속적으로 하였고, 자신의 집 바닥에 매트리스를 까는 조치를 취한 것으로 보아 운동행위를 중지할 것을 기대하기 어려워 피해가 계속될 것이 명백하다.

5) 피해의 수인한도 초과여부 - 乙의 피해는 거주하는 자택에서 일어난 점에서 수인한도 범위를 초과하였고, 丙의 운동 중단으로 丙 이외에 제3자가 받게 될 불이익이 없다.

6) 소결 - 丙의 행위는 위에서 설시한 사정을 종합적으로 고려하여 볼 때 사회통념상 乙에게 요구되는 소음으로 인한 수인한도를 초과하는 행위로 판단되어 丙 행위는 위법한바, 유지청구 요건이 충족된다.

4. 추상적 유지청구 가부

(1) 의의 - 가해원을 특정하여 일정한 종류의 생활방해를 일정한도 이상 미치지 않게 할 것을 청구하는 유지청구를 말한다.

(2) 판례 - 소음이 피해 주민들 주택을 기준으로 일정 한도를 초과하여 유입되지 않도록 하라는 취지의 유지청구는 소음발생원을 특정하여 일정한 종류의 생활방해를 일정 한도 이상 미치게 하는 것을 금지하는 것으로 청구가 특정되지 않은 것이라고 할 수 없고, 이는 민사집행법 제261조 제1항에 따라 간접강제의 방법으로 집행을 할 수 있다.

(3) 사안의 경우 - 乙은 丙이 매일 이른 새벽부터 밤 12시경까지 일정한 시간대에 구애받지 않고 방을 걷거나 기구를 사용하여 운동함으로써 소음을 1년 정도 발생시키고 있으므로 적정 수면시간대인 오후 10시부터 오전 7시까지 동안 丙의 운동행위를 금지하는 추상적 유지청구를 할 수 있다.

5. 결론

(1) 乙이 丙을 상대로 층간소음의 발생을 중단할 것을 구하는 소를 제기할 경우, 유지청구의 법적근거, 유지청구 요건충족, 추상적 유지청구 가부가 법적쟁점이 된다.

(2) 乙의 丙에 대한 유지청구는 乙은 A아파트 단지의 101동 404호 소유자로서 민법 제214조에 근거하여 청구할 수 있다.

(3) 乙의 丙에 대한 유지청구 요건은 위법성 단계설에 의해서도 수인한도를 초과하는 피해로 파악되는바, 요건을 충족한다.

(4) 乙의 丙에 대한 추상적 유지청구는 민사집행법 제261조 제1항에 따른 간접강제의 방법으로 실행할 수 있는바, 특정시간의 운동금지를 청구할 수 있다.

2016년도 시행 제5회 변호사시험

〈제2문〉

　A주식회사는 2013. 3. 'Q'라는 모델의 대형 승용차를 출시하였다. 대형 승용차의 제작차배출허용기준은 일산화탄소 4.0g/kWh, 질소산화물 0.40g/kWh, 탄화수소(배기관가스) 0.14g/kWh 이었으며, A주식회사는 대기환경보전법령에 따른 제작차배출허용기준에 맞춰 자동차를 생산할 수 있는 기술을 보유하고 있었다. 하지만 제작차배출허용기준을 준수하면서 A주식회사가 공시한 리터당 18㎞의 연소효율(연비)을 유지하기 위해서는 차량 1대당 약 500만 원의 생산원가가 추가로 투입되어야 했다.

　이 문제를 고민하던 A주식회사의 경영진은 제작차배출허용기준에 맞추기 위해 필요한 공장 설비 개선 등의 조치를 취하지 않고 'Q' 모델 승용차를 제작하여 판매하기로 결정하였다. 그리고 프로그램 조작을 통해 제작차배출허용기준을 준수한 것처럼 인증기관을 기망하여 「대기환경보전법」 제48조에 따라 인증을 받았다.

　2013. 5.경 기존 4차로에서 6차로로 확장되어 차량 통행량이 2배 이상 증가한 ○○순환도로 인근에 살고 있는 甲은 제작차배출허용기준을 위반한 제작행위로 인해 천식이 발병되고 악화되었음을 이유로 국내 자동차 시장 점유율이 70%에 이르는 A주식회사를 상대로 배상을 청구하는 한편, ○○순환도로의 관리주체인 서울특별시를 상대로 배상을 청구하고자 한다.

[참조조문]

「대기환경보전법 시행규칙」 [별표 17] 제작차배출허용기준

사. 2013년 1월 1일 이후

차 종	일산화탄소	질소산화물	탄 화 수 소			포 름 알데히드	측정방법
			배기관가스	블로바이가스	증발가스		
대형 승용·화물 초대형 승용·화물	4.0 g/kWh 이하	0.40 g/kWh 이하	0.14 g/kWh 이하	0g/1 주행	-	-	WHTC 모드

(비고 생략)

2. A주식회사를 상대로 하는 甲의 손해배상청구와 관련하여 법적 쟁점과 인용가능성을 검토하시오. (35점)

문제해설 [2016년 제5회 변시 제2문] 문제 2. 해설

1. 문제

甲이 A를 상대로 환경정책기본법 제44조 제1항에 의한 원인자의 무과실책임에 의하여, 그리고 민법 제750조 제1항에 근거한 불법행위로 인한 손해배상청구권을 행사할 수 있으며, 각 청구권 행사의 경우 요건충족 여부, 그리고 자연력 기여에 따른 책임감경 사유가 문제 된다.

2. 환경정책기본법 제44조 제1항에 의한 손해배상 청구

(1) 환경오염피해에 대한 무과실책임

1) 관련 조문 – 환경오염 또는 환경훼손으로 피해가 발생한 경우에는 해당 환경오염 또는 환경훼손의 원인자가 그 피해를 배상하여야 한다(환경정책기본법 제44조 제1항).

2) 판례 – 환경정책기본법 제44조 제1항은 불법행위 규정에 대한 특별 규정으로서, 환경오염 또는 환경훼손의 피해자가 원인자에게 손해배상을 청구할 수 있는 근거규정이다. 따라서 환경오염 또는 환경훼손으로 피해가 발생한 때에는 원인자는 환경정책기본법 제44조 제1항에 따라 귀책사유가 없더라도 피해를 배상하여야 한다.

3) 사안의 경우 – 자동차배출허용기준을 위반한 제작행위를 한 원인자 甲이 생산한 자동차가 배출한 환경오염 물질인 대기오염물질이 甲의 호흡기에 유입되어 천식이 발병하고 악화되는 피해가 발생하여, 가해행위와 손해발생 사실이 인정되는바, 이에 관한 수인한도를 넘는 위법성 및 양자 간의 인과관계 충족 여부가 논의되어야 한다.

(2) 요건충족 여부

1) 요건 – 가해자가 어떤 유해한 원인물질을 배출한 사실, 유해의 정도가 사회통념상 참을 한도를 넘는다는 사실, 그것이 피해물건에 도달한 사실, 그 후 피해자에게 손해가 발생한 사실에 관한 증명책임은 피해자가 부담한다.

2) 위법성 (수인한도론)

① **관련 법리** – 불법행위 성립요건으로서 위법성의 판단 기준은 유해 정도가 사회생활상 통상의 수인한도를 넘는지 여부에 따라 판단한다.

② **판례** – 수인한도 기준을 결정할 때는 일반적으로 침해되는 권리나 이익의 성질과 침해 정도뿐만 아니라 침해행위가 갖는 공공성의 내용과 정도, 지역 환경의 특수성, 공법적인 규제에 의하여 확보하려는 환경기준, 침해를 방지 또는 경감시키거나 손해를 회피할 방안의 유무 및 난이도 등 여러 사정을 종합적으로 고려하여 구체적 사건에 따라 개별적으로 결정하여야 한다.

③ **사안의 경우** – A가 출시한 대형 승용차의 제작차배출허용기준은 일산화탄소 4.0g/kWh, 질소산화물 0.40g/kWh, 탄화수소(배기관가스) 0.14g/kWh이었으며, A주식회사는 위 기준을 초과하는 자동차를 개발 출시하였다. 이 과정에서 프로그램 조작을 통해 제작차배출허용기준을 준수한 것처럼 인증기관을 기망하여 「대기환경보전법」 제48조에 따라 인증을 받았다. 자동차

회사 A는 대기환경보전법령에 따른 제작차배출허용기준에 맞춰 자동차를 생산할 수 있는 기술을 보유하고 있었지만 제작차배출허용기준을 준수하면서 A주식회사가 공시한 리터당 18㎞의 연소효율(연비)을 유지하기 위해서는 차량 1대당 약 500만 원의 생산원가가 추가로 투입하는 것을 절감하기 위해 이를 활용하지 않았는바, 사회통념상 甲에게 요구되는 수인한도를 초과하는 위법한 행위로 판단된다.

3) 인과관계 (개연성 이론)
① 관련 법리 - 환경피해의 가해행위와 손해사이의 인과관계 증명을 완화해주기 위해 개연성이론, 간접반증이론들이 적용된다.

② 판례
ㄱ) 피해자에게 인과관계의 존재에 관하여 엄밀한 증명을 요구하는 것은 공해로 인한 사법적 구제를 사실상 거부하는 결과가 될 우려가 있으므로 가해기업이 어떠한 유해한 원인물질을 배출하고 그것이 피해물건에 도달하여 손해가 발생하였다면 가해자 측에서 그것이 무해하다는 것을 입증하지 못하는 한 책임을 면할 수 없다.
ㄴ) 다만, 비특이성 질환(천식, 폐암)의 경우 특정위험인자와 비특이성 질환 사이에 역학적 상관관계뿐만 아니라 위험인자에 노출된 집단과 노출되지 않은 다른 일반 집단을 대조하여 그 위험인자에 노출된 집단에서 그 비특이성 질환에 걸린 비율이 그 위험인자에 노출되지 않은 집단에서 그 비특이성 질환에 걸린 비율을 상당히 초과한다는 점을 증명하여 그 위험인자에 의하여 그 비특이성 질환이 유발되었을 개연성이 있다는 점을 증명하여야 한다.

③ **사안의 경우** - 자동차 A회사가 제작한 자동차의 운행비중이 높은 지역과 그렇지 않은 지역에 비해 甲이 살고 있는 순환고속도록 인근지역의 천식 발생 비율이 현저하게 높음과 노출 전 생활습관 및 기왕력과 가족력 등을 추가로 입증하여 인과관계가 인정된다면, A는 자신이 배출한 대기오염물질과 천식 발생 사이에 인과관계가 없음을 입증하지 못하는 책임을 면할 수 없다.

3. 민법 제750조의 불법행위로 인한 손해배상 청구

(1) **관련 조문** - 고의 또는 과실로 인한 위법행위로 타인에게 손해를 가한 자는 그 손해를 배상할 책임이 있다(민법 제750조).

(2) **사안의 경우** - 상술한 요건뿐만 아니라 가해자 A의 고의, 과실을 피해자 甲이 증명하여 민법 제750조의 불법행위 손해배상 책임을 물을 수 있다.

4. 양자 간의 관계

(1) **관련 법리** - 두 청구권 모두를 인정해야 한다는 청구권경합설과 환경정책기본법 제44조 제1항에 의한 손해배상청구권만 인정되어야 한다는 법조경합설의 논의가 있다.

(2) **판례** - 환경정책기본법 제44조 제1항의 규정은 손해의 책임과 발생에 관한 입증책임을 환경오염을 발생시키는 사업자에게 지우는 것으로서 민법 제750조에 대한 특별규정이라고 보아야 하므로

환경오염으로 인한 손해배상사건에 관하여는 그 피해자가 위 법률의 적용을 구하는 주장을 하였는지 여부를 가리지 아니하고 민법상의 손해배상 규정에 우선하여 적용하여야 한다.

(3) **검토 및 사안의 경우** - 환경정책기본법에 따른 무과실책임 조항이 민법에 따른 불법행위책임 규정과의 관계에서 특별법적 지위에 있는 것이 분명하고, 환경정책기본법에서는 민법상의 과실책임과 달리 고의·과실 유무와 관계없이 가해자의 손해배상책임을 인정한다는 점에서 피해자의 두터운 보호가 가능하다는 점 등에서 법조경합설에 따라 甲은 A를 상대로 환경정책기본법 제44조 제1항에 따른 손해배상을 청구하는 것이 입증책임 측면에서 수월한 것으로 보인다.

5. 책임감경 사유 - 자연력 기여 여부

(1) **의의** - 피해자가 입은 손해가 자연력과 가해자의 과실행위가 경합되어 발생된 경우 배상범위는 손해의 공평한 부담이라는 견지에서 손해발생에 대하여 자연력이 기여하였다고 인정되는 부분을 공제한 나머지 부분으로 제한하여야 한다.

(2) **사안의 경우** - A가 배출한 대기오염물질이 유독 甲이 지역 쪽으로 지속적으로 불고 있는 대기의 흐름에 따라 도달한 점 등을 입증한다면 자연력의 기여분을 손해배상액 산정시 책임감경 사유로 참작하여야 한다.

6. 결론

甲은 A를 상대로 환경정책기본법 제44조 제1항에 또는 민법 제750조에 의한 불법행위책임에 의한 손해배상 청구가 가능하다.

2015년도 시행 제4회 변호사시험

<제1문>

甲은 A군 B면 일대 토지에 「산업집적활성화 및 공장설립에 관한 법률」에 따라 공장을 설립하고자 관할 군수 乙에게 공장설립 사업계획의 승인을 신청하였다. 甲이 설립하려는 공장 예정지 주변의 하천수는 인근 하천을 통해 강에 합류하게 되는데, 강과 합류하는 지점 부근에는 인근 주민의 상수원인 C취수장이 위치하고 있다. 甲이 설립하려는 공장은 환경영향평가의 대상인바, 이에 따라 甲이 제출한 환경영향평가서는 공장설립으로 인해 C취수장에 미치는 수질오염의 영향을 실제보다 과소평가하고 있으며, 주민의 의견수렴 절차 또한 甲의 사업에 찬성하는 주민들을 중심으로 이루어지는 등 부실한 것이었다. 그러나 乙은 甲이 제출한 환경영향평가서의 적정성 및 부실 여부 등에 대한 충분한 검토 없이 환경영향평가 결과를 그대로 수용하여 사업계획을 승인하였다.

甲에 대한 공장설립 사업계획의 승인에 반대하는 丙과 丁은 모두 C취수장으로부터 수돗물을 공급받는 자인바, 丙은 환경영향평가 대상지역 내에 토지를 소유하고 경작을 하는 자이나, 丁은 甲의 사업부지에서 20여 킬로미터 이상 떨어진, 영향권과는 무관한 지역에 거주하면서 C취수장에서 취수하여 생산된 수돗물을 이용하는 자이다.

[참조조문]

「산업집적활성화 및 공장설립에 관한 법률」

제8조(공장입지의 기준) 산업통상자원부장관은 관계 중앙행정기관의 장과 협의하여 다음 각 호의 사항에 관한 공장입지의 기준(이하 "입지기준"이라 한다)을 정하여 고시하여야 한다. 이를 변경한 경우에도 또한 같다. 〈개정 2013. 3. 23.〉

1. 「국토의 계획 및 이용에 관한 법률」 등 대통령령으로 정하는 법령에서 용도지역별로 허용 또는 제한되는 공장의 업종·규모 및 범위 등에 관한 사항
2. 제조업종별 공장부지면적에 대한 대통령령으로 정하는 공장건축물등(이하 "공장건축물등"이라 한다)의 면적의 비율(이하 "기준공장면적률"이라 한다)과 그 적용 대상
3. 제조업종별 환경오염 방지에 관한 사항
4. 환경오염을 일으킬 수 있는 공장의 입지 제한에 관한 사항

「국토의 계획 및 이용에 관한 법률 시행령」 [별표 1의2] 〈개정 2014. 11. 11.〉 개발행위허가기준 (제56조 관련)

검토분야	허가기준
라. 주변지역과의 관계	(2) 개발행위로 인하여 당해 지역 및 그 주변지역에 대기오염·수질오염·토질오염·소음·진동·분진 등에 의한 환경오염·생태계파괴·위해발생 등이 발생할 우려가 없을 것. 다만, 환경오염·생태계파괴·위해발생 등의 방지가 가능하여 환경오염의 방지, 위해의 방지, 조경, 녹지의 조성, 완충지대의 설치 등을 허가의 조건으로 붙이는 경우에는 그러하지 아니하다.

3. 甲이 공사에 착수하자 丙과 丁은 환경상의 피해를 이유로 甲에 대한 공사중지를 청구하려 한다. 청구의 인용가능성에 대해 검토하시오. (20점)

문제해설 [2015년 제4회 변시 제1문] 문제 3. 해설

1. 문제
(1) 유지청구의 법적근거, (2) 유지청구 요건충족 여부가 문제된다.

2. 유지청구의 법적근거

(1) 의의 - 환경상의 가해행위가 계속됨으로 인하여 손해가 발생되거나 발생할 우려가 있는 경우 손해를 제거하거나 예방하기 위하여 가해행위의 소극적 또는 적극적 중지를 구하는 것이다.

(2) 학설 - ① 물권적 청구권설, ② 불법행위설, ③ 환경권설, ④ 상린관계설.

(3) 판례 - 환경권은 명문의 법률규정이나 관계 법령의 규정 취지 및 조리에 비추어 권리의 주체, 대상, 내용, 행사 방법 등이 구체적으로 정립될 수 있어야만 인정되는 것이므로, 사법상의 권리로서의 환경권을 인정하는 명문의 규정이 없는데도 환경권에 기하여 직접 방해배제청구권을 인정할 수 없다

(4) 사안의 경우 - 丙과 丁은 모두 C취수장으로부터 수돗물을 공급받는 자로 甲의 공사로 인해 자신들이 깨끗한 물을 마실 권리에 대한 환경권에 대한 침해가 수인한도를 초과하는 사실을 입증한다면 환경권설에 따라 유지청구를 할 수 있다.

3. 유지청구 요건충족여부

(1) 요건 - ① 피해의 성질과 정도에 비추어 금전적 평가가 곤란, ② 사후 금전보상으로 피해회복이 어렵고, ③ 피해가 계속적이며 중대명백하고, ④ 피해가 수인한도를 초과할 것을 요한다.

(2) 수인한도의 판단 - 위법성 단계설

  1) 의의 - 유지청구의 수인한도 기준은 손해배상청구의 수인한도와 다르게 훨씬 높아야 한다.

  2) 판례 - 소음으로 인한 생활방해를 원인으로 소음의 예방 또는 배제를 구하는 방지청구는 금전배상을 구하는 손해배상청구와는 내용과 요건을 서로 달리하는 것으로 방지청구는 인용될 경우 소송당사자뿐 아니라 제3자의 이해관계에도 중대한 영향을 미칠 수 있어, 법원은 해당 청구가 인용될 경우에 당사자가 받게 될 이익과 상대방 및 제3자가 받게 될 불이익 등을 고려한다.

(3) 사안의 경우 - ① 丙과 丁이 오염된 수돗물을 공급받게 된다면 이로 인해 정신적·신체적 손해는 쉽게 금전적 평가를 내리기 어렵다. ② 이로 인해 丙과 丁에게 발생하는 피해는 단순 금전보상으로 완전히 회복하기 어렵다. ③ 수돗물을 일상생활에서 필수적으로 사용되는 것으로 오염된 수돗물의 사용으로 인한 피해는 계속적이고 신체에 지속적으로 영향을 미치는 바, 중대명백하다. ④ 甲이 제출한 환경영향평가서는 공장설립으로 인해 C취수장에 미치는 수질오염의 영향을 실제보다 과소평가하고 있으며, 주민의 의견수렴 절차 또한 甲의 사업에 찬성하는 주민들을 중심으로 이루어지는 등 부실한 것임에도 甲의 공사 착수를 강행하는 것은 丙과 丁에게 수인한도를 초과하는 피해를 발

생시킨다. ⑤ 甲의 공사 중단으로 인해 제3자의 이해관계에 중대한 영향을 미치는 사정도 없는바, 유지청구 요건을 충족한다.

4. 결론
丙과 丁의 甲에 대한 공사 중지 청구는 인용될 수 있다.

〈제2문〉

甲은 2003. 10. 27. A시장으로부터 A시 B동 144 대 29,413㎡ 지상에 임대아파트인 독수리아파트 7개동 1,032세대(이하 '독수리아파트'라고 한다)를 건설하는 사업계획승인을 받은 다음 건축공사를 시행하여 2005. 11. 20. 준공검사를 받았다. 한편, 위 준공검사 당시 독수리아파트에서 북쪽 방향으로 40m 떨어진 곳에 이미 건축되어 주민들이 입주한 장미아파트가 있었고, 위 40m의 거리 및 독수리아파트의 높이는 일조 등의 확보를 위한 건축물의 높이제한과 관련된 건축법령상의 제반 요건을 충족하고 있다.

乙은 甲이 독수리아파트 건축공사를 완료한 시점인 2005. 11. 20. 기준으로 그 이전에 장미아파트 101동 305호를 분양받아 소유 및 점유·사용하고 있었고, 丙도 2005. 11. 20. 기준으로 그 이전에 장미아파트 101동 705호를 분양받아 소유 및 점유·사용하고 있었다. 한편, 丁은 장미아파트 101동 306호를 분양받은 소유자인 戊로부터 101동 306호를 2005. 11. 20. 기준으로 그 이전에 임차하여 점유·사용하고 있었다.

독수리아파트의 건축으로 인하여 장미아파트 101동 305호와 306호는 동지일을 기준으로 9시부터 15시까지 사이의 6시간 중 연속하여 2시간의 일조시간을 확보할 수 없게 되었고, 또한 동지일을 기준으로 8시에서 16시까지 사이의 8시간 중 통틀어서 4시간의 일조시간을 확보할 수 없게 되었으며, 101동 705호는 동지일을 기준으로 9시부터 15시까지 사이의 6시간 중 연속하여 2시간의 일조시간은 확보되지만, 동지일을 기준으로 8시에서 16시까지 사이의 8시간 중 통틀어서 4시간의 일조시간은 확보할 수 없게 되었다.

2. 乙, 丙, 丁이 독수리아파트의 건축완료에 따른 준공검사가 있은 날부터 3년이 경과한 2008. 12. 20. 甲을 상대로 일조침해를 이유로 하는 손해배상청구소송을 제기한 경우, 본안에서 그 청구의 인용여부를 결정하는 주된 법적 쟁점에 관해 논하시오. (45점)

3. 乙과 丙이 일조침해를 이유로 甲을 상대로 독수리아파트의 철거를 구하는 소송을 제기하는 경우, 그 소송의 심리과정에서 제기될 수 있는 법적 쟁점에 대해 검토하시오. (15점)

문제해설 [2015년 제4회 변시 제2문] 문제 2. 해설

1. 문제
乙, 丙, 丁이 甲을 상대로 환경정책기본법 제44조 제1항에 의한 원인자의 무과실책임에 의하여, 그리고 민법 제750조 제1항에 근거한 불법행위로 인한 손해배상청구권을 행사할 수 있으며, 각 청구권 행사의 경우 요건충족 여부, 그리고 자연력 기여에 따른 책임감경 사유가 문제 된다.

2. 환경정책기본법 제44조 제1항에 의한 손해배상 청구

(1) 환경오염피해에 대한 무과실책임

1) 관련 조문 - 환경오염 또는 환경훼손으로 피해가 발생한 경우에는 해당 환경오염 또는 환경훼손의 원인자가 그 피해를 배상하여야 한다(환경정책기본법 제44조 제1항).

2) 판례 - 환경정책기본법 제44조 제1항은 불법행위 규정에 대한 특별 규정으로서, 환경오염 또는 환경훼손의 피해자가 원인자에게 손해배상을 청구할 수 있는 근거규정이다. 따라서 환경오염 또는 환경훼손으로 피해가 발생한 때에는 원인자는 환경정책기본법 제44조 제1항에 따라 귀책사유가 없더라도 피해를 배상하여야 한다.

3) 사안의 경우
① 원인자는 환경오염으로부터 피해발생이라는 연속적인 인과과정에 참여하거나 그 요인을 제공한 자로서 사업자는 당연히 포함되는바, 건설업자 甲은 원인자에 해당한다.

② 환경오염이란 사업활동 및 그 밖의 사람의 활동에 의하여 발생하는 대기오염, 수질오염, 토양오염, 해양오염, 방사능오염, 소음·진동, 악취, 일조 방해, 인공조명에 의한 빛공해 등으로서 사람의 건강이나 환경에 피해를 주는 상태를 말하는 것으로서, 甲의 사업활동에 의하여 일조방해가 발생하고 건강이나 환경에 피해를 주는 상태가 야기된 것인바, 환경오염에 해당한다.

③ 따라서, 원인자인 甲이 야기한 일조방해로 인하여 乙, 丙, 丁에게 피해가 발생하였으므로, 甲은 고의·과실 여부와 상관없이 무과실책임을 진다.

(2) 요건충족 여부

1) 요건 - 가해자가 어떤 유해한 원인물질을 배출한 사실, 유해의 정도가 사회통념상 참을 한도를 넘는다는 사실, 그것이 피해물건에 도달한 사실, 그 후 피해자에게 손해가 발생한 사실에 관한 증명책임은 피해자가 부담한다.

2) 위법성 (수인한도론)
① 관련 법리 - 불법행위 성립요건으로서 위법성의 판단 기준은 유해 정도가 사회생활상 통상의 수인한도를 넘는지 여부에 따라 판단한다.

② 판례
ㄱ) 건물의 신축으로 인하여 그 이웃 토지상의 거주자가 직사광선이 차단되는 불이익을 받은 경우에 그 신축행위가 정당한 권리행사로서의 범위를 벗어나 사법상 위법한 가해행위로 평가되기 위해서는 그 일조방해의 정도가 사회통념상 일반적으로 인용하는 수인한도를 넘어야 한다.

ㄴ) 일조방해 행위가 사회통념상 수인한도를 넘었는지 여부는 피해의 정도, 피해이익의 성질 및 그에 대한 사회적 평가, 가해 건물의 용도, 지역성, 토지이용의 선후관계, 가해 방지 및 피해 회피의 가능성, 공법적 규제의 위반 여부, 교섭 경과 등 모든 사정을 종합적으로 고려하여 판단하여야 한다.

ㄷ) 건축법 등 관계 법령에 의한 공법적 규제에 의하여 확보하고자 하는 일조는 원래 사법상 보호되는 일조권을 공법적인 면에서도 가능한 한 보장하려는 것으로서 일조권 보호를 위한 최소한도의 기준으로 봄이 상당하고, 어떠한 건물 신축이 건축 당시의 공법적 규제에 형식적으로 적합하다고 하더라도 현실적인 일조방해의 정도가 현저하게 커 사회통념상 수인한도를 넘은 경우에는 위법행위로 평가될 수 있다.

ㄹ) 동지를 기준으로 오전 9시부터 오후 3시까지 사이의 6시간 중 일조시간이 연속하여 2시간 이상 확보되는 경우 또는 동지를 기준으로 오전 8시부터 오후 4시까지 사이의 8시간 중 일조시간이 통틀어 4시간 이상 확보되는 경우에는 일응 수인한도를 넘지 않는 것으로, 위 두 가지 중 어느 것에도 속하지 않는 일조방해의 경우에는 일응 수인한도를 넘는 것으로 본다.

③ 사안의 경우

ㄱ) 피해의 정도, 피해이익의 성질 및 그에 대한 사회적 평가 - 乙, 丙, 丁 모두 장미아파트의 소유자 또는 점유자로 햇빛으로 인한 이익 즉, 일조권을 향유할 수 있는 지위에 있는 자로 이에 대한 침해는 헌법이 보장하는 환경권에 대한 침해이자 자신의 소유권 또는 점유권의 사용 및 처분에 대한 제한으로 평가된다.

ㄴ) 가해 건물의 용도 - 가해건물인 독수리 아파트 또한 주거용도로 사용되는 것으로 공공성을 지닌 건물로 보이지는 않는다.

ㄷ) 토지이용의 선후관계 - 가해건물인 독수리아파트 건축공사를 완료한 시점인 2005. 11. 20. 기준으로 그 이전인 준공검사 당시 독수리아파트에서 북쪽 방향으로 40m 떨어진 곳에 이미 건축되어 주민들이 입주한 장미아파트가 있었다.

ㄹ) 가해방지 및 피해방지의 가능성 - 가해건물 준공 시점에 피해건물의 일조권 침해 여부는 예상할 수 있었으므로 가해방지 및 피해방지 가능성이 있었다.

ㅁ) 공법적 규제 위반 여부 - 가해건물인 독수리아파트와 피해건물인 장미아파트 사이에 40m 거리 및 독수리아파트의 높이는 일조 등의 확보를 위한 건축물의 높이제한과 관련된 건축법령상의 제반 요건을 충족하고 있다.

ㅂ) 일조시간 확보여부 - 乙과 丁은 동지일 기준으로 9시부터 15시까지 사이의 6시간 중 연속하여 2시간의 일조시간을 확보할 수 없게 되었고, 또한 동지일을 기준으로 8시에서 16시까지 사이의 8시간 중 통틀어서 4시간의 일조시간을 확보할 수 없게 되었는바, 수인한도를 넘는 일조권 침해가 인정된다. 丙은 동지일을 기준으로 9시부터 15시까지 사이의 6시간 중 연속하여 2시간의 일조시간은 확보되지만, 동지일을 기준으로 8시에서 16시까지 사이의 8시간 중 통틀어서 4시간의 일조시간은 확보할 수 없게 되었는바, 최소한의 일조시간은 확보되어 수인한도를 넘지 않는 침해로 판단된다.

3) 인과관계 (개연성 이론)

① **관련 법리** - 환경피해의 가해행위와 손해사이의 인과관계 증명을 완화해주기 위해 개연성 이론, 간접반증이론들이 적용된다.

② **판례** - 피해자에게 인과관계의 존재에 관하여 엄밀한 증명을 요구하는 것은 공해로 인한 사법적 구제를 사실상 거부하는 결과가 될 우려가 있으므로 가해기업이 어떠한 유해한 원인물질을 배출하고 그것이 피해물건에 도달하여 손해가 발생하였다면 가해자 측에서 그것이 무해하다는 것을 입증하지 못하는 한 책임을 면할 수 없다.

③ **사안의 경우** - 乙과 丁은 시공회사 甲의 독수리아파트 건축으로 인하여 乙과 丁이 설시한 시간대에 일조권을 확보하지 못한 사실과 그로 인해 피해가 발생한 사실을 입증하면 개연성 이론에 따라 인과관계가 인정되고, 甲이 자신이 발생시킨 일조권 침해와 乙과 丁의 피해 사이에 인과관계가 없음을 입증하지 못하는 책임을 면할 수 없다.

3. 민법 제750조의 불법행위로 인한 손해배상 청구

(1) **관련 조문** - 고의 또는 과실로 인한 위법행위로 타인에게 손해를 가한 자는 그 손해를 배상할 책임이 있다(민법 제750조).

(2) **사안의 경우** - 상술한 요건뿐만 아니라 가해자 A의 고의, 과실을 피해자 丙이 증명하여 민법 제750조의 불법행위 손해배상 책임을 물을 수 있다.

4. 양자 간의 관계

(1) **관련 법리** - 두 청구권 모두를 인정해야 한다는 청구권경합설과 환경정책기본법 제44조 제1항에 의한 손해배상청구권만 인정되어야 한다는 법조경합설의 논의가 있다.

(2) **판례** - 환경정책기본법 제44조 제1항의 규정은 손해의 책임과 발생에 관한 입증책임을 환경오염을 발생시키는 사업자에게 지우는 것으로서 민법 제750조에 대한 특별규정이라고 보아야 하므로 환경오염으로 인한 손해배상사건에 관하여는 그 피해자가 위 법률의 적용을 구하는 주장을 하였는지 여부를 가리지 아니하고 민법상의 손해배상 규정에 우선하여 적용하여야 한다.

(3) **검토 및 사안의 경우** - 환경정책기본법에 따른 무과실책임 조항이 민법에 따른 불법행위책임 규정과의 관계에서 특별법적 지위에 있는 것이 분명하고, 환경정책기본법에서는 민법상의 과실책임과 달리 고의·과실 유무와 관계없이 가해자의 손해배상책임을 인정한다는 점에서 피해자의 두터운 보호가 가능하다는 점 등에서 법조경합설에 따라 乙, 丙, 丁이 甲을 상대로 환경정책기본법 제44조 제1항에 따른 손해배상을 청구하는 것이 입증책임 측면에서 수월한 것으로 보인다.

5. 소멸시효기간 도과여부

(1) **관련 조문** - 불법행위로 인한 손해배상청구권은 피해자가 그 손해 및 가해자를 안 날로부터 3년, 불법행위를 한 날로부터 10년을 경과한 때에는 시효로 소멸한다(민법 제766조 제1항).

(2) **판례** - 일반적으로 위법한 건축행위에 의하여 건물공사가 완료되면 그 건축행위에 따른 일영의 증가는 더 이상 발생하지 않게 되고 해당 토지의 소유자는 그 시점에 이러한 일조 방해 행위로 인하여 현재 또는 장래에 발생 가능한 재산상 손해나 정신적 손해 등을 예견할 수 있다고 할 것이므로, 민법 제766조 제1항 소정의 소멸시효는 원칙적으로 그 때부터 진행한다.

(3) **사안의 경우** - 乙, 丙, 丁이 독수리아파트의 건축완료에 따른 준공검사가 있은 날부터 3년이 경과한 2008. 12. 20. 甲을 상대로 일조 침해를 이유로 하는 손해배상청구소송을 제기한 경우 민법 제766조 제1항의 소멸시효기간이 도과한 이후의 청구에 해당한다.

6. 결론

乙, 丙, 丁의 청구 모두 시효기간이 도과한 이후의 청구인 바, 甲의 시효항변이 있다면 손해배상청구는 기각된다.

문제해설 [2015년 제4회 변시 제2문] 문제 3. 해설

1. 문제
(1) 乙과 丙의 철거청구권의 법적근거, (2) 분양을 완료한 甲의 피고적격 인정여부가 문제된다.

2. 乙과 丙의 철거청구권의 법적근거

(1) 환경권
1) 판례 - 환경권은 명문의 법률규정이나 관계 법령의 규정 취지 및 조리에 비추어 권리의 주체, 대상, 내용, 행사 방법 등이 구체적으로 정립될 수 있어야만 인정되는 것이므로, 사법상의 권리로서의 환경권을 인정하는 명문의 규정이 없는데도 환경권에 기하여 직접 방해배제청구권을 인정할 수 없다.
2) 사안의 경우 - 乙과 丙은 헌법 제35조의 환경권을 근거로 철거청구를 구할 수 없다.

(2) 소유권
1) 관련 조문 - 소유자는 소유권을 방해하는 자에 대하여 방해의 제거를 청구할 수 있다(민법 제214조).
2) 판례 - 인접 대지 위의 건물의 건축 등으로 토지나 건물 소유자의 객관적으로 인정된 생활이익이 침해되고 그 침해가 사회통념상 일반적인 수인의 한도를 넘는 경우, 소유권에 기하여 건물의 건축 금지 등 방해제거 및 예방을 위한 청구를 할 수 있다.
3) 사안의 경우 - 乙과 丙은 민법 제214조를 근거로 철거청구권을 행사할 수 있다.

3. 甲의 피고적격 인정여부
(1) **판례** - 건물철거는 소유권의 종국적 처분에 해당하는 사실행위로써 원칙적으로 소유자 즉, 등기명의자에게만 그 철거처분권이 있으나, 그 건물을 매수하여 점유하고 있는 자는 등기부상 아직 소유자로서의 등기명의가 없다고 하더라도 그 권리의 범위 내에서 점유 중인 건물에 대하여 법률상, 사실상 처분을 할 수 있는 지위에 있으므로 그 철거를 구할 수 있다.
(2) **사안의 경우** - 건설사로 추정되는 甲이 독수리아파트 미분양분에 대한 소유권자라면 피고적격이 인정되지만 분양완료로 인해 소유권을 갖고 있지 않다면 피고적격은 부정된다.

4. 결론
(1) 乙과 丙은 민법 제214조을 근거로 철거청구권을 행사할 수 있다.
(2) 甲은 독수리아파트의 소유권을 갖고 있다면 피고적격이 인정되나, 그렇지 않다면 부정된다.

2014년도 시행 제3회 변호사시험

〈제1문〉

甲은 A시에 소재하는 주택에 거주하는 사람이다. 甲이 거주하는 지역은 일반주거지역으로 甲의 주택 인근에는 한국도로공사가 건설·관리하는 고속국도가 있다. 甲은 소음 발생을 어느 정도 예상하였지만 지방을 오가며 사업을 하고 있어 고속국도 진입의 편의성을 고려하여 위 주택에 전입하였다. 甲의 전입 이후 한국도로공사는 교통량의 증가로 교통체증이 심각해지자 편도 2차로의 위 도로를 편도 4차로로 확장하였다. 도로 확장 이후 甲은 심야에도 교통소음에 시달리며, 이명과 불면증 등을 호소하고 있다.

甲은 한국도로공사에 교통소음의 감소를 위하여 방음벽 설치 등 소음을 저감하는 조치를 취할 것을 여러 차례 요구하였고, 이에 한국도로공사는 일부 구간에 방음벽을 설치하였고, 무인속도측정기 설치를 위하여 관할 행정청과 협의 중이다. 그러나 증가된 통행량, 통행 차량의 과속 등으로 위 방음벽은 제대로 기능을 하지 못하고 있다.

甲은 도로 확장 이후에 발생한 소음으로 피해를 받았다면서 한국도로공사를 상대로 중앙환경분쟁조정위원회에 손해배상과 방음벽의 추가 설치를 구하는 재정신청을 하였다. 재정 과정에서 甲이 거주하는 주택의 외부소음도를 측정하였는데, 그 결과 주간에는 69dB, 야간에는 57dB 수준이었다. 이에 중앙환경분쟁조정위원회는 「환경정책기본법」상 소음환경기준(주간: 65dB, 야간: 55dB)을 초과하였다면서 甲의 신청 중 손해배상청구 일부만을 인용하는 재정결정을 하였다.

이러한 사안에서 다음의 「소음·진동관리법」상 도로의 교통소음·진동의 관리기준을 참조하여 질문에 답하시오.

교통소음·진동의 관리기준 (「소음·진동관리법」 시행규칙 제25조 관련)

대상지역	구분	한도	
		주간 (06:00~22:00)	야간 (22:00~06:00)
주거지역, 녹지지역, 관리지역 중 취락지구·주거개발진흥지구 및 관광·휴양개발진흥지구, 자연환경보전지역, 학교·병원·공공도서관 및 입소규모 100명 이상의 노인의료복지시설·영유아보육시설의 부지 경계선으로부터 50미터 이내 지역	소음 (LeqdB(A))	68	58
	진동 (dB(V))	65	60

상업지역, 공업지역, 농림지역, 생산관리지역 및 관리지역 중 산업·유통개발진흥지구, 미고시지역	소음 (LeqdB(A))	73	63
	진동 (dB(V))	70	65

참고

  1. 대상 지역의 구분은「국토의 계획 및 이용에 관한 법률」에 따른다.

  2. 대상 지역은 교통소음·진동의 영향을 받는 지역을 말한다.

1. 甲과 한국도로공사가 위 재정결정에 각각 불복하는 경우 어떠한 내용의 민사소송을 제기할 수 있는지 검토하시오. (20점)

2. 위 소송 과정에서 다루어질 주요 쟁점을 검토하고 소송의 결과를 전망하시오. (40점)

문제해설 [2014년 제3회 변시 제1문] 문제 1. 해설

1. 문제
(1) 재정결정에 대한 불복가부, (2) 甲이 재정결정에 불복하여 제기할 수 있는 민사소송, (3) 한국도로공사가 재정결정에 불복하여 제기할 수 있는 민사소송이 문제된다.

2. 재정결정에 대한 불복가부
(1) 환경분쟁조정법 제42조 제1항, 제2항
1) 지방조정위원회의 재정위원회가 한 재정에 불복하는 당사자는 재정문서의 정본이 당사자에게 송달된 날부터 60일 이내에 중앙조정위원회에 재정을 신청할 수 있다.
2) 재정위원회가 재정을 한 경우에 재정문서의 정본이 당사자에게 송달된 날부터 60일 이내에 당사자 양쪽 또는 어느 한쪽으로부터 그 재정의 대상인 환경피해를 원인으로 하는 소송이 제기되지 아니하거나 그 소송이 철회된 경우 또는 제1항에 따른 신청이 되지 아니한 경우에는 그 재정문서는 재판상 화해와 동일한 효력이 있다.

(2) 사안의 경우
甲의 신청 중 손해배상청구 일부만을 인용하는 재정결정에 불복하는 甲과 한국도로공사는 재정문서의 정본이 송달된 날부터 60일 이내에 상대방을 피고로 하여 민사소송을 제기할 수 있다.

3. 甲이 재정결정에 불복하여 제기할 수 있는 민사소송
(1) 환경정책기본법 제44조 제1항에 의한 손해배상 청구
1) 관련 조문 - 환경오염 또는 환경훼손으로 피해가 발생한 경우에는 해당 환경오염 또는 환경훼손의 원인자가 그 피해를 배상하여야 한다(환경정책기본법 제44조 제1항).
2) 사안의 경우 - 소음 진동 발생의 원인자인 고속도로 관리주체인 한국도로공사를 상대로 환경오염에 관하여 무과실책임에 의한 손해배상을 청구할 수 있다.

(2) 민법 제750조 불법행위책임
1) 관련 조문 - 고의 또는 과실로 인한 위법행위로 인하여 타인에게 손해를 가한 자는 그 손해를 배상할 책임이 있다(민법 제750조).
2) 사안의 경우 - ① 도로공사의 고의 또는 과실, ② 도로공사행위의 위법성, ③ 도로공사의 가해행위와 甲의 손해발생사이의 인과관계 입증에 따라 불법행위청구 가부가 결정된다.

(3) 민법 제758조 공작물책임
1) 관련 조문 - 공작물의 설치 또는 보존의 하자로 인하여 타인에게 손해를 가한 때에는 손해를 배상할 책임이 있다(민법 제758조 1항).
2) 사안의 경우 - 고속도로 자체의 기능적 하자로 인해 수인한도를 넘는 피해가 있음을 입증하여 한국도로공사를 상대로 민법 제758조 공작물 책임을 물을 수 있다.

(4) 유지청구
 1) 의의 – 환경상의 가해행위가 계속됨으로 인하여 손해가 발생되거나 발생할 우려가 있는 경우 손해를 제거하거나 예방하기 위하여 가해행위의 소극적 또는 적극적 중지를 구하는 것이다.
 2) 사안의 경우 – 甲은 고속도로 근처 주택에 거주하는 사람으로 소유권 또는 점유권자로서 민법 제214조의 소유권 내지 민법 제205조 제1항의 점유권에 기하여 유지청구를 할 수 있다.

4. 한국도로공사가 재정결정에 불복하여 제기할 수 있는 민사소송

한국도로공사는 재정결정에서 일부 인용된 손해배상액 범위에 대하여 불복하기 위하여 자신은 甲이 입은 손해에 대한 책임이 없다는 채무부존재확인의 소를 제기할 수 있다.

5. 결론

(1) 甲은 재정결정에 불복하여 민법 제750조 불법행위책임, 민법 제758조 공작물 책임, 민법 제214조의 유지청구를 할 수 있다.

(2) 한국도로공사는 재정결정에 불복하여 채무부존재확인의 소를 제기할 수 있다.

문제해설 [2014년 제3회 변시 제1문] 문제 2. 해설

1. 문제
(1) 환경정책기본법 제44조 제1항에 의한 손해배상 청구, (2) 민법 제750조 불법행위책임, (3) 민법 제758조 공작물책임, (4) 유지청구 가부가 문제 된다.

2. 환경정책기본법 제44조 제1항에 의한 손해배상 청구

(1) 환경오염피해에 대한 무과실책임

1) 관련 조문 - 환경오염 또는 환경훼손으로 피해가 발생한 경우에는 해당 환경오염 또는 환경훼손의 원인자가 그 피해를 배상하여야 한다(환경정책기본법 제44조 제1항).

2) 판례 - 환경정책기본법 제44조 제1항은 불법행위 규정에 대한 특별 규정으로서, 환경오염 또는 환경훼손의 피해자가 원인자에게 손해배상을 청구할 수 있는 근거규정이다. 따라서 환경오염 또는 환경훼손으로 피해가 발생한 때에는 원인자는 환경정책기본법 제44조 제1항에 따라 귀책사유가 없더라도 피해를 배상하여야 한다.

3) 사안의 경우

① 원인자는 환경오염으로부터 피해발생이라는 연속적인 인과과정에 참여하거나 그 요인을 제공한 자로서 사업자는 당연히 포함되는바, 한국도로공사는 원인자에 해당한다.

② 환경오염이란 사업활동 및 그 밖의 사람의 활동에 의하여 발생하는 대기오염, 수질오염, 토양오염, 해양오염, 방사능오염, 소음·진동, 악취, 일조 방해, 인공조명에 의한 빛공해 등으로서 사람의 건강이나 환경에 피해를 주는 상태를 말하는 것으로서, 도로공사가 관리하는 고속국도에서 발생하는 소음·진동으로 인근에 거주하고 있는 甲에게 이명과 불면증 등의 신체적, 정신적 피해가 발생하는 상태가 야기된 것인바, 환경오염에 해당한다.

③ 따라서, 원인자인 도로공사가 야기한 소음·진동으로로 인하여 甲에게 피해가 발생하였으므로, 도로공사는 고의·과실 여부와 상관없이 무과실책임을 진다.

(2) 요건충족 여부

1) 요건 - 가해자가 어떤 유해한 원인물질을 배출한 사실, 유해의 정도가 사회통념상 참을 한도를 넘는다는 사실, 그것이 피해물건에 도달한 사실, 그 후 피해자에게 손해가 발생한 사실에 관한 증명책임은 피해자가 부담한다.

2) 위법성 (수인한도론)

① 관련 법리 - 불법행위 성립요건으로서 위법성의 판단 기준은 유해 정도가 사회생활상 통상의 수인한도를 넘는지 여부에 따라 판단한다.

② 판례 - 수인한도 기준을 결정할 때는 일반적으로 침해되는 권리나 이익의 성질과 침해 정도뿐만 아니라 침해행위가 갖는 공공성의 내용과 정도, 지역 환경의 특수성, 공법적인 규제에 의하여 확보하려는 환경기준, 침해를 방지 또는 경감시키거나 손해를 회피할 방안의 유무 및 난이도 등 여러 사정을 종합적으로 고려하여 구체적 사건에 따라 개별적으로 결정하여야 한다.

③ **사안의 경우** – 고속도로는 지역 간의 교류와 물류에 기초가 되는 사회기반시설로 공공성이 큰 영조물이지만, 甲이 거주하는 주택의 외부소음도를 측정결과 주간에는 69dB, 야간에는 57dB 수준으로 「환경정책기본법」상 소음환경기준(주간: 65dB, 야간: 55dB)을 초과하였다. 한국도로공사는 일부 구간에 방음벽을 설치하였고, 무인속도측정기 설치를 위하여 관할 행정청과 협의 중이나 증가된 통행량, 통행 차량의 과속 등으로 위 방음벽은 제대로 기능을 하지 못하고 있다. 甲은 한국도로공사에 교통소음의 감소를 위하여 방음벽 설치 등 소음을 저감하는 조치를 취할 것을 여러 차례 요구한 것으로 보아 저감장치의 실효적 설치로 소음을 줄일 수 있는 것으로 판단됨에도, 추가조치를 취하지 않았는바, 甲에게 요구되는 소음으로 인한 수인한도를 초과하는 행위로 판단되는바, 도로공사의 행위는 위법하다.

3) 인과관계 (개연성 이론)

① **관련 법리** – 환경피해의 가해행위와 손해사이의 인과관계 증명을 완화해주기 위해 개연성 이론, 간접반증이론들이 적용된다.

② **판례** – 피해자에게 인과관계의 존재에 관하여 엄밀한 증명을 요구하는 것은 공해로 인한 사법적 구제를 사실상 거부하는 결과가 될 우려가 있으므로 가해기업이 어떠한 유해한 원인 물질을 배출하고 그것이 피해물건에 도달하여 손해가 발생하였다면 가해자 측에서 그것이 무해하다는 것을 입증하지 못하는 한 책임을 면할 수 없다.

③ **사안의 경우** – 甲이 도로공사 측이 관리하는 고속도로에서 발생하는 소음으로 인해 이명과 불면증 발생하였다는 사실을 입증하면 개연성 이론에 따라 인과관계가 인정되고, 도로공사가 소음이 甲에게 도달하지 않은 사실과 피해발생 사이에 아무런 관련이 없음을 입증하지 못하는 한 책임을 면할 수 없다.

3. 민법 제750조의 불법행위로 인한 손해배상 청구

(1) **관련 조문** – 고의 또는 과실로 인한 위법행위로 타인에게 손해를 가한 자는 그 손해를 배상할 책임이 있다(민법 제750조).

(2) **사안의 경우** – 상술한 요건뿐만 아니라 가해자 A의 고의, 과실을 피해자 甲이 증명하여 민법 제750조의 불법행위 손해배상 책임을 물을 수 있다.

4. 양자 간의 관계

(1) **관련 법리** – 두 청구권 모두를 인정해야 한다는 청구권경합설과 환경정책기본법 제44조 제1항에 의한 손해배상청구권만 인정되어야 한다는 법조경합설의 논의가 있다.

(2) **판례** – 환경정책기본법 제44조 제1항의 규정은 손해의 책임과 발생에 관한 입증책임을 환경오염을 발생시키는 사업자에게 지우는 것으로서 민법 제750조에 대한 특별규정이라고 보아야 하므로 환경오염으로 인한 손해배상사건에 관하여는 그 피해자가 위 법률의 적용을 구하는 주장을 하였는지 여부를 가리지 아니하고 민법상의 손해배상 규정에 우선하여 적용하여야 한다.

(3) **검토 및 사안의 경우** – 법조경합설에 따라 甲이 도로공사를 상대로 환경정책기본법 제44조 제1항에 따른 손해배상을 청구하는 것이 입증책임 측면에서 수월한 것으로 보인다.

5. 민법 제758조의 공작물 책임

(1) **관련 조문** - 공작물의 설치 또는 보존의 하자로 인하여 타인에게 손해를 가한 때에는 손해를 배상할 책임이 있다(민법 제758조 1항).

(2) **판례** - 민법 제758조는 공작물의 설치·보존의 하자로 인하여 타인에게 손해를 가한 경우 그 점유자 또는 소유자에게 일반 불법행위와 달리 이른바 위험책임의 법리에 따라 책임을 가중시킨 규정일 뿐이고, 그 공작물 시공자가 그 시공상의 고의·과실로 인하여 피해자에게 가한 손해를 민법 제750조에 의하여 직접 책임을 부담하게 되는 것을 배제하는 취지의 규정은 아니다.

(3) **기능적 하자의 존재 여부**

1) 의의 - 하자는 물적 하자 뿐만 아니라 이용 상태 및 정도가 일정한 한도를 초과하여 제3자에게 사회통념상 참을 수 없는 피해를 입히는 경우 즉, 이용상 하자까지 포함된다.

2) 판례 - 수인한도의 기준은 침해되는 권리나 이익의 성질과 침해의 정도뿐만 아니라 침해행위가 갖는 공공성의 내용과 정도, 그 지역 환경의 특수성, 공법적인 규제에 의하여 확보하려는 환경기준, 침해를 방지 또는 경감시키거나 손해를 회피할 방안의 유무 및 그 난이도 등을 종합적으로 고려하여 개별적으로 결정한다.

3) 사안의 경우 - 이 사건 고속도로의 설치·관리자인 도로공사는 고속도로 설치 후에도 이를 관리하면서 수인한도를 넘는 피해가 발생하지 않도록 하여야 할 주의의무가 있음에도 편도 2차로의 위 도로를 편도 4차로로 확장한 이후 이러한 주의의무를 다하지 않아 고속도로에서 발생된 진동으로 甲에게 수인한도를 넘는 피해가 발생하게 한 하자의 존재가 인정된다.

(4) **소결** - 도로공사는 甲에게 민법 제758조의 공작물 책임을 진다.

6. 유지청구 가부

(1) **의의** - 건물의 소유자 또는 점유자가 인근의 소음으로 인하여 정온하고 쾌적한 일상생활을 영유할 수 있는 생활이익이 침해되고 그 침해가 사회통념상 수인한도를 넘어서는 경우에 건물의 소유자 또는 점유자는 그 소유권 또는 점유권에 기하여 소음피해의 제거나 예방을 위한 유지청구를 할 수 있다.

(2) **유지청구 요건충족 여부**

1) 요건 - ① 피해의 성질과 정도에 비추어 금전적 평가가 곤란, ② 사후 금전보상으로 피해회복이 어렵고, ③ 피해가 계속적이며 중대명백하고, ④ 피해가 수인한도를 초과할 것을 요한다.

2) 수인한도의 판단 - 위법성 단계설

① **의의** - 유지청구의 수인한도 기준은 손해배상청구의 수인한도와 다르게 훨씬 높아야 한다.

② **판례** - 소음으로 인한 생활방해를 원인으로 소음의 예방 또는 배제를 구하는 방지청구는 금전배상을 구하는 손해배상청구와는 내용과 요건을 서로 달리하는 것으로 방지청구는 인용될 경우 소송당사자뿐 아니라 제3자의 이해관계에도 중대한 영향을 미칠 수 있어, 법원은 해당

청구가 인용될 경우에 당사자가 받게 될 이익과 상대방 및 제3자가 받게 될 불이익 등을 고려한다.

③ 사안의 경우

ㄱ) 피해의 성질과 정도에 비추어 금전적 평가의 곤란 - 도로공사의 도로확장 이후 甲은 심야에도 교통소음에 시달리며 이명과 불면증 등을 호소하고 있는바, 이는 정신적 신체적 손해로서 쉽게 금전적 평가를 내리기 어렵다.

ㄴ) 사후 금전보상으로 인한 피해회복 - 甲의 피해는 주거에서 누릴 수 있는 기본적 권리에 대한 침해로 건강에 미칠 악영향을 단순 금전보상으로 완전히 회복하기 어렵다.

ㄷ) 피해가 계속적이고 중대 명백할 것 - 고속도로가 갖는 공공성을 고려할 때 고속도로공사의 도로 운행의 중단은 현실적으로 이루어지기 어려운 바, 소음으로 인한 피해는 계속적이고 중대 명백할 것으로 예상된다.

ㄹ) 피해의 수인한도 초과여부 - 甲의 피해는 거주하는 자택에서 일어난 점에서 수인한도 범위를 초과하였고, 고속도로의 공공성을 고려하여 고속도로 운행을 중단할 경우에 도로공사 이외에 제3자의 불이익이 큰 것으로 예상된다.

3) 소결 - 도로공사의 행위는 위에서 설시한 사정을 종합적으로 고려하여 볼 때 사회통념상 甲에게 요구되는 소음으로 인한 수인한도를 초과하는 행위로 판단되어 도로공사의 행위는 위법한바, 유지청구 요건이 충족된다.

(3) 추상적 유지청구 가부

1) 의의 - 가해원을 특정하여 일정한 종류의 생활방해를 일정한도 이상 미치지 않게 할 것을 청구하는 유지청구를 말한다.

2) 판례 - 소음이 피해 주민들 주택을 기준으로 일정 한도를 초과하여 유입되지 않도록 하라는 취지의 유지청구는 소음발생원을 특정하여 일정한 종류의 생활방해를 일정 한도 이상 미치게 하는 것을 금지하는 것으로 청구가 특정되지 않은 것이라고 할 수 없고, 이는 민사집행법 제261조 제1항에 따라 간접강제의 방법으로 집행을 할 수 있다.

3) 사안의 경우 - 甲이 도로공사를 상대로 고속도로의 소음진동을 허용기준 이내로 발생할 것을 구하는 소송을 제기하는 경우 청구가 특정되지 않은 것을 볼 수 없고, 이는 간접강제의 방법으로 실현될 수 있는바, 추상적 유지청구가 가능하다. 다만, 甲의 유지청구는 고속도로 운행의 전면 중단이 아닌 실효적인 저감대책을 실시하는 형태로 변형되어 인용될 가능성이 크다.

7. 결론

(1) 甲은 환경정책기본법 제44조 제1항, 민법 제750조 불법행위손해배상청구, 제758조의 공작물책임 청구를 할 수 있다.

(2) 甲의 민법 제214조 또는 민법 제205조 1항에 근거한 유지청구는 변형되어 인용될 가능성이 크다.

2012년도 시행 제1회 변호사시험

〈제1문〉

A기업은 1970년대부터 B광역시에 속하는 X지역에서 시멘트 공장을 운영하여 왔다. 1980년대 이후 X지역이 개발되면서 인근에 주택가가 들어서게 되었고, 옥외에 널어놓은 세탁물이 검게 변할 정도로 많은 먼지가 날려 인근 주민들의 항의가 지속적으로 제기되었다.

오랫동안 X지역 주민의 민원제기가 이어지자 해당 지방자치단체에서는 일정 기간을 정하여 이 지역의 대기오염 정도를 측정하였다. 측정 결과 먼지의 농도는 대기환경보전법상의 배출허용기준을 초과하지는 않았지만 환경정책기본법상의 환경기준의 기준치는 초과하였다.

한편, 1990년부터 시멘트 공장에서 500미터 떨어진 곳에 거주하는 甲은 수년전부터 호흡기 장애 증상이 나타나기 시작하여 병원치료를 받아왔고 천식으로 발전하여 그동안 다량의 천식약을 복용하여 왔다. 그러나 증세가 호전되지 않아 흉강경 조직검사를 한 결과 분진의 침착으로 인한 진폐증 진단을 받았다. 현재 X지역 주민의 상당수가 호흡기 장애 증상을 보이는 것으로 나타났다.

3. 甲이 자신의 질병 원인을 A기업의 공장에서 배출된 먼지라고 생각하여 A기업에 대하여 손해배상 청구소송을 제기할 경우 인용 가능성에 대하여 검토하시오. (40점)

문제해설 [2012년 제1회 변시 제1문] 문제 3. 해설

1. 문제
甲이 A를 상대로 환경정책기본법 제44조 제1항에 의한 원인자의 무과실책임에 의하여, 그리고 민법 제750조 제1항에 근거한 불법행위로 인한 손해배상청구권을 행사할 수 있으며, 각 청구권 행사의 경우 요건충족 여부가 문제 된다.

2. 환경정책기본법 제44조 제1항에 의한 손해배상청구

(1) 환경오염피해에 대한 무과실책임

1) 관련 조문 - 환경오염 또는 환경훼손으로 피해가 발생한 경우에는 해당 환경오염 또는 환경훼손의 원인자가 그 피해를 배상하여야 한다(환경정책기본법 제44조 제1항).

2) 판례 - 환경정책기본법 제44조 제1항은 불법행위 규정에 대한 특별 규정으로서, 환경오염 또는 환경훼손의 피해자가 원인자에게 손해배상을 청구할 수 있는 근거규정이다. 따라서 환경오염 또는 환경훼손으로 피해가 발생한 때에는 원인자는 환경정책기본법 제44조 제1항에 따라 귀책사유가 없더라도 피해를 배상하여야 한다.

3) 사안의 경우

① 원인자는 환경오염으로부터 피해발생이라는 연속적인 인과과정에 참여하거나 그 요인을 제공한 자로서 사업자는 당연히 포함되는바, 시멘트 공장을 운영하는 A기업은 원인자에 해당한다.

② 환경오염이란 사업활동 및 그 밖의 사람의 활동에 의하여 발생하는 대기오염, 수질오염, 토양오염, 해양오염, 방사능오염, 소음·진동, 악취, 일조 방해, 인공조명에 의한 빛공해 등으로서 사람의 건강이나 환경에 피해를 주는 상태를 말하는 것으로서, A의 사업활동에 의하여 대기오염물질이 발생하고 건강이나 환경에 피해를 주는 상태가 야기된 것인바, 환경오염에 해당한다.

③ 따라서, 원인자 A 기업에서 발생하는 먼지로 甲이 천식으로 인한 진폐증 진단을 받는 피해가 발생하여, 가해행위와 피해발생 사실이 인정되는바, 이에 관한 수인한도를 넘는 위법성 및 양자 간의 인과관계 충족 여부가 논의되어야 한다.

(2) 요건충족 여부

1) 요건 - 가해자가 어떤 유해한 원인물질을 배출한 사실, 유해의 정도가 사회통념상 참을 한도를 넘는다는 사실, 그것이 피해물건에 도달한 사실, 그 후 피해자에게 손해가 발생한 사실에 관한 증명책임은 피해자가 부담한다.

2) 위법성 (수인한도론)

① 관련 법리 - 불법행위 성립요건으로서 위법성의 판단 기준은 유해 정도가 사회생활상 통상의 수인한도를 넘는지 여부에 따라 판단한다.

② **판례** – 수인한도 기준을 결정할 때는 일반적으로 침해되는 권리나 이익의 성질과 침해 정도뿐만 아니라 침해행위가 갖는 공공성의 내용과 정도, 지역 환경의 특수성, 공법적인 규제에 의하여 확보하려는 환경기준, 침해를 방지 또는 경감시키거나 손해를 회피할 방안의 유무 및 난이도 등 여러 사정을 종합적으로 고려하여 구체적 사건에 따라 개별적으로 결정하여야 한다.

③ **사안의 경우** – A 기업의 시멘트 공장은 B광역시 X지역 경제에 기여하는 부분이 있을 것으로 예상되나, 대기오염측정 결과 먼지의 농도는 대기환경보전법상의 배출허용기준을 초과하지는 않았지만 환경정책기본법상의 환경기준의 기준치는 초과하였다. 공장운영과정에서 A기업은 대기환경보전법령에 따른 배출허용기준에 맞춰 집진먼지 및 비산먼지를 줄이기 위한 방안을 취할 수 있었을 것으로 판단되는데, 1970년 대 이후로 지금까지 그러한 조치를 취하지 않아 손해발생을 심화시켰는바, 사회통념상 甲에게 요구되는 수인한도를 초과하는 위법한 행위로 판단된다.

3) 인과관계 (개연성 이론)

① **관련 법리** – 환경피해의 가해행위와 손해사이의 인과관계 증명을 완화해주기 위해 개연성 이론, 간접반증이론들이 적용된다.

② **판례**

ㄱ) 피해자에게 인과관계의 존재에 관하여 엄밀한 증명을 요구하는 것은 공해로 인한 사법적 구제를 사실상 거부하는 결과가 될 우려가 있으므로 가해기업이 어떠한 유해한 원인물질을 배출하고 그것이 피해물건에 도달하여 손해가 발생하였다면 가해자 측에서 그것이 무해하다는 것을 입증하지 못하는 한 책임을 면할 수 없다.

ㄴ) 다만, 비특이성 질환(천식, 폐암)의 경우 특정위험인자와 비특이성 질환 사이에 역학적 상관관계뿐만 아니라 위험인자에 노출된 집단과 노출되지 않은 다른 일반 집단을 대조하여 그 위험인자에 노출된 집단에서 그 비특이성 질환에 걸린 비율이 그 위험인자에 노출되지 않은 집단에서 그 비특이성 질환에 걸린 비율을 상당히 초과한다는 점을 증명하여 그 위험인자에 의하여 그 비특이성 질환이 유발되었을 개연성이 있다는 점을 증명하여야 한다.

③ **사안의 경우** – 시멘트 A공장의 인근 지역과 그렇지 않은 지역에 비해 甲이 살고 있는 지역의 천식 및 진폐증 발생 비율이 현저하게 높음과 노출 전 생활습관 및 기왕력과 가족력 등을 추가로 입증하여 인과관계가 인정된다면, A는 자신이 배출한 대기오염물질과 천식 및 진폐증 발생 사이에 인과관계가 없음을 입증하지 못하는 책임을 면할 수 없다.

3. 민법 제750조의 불법행위로 인한 손해배상 청구

(1) **관련 조문** – 고의 또는 과실로 인한 위법행위로 타인에게 손해를 가한 자는 그 손해를 배상할 책임이 있다(민법 제750조).

(2) **사안의 경우** – 상술한 요건뿐만 아니라 가해자 A의 고의, 과실을 피해자 甲이 증명하여 민법 제750조의 불법행위 손해배상 책임을 물을 수 있다.

4. 양자 간의 관계

(1) **관련 법리** – 두 청구권 모두를 인정해야 한다는 청구권경합설과 환경정책기본법 제44조 제1항에 의한 손해배상청구권만 인정되어야 한다는 법조경합설의 논의가 있다.

(2) **판례** – 환경정책기본법 제44조 제1항의 규정은 손해의 책임과 발생에 관한 입증책임을 환경오염을 발생시키는 사업자에게 지우는 것으로서 민법 제750조에 대한 특별규정이라고 보아야 하므로 환경오염으로 인한 손해배상사건에 관하여는 그 피해자가 위 법률의 적용을 구하는 주장을 하였는지 여부를 가리지 아니하고 민법상의 손해배상 규정에 우선하여 적용하여야 한다.

(3) **검토 및 사안의 경우** – 법조경합설에 따라 甲이 A을 상대로 환경정책기본법 제44조 제1항에 따른 손해배상을 청구하는 것이 입증책임 측면에서 수월한 것으로 보인다.

5. 책임감경 사유 – 위험에의 접근 이론

(1) **판례** – 일반인이 위험지역으로 이주하여 거주하는 경우에 위험에 접근하게 된 경위와 동기 등의 여러 가지 사정을 종합하여 그와 같은 위험의 존재를 인식하면서도 위험으로 인한 피해를 용인하면서 접근하였다고 볼 수 있는 경우에는 손해배상액의 산정에 있어 형평의 원칙상 과실상계에 준하여 감액사유로 고려한다.

(2) **사안의 경우** – A기업은 1970년대부터 B광역시에 속하는 X지역에서 시멘트 공장을 운영하였고, 1980년대 이후 X지역이 개발되면서 인근에 주택가 옥외에 널어놓은 세탁물이 검게 변할 정도로 많은 먼지가 날려 인근 주민들의 항의가 지속적으로 제기되었다면, 1990년부터 시멘트 공장에서 500미터 떨어진 곳에 거주하는 甲은 이러한 사실을 알았을 것으로 판단되는바, 甲의 천식으로 손해 발생액 산정에 위험에의 접근이론이 적용되어 일정부분의 과실상계에 준하여 감액될 수 있다.

6. 결론

甲은 A를 상대로 환경정책기본법 제44조 제1항에 또는 민법 제750조에 의한 불법행위책임에 의한 손해배상 청구가 가능하나, 위험에의 접근이론이 적용되어 일부 과실상계에 준하여 손해배상액이 감면될 수 있다.

2023년도 제2회 변호사시험 모의시험

<제1문>

　　甲은 2005년 3월부터 P시 소재 X아파트에 거주하고 있고, 乙은 2015년 9월 X아파트 인근에 있는 신축빌라로 이주하여 현재까지 거주하고 있다. 甲과 乙이 거주하는 지역은 일반주거지역으로 그 인근에는 A공사가 관리하는 고속도로가 지나가고 있다. 1980년대 고속도로가 개통된 이래 교통량의 증가로 교통체증이 심각해지자 A공사는 2010년부터 3년간 도로확장공사를 진행하였다. 도로 확장 이후 교통소음이 현저하게 증가하면서 甲과 乙을 비롯한 인근 주민들은 고속도로에서 발생하는 소음으로 일상생활에 심각한 방해를 받고 있다. 이에 甲과 乙을 비롯한 인근 주민들이 P시에 지속적인 민원을 제기하자, P시에서는 전문기관에 소음도 측정을 의뢰하였다. 전문기관에서 소음·진동공정시험방법에 따라 甲이 거주하는 아파트와 乙이 거주하는 빌라의 실외소음도를 측정한 결과, 주간에는 69데시벨(Leq dB(A)), 야간에는 57데시벨(Leq dB(A)) 수준이었다. 「환경정책기본법」상 도로변 일반주거지역의 소음환경기준은 주간(06:00~22:00) 65데시벨(Leq dB(A)), 야간(22:00~06:00) 55데시벨(Leq dB(A))이다. 한편, 「소음진동관리법」상 주거지역의 도로 교통소음의 관리기준은 주간(06:00~22:00) 68데시벨(Leq dB(A)), 야간(22:00~06:00) 58데시벨(Leq dB(A))이다. 甲과 乙은 A공사가 방음벽 설치 등 방음대책을 제대로 이행하지 않고 있고, 도로확장공사 이후에 발생한 소음으로 인해 휴식 방해, 정신집중 저하, 수면장애 등 심각한 고통을 받고 있다고 주장하고 있다. 그리고 소음으로 인한 피해를 구제받기 위하여 A공사를 상대로 법적 대응을 준비하고 있다.

2. 甲과 乙이 환경분쟁조정위원회의 재정결정에 대하여 불복하고 A공사를 상대로 손해배상청구를 제기하는 경우 인용가능성에 대하여 검토하시오. (40점)

문제해설 [2023년 제2차 제1문] 문제 2. 해설

1. 문제

甲이 A 공사를 상대로 환경정책기본법 제44조 제1항에 의한 원인자의 무과실책임에 의하여, 그리고 민법 제750조 제1항에 근거한 불법행위로 인한 손해배상청구권을 행사할 수 있으며, 각 청구권 행사의 경우 인용 가부가 문제 된다.

2. 환경정책기본법 제44조 제1항에 의한 손해배상청구

(1) 환경오염피해에 대한 무과실책임

1) 관련 조문 – 오염 또는 환경훼손으로 피해가 발생한 경우에는 해당 환경오염 또는 환경 훼손의 원인자가 그 피해를 배상하여야 한다(환경정책기본법 제44조 제1항).

2) 판례 – 환경정책기본법 제44조 제1항은 불법행위 규정에 대한 특별 규정으로서, 환경오염 또는 환경훼손의 피해자가 원인자에게 손해배상을 청구할 수 있는 근거규정이다. 따라서 환경오염 또는 환경훼손으로 피해가 발생한 때에는 원인자는 환경정책기본법 제44조 제1항에 따라 귀책사유가 없더라도 피해를 배상하여야 한다.

3) 사안의 경우
① 원인자는 환경오염으로부터 피해 발생이라는 연속적인 인과과정에 참여하거나 그 요인을 제공한 자로서 사업자는 당연히 포함되는바, 고속도로를 관리하는 A 공사는 원인자에 해당한다.
② 환경오염이란 사업활동 및 그 밖의 사람의 활동에 의하여 발생하는 대기오염, 수질오염, 토양오염, 해양오염, 방사능오염, 소음·진동, 악취, 일조 방해, 인공조명에 의한 빛 공해 등으로서 사람의 건강이나 환경에 피해를 주는 상태를 말하는 것으로서, A 공사가 관리하는 도로에서 소음이 발생하고 건강이나 환경에 피해를 주는 상태가 야기된 것인바, 환경오염에 해당한다.
③ 따라서, 원인자인 A 공사가 관리하는 도로에서 야간에 발생하는 소음이 너무 심하여 일상생활에 방해가 되어 甲의 정신적·신체적 피해가 인정되는바, 이에 관한 수인한도를 넘는 위법성 및 양자 간의 인과관계 충족 여부가 논의되어야 한다.

(2) 요건충족 여부

1) 요건 – 가해자가 어떤 유해한 원인물질을 배출한 사실, 유해의 정도가 사회통념상 참을 한도를 넘는다는 사실, 그것이 피해물건에 도달한 사실, 그 후 피해자에게 손해가 발생한 사실에 관한 증명책임은 피해자가 부담한다.

2) 위법성 (수인한도론)
① **관련 법리** – 불법행위 성립요건으로서 위법성의 판단 기준은 유해 정도가 사회생활상 통상의 수인한도를 넘는지 여부에 따라 판단한다.

② **판례** - 수인한도 기준을 결정할 때는 일반적으로 침해되는 권리나 이익의 성질과 침해 정도뿐만 아니라 침해행위가 갖는 공공성의 내용과 정도, 지역 환경의 특수성, 공법적인 규제에 의하여 확보하려는 환경기준, 침해를 방지 또는 경감시키거나 손해를 회피할 방안의 유무 및 난이도 등 여러 사정을 종합적으로 고려하여 구체적 사건에 따라 개별적으로 결정하여야 한다.

③ **사안의 경우** - A 공사가 관리하는 고속도로는 1980년대 개통되었고, 2010년 사이에 3년간 확장공사가 이루어졌는데 고속도로는 지역 간의 물류 및 교류를 가능하게 하는 공공성이 큰 사회기반시설이다. 고속도로가 위치한 P시가 전문기관에 소음도 측정을 의뢰한 결과 주간에는 69데시벨, 야간에는 57데시벨로 측정되었다. 주간소음은 환경정책기본법 및 소음진동관리법상의 기준보다 높은 수준이고, 야간소음은 환경정책기본법 수준보다는 높고 소음진동관리법상의 수준보다는 약간 낮을 수준인바, 공법적인 규제에 의해 확보하려는 최소한의 환경기준을 준수하지 못하고 있다. 그럼에도 A 공사는 방음벽 설치 등 방음 대책을 제대로 이행하지 않고 있고, 이로 인해 고속도로에서 발생한 소음으로 인해 휴식 방해, 정신집중 저하, 수면장애 등 심각한 고통을 받고 있다고 하고 있다. 따라서, A공사의 행위는 위에서 설시한 사정을 종합적으로 고려하여 볼 때, 사회통념상 甲과 乙에게 요구되는 소음으로 인한 수인한도를 초과하는 행위로 판단되는바, 위법하다.

3) 인과관계 (개연성 이론)

① **관련 법리** - 환경피해의 가해행위와 손해사이의 인과관계 증명을 완화해주기 위해 개연성 이론, 간접반증이론들이 적용된다.

② **판례** - 피해자에게 인과관계의 존재에 관하여 엄밀한 증명을 요구하는 것은 공해로 인한 사법적 구제를 사실상 거부하는 결과가 될 우려가 있으므로 가해기업이 어떠한 유해한 원인물질을 배출하고 그것이 피해물건에 도달하여 손해가 발생하였다면 가해자 측에서 그것이 무해하다는 것을 입증하지 못하는 한 책임을 면할 수 없다.

③ **사안의 경우** - 甲과 乙은 도로공사가 관리하는 고속도로에서 생활소음 규제기준을 크게 초과하는 소음을 발생시켰고, 그로 인해 심각한 정신적·신체적 피해가 발생하였음을 증명한다면 인과관계가 인정되고, 도로공사는 자신이 발생시킨 소음과 甲과 乙의 피해 사이에 인과관계가 없음을 입증하지 못하는 책임을 면할 수 없다.

3. 민법 제750조의 불법행위로 인한 손해배상 청구

(1) **관련 조문** - 고의 또는 과실로 인한 위법행위로 타인에게 손해를 가한 자는 그 손해를 배상할 책임이 있다(민법 제750조).

(2) **사안의 경우** - 상술한 요건뿐만 아니라 가해자 도로공사의 고의, 과실을 피해자 甲이 증명하여 민법 제750조의 불법행위 손해배상 책임을 물을 수 있다.

4. 양자 간의 관계

(1) **관련 법리** – 두 청구권 모두를 인정해야 한다는 청구권경합설과 환경정책기본법 제44조 제1항에 의한 손해배상청구권만 인정되어야 한다는 법조경합설의 논의가 있다.

(2) **판례** – 환경정책기본법 제44조 제1항의 규정은 손해의 책임과 발생에 관한 입증책임을 환경오염을 발생시키는 사업자에게 지우는 것으로서 민법 제750조에 대한 특별규정이라고 보아야 하므로 환경오염으로 인한 손해배상사건에 관하여는 그 피해자가 위 법률의 적용을 구하는 주장을 하였는지 여부를 가리지 아니하고 민법상의 손해배상 규정에 우선하여 적용하여야 한다.

(3) **검토 및 사안의 경우** – 법조경합설에 따라 甲이 도로공사를 상대로 환경정책기본법 제44조 제1항에 따른 손해배상을 청구하는 것이 입증책임 측면에서 수월한 것으로 보인다.

5. 위험에의 접근이론

(1) **의의** – 이미 환경피해를 입은 자의 손해배상청구나 유지청구를 판단함에 있어서 피해자가 위험에 스스로 접근한 사실을 고려해야 한다.

(2) **판례** – 일반인이 위험지역으로 이주하여 거주하는 경우에 위험에 접근하게 된 경위와 동기 등의 여러 가지 사정을 종합하여 그와 같은 위험의 존재를 인식하면서도 위험으로 인한 피해를 용인하면서 접근하였다고 볼 수 있는 경우에는 손해배상액의 산정에 있어 형평의 원칙상 과실상계에 준하여 감액사유로 고려한다.

(3) **사안의 경우** – 甲은 2005년 3월부터 거주하고 있고, 乙은 2015년 9월부터 거주하고 있다. 고속도가 개통된 것은 1980년이지만 도로확장공사가 진행되어 개통된 시점은 2013년으로 추정되므로, 乙은 도로확장공사 이후 현저한 소음으로 인한 피해를 용인하면서 접근하였다고 볼 수 있는 경우에 해당하는바, 감액사유로 고려되어야 한다.

6. 결론

甲과 乙이 A공사를 상대로 상술한 쟁점을 입증한다면, 환경정책기본법 제44조 제1항 및 민법 제750조에 의한 손해배상 청구가 가능하다.

2023년도 제1회 변호사시험 모의시험

〈제1문〉

　甲은 A공사가 건설·관리하는 편도 4차로 고속도로의 남쪽에 있는 과수원을 2019년에 매입하여 운영하고 있다. 그런데 고속도로와 甲의 과수원 간 이격거리가 3m도 되지 않아 차량에서 발생하는 매연으로 과수의 성장에 막대한 영향을 주고 있다. 더욱이 2019년 12월부터 2022년 2월 겨울철에는 잦은 폭설로 제설제 사용이 늘면서 제설작업후 염화칼슘이 함유된 미세 입자들이 비산해 과수나무에 부착되어 과수나무가 고사하거나 미개화 등의 피해가 발생하였다. 甲의 과수원이 접한 고속도로 구간의 1일 평균 교통량은 2018년 57,000대, 2019년 57,932대, 2020년 60,894대이고, 고속도로에 눈이 올 경우 A공사는 염화칼슘용액과 소금을 바닥에 근접한 위치에서 살포하는 방식으로 제설작업을 시행하는데, 위 구간에 사용된 염화칼슘의 양은 2018년 390kg, 2019년 873kg, 2020년 980kg이다.

　甲의 과수원에 식재된 과수나무 중 고속도로에 접한 1열과 2열에 식재된 과수나무의 생장과 결실은 다른 곳에 식재된 과수나무들에 비하여 현격하게 부진하였다. 2021년에는 甲의 과수원의 나무 중 고속도로에 가까운 1열과 2열에 식재된 나무에서 생산된 과수의 상품판매율은 5%인 반면 3열 이후에 식재된 나무에서 생산된 과수의 상품판매율은 95%에 달하였다. 또한 1열과 2열에 식재된 사과나무 40주와 복숭아나무 26주, 살구나무 2주가 고사하였다.

1. 甲이 A공사를 상대로 손해배상소송을 제기하는 경우 다투어질 쟁점에 관하여 검토하시오. (40점)

2. 甲이 손해배상소송과는 별도로 A공사를 상대로 매연과 제설제의 비산으로 인한 피해를 배제할 수 있도록 고속도로와 과수원의 경계에 방어벽(펜스 등)의 설치를 청구하는 경우 그 법리와 인용 여부를 검토하시오. (30점)

문제해설 [2023년 제1차 제1문] 문제 1. 해설

1. 문제

甲이 乙 공단을 상대로 환경정책기본법 제44조 제1항에 의한 원인자의 무과실책임에 의하여, 그리고 민법 제750조 제1항에 근거한 불법행위로 인한 손해배상청구권, 민법 제758조의 공작물책임을 행사할 수 있으며, 각 청구권 행사의 경우 요건충족 여부가 문제 된다.

2. 환경정책기본법 제44조 제1항에 의한 손해배상청구

(1) 의의 - 환경오염피해에 대한 무과실책임

1) 관련 조문 - 환경오염 또는 환경훼손으로 피해가 발생한 경우에는 해당 환경오염 또는 환경훼손의 원인자가 그 피해를 배상하여야 한다(환경정책기본법 제44조 제1항).

2) 판례 - 환경정책기본법 제44조 제1항은 불법행위 규정에 대한 특별 규정으로서, 환경오염 또는 환경훼손의 피해자가 원인자에게 손해배상을 청구할 수 있는 근거규정이다. 따라서 환경오염 또는 환경훼손으로 피해가 발생한 때에는 원인자는 환경정책기본법 제44조 제1항에 따라 귀책사유가 없더라도 피해를 배상하여야 한다.

3) 사안의 경우

① 원인자는 환경오염으로부터 피해발생이라는 연속적인 인과과정에 참여하거나 그 요인을 제공한 자로서 사업자는 당연히 포함되는바, A 공사는 원인자에 해당한다.

② 환경오염이란 사업활동 및 그 밖의 사람의 활동에 의하여 발생하는 대기오염, 수질오염, 토양오염, 해양오염, 방사능오염, 소음·진동, 악취, 일조 방해, 인공조명에 의한 빛공해 등으로서 사람의 건강이나 환경에 피해를 주는 상태를 말하는 것으로서, A 공사가 운영·관리하는 고속도로에서 발생하는 매연과 제설작업에서 사용되는 염화칼슘으로 인해 건강이나 환경에 피해를 주는 상태가 야기된 것인바, 환경오염에 해당한다.

③ 따라서, 원인자인 A 공사가 야기한 환경오염으로 인하여 甲에게 피해가 발생하였으므로, A 공사는 고의·과실 여부와 상관없이 무과실책임을 진다.

(2) 요건충족 여부

1) 요건 - 가해자가 어떤 유해한 원인물질을 배출한 사실, 유해의 정도가 사회통념상 참을 한도를 넘는다는 사실, 그것이 피해물건에 도달한 사실, 그 후 피해자에게 손해가 발생한 사실에 관한 증명책임은 피해자가 부담한다.

2) 위법성 (수인한도론)

① **관련 법리** - 불법행위 성립요건으로서 위법성의 판단 기준은 유해 정도가 사회생활상 통상의 수인한도를 넘는지 여부에 따라 판단한다.

② **판례** - 수인한도 기준을 결정할 때는 일반적으로 침해되는 권리나 이익의 성질과 침해 정도뿐만 아니라 침해행위가 갖는 공공성의 내용과 정도, 지역 환경의 특수성, 공법적인 규제에 의하여 확보하려는 환경기준, 침해를 방지 또는 경감시키거나 손해를 회피할 방안의 유무 및

난이도 등 여러 사정을 종합적으로 고려하여 구체적 사건에 따라 개별적으로 결정하여야 한다.

③ **사안의 경우** - 고속도로는 유통과 여객 수송 측면에서 공공성이 크다. 하지만, 차량에서 발생하는 매연과 제설제에서 비산되는 염화칼슘으로 인해 고속도로에 인접한 곳에 식재된 甲의 과수원 과수의 과실율이 현저하게 부진하다. 그럼에도, A 공사는 매연과 제설제 비산을 억제할 수 있는 방지조치 등을 취하지 않았고, 이러한 조치가 취하여진다면 이러한 원인 등을 줄일 수 있는 것으로 판단되는바, 설시한 사정을 종합적으로 고려해 볼 때 수인한도를 넘는 위법성이 인정된다.

3) 인과관계 (개연성 이론)

① **관련 법리** - 환경피해의 가해행위와 손해사이의 인과관계 증명을 완화해주기 위해 개연성이론, 간접반증이론들이 적용된다.

② **판례** - 피해자에게 인과관계의 존재에 관하여 엄밀한 증명을 요구하는 것은 공해로 인한 사법적 구제를 사실상 거부하는 결과가 될 우려가 있으므로 가해기업이 어떠한 유해한 원인물질을 배출하고 그것이 피해물건에 도달하여 손해가 발생하였다면 가해자 측에서 그것이 무해하다는 것을 입증하지 못하는 한 책임을 면할 수 없다.

③ **사안의 경우** - 甲이 A 공사가 관리하는 고속도로에서 발생하는 매연과 제설제 비산으로 인해 손해가 발생하였다는 사실을 입증하면 개연성 이론에 따라 인과관계가 인정되고, A 공사는 그러한 원인자가 甲에게 도달하지 않은 사실과 피해발생 사이에 아무런 관련이 없음을 입증하지 못하는 한 책임을 면할 수 없다.

3. 민법 제750조의 불법행위로 인한 손해배상 청구

(1) **관련 조문** - 고의 또는 과실로 인한 위법행위로 타인에게 손해를 가한 자는 그 손해를 배상할 책임이 있다(민법 제750조).

(2) **사안의 경우** - 상술한 요건뿐만 아니라 가해자 A 공사의 고의, 과실을 피해자 甲이 증명하여 민법 제750조의 불법행위 손해배상 책임을 물을 수 있다.

4. 양자 간의 관계

(1) **관련 법리** - 두 청구권 모두를 인정해야 한다는 청구권경합설과 환경정책기본법 제44조 제1항에 의한 손해배상청구권만 인정되어야 한다는 법조경합설의 논의가 있다.

(2) **판례** - 환경정책기본법 제44조 제1항의 규정은 손해의 책임과 발생에 관한 입증책임을 환경오염을 발생시키는 사업자에게 지우는 것으로서 민법 제750조에 대한 특별규정이라고 보아야 하므로 환경오염으로 인한 손해배상사건에 관하여는 그 피해자가 위 법률의 적용을 구하는 주장을 하였는지 여부를 가리지 아니하고 민법상의 손해배상 규정에 우선하여 적용하여야 한다.

(3) **검토 및 사안의 경우** - 환경정책기본법에 따른 무과실책임 조항이 민법에 따른 불법행위책임 규정과의 관계에서 특별법적 지위에 있는 것이 분명하고, 환경정책기본법에서는 민법상의 과실책임과 달리 고의·과실 유무와 관계없이 가해자의 손해배상책임을 인정한다는 점에서 피해자의 두터운

보호가 가능하다는 점 등에서 법조경합설에 따라 甲이 乙 공단을 상대로 환경정책기본법 제44조 제1항에 따른 손해배상을 청구하는 것이 입증책임 측면에서 수월한 것으로 보인다.

5. 민법 제758조의 공작물 책임

(1) **관련 조문** - 공작물의 설치 또는 보존의 하자로 인하여 타인에게 손해를 가한 때에는 손해를 배상할 책임이 있다(민법 제758조 1항).

(2) **판례** - 민법 제758조는 공작물의 설치·보존의 하자로 인하여 타인에게 손해를 가한 경우 그 점유자 또는 소유자에게 일반 불법행위와 달리 이른바 위험책임의 법리에 따라 책임을 가중시킨 규정일 뿐이고, 그 공작물 시공자가 그 시공상의 고의·과실로 인하여 피해자에게 가한 손해를 민법 제750조에 의하여 직접 책임을 부담하게 되는 것을 배제하는 취지의 규정은 아니다.

(3) **기능적 하자의 존재여부**
 1) 의의 - 하자는 물적 하자 뿐만 아니라 이용 상태 및 정도가 일정한 한도를 초과하여 제3자에게 사회통념상 참을 수 없는 피해를 입히는 경우 즉, 이용상 하자까지 포함된다.
 2) 판례 - 수인한도의 기준은 침해되는 권리나 이익의 성질과 침해의 정도뿐만 아니라 침해행위가 갖는 공공성의 내용과 정도, 그 지역 환경의 특수성, 공법적인 규제에 의하여 확보하려는 환경기준, 침해를 방지 또는 경감시키거나 손해를 회피할 방안의 유무 및 그 난이도 등을 종합적으로 고려하여 개별적으로 결정한다.
 3) 사안의 경우 - 이 사건 고속도로의 설치·관리자인 A 공사는 고속도로의 설치 후에도 이를 관리하면서 수인한도를 넘는 피해가 발생하지 않도록 하여야 할 주의의무가 있음에도 이러한 주의의무를 다하지 않아 고속도로에서 발생된 매연과 제설제 등으로 상술한 바와 같이 甲에게 수인한도를 넘는 피해가 발생하게 한 하자의 존재가 인정 된다.

(4) **소결** - A 공사는 甲에게 민법 제758조의 공작물책임을 진다.

6. 책임감경 사유 - 자연력 기여 여부

(1) **의의** - 피해자가 입은 손해가 자연력과 가해자의 과실행위가 경합되어 발생된 경우 배상범위는 손해의 공평한 부담이라는 견지에서 손해발생에 대하여 자연력이 기여하였다고 인정되는 부분을 공제한 나머지 부분으로 제한하여야 한다.

(2) **사안의 경우** - A 공사가 배출한 제설제 사용량 증가에 2019년 12월부터 2022년 2월 겨울철 잦은 폭설로 인한 자연력 기여 부분을 손해배상액 산정시 책임감경사유로 참작하여야 한다.

7. 결론

甲은 A 공사를 상대로 환경정책기본법 제44조 제1항의 무과실책임, 민법 제750조의 불법행위책임, 민법 제758조의 공작물책임을 물을 수 있으며, 입증책임을 감안할 때 법조경합설에 따라 환경정책기본법 제44조 제1항의 무과실책임을 묻는 것이 가장 유리한 것으로 판단된다.

문제해설 [2023년 제1차 제1문] 문제 2. 해설

1. 문제
甲이 A공사를 상대로 원인자를 차단할 수 있는 방지조치로서 방어벽의 설치를 청구하는 경우, 그 법리와 인용 여부가 문제 된다.

2. 유지청구의 법적근거
(1) **의의** – 환경상의 가해행위가 계속됨으로 인하여 손해가 발생되거나 발생할 우려가 있는 경우 손해를 제거하거나 예방하기 위하여 가해행위의 소극적 또는 적극적 중지를 구하는 것이다.

(2) **학설** – ① 물권적 청구권설 : 민법상의 소유권 또는 점유권에 근거하여 유지청구를 할 수 있다. ② 불법행위설 : 민법 제750조를 근거로 손해배상뿐만 아니라 유지청구도 할 수 있다. ③ 환경권설 : 헌법 제35조 제1항에 근거하여 직접 유지청구를 할 수 있다. ④ 상린관계설 : 민법 제217조를 근거로 유지청구가 가능하다.

(3) **판례**
  1) 환경권은 명문의 법률규정이나 관계 법령의 규정 취지 및 조리에 비추어 권리의 주체, 대상, 내용, 행사 방법 등이 구체적으로 정립될 수 있어야만 인정되는 것이므로, 사법상의 권리로서의 환경권을 인정하는 명문의 규정이 없는데도 환경권에 기하여 직접 방해배제청구권을 인정할 수 없다.
  2) 건물의 소유자 또는 점유자가 인근의 소음으로 인하여 정온하고 쾌적한 일상생활을 영유할 수 있는 생활이익이 침해되고 그 침해가 사회통념상 수인한도를 넘어서는 경우에 건물의 소유자 또는 점유자는 그 소유권 또는 점유권에 기하여 소음피해의 제거나 예방을 위한 유지청구를 할 수 있다.

(4) **사안의 경우** – 甲은 헌법 제35조 제1항을 근거로 하여 직접 유지청구하기 위해서는 이를 인정하는 명문 규정이 있어야 하는데 아직 없어, 이를 근거로 한 유지청구는 어렵다. 그렇다면, 甲은 과수원 소유권자로서 토지소유권 및 과수나무 소유자의 지위에 기하여 유지청구를 할 수 있다.

3. 유지청구 요건충족 여부
(1) **요건** – ① 피해의 성질과 정도에 비추어 금전적 평가가 곤란, ② 사후 금전보상으로 피해회복이 어렵고, ③ 피해가 계속적이며 중대명백하고, ④ 피해가 수인한도를 초과할 것을 요한다.

(2) **수인한도의 판단 – 위법성 단계설**
  1) 의의 – 유지청구의 수인한도 기준은 손해배상청구의 수인한도와 다르게 훨씬 높아야 한다.
  2) 판례 – 소음으로 인한 생활방해를 원인으로 소음의 예방 또는 배제를 구하는 방지청구는 금전배상을 구하는 손해배상청구와는 내용과 요건을 서로 달리하는 것으로 방지청구는 인용될

경우 소송당사자뿐 아니라 제3자의 이해관계에도 중대한 영향을 미칠 수 있어, 법원은 해당 청구가 인용될 경우에 당사자가 받게 될 이익과 상대방 및 제3자가 받게 될 불이익 등을 고려한다.

(3) 사안의 경우

1) 피해의 성질과 정도에 비추어 금전적 평가의 곤란 – 甲은 정성스럽게 키워온 과수나무의 고사로 인해 받는 피해를 금전적으로 평가하기 어렵다.

2) 사후 금전보상으로 인한 피해회복 – 甲의 과수나무 생장과 결실 부진에 따른 침해를 단순 금전보상으로 회복하기 어렵다.

3) 피해가 계속적이고 중대 명백할 것 – 이 사건 고속도로 구간의 1일 평균 교통량이 매년 증가하고 있는 추세를 감안하여 볼 때 앞으로도 매연과 제설제 비산으로 인한 甲의 환경권 침해는 계속적이고 중대 명백할 것으로 예상된다.

4) 피해의 수인한도 초과여부 – 甲을 1열과 2열의 상품판매율은 5%의 반면에 3열 이후에 식재된 나무에서의 상품판매율은 95%에 달한 점에서 수인한도를 초과하는 피해가 발생한 것으로 보여진다.

5) 소결 – 그러나 A공사가 건설 관리하는 고속도로의 공공성 즉, 원활하고 안전한 교통 서비스의 제공을 위한 공공시설의 적법한 유지 등을 고려하여 볼 때 전면적인 고속도로의 철거나 사용중지 청구가 인용되기는 어렵고, 원인자로 인한 피해를 배제할 수 있는 방어벽 등의 펜스 설치 등은 인용될 가능성이 높다.

4. 결론

甲의 A공사를 상대로 매연과 제설제의 비산으로 인한 피해를 배제할 수 있도록 고속도로와 과수원의 경계에 방어벽의 설치를 청구하는 경우 인용될 수 있다.

2022년도 제2회 변호사시험 모의시험

〈제1문〉

주식회사 甲이 외벽 전체를 통유리로 마감한 건물을 신축하여 사용하고 있는데, 甲 소유 위 건물 외벽에서 태양반사광이 발생하여 乙 등이 거주하는 인접 아파트에 유입되어 乙 등은 시야방해 등의 고통을 받고 있다. 이 사건 甲의 건물과 乙 등이 거주하는 아파트는 모두「국토의 계획 및 이용에 관한 법률」에서 규정한 '중심상업지역'에 위치해 있다.

빛반사 밝기(Luminance, 단위면적(㎡) 당 반사되는 빛의 밝기(양)를 말한다)가 25,000cd/㎡를 초과하게 되면, 인체는 포화효과로 인해 시각정보에 대한 지각 능력이 순간적으로 손상되는 빛반사로 인한 눈부심 시각장애(disability glare, 이하에서는 '빛반사 시각장애'라 한다) 상태에 놓이게 된다. 빛반사 시각장애 현상은 이 사건 乙 등이 거주하는 아파트에서는 연중 9개월가량 대략 1일 2~3시간 정도에 이른다. 이 사건 태양반사광의 빛반사 밝기는 乙 등이 거주하는 아파트의 경우 최소 11,000,000cd/㎡에서 최대 730,000,000cd/㎡인데, 이는 빛반사 시각장애를 일으키는 25,000cd/㎡의 약 440배 내지 29,200배 정도에 해당한다.

乙 등은 이 사건 태양반사광으로 인하여 신체적·정신적 고통을 호소하고 있고, 고통을 줄이기 위하여 피해가 큰 안방의 위치를 다른 방으로 바꾼 뒤 그 안방을 창고방으로 사용하고 있으며, 기존의 1개 커튼만으로는 태양반사광을 차단하기 어려워 2중·3중으로 커튼을 설치하여 집안을 암실과 같은 상태로 만들기도 하였다.

1. 乙 등이 甲을 상대로 손해배상을 청구할 경우 그 법적 근거와 관련 쟁점을 논하시오. (30점)

2. 乙 등이 甲을 상대로 태양반사광의 예방 또는 배제를 구하는 방지청구권을 행사할 경우 그 법리와 인용여부를 논하시오. (30점)

3. 태양반사광으로 인한 생활방해의 참을 한도를 판단함에 있어서 일조방해의 판단기준과 동일한 판단기준을 적용할 수 있는가? (20점)

문제해설 [2022년 제2차 제1문] 문제 1. 해설

1. 문제

乙은 甲을 상대로 환경정책기본법 제44조 제1항에 의한 원인자의 무과실책임에 의하여, 그리고 민법 제750조 제1항에 근거한 불법행위로 인한 손해배상청구권을 행사할 수 있으며, 각 청구권 행사의 요건 충족 여부가 문제 된다.

2. 환경정책기본법 제44조 제1항에 의한 손해배상청구

(1) 환경오염피해에 대한 무과실책임

1) 관련 조문 – 환경오염 또는 환경훼손으로 피해가 발생한 경우에는 해당 환경오염 또는 환경훼손의 원인자가 그 피해를 배상하여야 한다(환경정책기본법 제44조 제1항).

2) 판례 – 환경정책기본법 제44조 제1항은 불법행위 규정에 대한 특별 규정으로서, 환경오염 또는 환경훼손의 피해자가 원인자에게 손해배상을 청구할 수 있는 근거규정이므로, 환경오염 또는 환경훼손으로 피해가 발생한 때에는 원인자는 환경정책기본법 제44조 제1항에 따라 귀책사유가 없더라도 피해를 배상하여야 한다.

3) 사안의 경우 – 원인자 甲이 외벽 전체를 통유리로 마감한 건물을 신축하여 건물 외벽에서 발생하는 태양 반사광으로 인해 乙의 신체적·정신적 손해가 발생하여, 가해행위와 손해발생 사실이 인정되는바, 이에 관한 수인한도를 넘는 위법성 및 양자 간의 인과관계 충족 여부가 논의되어야 한다.

(2) 요건충족 여부

1) 요건 – 가해자가 어떤 유해한 원인물질을 배출한 사실, 유해의 정도가 사회통념상 참을 한도를 넘는다는 사실, 그것이 피해물건에 도달한 사실, 그 후 피해자에게 손해가 발생한 사실에 관한 증명책임은 피해자가 부담한다.

2) 위법성 (수인한도론)

① **의의** – 불법행위 성립요건으로서 위법성의 판단 기준은 유해 정도가 사회생활상 통상의 수인한도를 넘는지 여부에 따라 판단한다.

② **판례** – 건축된 건물 등에서 발생한 태양반사광으로 인한 생활방해의 정도가 사회통념상 참을 한도를 넘는지는 태양반사광이 피해 건물에 유입되는 강도와 각도, 유입되는 시기와 시간, 피해 건물의 창과 거실 등의 위치 등에 따른 피해의 성질과 정도, 피해이익의 내용, 가해 건물 건축의 경위 및 공공성, 피해 건물과 가해 건물 사이의 이격거리, 건축법령상의 제한 규정 등 공법상 규제의 위반 여부, 건물이 위치한 지역의 용도와 이용현황, 피해를 줄일 수 있는 방지조치와 손해 회피의 가능성, 토지 이용의 선후 관계, 교섭 경과 등 모든 사정을 종합적으로 고려하여 판단하여야 한다.

③ **사안의 경우**
　ㄱ) 주식회사 甲은 최대포털사이트를 운영하고 있는 법인으로서 인터넷 정보제공과 생활 편의를 제공하는 점에서 일부 공공적인 성격을 갖는다. 다만, 甲은 외벽 전체를 통유리로 시공하고, 그 내부에 녹색 수직 판을 설치함으로써 전체적으로 밝고 광택이 나는 녹색 색조를 발산하는 디자인을 건물의 외관으로 형상화하였는데, 이는 '네이버' 및 '녹색'을 핵심으로 하는 피고의 브랜드를 표상하여 홍보 효과를 높이려는 사업상의 이익을 위한 것이다.
　ㄴ) 그런데 주변 아파트의 주민들에게 빛 반사 시각장애 상태를 방지하기 위하여 특별한 노력을 하지 않았다.
　ㄷ) 이로 인해 빛 반사 밝기가 빛 반사 시각장애를 일으키는 25,000cd/㎡의 약 440배 내지 29,200배에 이를 정도로 매우 높고, 이 사건 건물 외벽에 비친 이 사건 태양반사광이 눈에 유입되는 기간은 이 사건 아파트 기준으로 연중 9개월가량 대략 1일 약 2~3시간으로 그 기간이 상당하다. 위와 같은 빛반사 밝기를 가진 태양반사광이 위와 같은 유입시간 동안 乙의 주된 생활공간에 유입된다면 그 강도와 유입시기 및 시간 등에 비추어 乙이 빛반사 시각장애로 인하여 안정과 휴식을 취하는 등 자연스러운 주거생활을 방해받을 수 있다.
　ㄹ) 甲 건물과 乙 아파트가 모두 중심상업지역에 위치하고 있으나, 乙 아파트가 甲 건물보다 먼저 건축되어 있었고, 건물 외벽 전체를 통유리 공법으로 건축한 건물은 甲 건물이 존재하는 해당 지역에서 甲 건물 이외에는 존재하지 않는다.
　ㅁ) 그렇다면, 甲 건물에서 발생하는 반사광 즉, 빛 공해로 인해 乙은 주거 내에서 시각장애로 인하여 안정과 휴식을 취하지 못하는 등 자연스러운 주거생활을 방해받는다고 볼 여지가 있는바, 수인한도를 넘는 위법한 행위로 평가된다.

3) **인과관계 (개연성 이론)**
　① **의의** - 환경피해의 가해행위와 손해사이의 인과관계 증명을 완화해주기 위해 개연성이론, 간접반증이론들이 적용된다.
　② **판례** - 피해자에게 인과관계의 존재에 관하여 엄밀한 증명을 요구하는 것은 공해로 인한 사법적 구제를 사실상 거부하는 결과가 될 우려가 있으므로 가해기업이 어떠한 유해한 원인물질을 배출하고 그것이 피해물건에 도달하여 손해가 발생하였다면 가해자 측에서 그것이 무해하다는 것을 입증하지 못하는 한 책임을 면할 수 없다.
　③ **사안의 경우** - 甲 건물에서 반사되는 빛이 乙에게 도달하여 일상생활을 하기 어려운 신체적·정신적 피해가 발생하였는바, 甲이 무해하다는 사실을 입증하지 못하는 한 책임을 져야 한다.

3. 민법 제750조의 불법행위로 인한 손해배상 청구
(1) **관련 조문** - 고의 또는 과실로 인한 위법행위로 타인에게 손해를 가한 자는 그 손해를 배상할 책임이 있다(민법 제750조).
(2) **사안의 경우** - 상술한 요건뿐만 아니라 가해자 甲의 고의, 과실을 피해자 乙이 증명하여 민법 제750조의 불법행위 손해배상 책임을 물을 수 있다.

4. 양자 간의 관계

(1) **관련 법리** - 두 청구권 모두를 인정해야 한다는 청구권경합설과 환경정책기본법 제44조 제1항에 의한 손해배상청구권만 인정되어야 한다는 법조경합설의 논의가 있다.

(2) **판례** - 환경정책기본법 제44조 제1항의 규정은 손해의 책임과 발생에 관한 입증책임을 환경오염을 발생시키는 사업자에게 지우는 것으로서 민법 제750조에 대한 특별규정이라고 보아야 하므로 환경오염으로 인한 손해배상사건에 관하여는 그 피해자가 위 법률의 적용을 구하는 주장을 하였는지 여부를 가리지 아니하고 민법상의 손해배상 규정에 우선하여 적용하여야 한다.

(3) **검토 및 사안의 경우** - 환경정책기본법에 따른 무과실책임 조항이 민법에 따른 불법행위책임 규정과의 관계에서 특별법적 지위에 있는 것이 분명하고, 환경정책기본법에서는 민법상의 과실책임과 달리 고의·과실 유무와 관계없이 가해자의 손해배상책임을 인정한다는 점에서 피해자의 두터운 보호가 가능하다는 점 등에서 법조경합설에 따라 乙이 甲을 상대로 환경정책기본법 제44조 제1항에 따른 손해배상을 청구하는 것이 입증책임 측면에서 수월한 것으로 보인다.

5. 결론

乙 등은 甲을 상대로 환경정책기본법 제44조 제1항에 또는 민법 제750조에 의한 불법행위책임에 의한 손해배상 청구가 가능하다.

문제해설 [2022년 제2차 제1문] 문제 2. 해설

1. 문제
(1) 유지청구의 법적근거, (2) 유지청구 요건충족 및 인용여부가 문제 된다.

2. 유지청구의 법적근거

(1) **의의** – 환경상의 가해행위가 계속됨으로 인하여 손해가 발생되거나 발생할 우려가 있는 경우 손해를 제거하거나 예방하기 위하여 가해행위의 소극적 또는 적극적 중지를 구하는 것이다.

(2) **학설** – ① 물권적 청구권설, ② 불법행위설, ③ 환경권설, ④ 상린관계설.

(3) **판례** – 건물의 소유자 또는 점유자가 인근의 소음으로 인하여 정온하고 쾌적한 일상생활을 영유할 수 있는 생활이익이 침해되고 그 침해가 사회통념상 수인한도를 넘어서는 경우에 건물의 소유자 또는 점유자는 그 소유권 또는 점유권에 기하여 소음피해의 제거나 예방을 위한 유지청구를 할 수 있다.

(4) **사안의 경우** – 乙은 거주하는 아파트의 소유권 또는 점유권에 기하여 甲을 상대로 빛반사로 인한 신체적 정신적 피해의 제거나 예방 또는 배제를 위한 유지청구를 할 수 있다.

3. 유지청구 요건충족 및 인용여부

(1) **요건** – ① 피해의 성질과 정도에 비추어 금전적 평가가 곤란, ② 사후 금전보상으로 피해회복이 어렵고, ③ 피해가 계속적이며 중대명백하고, ④ 피해가 수인한도를 초과할 것을 요한다.

(2) **수인한도의 판단 – 위법성 단계설**

1) 의의 – 유지청구의 수인한도 기준은 손해배상청구의 수인한도와 다르게 훨씬 높아야 한다.

2) 판례 – 태양반사광의 예방 또는 배제를 구하는 방지청구는 금전배상을 구하는 손해배상청구와는 그 내용과 요건을 서로 달리하는 것이어서 청구의 내용에 따라 고려요소의 중요도에 차이가 생길 수 있고, 태양반사광 침해의 방지청구는 그것이 허용될 경우 소송당사자뿐 아니라 제3자의 이해관계에도 중대한 미칠 수 있어, 해당 청구가 허용될 경우에 방지청구를 구하는 당사자가 받게 될 이익과 상대방 및 제3자가 받게 될 불이익 등을 비교·교량하여야 한다.

(3) **사안의 경우** – ① 乙 등이 거주하는 아파트에서 평온한 생활을 유지할 수 없어서 안방을 창고방으로 사용하고 커튼을 2중·3중으로 설치하여 집안을 암실과 같은 상태로 만든다는 등의 행위에 대하여 쉽게 금전적 평가를 내리기 어렵다. ② 또한, 이로 인해 乙 등에게 발생하는 피해 또한 단순 금전보상으로 완전히 회복하기 어렵다. ③ 甲이 아무런 조치를 취하지 않는 경우에, 그 피해는 계속적이고 지속적으로 영향을 미칠 것으로 예상되어 중대명백하다. ④ 乙 등이 거주하는 아파트에 유입되는 빛은 시각 장애를 일으키는 기준치의 440배 이상에 달하는 점에서 수인한도를 초과하는 피해를 발생시킨다. ⑤ 그러나, 주식회사 甲의 외벽 전체를 교체하는 등의 유지청구는 위법성단계

설이나 소유자의 통상적 이용(민법 제217조 제2항) 등에 비추어 제3자에 미치는 이해관계가 중대하여 수용하기 어렵고, 피해자의 빛 반사로 인해 피해를 완화할 수 있는 제한적 유지청구 즉, 건물 외벽에 창문을 제외한 유리 부분에 필름이나 커튼을 부착하는 방식 등의 방지 조치의 청구가 인용될 수 있다.

4. 결론

乙 등은 甲을 상대로 건물 외벽에 창문을 제외한 유리 부분에 필름이나 커튼을 부착하는 방식 등의 방지 조치의 청구가 인용될 수 있다.

문제해설 [2022년 제2차 제1문] 문제 3. 해설

1. 문제

일조방해와 태양 반사광으로 인한 빛 공해가 수인한도를 판단함에 서로 상이한 기준이 적용되어야 하는지가 문제 된다.

2. 수인한도 판단 기준

(1) 동일 기준 - 종합적 고려

태양직사광과 태양반사광은 모두 빛으로 인하여 발생하는 것으로서, 건물의 신축으로 인하여 그 이웃 건물의 거주자에게 직사광선이 차단될 때 발생하는 일조방해와 태양반사광 침해로 인한 생활방해의 각 정도가 참을 한도를 넘는지 여부를 판단할 때, 일반적으로 침해되는 권리나 이익의 성질과 침해 정도뿐만 아니라 침해행위가 갖는 공공성의 내용과 정도, 지역 환경의 특수성, 공법적인 규제에 의하여 확보하려는 환경기준, 침해를 방지 또는 경감시키거나 손해를 회피할 방안의 유무 및 난이도 등 여러 사정을 종합적으로 고려하여 구체적 사건에 따라 개별적으로 결정하여야 한다는 점에서 서로 다르지 않다.

(2) 다른 기준 - 피해의 성질과 내용

1) 피해의 성질 - 차단(수비)과 반사(공격)

태양반사광은 건물 외벽의 빛반사로 인하여 주택 내 또는 발코니에 있는 사람에게 빛반사 시각장애를 일으키는 인위적이고 왜곡된 빛으로, 자연의 빛인 태양직사광과는 그 발생원인이 다르다. 태양직사광으로 인한 생활방해는 어떠한 책임도 발생시키지 않는 '자연에 의한' 생활방해인 반면, 태양반사광으로 인한 생활방해는 태양광이 '인위적으로 축조된' 건물 외벽에 의한 반사 효과와 결합해서 그 생활방해를 발생시키기 때문이다.

2) 피해의 내용 - 수동적 피해와 능동적 피해

① 일조방해는 일조시간 침해 기준으로 하지만, 반사광으로 인한 침해는 빛반사 밝기가 빛반사 시각장애를 초래하는지 여부와 지속시간으로 판단하여야 한다. 즉, 일조방해는 일조감소 시간을 중시하여 동지를 기준으로 09시부터 15시까지 사이의 6시간 중 일조시간이 연속하여 2시간 이상 확보되는 경우 또는 동지를 기준으로 08시부터 16시까지 사이의 8시간 중 일조시간이 통틀어 4시간 이상 확보되는지 여부를 기준으로 한다.

② 태양반사광 침해는, 반사되는 강한 태양빛이 직접 눈에 들어와 시각장애를 일으키는 점에서 그 침해행위의 태양이 일조방해의 경우보다 더 적극적인 침습의 형태를 띠므로, 원래의 각도가 변경되어 태양반사광이 주거 내에 있는 사람의 눈에 직접 유입되어 눈부심이 발생하거나, 자연스럽게 창밖을 바라볼 수 없을 정도의 빛반사 시각장애를 일으키게 되는바, 태양반사광은 거주자들의 주거의 본질적인 이용을 방해하고, 건강을 해치게 할 수 있다.

3. 결론

　태양반사광으로 인한 생활방해의 참을 한도를 판단하는 때에는 일조방해의 판단 기준과는 다른 기준을 적용할 필요가 있고, 이때 빛반사 밝기가 빛반사 시각장애를 초래하는 정도를 얼마나 초과하는지 여부 및 그 지속 시간은 중요한 고려 요소가 된다.

2021년도 제2회 변호사시험 모의시험

〈제2문〉

甲은 A시 OO동에서 '이 사건 경마공원'을 운영하고 있다. 乙이 운영하는 화훼농원은 이 사건 경마공원의 북측 경주로로부터 200~300m 정도 떨어져 있다. 甲이 겨울철마다 이 사건 경마공원에 결빙을 방지하기 위하여 뿌린 소금으로 지하수가 오염되었고, 오염된 지하수를 사용하여 乙은 분재와 화훼 등을 재배하였으며, 그 후 乙의 분재와 화훼 등이 말라 죽었다.

甲은 겨울철에 경주로 모래의 결빙을 방지하기 위하여 이 사건 경마공원의 경주로에 다량의 소금을 뿌렸다. 뿌려진 소금은 땅속으로 스며들어 지하수로 유입되었으며, 乙이 사용한 지하수의 염소이온농도는 농업용수 수질기준인 250mg/L을 초과하거나 이에 근접한 수치이다. A시 OO동 부근의 지하수는 이 사건 경마공원 북쪽에서 乙의 화훼농원이 위치한 곳을 지나 OO천 방향으로 흐르고 있으므로, 다량의 소금 유입은 乙이 사용하는 지하수 염소이온농도의 상승에 영향을 미쳤다. 한편 환경관리공단은 이 사건 경마공원 주변의 토양과 지하수 환경을 조사하였는데, 甲이 경주로에서 사용한 염분에 의한 오염물질이 지하수로 흘러 들어가 인근 지역으로 이동하였을 가능성을 추정하였다.

다만 乙이 분재와 화훼를 재배·경작할 때 지하수의 수질뿐만 아니라 토양, 비료, 병충해 등 피해자측의 다양한 요소들이 분재와 화훼의 생장과 고사에 영향을 미친 것으로 판명되었고, 또한 2019년 겨울의 한파도 분재와 화훼의 고사에 영향을 미친 것으로 확인되었다.

1. 乙이 甲을 상대로 손해배상을 청구할 때, 그 법적 근거 및 청구권의 요건을 논하시오. (40점)

2. 甲은 책임감경사유로 어떠한 것을 주장할 수 있는가? (20점)

3. 乙이 甲을 상대로 유지청구권을 행사할 경우 그 법리와 인용여부를 논하시오. (20점)

문제해설 [2021년 제2차 제2문] 문제 1. 해설

1. 문제

乙은 甲을 상대로 환경정책기본법 제44조 제1항에 의한 원인자의 무과실책임에 의하여, 그리고 민법 제750조 제1항에 근거한 불법행위로 인한 손해배상청구권을 행사할 수 있으며, 각 청구권 행사의 경우 요건충족 여부가 문제 된다.

2. 환경정책기본법 제44조 제1항에 의한 손해배상청구

(1) 환경오염피해에 대한 무과실책임

1) 관련 조문 - 환경오염 또는 환경훼손으로 피해가 발생한 경우에는 해당 환경오염 또는 환경훼손의 원인자가 그 피해를 배상하여야 한다(환경정책기본법 제44조 제1항).

2) 판례 - 환경정책기본법 제44조 제1항은 불법행위 규정에 대한 특별 규정으로서, 환경오염 또는 환경훼손의 피해자가 원인자에게 손해배상을 청구할 수 있는 근거규정이다. 따라서 환경오염 또는 환경훼손으로 피해가 발생한 때에는 원인자는 환경정책기본법 제44조 제1항에 따라 귀책사유가 없더라도 피해를 배상하여야 한다.

3) 사안의 경우

① 원인자는 환경오염으로부터 피해발생이라는 연속적인 인과과정에 참여하거나 그 요인을 제공한 자로서 사업자는 당연히 포함되는바, 경마공원을 운영하는 甲은 원인자에 해당한다.

② 환경오염이란 사업활동 및 그 밖의 사람의 활동에 의하여 발생하는 대기오염, 수질오염, 토양오염, 해양오염, 방사능오염, 소음·진동, 악취, 일조 방해, 인공조명에 의한 빛공해 등으로서 사람의 건강이나 환경에 피해를 주는 상태를 말하는 것으로서, 甲의 사업활동에 의하여 수질 및 토양오염이 발생하고 건강이나 환경에 피해를 주는 상태가 야기된 것인바, 환경오염에 해당한다.

③ 따라서, 원인자 甲이 뿌린 소금으로 인해 수질 및 토양오염이 되었고, 이를 사용한 乙의 분재와 화훼 등이 말라 죽는 손해가 발생하여, 가해행위와 손해발생 사실이 인정되는바, 이에 관한 수인한도를 넘는 위법성 및 양자 간의 인과관계 충족 여부가 논의되어야 한다.

(2) 요건충족 여부

1) 관련 법리 - 가해자가 어떤 유해한 원인물질을 배출한 사실, 유해의 정도가 사회통념상 참을 한도를 넘는다는 사실, 그것이 피해물건에 도달한 사실, 그 후 피해자에게 손해가 발생한 사실에 관한 증명책임은 피해자가 부담한다.

2) 위법성 (수인한도론)

① 관련 법리 - 불법행위 성립요건으로서 위법성의 판단 기준은 유해 정도가 사회생활상 통상의 수인한도를 넘는지 여부에 따라 판단한다.

② **판례** - 수인한도 기준을 결정할 때는 일반적으로 침해되는 권리나 이익의 성질과 침해 정도뿐만 아니라 침해행위가 갖는 공공성의 내용과 정도, 지역 환경의 특수성, 공법적인 규제에 의하여 확보하려는 환경기준, 침해를 방지 또는 경감시키거나 손해를 회피할 방안의 유무 및 난이도 등 여러 사정을 종합적으로 고려하여 구체적 사건에 따라 개별적으로 결정하여야 한다.

③ **사안의 경우** - 경마공원은 오락적 기능을 갖고, 사해성을 적절하게 통제할 수 있다는 점에서 공공성을 갖는다. 다만, 甲은 모래의 결빙을 방지하기 위하여 이 사건 경마공원의 경주로에 다량의 소금을 뿌렸고, 이는 땅속으로 스며들어 지하수로 유입되었으며, 乙이 사용한 지하수의 염소이온농도는 농업용수 수질기준인 250mg/L을 초과하거나 이에 근접한 수치이다. 지하수는 이 사건 경마공원 북쪽에서 乙의 화훼농원이 위치한 곳을 흐르고 있으므로, 다량의 소금 유입은 乙이 사용하는 지하수 염소이온농도의 상승에 영향을 미쳤고, 인근 화훼농가인 乙이 재배하고 있던 분재와 화훼가 고사한 것은, 설시한 사정을 종합적으로 고려해 볼 때 수인한도를 넘는 위법한 행위로 판단된다.

3) 인과관계 (개연성 이론)

① **관련 법리** - 환경피해의 가해행위와 손해사이의 인과관계 증명을 완화해주기 위해 개연성이론, 간접반증이론들이 적용된다.

② **판례** - 피해자에게 인과관계의 존재에 관하여 엄밀한 증명을 요구하는 것은 공해로 인한 사법적 구제를 사실상 거부하는 결과가 될 우려가 있으므로 가해기업이 어떠한 유해한 원인물질을 배출하고 그것이 피해물건에 도달하여 손해가 발생하였다면 가해자 측에서 그것이 무해하다는 것을 입증하지 못하는 한 책임을 면할 수 없다.

③ **사안의 경우** - 환경관리공단의 지하수 환경 조사결과, 甲이 경주로에서 사용한 염분에 의한 오염물질이 지하수로 흘러 들어가 인근 지역으로 이동하였을 가능성이 추정되었고, 그러한 요소들이 화훼농가가 재배하고 있는 분재와 화훼 등의 고사에 영향을 미친 것으로 확인되었는바, 甲이 무해하다는 사실을 입증하지 못하는 한 책임을 져야 한다.

3. 민법 제750조의 불법행위로 인한 손해배상 청구

(1) **관련 조문** - 고의 또는 과실로 인한 위법행위로 타인에게 손해를 가한 자는 그 손해를 배상할 책임이 있다(민법 제750조).

(2) **사안의 경우** - 상술한 요건뿐만 아니라 가해자 甲의 고의, 과실을 피해자 乙이 증명하여 민법 제750조의 불법행위 손해배상 책임을 물을 수 있다.

4. 양자 간의 관계

(1) **관련 법리** - 두 청구권 모두를 인정해야 한다는 청구권경합설과 환경정책기본법 제44조 제1항에 의한 손해배상청구권만 인정되어야 한다는 법조경합설의 논의가 있다.

(2) **판례** - 환경정책기본법 제44조 제1항의 규정은 손해의 책임과 발생에 관한 입증책임을 환경오염을 발생시키는 사업자에게 지우는 것으로서 민법 제750조에 대한 특별규정이라고 보아야 하므로

환경오염으로 인한 손해배상사건에 관하여는 그 피해자가 위 법률의 적용을 구하는 주장을 하였는지 여부를 가리지 아니하고 민법상의 손해배상 규정에 우선하여 적용하여야 한다.

(3) **검토 및 사안의 경우** – 환경정책기본법에 따른 무과실책임 조항이 민법에 따른 불법행위책임 규정과의 관계에서 특별법적 지위에 있는 것이 분명하고, 환경정책기본법에서는 민법상의 과실책임과 달리 고의·과실 유무와 관계없이 가해자의 손해배상책임을 인정한다는 점에서 피해자의 두터운 보호가 가능하다는 점 등에서 법조경합설에 따라 乙이 甲을 상대로 환경정책기본법 제44조 제1항에 따른 손해배상을 청구하는 것이 입증책임 측면에서 수월한 것으로 보인다.

5. 결론

乙은 甲을 상대로 환경정책기본법 제44조 제1항에 또는 민법 제750조에 의한 불법행위책임에 의한 손해배상 청구가 가능하다.

문제해설 [2021년 제2차 제2문] 문제 2. 해설

1. 문제
甲의 책임감경 사유로 (1) 과실상계 유추 적용 여부, (2) 자연력 기여 여부가 문제 된다.

2. 과실상계 유추 적용 여부

(1) **관련 조문** - 불법행위 손해배상책임에 관하여 채권자에게 과실이 있는 때에는 법원은 손해배상의 책임 및 그 금액을 정함에 이를 참작하여야 한다(민법 제393조, 제763조).

(2) **판례** - 가해행위와 피해자 측의 요인이 경합하여 손해가 발생하거나 확대된 경우 피해자 측의 귀책사유와 무관한 것이라고 할지라도 가해자에게 손해의 전부를 배상시키는 것이 공평의 이념에 반하는 경우에는 법원은 배상액을 정하면서 과실상계의 법리를 유추적용하여 손해의 발생이나 확대에 기여한 피해자 측의 요인을 참작할 수 있다.

(3) **사안의 경우** - 乙이 분재와 화훼를 재배·경작할 때 지하수의 수질뿐만 아니라 토양, 기온, 비료 그리고 병충해 등 다양한 요소들이 생장과 고사에 영향을 미치는 점 등을 고려하여야 하는바, 과실상계 법리를 유추적용하여 甲의 책임이 제한될 수 있다.

3. 자연력 기여 여부

(1) **의의** - 피해자가 입은 손해가 자연력과 가해자의 과실행위가 경합되어 발생된 경우 배상범위는 손해의 공평한 부담이라는 견지에서 손해발생에 대하여 자연력이 기여하였다고 인정되는 부분을 공제한 나머지 부분으로 제한하여야 한다.

(2) **사안의 경우** - 2019년 겨울의 한파로 인해 乙의 손해에 영향을 미친 것으로 확인되었고, 한파에 따른 손해에 대하여 가해자 측의 사전예방을 기대할 수 없는바, 자연력 기여분은 손해배상액 산정시 책임감경 사유로 참작하여야 한다.

4. 결론
甲은 책임감경 사유로 과실상계 및 자연력 기여 등을 주장할 수 있다.

문제해설 [2021년 제2차 제2문] 문제 3. 해설

1. 문제
(1) 유지청구의 법적 근거, (2) 유지청구 요건충족 여부가 문제 된다.

2. 유지청구의 법적 근거

(1) **의의** – 환경상의 가해행위가 계속됨으로 인하여 손해가 발생되거나 발생할 우려가 있는 경우 손해를 제거하거나 예방하기 위하여 가해행위의 소극적 또는 적극적 중지를 구하는 것이다.

(2) **학설** – ① **물권적 청구권설** : 민법상의 소유권 또는 점유권에 근거하여 유지청구를 할 수 있다. ② **불법행위설** : 민법 제750조를 근거로 손해배상뿐만 아니라 유지청구도 할 수 있다. ③ **환경권설** : 헌법 제35조 제1항에 근거하여 직접 유지청구를 할 수 있다. ④ **상린관계설** : 민법 제217조를 근거로 유지청구가 가능하다.

(3) **판례** – 건물의 소유자 또는 점유자가 인근의 소음으로 인하여 정온하고 쾌적한 일상생활을 영유할 수 있는 생활이익이 침해되고 그 침해가 사회통념상 수인한도를 넘어서는 경우에 건물의 소유자 또는 점유자는 그 소유권 또는 점유권에 기하여 소음피해의 제거나 예방을 위한 유지청구를 할 수 있다.

(4) **사안의 경우** – 乙은 화훼농가를 운영하는 자로서 소유권 또는 점유권에 기하여 甲의 경마장 운영으로 발생하는 토양 및 수질오염을 예방을 위한 유지청구를 할 수 있다.

3. 유지청구 요건충족여부

(1) **요건** – ① 피해의 성질과 정도에 비추어 금전적 평가가 곤란, ② 사후 금전보상으로 피해회복이 어렵고, ③ 피해가 계속적이며 중대명백하고, ④ 피해가 수인한도를 초과할 것을 요한다.

(2) **수인한도의 판단** – 위법성 단계설

  1) 의의 – 유지청구의 수인한도 기준은 손해배상청구의 수인한도와 다르게 훨씬 높아야 한다.

  2) 판례

   ① 소음으로 인하여 입은 환경 등 생활이익의 침해를 이유로 일정 한도를 초과하는 소음이 유입되지 않도록 하라는 내용의 유지청구 소송에서 그 침해가 사회통념상 일반적으로 수인할 정도를 넘어서는지의 여부는 피해의 성질 및 정도, 피해이익의 공공성, 가해행위의 태양, 가해행위의 공공성, 가해자의 방지조치 또는 손해회피의 가능성, 인·허가 관계 등 공법상 기준에의 적합 여부, 지역성, 토지이용의 선후관계 등 모든 사정을 종합적으로 고려하여 판단하여야 한다.

   ② 소음으로 인한 생활방해를 원인으로 소음의 예방 또는 배제를 구하는 방지청구는 금전배상을 구하는 손해배상청구와는 내용과 요건을 서로 달리하는 것으로 방지청구는 인용될 경우 소송 당사자뿐 아니라 제3자의 이해관계에도 중대한 영향을 미칠 수 있어, 법원은 해당 청구가 인용될 경우에 당사자가 받게 될 이익과 상대방 및 제3자가 받게 될 불이익 등을 고려한다.

3) 사안의 경우
① **피해의 성질과 정도에 비추어 금전적 평가의 곤란** - 화훼농가의 고사로 인한 피해는 식물의 재배 방식과 속도를 고려할 때, 금전적 평가가 곤란한 점이 있다.
② **사후 금전보상으로 인한 피해회복** - 乙의 피해는 수질 및 토양 오염이 지속되는 측면이 있어 단순 금전보상으로 완전히 회복하기 어렵다.
③ **피해가 계속적이고 중대 명백할 것** - 경마공원 운영이 갖는 공공성을 고려할 때 앞으로 경마공원 운영 중단이 현실적으로 이루어지기 어려운바, 이로 인한 피해는 계속적이고 중대 명백할 것으로 예상된다.
④ **피해의 수인한도 초과여부** - 분재와 화훼가 고사된 점에서 수인한도를 넘는 피해가 발생하였다.

4. 결론

乙이 甲을 상대로 유지청구권을 행사할 경우, 이 사건 경마공원 운영으로 인한 공익적 측면을 고려해 볼 때 경마공원 운영 정지와 같은 유지청구의 전면적 허용은 어렵고, 결빙방지를 위한 물질로 소금이 아닌 대체제를 사용하는 방식을 실시하는 형태로 변형되어 인용될 가능성이 크다.

2019년도 제1회 변호사시험 모의시험

〈제2문〉

甲주택조합(이하 "甲"이라 한다)은 A시 000동 000번지 일대 80,000㎡ 부지에 6개동 612세대 아파트 건축을 시작하였다. 乙은 아파트공사 현장에 인접한 단독주택에 거주하면서 문구점을 운영하고 있다. 해당 지역은 학교, 단독주택, 상가 등이 혼재되어 있고 토지이용계획상 제2종 일반주거지역이다. 乙의 주택은 甲의 아파트 건물의 북쪽 방향으로 약 30m 이격되어 있다. 丙은 해당 지역에 소재한 초등학교에 재학 중인 학생이다.

乙은 甲 공사현장의 각종 건설 중장비의 사용으로 인한 진동이 집까지 전달되고, 공사장에서 발생한 먼지 때문에 창문을 열지 못하고 빨래를 밖에 널지 못해서 실내공기가 항상 탁하여 집에서 편히 쉴 수 없는 피해를 호소하고 있다. 더욱이 아파트가 건설되면서 일조량이 거의 반 이상 줄어들어 낮에도 전등을 켜야 하고 난방이 필요한 환경으로 변하였음을 주장하고 있다.

甲의 공사장은 비산먼지 신고대상 사업장으로서 甲은 공사기간 중「대기환경보전법」에 따라 방진대책으로 분진막을 설치하였고, 이동식 살수기·스프링클러 등을 설치 운영하였고 乙이 제기한 민원에 의해 A시 소속공무원이 甲의 공사장을 지도점검(소음·진동, 먼지)하였으나 행정처분은 없이 행정지도로 종결되었다.

乙이 전문기관에 의뢰하여 소음 및 진동의 정도를 측정한 결과, 장비로 인한 소음도는 최대 69dB(A), 진동도는 최대 58dB(V)로 나타났다. 甲의 아파트 건물골조완성이후 乙의 주택의 일조시간은 동짓날 기준 (11:36∽17:40)에서 (11:36∽14:23)으로 감소하였다. 丙이 재학 중인 학교 교실 역시 甲의 공사로 인해 일조시간이 동짓날 기준 (9:30∽15:40)에서 (14:36∽15:40)으로 감소하였다.

2. 乙이 甲을 상대로 소음·진동, 먼지, 일조방해로 인한 피해에 대하여 손해배상청구를 하는 경우 다투어질 쟁점을 검토하시오. (40점)

3. 丙이 甲을 상대로 공사중지를 구하는 경우, 청구의 근거와 승소가능성을 검토하시오. (20점)

【관련 법령】
「소음진동관리법 시행규칙」 별표 8
생활소음 규제기준: 주거지역의 공사장 - 주간 65dB(A) 이하, 야간 50dB(A) 이하
생활진동 규제기준: 주거지역 - 주간 65dB(V) 이하, 야간 60dB(V) 이하

문제해설 [2019년 제1차 제2문] 문제 2. 해설

1. 문제

乙이 甲을 상대로 환경정책기본법 제44조 제1항에 의한 원인자의 무과실책임에 의하여, 그리고 민법 제750조 제1항에 근거한 불법행위로 인한 손해배상청구권을 행사할 수 있으며, 각 청구권 행사의 경우 요건충족 여부가 문제 된다.

2. 환경정책기본법 제44조 제1항에 의한 손해배상청구

(1) 환경오염피해에 대한 무과실책임

1) 관련 조문 - 환경오염 또는 환경훼손으로 피해가 발생한 경우에는 해당 환경오염 또는 환경훼손의 원인자가 그 피해를 배상하여야 한다(환경정책기본법 제44조 제1항).

2) 판례 - 환경정책기본법 제44조 제1항은 불법행위 규정에 대한 특별 규정으로서, 환경오염 또는 환경훼손의 피해자가 원인자에게 손해배상을 청구할 수 있는 근거규정이다. 따라서 환경오염 또는 환경훼손으로 피해가 발생한 때에는 원인자는 환경정책기본법 제44조 제1항에 따라 귀책사유가 없더라도 피해를 배상하여야 한다.

3) 사안의 경우

① 원인자는 환경오염으로부터 피해발생이라는 연속적인 인과과정에 참여하거나 그 요인을 제공한 자로서 사업자는 당연히 포함되는바, 이 사건 공사를 진행하는 甲은 원인자에 해당한다.

② 환경오염이란 사업활동 및 그 밖의 사람의 활동에 의하여 발생하는 대기오염, 수질오염, 토양오염, 해양오염, 방사능오염, 소음·진동, 악취, 일조 방해, 인공조명에 의한 빛공해 등으로서 사람의 건강이나 환경에 피해를 주는 상태를 말하는 것으로서, 甲의 사업활동에 의하여 소음·진동, 일조방해가 발생하고 건강이나 환경에 피해를 주는 상태가 야기된 것인바, 환경오염에 해당한다.

③ 따라서, 원인자 甲에서 야기한 환경오염으로 인해 乙의 소음·진동으로 인한 피해, 건축물 완성 이후 일조량이 줄어드는 피해가 발생하여, 가해행위와 피해발생사실이 인정되는바, 이에 관한 위법성 및 양자 간의 인과관계 충족 여부가 논의되어야 한다.

(2) 요건충족 여부

1) 위법성 (수인한도론)

① 관련 법리 - 불법행위 성립요건으로서 위법성의 판단 기준은 유해 정도가 사회생활상 통상의 수인한도를 넘는지 여부에 따라 판단한다.

② 판례

ㄱ) 수인한도 기준을 결정할 때는 일반적으로 침해되는 권리나 이익의 성질과 침해 정도뿐만 아니라 침해행위가 갖는 공공성의 내용과 정도, 지역 환경의 특수성, 공법적인 규제에 의하여 확보하려는

환경기준, 침해를 방지 또는 경감시키거나 손해를 회피할 방안의 유무 및 난이도 등 여러 사정을 종합적으로 고려하여 구체적 사건에 따라 개별적으로 결정하여야 한다.

ㄴ) 동지를 기준으로 오전 9시부터 오후 3시까지 사이의 6시간 중 일조시간이 연속하여 2시간 이상 확보되는 경우 또는 동지를 기준으로 오전 8시부터 오후 4시까지 사이의 8시간 중 일조시간이 통틀어 4시간 이상 확보되는 경우에는 일응 수인한도를 넘지 않는 것으로, 위 두 가지 중 어느 것에도 속하지 않는 일조방해의 경우에는 일응 수인한도를 넘는 것으로 본다.

③ **사안의 경우** - 乙은 甲의 아파트 건축공사 현장에 인접한 단독주택에 거주하는 주민으로 공사장에서 발생하는 소음, 진동, 먼지, 일조방해로 인해 환경상 이익의 피해를 입었다. 甲 주택조합의 아파트 건설은 도시주거 환경을 개선하는 부분에서 공공성이 인정될 수 있으나, <u>전문기관에서 소음 및 진동을 측정한 결과 최대소음도는 69db(A)로 기준치 65db(A)를 초과하였고, 진동도는 58db(V)로 기준치 65db(V)를 이하로 나타났으며, 일조방해는 甲의 건축 이후에도 동지를 기준으로 연속하여 2시간 이상 일조가 보장되었는바, 소음 부분만 공법적 환경기준에 위배된 것으로 판단된다.</u>

먼지는 분진막, 이동식살수기, 스프링클러를 설치 운영한 점에서 비산먼지와 관련한 조치를 취하였으나, 공법상 기준을 넘는 소음 부분으로 인한 손해를 방지하기 위해 저소음 공사장비를 사용하는 등의 방안이 존재함에도 하지 않았다. 따라서, 甲의 행위는 위에서 설시한 사정을 종합적으로 고려하여 볼 때 소음 부분에서 사회통념상 乙에게 요구되는 수인한도를 초과하는 위법행위다.

2) 인과관계 (개연성 이론)

① **관련 법리** - 환경피해의 가해행위와 손해사이의 인과관계 증명을 완화해주기 위해 개연성 이론, 간접반증이론들이 적용된다.

② **판례** - 피해자에게 인과관계의 존재에 관하여 엄밀한 증명을 요구하는 것은 공해로 인한 사법적 구제를 사실상 거부하는 결과가 될 우려가 있으므로 가해기업이 어떠한 유해한 원인물질을 배출하고 그것이 피해물건에 도달하여 손해가 발생하였다면 가해자 측에서 그것이 무해하다는 것을 입증하지 못하는 한 책임을 면할 수 없다.

③ **사안의 경우** - 乙은 甲의 건설현장에서 수인한도를 초과하는 소음이 발생되어 피해가 발생하였음을 입증하면 개연성 이론에 따라 인과관계는 인정되고, 이에 甲은 공사장에서 발생하는 소음과 乙의 손해 사이에 관련이 없음을 입증하지 못하는 한 책임을 면할 수 없다.

3. 민법 제750조의 불법행위로 인한 손해배상 청구

(1) **관련 조문** - 고의 또는 과실로 인한 위법행위로 타인에게 손해를 가한 자는 그 손해를 배상할 책임이 있다(민법 제750조).

(2) **사안의 경우** - 상술한 요건뿐만 아니라 가해자 乙의 고의, 과실을 피해자 甲이 증명하여 민법 제750조의 불법행위 손해배상 책임을 물을 수 있다.

4. 양자 간의 관계

(1) **관련 법리** – 두 청구권 모두를 인정해야 한다는 청구권경합설과 환경정책기본법 제44조 제1항에 의한 손해배상청구권만 인정되어야 한다는 법조경합설의 논의가 있다.

(2) **판례** – 환경정책기본법 제44조 제1항의 규정은 손해의 책임과 발생에 관한 입증책임을 환경오염을 발생시키는 사업자에게 지우는 것으로서 민법 제750조에 대한 특별규정이라고 보아야 하므로 환경오염으로 인한 손해배상사건에 관하여는 그 피해자가 위 법률의 적용을 구하는 주장을 하였는지 여부를 가리지 아니하고 민법상의 손해배상 규정에 우선하여 적용하여야 한다.

(3) **검토 및 사안의 경우** – 환경정책기본법에 따른 무과실책임 조항이 민법에 따른 불법행위책임 규정과의 관계에서 특별법적 지위에 있는 것이 분명하고, 환경정책기본법에서는 민법상의 과실책임과 달리 고의·과실 유무와 관계없이 가해자의 손해배상책임을 인정한다는 점에서 피해자의 두터운 보호가 가능하다는 점 등에서 법조경합설에 따라 乙이 甲을 상대로 환경정책기본법 제44조 제1항에 따른 손해배상을 청구하는 것이 입증책임 측면에서 수월한 것으로 보인다.

5. 결론

乙이 甲을 상대로 환경정책기본법 제44조 제1항에 또는 민법 제750조에 의한 불법행위책임에 의한 손해배상 청구할 경우, 수인한도를 넘는 위법성과 가해행위와 피해사이의 인과관계 주요 쟁점이 된다.

문제해설 [2019년 제1차 제2문] 문제 3. 해설

1. 문제
(1) 유지청구의 법적근거, (2) 丙이 일조이익의 향유주체인지 여부가 문제된다.

2. 유지청구의 법적근거
(1) **의의** - 환경상의 가해행위가 계속됨으로 인하여 손해가 발생되거나 발생할 우려가 있는 경우 손해를 제거하거나 예방하기 위하여 가해행위의 소극적 또는 적극적 중지를 구하는 것이다.

(2) **학설** - ① 물권적 청구권설, ② 불법행위설, ③ 환경권설, ④ 상린관계설.

(3) **판례** - 건물의 소유자 또는 점유자가 인근의 소음으로 인하여 정온하고 쾌적한 일상생활을 영위할 수 있는 생활이익이 침해되고 그 침해가 사회통념상 수인한도를 넘어서는 경우에 건물의 소유자 또는 점유자는 그 소유권 또는 점유권에 기하여 소음피해의 제거나 예방을 위한 유지청구를 할 수 있다.

(4) **사안의 경우** - 공사현장 근처에 위치한 초등학교에 재학 중인 학생 丙이 유지청구를 청구할 수 있는 법적 지위에 있는지가 논의되어야 한다.

3. 丙이 일조이익의 향유주체인지 여부
(1) **판례**
  1) 일조권 침해에 있어 객관적인 생활이익으로서 일조이익을 향유하는 '토지의 소유자 등'은 토지 소유자, 건물소유자, 지상권자, 전세권자 또는 임차인 등의 거주자를 말하는 것으로서, 당해 토지·건물을 일시적으로 이용하는 것에 불과한 사람은 이러한 일조이익을 향유하는 주체가 될 수 없다.
  2) 초등학교 학생들은 공공시설인 학교시설을 방학기간이나 휴일을 제외한 개학기간 중, 그것도 학교에 머무르는 시간 동안 일시적으로 이용하는 지위에 있을 뿐이고, 학교를 점유하면서 지속적으로 거주하고 있다고 할 수 없어서 생활이익으로서의 일조권을 법적으로 보호받을 수 있는 지위에 있지 않다.

(2) **사안의 경우**
  1) 丙은 동짓날을 기준으로 연속하여 2시간 이상 일조가 보장되지 않았는바, 수인한도를 넘는 일조권침해가 인정된다.
  2) 초등학생 丙이 공공시설인 학교시설을 일시적으로 이용하는 지위에 있을 뿐이므로 일조권을 향유하거나 보호할 수 있는 지위에 있지 않다.

4. 결론
丙이 甲을 상대로 일조권의 침해를 이유로 공사 중지를 청구하는 경우, 일조이익 향유 주체로 인정될 수 없는 바, 승소하기 어렵다.

2018년도 제1회 변호사시험 모의시험

〈제2문〉

甲은 2000년부터 한우 농장을 경영해왔다. 그 후 한국철도시설공단(이하 "시설공단")이 농장 주변 지역에 철도를 건설, 1일 24회 정도 열차가 통행하고 있다. 시설공단은 철로의 건설·관리를 맡고 있다. 한국철도공사(이하 "철도공사")는 여객·화물 운송을 맡고 있는데, 최근 들어 운행 지연으로 승객들로부터 클레임이 수차례 제기되자 내부규정상의 운영최고속도를 종종 초과해 운행하곤 하였다. 철도 개설 이후 위 농장에서 사육 중인 한우들에 유·사산, 성장지연 등의 피해가 발생하였다. 농장과 철로 사이의 직선거리는 62.5m에 불과한데 소음·진동 방지를 위한 방지대책은 전혀 없다. 위 농장에서 24시간 동안 소음 및 진동을 측정한 결과, 최대소음도는 63.8~81.8dB(A), 5분 등가소음도는 51.0~67.7dB(A)였고, 최대진동도는 39.5~ 67.2dB(V)이었다. 그리고 항공기가 통과하면서 발생한 소음·진동이 20% 정도 영향을 미친 것으로 나타났다. 甲은 한우 피해가 계속 발생하자 사육중인 한우를 모두 처분하고 농장을 폐업한 후 위 철도공사와 시설공단을 상대로 각각 손해배상을 청구하고자 한다.

그런데 철도공사는 적법한 철도운행을 했으므로 책임이 없거나 피해발생에의 기여를 한도로 책임이 제한되어야 한다고 주장한다. 시설공단은 자신은 소음·진동의 발생원인자가 아니므로 책임이 없다고 주장한다.

「환경정책기본법」상의 소음환경기준은 항공기소음, 철도소음 및 건설작업 소음에는 적용되지 않는다(법 시행령 "별표 중 '2. 소음' 중 비고 3"). 또 「소음·진동관리법」은 "항공기소음과 관련하여서는 소음한도기준(법 제39조 및 같은 법 시행령 제9조)을 정하고 있으나, 철도소음과 관련하여서는 철도차량 자체에 대한 소음기준을 정하도록 권고하고(법 제45조의2) 있을 뿐이다. 한편 환경부 산하 중앙환경분쟁조정위원회는 '철도 소음·진동으로 인한 가축 피해 평가방법 및 배상액 산정기준'을 다음과 같이 정하고 있다.

가축 피해 현황	평가방법	피해인정기준
폐사, 유·사산, 부상 등	최대음압(LAmax)	- 소음: 60dB(A)
성장 지연, 수태율 저하, 산자수 감소, 생산성 저하등	5분 등가음압(LAeq, 5min)	- 진동: 57dB(V) (0.02cm/sec)

1. 甲의 한국철도공사에 대한 손해배상청구소송에서 각 쟁점과 승소가능성을 검토하시오. (35점)
2. 甲의 한국철도시설공단에 대한 손해배상청구소송에서 각 쟁점과 승소가능성을 검토하시오. (25점)

문제해설 [2018년 제1차 제2문] 문제 1. 해설

1. 문제

甲이 한국철도공사를 상대로 환경정책기본법 제44조 제1항에 의한 원인자의 무과실책임에 의하여, 그리고 민법 제750조 제1항에 근거한 불법행위로 인한 손해배상청구권을 행사할 수 있으며, 각 청구권 행사의 경우 요건충족 여부가 문제 된다.

2. 환경정책기본법 제44조 제1항에 의한 손해배상청구

(1) 환경오염피해에 대한 무과실책임

1) 관련 조문 – 환경오염 또는 환경훼손으로 피해가 발생한 경우에는 해당 환경오염 또는 환경훼손의 원인자가 그 피해를 배상하여야 한다(환경정책기본법 제44조 제1항).

2) 판례 – 환경정책기본법 제44조 제1항은 불법행위 규정에 대한 특별 규정으로서, 환경오염 또는 환경훼손의 피해자가 원인자에게 손해배상을 청구할 수 있는 근거규정이다. 따라서 환경오염 또는 환경훼손으로 피해가 발생한 때에는 원인자는 환경정책기본법 제44조 제1항에 따라 귀책사유가 없더라도 피해를 배상하여야 한다.

3) 사안의 경우
① 원인자는 환경오염으로부터 피해발생이라는 연속적인 인과과정에 참여하거나 그 요인을 제공한 자로서 사업자는 당연히 포함되는바, 여객·화물 운송을 하고 있는 한국철도공사는 원인자에 해당한다.

② 환경오염이란 사업활동 및 그 밖의 사람의 활동에 의하여 발생하는 대기오염, 수질오염, 토양오염, 해양오염, 방사능오염, 소음·진동, 악취, 일조 방해, 인공조명에 의한 빛공해 등으로서 사람의 건강이나 환경에 피해를 주는 상태를 말하는 것으로서, 철도공사의 사업활동에 의하여 소음·진동이 발생하고 건강이나 환경에 피해를 주는 상태가 야기된 것인바, 환경오염에 해당한다.

③ 따라서, 원인자 철도공사의 철도운행으로 발생하는 소음·진동으로 사육 중인 한우들에 유·사산. 성장지연 등의 피해가 발생하여, 가해행위와 피해발생 사실이 인정되는바, 이에 관한 수인한도를 넘는 위법성 및 양자 간의 인과관계 충족 여부가 논의되어야 한다.

(2) 요건충족 여부

1) 요건 – 가해자가 어떤 유해한 원인물질을 배출한 사실, 유해의 정도가 사회통념상 참을 한도를 넘는다는 사실, 그것이 피해물건에 도달한 사실, 그 후 피해자에게 손해가 발생한 사실에 관한 증명책임은 피해자가 부담한다.

2) 위법성 (수인한도론)
① 관련 법리 – 불법행위 성립요건으로서 위법성의 판단 기준은 유해 정도가 사회생활상 통상의 수인한도를 넘는지 여부에 따라 판단한다.

② **판례** - 수인한도 기준을 결정할 때는 일반적으로 침해되는 권리나 이익의 성질과 침해 정도뿐만 아니라 침해행위가 갖는 공공성의 내용과 정도, 지역 환경의 특수성, 공법적인 규제에 의하여 확보하려는 환경기준, 침해를 방지 또는 경감시키거나 손해를 회피할 방안의 유무 및 난이도 등 여러 사정을 종합적으로 고려하여 구체적 사건에 따라 개별적으로 결정하여야 한다.

③ **사안의 경우** - 철도공사는 여객·화물 운송 행위는 공공서비스로 판단되지만, 최근 들어 운행 지연으로 승객들로부터 클레임이 수차례 제기되자 내부규정상의 운영최고속도를 종종 초과해 운행하곤 하여 甲은 운영하는 한우 농장에 더 큰 소음과 진동을 발생시켰다. 위 농장에서 24시간 동안 소음 및 진동을 측정한 결과, 최대소음도는 63.8~81.8dB(A), 5분 등가소음도는 51.0~67.7dB(A)였고, 최대진동도는 39.5~67.2dB(V)이었다. 이러한 소음수준은 환경부 산하 중앙환경분쟁조정위원회는 '철도소음·진동으로 인한 가축 피해 평가방법 및 배상액 산정기준에서 피해인정기준인 소음: 60dB(A), 진동: 57dB(V) (0.02cm/sec) 크게 초과하는 것으로 공법적인 규제에 의해 확보하려는 최소한의 환경기준을 준수하지 못하고 있다. 이러한 소음진동발생 과정에서 농장과 철로 사이의 직선거리는 62.5m에 불과한데 소음·진동 방지를 위한 방지대책은 전혀 없다. 그럼에도 철도공사는 소음 및 진동을 방지하기 위해 운행횟수를 줄이거나 한우농장 근처에서 속도제한규정을 준수할 수 있음에도 이를 실천하지 않았다. 그렇다면, 철도공사의 행위는 위에서 설시한 사정을 종합적으로 고려하여 볼 때 사회통념상 甲에게 요구되는 소음으로 인한 수인한도를 초과하는 행위로 판단되는바, 철도공사의 행위는 위법하다.

3) 인과관계 (개연성 이론)

① **관련 법리** - 환경피해의 가해행위와 손해사이의 인과관계 증명을 완화해주기 위해 개연성 이론, 간접반증이론들이 적용된다.

② **판례** - 피해자에게 인과관계의 존재에 관하여 엄밀한 증명을 요구하는 것은 공해로 인한 사법적 구제를 사실상 거부하는 결과가 될 우려가 있으므로 가해기업이 어떠한 유해한 원인물질을 배출하고 그것이 피해물건에 도달하여 손해가 발생하였다면 가해자 측에서 그것이 무해하다는 것을 입증하지 못하는 한 책임을 면할 수 없다.

③ **사안의 경우** - 피해발생의 다른 부가원인 즉, 항공기가 통과하면서 발생한 소음·진동이 20% 정도 영향을 미친 것으로 나타났다 하더라도 전적으로 그것으로 인하여 발생하였다는 점이 증명되지 않는 한 철도 소음·진동과의 인과관계는 단절되지 아니한다.

3. 민법 제750조의 불법행위로 인한 손해배상 청구

(1) **관련 조문** - 고의 또는 과실로 인한 위법행위로 타인에게 손해를 가한 자는 그 손해를 배상할 책임이 있다(민법 제750조).

(2) **사안의 경우** - 상술한 요건뿐만 아니라 가해자 철도공사의 고의, 과실을 피해자 甲이 증명하여 민법 제750조의 불법행위 손해배상 책임을 물을 수 있다.

4. 양자 간의 관계

(1) **관련 법리** – 두 청구권 모두를 인정해야 한다는 청구권경합설과 환경정책기본법 제44조 제1항에 의한 손해배상청구권만 인정되어야 한다는 법조경합설의 논의가 있다.

(2) **판례** – 환경정책기본법 제44조 제1항의 규정은 손해의 책임과 발생에 관한 입증책임을 환경오염을 발생시키는 사업자에게 지우는 것으로서 민법 제750조에 대한 특별규정이라고 보아야 하므로 환경오염으로 인한 손해배상사건에 관하여는 그 피해자가 위 법률의 적용을 구하는 주장을 하였는지 여부를 가리지 아니하고 민법상의 손해배상 규정에 우선하여 적용하여야 한다.

(3) **검토 및 사안의 경우** – 법조경합설에 따라 甲이 철도공사를 상대로 환경정책기본법 제44조 제1항에 따른 손해배상을 청구하는 것이 입증책임 측면에서 수월한 것으로 보인다.

5. 공동불법행위책임성부 – 환경정책기본법 제44조 제2항 성부

(1) **관련 조문** – 환경오염 또는 환경훼손의 원인자가 둘 이상인 경우에 어느 원인자에 의하여 환경오염에 따른 피해가 발생한 것인지를 알 수 없을 때에는 각 원인자가 연대하여 배상하여야 한다(환경정책기본법 제44조 제2항).

(2) **사안의 경우** – 철도공사와 시설공단의 객관적 행위가 공동하여 甲의 손해를 발생시켰는바, 부진정연대채무에 따른 책임을 지고, 피해자는 각 공동행위자들을 상대로 환경침해에 대한 비율의 고려 없이 임의의 행위자에 대하여 손해 전액을 청구할 수 있으며, 행위자들 사이의 책임의 분담관계는 내부관계의 구상문제로 처리하면 된다.

6. 결론

甲은 철도공사를 상대로 상술한 쟁점을 입증한다면, 환경정책기본법 제44조 제1항에 의한 손해배상청구가 가능하다.

문제해설 [2018년 제1차 제2문] 문제 2. 해설

1. 문제
(1) 시설공단이 환경정책기본법 제44조 제1항의 환경오염 원인자 해당하는지 여부, (2) 민법 제758조 공작물책임 성부가 문제된다.

2. 시설공단이 환경정책기본법 제44조 제1항의 환경오염 원인자 해당하는지 여부

(1) **관련 조문** – 환경오염 또는 환경훼손으로 피해가 발생한 경우에는 해당 환경오염 또는 환경훼손의 원인자가 그 피해를 배상하여야 한다(환경정책기본법 제44조 제1항).

(2) **판례** – 사업자는 피해의 원인인 오염물질을 배출할 당시 사업장을 운영하기 위하여 비용을 조달하고 이에 관한 의사결정을 하여 사업장을 사실상·경제상 지배하는 자를 의미하고, 원인자는 자기의 행위 또는 사업 활동을 위하여 자기의 영향을 받는 사람의 행위나 물건으로 환경오염을 야기한 자를 의미하는바, 환경오염이 발생된 사업장의 사업자는 일반적으로 원인자에 포함된다.

(3) **사안의 경우** – 시설공단은 철도공사와 함께 환경정책기본법 제44조 제1항에서 정한 오염원인자에 해당한다.

3. 민법 제758조 공작물 책임성부

(1) **관련 조문** – 공작물의 설치 또는 보존의 하자로 인하여 타인에게 손해를 가한 때에는 손해를 배상할 책임이 있다(민법 제758조 1항).

(2) **기능적 하자의 존재**

  1) 의의 – 하자는 물적 하자뿐만 아니라 이용 상태 및 정도가 일정한 한도를 초과하여 제3자에게 사회통념상 참을 수 없는 피해를 입히는 경우 즉, 이용상 하자까지 포함된다.

  2) 판례 – 수인한도의 기준은 침해되는 권리나 이익의 성질과 침해의 정도뿐만 아니라 침해행위가 갖는 공공성의 내용과 정도, 그 지역 환경의 특수성, 공법적인 규제에 의하여 확보하려는 환경기준, 침해를 방지 또는 경감시키거나 손해를 회피할 방안의 유무 및 그 난이도 등을 종합적으로 고려하여 개별적으로 결정한다.

  3) 사안의 경우 – 이 사건 철로의 설치·관리자인 시설공단은 철로 건설 후에도 이를 관리하면서 열차 운행으로 인하여 참을 한도를 넘는 소음·진동 피해가 발생하지 않도록 하여야 할 주의의무가 있음에도 시설공단이 이러한 주의의무를 다하지 않아 철로를 통한 열차 운행으로 인해 참을 한도를 넘는 피해가 발생한 경우에는 하자의 존재가 인정된다.

(3) **소결** – 시설공단은 민법 제758조 제1항에 따라 그 손해를 배상할 책임이 있다.

4. 결론
(1) 한국철도시설공단은 환경정책기본법상 오염원인자에 해당한다.

(2) 한국철도시설공단은 철로설치 관리자로서 철로의 기능적 하자로 甲에게 수인한도를 초과하는 피해를 발생시켰다.

(3) 甲의 한국철도시설공단에 대한 공작물 책임(민법 제758조 1항)을 근거로 한 손해배상청구소송은 인용된다.

2017년도 제2회 변호사시험 모의시험

〈제1문〉

甲사는 1995.6. A시에 석탄화력발전소를 건설하여 운영하고 있다. 甲사의 발전소 운영 이후 발전소에서 배출하는 매연 등 대기오염물질로 인해 인근에 주택을 소유한 주민 乙은 실내환기를 하지 못하고 빨래를 야외에 널지 못하는 불편을 호소하는 한편, 건강에 미칠 악영향을 염려하고 있다.

甲사는 2016.5. 정부의 자원절약과 재활용촉진 시책에 부응하기 위하여 고형폐기물을 연소하여 발전하는 발전시설을 추가 설치하는 내용의 증설계획을 세우고 대기오염물질배출시설 설치 변경 허가를 B도지사에게 신청하였다.

甲사의 계획에 따라 고형폐기물이 연소되는 경우 벤젠, 염화수소 및 다이옥신 등 특정대기유해물질이 연간 30톤 이상 추가 배출될 것이 예상된다. 한편, A시의 甲사 발전소 인근에는 제1종 지구단위계획 등이 수립되어 있어 가까운 장래에 이 발전소 시설 반경 1km 안의 상주인구가 2만 명 이상이 될 것이 예상된다.

B도지사는 이 추가시설이 설치·가동될 경우, 현재 거주하는 주민들뿐만 아니라 증가가 예상되는 주민들의 건강 및 생활환경도 보호해야 한다는 등의 사정을 감안하여 甲사의 대기오염물질배출시설 설치 변경허가 신청을 불허하였다.

3. 甲사가 현재 황산화물과 질소산화물에 관한 배출허용기준을 위반하고 있다고 가정할 때, 乙이 甲사를 상대로 석탄화력 발전소의 대기오염물질을 배출허용기준 이내로 배출할 것을 구하는 소송을 제기하는 경우 그 인용가능성을 검토하시오. (30점)

문제해설 [2017년 제2차 제1문] 문제 3. 해설

1. 문제
(1) 유지청구의 법적근거, (2) 유지청구 요건충족, (3) 추상적 유지청구 가부가 문제된다.

2. 유지청구의 법적근거

(1) **의의** – 환경상의 가해행위가 계속됨으로 인하여 손해가 발생되거나 발생할 우려가 있는 경우 손해를 제거하거나 예방하기 위하여 가해행위의 소극적 또는 적극적 중지를 구하는 것이다.

(2) **학설** – ① 물권적 청구권설, ② 불법행위설, ③ 환경권설, ④ 상린관계설.

(3) **판례**
 1) 환경권은 명문의 법률규정이나 관계 법령의 규정 취지 및 조리에 비추어 권리의 주체, 대상, 내용, 행사 방법 등이 구체적으로 정립될 수 있어야만 인정되는 것이므로, 사법상의 권리로서의 환경권을 인정하는 명문의 규정이 없는데도 환경권에 기하여 직접 방해배제청구권을 인정할 수 없다
 2) 건물의 소유자 또는 점유자가 인근의 소음으로 인하여 정온하고 쾌적한 일상생활을 영유할 수 있는 생활이익이 침해되고 그 침해가 사회통념상 수인한도를 넘어서는 경우에 건물의 소유자 또는 점유자는 그 소유권 또는 점유권에 기하여 소음피해의 제거나 예방을 위한 유지청구를 할 수 있다.

(4) **사안의 경우** – 甲사의 발전소 인근에 주택을 소유한 주민 乙은 소유권 또는 점유권에 기하여 대기오염물질의 제거나 예방을 위한 유지청구를 할 수 있다.

3. 유지청구 요건충족여부

(1) **요건** – ① 피해의 성질과 정도에 비추어 금전적 평가가 곤란, ② 사후 금전보상으로 피해회복이 어렵고, ③ 피해가 계속적이며 중대명백하고, ④ 피해가 수인한도를 초과할 것을 요한다.

(2) **수인한도의 판단 – 위법성 단계설**
 1) 의의 – 유지청구의 수인한도 기준은 손해배상청구의 수인한도와 다르게 훨씬 높아야 한다.
 2) 판례 – 소음으로 인한 생활방해를 원인으로 소음의 예방 또는 배제를 구하는 방지청구는 금전배상을 구하는 손해배상청구와는 내용과 요건을 서로 달리하는 것으로 방지청구는 인용될 경우 소송당사자뿐 아니라 제3자의 이해관계에도 중대한 영향을 미칠 수 있어, 법원은 해당 청구가 인용될 경우에 당사자가 받게 될 이익과 상대방 및 제3자가 받게 될 불이익 등을 고려한다.

(3) **사안의 경우**
 1) 피해의 성질과 정도에 비추어 금전적 평가의 곤란 – 甲사의 발전소 운영 이후 발전소에서 배출하는 매연 등 대기오염물질로 인해 乙은 실내 환기를 하지 못하고 빨래를 야외에 널지 못하는

불편을 호소하는 한편, 건강에 미칠 악영향을 염려하고 있는바, 이는 정신적 신체적 손해로서 쉽게 금전적 평가를 내리기 어렵다.

2) 사후 금전보상으로 인한 피해회복 - 乙의 피해는 주거에서 누릴 수 있는 기본적 권리에 대한 침해로 건강에 미칠 악영향을 단순 금전보상으로 완전히 회복하기 어렵다.

3) 피해가 계속적이고 중대 명백할 것 - 甲사는 2016. 5. 정부의 자원절약과 재활용촉진 시책에 부응하기 위하여 고형폐기물을 연소하여 발전하는 발전시설을 추가 설치하는 내용의 증설계획을 세워 추진하는 것으로 보아 피해는 계속적이고 중대 명백할 것으로 예상된다.

4) 피해의 수인한도 초과여부 - 乙의 피해는 거주하는 자택에서 일어난 점에서 수인한도 범위를 초과하였고, 甲의 석탄 화력발전은 공공재인 전기 공급에 쓰이는 점에서 그 공공성을 고려해야 하는데, 乙의 주장은 甲 전력발전소의 운행 중단이 아니라 현재 황산화물과 질소산화물에 관한 배출허용기준을 위반하고 있어, 대기오염물질을 배출허용기준 이내로 배출할 것을 구하는 것으로 甲 이외에 제3자의 불이익도 고려하는 주장으로 판단된다.

5) 소결 - 甲의 행위는 위에서 설시한 사정을 종합적으로 고려하여 볼 때 사회통념상 乙에게 요구되는 대기오염으로 인한 수인한도를 초과하는 행위로 판단되어 甲 행위는 위법한바, 유지청구 요건이 충족된다.

4. 추상적 유지청구 가부

(1) **의의** - 가해원을 특정하여 일정한 종류의 생활방해를 일정한도 이상 미치지 않게 할 것을 청구하는 유지청구를 말한다.

(2) **판례** - 소음이 피해 주민들 주택을 기준으로 일정 한도를 초과하여 유입되지 않도록 하라는 취지의 유지청구는 소음발생원을 특정하여 일정한 종류의 생활방해를 일정 한도 이상 미치게 하는 것을 금지하는 것으로 청구가 특정되지 않은 것이라고 할 수 없고, 이는 민사집행법 제261조 제1항에 따라 간접강제의 방법으로 집행을 할 수 있다.

(3) **사안의 경우** - 乙이 甲사를 상대로 석탄화력발전소의 대기오염물질을 배출허용기준 이내로 배출할 것을 구하는 소송을 제기하는 경우 청구가 특정되지 않은 것을 볼 수 없고, 이는 간접강제의 방법으로 실현될 수 있는바, 추상적 유지청구가 가능하다.

5. 결론

(1) 乙이 甲을 상대로 대기오염물질을 배출허용기준 이내로 배출할 것을 구하는 소송은, 유지청구의 법적근거, 유지청구 요건충족, 추상적 유지청구 가부가 법적쟁점이 된다.

(2) 乙의 甲에 대한 유지청구는 乙은 甲이 운영하는 발전소 인근의 주택을 소유한 주민으로서 민법 제214조에 근거하여 청구할 수 있다.

(3) 乙의 甲에 대한 유지청구 요건은 위법성 단계설에 의해서도 수인한도를 초과하는 피해로 파악되는바, 요건을 충족한다.

(4) 乙의 甲에 대한 추상적 유지청구는 민사집행법 제261조 제1항에 따른 간접강제의 방법으로 실행할 수 있는바, 대기오염물질을 배출허용기준 이내로 배출할 것을 청구는 인용된다.

2016년도 제3회 변호사시험 모의시험

〈제1문〉

甲과 乙은 2010년부터 서울시 중랑구 중앙동을 통과하는 지하철 12호선 곡선구간으로부터 약 31m 떨어진 곳의 노원아파트에 101동 3층에, 102동 10층에 각 거주해오고 있다.

甲과 乙의 아파트 인근을 지나는 지하철 12호선은 2013. 9. 12. 서울시에 의해 도시계획 고속철도로 결정 고시된 후 2015. 3. 28. A지하철공사가 건설을 완료하여 같은 해 4월부터 운행하기 시작하였고, 운행시간은 오전 5시부터 다음 날 오전 1시까지이며, 노원아파트 인근의 1일 운행 횟수는 431회이다.

국립환경연구원 및 중앙환경분쟁조정위원회가 지하철 소음에 대해 측정한 결과 101동 1~3층은 A지하철공사가 설치한 방음벽의 영향으로 주간 66.6~69.5dB(A), 야간 57.2~59.2dB(A)이고, 102동 4층 이상은 주간 69.6~71.7dB(A), 야간 65.5~68.2dB(A)으로 나타났다.

A지하철공사는 지방공기업법과 서울시지하철공사설치조례에 의거 설립된 독립법인이고, 같은 조례에 따라 자체적으로 지하철 건설 및 운영에 관한 사업을 시행하고 있으며, 지하철 12호선에서 발생하는 수입이나 이익은 모두 A지하철공사의 운영비로 사용되고 있다.

그리고 서울시의 A지하철공사에 대한 감독권한은 소음관련 민원이 수차례 제기되었음에도 불구하고 A지하철공사가 소음 저감을 위한 노력을 하지 않는 등의 부당한 행위를 하였을 경우에 행사될 수 있다. 한편, 서울시는 A지하철공사가 소음 저감을 포함한 서비스개선 사업을 추진하는 데 있어 부족한 예산을 매년 보조금으로 지급해오고 있다.

甲과 乙은 지하철 12호선의 운행 이후부터 창문을 열지 못하는 등 정신적 피해를 입고 있다는 원인과 아파트 가격 하락을 원인으로 하는 손해배상을 청구하고자 한다.

[참조조문]

소음진동관리법 시행규칙 별표 12. 교통소음·진동의 관리기준(제25조 관련)

2. 철도			
대상지역	구분	한도	
		주간 (06:00~22:00)	야간 (22:00~06:00)

주거지역, 녹지지역, 관리지역 중 취락지구 ·주거개발진흥지구 및 관광·휴양개발진흥지구, 자연환경보전지역, 학교·병원·공공도서관 및 입소규모 100명 이상의 노인의료복지시설·영유아보육시설의 부지 경계선으로부터 50미터 이내 지역	소음 (Leq dB(A))	70	60
	진동 (dB(V))	65	60
상업지역, 공업지역, 농림지역, 생산관리지역 및 관리지역 중 산업·유통개발진흥지구, 미고시지역	소음 (Leq dB(A))	75	65
	진동 (dB(V))	70	65

3. 甲과 乙의 손해배상 신청에서 법적 쟁점과 인용가능성을 설명하시오. (30점)

> **문제해설** [2016년 제3차 제1문] 문제 3. 해설

1. 문제
(1) A 지하철 공사의 민법 제758조 공작물 책임성부, (2) 서울시의 국가배상법 제2조 책임성부가 문제된다.

2. A 지하철 공사의 민법 제758조 공작물 책임성부

(1) **관련 조문** – 공작물의 설치 또는 보존의 하자로 인하여 타인에게 손해를 가한 때에는 손해를 배상할 책임이 있다(민법 제758조 1항).

(2) **기능적 하자의 존재**

　1) 의의 – 하자는 물적하자 뿐만 아니라 이용 상태 및 정도가 일정한 한도를 초과하여 제3자에게 사회통념상 참을 수 없는 피해를 입히는 경우 즉, 이용상 하자까지 포함된다.

　2) 판례 – 수인한도의 기준은 침해되는 권리나 이익의 성질과 침해의 정도뿐만 아니라 침해행위가 갖는 공공성의 내용과 정도, 그 지역 환경의 특수성, 공법적인 규제에 의하여 확보하려는 환경기준, 침해를 방지 또는 경감시키거나 손해를 회피할 방안의 유무 및 그 난이도 등을 종합적으로 고려하여 개별적으로 결정한다.

　3) 사안의 경우

　　① **침해되는 권리나 이익의 성질** – 甲과 乙은 2010년부터 서울시 중랑구 중앙동을 통과하는 지하철 12호선 곡선구간으로부터 약 31m 떨어진 곳의 노원아파트 101동 3층에, 102동 10층에 각 거주해오고 있는 자로 A지하철 공사 운행으로 인해 발생하는 소음과 진동으로 인해 창문을 열지 못하는 등의 정신적 피해를 입고 있다.

　　② **침해행위가 갖는 공공성의 내용과 정도** – 2015. 3. 28. A지하철공사가 건설을 완료하여 같은 해 4월부터 운행하기 시작하였고, 운행시간은 오전 5시부터 다음 날 오전 1시까지이며, 노원아파트 인근의 1일 운행횟수는 431회 인 것으로 보아, 대중교통수단으로 활용되어 공공성의 정도가 매우 높다고 판단된다.

　　③ **공법적인 규제에 의하여 확보하려는 환경기준** – 주거지역 철도 교통 소음관리 기준인 주간 70db(A), 야간 60db(A)이고, 국립환경연구원 및 중앙환경분쟁조정위원회가 지하철 소음에 대해 측정한 결과 101동 3층에 거주하고 있는 甲은 A지하철공사가 설치한 방음벽의 영향으로 주간 66.6~69.5dB(A), 야간 57.2~59.2dB(A)으로 공법적 규제 기준을 초과하지 않았고, 102동 10층에 거주하는 乙은 주간 69.6~71.7dB(A), 야간 65.5~68.2dB(A)으로 특히 야간에 공법적 규제 기준을 초과하는 것으로 파악되었다.

　　④ **침해를 방지 또는 경감시키거나 손해를 회피할 방안의 유무** – A지하철공사는 소음방지를 위해 방음벽을 설치하여 침해를 방지하기 위한 노력도 경주하였다.

　　⑤ **소결** – 위에서 설시한 사정을 종합적으로 고려하여 볼 때, 甲은 수인한도를 초과하는 소음으로 보기 어렵고, 乙에게는 특히 야간에 공법적 규제 수준을 크게 초과하는 소음을 발생시켜

지하철 건설 후에도 이를 관리하면서 수인한도를 넘는 소음·진동 피해가 발생하지 않도록 하여야 할 A지하철공사의 주의의무가 있음에도 이러한 주의의무를 다하지 않아 수인한도를 넘는 피해가 발생하였는바, 하자의 존재가 인정된다.

(3) 소결 - A지하철 공사는 민법 제758조 제1항에 따라 乙에게 그 손해를 배상할 책임이 있다.

3. 서울시에 대한 국가배상법 제2조 책임성부

(1) **관련 조문** - 국가 또는 지방자치단체는 공무원이 직무를 집행하면서 고의 또는 과실로 법령을 위반하여 타인에게 손해를 입힌 경우 그 손해를 배상해야 한다(국가배상법 제2조 제1항).

(2) **작위의무 인정여부**

1) 관할 행정청이 취할 조치의 법적성격 - 서울시의 A지하철공사에 대한 감독권한은 소음관련 민원이 수차례 제기되었음에도 불구하고 A지하철공사가 소음 저감을 위한 노력을 하지 않는 등의 부당한 행위를 하였을 경우에 행사될 수 있는 바, 재량행위에 해당한다.

2) 재량의 0으로 수축여부

① **요건** - ㄱ) 사람의 생명, 신체 및 재산 등에 중대하고 급박한 위험이 존재하고, ㄴ) 그러한 위험이 행정권의 발동에 의해 제거될 수 있고, ㄷ) 피해자의 개인적 노력으로 권익침해의 방지가 이루어질 수 없는 경우이어야 한다.

② **판례** - 국민의 생명, 신체, 재산 등에 대하여 절박하고 중대한 위험상태가 발생하였거나 발생할 우려가 있어서 국가가 초법규적, 일차적으로 그 위험 배제에 나서지 아니하면 국민의 생명, 신체, 재산 등을 보호할 수 없는 경우에는 형식적 의미의 법령에 근거가 없더라도 국가나 관련 공무원에 대하여 그러한 위험을 배제할 작위의무를 인정할 수 있다.

③ **사안의 경우** - ㄱ) 乙은 야간에 공법적 규제 기준을 초과하는 소음으로 인한 피해가 발생하여 乙의 생명, 신체, 재산에 중대하고 급박한 위험이 발생하였고, ㄴ) 이는 서울시 A지하철 공사에 대한 감독권한으로 제거될 수는 있고, ㄷ) 지하철 운행으로 인한 소음을 乙의 개인적인 노력으로 개선할 수 없으며 현재 주민들이 서울시에 적절한 조치를 요구하고 있는바, 재량이 0으로 수축한다.

(3) **사익보호성**

1) 판례 - 공무원이 직무를 수행하면서 근거법령에 따라 구체적 의무를 부여받았고, 국민의 이익과 관련된 것이라도 직접 국민 개개인의 이익을 위한 것이 아니라 전체적으로 공공 일반의 이익을 도모하기 위한 것이라면 그 의무에 위반하여 국민에게 손해를 가하여도 국가 또는 지방자치단체는 배상책임을 부담하지 아니한다.

2) 사안의 경우 - 소음법은 철도로부터 발생하는 소음으로 인한 피해를 방지하고, 소음을 적정하게 관리하여 국민이 조용하고 평온한 환경에서 생활할 수 있게 함을 목적으로 하여 사익보호성도 인정되는바, 사익보호성도 인정된다.

(4) **소결** - 서울시는 乙에 대하여 국가배상법 제2조 책임이 있다.

4. 책임의 내용

(1) 위자료 부분 – 乙에게 특히 야간에 수인한도를 초과하는 소음이 발생하였고, 수면장애 및 창문을 열지 못하는 등의 신체적·정신적 손해 발생과의 인과관계가 인정되는바, 위자료 부분에 대한 손해배상청구는 가능하다.

(2) 집값 하락 부분 – 지하철 개통으로 인해 乙 집값의 상승요인으로 작용되는 부분이 있음을 감안할 때, 소음으로 인해 집값이 하락하였다는 사실에 대한 별도의 인과관계 입증이 없는 한 이 부분에 대한 손해배상청구는 불가하다.

5. 결론

(1) 甲은 수인한도를 초과하는 소음으로 보기 어려워 A지하철 공사와 서울시를 상대로 손해배상책임을 물을 수 없다.

(2) 乙은 수인한도를 초과하는 소음으로 판단되므로 A지하철 공사에게는 민법 제758조 제1항의 공작물 책임을, 서울시에게는 국가배상법 제2조에 따른 책임을 물을 수 있다.

2016년도 제2회 변호사시험 모의시험

〈제2문〉

甲은 2013. 10.경 분양받았던 A시 소재 공동주택에 입주하였다. 그 인근에는 한국도로공사가 관리하는 고속도로가 지나가고 있었는데, 이 고속도로는 1983. 11.경 개통되었고, 1996.-1999. 사이에 확장공사가 이루어졌다. 甲을 비롯한 같은 공동주택에 거주하는 주민들은 고속도로에서 야간에 발생하는 소음이 너무 심하여 일상생활에 방해가 된다는 이유로 한국도로공사를 상대로 소음의 예방 또는 배제를 구하는 방지청구와 손해배상청구를 동시에 제기하였다.

환경정책기본법 제12조 제2항, 같은 법 시행령 제2조가 정한 도로변 일반주거지역의 소음환경 기준은 주간(06:00~22:00) 65데시벨(dB), 야간(22:00~06:00) 55데시벨(dB)이다.

「소음·진동 공정시험기준(환경부고시 제2015-85호)」에 규정된 도로교통소음 측정방법에 따르면 2층 이상의 건물에 미치는 도로교통소음은 소음피해지점에서 소음원 방향으로 창문·출입문 또는 건물 벽 밖의 0.5 ~ 1.0 m 떨어진 지점에서 측정한 실외소음에 따라 판정하도록 되어있다. A시 소속 보건환경연구원이 '소음·진동 공정시험기준'에 따라 측정한 결과, 해당 공동주택 같은 동의 7층 이상 거주세대의 야간 실외소음도는 72데시벨(dB)로 도로변 일반주거지역의 야간 소음환경 기준인 55데시벨(dB)보다 훨씬 높았다.

한편 한국도로공사는 도로소음으로 인한 공동주택의 생활방해를 원인으로 한 소음방지 청구 사건에서는 위 '소음·진동 공정시험기준'에서 정한 바에 따라 측정한 실외소음도가 아니라 실제 생활이 이루어지는 실내에서 소음원을 향해 문창문 등을 개방한 상태에서 측정한 소음도가 환경 정책기본법상 소음환경기준 등을 초과하였는지를 판단해서 고려해야 한다고 주장하고 있다.

이러한 사안에서 다음 질문에 답하시오.

[환경분야 시험·검사 등에 관한 법률]

제1조(목적) 이 법은 환경분야의 시험·검사 및 환경의 관리와 관련된 기술기준과 운영체계 등을 합리화함으로써 환경관리를 효율화하고 시험·검사 관련 기술개발을 촉진하며 나아가 국민 보건의 향상과 환경의 보전에 이바지함을 목적으로 한다.

제6조(환경오염공정시험기준) ① 환경부장관은 환경오염물질, 환경오염상태, 유해성 등의 측정·분석·평가 등의 통일성 및 정확성을 기하기 위하여 다음 각 호의 분야에 대한 환경오염공정 시험기준(이하 "공정시험기준"이라 한다)을 정하여 고시하여야 한다. 이 경우 「산업표준화법」 제12조에 따른 한국산업표준이 고시되어 있는 경우에는 대통령령이 정하는 특별한 사유가 없는 한 그 규격에 따른다.

[소음·진동 공정시험기준(환경부고시 제2015-85호)]
　도로교통소음관리기준 측정방법

1.1 목적 이 시험기준은 환경분야 시험검사 등에 관한 법률 제6조의 규정에 의거 소음을 측정함에 있어서 측정의 정확성 및 통일성을 유지하기 위하여 필요한 제반사항에 대하여 규정함을 목적으로 한다.

1.2 적용범위 이 시험기준은 소음·진동관리법에서 정하는 소음관리기준 중 도로교통소음을 측정하기 위한 시험기준에 대하여 규정한다.

5.1.3 위 5.1.1 및 5.1.2의 규정에도 불구하고 피해가 우려되는 곳이 2층 이상의 건물인 경우 등으로서 피해가 우려되는 자의 부지경계선에 비하여 소음도가 더 큰 장소가 있는 경우에는 소음도가 높은 곳에서 소음원 방향으로 창문·출입문 또는 건물벽 밖의 0.5 ~ 1.0 m 떨어진 지점으로 한다.

1. 소음피해에 대해 민법 제750조의 불법행위로 인한 손해배상청구가 인정되기 위해서 충족되어야 할 일반적 요건 및 각 요건별로 환경분쟁의 특수성을 반영한 법리를 함께 설명하시오. (30점)

2. 손해배상청구와 소음방지청구가 인용되기 위한 공통적인 위법성 요건 중 차별적으로 평가되어야 할 점이 있다면 설명하시오. (10점)

3. 이 사안의 내용상 소음방지청구에 대한 인용 여부를 판단하는데 고려하여야 할 쟁점들에 대해 검토하시오. (30점) (소음측정기준은 제외)

4. 소음방지청구소송에서 소음도 측정방식에 관한 한국도로공사의 주장이 인정될 가능성에 대해 검토하시오. (10점)

문제해설 [2016년 제2차 제2문] 문제 1. 해설

1. 문제
甲이 한국도로공사를 상대로 환경정책기본법 제44조 제1항에 의한 원인자의 무과실책임에 의하여, 그리고 민법 제750조 제1항에 근거한 불법행위로 인한 손해배상청구권을 행사할 수 있으며, 각 청구권 행사의 경우 요건충족 여부가 문제 된다.

2. 환경정책기본법 제44조 제1항에 의한 손해배상청구

(1) 환경오염피해에 대한 무과실책임

1) 관련 조문 - 환경오염 또는 환경훼손으로 피해가 발생한 경우에는 해당 환경오염 또는 환경훼손의 원인자가 그 피해를 배상하여야 한다(환경정책기본법 제44조 제1항).

2) 판례 - 환경정책기본법 제44조 제1항은 불법행위 규정에 대한 특별 규정으로서, 환경오염 또는 환경훼손의 피해자가 원인자에게 손해배상을 청구할 수 있는 근거규정이다. 따라서 환경오염 또는 환경훼손으로 피해가 발생한 때에는 원인자는 환경정책기본법 제44조 제1항에 따라 귀책사유가 없더라도 피해를 배상하여야 한다.

3) 사안의 경우
① 원인자는 환경오염으로부터 피해 발생이라는 연속적인 인과과정에 참여하거나 그 요인을 제공한 자로서 사업자는 당연히 포함되는바, 고속도로를 관리하는 도로공사는 원인자에 해당한다.
② 환경오염이란 사업활동 및 그 밖의 사람의 활동에 의하여 발생하는 대기오염, 수질오염, 토양오염, 해양오염, 방사능오염, 소음·진동, 악취, 일조 방해, 인공조명에 의한 빛 공해 등으로서 사람의 건강이나 환경에 피해를 주는 상태를 말하는 것으로서, 한국도로공사가 관리하는 도로에서 소음이 발생하고 건강이나 환경에 피해를 주는 상태가 야기된 것인바, 환경오염에 해당한다.
③ 따라서, 원인자인 도로공사가 관리하는 도로에서 야간에 발생하는 소음이 너무 심하여 일상생활에 방해가 되어 甲의 정신적·신체적 피해가 인정되는바, 이에 관한 수인한도를 넘는 위법성 및 양자 간의 인과관계 충족 여부가 논의되어야 한다.

(2) 요건충족 여부

1) 요건 - 가해자가 어떤 유해한 원인물질을 배출한 사실, 유해의 정도가 사회통념상 참을 한도를 넘는다는 사실, 그것이 피해물건에 도달한 사실, 그 후 피해자에게 손해가 발생한 사실에 관한 증명책임은 피해자가 부담한다.

2) 위법성 (수인한도론)
① 관련 법리 - 불법행위 성립요건으로서 위법성의 판단 기준은 유해 정도가 사회생활상 통상의 수인한도를 넘는지 여부에 따라 판단한다.

② **판례** – 수인한도 기준을 결정할 때는 일반적으로 침해되는 권리나 이익의 성질과 침해 정도뿐만 아니라 침해행위가 갖는 공공성의 내용과 정도, 지역 환경의 특수성, 공법적인 규제에 의하여 확보하려는 환경기준, 침해를 방지 또는 경감시키거나 손해를 회피할 방안의 유무 및 난이도 등 여러 사정을 종합적으로 고려하여 구체적 사건에 따라 개별적으로 결정하여야 한다.

③ **사안의 경우** – 한국도로공사가 관리하는 고속도로는 1983. 11.경 개통되었고, 1996년과 1999년 사이에 확장공사가 이루어졌는데 고속도로는 지역 간의 물류 및 교류를 가능하게 하는 공공성이 큰 사회기반시설이다. A시 소속 보건환경연구원이 '소음·진동 공정시험기준'에 따라 측정한 결과, 해당 공동주택 같은 동의 7층 이상 거주세대의 야간 실외소음도는 72데시벨(dB)로 도로변 일반주거지역의 야간 소음환경기준인 55데시벨(dB)보다 훨씬 높아 생활소음 규제기준을 크게 초과하는 것으로 공법적인 규제에 의해 확보하려는 최소한의 환경기준을 준수하지 못하고 있다. 甲을 비롯한 같은 공동주택에 거주하는 주민들은 고속도로에서 야간에 발생하는 소음이 너무 심하여 일상생활에 방해가 된다는 이유로 도로공사를 상대로 소음의 예방 또는 배제를 구하는 방지청구를 하고 있는 것으로 보아 도로공사 측에서 특별한 방지조치를 취하지 않고 있는 것으로 판단된다. 한국도로공사는 소음방지벽의 설치를 통한 간이한 손해방지방안이 있음에도 이를 실천하지 않았다. 따라서, 도로공사의 행위는 위에서 설시한 사정을 종합적으로 고려하여 볼 때 사회통념상 甲에게 요구되는 소음으로 인한 수인한도를 초과하는 행위로 판단되는바, 위법하다.

3) 인과관계 (개연성 이론)

① **관련 법리** – 환경피해의 가해행위와 손해사이의 인과관계 증명을 완화해주기 위해 개연성 이론, 간접반증이론들이 적용된다.

② **판례** – 피해자에게 인과관계의 존재에 관하여 엄밀한 증명을 요구하는 것은 공해로 인한 사법적 구제를 사실상 거부하는 결과가 될 우려가 있으므로 가해기업이 어떠한 유해한 원인물질을 배출하고 그것이 피해물건에 도달하여 손해가 발생하였다면 가해자 측에서 그것이 무해하다는 것을 입증하지 못하는 한 책임을 면할 수 없다.

③ **사안의 경우** – 甲은 도로공사가 관리하는 고속도로에서 생활소음 규제기준을 크게 초과하는 소음을 발생시켰고, 그로 인해 심각한 정신적·신체적 피해가 발생하였음을 증명한다면 인과관계가 인정되고, 도로공사는 자신이 발생시킨 소음과 甲의 피해 사이에 인과관계가 없음을 입증하지 못하는 책임을 면할 수 없다.

3. 민법 제750조의 불법행위로 인한 손해배상 청구

(1) **관련 조문** – 고의 또는 과실로 인한 위법행위로 타인에게 손해를 가한 자는 그 손해를 배상할 책임이 있다(민법 제750조).

(2) **사안의 경우** – 상술한 요건뿐만 아니라 가해자 도로공사의 고의, 과실을 피해자 甲이 증명하여 민법 제750조의 불법행위 손해배상 책임을 물을 수 있다.

4. 양자 간의 관계

   (1) **관련 법리** – 두 청구권 모두를 인정해야 한다는 청구권경합설과 환경정책기본법 제44조 제1항에 의한 손해배상청구권만 인정되어야 한다는 법조경합설의 논의가 있다.

   (2) **판례** – 환경정책기본법 제44조 제1항의 규정은 손해의 책임과 발생에 관한 입증책임을 환경오염을 발생시키는 사업자에게 지우는 것으로서 민법 제750조에 대한 특별규정이라고 보아야 하므로 환경오염으로 인한 손해배상사건에 관하여는 그 피해자가 위 법률의 적용을 구하는 주장을 하였는지 여부를 가리지 아니하고 민법상의 손해배상 규정에 우선하여 적용하여야 한다.

   (3) **검토 및 사안의 경우** – 법조경합설에 따라 甲이 도로공사를 상대로 환경정책기본법 제44조 제1항에 따른 손해배상을 청구하는 것이 입증책임 측면에서 수월한 것으로 보인다.

5. 결론

   甲이 도로공사를 상대로 상술한 쟁점을 입증한다면, 환경정책기본법 제44조 제1항 및 민법 제750조에 의한 손해배상 청구가 가능하다.

문제해설 [2016년 제2차 제2문] 문제 2. 해설

1. 문제

손해배상청구와 소음방지청구가 인용되기 위해 요구되는 위법성 판단에 있어서 수인한도여부를 판단하는 요건의 차이가 문제된다.

2. 유지청구 요건

(1) **요건** - ① 피해의 성질과 정도에 비추어 금전적 평가가 곤란, ② 사후 금전보상으로 피해회복이 어렵고, ③ 피해가 계속적이며 중대명백하고, ④ 피해가 수인한도를 초과할 것을 요한다.

(2) **수인한도의 판단 - 위법성 단계설**

1) 의의 - 유지청구의 수인한도 기준은 손해배상청구의 수인한도와 다르게 훨씬 높아야 한다.

2) 판례 - 소음으로 인한 생활방해를 원인으로 소음의 예방 또는 배제를 구하는 방지청구는 금전배상을 구하는 손해배상청구와는 내용과 요건을 서로 달리하는 것으로 방지청구는 인용될 경우 소송당사자뿐 아니라 제3자의 이해관계에도 중대한 영향을 미칠 수 있어, 법원은 해당 청구가 인용될 경우에 당사자가 받게 될 이익과 상대방 및 제3자가 받게 될 불이익 등을 고려한다.

(3) **사안의 경우** - 甲의 한국도로공사에 대한 소음방지청구가 인용되기 위해서는 손해배상청구보다 더 높은 위법성 판단 요건을 요하는데, 이는 고속도로 운행중단으로 인해 한국도로공사 이외에 고속도로를 이용하는 다른 제3자에게 중대한 영향을 미칠 우려가 있기 때문이다.

3. 결론

소음방지청구는 유지청구로 위법성 판단에 있어 손해배상청구와 달리 제3자에게 미치는 영향에 대한 부분을 별도로 판단해야 하는바, 위법성판단 요소에서 차별적으로 평가되어야 한다.

문제해설 [2016년 제2차 제2문] 문제 3. 해설

1. 문제
(1) 소음방지청구의 법적근거, (2) 소음방지청구 인용여부가 문제된다.

2. 소음방지청구의 법적근거
(1) **의의** - 환경상의 가해행위가 계속됨으로 인하여 손해가 발생되거나 발생할 우려가 있는 경우 손해를 제거하거나 예방하기 위하여 가해행위의 소극적 또는 적극적 중지를 구하는 것이다.

(2) **학설** - ① 물권적 청구권설, ② 불법행위설, ③ 환경권설, ④ 상린관계설.

(3) **판례** - 건물의 소유자 또는 점유자가 인근의 소음으로 인하여 정온하고 쾌적한 일상생활을 영유할 수 있는 생활이익이 침해되고 그 침해가 사회통념상 수인한도를 넘어서는 경우에 건물의 소유자 또는 점유자는 그 소유권 또는 점유권에 기하여 소음피해의 제거나 예방을 위한 유지청구를 할 수 있다.

(4) **사안의 경우** - 甲은 2013. 10.경 분양받았던 A시 소재 공동주택에 입주한 자로, 소유권 또는 점유권에 기하여 도로공사를 상대로 소음피해의 제거나 예방을 위한 유지청구를 할 수 있다.

3. 소음방지청구 인용여부 (위법성 단계론에 따른 수인한도 초과여부)
(1) **환경기준위반의 효과**
  1) 판례 - 공법상 기준으로서 환경정책기본법의 환경기준은 국민의 건강을 보호하고 쾌적한 환경을 조성하기 위하여 유지되는 것이 바람직한 기준 즉 환경행정에서 정책목표로 설정된 기준으로 도로변 지역의 소음에 관한 환경정책기본법의 소음환경기준을 위반하는 도로소음이 있다고 하여 바로 민사상 '참을 한도'를 넘는 위법한 침해행위가 있다고 단정할 수 없다.

  2) 사안의 경우 - A시 소속 보건환경연구원이 '소음·진동 공정시험기준'에 따라 측정한 결과, 해당 공동주택 같은 동의 7층 이상 거주세대의 야간 실외소음도는 72데시벨(dB)로 도로변 일반 주거지역의 야간 소음환경기준인 55데시벨(dB)보다 훨씬 높았다 하여, 곧바로 수인한도를 초과하였다고 보기 어려운 바, 다른 요소를 더 고려해야 한다.

(2) **도로의 공공성**
  1) 판례 - 고속도로는 자동차 전용의 고속교통에 공용되는 도로로서 도로소음의 정도가 일반 도로보다 높은 반면 자동차 교통망의 중요한 축을 이루고 있고, 당해 지역경제뿐 아니라 국민경제 전반의 기반을 공고히 하며 전체 국민 생활의 질을 향상시키는 데 중요한 역할을 담당하고 있으므로, 이미 운영 중이거나 운영이 예정된 고속국도에 근접하여 주거를 시작한 경우의 '참을 한도' 초과 여부는 보다 엄격히 판단한다.

  2) 사안의 경우 - 고속도로는 1983. 11.경 개통되었고, 1996.-1999. 사이에 확장공사가 이루어졌는데, 甲은 2013. 10.경 A시 소재 공동주택에 입주한 자로, 이미 운영 중인 고속도로에 주거를 시작한 자로 고속도로 소음 정도에 대한 더 높은 수인한도가 요구된다.

(3) 위험에의 접근이론

1) 판례 – 도시 거주자는 어느 정도의 소음이 존재하는 상황에서 특정 장소에 거주를 시작하게 되고, 거주자가 고요하고 평온한 상태에서 쾌적한 일상생활을 누릴 수 있는 생활이익은 원칙적으로 그가 거주를 시작한 때 그 장소에서의 소음도를 기초로 형성되기 시작하는 것인데, 아파트에 거주를 시작할 당시 이 사건 고속도로로 인한 일정 정도의 도로소음의 발생과 증가를 알았거나 알 수 있었던 사정은 더 높은 수인한도를 요구하게 한다.

2) 사안의 경우 – 甲은 고속도로가 개통된 뒤에 인접지역에 거주를 시작한 자로 이미 고속도로로 인한 일정정도의 소음발생사실을 예상할 수 있었던 자로 더 높은 수인한도가 요구된다.

(4) 제3자에 미치는 영향

1) 판례 – 소음으로 인한 생활방해를 원인으로 소음의 예방 또는 배제를 구하는 방지청구는 금전배상을 구하는 손해배상청구와는 내용과 요건을 서로 달리하는 것으로 방지청구는 인용될 경우 소송당사자뿐 아니라 제3자의 이해관계에도 중대한 영향을 미칠 수 있어, 법원은 해당 청구가 인용될 경우에 당사자가 받게 될 이익과 상대방 및 제3자가 받게 될 불이익 등을 고려한다.

2) 사안의 경우 – 甲의 도로공사에 대한 방지청구 인용이 된다면 고속도로 운행에 차질이 생기고 이로 인해 고속도로 운행을 통해 이루어지는 제3자들 중대한 불이익이 생길 우려가 큰 바, 甲에게 요구되는 수인한도의 수준은 더 높아질 수밖에 없다.

4. 결론

甲은 민법 제214조의 소유권을 근거로 도로공사 측을 상대로 소음발생에 대한 유지청구를 할 수 있으나 위에서 설시한 사정을 종합적으로 고려하여 볼 때 수인한도를 초과하는 소음으로 보기 어려워 기각된다.

문제해설 [2016년 제2차 제2문] 문제 4. 해설

1. 민사소송에서 공법상 소음측정기준의 효력

(1) **판례** – 공법상 소음측정기준은 도로법이나 도로교통법에 규정된 도로의 종류와 등급, 차로의 수, 도로와 주거의 선후관계를 고려하지 아니한 채 오로지 적용 대상지역에 따라 일정한 기준을 정하고 있을 뿐이어서 모든 상황의 도로에 구체적인 규제의 기준으로 적용될 수 있는 것으로 보기 어렵다.

(2) **사안의 경우** – 소음방지청구는 민사소송으로 공법상 규제에 관한 기준이 절대적 기준으로 적용되는 것은 아닌바, 도로공사 측의 실내측정기준 방식의 타당성이 논의된다.

2. 실내소음측정방식의 타당성

(1) **판례** – 환경정책기본법의 소음환경기준을 위반하는 도로소음이 있다고 하여 바로 민사상 '참을 한도'를 넘는 위법한 침해행위가 있다고 단정할 수 없고, 공동주택에 거주하는 사람들이 생활방해를 받고 있는지는 일상생활이 실제 주로 이루어지는 장소인 거실에서 도로 등 해당 소음원에 면한 방향의 모든 창호를 개방한 상태로 측정한 소음도를 기준으로 판단하는 것이 타당하다.

(2) **사안의 경우** – 한국도로공사는 도로소음으로 인한 공동주택의 생활방해를 원인으로 한 소음방지청구사건에서는 위 '소음·진동 공정시험기준'에서 정한 바에 따라 측정한 실외소음도가 아니라 실제 생활이 이루어지는 실내에서 소음원을 향해 문창문 등을 개방한 상태에서 측정한 소음도가 환경정책기본법상 소음환경기준 등을 초과하였는지를 판단해서 고려해야 한다는 주장은 타당하다.

2020년도 시행 제9회 변호사시험

〈제1문〉

「대기환경보전법」에 따른 배출시설을 설치·운영하는 사업장을 가지고 있는 甲 회사는 자신의 매출을 증가시키기 위하여 첨단 신소재 매트리스 침대를 전략상품으로 개발해서 판매를 시작하였다. 甲 회사의 침대가 전국적인 인기를 얻게 되자 매출이 저감된 乙 회사는 甲 회사 침대의 인기비결과 특수성을 검토하기 위하여 비밀리에 甲 회사의 침대를 분해하여 실험하던 중, 매트리스에 카드뮴, 벤젠, 크실렌 등이 법령상 허용치의 5배 이상 들어 있다는 사실을 발견하고 시민단체와 언론사에 제보하였다. 지난 1년 사이에 甲 회사의 침대를 구매한 수십만 명의 소비자들이 이 소식에 크게 놀라서 대책을 요구하자, 정부는 甲 회사에 대해 문제된 제품의 긴급수거조치를 권고하였다. 甲 회사는 전국에 판매된 수십만 개의 매트리스의 일부를 폐기하기 위하여 긴급수거하였고, 생산 중이던 제품의 생산을 전면 중단하였다. 甲 회사는 수거된 매트리스와 생산 후 판매되지 않은 매트리스를 서울 구로구(상세 주소 생략) 등 30여 필지 35,011㎡에 소재한 자신 소유의 본사 창고와 공장하역장(이하 '이 사건 부지'라고 함)에 기존 사업장폐기물과 분리하지 않고 적치하였고, 그 상태가 1년 이상 지속되고 있었다. 이 소식을 알게 된 본사 인근 주민들이 관할 행정청에게 필요한 조치를 요구하고 있다.

3. 甲 회사가 수거된 매트리스와 생산 후 판매되지 않은 매트리스 등을 이 사건 부지에 적치해둔 사이에 이 사건 부지는 매트리스 제조과정에서 사용되었던 카드뮴, 벤젠, 크실렌 등과 같은 토양오염물질로 인해 오염되었다. 오염된 이 사건 부지는 丙 회사를 거쳐서 丁 회사에게 순차로 매매되었다. 丙 회사로부터 매수 당시 이 사건 부지의 오염여부를 몰랐던 丁 회사는 그 후 이 사건 부지에 복합전자유통센터를 만드는 사업을 진행하기 위해 관련 처리업체에 오염된 부지의 처리를 의뢰하였고 그 처리비용으로 10억 원을 지출하였다. 이와 같은 사실관계에서 丁 회사가 甲 회사와 丙 회사를 상대로 취할 수 있는 사법상 구제수단(유지청구는 논외로 한다)에 관해 검토하시오. (40점)

문제해설 [2020년 제9회 변시 제1문] 문제 3. 해설

1. 문제
(1) 甲 회사와 丁 회사 사이에 아무런 계약관계가 존재하지 않으므로, 丁 회사가 오염토양 부지의 원인자인 甲 회사에게 민법 제750조의 불법행위 손해배상청구를 물을 수 있는지, (2) 丁 회사가 丙 회사를 상대로 한 구상금 청구 즉, 계약상 책임 성부가 된다.

2. 丁 회사가 甲 회사를 상대로 한 민법 제750조의 불법행위 손해배상청구 가부

(1) 관련 조문
고의 또는 과실로 인한 위법행위로 인하여 타인에게 손해를 가한 자는 그 손해를 배상할 책임이 있다(민법 제750조).

(2) 판례
1) 다수의견 - 토지의 소유자가 토양오염물질을 토양에 누출·유출하거나 투기·방치함으로써 토양오염을 유발하였음에도 오염토양을 정화하지 않은 상태에서 오염토양이 포함된 토지를 거래에 제공함으로써 유통되게 하였다면, 이는 거래의 상대방 및 토지를 전전 취득한 현재의 토지 소유자에 대한 위법행위로서 불법행위가 성립할 수 있는바, 토지 소유자는 오염토양 정화비용 또는 폐기물 처리비용 상당의 손해에 대하여 불법행위자로서 손해배상책임을 진다.

2) 소수의견 - 자신의 토지에 폐기물을 매립하거나 토양을 오염시켜 토지를 유통시킨 경우, 행위자가 폐기물을 매립한 자 또는 토양오염을 유발시킨 자라는 이유만으로 자신과 직접적인 거래관계가 없는 토지의 전전 매수인에 대한 관계에서 폐기물 처리비용이나 오염정화비용 상당의 손해에 관한 불법행위책임을 부담한다고 볼 수는 없다.

(3) 사안의 경우
1) 다수의견에 따를 경우, 丁회사는 오염토양 정화비용 상당액을 甲회사에게 민법 제750조의 불법행위임을 근거로 손해배상책임을 물을 수 있고, 소수의견에 따를 경우, 丁회사는 오염토양 정화비용 상당액을 甲회사에게 민법 제750조의 불법행위임을 근거로 손해배상책임을 물을 수 없다.

2) 검토 - 현재의 토지소유자 丁회사가 자신의 토지소유권을 완전하게 행사하기 위하여, 오염토양 정화비용 10억 원을 지출하여 손해가 현실적으로 발생하였다면, 토양오염을 유발한 종전 토지소유자 甲은 그 오염토양 정화비용 상당의 손해에 대하여 불법행위자즉, 오염원인자로서 손해배상책임을 지는 것이 타당한바, 丁회사는 甲회사에 대하여 민법 제750조의 손해배상책임을 물을 수 있다.

3. 丁 회사가 丙 회사를 상대로 한 계약상 책임 성부

(1) 관련 조문
1) 상법 제69조 제1항 - 상인간의 매매에 있어서 매수인이 목적물을 수령한 때에는 지체없이 이를 검사하여야 하며 하자 또는 수량의 부족을 발견한 경우에는 즉시 매도인에게 그 통지를 발송하지 아니하면 이로 인한 계약해제, 대금감액 또는 손해배상을 청구하지 못한다. 매매의 목적물에 즉시 발견할 수 없는 하자가 있는 경우에 매수인이 6월내에 이를 발견한 때에도 같다.

2) 민법 제390조 - 채무자가 채무의 내용에 좇은 이행을 하지 아니한 때에는 채권자는 손해배상을 청구할 수 있으나 채무자의 고의나 과실없이 이행할 수 없게 된 때에는 청구할 수 없다.

3) 민법 제580조 제1항, 제582조 - 매매의 목적물에 하자가 있는 때에는 매수인이 이를 알지 못한 때에는 이로 인하여 계약의 목적을 달성할 수 없는 경우에 한하여 매수인은 계약을 해제할 수 있고, 기타의 경우에는 손해배상만을 청구할 수 있다. 이는 매수인이 그 사실을 안 날로부터 6월 내에 행사하여야 한다.

(2) 판례

1) 상인 간의 매매에서 상법 제69조 제1항은 민법상 매도인의 담보책임에 대한 특칙으로서, 채무불이행에 해당하는 이른바 불완전이행으로 인한 손해배상책임을 묻는 청구에는 적용되지 않는다.

2) 토지 매도인이 성토작업을 기화로 다량의 폐기물을 은밀히 매립하고 그 위에 토사를 덮은 다음, 이를 매도함으로써 매수자로 하여금 그 토지의 폐기물처리비용 상당의 손해를 입게 하였다면 매도인은 이른바 불완전이행으로서 채무불이행으로 인한 손해배상책임을 부담하고, 이는 하자 있는 토지의 매매로 인한 민법 제580조 소정의 하자담보책임과 경합적으로 인정된다.

(3) 사안의 경우

1) 상사담보책임성부 - 丙회사가 丁회사를 상대로 상법 제69조 제1항의 책임을 묻는 경우, 이 사건 부지의 오염여부를 몰랐던 丁 회사는 부지를 인도 받은 날로부터 6개월 이내라면 상법 제69조 제1항의 담보책임을 물을 수 있으나, 6개월 이후라면 제소기간 도과로 물을 수 없다.

2) 불완전이행책임성부 - 상법 제69조 제1항의 담보책임은 민법상 담보책임에 대한 특칙이고, 불완전이행으로 인한 손해배상책임을 묻는 청구에는 적용되지 않는바, 6개월이 경과한 이후라도 丙회사가 오염된 토양을 정화하지 않은 채 토지를 인도한 것은 불완전이행에 해당한다는 이유로 5년 이내에 오염된 토양을 정화하는 데 필요한 비용 상당의 민법 제390조의 불완전이행에 따른 손해배상책임을 묻는 것은 타당하다.

4. 결론

(1) 丁 회사는 甲 회사를 상대로 안 날로부터 3년, 있은 날로부터 10년 이내에 민법 제750조의 불법행위 손해배상청구를 할 수 있고,

(2) 丁 회사는 丙 회사를 상대로 토지를 인도받은 날로부터 6월 이내에 상법 제69조 제1항에 따른 담보책임을 묻거나, 그 기간을 도과한 경우에는 5년 이내에 민법 제390조의 상사채무불이행에 따른 손해배상책임을 물을 수 있다.

2023년도 제1회 변호사시험 모의시험

〈제2문〉

甲 공단은 A시 북구 산촌동 97번지에 철도차량 정비시설과 경유저장시설을 갖춘 차량사업소를 두고 있다. 甲 공단은 정부의 공기업 경영합리화 계획에 따라 해당 부지를 매각하기로 하였으며, 乙은 공매를 통해 이를 매입하였다. 乙은 그 부지에 복합쇼핑몰을 건설하려고 하였으나 경기침체로 인해 개발이 어려워지자 이를 건설·건축자재업을 영위하는 丙에게 임대하였다. 丙은 해당 부지에 토양오염관리대상시설인 건설·건축자재보관 시설을 설치하고 철강재를 포함한 자재 및 콘테이너를 보관해왔다. 해당 품목 중에는 납성분이 함유되어 있는 것들이 있다.

한편, A시장은 A시 주택난이 심화되자 대규모의 주택공급 지역을 물색하던 중 乙 소유부지를 포함한 산촌동 일대를 도시계획을 통해 주택공급지역으로 결정·고시하였다. A시 도시개발공사(이하 '丁')는 乙이 소유한 부지를 협의 취득하고 실시계획 승인을 받은 후 형질변경을 포함한 택지조성공사를 완료하고, 아파트 건축을 위한 터파기 공사를 시작하였다. 丁은 공사 도중 토양오염이 발생한 사실을 알게 되어 A시장에게 신고하였다. 이에 A시장이 소속 공무원으로 하여금 오염도 조사를 한 결과 석유계탄화수소(THP)가 850mg/kg 검출되고 납성분이 520mg/kg 검출되었다.

3. 만약 丁이 해당 토양에 대한 정화를 실시하였다면 甲에 대하여 '토양오염에 대한 민사상 손해배상청구'를 할 수 있는지 검토하시오. (25점)

문제해설 [2023년 제1차 제2문] 문제 3. 해설

1. 문제

丁이 토지의 오염토양을 유발한 전전매수인 甲에게 오염토양정화비용상당의 손해에 대하여 토양오염에 대한 민사상 손해배상청구 즉, 불법행위책임을 지는지가 문제된다.

2. 불법행위손해배상 청구 가부

(1) **관련 조문** - 고의 또는 과실로 인한 위법행위로 인하여 타인에게 손해를 가한 자는 그 손해를 배상할 책임이 있다(민법 제750조).

(2) **판례**

1) 다수의견 - 토지의 소유자가 토양오염물질을 토양에 누출·유출하거나 투기·방치함으로써 토양오염을 유발하였음에도 오염토양을 정화하지 않은 상태에서 오염토양이 포함된 토지를 거래에 제공함으로써 유통되게 하였다면, 이는 거래의 상대방 및 토지를 전전 취득한 현재의 토지 소유자에 대한 위법행위로서 불법행위가 성립할 수 있는바, 토지 소유자는 오염토양 정화비용 또는 폐기물 처리비용 상당의 손해에 대하여 불법행위자로서 손해배상책임을 진다.

2) 소수의견 - 자신의 토지에 폐기물을 매립하거나 토양을 오염시켜 토지를 유통시킨 경우, 행위자가 폐기물을 매립한 자 또는 토양오염을 유발시킨 자라는 이유만으로 자신과 직접적인 거래관계가 없는 토지의 전전 매수인에 대한 관계에서 폐기물 처리비용이나 오염정화비용 상당의 손해에 관한 불법행위책임을 부담한다고 볼 수는 없다.

(3) **사안의 경우**

1) 다수의견에 따를 경우, 丁사는 오염토양 정화비용 상당액을 甲에게 민법 제750조의 불법행위임을 근거로 손해배상책임을 물을 수 있다.

2) 소수의견에 따를 경우, 丁사는 오염토양 정화비용 상당액을 甲에게 민법 제750조의 불법행위임을 근거로 손해배상책임을 물을 수 없다.

3) 검토 - 현재의 토지 소유자 丁이 오염토양 또는 폐기물이 매립되어 있는 지하까지 그 토지를 개발·사용하게 되어 자신의 토지소유권을 완전하게 행사하기 위하여 오염토양 정화비용의 지출이라는 손해의 결과가 현실적으로 발생하였다면, 토양오염을 유발하거나 폐기물을 매립한 종전 토지 소유자 甲은 그 오염토양 정화비용 또는 폐기물 처리비용 상당의 손해에 대하여 불법행위자로서 손해배상책임을 지는 것이 타당하다.

3. 결론

丁은 오염토양 정화비용 상당액의 지출이 민법 제750조의 불법행위로 인한 손해임을 이유로 甲을 상대로 손해배상책임을 물을 수 있다.

<제2문>

 甲사는 1981년경부터 자신이 소유한 경기도 A시 소재 부지 20,000여㎡ 지상에서 15년간 비철금속제련공장을 운영하였다. 비철금속제련공정 과정에서 납, 아연 등 각종 부산물이 발생하였으며 甲사는 그러한 부산물들을 부지 내 공터에 일부 매립하였다. 甲사는 1997.12.경 乙사에 이 부지를 매도하고 소유권이전등기를 마쳤다. 丙사는 1999.1. 乙사로부터 위 비철금속제련공장의 철거, 부지의 복토 및 아스팔트콘크리트 피복 등 아파트 부지 조성공사를 도급받아 이 부지 지상의 건물을 철거하고 폐콘크리트 등 건설폐기물을 지하에 매립한 다음 복토 및 아스팔트콘크리트 피복 작업을 진행하여 공사를 마쳤다. 乙사는 이 공사과정에서 丙사로 하여금 이 부지에 건설폐기물의 매립을 지시하였다. 乙사는 자금사정 등의 이유로 아파트 사업계획을 접고 이 부지를 자재 창고로 사용하였다. 이 지역에서 오랫동안 사업하여 왔던 丁사는 이 부지에 복합전자유통센터를 신축·분양할 계획을 가지고 2011.12.17. 乙사로부터 이 부지를 싯가보다 싸게 매수하여 소유권이전등기를 마쳤다.

 최근 이 부지의 지표면으로부터 최대 지하 7m까지 납, 아연 등으로 오염된 토양이 존재하고, 또한 지표면으로부터 지하 1m 부근에 콘크리트 조각, 폐슬레이트 등의 폐기물이 이 부지의 대부분에 걸쳐 인위적으로 매립되어 있는 것으로 밝혀졌다. (소급적용 문제는 논외로 함)

3. 丁사가 그 후 건축물 사업 부지에 존재하는 오염토양에 관하여 관련 업체에게 그 처리업무를 도급주어 처리비용을 지급하였다고 할 경우, 甲을 상대로 손해배상책임을 물을 수 있는지 검토하시오. (25점)

문제해설 [2017년 제2차 제2문] 문제 3. 해설

1. 문제
오염토양 유발자인 甲이 토지의 전전매수인 丁에게 오염토양정화비용상당의 손해에 대하여 불법행위책임을 지는지가 문제된다.

2. 불법행위손해배상 청구 가부

(1) **관련 조문** - 고의 또는 과실로 인한 위법행위로 인하여 타인에게 손해를 가한 자는 그 손해를 배상할 책임이 있다(민법 제750조).

(2) **판례**
 1) 다수의견 - 토지의 소유자가 토양오염물질을 토양에 누출·유출하거나 투기·방치함으로써 토양오염을 유발하였음에도 오염토양을 정화하지 않은 상태에서 오염토양이 포함된 토지를 거래에 제공함으로써 유통되게 하였다면, 이는 거래의 상대방 및 토지를 전전 취득한 현재의 토지 소유자에 대한 위법행위로서 불법행위가 성립할 수 있는바, 토지 소유자는 오염토양 정화비용 또는 폐기물 처리비용 상당의 손해에 대하여 불법행위자로서 손해배상책임을 진다.
 2) 소수의견 - 자신의 토지에 폐기물을 매립하거나 토양을 오염시켜 토지를 유통시킨 경우, 행위자가 폐기물을 매립한 자 또는 토양오염을 유발시킨 자라는 이유만으로 자신과 직접적인 거래관계가 없는 토지의 전전 매수인에 대한 관계에서 폐기물 처리비용이나 오염정화비용 상당의 손해에 관한 불법행위책임을 부담한다고 볼 수는 없다.

(3) **사안의 경우**
 1) 다수의견에 따를 경우, 丁사는 오염토양 정화비용 상당액을 甲에게 민법 제750조의 불법행위임을 근거로 손해배상책임을 물을 수 있다.
 2) 소수의견에 따를 경우, 丁사는 오염토양 정화비용 상당액을 甲에게 민법 제750조의 불법행위임을 근거로 손해배상책임을 물을 수 없다.
 3) 검토 - 현재의 토지 소유자 丁이 오염토양 또는 폐기물이 매립되어 있는 지하까지 그 토지를 개발·사용하게 되어 자신의 토지소유권을 완전하게 행사하기 위하여 오염토양 정화비용의 지출이라는 손해의 결과가 현실적으로 발생하였다면, 토양오염을 유발하거나 폐기물을 매립한 종전 토지 소유자 甲은 그 오염토양 정화비용 또는 폐기물 처리비용 상당의 손해에 대하여 불법행위자로서 손해배상책임을 지는 것이 타당하다.

3. 결론
丁은 오염토양 정화비용 상당액의 지출이 민법 제750조의 불법행위로 인한 손해임을 이유로 甲을 상대로 손해배상책임을 물을 수 있다.

COMPACT 변시 환경법의 感

제3편
환경분쟁조정법

제3편 환경분쟁조정법

1. 의의
환경피해에서 비롯된 환경분쟁을 신속·공정하고 효율적으로 해결하여 환경을 보전하고 국민의 건강과 재산상의 피해를 구제하기 위한 제도이다. 대체적 분쟁해결제도의 일종으로서 큰 비용이 들지 않고 비교적 단기간 내에 해결할 수 있는 장점이 있다.

2. 대상
환경분쟁조정의 대상이 되는 환경피해란 사업활동, 그 밖에 사람의 활동에 의하여 발생이 예상되는 소음·진동을 원인으로 인한 건강상·재산상·정신상 피해를 말한다. 환경 분쟁이란 환경피해에 대한 다툼과 환경시설의 설치 또는 관리와 관련된 다툼을 말한다.(동법 제2조 제1호, 제2호).

3. 신청자

(1) 당사자 (동법 제16조 제1항).

조정을 신청하려는 자는 관할 위원회에 알선·조정(調停)·재정 또는 중재 신청서를 제출하여야 한다.

(2) 대표당사자 (동법 제46조 제1항)

다수인에게 같은 원인으로 환경피해가 발생하거나 발생할 우려가 있는 경우에는 그 중 1명 또는 수인(數人)이 대표당사자로서 조정을 신청할 수 있다(동법 제46조 제1항). 조정을 신청하려는 자는 위원회의 허가를 받아야 한다. 위원회는 허가신청이 다음 각 호의 요건을 모두 충족할 때에는 이를 허가할 수 있다(동법 제47조).

1. 같은 원인으로 발생하였거나 발생할 우려가 있는 환경피해를 청구원인으로 할 것, 2. 공동의 이해관계를 가진 자가 100명 이상이며, 선정대표자에 의한 조정이 현저하게 곤란할 것, 3. 피해배상을 신청하는 경우에는 1명당 피해배상요구액이 500만원 이하일 것, 4. 신청인이 대표하려는 다수인 중 30명 이상이 동의할 것, 5. 신청인이 구성원의 이익을 공정하고 적절하게 대표할 수 있을 것

(3) 환경단체의 조정신청 (동법 제26조 제1항, 시행령 제20조)

다음 각 호의 요건을 모두 갖춘 환경단체는 중대한 자연생태계 파괴로 인한 피해가 발생하였거나 발생할 위험이 현저한 경우에는 위원회의 허가를 받아 분쟁 당사자를 대리하여 위원회에 조정을 신청할 수 있다.

1. 「민법」 제32조에 따라 환경부장관의 허가를 받아 설립된 비영리법인일 것, 2. 정관에 따라 환경보호 등 공익의 보호와 증진을 목적으로 하는 단체일 것, 3. 구성원이 100명 이상일 것 4. 신청일 현재 법인으로서의 자연환경 분야 활동 실적이 2년 이상일 것

(4) 직권조정 (동법 제30조)

1) 중앙조정위원회는 환경오염으로 인한 사람의 생명·신체에 대한 중대한 피해, 제2조제2호의 환경시설의 설치 또는 관리와 관련된 다툼 등 사회적으로 파급효과가 클 것으로 우려되는 분쟁에 대하여는 당사자의 신청이 없는 경우에도 직권으로 조정절차를 시작할 수 있다.

2) 시·도지사, 시장·군수·구청장(자치구의 구청장을 말한다) 또는 유역환경청장·지방환경청장은 직권조정이 필요하다고 판단되는 분쟁에 대해서는 중앙조정위원회에 직권조정을 요청할 수 있다.

3) 직권 조정의 대상(시행령 제23조 제1항)

1. 환경피해로 인하여 사람이 사망하거나 신체에 중대한 장애가 발생한 분쟁

2. 「환경기술 및 환경산업 지원법」 제2조제2호에 따른 환경시설("환경시설"이란 환경오염물질 등으로 인한 자연환경 및 생활환경에 대한 위해를 사전에 예방 또는 감소하거나 환경오염물질의 적정한 처리 또는 폐기물 등의 재활용을 위한 시설·기계·기구, 그 밖의 물체로서 환경부령으로 정하는 것을 말한다.)의 설치 또는 관리와 관련한 분쟁

3. 분쟁조정 예정가액이 10억원 이상인 분쟁

4. 조정내용

당사자는 손해배상청구 및 손해배상에 갈음한 원상회복뿐만 아니라 환경피해를 예방 또는 방지하기 위한 유지청구를 할 수 있다. 따라서, 피해당사자는 조업정지, 작업방법의 개선 및 변경, 공사중지, 방음·방진벽의 설치청구 등을 통하여 피해 예방 및 확산의 방지를 구할 수 있다.

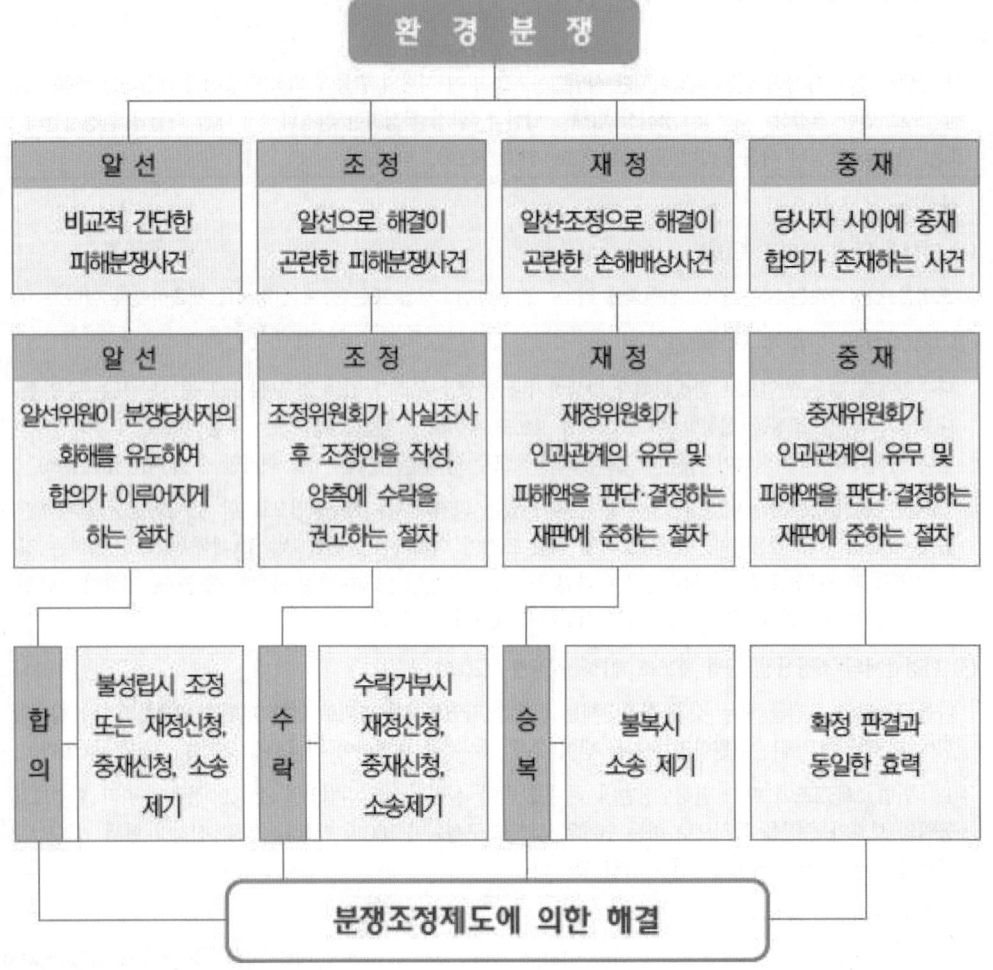

5. 종류

(1) **알선** - 알선위원이 분쟁당사자의 의견을 듣고 공정하게 해결되도록 주선함으로써 분쟁당사자의 화해를 유도하여 합의가 이루어지게 하는 절차로 형식성이 가장 약한 약식절차이다. 당사자 사이의 자주적 해결을 존중하므로 사실조사 및 당사자심문 절차 없이 합의를 유도한다.

(2) **조정** - 중립적인 제3자적 지위를 가진 조정위원회가 당사자의 주장을 듣고 조정안을 작성하여 합의를 권고하여 분쟁을 해결하는 절차이다. 알선과 달리 사실조사 및 당사자 신문 절차를 거친다.

　1) **개정사항** - 조정(調停)제도의 실효성을 높이기 위하여 환경분쟁조정위원회는 조정기일을 정하여 당사자에게 출석을 요구할 수 있도록 하였다.

2) 당사자에 대한 출석요구 (동법 제32조의2)

① 조정위원회는 분쟁의 조정을 위하여 조정기일을 정하여 당사자에게 출석을 요구할 수 있다. ② 조정위원회가 제1항에 따라 당사자의 출석을 요구하는 경우에는 조정기일 7일 전까지 당사자에게 환경부령으로 정하는 출석요구서를 통지하여야 한다. ③ 제2항에 따른 통지를 받은 신청인이 제1항에 따라 정해진 조정기일에 2회에 걸쳐 참석하지 아니한 경우에는 해당 조정신청이 취하된 것으로 본다.

(3) 재정 – 재정위원회가 준사법적 절차에 따라서 사실조사 및 당사자 신문 절차를 거쳐 위법성, 피해액 등에 대한 법률적 판단을 거쳐 분쟁을 해결하는 제도로 준사법적 쟁송절차이다. 당사자의 구술변론권이 보장된 준사법적 절차라는 점에서 알선, 조정과 구별된다.

1) 개정사항 – 환경분쟁의 신속한 해결을 도모하기 위하여 환경피해에 대한 분쟁 당사자 간의 손해배상 등의 책임의 존재와 그 범위 등을 결정하는 책임재정 외에 환경피해를 발생시키는 행위와 환경피해 사이의 인과관계 존재 여부를 결정하는 원인재정을 도입하는 등 현행 제도의 운영상 나타난 일부 미비점을 개선·보완하였다.

2) 종류 (동법 제35조의3)

1. 원인재정: 환경피해를 발생시키는 행위와 환경피해 사이의 인과관계 존재 여부를 결정하는 재정
2. 책임재정: 환경피해에 대한 분쟁 당사자 간의 손해배상 등의 책임의 존재와 그 범위 등을 결정하는 재정

(4) 중재 – 법원의 재판에 의하지 않고 제3자인 중재위원회가 서로 대립하는 당사자 간의 환경분쟁에 대하여 사실조사 및 심문 등의 절차를 거쳐 분쟁을 해결하는 제도로 중재위원회의 판단만으로 판결과 같은 효력을 갖는다는 점에서 조정과 구별된다.

6. 효력

(1) 알선

합의서의 작성으로 종료되며, 화해계약은 민법상 계약을 채무승인의 효력을 갖는다. 합의결렬 시에는 조정, 재정, 중재 등의 절차를 이용하거나 소를 제기할 수 있다.

(2) 조정 (동법 제33조)

조정은 당사자 간에 합의된 사항을 조서에 적음으로써 성립한다. 성립된 조정과 이의신청이 없는 조정결정은 당사자가 임의로 처분할 수 없는 사항이 아닌 한 재판상 화해와 동일한 효력이 있다. 합의가 되지 않은 경우 재정신청 또는 소송제기를 할 수 있다.

1) 개정사항 – 당사자 간에 합의가 이루어지지 아니한 경우에는 환경분쟁조정위원회가 조정을 갈음하는 결정을 할 수 있도록 하였다.

2) 동법 제33조의 2 – 조정위원회는 당사자 간에 합의가 이루어지지 아니한 경우로서 신청인의 주장이 이유 있다고 판단되는 경우에는 당사자들의 이익과 그 밖의 모든 사정을 고려하여 신청 취지에 반하지 아니하는 한도에서 조정을 갈음하는 결정(이하 "조정결정"이라 한다)을 할 수 있다. 당사자는 조정결정문서 정본을 송달받은 날부터 14일 이내에 불복 사유를 명시하여 서면으로 이의신청을 할 수 있다.

3) 시효중단 및 재판상 청구 – 당사자가 통지를 받은 날부터 30일 이내에 소송을 제기한 경우 시효의 중단 및 제소기간의 계산에 있어서는 조정의 신청을 재판상의 청구로 본다(동법 제35조 제4항).

(3) 재정

1) 책임재정 – 지방조정위원회의 재정위원회가 한 책임재정에 불복하는 당사자는 재정문서의 정본이 당사자에게 송달된 날부터 60일 이내에 중앙조정위원회에 책임재정을 신청할 수 있다. 책임재정을 한 경우에 재정문서의 정본이 당사자에게 송달된 날부터 60일 이내에 당사자 양쪽 또는 어느 한쪽으로부터 그 재정의 대상인 환경피해를 원인으로 하는 소송이 제기되지 아니하거나 이의 신청이 없는 경우에는 그 재정문서는 당사자가 임의로 처분할 수 없는 사항을 제외하고는 재판상 화해와 동일한 효력이 있다(동법 제42조 제1, 3항).

2) **원인재정** - 재정위원회가 원인재정을 하여 재정문서의 정본을 송달받은 당사자는 이 법에 따른 알선, 조정, 책임재정 및 중재를 신청할 수 있다(동법 제42조 제2항).
3) **시효중단 및 재판상 청구** - 당사자가 책임재정에 불복하여 소송을 제기한 경우 시효의 중단 및 제소기간의 계산에 있어서는 책임재정의 신청을 재판상의 청구로 본다(동법 제44조).

(4) **중재** - 중재위원회의 판단은 양쪽 당사자가 간에 법원의 확정판결과 동일한 효력이 있다(동법 제45조의 4).

환경분쟁조정법 조문구성 (밑줄은 기출조문입니다)

제1장 총칙
  제1조 목적
  <u>제2조 정의</u>
  제3조 신의성실의 원칙

제2장 환경분쟁조정위원회
  제4조 환경분쟁조정위원회의 설치
  제5조 환경분쟁조정위원회의 소관 사무
  제6조 관할
  제7조 위원회의 구성 등
  제8조 위원회 위원의 임명
  제9조 결격사유
  제10조 신분보장
  제11조 위원장의 직무 등
  제12조 위원의 제척 등
  제13조 사무국
  제14조 벌칙 적용 시의 공무원 의제
  제15조 규칙 제정 등
  제15조의2 의견의 통지

제3장 분쟁 조정(調整)
  제1절 통칙
    <u>제16조 조정의 신청 등</u>
    제16조의2 합의 권고
    제17조 신청의 각하 등
    제18조 관계 행정기관의 협조
    제19조 선정대표자
    제20조 참가
    제21조 피신청인의 경정
    제22조 대리인
    제23조 중간결정에 대한 불복

제24조 조정절차의 위임
제25조 절차의 비공개
제26조 환경단체의 조정신청

제2절 알선
제27조 알선위원의 지명
제28조 알선위원의 임무
제29조 알선의 중단

제3절 조정(調停)
제30조 직권조정
제31조 조정위원의 지명 등
제32조 조정위원회의 조사권 등
제32조의2 당사자에 대한 출석요구
제33조 조정의 성립
제33조의2 조정결정
제34조 조정을 하지 아니하는 경우
제35조 조정의 종결
제35조의2 조정의 효력

제4절 재정
제35조의3 재정의 종류
제36조 재정위원의 지명 등
제37조 심문
제38조 재정위원회의 조사권 등
제39조 증거보전
제40조 재정
제41조 원상회복
제42조 재정의 효력 등
제43조 조정에의 회부
제43조의2 재정신청의 철회
제44조 시효의 중단 등
제45조 소송과의 관계

제5절 중재
제45조의2 중재위원의 지명 등
제45조의3 중재위원회의 심문 등
제45조의4 중재의 효력
제45조의5 「중재법」의 준용

제4장 다수인관련분쟁의 조정(調整)

제46조 다수인관련분쟁의 조정신청

제47조 허가요건

제48조 신청의 경합

제49조 허가 결정

제50조 대표당사자의 감독 등

제51조 공고 등

제52조 참가의 신청

제53조 효력

제54조 동일한 분쟁에 대한 조정신청의 금지

제55조 조정절차의 준용

제56조 배분

제57조 배분계획의 기재 사항

제58조 배분기준

제59조 공제

제60조 배분계획의 공고

제61조 배분계획의 변경 등

제5장 보칙

제62조 「국가배상법」과의 관계

제63조 조정비용 등

제64조 준용규정

제6장 벌칙

제65조 벌칙

제66조 과태료

환경분쟁조정법시행령 조문구성 (밑줄은 기출조문입니다)

제1조 목적

제2조 환경피해의 원인

제3조 관할

제4조 신청서 등의 이송

제4조의2 처리실적의 제출 요청

제5조 제척·기피 등

제6조 관계전문가의 위촉

제7조 수당 등

제8조 신청서의 기재 사항

제9조 예상 피해로 인한 분쟁의 알선·조정·재정 또는 중재 신청
제10조 신청의 변경
제11조 상대방에 대한 통지
제12조 조정의 처리기간
제13조 신청의 철회
제14조 신청의 각하
제15조 참가신청
제16조 경정신청
제17조 분쟁조정절차의 분리·병합
제18조 당사자의 지위승계
제19조 심사관의 출석
제20조 환경단체의 요건
제21조 위원의 지명 등
제22조 알선 중단의 통지
제23조 직권조정의 대상 및 절차
제24조 삭제 〈2008.9.18〉
제25조 조서의 작성 등
제26조 10명 이상 또는 3명으로 구성되는 재정위원회의 사건
제27조 조서의 작성
제28조 출석의 요구 등
제29조 증거보전신청서의 기재 사항 등
제30조 재정의 경정
제31조 문서 등의 이송
제31조의2 촉탁받은 원인재정의 자료제출
제31조의3 준용규정
제32조 질서유지를 위한 조치
제33조 기록의 열람 및 복사
제34조 조정비용
제35조 수수료
제35조의2 고유식별정보의 처리
제36조 과태료의 부과

2024년도 시행 제13회 변호사시험

〈제1문〉

甲은 2007년부터 A지역에서 양돈장을 운영해 왔다. 한국철도시설공단(이하 '시설공단')이 2020년 양돈장 인근을 지나는 철로를 설치하여 관리하고 있고, 한국철도공사(이하 '철도공사')가 2022년부터 위 철로상으로 1일 30회 열차를 운행하고 있다. 그런데 2023년부터 양돈장에서 사육 중인 돼지들에 유·사산, 성장 지연 등의 피해가 발생하기 시작하였다. 한편, 철도공사는 열차 운행으로 발생한 소음·진동과 양돈장 피해 사이의 인과관계가 확인되면 적당한 수준에서 배상할 용의가 있다는 입장을 밝히고 있다.

2. 철도 소음·진동과 피해 발생 간의 인과관계만 인정되면 배상할 용의가 있다는 입장을 보이고 있는 철도공사로부터 甲이 배상을 받기 위하여 취할 수 있는 소송 외의 방법을 검토하시오. (10점)

문제해설 [2024년 제13회 변시 제1문] 문제 2. 해설

1. 문제

소송 외에서 환경분쟁에 관한 인과관계의 존부에 대한 판단만을 받기 위한 구제수단으로 환경분쟁조정법상 원인재정을 활용할 수 있는지가 문제된다.

2. 원인재정의 의의와 효력

(1) 의의 - 재정이란 재정위원회가 준사법적 절차에 따라서 사실조사 및 당사자 신문 절차를 거쳐 위법성, 피해액 등에 대한 법률적 판단을 거쳐 분쟁을 해결하는 제도로 준사법적 쟁송절차이다. 당사자의 구술변론권이 보장된 준사법적 절차라는 점에서 알선, 조정과 구별된다.

(2) 종류 (환경분쟁조정법 제35조의3)

1) 원인재정 - 환경피해를 발생시키는 행위와 환경피해 사이의 인과관계 존재 여부를 결정하는 재정이다.

2) 책임재정 - 환경피해에 대한 분쟁 당사자 간의 손해배상 등의 책임의 존재와 그 범위 등을 결정하는 재정이다.

3) 사안의 경우 - 철도공사가 철도 소음·진동과 피해 발생 간의 인과관계만 인정되면 배상할 용의가 있다는 입장을 보이고 있으므로, 甲은 양돈장의 돼지들이 사산되는 피해에 대한 인과관계의 존부에 대한 판단만을 받으면 되는바, 환경분쟁조정법 제35조의3 제2호의 원인재정을 신청할 수 있다.

3. 결론

甲은 원인재정을 통해 피해의 원인에 대한 인과관계의 존재 여부만을 결정받을 수 있다.

2021년도 시행 제10회 변호사시험

〈제1문〉

甲이 대표이사로 있는 주식회사 A는 X산업단지 내에서 화학제품을 생산하는 업체이다. 주식회사 A는 2019. 3. 「물환경보전법」 제33조에 따른 폐수배출시설 설치허가를 받고, 같은 법 제37조에 따른 폐수배출시설 및 수질오염방지시설의 가동시작 신고를 한 후 공장을 가동하고 있다.

그런데 제품을 생산하는 과정에서 수은, 구리, 비소, 크롬 등 다량의 수질오염물질이 배출되어 그 처리비용이 과다해지자 甲은 수질오염물질 처리담당자인 직원 乙에게 처리비용을 크게 절감할 수 있는 방법을 강구할 것을 수차례 지시하였다. 이에 乙은 2020. 7. 오염도를 낮추기 위해 수질오염물질에 물을 섞어 인근 Y하천으로 방류하였다. 그런데 같은 시기에 발생한 태풍으로 인해 이 지역에 폭우가 내려 Y하천이 범람하였고, 丙이 운영하는 인근 송어 양식장으로 위 수질오염물질이 포함된 하천수가 대량 유입되었다.

하천수가 유입된 이후 양식장의 송어가 집단폐사하여 丙은 10억 원 상당의 재산적 피해를 입게 되었다. 관할 행정청의 조사 결과, 주식회사 A가 운영하는 공장에서 배출되는 수질오염물질 중 구리와 비소의 농도가 배출허용기준을 초과하고 있다는 사실이 확인되었다.

3. 피해의 원인을 놓고 A와 다투고 있는 丙이 인과관계의 존부에 대한 판단만을 받기 위해 「환경분쟁조정법」상 신청할 수 있는 구제수단을 검토하시오. (15점)

문제해설 [2021년 제10회 변시 제1문] 문제 3. 해설

1. 문제
환경분쟁에서 인과관계의 존부에 대한 판단만을 받기 위한 환경분쟁조정법상 구제수단으로 원인재정이 문제된다.

2. 원인재정의 의의와 효력

(1) **의의** - 재정이란 재정위원회가 준사법적 절차에 따라서 사실조사 및 당사자 신문 절차를 거쳐 위법성, 피해액 등에 대한 법률적 판단을 거쳐 분쟁을 해결하는 제도로 준사법적 쟁송절차이다. 당사자의 구술변론권이 보장된 준사법적 절차라는 점에서 알선, 조정과 구별된다.

(2) **종류** (환경분쟁조정법 제35조의3)

  1) 원인재정 - 환경피해를 발생시키는 행위와 환경피해 사이의 인과관계 존재 여부를 결정하는 재정이다.

  2) 책임재정 - 환경피해에 대한 분쟁 당사자 간의 손해배상 등의 책임의 존재와 그 범위 등을 결정하는 재정이다.

  3) 사안의 경우 - 丙이 양식장의 송어가 집단폐사한 것이 A가 배출한 수질오염물질의 원인이 되었는지에 대한 인과관계의 존부에 대한 판단만을 받기 원한다면 환경분쟁조정법상 제35조의3 제2호의 원인재정을 신청할 수 있다.

(3) **원인재정의 효력** (환경분쟁조정법 제42조)

  1) 원인재정을 하여 재정문서의 정본을 송달받은 당사자는 알선, 조정, 책임재정 및 중재를 신청할 수 있다(동법 제42조 제2항). 원인재정의 결과는 당사자 간 합의, 소 제기, 조정시 판단 근거로 활용될 수 있다.

  2) 환경분쟁에 대한 소송과 관련하여 수소법원은 분쟁의 인과관계 여부를 판단하기 위하여 필요한 경우에는 중앙조정위원회에 원인재정을 촉탁할 수 있고, 이 경우 재정위원회는 소송절차과 상관없이 원인재정절차를 계속하여야 한다(동법 제45조 제2항 단서, 제4항).

3. 결론
丙은 원인재정을 통해 피해의 원인에 대한 인과관계의 존재 여부만을 결정받을 수 있고, 이를 근거로 알선, 조정, 책임 재정, 중재, 소 제기시 근거로 활용할 수 있다.

2018년도 시행 제7회 변호사시험

〈제1문〉

　A시에 소재한 X지역은 특이한 암반대로 구성된 아름다운 경관을 보유하고 있을 뿐만 아니라, 멸종위기종 2급 동물인 붉은발말똥게의 서식지와 연산호 군락지가 분포하고 있음이 최근에 밝혀짐에 따라, 환경단체 甲과 지역주민들은 환경부장관에게 X지역을 「자연환경보전법」에 따른 생태·경관보전지역으로 지정할 것을 요구하였다. 이에 따라 환경부장관은 「자연환경보전법」이 규정하는 소정의 절차를 거쳐 X지역을 생태·경관보전지역 중 핵심구역으로 지정·고시하고, 종전까지 생태·자연도 등급권역 3등급으로 지정되어 있었던 X지역을 1등급으로 변경하였다.

　A시는 관할구역 내의 교통문제를 해소하고 지역접근성을 제고하기 위해 X지역의 외곽경계선으로부터 50m에서 300m 떨어진 4.8km 구간의 토지를 기존의 지방도 구간과 연결하는 도로건설사업(이하 '이 사건 도로건설사업'이라 한다)을 추진하고자 한다.

　이 사건 도로건설사업으로 인하여 발생되는 소음·진동·먼지·강우유출수 등은 붉은발말똥게의 서식지와 연산호 군락지를 포함해 이 지역에서만 서식하는 야생동·식물의 생태계를 파괴할 것으로 예상되는바, 환경단체 甲과 일부 지역주민들은 환경영향평가 대상사업인 이 사건 도로건설사업의 인·허가를 반대하고 있다. 甲은 10년 전 자연환경보호 목적으로 설립된 단체로서 이를 정관에 명시하고 환경부장관의 허가를 받은 비영리법인이며, 회원 150명으로 지금까지 자연환경보호 활동을 해오고 있다.

　한편 X지역 내의 나대지를 소유하고 있는 乙은 해당 토지 위에 건축행위를 계획하고 있다.

[참조조문]
　「자연환경보전법 시행령」

[별표1]

자연경관영향의 협의대상이 되는 거리(제20조제1항 관련)

1. 일반기준

구분		경계로부터의 거리
자연공원	최고봉 1200m 이상	2,000m
	최고봉 700m 이상	1,500m
	최고봉 700m 미만 또는 해상형	1,000m
습지보호지역		300m
생태·경관보전지역	최고봉 700m 이상	1,000m
	최고봉 700m 이하 또는 해상형	500m

3. 이 사건 도로건설사업에 반대하는 甲이 소송 외 분쟁해결절차를 이용할 수 있는지 검토하고, 그 절차의 종류와 효력에 대하여 설명하시오. (30점)

문제해설 [2018년 제7회 변시 제1문] 문제 3. 해설

1. 문제
(1) 甲이 소송 외 분쟁해결절차를 이용할 수 있는지 여부, (2) 소송 외 분쟁해결절차의 종류와 효력이 문제된다.

2. 甲이 소송 외 분쟁해결절차를 이용할 수 있는지 여부

(1) 환경분쟁조정법의 신청인 적격
1) 관련 조문 - ① 민법 제32조에 따라 환경부장관의 허가를 받아 설립된 비영리법인, ② 정관에 따라 환경보호 등 공익의 보호와 증진을 목적으로 하는 단체, ③ 구성원이 100명이상이고, 법인으로서 자연환경분야 활동실적이 2년 이상인 환경단체는 중대한 자연상태계 파괴로 인한 피해가 발생하였거나 발생한 위험이 현저한 경우에는 위원회의 허가를 받아 분쟁당사자를 대리하여 위원회에 조정을 신청할 수 있다(환경분쟁조정법 제26조 제1항, 동법 시행령 제20조).

2) 사안의 경우 - 甲은 10년 전 자연환경보호 목적으로 설립된 단체로서 이를 정관에 명시하고 환경부장관의 허가를 받은 비영리법인이며, 회원 150명으로 지금까지 자연환경보호 활동을 해오고 있는 바, 동법 제26조 제1항의 각호의 사유를 모두 충족하는 환경단체로서 환경분쟁조정법의 신청인 적격을 갖는다.

(2) 환경분쟁조정법의 대상적격
1) 관련 조문 - 환경피해란 사람의 활동에 의하여 발생하였거나 발생이 예상되는 소음·진동을 원인으로 한 건강상·재산상·정신상 피해를 말한다(환경분쟁조정법 제2조 1호). 예상되는 피해로 인한 ADR의 신청은 사업의 시행자·규모·위치·기간 등을 포함한 사업계획이 관계 법령에 의한 절차에 따라 결정된 후에 할 수 있다(동법 시행령 제9조).

2) 사안의 경우 - 이 사건 도로건설사업은 소음·진동 먼지의 발생 등으로 생태계를 파괴할 것으로 예상되고 사업계획이 결정되었으므로 환경분쟁조정법의 대상이 된다.

(3) 소결
이 사건 도로건설사업에 반대하는 甲은 소송외 분쟁해결절차를 환경분쟁조정법 제26조 제1항을 근거로 신청할 수 있다.

3. 소송 외 분쟁해결절차의 종류와 효력

(1) 종류
1) 알선 - 알선위원이 분쟁당사자의 의견을 듣고 공정하게 해결되도록 주선함으로써 분쟁당사자의 화해를 유도하여 합의가 이루어지게 하는 절차로 형식성이 가장 약한 약식절차이다. 당사자 사이의 자주적 해결을 존중하므로 사실조사 및 당사자심문 절차 없이 합의를 유도한다.

2) 조정 - 중립적인 제3자적 지위를 가진 조정위원회가 당사자의 주장을 듣고 조정안을 작성하여 합의를 권고하여 분쟁을 해결하는 절차이다. 알선과 달리 사실조사 및 당사자 신문 절차를 거친다.

조정(調停)제도의 실효성을 높이기 위하여 환경분쟁조정위원회는 조정기일을 정하여 당사자에게 출석을 요구할 수 있다.

3) 재정

① 재정위원회가 준사법적 절차에 따라서 사실조사 및 당사자 신문 절차를 거쳐 위법성, 피해액 등에 대한 법률적 판단을 거쳐 분쟁을 해결하는 제도로 준사법적 쟁송절차이다. 당사자의 구술변론권이 보장된 준사법적 절차라는 점에서 알선, 조정과 구별된다.

② 환경분쟁의 신속한 해결을 도모하기 위하여 환경피해에 대한 분쟁 당사자 간의 손해배상 등의 책임의 존재와 그 범위 등을 결정하는 책임재정 외에 환경피해를 발생시키는 행위와 환경피해 사이의 인과관계 존재 여부를 결정하는 원인재정으로 구분된다.

4) 중재 - 법원의 재판에 의하지 않고 제3자의 중재위원회가 서로 대립하는 당사자 간의 환경분쟁에 대하여 사실조사 및 심문 등의 절차를 거쳐 분쟁을 해결하는 제도로 중재위원회의 판단만으로 판결과 같은 효력을 갖는다는 점에서 조정과 구별된다.

(2) 효력

1) 알선 - 합의서의 작성으로 종료되며, 화해계약은 민법상 계약을 채무승인의 효력을 갖는다. 합의 결렬 시에는 조정, 재정, 중재 등의 절차를 이용하거나 소를 제기할 수 있다.

2) 조정 - 조정은 당사자 간에 합의된 사항을 조서에 적음으로써 성립한다. 성립된 조정과 이의신청이 없는 조정결정은 당사자가 임의로 처분할 수 없는 사항이 아닌 한 재판상 화해와 동일한 효력이 있다. 당사자 간에 합의가 이루어지지 아니한 경우에는 환경분쟁조정위원회가 조정을 갈음하는 결정을 할 수 있도록 하였고, 합의 결렬 시에는 재정, 중재 등의 절차를 이용하거나 소를 제기할 수 있다.

3) 재정

① **책임재정** - 지방조정위원회의 재정위원회가 한 책임재정에 불복하는 당사자는 재정문서의 정본이 당사자에게 송달된 날부터 60일 이내에 중앙조정위원회에 책임재정을 신청할 수 있다. 책임재정을 한 경우에 재정문서의 정본이 당사자에게 송달된 날부터 60일 이내에 당사자 양쪽 또는 어느 한쪽으로부터 그 재정의 대상인 환경피해를 원인으로 하는 소송이 제기되지 아니하거나 이의 신청이 없는 경우에는 그 재정문서는 당사자가 임의로 처분할 수 없는 사항을 제외하고는 재판상 화해와 동일한 효력이 있다.

② **원인재정** - 재정위원회가 원인재정을 하여 재정문서의 정본을 송달받은 당사자는 이 법에 따른 알선, 조정, 책임재정 및 중재를 신청할 수 있다.

4) 중재 - 중재위원회의 판단은 양쪽 당사자가 간에 법원의 확정판결과 동일한 효력이 있다.

4. 결론

(1) 이 사건 도로건설사업에 반대하는 甲은 소송 외 분쟁해결절차를 이용할 수 있다.

(2) 절차의 종류에는 알선, 조정, 재정, 중재가 있다.

(3) 효력은 알선의 경우 민법상 화해계약, 조정과 재정은 재판상 화해, 중재는 확정판결과 동일한 효력을 갖는다.

2023년도 제3회 변호사시험 모의시험

〈제1문〉

甲 회사는 자동차의 정비, 판금 및 도장 등의 서비스업을 영위하기 위해 관할관청으로부터 대기오염물질 배출시설인 '도장시설(120㎥×1기)'과 대기오염물질 방지시설인 '흡착시설(450㎥/분)'을 허가받아 운영하고 있다. 甲 회사는 허가 신청 당시 도장시설의 용도를 도색 후 자연건조 방식으로 운영하겠다고 해 허가받았다. 그런데 이후 자연건조 방식이, 의도하는 수준의 작업 속도가 확보되지 않자 건조 진행 속도를 높이기 위해 허가 사항과 달리 임의로 열풍 시설을 용도 추가해 도장시설을 운영하고 있다.

한편 방지시설인 흡착시설의 내부에 충전하는 활성탄은 일정 시간 사용 후 교환해야 한다. 그러나 甲 회사는 활성탄 교체 비용을 줄이고자 오염물질이 흡착된 활성탄을 주기적으로 교환하지 아니하고 우회배출관로를 설치해 발암성과 악취를 유발하는 벤젠, 톨루엔 등이 함유된 오염물질을 대기로 배출하고 있다. 위 배출시설 주변 지역 주민들은 근래 원인 모를 악취로 두통을 겪거나 불쾌감을 느끼는 등 신체 및 생활 측면에서 상당한 고통을 겪고 있다. 지역 주민들은 주변에 악취를 유발할 시설이 달리 없어 위 배출시설이 원인이라고 주장하고 있다. 하지만 甲 회사는 악취의 원인이 자신의 배출시설인지는 명확한 증거가 없다고 주민들의 주장을 반박하고 있다.

3. 지역주민이 甲 회사의 배출시설이 악취 발생과 관련되었는지를 확인하고, 甲 회사와 협의를 통해 악취방지대책을 마련하고자 하는 경우 지역주민들이 활용할 수 있는 소송 외의 방안을 검토하시오. (25점)

문제해설 [2023년 제3차 제1문] 문제 3. 해설

1. 문제
지역주민들이 악취 관련한 환경분쟁에 대하여 취할 수 있는 소송 외 방안이 문제된다.

2. 환경분쟁 해당여부

(1) 환경분쟁조정법 제2조 제1, 2호
"환경분쟁"이란 환경피해에 대한 다툼으로 "환경피해"란 사업활동, 그 밖에 사람의 활동에 의하여 발생하였거나 발생이 예상되는 대기오염, 수질오염, 토양오염, 해양오염, 소음·진동, 악취, 자연생태계 파괴, 일조 방해, 통풍 방해, 조망 저해, 인공조명에 의한 빛공해, 지하수 수위 또는 이동경로의 변화, 하천수위의 변화, 그 밖에 대통령령으로 정하는 원인으로 인한 건강상·재산상·정신상의 피해를 말한다.

(2) 사안의 경우
악취 발생과 관련된 피해이므로 환경분쟁조정법의 적용대상이 되는 환경분쟁에 해당한다.

3. 환경분쟁조정법 활용방안

(1) 원인재정

1) 의의 – 재정이란 재정위원회가 준사법적 절차에 따라서 사실조사 및 당사자 신문 절차를 거쳐 위법성, 피해액 등에 대한 법률적 판단을 거쳐 분쟁을 해결하는 제도로 준사법적 쟁송절차이다. 당사자의 구술변론권이 보장된 준사법적 절차라는 점에서 알선, 조정과 구별된다.

2) 종류 (환경분쟁조정법 제35조의3)
   ① **원인재정** – 환경피해를 발생시키는 행위와 환경피해 사이의 인과관계 존재 여부를 결정하는 재정이다.
   ② **책임재정** – 환경피해에 대한 분쟁 당사자 간의 손해배상 등의 책임의 존재와 그 범위 등을 결정하는 재정이다.
   ③ **사안의 경우** – 丙이 양식장의 송어가 집단폐사한 것이 A가 배출한 수질오염물질의 원인이 되었는지에 대한 인과관계의 존부에 대한 판단만을 받기 원한다면 환경분쟁조정법상 제35조의3 제2호의 원인재정을 신청할 수 있다.

3) 원인재정의 효력 (환경분쟁조정법 제42조)
   ① 원인재정을 하여 재정문서의 정본을 송달받은 당사자는 알선, 조정, 책임재정 및 중재를 신청할 수 있다(동법 제42조 제2항). 원인재정의 결과는 당사자 간 합의, 소 제기, 조정시 판단 근거로 활용될 수 있다.
   ② 환경분쟁에 대한 소송과 관련하여 수소법원은 분쟁의 인과관계 여부를 판단하기 위하여 필요한 경우에는 중앙조정위원회에 원인재정을 촉탁할 수 있고, 이 경우 재정위원회는 소송절차과 상관없이 원인재정절차를 계속하여야 한다(동법 제45조 제2항 단서, 제4항).

4. 결론

지역주민들은 관련 행정기관의 개입 아래 甲 회사와의 협의를 통해 방지대책을 마련하고자 하는바, 조정 또는 알선을 우선 고려하고, 이후 원인재정 절차 또한 고려할 수 있다.

2023년도 제2회 변호사시험 모의시험

〈제1문〉

甲은 2005년 3월부터 P시 소재 X아파트에 거주하고 있고, 乙은 2015년 9월 X아파트 인근에 있는 신축빌라로 이주하여 현재까지 거주하고 있다. 甲과 乙이 거주하는 지역은 일반주거지역으로 그 인근에는 A공사가 관리하는 고속도로가 지나가고 있다. 1980년대 고속도로가 개통된 이래 교통량의 증가로 교통체증이 심각해지자 A공사는 2010년부터 3년간 도로확장공사를 진행하였다. 도로 확장 이후 교통소음이 현저하게 증가하면서 甲과 乙을 비롯한 인근 주민들은 고속도로에서 발생하는 소음으로 일상생활에 심각한 방해를 받고 있다. 이에 甲과 乙을 비롯한 인근 주민들이 P시에 지속적인 민원을 제기하자, P시에서는 전문기관에 소음도 측정을 의뢰하였다. 전문기관에서 소음·진동공정시험방법에 따라 甲이 거주하는 아파트와 乙이 거주하는 빌라의 실외 소음도를 측정한 결과, 주간에는 69데시벨(Leq dB(A)), 야간에는 57데시벨(Leq dB(A)) 수준이었다. 「환경정책기본법」상 도로변 일반주거지역의 소음환경기준은 주간(06:00~22:00) 65데시벨(Leq dB(A)), 야간(22:00~06:00) 55데시벨(Leq dB(A))이다. 한편, 「소음진동관리법」상 주거지역의 도로교통소음의 관리기준은 주간(06:00~22:00) 68데시벨(Leq dB(A)), 야간(22:00~06:00) 58데시벨(Leq dB(A))이다. 甲과 乙은 A공사가 방음벽 설치 등 방음대책을 제대로 이행하지 않고 있고, 도로확장공사 이후에 발생한 소음으로 인해 휴식 방해, 정신집중 저하, 수면장애 등 심각한 고통을 받고 있다고 주장하고 있다. 그리고 소음으로 인한 피해를 구제받기 위하여 A공사를 상대로 법적 대응을 준비하고 있다.

1. 甲과 乙은 환경분쟁조정위원회에 환경분쟁조정을 신청하였는데, 甲은 「환경분쟁조정법」상 책임재정을, 乙은 원인재정을 신청하여 재정결정을 받은 경우 그 효력에 관하여 검토하시오. (20점)

문제해설 [2023년 제2차 제1문] 문제 1. 해설

1. 문제
환경분쟁조정법상 재정의 의의와 종류 효력이 문제 된다.

2. 환경분쟁조정법상 재정

(1) **의의** - 재정위원회가 준사법적 절차에 따라서 사실조사 및 당사자 신문 절차를 거쳐 위법성, 피해액 등에 대한 법률적 판단을 거쳐 분쟁을 해결하는 제도로 준사법적 쟁송절차이다. 당사자의 구술변론권이 보장된 준사법적 절차라는 점에서 알선, 조정과 구별된다.

(2) **종류** (환경분쟁조정법 제35조의3)

1) 원인재정 - 환경피해를 발생시키는 행위와 환경피해 사이의 인과관계 존재 여부를 결정하는 재정이다.

2) 책임재정 - 환경피해에 대한 분쟁 당사자 간의 손해배상 등의 책임의 존재와 그 범위 등을 결정하는 재정이다.

(3) **효력** (환경분쟁조정법 제42조)

1) 원인재정 효력

① 원인재정을 하여 재정문서의 정본을 송달받은 당사자는 알선, 조정, 책임재정 및 중재를 신청할 수 있다(동법 제42조 제2항). 원인재정의 결과는 당사자 간 합의, 소 제기, 조정시 판단 근거로 활용될 수 있다.

② 원하지 않은 결정이더라도 책임재정의 경우에는 소송 진행 중이라면 절차가 중지될 수 있으나, 원인재정의 경우에는 그러하지 않는다(동법 제45조 제2항 단서).

2) 책임재정 효력

① 지방조정위원회의 재정위원회가 한 책임재정에 불복하는 당사자는 재정문서의 정본이 당사자에게 송달된 날부터 60일 이내에 중앙조정위원회에 책임재정을 신청할 수 있다(동법 제42조 제1항).

② 재정문서의 정본이 당사자에게 송달된 날부터 60일 이내에 당사자 양쪽 또는 어느 한쪽으로부터 그 재정의 대상인 환경피해를 원인으로 하는 소송이 제기되지 아니하거나 그 소송이 철회된 경우 또는 제1항에 따른 신청이 되지 아니한 경우에는 그 재정문서는 재판상 화해와 동일한 효력이 있다. 다만, 당사자가 임의로 처분할 수 없는 사항에 관한 것은 그러하지 아니하다(동법 제42조 제3항).

③ 당사자가 책임재정에 불복하여 소송을 제기한 경우 시효의 중단 및 제소기간의 계산에 있어서는 책임재정의 신청을 재판상의 청구로 본다(동법 제44조).

④ 재정이 신청된 사건에 대한 소송이 진행 중일 때에는 수소법원은 재정이 있을 때까지 소송절차를 중지할 수 있다(동법 제45조 제1항). 재정위원회는 제1항에 따른 소송절차의 중지가 없는 경우에는 해당 사건의 재정절차를 중지하여야 한다(동조 제2항). 환경분쟁에 대한 소송과 관련하여 수소법원은 분쟁의 인과관계 여부를 판단하기 위하여 필요한 경우에는 중앙조정위원회에 원인재정을 촉탁할 수 있다(동조 제4항).

3. 결론
(1) 甲은 책임재정의 결과에 대하여 60일 이내에 별도의 조치를 취하지 않는 경우, 재판상 화해와 동일한 효력이 발생하고, 이에 불복하는 60일 이내에 별소 등의 조치를 할 수 있다.
(2) 乙은 원인재정의 결과를 근거로 합의, 소제기, 조정 등에 활용할 수 있다.

2023년도 제1회 변호사시험 모의시험

〈제1문〉

甲은 A공사가 건설·관리하는 편도 4차로 고속도로의 남쪽에 있는 과수원을 2019년에 매입하여 운영하고 있다. 그런데 고속도로와 甲의 과수원 간 이격거리가 3m도 되지 않아 차량에서 발생하는 매연으로 과수의 성장에 막대한 영향을 주고 있다. 더욱이 2019년 12월부터 2022년 2월 겨울철에는 잦은 폭설로 제설제 사용이 늘면서 제설작업후 염화칼슘이 함유된 미세 입자들이 비산해 과수나무에 부착되어 과수나무가 고사하거나 미개화 등의 피해가 발생하였다.

甲의 과수원이 접한 고속도로 구간의 1일 평균 교통량은 2018년 57,000대, 2019년 57,932대, 2020년 60,894대이고, 고속도로에 눈이 올 경우 A공사는 염화칼슘용액과 소금을 바닥에 근접한 위치에서 살포하는 방식으로 제설작업을 시행하는데, 위 구간에 사용된 염화칼슘의 양은 2018년 390kg, 2019년 873kg, 2020년 980kg이다.

甲의 과수원에 식재된 과수나무 중 고속도로에 접한 1열과 2열에 식재된 과수나무의 생장과 결실은 다른 곳에 식재된 과수나무들에 비하여 현격하게 부진하였다. 2021년에는 甲의 과수원의 나무 중 고속도로에 가까운 1열과 2열에 식재된 나무에서 생산된 과수의 상품판매율은 5%인 반면 3열 이후에 식재된 나무에서 생산된 과수의 상품판매율은 95%에 달하였다. 또한 1열과 2열에 식재된 사과나무 40주와 복숭아나무 26주, 살구나무 2주가 고사하였다.

3. 만일 甲과 A공사가 「환경분쟁조정법」상 중재에 의하여 분쟁을 해결하기로 하였다면 그 중재의 절차와 효력에 관하여 기술하시오. (10점)

문제해설 [2023년 제1차 제1문] 문제 3. 해설

1. 중재의 절차

    (1) 환경분쟁조정법 제45조의 2

    중재는 3명의 위원으로 구성되는 위원회(이하 "중재위원회"라 한다)에서 한다. 중재위원회의 위원(이하 "중재위원"이라 한다)은 사건마다 위원회 위원 중에서 위원회의 위원장이 지명하되, 당사자가 합의하여 위원을 선정한 경우에는 그 위원을 지명한다. 위원회의 규칙에서 정하는 위원이 중재위원회의 위원장이 된다. 다만, 당사자가 합의하여 위원을 선정한 경우에는 그 위원 중에서 위원회의 위원장이 지명한 위원이 중재위원회의 위원장이 된다.

    (2) 환경분쟁조정법 제45조의 3

    중재위원회의 심문, 조사권, 증거보전, 중재의 방식 및 원상회복 등에 관하여는 재정위원회의 심문, 조사권, 증거보전, 재정, 원상회복 규정(제37조부터 제41조)의 규정을 준용한다.

2. 중재의 효력

    (1) 환경분쟁조정법 제45조의 4

    중재위원회의 판단은 양쪽 당사자가 간에 법원의 확정판결과 동일한 효력이 있다. 중재에 대한 불복과 중재의 취소에 관하여는 중재법 제36조를 준용한다.

2021년도 제1회 변호사시험 모의시험

〈제2문〉

甲은 2012년 이전부터 A시 인근에서 돼지를 사육하는 농장(이하 '이 사건 농장'이라고 한다)을 운영하였다. 그 후 한국철도시설공단(이하 '乙 공단'이라고 한다)은 A시 신항만 배후철도(이하 '이 사건 철로'라고 한다)를 건설하여 이 사건 철로에서 2018. 11.경부터 열차의 시험 운행을 하고 2018. 12. 13.부터 정식으로 개통한 후 1일 20회 정도 열차가 통행하고 있다. 乙 공단은 이 사건 철로를 건설하였고 관리를 맡고 있다.

이 사건 철로에서 열차를 시험 운행하던 2018. 11. 23. 이 사건 농장에서 열차 통행으로 인한 소음·진동을 측정한 결과 최대소음도가 78dB(A), 5분 등가소음도가 67dB(A)이었다. 이 사건 감정인이 2019. 10. 10.부터 10. 11.까지 24시간 동안 열차 통행으로 인한 소음과 진동을 이 사건 농장에서 측정한 결과에 따르면, 최대소음도는 63.8~81.8dB(A), 5분 등가소음도는 51.0~67.7dB(A)였고, 최대진동도는 39.5~67.2dB(V), 5분 등가진동도는 29.0~43.7dB(V)였다.

소음·진동에 의한 가축피해에 관하여 환경부 산하 중앙환경분쟁조정위원회가 적용하고 있는 '환경피해 평가방법 및 배상액 산정기준'에 의하면, 가축의 폐사, 유산, 사산, 부상 등 즉각적인 피해가 발생하는 경우는 Lmax(최대소음·진동도)로 평가하고, 성장지연, 수태율 저하, 생산성 저하 등 일정기간 경과 후 피해가 발생하는 경우에는 Leq, 5min(5분 등가소음·진동도)로 평가하는데, 가축피해 인정기준은 소음의 경우 60dB(A) 이상, 진동의 경우 57dB(V) 이상이다.

이 사건 농장과 이 사건 철로의 직선거리가 62.5m에 불과함에도 乙 공단은 이 사건 소음·진동으로 인한 피해 경감을 위하여 아무런 조치를 취한 바가 없다. 2018. 12. 이후 이 사건 농장에서 사육 중인 돼지들에 유·사산, 성장지연, 수태율 저하 등의 피해가 발생하였다.

1. 甲이 「환경분쟁조정법」에 따라 환경분쟁조정위원회에 피해의 구제를 신청한 경우, 환경분쟁조정의 유형과 그 효력을 검토하시오. (30점)

문제해설 [2021년 제1차 제2문] 문제 1. 해설

1. 문제

'소음·진동침해'로 인한 재산상의 피해는 환경분쟁조정의 대상으로서 환경분쟁조정제도의 유형과 그 효력이 문제된다.

2. 환경분쟁조정의 유형

(1) 알선

알선이란 알선위원이 분쟁당사자의 의견을 듣고 사건이 공정하게 해결되도록 주선함으로써 분쟁당사자의 화해를 유도하여 합의가 이루어지게 하는 절차로 대체적 분쟁해결절차 중에서 가장 약한 약식절차이다. 이는 사실조사 및 당사자심문 없이 분쟁당사자간의 합의를 유도한다.

(2) 조정

조정이란 중립적인 제3자적 지위를 가진 조정위원회가 당사자의 주장을 듣고 조정안을 작성하여 합의를 권고하여 분쟁을 해결하는 절차로 조정은 사실조사 및 당사자심문 후 위원회가 합의권고나 직권조정 조정의 종결(환경분쟁조정법 제35조 제1항) 등이 있다. 알선과 달리 사실조사 및 당사자 신문 절차를 거친다. 조정(調停)제도의 실효성을 높이기 위하여 환경분쟁조정위원회는 조정기일을 정하여 당사자에게 출석을 요구할 수 있다.

(3) 재정

1) 재정이란 재정위원회가 준사법적 절차에 따라서 사실조사 및 당사자 신문 절차를 거쳐 위법성, 피해액 등에 대한 법률적 판단을 거쳐 분쟁을 해결하는 제도로 준사법적 쟁송절차이다. 당사자의 구술변론권이 보장된 준사법적 절차라는 점에서 알선, 조정과 구별된다.
2) 환경분쟁의 신속한 해결을 도모하기 위하여 환경피해에 대한 분쟁당사자 간의 손해배상 등의 책임의 존재와 그 범위 등을 결정하는 책임재정 외에 환경피해를 발생시키는 행위와 환경피해 사이의 인과관계 존재 여부를 결정하는 원인재정으로 구분된다.

(4) 중재

중재란 법원의 재판에 의하지 않고 제3자의 중재위원회가 서로 대립하는 당사자 간의 환경분쟁에 대하여 사실조사 및 심문 등의 절차를 거쳐 분쟁을 해결하는 제도로서, 중재 판단에 구속받는다는 당사자의 합의를 기초로 개시되며, 중재위원회의 판단만으로 판결과 같은 효력을 갖는다는 점에서 조정과 구별된다. 중재법이 준용됨(환경분쟁조정법 제45조의2 이하).

(5) 기타 (합의권고)

조정신청을 받으면 당사자에게 피해배상에 관한 합의를 권고할 수 있다(환경분쟁조정법 제16조의2). 합의 권고는 조정절차의 진행에 영향을 미치지 아니한다.

3. 환경분쟁조정의 효력

(1) 알선
합의서의 작성으로 종료되며, 화해계약은 민법상 계약을 채무승인의 효력을 갖는다. 합의결렬 시에는 조정, 재정, 중재 등의 절차를 이용하거나 소를 제기할 수 있다.

(2) 조정
조정은 당사자 간에 합의된 사항을 조서에 적음으로써 성립한다. 성립된 조정과 이의신청이 없는 조정결정은 당사자가 임의로 처분할 수 없는 사항이 아닌 한 재판상 화해와 동일한 효력이 있다. 당사자 간에 합의가 이루어지지 아니한 경우에는 환경분쟁조정위원회가 조정을 갈음하는 결정을 할 수 있도록 하였고, 합의 결렬 시에는 재정, 중재 등의 절차를 이용하거나 소를 제기할 수 있다.

(3) 재정
1) 책임재정 - 지방조정위원회의 재정위원회가 한 책임재정에 불복하는 당사자는 재정문서의 정본이 당사자에게 송달된 날부터 60일 이내에 중앙조정위원회에 책임재정을 신청할 수 있다. 책임재정을 한 경우에 재정문서의 정본이 당사자에게 송달된 날부터 60일 이내에 당사자 양쪽 또는 어느 한쪽으로부터 그 재정의 대상인 환경피해를 원인으로 하는 소송이 제기되지 아니하거나 이의 신청이 없는 경우에는 그 재정문서는 당사자가 임의로 처분할 수 없는 사항을 제외하고는 재판상 화해와 동일한 효력이 있다.

2) 원인재정 - 재정위원회가 원인재정을 하여 재정문서의 정본을 송달받은 당사자는 이 법에 따른 알선, 조정, 책임재정 및 중재를 신청할 수 있다.

(4) 중재
중재위원회의 판단은 양쪽 당사자가 간에 법원의 확정판결과 동일한 효력이 있다. 중재에 대한 불복과 중재의 취소에 관하여는 중재법 제36조를 준용한다.

2020년도 제2회 변호사시험 모의시험

〈제1문〉

A광역시는 관내에서 재정자립도가 가장 떨어지고 노령인구 비율이 가장 높으며 청년인구 퇴거율마저 가장 높은 OO군의 장·단기발전을 위하여 OO군의 약 300만㎡ 부지에 싱가포르 마리나베이 샌즈 수준의 해양복합 관광단지를 2023년에 완공한다는 목표로 총 3조 원의 사업비가 드는 테마파크, 골프장 등 레저스포츠장, 호텔, 리조트, 메디컬타운, 쇼핑몰 등의 건설계획을 2018. 8. 수립하였다. 그 후 사업시행자로 지정된 B주식회사(이하 'B'라 한다)는 OO군수로부터 공유수면매립면허 등 관련 인·허가를 받아 2019. 2. 해안가 매립 및 진입도로 건설을 위한 토목공사(이하 '이 사건 공사'라 한다)에 들어갔다.

그런데 이 관광단지 조성 공사현장 경계로부터 50m 안에는 OO초등학교가 있다. 이 관광단지조성사업은 「환경영향평가법」의 적용대상이고, 동법상 협의를 거쳐 평가를 모두 받은 바 있다. 그런데 2020. 8. 현재, 환경영향평가에서 예측한 것보다 「소음·진동관리법」상 규제기준을 초과하는 소음과 진동이 발생하고 있다. 이로 인하여 OO초등학교의 수업에 지장이 발생하고 있고 甲을 포함한 일부 학생들은 어지럼증을 호소하고 있다. 또한 건설현장 트럭들에 의해 발생되는 먼지로 인해 학생들의 건강상 심각한 피해까지 우려되고 있다.

한편 乙은 이 사건 공사장 인근 해역에서 미역양식장을 운영하고 있는데 최근 양식장 미역에 '암종병(일명 쭈글병)'이 퍼져 평상시보다 수확량이 크게 줄었다. 심각한 손해를 입은 乙이 전문기관에 조사를 의뢰한 바, 이 사건 공사 이후 인근 해저환경의 변화가 확인되었을 뿐만 아니라, 양식장의 해수에서 암종병을 초래할 수 있는 오염물질들이 발견되었고 그 오염물질들이 이 사건 공사장에서 유출되고 있음도 확인되었다.

3. 甲은 「환경분쟁조정법」상 지방재정위원회에 책임재정을, 乙은 중앙재정위원회에 원인재정을 신청하여 재정결정을 받은 경우 그 효력에 관하여 검토하시오. (20점)

문제해설 [2020년 제2차 제1문] 문제 3. 해설

1. 문제
환경분쟁조정법상 재정의 의의와 종류 효력이 문제된다.

2. 환경분쟁조정법상 재정

(1) 의의 - 재정위원회가 준사법적 절차에 따라서 사실조사 및 당사자 신문 절차를 거쳐 위법성, 피해액 등에 대한 법률적 판단을 거쳐 분쟁을 해결하는 제도로 준사법적 쟁송절차이다. 당사자의 구술 변론권이 보장된 준사법적 절차라는 점에서 알선, 조정과 구별된다.

(2) 종류 (환경분쟁조정법 제35조의3)

1) 원인재정 - 환경피해를 발생시키는 행위와 환경피해 사이의 인과관계 존재 여부를 결정하는 재정이다.

2) 책임재정 - 환경피해에 대한 분쟁 당사자 간의 손해배상 등의 책임의 존재와 그 범위 등을 결정하는 재정이다.

(3) 효력 (환경분쟁조정법 제42조)

1) 원인재정 효력

① 원인재정을 하여 재정문서의 정본을 송달받은 당사자는 알선, 조정, 책임재정 및 중재를 신청할 수 있다(동법 제42조 제2항). 원인재정의 결과는 당사자 간 합의, 소 제기, 조정시 판단 근거로 활용될 수 있다.

② 원하지 않은 결정이더라도 책임재정의 경우에는 소송 진행 중이라면 절차가 중지될 수 있으나, 원인재정의 경우에는 그러하지 않는다(동법 제45조 제2항 단서).

2) 책임재정 효력

① 지방조정위원회의 재정위원회가 한 책임재정에 불복하는 당사자는 재정문서의 정본이 당사자에게 송달된 날부터 60일 이내에 중앙조정위원회에 책임재정을 신청할 수 있다(동법 제42조 제1항).

② 재정문서의 정본이 당사자에게 송달된 날부터 60일 이내에 당사자 양쪽 또는 어느 한쪽으로부터 그 재정의 대상인 환경피해를 원인으로 하는 소송이 제기되지 아니하거나 그 소송이 철회된 경우 또는 제1항에 따른 신청이 되지 아니한 경우에는 그 재정문서는 재판상 화해와 동일한 효력이 있다. 다만, 당사자가 임의로 처분할 수 없는 사항에 관한 것은 그러하지 아니하다(동법 제42조 제3항).

③ 당사자가 책임재정에 불복하여 소송을 제기한 경우 시효의 중단 및 제소기간의 계산에 있어서는 책임재정의 신청을 재판상의 청구로 본다(동법 제44조).

④ 재정이 신청된 사건에 대한 소송이 진행 중일 때에는 수소법원은 재정이 있을 때까지 소송 절차를 중지할 수 있다(동법 제45조 제1항). 재정위원회는 제1항에 따른 소송절차의 중지가 없

는 경우에는 해당 사건의 재정절차를 중지하여야 한다(동조 제3항). 환경분쟁에 대한 소송과 관련하여 수소법원은 분쟁의 인과관계 여부를 판단하기 위하여 필요한 경우에는 중앙조정위원회에 원인재정을 촉탁할 수 있다(동조 제4항).

3. 결론

(1) 甲은 책임재정의 결과에 대하여 60일 이내에 별도의 조치를 취하지 않는 경우, 재판상 화해와 동일한 효력이 발생하고, 이에 불복하는 60일 이내에 별소 등의 조치를 할 수 있다.

(2) 乙은 원인재정의 결과를 근거로 합의, 소제기, 조정 등에 활용할 수 있다.

2019년도 제1회 변호사시험 모의시험

〈제2문〉

甲주택조합(이하 "甲"이라 한다)은 A시 000동 000번지 일대 80,000㎡ 부지에 6개동 612세대 아파트 건축을 시작하였다. 乙은 아파트공사 현장에 인접한 단독주택에 거주하면서 문구점을 운영하고 있다. 해당 지역은 학교, 단독주택, 상가 등이 혼재되어 있고 토지이용계획상 제2종 일반주거지역이다. 乙의 주택은 甲의 아파트 건물의 북쪽 방향으로 약 30m 이격되어 있다. 丙은 해당 지역에 소재한 초등학교에 재학 중인 학생이다.

乙은 甲 공사현장의 각종 건설 중장비의 사용으로 인한 진동이 집까지 전달되고, 공사장에서 발생한 먼지 때문에 창문을 열지 못하고 빨래를 밖에 널지 못해서 실내공기가 항상 탁하여 집에서 편히 쉴 수 없는 피해를 호소하고 있다. 더욱이 아파트가 건설되면서 일조량이 거의 반 이상 줄어들어 낮에도 전등을 켜야 하고 난방이 필요한 환경으로 변하였음을 주장하고 있다.

甲의 공사장은 비산먼지 신고대상 사업장으로서 甲은 공사기간 중 「대기환경보전법」에 따라 방진대책으로 분진막을 설치하였고, 이동식 살수기·스프링클러 등을 설치 운영하였고 乙이 제기한 민원에 의해 A시 소속공무원이 甲의 공사장을 지도점검(소음·진동, 먼지)하였으나 행정처분은 없이 행정지도로 종결되었다.

乙이 전문기관에 의뢰하여 소음 및 진동의 정도를 측정한 결과, 장비로 인한 소음도는 최대 69dB(A), 진동도는 최대 58dB(V)로 나타났다. 甲의 아파트 건물골조완성이후 乙의 주택의 일조시간은 동짓날 기준 (11:36∞17:40)에서 (11:36∞14:23)으로 감소하였다. 丙이 재학 중인 학교 교실 역시 甲의 공사로 인해 일조시간이 동짓날 기준 (9:30∞15:40)에서 (14:36∞15:40)으로 감소하였다.

1. 乙이 민사소송이외에 甲을 상대로 취할 수 있는 법령상의 피해구제수단에는 무엇이 있는지 서술하고 소송과의 관계를 검토하시오. (20점)

문제해설 [2019년 제1차 제2문] 문제 1. 해설

1. 문제
환경분쟁조정법상의 분쟁조정제도와 소송과의 관계가 문제된다.

2. 환경분쟁조정법상의 분쟁조정제도와 소송과의 관계

(1) 분쟁조정제도의 유형
1) 알선 – 알선위원이 분쟁당사자의 의견을 듣고 공정하게 해결되도록 주선함으로써 분쟁당사자의 화해를 유도하여 합의가 이루어지게 하는 절차로 형식성이 가장 약한 약식절차이다. 당사자 사이의 자주적 해결을 존중하므로 사실조사 및 당사자심문 절차 없이 합의를 유도한다.
2) 조정 – 중립적인 제3자적 지위를 가진 조정위원회가 당사자의 주장을 듣고 조정안을 작성하여 합의를 권고하여 분쟁을 해결하는 절차이다. 알선과 달리 사실조사 및 당사자 신문 절차를 거친다.
3) 재정 – 재정위원회가 준사법적 절차에 따라서 사실조사 및 당사자 신문 절차를 거쳐 위법성, 피해액 등에 대한 법률적 판단을 거쳐 분쟁을 해결하는 제도로 준사법적 쟁송절차이다. 당사자의 구술변론권이 보장된 준사법적 절차라는 점에서 알선, 조정과 구별된다.
4) 중재 – 법원의 재판에 의하지 않고 제3자의 중재위원회가 서로 대립하는 당사자 간의 환경분쟁에 대하여 사실조사 및 심문 등의 절차를 거쳐 분쟁을 해결하는 제도로 중재위원회의 판단만으로 판결과 같은 효력을 갖는다는 점에서 조정과 구별된다.

(2) 소송과의 관계
1) 알선 – 합의서의 작성으로 종료되며, 화해계약은 민법상 계약을 채무승인의 효력을 갖는다. 합의 결렬 시에는 조정, 재정, 중재 등의 절차를 이용하거나 소를 제기할 수 있다.
2) 조정 – 당사자 간에 합의된 사항을 조서에 적음으로써 성립한다. 성립된 조정과 이의신청이 없는 조정결정은 당사자가 임의로 처분할 수 없는 사항이 아닌 한 재판상 화해와 동일한 효력이 있다. 당사자 간에 합의가 이루어지지 아니한 경우에는 환경분쟁조정위원회가 조정을 갈음하는 결정을 할 수 있도록 하였고, 합의 결렬 시에는 재정, 중재 등의 절차를 이용하거나 소를 제기할 수 있다.
3) 재정
    ① **책임재정** – 지방조정위원회의 재정위원회가 한 책임재정에 불복하는 당사자는 재정문서의 정본이 당사자에게 송달된 날부터 60일 이내에 중앙조정위원회에 책임재정을 신청할 수 있다. 책임재정을 한 경우에 재정문서의 정본이 당사자에게 송달된 날부터 60일 이내에 당사자 양쪽 또는 어느 한쪽으로부터 그 재정의 대상인 환경피해를 원인으로 하는 소송이 제기되지 아니하거나 이의 신청이 없는 경우에는 그 재정문서는 당사자가 임의로 처분할 수 없는 사항을 제외하고는 재판상 화해와 동일한 효력이 있다.
    ② **원인재정** – 재정위원회가 원인재정을 하여 재정문서의 정본을 송달받은 당사자는 이 법에 따른 알선, 조정, 책임재정 및 중재를 신청할 수 있다.
4) 중재 – 중재위원회의 판단은 양쪽 당사자가 간에 법원의 확정판결과 동일한 효력이 있다.

2018년도 제2회 변호사시험 모의시험

〈제1문〉

사립학교법인 A는 B시에 있던 기존의 학교를 이전하기 위하여 C산의 임야를 매수하였다. A는 이 임야를 학교부지로 만들어 새 학교를 설치할 것을 내용으로 하는 도시관리계획변경 입안신청을 B시장에게 하였다. 이후 B시장은 전략환경영향평가 등 법적 절차를 거쳐 입안하였고, 그에 따라 B시장은 「국토의 계획 및 이용에 관한 법률」과 동 시행령에 근거하여 이 부지를 학교인 도시계획시설로 변경하는 결정을 하였다. 더 나아가 A는 「학교시설사업촉진법」제4조에 따라 학교시설사업시행계획(이하 '사업시행계획'이라 함)을 수립하여 B시의 교육감인 D에게 승인신청을 하였다. 승인신청 시 제출한 A의 계획에 따르면, A의 기존 학교건물이 노후되어 정상적인 학습에 지장을 주고 있고, 이 사업으로 C산의 일부가 절토되지만 환경침해를 최소화할 수 있는 조치를 강구하여 환경상 큰 문제가 없다고 하였다. 그 후 교육감 D는 A의 사업시행계획을 승인하였고, 「학교시설사업촉진법」제5조의2에 따라 학교시설의 건축승인처분까지 하였다. 현재 A는 건축행위를 개시하여 기초공사가 상당부분 진척된 상태이다.

그러나 이 부지에는 E초등학교가 바로 붙어 있어서 A의 사업시행계획에 따라 시뮬레이션을 했더니 甲을 포함한 E초등학교 학생들과 교사 乙이 등교한 후 오전 내내 학교에 그림자가 지게 되어 일조문제를 일으킬 개연성이 큼이 확인되었다. 그리고 위 학교시설이 들어설 C산은 B시의 유일한 자연숲이 있고 다양한 동식물이 분포하여 생태가치가 높은 자연녹지공간으로서 丙을 포함한 지역주민들은 이 부지를 산책로와 휴식공간으로 이용해왔다. 그러나 학교시설 건축이 시작되면 C산의 절토로 인해 이러한 환경의 파괴우려가 크고, 丁을 회원으로 하는 환경보호단체 'C산 지킴이'가 관리하는 청소년 생태학습장도 없어지게 된다. 그럼에도 불구하고 A는 이러한 환경상 위해가능성을 알고도 사업시행계획에 반영하지 않은 채 승인처분을 받아 공사를 개시한 것이었다.

〈참조조문〉 학교시설사업촉진법

제4조(학교시설사업 시행계획의 승인 등) ① 학교시설사업을 시행하려는 자는 대통령령으로 정하는 바에 따라 학교시설사업의 시행지·규모 및 재원 등이 포함된 학교시설사업 시행계획을 작성하여 「초·중등교육법」제6조에 따른 감독기관(이하 "감독청"이라 한다)의 승인을 받아야 한다.

제5조의2(학교시설의 건축등) ① 제4조제1항 본문 또는 제2항에 따라 시행계획의 승인 또는 변경승인을 받은 자는 학교시설의 건축등을 하려면 「건축법」제11조 및 제14조에도 불구하고 대통령령으로 정하는 바에 따라 감독청의 승인을 받거나 감독청에 신고하여야 한다. 제4조제1항 단서에 따라 학교시설의 건축등을 하려는 경우에도 또한 같다.

제11조(시행계획 승인의 취소 등) 감독청은 사업시행자가 다음 각 호의 어느 하나에 해당하면 이 법에 따른 승인을 취소하거나 시행계획의 변경, 그 밖에 필요한 조치를 명할 수 있다.

   1. 부정한 수단으로 이 법에 따른 승인을 받은 경우

  (이하 생략)

초·중등교육법

제6조(지도·감독) 국립학교는 교육부장관의 지도·감독을 받으며, 공립·사립학교는 교육감의 지도·감독을 받는다.

 *「교육환경 보호에 관한 법률」의 대상이 아님을 전제하며, 따라서 동 법령을 고려하지 아니한다.

3. 丙은 취소소송과 별도로, 환경분쟁조정을 신청하고자 하는데 환경보호단체 C산 지킴이가 丙을 대리하여 조정을 신청하는 경우 갖추어야 할 「환경분쟁조정법」상의 요건을 기술하시오. (10점)

문제해설 [2018년 제2차 제1문] 문제 3. 해설

1. 문제

환경단체가 분쟁 당사자를 대리하여 조정을 신청하기 위한 환경분쟁조정법상의 요건이 무엇인지가 문제된다.

2. 환경단체의 조정신청 요건

(1) **관련 조문** - ① 민법 제32조에 따라 환경부장관의 허가를 받아 설립된 비영리법인, ② 정관에 따라 환경보호 등 공익의 보호와 증진을 목적으로 하는 단체, ③ 구성원이 100명이상이고, 법인으로서 자연환경분야 활동실적이 2년 이상인 환경단체는 중대한 자연상태계 파괴로 인한 피해가 발생하였거나 발생한 위험이 현저한 경우에는 위원회의 허가를 받아 분쟁당사자를 대리하여 위원회에 조정을 신청할 수 있다(환경분쟁조정법 제26조 제1항, 동법시행령 제20조).

(2) **사안의 경우** - 환경단체가 분쟁당사자를 대리하여 조정을 신청하기 위해서는 설시한 ①, ②, ③의 요건을 모두 충족하여야 하는 바, ① C산 지킴이는 환경을 지키기 위해 비영리사업을 목적으로 하는 단체로 환경부장관의 허가를 받아 설립된 비영리법인이어야 하고, ② C산 지킴이는 정관에 C산을 지키기 위한 공익 보호와 증진을 목적으로 하는 단체이어야 하며, ③ 구성원이 100명 이상이어야 하고, C산을 지키기 위한 활동실적이 2년 이상인 경우에 한하여 丙을 대리하여 조정을 신청할 수 있다.

3. 결론

C산 지킴이는 환경분쟁조정법 제26조 제1항 각호의 사유를 모두 충족한 경우에 한하여 丙을 대리하여 환경분쟁조정을 신청할 수 있다.

2016년도 제3회 변호사시험 모의시험

〈제1문〉

甲과 乙은 2010년부터 서울시 중랑구 중앙동을 통과하는 지하철 12호선 곡선구간으로부터 약 31m 떨어진 곳의 노원아파트에 101동 3층에, 102동 10층에 각 거주해오고 있다.

甲과 乙의 아파트 인근을 지나는 지하철 12호선은 2013. 9. 12. 서울시에 의해 도시계획 고속철도로 결정 고시된 후 2015. 3. 28. A지하철공사가 건설을 완료하여 같은 해 4월부터 운행하기 시작하였고, 운행시간은 오전 5시부터 다음 날 오전 1시까지이며, 노원아파트 인근의 1일 운행횟수는 431회이다.

국립환경연구원 및 중앙환경분쟁조정위원회가 지하철 소음에 대해 측정한 결과 101동 1~3층은 A지하철공사가 설치한 방음벽의 영향으로 주간 66.6~69.5dB(A), 야간 57.2~59.2dB(A)이고, 102동 4층 이상은 주간 69.6~71.7dB(A), 야간 65.5~68.2dB(A)으로 나타났다.

A지하철공사는 지방공기업법과 서울시지하철공사설치조례에 의거 설립된 독립법인이고, 같은 조례에 따라 자체적으로 지하철 건설 및 운영에 관한 사업을 시행하고 있으며, 지하철 12호선에서 발생하는 수입이나 이익은 모두 A지하철공사의 운영비로 사용되고 있다.

그리고 서울시의 A지하철공사에 대한 감독권한은 소음관련 민원이 수차례 제기되었음에도 불구하고 A지하철공사가 소음 저감을 위한 노력을 하지 않는 등의 부당한 행위를 하였을 경우에 행사될 수 있다. 한편, 서울시는 A지하철공사가 소음 저감을 포함한 서비스개선 사업을 추진하는 데 있어 부족한 예산을 매년 보조금으로 지급해오고 있다.

甲과 乙은 지하철 12호선의 운행 이후부터 창문을 열지 못하는 등 정신적 피해를 입고 있다는 원인과 아파트 가격 하락을 원인으로 하는 손해배상을 청구하고자 한다.

[참조조문]
소음진동관리법 시행규칙 별표 12. 교통소음·진동의 관리기준(제25조 관련)

2. 철도		한도	
대상지역	구분	주간 (06:00~ 22:00)	야간 (22:00~ 06:00)
주거지역, 녹지지역, 관리지역 중 취락지구·주거개발진흥지구 및 관광·휴양개발진흥지구, 자연환경보전지역, 학교·병원·공공도서관 및 입소규모 100명 이상의 노인의료복지시설·영유아보육시설의 부지 경계선으로부터 50미터 이내 지역	소음 (LeqdB(A))	70	60
	진동 (dB(V))	65	60
상업지역, 공업지역, 농림지역, 생산관리지역 및 관리지역 중 산업·유통개발진흥지구, 미고시지역	소음 (LeqdB(A))	75	65
	진동 (dB(V))	70	65

1. 甲과 乙이 중앙환경분쟁조정위원회에 피해구제를 신청하고자 하는 경우, 조정(調整)과 재정(裁定)의 신청, 절차상 그리고 효력에서의 차이점을 설명하시오. (25점)
2. 이 사건에서 피신청인을 누구로 할 것인지 확정하고 그 이유를 설명하시오. (25점)

문제해설 [2016년 제3차 제1문] 문제 1. 해설

1. 문제
조정과 재정의 (1) 신청, (2) 절차, (3) 효력에서의 차이점이 문제된다.

2. 조정과 재정

(1) **의의** - 조정은 중립적인 제3자적 지위를 가진 조정위원회가 당사자의 주장을 듣고 조정안을 작성하여 합의를 권고하여 분쟁을 해결하는 절차이다. 재정은 재정위원회가 준사법적 절차에 따라서 사실조사 및 당사자 신문 절차를 거쳐 위법성, 피해액 등에 대한 법률적 판단을 거쳐 분쟁을 해결하는 제도로 준사법적 쟁송절차이다.

(2) **신청의 차이**
1) 신청서 기재 - 조정이나 재정은 당사자의 신청에 의하여 개시되는 점에서는 공통된다(환경분쟁조정법 제16조). 공통적으로 당사자, 환경피해 발생의 일시·장소, 분쟁의 경과, 조정·재정을 구하는 취지 및 이유를 적어야 하고, 재정은 피해금액 또는 예상 피해금액까지도 적어야 한다(동법 시행령 제8조).
2) 관할 - 조정의 경우 해당 시·도의 관할 구역에서 발생한 사무를 지방조정위원회가 관할하고 국가나 지자체를 당사자로 하는 분쟁의 조정, 둘 이상의 시·도의 관할 구역에 걸친 분쟁의 조정, 직권조정의 경우에는 중앙조정위원회에서 관할하고, 재정의 경우에는 원칙적으로 중앙조정위원회가 관할하고 일조방해, 통풍방해, 조망 저해로 인한 분쟁을 제외한 일정한 경우 지방조정위원회가 관할한다(동법 제6조).
3) 직권조정 - 재정과 달리 조정의 경우에는 중앙조정위원회가 당사자의 신청이 없는 경우에도 직권으로 조정절차를 시작할 수 있다(동법 제30조).

(3) **절차의 차이**
1) 위원회 구성 - 조정은 3명의 위원으로 구성되는 조정위원회에서 실시하고(동법 제31조), 재정은 5명의 위원으로 구성되는 재정위원회에서 실시한다(동법 제36조).
2) 증거조사 - 조정과 재정에서 각 위원회는 필요하다고 인정할 때 직권으로 조사할 수 있으나(동법 제32조, 제38조), 재정의 경우에는 당사자의 신청으로도 조사권 발동이 가능하다는 점에서 차이가 있다.
3) 심문과 증거보전 - 재정은 심문의 기일을 정하여 당사자에게 의견을 진술하게 하여야 하고, 재정 신청 전에 미리 증거조사를 하지 아니하면 그 증거를 확보하기 곤란하다고 인정하는 경우에는 재정을 신청하려는 자의 신청을 받아 조사권을 발동할 수 있다(동법 제37조, 제39조).
4) 조정여부의 결정 - 조정은 해당분쟁이 그 성질상 조정을 하기에 적당하지 아니하다고 인정되는 경우에는 조정을 하지 아니할 수 있다(동법 제34조).
5) 원상회복의 책임재정 결정 - 재정위원회는 원상회복이 필요하다고 인정하면 손해배상을 갈음하여 당사자에게 원상회복을 명하는 책임재정 결정을 하여야 한다(동법 제41조).

(4) 효력의 차이

1) 효력발생시기

① 조정 - 당사자 간에 합의된 사항을 조서에 적음으로써 성립한다. 성립된 조정과 이의신청이 없는 조정결정은 당사자가 임의로 처분할 수 없는 사항이 아닌 한 재판상 화해와 동일한 효력이 있다. 당사자 간에 합의가 이루어지지 아니한 경우에는 환경분쟁조정위원회가 조정을 갈음하는 결정을 할 수 있도록 하였고, 합의 결렬 시에는 재정, 중재 등의 절차를 이용하거나 소를 제기할 수 있다.

② 재정

ㄱ) **책임재정** - 지방조정위원회의 재정위원회가 한 책임재정에 불복하는 당사자는 재정문서의 정본이 당사자에게 송달된 날부터 60일 이내에 중앙조정위원회에 책임재정을 신청할 수 있다. 책임재정을 한 경우에 재정문서의 정본이 당사자에게 송달된 날부터 60일 이내에 당사자 양쪽 또는 어느 한쪽으로부터 그 재정의 대상인 환경피해를 원인으로 하는 소송이 제기되지 아니하거나 이의 신청이 없는 경우에는 그 재정문서는 당사자가 임의로 처분할 수 없는 사항을 제외하고는 재판상 화해와 동일한 효력이 있다.

ㄴ) **원인재정** - 재정위원회가 원인재정을 하여 재정문서의 정본을 송달받은 당사자는 이 법에 따른 알선, 조정, 책임재정 및 중재를 신청할 수 있다. - 조정은 조정위원회의 조정한 작성 후 30일 이상의 기간을 정하여 수락을 권고하고, 당사자가 조정안을 수락하고 그 사실을 조서에 적음으로써 재판상 화해와 동일한 효력을 갖는다(제33조). 합의 결렬 시에는 재정, 중재 등의 절차를 이용하거나 소를 제기할 수 있다. 재정은 재정위원회가 한 재정문서가 당사자에 송달된 후 60일 이내에 당사자의 소송이 제기되지 아니하거나 불복하지 않는 경우에는 재판상 화해와 동일한 효력이 발생한다(제42조).

2) 시효중단 - 조정은 조정이 종결되었다는 통지를 받은 당사자가 통지를 받은 날부터 30일 이내에 소송을 제기한 경우 시효의 중단 및 제소기간의 계산에 있어서는 조정의 신청을 재판상의 청구로 보고(제35조 제5항), 재정의 경우 당사자가 재정에 불복하여 소송을 제기한 경우 시효의 중단 및 제소기간의 계산에 있어서는 책임재정의 신청을 재판상 청구로 본다(동법 제44조).

3) 소송과의 관계 - 재정이 신청된 사건에 대한 소송이 진행 중일 때에는 수소법원은 재정이 있을 때까지 소송절차를 중지할 수 있다(동법 제45조).

3. 결론

조정은 중립적 제3자가 당사자의 의견을 듣고 조정안을 작성하여 당사자들에게 권고하여 분쟁을 정리하는 절차이고, 재정은 준사법적 절차에 따라 법률적 판단을 내려 분쟁을 해결하는 절차로써, 신청, 절차, 효력에서 차이점이 있다.

문제해설 [2016년 제3차 제1문] 문제 2. 해설

1. 문제

A지하철 공사와 서울시 중 누구를 상대로 중앙환경분쟁조정위원회에 분쟁조정을 신청을 제기할 것인지가 문제된다.

2. A지하철 공사의 피신청인 적격여부

(1) **관련 법리** - 국가나 지방자치단체의 공공목적 사업을 담당하는 공법인의 경우 국가나 지자체와 별개의 법인격을 가지고 있는 독립된 법인으로 독립적으로 운영하고 있는지 여부가 피신청인 적격여부의 판단기준이 된다.

(2) **판례** - 고속도로에서 발생하는 소음으로 인한 중앙환경분쟁조정에서 한국도로공사의 배상책임 주체성을 인정하고 있는바, 피신청인 적격이 있음을 인정된다.

(3) **사안의 경우** - A지하철공사는 지방공기업법 제49조와 서울시지하철공사설치조례 제1조 및 제2조 규정에 의거 설립되었고, 동조례 제14조 규정에 따라 자체적으로 지하철 건설 및 운영에 관한 사업을 시행하고 있는 독립된 법인이고 지하철 12호선의 운영에 따른 수익은 모두 A지하철공사에 의해 관리되고 있어 소음에 대한 책임주체로 판단되는바, 피신청인 적격이 인정된다.

3. 서울시의 피신청인 적격여부

(1) **관련 법리** - 국가나 지차체의 공공목적 사업을 독립된 공법인이 담당하는 경우 국가나 지자체는 일정한 감독책임이 존재하나, 당해 공법인의 손해배상책임이 당연히 별개의 법인인 국가나 지자체의 책임이 되는 것은 아니다.

(2) **판례** - 중앙환경분쟁조정에서 서울시는 그 책임이 인정되지 않고, 피신청인에서도 제외되어야 한다고 결정하였다.

(3) **사안의 경우** - 서울시는 A지하철공사가 소음 저감을 포함한 서비스개선 사업을 추진하는 데 있어 부족한 예산을 매년 보조금으로 지급해오고 있어, A지하철 운행의 운영주체로 보기 어렵다. 그리고 감독책임 역시 서울시의 A지하철공사에 대한 감독권한은 소음관련 민원이 수차례 제기되었음에도 불구하고 A지하철공사가 소음 저감을 위한 노력을 하지 않는 등의 부당한 행위를 하였을 경우에 행사될 수 있는바, A공사의 소음 저감을 위한 노력이 선행되었다면 감독책임도 묻기 어렵다.

4. 결론

이 사건에서 피신청인은 A지하철 공사로 하여야 하고, 그 이유는 A지하철 운행으로 인한 소음발생의 주체로 환경오염의 원인자이기 때문이다.

2015년도 제1회 변호사시험 모의시험

〈제2문〉

건축주 甲은 2015. 1. 3.부터 경기도 이천시 신둔면 수광리 10번지(이 지역은 아래 소음·진동규제법의 생활소음의 규제기준적용 대상지역 분류상 "나"지역에 해당됨) 대지 1,000㎡상에 연면적 2,500㎡의 지하 2층 지상 3층의 반도체 공장 신축공사를 하게 되었다.

甲으로부터 공장건축공사 도급을 받은 시공회사 乙은 발파공사, 터파기공사, 흙막이 공사를 거쳐 골조공사 등을 진행하고 있다. 乙은 지하 2층을 굴착하기 위하여 항타기(抗打機), 크레인, 굴착기, 덤프트럭 등을 동원하여 소음이 많이 발생하는 H빔 항타작업 후 그라우팅(Grouting) 工法(강관인 H빔을 항타기로 땅에 때려 박은 후 그 안의 흙을 파내는 공법)으로 지하 터파기 공사를 10일간 진행하고 있다.

(소음발생 때문에 H빔 항타공법보다는 시추공을 롤링으로 뚫어 그 안에 콘크리트 양생으로 차단벽을 만들고 그 안의 흙 등을 파내 소음발생이 적은 C.I.P.공법이 있으나, 甲과 乙은 합의 하에 공사비용을 줄이기 위해 H빔 항타작업에 의한 그라우팅공법으로 터파기공사를 진행하고 있다).

위 공사현장에서 H빔 항타작업시 발생하는 소음측정치는 90데시벨(dB)이고 이 공사장에서 150미터 떨어진 곳에서 측정해 본 결과 소음측정치는 80데시벨이었다. 乙은 공사장 주위에 소음방지시설을 설치하지 않은 채로 위 공사를 시공하였다.

丙은 위 공사장으로부터 약 150m 떨어진 곳에서 돼지 500여 두를 기르는 돼지농장(양돈장)을 운영하고 있었다.

丙은 위 공장 신축공사 중 공사장 소음으로 인해 때마침 임신한 어미돼지(성돈) 50여두는 유산을 했고 이미 출생한 새끼 돼지 80마리가 폐사하였다고 주장하고 있다.

이에 대해 甲과 乙은 공사장에서 150m 떨어진 곳에 위치한 丙의 돼지농장까지 H빔 항타작업 소음으로 인해 돼지가 폐사했다고 인정할 근거가 없다고 주장하고 있다.

위와 같은 사실관계와 아래 참고사항을 기초로 하여 문제에 답하시오.

[참고사항]

참고1〉 소음·진동관리법

① 법 제22조제1항에서 "환경부령으로 정하는 특정공사"란 별표 9의 기계·장비를 5일 이상 사용하는 공사로서 다음 각 호의 어느 하나에 해당하는 공사를 말한다. 다만, 별표 9의 기계·장비로서 환경부장관이 저소음·저진동을 발생하는 기계·장비라고 인정하는 기계·장비를 사용하는 공사와 제20조제1항에 따른 지역에서 시행되는 공사는 제외한다.

1. 연면적이 1천제곱미터 이상인 건축물의 건축공사 및 연면적이 3천 제곱미터 이상인 건축물의 해체공사
2. 구조물의 용적 합계가 1천세제곱미터 이상 또는 면적 합계가 1천 제곱미터 이상인 토목건설공사
3. 면적 합계가 1천제곱미터 이상인 토공사(土工事)·정지공사(整地工事)
4. 총연장이 200미터 이상 또는 굴착 토사량의 합계가 200세제곱미터 이상인 굴정공사
5. 영 제2조제2항에 따른 지역에서 시행되는 공사

② 법 제22조제1항에 따라 특정공사를 시행하려는 자(도급에 의하여 공사를 시행하는 경우에는 발주자로부터 최초로 공사를 도급받은 자를 말한다)는 해당 공사 시행 전(건설공사는 착공 전)까지 별지 제10호서식의 특정공사 사전신고서에 다음 각 호의 서류를 첨부하여 특별자치시장·특별자치도지사 또는 시장·군수·구청장에게 제출하여야 한다. 다만, 둘 이상의 특별자치시 또는 시·군·구(자치구를 말한다. 이하 같다)에 걸쳐있는 건설공사의 경우에는 해당 공사지역의 면적이 가장 많이 포함되는 지역을 관할하는 특별자치시장·시장·군수·구청장에게 신고하여야 한다.

1. 특정공사의 개요(공사목적과 공사일정표 포함)
2. 공사장 위치도(공사장의 주변 주택 등 피해 대상 표시)
3. 방음·방진시설의 설치명세 및 도면
4. 그 밖의 소음·진동 저감대책

[별표 9]

특정공사의 사전신고 대상 기계·장비의 종류 (제21조제1항 관련)
1. 항타기·항발기 또는 항타항발기(압입식 항타항발기는 제외한다)
2. 천공기
3. 공기압축기(공기토출량이 분당 2.83세제곱미터 이상의 이동식인 것으로 한정한다)
4. 브레이커(휴대용을 포함한다)
5. 굴삭기
6. 발전기
7. 로더
8. 압쇄기
9. 다짐기계
10. 콘크리트 절단기
11. 콘크리트 펌프

참고2〉 생활소음의 규제기준(소음·진동관리법 시행규칙 제20조제3항 관련)

[단위 : dB(A)]

대상 지역	소음원	시간대별	아침, 저녁 (05:00~07:00, 18:00~22:00)	주간 (07:00~18:00)	야간 (22:00~05:00)
가. 주거지역, 녹지지역, 관리지역 중 취락지구·주거개발진흥지구 및 관광·휴양개발진흥지구, 자연환경보전지역, 그 밖의 지역에 있는 학교·종합병원·공공도서관	확성기	옥외설치	60이하	65 이하	60 이하
		옥내에서 옥외로 소음이 나오는 경우	50 이하	55 이하	45 이하
	공장		50 이하	55 이하	45 이하
	사업장	동일 건물	45 이하	50 이하	40 이하
		기타	50 이하	55 이하	45 이하
	공사장		60 이하	65 이하	50 이하
나. 그 밖의 지역	확성기	옥외설치	65 이하	70 이하	60 이하
		옥내에서 옥외로 소음이 나오는 경우	60 이하	65 이하	55 이하
	공장		60 이하	65 이하	55 이하
	사업장	동일 건물	50 이하	55 이하	45 이하
		기타	60 이하	65 이하	55 이하
	공사장		65 이하	70 이하	50 이하

참고3〉 연구결과 돼지는 소음에 매우 취약한 특성이 있는 것으로 보고되고 있다. 70데시벨의 소음에 5시간 이상 지속적으로 노출될 경우 임신한 성돈이 스트레스로 유산을 하고 80데시벨의 소음상태에 5시간이상 지속적으로 노출될 경우 미숙돈은 스트레스로 인해 사망한다는 실험결과가 보고되었다(소음측정 수치와 소음노출 시간은 모두 편의상 가정된 수치임).

1. 가) 丙이 甲과 乙을 상대로 취할 수 있는 법적 구제수단에 대해서 검토하시오. (30점)

문제해설 [2015년 제1차 제2문] 문제 1-가) 해설

1. 문제

(1) 환경분쟁조정제도, (2) 민사소송 등이 문제된다.

2. 환경분쟁조정제도

(1) **의의** - 환경피해에서 비롯된 환경분쟁을 신속·공정하고 효율적으로 해결하여 환경을 보전하고 국민의 건강과 재산상의 피해를 구제하기 위한 제도이다. 큰 비용이 들지 않고 비교적 단기간 내에 해결할 수 있는 장점이 있다.

(2) **대상** - 환경분쟁조정의 대상이 되는 환경피해란 사업활동, 그밖에 사람의 활동에 의하여 발생이 예상되는 소음·진동을 원인으로 인한 건강상·재산상·정신상 피해를 말한다.

(3) **종류**

1) 알선 - 알선위원이 분쟁당사자의 의견을 듣고 공정하게 해결되도록 주선함으로써 분쟁당사자의 화해를 유도하여 합의가 이루어지게 하는 절차로 형식성이 가장 약한 약식절차이다. 당사자 사이의 자주적 해결을 존중하므로 사실조사 및 당사자심문 절차 없이 합의를 유도한다.

2) 조정 - 중립적인 제3자적 지위를 가진 조정위원회가 당사자의 주장을 듣고 조정안을 작성하여 합의를 권고하여 분쟁을 해결하는 절차이다. 알선과 달리 사실조사 및 당사자 신문 절차를 거친다.

3) 재정 - 재정위원회가 준사법적 절차에 따라서 사실조사 및 당사자 신문 절차를 거쳐 위법성, 피해액 등에 대한 법률적 판단을 거쳐 분쟁을 해결하는 제도로 준사법적 쟁송절차이다. 당사자의 구술변론권이 보장된 준사법적 절차라는 점에서 알선, 조정과 구별된다.

4) 중재 - 법원의 재판에 의하지 않고 제3자의 중재위원회가 서로 대립하는 당사자 간의 환경분쟁에 대하여 사실조사 및 심문 등의 절차를 거쳐 분쟁을 해결하는 제도로 중재위원회의 판단만으로 판결과 같은 효력을 갖는다는 점에서 조정과 구별된다.

(4) **효력**

1) 알선 - 합의서의 작성으로 종료되며, 화해계약은 민법상 계약을 채무승인의 효력을 갖는다. 합의 결렬 시에는 조정, 재정, 중재 등의 절차를 이용하거나 소를 제기할 수 있다.

2) 조정 - 당사자 간에 합의된 사항을 조서에 적음으로써 성립한다. 성립된 조정과 이의신청이 없는 조정결정은 당사자가 임의로 처분할 수 없는 사항이 아닌 한 재판상 화해와 동일한 효력이 있다. 당사자 간에 합의가 이루어지지 아니한 경우에는 환경분쟁조정위원회가 조정을 갈음하는 결정을 할 수 있도록 하였고, 합의 결렬 시에는 재정, 중재 등의 절차를 이용하거나 소를 제기할 수 있다.

3) 재정
① **책임재정** - 지방조정위원회의 재정위원회가 한 책임재정에 불복하는 당사자는 재정문서의 정본이 당사자에게 송달된 날부터 60일 이내에 중앙조정위원회에 책임재정을 신청할 수 있다. 책임재정을 한 경우에 재정문서의 정본이 당사자에게 송달된 날부터 60일 이내에 당사자 양쪽 또는 어느 한쪽으로부터 그 재정의 대상인 환경피해를 원인으로 하는 소송이 제기되지 아니하거나 이의 신청이 없는 경우에는 그 재정문서는 당사자가 임의로 처분할 수 없는 사항을 제외하고는 재판상 화해와 동일한 효력이 있다.
② **원인재정** - 재정위원회가 원인재정을 하여 재정문서의 정본을 송달받은 당사자는 이 법에 따른 알선, 조정, 책임재정 및 중재를 신청할 수 있다.
4) 중재 - 중재위원회의 판단은 양쪽 당사자가 간에 법원의 확정판결과 동일한 효력이 있다.

3. 민사소송

(1) **관련 법리** - 재정결과에 불만이 있는 경우 60일 이내에서 소를 제기하여 손해배상청구나 유지청구를 할 수 있으며, 이 때 재정의 효력은 상실된다.

(2) **손해배상청구**
1) 관련 조문 - 고의 또는 과실로 인한 위법행위로 인하여 타인에게 손해를 가한 자는 그 손해를 배상할 책임이 있다(민법 제750조).
2) 사안의 경우 - ① 甲, 乙의 고의 또는 과실은 환경정책기본법 제44조 제1항에 따라 고의 과실에 대한 입증을 요하지 않는다. ② 甲, 乙 행위의 위법성은 수인한도 기준을 결정할 때는 일반적으로 침해되는 권리나 이익의 성질과 침해 정도뿐만 아니라 침해행위가 갖는 공공성의 내용과 정도, 지역 환경의 특수성, 공법적인 규제에 의하여 확보하려는 환경기준, 침해를 방지 또는 경감시키거나 손해를 회피할 방안의 유무 및 난이도 등 여러 사정을 종합적으로 고려하여 구체적 사건에 따라 개별적으로 결정된다. ③ 甲, 乙의 가해행위와 丙의 손해발생사이의 인과관계는 개연성이론 내지 간접반증이론의 적용으로 피해자 丙에게 유리하도록 완화해주고 있다. ④ 甲, 乙의 공동불법행위는 민법 제760조 제1항에 따라 객관적 관련성이 있으면 부진정연대책임을 진다.

(3) **유지청구**
1) 법적근거 - 丙은 양돈장의 소유자 또는 점유자로서 민법 제214조를 근거로 유지청구를 할 수 있다.
2) 요건 - ① 피해의 성질과 정도에 비추어 금전적 평가가 곤란, ② 사후 금전보상으로 피해회복이 어렵고, ③ 피해가 계속적이며 중대명백하고, ④ 피해가 수인한도를 초과할 것을 요한다.
3) 수인한도의 판단 - 위법성 단계설
① **의의** - 유지청구의 수인한도 기준은 손해배상청구의 수인한도와 다르게 훨씬 높아야 한다.
② **판례** - 소음으로 인한 생활방해를 원인으로 소음의 예방 또는 배제를 구하는 방지청구는 금전배상을 구하는 손해배상청구와는 내용과 요건을 서로 달리하는 것으로 방지청구는 인용될

경우 소송당사자뿐 아니라 제3자의 이해관계에도 중대한 영향을 미칠 수 있어, 법원은 해당 청구가 인용될 경우에 당사자가 받게 될 이익과 상대방 및 제3자가 받게 될 불이익 등을 고려한다.

    4) 사안의 경우 - 손해배상청구보다 더 높은 위법성을 요구하므로 수인한도 판단 시에 甲, 乙에 대한 공사중단청구시에 제3자에 이해관계에 미치는 불이익 여부도 고려하여 인용여부를 결정한다.

4. 결론

환경분쟁조정제도를 활용하거나, 민사소송을 제기하여 소음 진동으로부터의 피해를 구제받을 수 있다.

2014년도 제2회 변호사시험 모의시험

〈제2문〉

甲은 2009. 5. 1.부터 甲 소유명의의 강원도 평창군 개포면 갈마리 42번지에 한돈농장의 상호로 대지면적 2,500㎡, 건축물 연면적 1,325㎡의 양돈장을 경영하면서 약 1,220두의 돼지(모돈 120두, 기타 1,100두)를 양육하여 왔다.

한국도로공사(이하 乙공사라고 함)는 고속국도법 제6조 제1항의 규정에 의하여 국토교통부장관을 대행하여 고속도로를 관리·점유하는 법인으로서 2010년경 제4호 고속국도(영동고속도로)의 강원 원주군 호저면 부터 강원도 강릉시 초입까지 사이의 기존 2차로를 4차로 도로로 확장하기 위한 공사를 시작하였다.

乙공사는 2011. 1. 초경부터 2013. 1. 말경까지 약 23개월간 이 사건 공사를 진행하여, 이 사건 공사가 완료된 후에는 4차도로 확장된 결과 당초 95m 가량 떨어져 있던 위 양돈장과 고속국도 사이의 거리가 약 45m로 가까워졌고, 위 양돈장과 고속국도 사이의 자연방음벽 역할을 하던 야산이 위 도로확장을 위한 부지조성공사로 깎였을 뿐 아니라, 교통량과 진행 차량의 속도의 증가 및 확장도로면을 아스팔트 대신 아스콘으로 사용한 결과로 인하여 소음·진동량이 종전의 약 45 내지 50dB에서 평균 75dB로 증가되었다. 이에 따라 甲의 농장에서 양돈 중이던 돼지들이 소음과 진동에 민감한 반응을 보여 유산 또는 폐사의 발생률이 현저히 증가하고, 자돈육성률 및 돼지의 출하두수가 감소하는 등의 현상을 보여 오고 있다.

[별표 12] 〈개정 2010.6.30〉

교통소음·진동의 관리기준(제25조 관련)

1. 도로

대상지역	구분	한도 주간 (06:00~22:00)	야간 (22:00~06:00)
주거지역, 녹지지역, 관리지역 중 취락지구 ·주거개발진흥지구 및 관광·휴양개발진흥지구, 자연환경보전지역, 학교·병원·공공도서관 및 입소규모 100명 이상의 노인의료복지시설·영유아보육시설의 부지 경계선으로부터 50미터 이내 지역	소음 (Leq dB(A))	68	58
	진동 (dB(V))	65	60

		소음 (Leq㏈(A))	73	63
상업지역, 공업지역, 농림지역, 생산관리지역 및 관리지역 중 산업·유통개발진흥지구, 미고시지역				
		진동 (㏈(V))	70	65

참고

  1. 대상 지역의 구분은 「국토의 계획 및 이용에 관한 법률」에 따른다.

  2. 대상 지역은 교통소음·진동의 영향을 받는 지역을 말한다.

1. 甲이 취할 수 있는 소송외적 분쟁해결수단으로서 환경분쟁조정제도의 유형과 그 효력을 논하시오. (20점)

문제해설 [2014년 제2차 제2문] 문제 1. 해설

1. 문제
소음·진동을 원인으로 인한 재산상의 피해를 받은 甲이 활용할 수 있는 환경분쟁조정제도의 유형과 효력이 문제된다.

2. 유형
(1) **알선** - 알선위원이 분쟁당사자의 의견을 듣고 공정하게 해결되도록 주선함으로써 분쟁당사자의 화해를 유도하여 합의가 이루어지게 하는 절차로 형식성이 가장 약한 약식절차이다. 당사자사이의 자주적 해결을 존중하므로 사실조사 및 당사자심문 절차 없이 합의를 유도한다.

(2) **조정** - 중립적인 제3자적 지위를 가진 조정위원회가 당사자의 주장을 듣고 조정안을 작성하여 합의를 권고하여 분쟁을 해결하는 절차이다. 알선과 달리 사실조사 및 당사자 신문을 거쳐 합의를 권고하는 방식으로 진행된다.

(3) **재정** - 재정위원회가 준사법적 절차에 따라서 사실조사 및 당사자 신문 절차를 거쳐 위법성, 피해액 등에 대한 법률적 판단을 거쳐 분쟁을 해결하는 제도로 준사법적 쟁송절차이다. 당사자자의 구술 변론권이 보장된 준사법적 절차라는 점에서 알선, 조정과 구별된다.

(4) **중재** - 법원의 재판에 의하지 않고 제3자의 중재위원회가 서로 대립하는 당사자 간의 환경분쟁에 대하여 사실조사 및 심문 등의 절차를 거쳐 분쟁을 해결하는 제도로 중재위원회의 판단만으로 판결과 같은 효력을 갖는다는 점에서 조정과 구별된다.

3. 효력
(1) **알선** - 합의서의 작성으로 종료되며, 화해계약은 민법상 계약을 채무승인의 효력을 갖는다. 합의결렬 시에는 조정, 재정, 중재 등의 절차를 이용하거나 소를 제기할 수 있다.

(2) **조정** - 당사자 간에 합의된 사항을 조서에 적음으로써 성립한다. 성립된 조정과 이의신청이 없는 조정결정은 당사자가 임의로 처분할 수 없는 사항이 아닌 한 재판상 화해와 동일한 효력이 있다. 당사자 간에 합의가 이루어지지 아니한 경우에는 환경분쟁조정위원회가 조정을 갈음하는 결정을 할 수 있도록 하였고, 합의 결렬 시에는 재정, 중재 등의 절차를 이용하거나 소를 제기할 수 있다.

(3) **재정**
  1) 책임재정 - 지방조정위원회의 재정위원회가 한 책임재정에 불복하는 당사자는 재정문서의 정본이 당사자에게 송달된 날부터 60일 이내에 중앙조정위원회에 책임재정을 신청할 수 있다. 책임재정을 한 경우에 재정문서의 정본이 당사자에게 송달된 날부터 60일 이내에 당사자 양쪽 또는 어느 한쪽으로부터 그 재정의 대상인 환경피해를 원인으로 하는 소송이 제기되지 아니하거나 이의 신청이 없는 경우에는 그 재정문서는 당사자가 임의로 처분할 수 없는 사항을 제외하고는 재판상 화해와 동일한 효력이 있다.

2) 원인재정 - 재정위원회가 원인재정을 하여 재정문서의 정본을 송달받은 당사자는 이 법에 따른 알선, 조정, 책임재정 및 중재를 신청할 수 있다.

(4) **중재** - 중재위원회의 판단은 양쪽 당사자가 간에 법원의 확정판결과 동일한 효력이 있다(제45조의 4).

2013년도 제1회 변호사시험 모의시험

〈제2문〉

A는 2005. 3.부터 화학공장을 가동하면서 합성수지 제조시설을 이용하여 아크릴 등을 생산하고 있다. 공장 일대는 농촌지역으로서 인근에는 ○○정밀, ○○건설 등의 사업장이 다수 존재하고 있다. A는 위 제조시설에서 발생된 폐수를 폐수저장조에 모아 폐수수탁처리업체에 위탁처리하고 있다. A의 공장 인근에 거주하고 있는 B 등은 위 공장의 폐수 등으로 지하수가 오염되어 농업용수에서 붉은 침전물(산화철)과 기름성분이 나와 작물에 묻어 상품가치의 하락으로 농작물을 출하할 수 없을 뿐만 아니라 동절기 수막재배 시 수막용 비닐에 침전물 등이 묻어 비닐의 투광성을 막아 작물의 생육 저하와 냉해를 입었다고 주장하고 있다. 또한 지하수에서 나는 심한 악취(아크릴 냄새) 때문에 호흡곤란 및 두통으로 비닐하우스 내 작업이 곤란한 상태이며, 그 피해 면적이 점차 확대되고 있다고 주장하고 있다. 이에 대해 A는 생산공정에서 배출되는 폐수는 아크릴 특유의 냄새 때문에 무단방류할 수 없으며, 발생 폐수는 전량 위탁처리하고 있다고 주장하고 있다. 또한 처음 현재의 위치에 옮겨 왔을 당시, 인근에는 부도 및 폐업으로 없어진 염색공장, 산화철 공장, 토끼털 염색공장 등이 있었는데 이들 공장에서 폐수처리를 하지 않고 하천에 폐수를 방류하거나 공장부지 내에 웅덩이를 파고 침전시켰는데 이 과정에서 문제가 된 것이라고 주장하고 있다.

1. B가 A에 대하여 손해배상을 구하려고 할 때, B가 취할 수 있는 소송외적 분쟁해결 수단에 대하여 서술하고 소송수단과 비교하시오. (30점)

문제해설 [2013년 제1차 제2문] 문제 1. 해설

1. 문제
환경분쟁조정법상 환경분쟁조정제도에 관한 설명과 민사소송과의 비교가 문제된다.

2. 환경분쟁조정제도

(1) 대상
1) 의의 – 환경분쟁이란 환경피해에 대한 다툼을 말하고, 환경피해란 사업 활동 그밖에 사람의 활동에 의하여 발생하였거나 발생이 예상되는 수질오염을 원인으로 인한 건강상·재산상·정신상의 피해를 말한다.
2) 사안의 경우 – B가 A 공장에 기인한 수질오염으로 인해 발생한 건강상·재산상·정신상의 피해는 환경피해에 해당하는바, 환경분쟁조정의 대상이 된다.

(2) 신청자
1) 관련 조문 – 다수인이 공동으로 조정의 당사자가 되는 경우에는 그 중에서 3명 이하의 대표자를 선정할 수 있다(환경분쟁조정법 제19조 제1항).
2) 사안의 경우 – A 공장 근처에 거주하는 주민들은 B 등을 대표자로 선정하여 조정을 신청할 수 있다.

(3) 종류
1) 알선 – 알선위원이 분쟁당사자의 의견을 듣고 공정하게 해결되도록 주선함으로써 분쟁당사자의 화해를 유도하여 합의가 이루어지게 하는 절차로 형식성이 가장 약한 약식절차이다. 당사자 사이의 자주적 해결을 존중하므로 사실조사 및 당사자심문 절차 없이 합의를 유도한다.
2) 조정 – 중립적인 제3자적 지위를 가진 조정위원회가 당사자의 주장을 듣고 조정안을 작성하여 합의를 권고하여 분쟁을 해결하는 절차이다. 알선과 달리 사실조사 및 당사자 신문 절차를 거친다.
3) 재정 – 재정위원회가 준사법적 절차에 따라서 사실조사 및 당사자 신문 절차를 거쳐 위법성, 피해액 등에 대한 법률적 판단을 거쳐 분쟁을 해결하는 제도로 준사법적 쟁송절차이다. 당사자의 구술변론권이 보장된 준사법적 절차라는 점에서 알선, 조정과 구별된다.
4) 중재 – 법원의 재판에 의하지 않고 제3자의 중재위원회가 서로 대립하는 당사자 간의 환경분쟁에 대하여 사실조사 및 심문 등의 절차를 거쳐 분쟁을 해결하는 제도로 중재위원회의 판단만으로 판결과 같은 효력을 갖는다는 점에서 조정과 구별된다.

(4) 효력
1) 알선 – 합의서의 작성으로 종료되며, 화해계약은 민법상 계약을 채무승인의 효력을 갖는다. 합의 결렬 시에는 조정, 재정, 중재 등의 절차를 이용하거나 소를 제기할 수 있다.

2) 조정 - 당사자 간에 합의된 사항을 조서에 적음으로써 성립한다. 성립된 조정과 이의신청이 없는 조정결정은 당사자가 임의로 처분할 수 없는 사항이 아닌 한 재판상 화해와 동일한 효력이 있다. 당사자 간에 합의가 이루어지지 아니한 경우에는 환경분쟁조정위원회가 조정을 갈음하는 결정을 할 수 있도록 하였고, 합의 결렬 시에는 재정, 중재 등의 절차를 이용하거나 소를 제기할 수 있다.

3) 재정

① **책임재정** - 지방조정위원회의 재정위원회가 한 책임재정에 불복하는 당사자는 재정문서의 정본이 당사자에게 송달된 날부터 60일 이내에 중앙조정위원회에 책임재정을 신청할 수 있다. 책임재정을 한 경우에 재정문서의 정본이 당사자에게 송달된 날부터 60일 이내에 당사자 양쪽 또는 어느 한쪽으로부터 그 재정의 대상인 환경피해를 원인으로 하는 소송이 제기되지 아니하거나 이의 신청이 없는 경우에는 그 재정문서는 당사자가 임의로 처분할 수 없는 사항을 제외하고는 재판상 화해와 동일한 효력이 있다.

② **원인재정** - 재정위원회가 원인재정을 하여 재정문서의 정본을 송달받은 당사자는 이 법에 따른 알선, 조정, 책임재정 및 중재를 신청할 수 있다.

4) 중재 - 중재위원회의 판단은 양쪽 당사자가 간에 법원의 확정판결과 동일한 효력이 있다.

3. 민사소송과의 비교

(1) **장점** - 환경분쟁조정제도란 준사법적 분쟁해결기구를 통하여 환경오염으로 인한 피해분쟁을 소송 외적 방법으로 해결하는 제도로서, 환경분쟁조정위원회에서 가해행위, 손해발생, 인과관계, 손해액 등을 조사하게 되고 변호사의 도움 없이도 조정절차가 진행 가능하다는 점에서 피해자에게 간이한 제도이다.

(2) **단점** - 피해구제가 지연되고, 위원회의 합법성·정당성이 부족하며, 배상액이 소송으로 구제하는 경우보다 적다는 단점이 지적되고 있다.

COMPACT 변시 환경법의 感

제4편
환경정책기본법

제4편 환경정책기본법

1. 목적

환경보전에 관한 국민의 권리·의무와 국가의 책무를 명확히 하고 환경정책의 기본 사항을 정하여 환경오염과 환경훼손을 예방하고 환경을 적정하고 지속가능하게 관리·보전함으로써 모든 국민이 건강하고 쾌적한 삶을 누릴 수 있도록 함을 목적으로 한다(제1조).

2. 환경기준

(1) 의의

환경기준이란 국민의 건강을 보호하고 쾌적한 환경을 조성하기 위하여 국가가 달성하고 유지하는 것이 바람직한 환경상의 조건 또는 질적인 수준을 말한다(제3조 제8호).

(2) 법적성질

환경기준은 행정목표 내지 지향점으로 법적 구속력이 없어 처분성이 인정되기 어렵고, 국가 또는 지자체를 수범자로 이를 준수하지 않더라도 처벌의 대상이 되지 않는다. 반면에 환경개별법상 예를 들어 대기환경보전법, 물환경보전법 등의 허용기준은 법적 구속력을 갖는 규제기준으로, 사업자 또는 관리자를 수범자로 하고, 위반시 처벌대상이 된다.

(3) 국가의 환경기준 위반과 국가배상청구 관계

판례는 국가 등에게 일정한 기준에 따라 상수원수의 수질을 유지하여야 할 의무를 부과하고 있는 법령의 규정은 국민에게 양질의 수돗물이 공급되게 함으로써 국민 일반의 건강을 보호하여 공공 일반의 전체적인 이익을 도모하기 위한 것이지, 국민 개개인의 안전과 이익을 직접적으로 보호하기 위한 규정이 아니므로, 국민에게 공급된 수돗물의 상수원의 수질이 수질기준에 미달한 경우가 있고, 이로 말미암아 국민이 법령에 정하여진 수질기준에 미달한 상수원수로 생산된 수돗물을 마심으로써 건강상의 위해 발생에 대한 염려 등에 따른 정신적 고통을 받았다고 하더라도, 이러한 사정만으로는 국가 또는 지방자치단체가 국민에게 손해배상책임을 부담하지 아니한다(대법원 2001. 10. 23. 선고 99다36280 판결).

(4) 기능

환경기준은 수인한도를 판단하는 기준이 되고, 환경보전목표의 설정 시 참고기준이 되며, 환경영향평가 등의 실시요건, 대기오염경보의 근거로 활용되고 있다.

환경정책기본법 조문구조 (밑줄은 기출조문입니다)

제1장 총칙
　제1조 목적
　제2조 기본이념
　제3조 정의
　제4조 국가 및 지방자치단체의 책무
　제5조 사업자의 책무
　제6조 국민의 권리와 의무
　제6조의2 다른 법률과의 관계
　<u>제7조 오염원인자 책임원칙</u>
　제7조의2 수익자 부담원칙
　제8조 환경오염 등의 사전예방

제9조 환경과 경제의 통합적 고려 등
제10조 자원 등의 절약 및 순환적 사용 촉진
제11조 보고

제2장 환경계획의 수립 등 〈개정 2021. 1. 5.〉

제1절 환경기준
제12조 환경기준의 설정
제12조의2 환경기준 등의 공표
제12조의3 환경기준의 평가 등
제13조 환경기준의 유지

제2절 기본적 시책
제14조 국가환경종합계획의 수립 등
제15조 국가환경종합계획의 내용
제16조 국가환경종합계획의 시행
제16조의2 국가환경종합계획의 정비
제17조 삭제 〈2021. 1. 5.〉
제18조 시·도의 환경계획의 수립 등
제18조의2 시·도 환경계획의 승인
제19조 시·군·구의 환경계획의 수립 등
제19조의2 시·군·구 환경계획의 승인
제20조 국가환경종합계획 등의 공개
제21조 개발 계획·사업의 환경적 고려 등
제22조 환경상태의 조사·평가 등
<u>제22조의2 국가환경시료은행의 설치 (신설조문)</u>
제23조 환경친화적 계획기법등의 작성·보급
제24조 환경정보의 보급 등
제25조 환경보전에 관한 교육 등
제26조 민간환경단체 등의 환경보전활동 촉진
제27조 국제협력 및 지구환경보전
제27조의2 국제환경협력센터의 지정 등
제27조의3 남북 간 환경부문 교류·협력
제28조 환경과학기술의 진흥
제29조 환경보전시설의 설치·관리
제30조 환경보전을 위한 규제 등
제31조 배출허용기준의 예고
제32조 경제적 유인수단
제33조 화학물질의 관리

제34조 방사성 물질에 의한 환경오염의 방지 등
제35조 과학기술의 위해성 평가 등
제36조 환경성 질환에 대한 대책
제37조 국가시책 등의 환경친화성 제고
<u>제38조 특별종합대책의 수립</u>
제39조 영향권별 환경관리

제3절 자연환경의 보전 및 환경영향평가
제40조 자연환경의 보전
제41조 환경영향평가
제4절 분쟁 조정 및 피해 구제
제42조 분쟁 조정
제43조 피해 구제
<u>제44조 환경오염의 피해에 대한 무과실책임</u>

제5절 환경개선특별회계의 설치
제45조 환경개선특별회계의 설치 등
제46조 회계의 세입
제47조 회계의 세출
제48조 일반회계로부터의 전입
제49조 차입금
제50조 세출예산의 이월
제51조 잉여금의 처리
제52조 예비비
제53조 초과수입금의 직접사용

제3장 법제상 및 재정상의 조치
제54조 법제상의 조치 등
제55조 지방자치단체에 대한 재정지원 등
제56조 사업자의 환경관리 지원
제57조 조사·연구 및 기술개발에 대한 재정지원

제4장 환경정책위원회
제58조 환경정책위원회
제59조 환경보전협회

제5장 보칙
제60조 권한의 위임 및 위탁
제61조 벌칙 적용 시의 공무원 의제

환경정책기본법시행령 조문구조 (밑줄은 기출조문입니다)

제1조 목적

제2조 환경기준

제3조 국가환경종합계획의 경미한 변경

제4조 삭제 〈2021. 7. 6.〉

제5조 삭제 〈2021. 7. 6.〉

제6조 삭제 〈2021. 7. 6.〉

제7조 삭제 〈2021. 7. 6.〉

제8조 시·도 환경계획의 경미한 변경

제8조의2 시·도 공간환경정보의 관리

제9조 시·군·구 환경계획의 경미한 변경

제9조의2 시·군 공간환경정보의 관리

제10조 환경상태의 조사·평가 등

<u>제10조의2 국가환경시료은행의 설치·운영 등 (신설조문)</u>

제11조 환경친화적 계획기법등의 작성방법 및 내용

제11조의2 환경성 평가지도의 작성

제12조 환경정보망의 구축·운영 등

제12조의2 국제환경협력센터의 지정 및 지정취소

제12조의3 위반사실의 공표

제13조 특별대책지역 내의 토지 이용 등의 제한

제14조 영향권별 환경관리지역의 지정

제15조 영향권별 환경관리계획 및 대책의 수립

제16조 중권역관리계획 등에 대한 수정계획의 수립 등

제17조 중권역환경관리위원회의 구성

제18조 중권역위원회의 기능 등

제19조 중앙환경정책위원회의 구성

<u>제19조의2 위원의 제척·기피·회피 (신설조문)</u>

<u>제19조의3 위원의 해촉·해임 (신설조문)</u>

제20조 위원장의 직무

제21조 중앙정책위원회의 회의

제22조 분과위원회의 설치·구성

제23조 수당 등

제24조 운영 세칙

제25조 환경보전협회의 회원

제26조 사업계획 등

제27조 사업 보고

제28조 업무의 위탁

2021년도 제2회 변호사시험 모의시험

〈제1문〉

甲은 A광역시 B구에 위치한 C아파트 상가 3층에서 독서실을 개업하여 운영하는 사람이고, 乙은 이 독서실을 이용하는 사람이다. 甲은 독서실 개업 후 독서실 천장의 배관에서 일정 간격으로 물이 지나가는 배관소음 때문에 독서실 운영이 어렵다고 판단되자, 추가비용을 지불하여 방음공사를 진행하였다. 그 결과 독서실 실내소음도는 공사 전에는 60~70dB(A)이었으나 공사 후에는 50~55dB(A)로 낮아졌다. 甲은 소음·진동관리법령상 생활소음 규제기준에 맞게 방음공사를 하였지만 여전히 실내 배관소음으로 이 사건 독서실 운영이 어려운 상황이다.

甲과 乙은 환경정책기본법 제12조 제2항, 환경정책기본법 시행령 제2조 [별표 1] 2. 소음환경기준, 소음·진동관리법 제21조 제2항과 소음·진동관리법 시행규칙 제20조 제3항 [별표 8] 1. 생활소음규제기준이 자신들의 직업수행의 자유 및 환경권을 침해한다며 헌법소원을 청구하였다.

甲은 소음·진동관리법 제21조 제2항에서 생활소음의 규제대상 및 규제기준을 환경부령에 위임하고 있는 것이 포괄위임금지원칙에 위반된다고 주장하고 있다. 乙은 '독서실은 개인이 조용한 환경에서 학습할 수 있는 환경을 보장받기 위하여 이용하는 곳이므로 다른 장소에 비하여 특별히 엄격한 소음 규제가 필요함에도, 환경정책기본법상의 소음환경기준과 소음·진동관리법상의 생활소음규제기준이 실내소음을 규율하고 있지 않아 독서실이 제 기능을 발휘하지 못하고 있다'며 위 조항들이 자신의 환경권을 침해한다고 주장하고 있다.

1. 환경정책기본법상의 소음환경기준과 소음·진동관리법상의 생활소음 규제기준의 적용범위와 법적 성질을 검토한 후 두 기준의 상호관계를 설명하시오. (20점)

문제해설 [2021년 제2차 제1문] 문제 1. 해설

1. 문제
(1) 환경정책기본법상 소음 환경기준의 적용 범위와 법적 성질, (2) 상호관계가 문제 된다.

2. 환경정책기본법상 소음 환경기준의 적용 범위와 법적 성질

(1) **관련 조문** – "환경기준"이란 국민의 건강을 보호하고 쾌적한 환경을 조성하기 위하여 국가가 달성하고 유지하는 것이 바람직한 환경상의 조건 또는 질적인 수준을 말한다(환경정책기본법 제3조 제8호). 국가는 생태계 또는 인간의 건강에 미치는 영향 등을 고려하여 환경기준을 설정하여야 하며, 환경여건의 변화에 따라 그 적정성이 유지되도록 하여야 한다(환경정책기본법 제12조, 제13조).

(2) **판례** – 환경정책기본법상 소음환경기준은 국민의 건강을 보호하고 쾌적한 환경을 조성하기 위하여 유지되는 것이 바람직한 기준, 즉 환경행정에서 정책목표로서 설정된 기준이므로 법적 구속력이 없다.

(3) **사안의 경우** – 환경정책기본법상 소음환경기준은 법적 구속력이 없는 추상적 규범으로 판단된다.

3. 소음·진동관리법상의 생활소음 규제기준의 적용 범위와 법적 성질

(1) **관련 조문** – 관할 행정청은 주민의 조용하고 평온한 생활환경을 유지하기 위하여 사업장 및 공사장 등에서 발생하는 소음·진동(산업단지나 그 밖에 환경부령으로 정하는 지역에서 발생하는 소음과 진동은 제외하며, 이하 "생활소음·진동"이라 한다)을 규제하여야 한다(소음진동관리법 제21조 제1항). 이러한 규정을 위반한 자에 대하여 형사처벌 또는 과태료가 부과 된다(동법 제57조, 제58조, 제60조).

(2) **판례** – 소음·진동관리법상 생활소음 규제기준은 사업장 등의 소음원으로부터 발생하여 외부로 유출되는 소음(이하 이러한 소음을 편의상 '실외소음'이라 한다)으로 인한 인근 주민의 피해를 방지하고자 적용되는 규제기준치이지, 사업장의 실내소음도를 규제하고자 하는 내용이 아니다.

(3) **사안의 경우** – 동법의 규제기준은 구체적 규범으로서, 이에 대한 개선조치 등의 명령 위반시에는 행정처분 및 형사처벌의 대상이 된다.

4. 상호관계 – 목표와 수단의 관계

(1) **의의** – 우리나라는 환경정책기본법에서 환경정책의 기본이 되는 사항을 정하고 소음·진동으로 인한 피해를 방지하고 소음·진동을 적정하게 관리하기 위해 소음·진동관리법 마련하고 있다.

(2) **사안의 경우** – 소음·진동에 대한 공법적 규제의 제1단계는 소음환경기준을 설정하는 것이며 다음 제2단계는 환경에 관한 개별적인 법률에서 개개의 오염원에 대한 배출허용기준 또는 배출규제기준을 설정하며, 이는 또한 국민 개인이나 사업자를 수범자로 하여 법적 구속력을 가지는 규제수단으로, 이를 위반할 경우 개선명령·조업정지·배출부과금 등의 행정처분이 부과되며 형사처벌의 대상이 된다.

2017년도 제2회 변호사시험 모의시험

⟨제1문⟩

甲사는 1995. 6. A시에 석탄화력발전소를 건설하여 운영하고 있다. 甲사의 발전소 운영 이후 발전소에서 배출하는 매연 등 대기오염물질로 인해 인근에 주택을 소유한 주민 乙은 실내환기를 하지 못하고 빨래를 야외에 널지 못하는 불편을 호소하는 한편, 건강에 미칠 악영향을 염려하고 있다.

甲사는 2016. 5. 정부의 자원절약과 재활용촉진 시책에 부응하기 위하여 고형폐기물을 연소하여 발전하는 발전시설을 추가 설치하는 내용의 증설계획을 세우고 대기오염물질배출시설 설치 변경허가를 B도지사에게 신청하였다.

甲사의 계획에 따라 고형폐기물이 연소되는 경우 벤젠, 염화수소 및 다이옥신 등 특정대기유해물질이 연간 30톤 이상 추가 배출될 것이 예상된다. 한편, A시의 甲사 발전소 인근에는 제1종지구단위계획 등이 수립되어 있어 가까운 장래에 이 발전소 시설 반경 1km 안의 상주인구가 2만 명 이상이 될 것이 예상된다.

B도지사는 이 추가시설이 설치·가동될 경우, 현재 거주하는 주민들뿐만 아니라 증가가 예상되는 주민들의 건강 및 생활환경도 보호해야 한다는 등의 사정을 감안하여 甲사의 대기오염물질배출시설 설치 변경허가 신청을 불허하였다.

2. 현재 A시의 대기오염이 심각하여 아황산가스 및 미세먼지의 농도가 수시로 환경정책기본법상의 환경기준을 초과하는 경우 환경부장관과 B도지사가 취할 수 있는 규제조치에 대하여 검토하시오. (20점)

문제해설 [2017년 제2차 제1문] 문제 2. 해설

1. 문제
환경기준을 초과하는 대기오염이 발생한 경우, 환경부장관 및 B도지사가 환경정책기본법, 대기환경보전법에 기하여 취할 수 있는 조치가 무엇인지가 문제된다.

2. 환경부장관의 조치

(1) 특별대책지역의 지정·고시 및 토지이용제한
환경부장관은 환경오염·환경훼손 또는 자연생태계의 변화가 현저하거나 현저하게 될 우려가 있는 지역과 환경기준을 자주 초과하는 지역을 관계 중앙행정기관의 장 및 시·도지사와 협의하여 환경보전을 위한 특별대책지역으로 지정·고시하고, 해당 지역의 환경보전을 위한 특별종합대책을 수립하여 관할 시·도지사에게 이를 시행하게 할 수 있다(환경정책기본법 제38조 제1항). 환경부장관은 제1항에 따른 특별대책지역의 환경개선을 위하여 특히 필요한 경우에는 대통령령으로 정하는 바에 따라 그 지역에서 토지 이용과 시설 설치를 제한할 수 있다(동법 동조 제2항).

(2) 대기환경규제지역의 지정·고시
환경부장관은 환경기준을 초과하였거나 초과할 우려가 있는 지역으로서 대기질의 개선이 필요하다고 인정되는 지역을 대기환경규제지역으로 지정·고시할 수 있다(대기환경보전법 제18조 제1항-현재는 삭제되었고 「수도권 대기환경개선에 관한 특별법」과 「대기관리권역의 대기환경개선에 관한 특별법」에 따른 권역별 대기환경관리 기본계획"으로 지정관리한다.).

(3) 총량규제
환경부장관은 대기오염 상태가 환경기준을 초과하여 주민의 건강·재산이나 동식물의 생육에 심각한 위해를 끼칠 우려가 있다고 인정하는 구역 또는 특별대책지역 중 사업장이 밀집되어 있는 구역의 경우에는 그 구역의 사업장에서 배출되는 오염물질을 총량으로 규제할 수 있다(대기환경보전법 제22조 제1항).

3. B도지사의 조치

(1) 대기오염경보
B도지사는 대기오염도가 「환경정책기본법」 제12조에 따른 대기에 대한 환경기준(이하 "환경기준"이라 한다)을 초과하여 주민의 건강·재산이나 동식물의 생육에 심각한 위해를 끼칠 우려가 있다고 인정되면 그 지역에 대기오염경보를 발령할 수 있다. 대기오염경보의 발령 사유가 없어진 경우 B도지사는 대기오염경보를 즉시 해제하여야 한다(대기환경보전법 제8조 제1항).

(2) 자동차 운행제한 및 조업단축명령
B도지사는 대기오염경보가 발령된 지역의 대기오염을 긴급하게 줄일 필요가 있다고 인정하면 기간을 정하여 그 지역에서 자동차의 운행을 제한하거나 사업장의 조업 단축을 명하거나, 그밖에 필요한 조치를 할 수 있다(대기환경보전법 제8조 제2항).

(3) 배출시설의 설치제한

B도지사는 배출시설로부터 나오는 특정대기유해물질이나 특별대책지역의 배출시설로부터 나오는 대기오염물질로 인하여 환경기준의 유지가 곤란하거나 주민의 건강·재산, 동식물의 생육에 심각한 위해를 끼칠 우려가 있다고 인정되면 대통령령으로 정하는 바에 따라 특정대기유해물질을 배출하는 배출시설의 설치 또는 특별대책지역에서의 배출시설 설치를 제한할 수 있다(대기환경보전법 제23조 제8항).

4. 결론

(1) 환경부장관은 특별대책지역의 지정·고시 및 토지이용제한, 대기환경규제지역의 지정·고시, 총량규제의 조치를 할 수 있다.

(2) B도지사는 대기오염경보, 자동차 운행제한 및 조업단축명령, 배출시설의 설치제한의 조치를 할 수 있다.

COMPACT 변시 환경법의 感

제5편
환경영향평가법

제5편 환경영향평가법

제1장 총칙

1. 목적

이 법은 환경에 영향을 미치는 계획 또는 사업을 수립·시행할 때에 해당 계획과 사업이 환경에 미치는 영향을 미리 예측·평가하고 환경보전방안 등을 마련하도록 하여 친환경적이고 지속가능한 발전과 건강하고 쾌적한 국민생활을 도모함을 목적으로 한다.

2. 종류

(1) 제2장 전략환경영향평가 - 환경에 영향을 미치는 계획을 수립할 때에 환경보전계획과의 부합 여부 확인 및 대안의 설정·분석 등을 통하여 환경적 측면에서 해당 계획의 적정성 및 입지의 타당성 등을 검토하여 국토의 지속가능한 발전을 도모하는 것을 말한다.

(2) 제3장 환경영향평가 - 환경에 영향을 미치는 실시계획·시행계획 등의 허가·인가·승인·면허 또는 결정 등(이하 "승인등"이라 한다)을 할 때에 해당 사업이 환경에 미치는 영향을 미리 조사·예측·평가하여 해로운 환경영향을 피하거나 제거 또는 감소시킬 수 있는 방안을 마련하는 것을 말한다.

(3) 제4장 소규모환경영향평가 - 환경보전이 필요한 지역이나 난개발(亂開發)이 우려되어 계획적 개발이 필요한 지역('보전용도지역'), 환경영향평가 대상사업의 종류 및 범위에 해당하지 아니하는 개발 사업에서 개발사업을 시행할 때에 입지의 타당성과 환경에 미치는 영향을 미리 조사·예측·평가하여 환경보전방안을 마련하는 것을 말한다.

(4) 전력환경영향평가는 계획에 대하여 계획이 확정되기 이전에 이루어지고, 환경영향평가는 계획이 확정된 후 사업실시계획단계에서 이루어는 점에서 차이가 있다. 소규모환경영향평가는 보전용도지역이나 대통령령에 규정된 일정 소규모의 경우 환경영향평가의 항목 및 범위 결정, 주민의견 수렴, 이의 조정, 사후환경영향조사, 재협의 절차 등을 생략하고 있다.

제2장 전략환경영향평가

1. 대상

제9조(전략환경영향평가의 대상), 제10조(전략환경영향평가 대상 제외), 제10조의2(전략환경영향평가 대상계획의 결정 절차), 제11조(평가 항목·범위 등의 결정), 제11조의2(약식전략환경영향평가).

2. 의견수렴

제12조(전략환경영향평가서 초안의 작성), 제13조(주민 등의 의견 수렴), 제14조(주민 등의 의견 수렴 절차의 생략), 제15조(주민 등의 의견 재수렴), 제15조의2(정책계획의 의견 수렴)

3. 협의

제16조(전략환경영향평가서의 작성 및 협의 요청 등), 제17조(전략환경영향평가서의 검토 등), 제18조(협의 내용의 통보기간 등), 제19조(협의 내용의 이행), 제20조(재협의), 제21조(변경협의)

제3장 환경영향평가

1. 대상

제22조(환경영향평가대상), 제23조(환경영향평가 대상 제외)

2. 의견수렴

제24조(평가 항목·범위 등의 결정), 제25조(주민 등의 의견 수렴), 제26조(주민 등의 의견 재수렴)

3. 협의

제27조(환경영향평가서의 작성 및 협의 요청 등), 제28조(환경영향평가서의 검토 등), 제29조(협의 내용의 통보기간 등), 제30조(협의 내용의 반영 등), 제31조(조정 요청 등), 제32조(재협의), 제33조(변경협의), 제34조(사전공사의 금지 등).

4. 이행 및 관리

제35조(협의 내용의 이행 등), 제36조(사후환경영향조사), 제37조(사업착공등의 통보), 제38조(협의 내용 등에 대한 이행의무의 승계 등), 제39조(협의 내용의 관리·감독), 제40조(조치명령 등), 제40조의2(과징금), 제41조(재평가).

5. 시·도 조례에 따른 환경영향평가

제42조(시·도의 조례에 따른 환경영향평가)

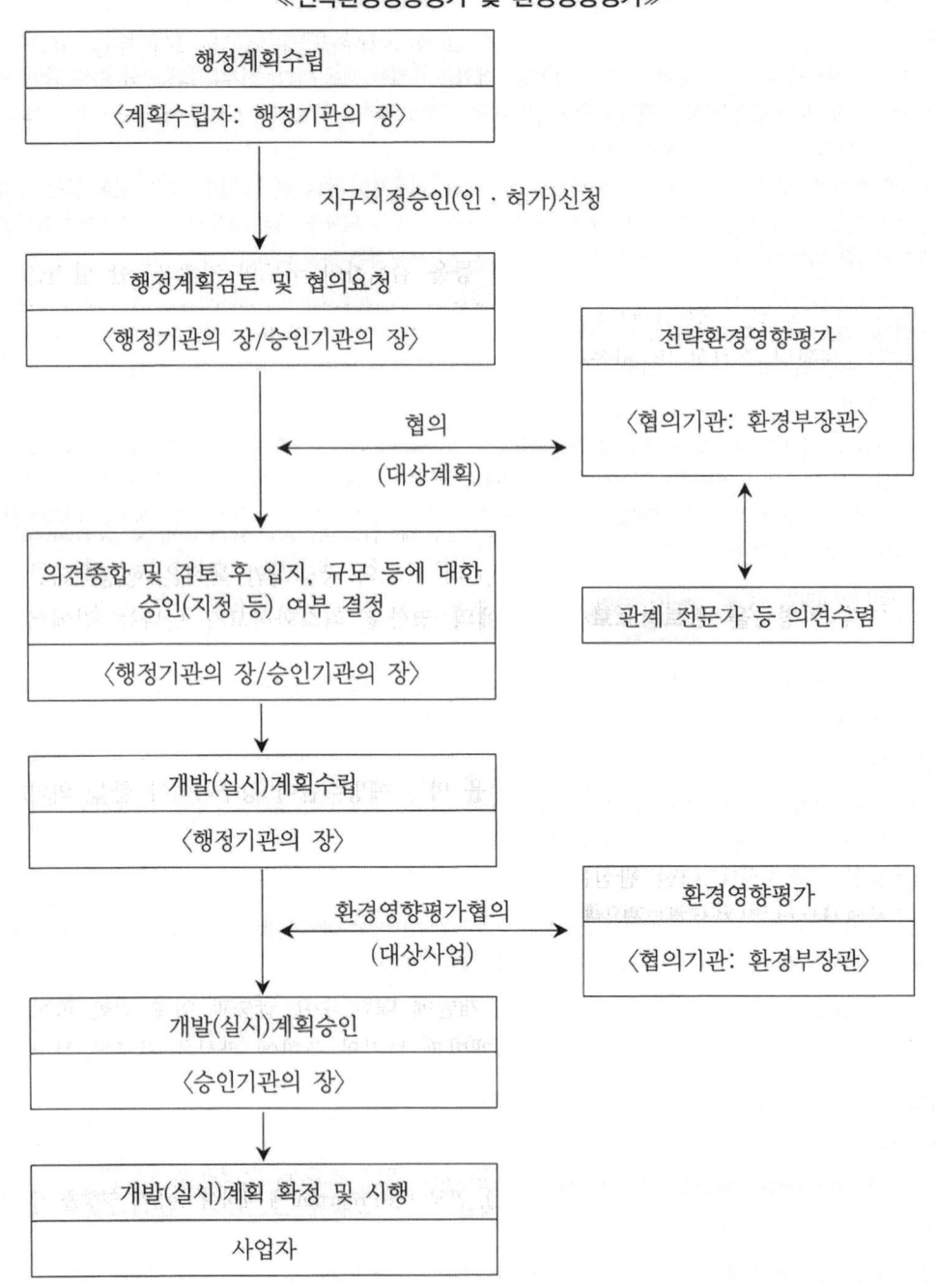

제4장 소규모환경영향평가

1. 대상
제43조(소규모환경영향평가의 대상)

2. 협의
제44조(소규모 환경영향평가서의 작성 및 협의 요청 등), 제45조(소규모 환경영향평가서의 검토 등), 제46조(협의 내용의 반영 등), 제46조의2(변경협의), 제47조(사전공사의 금지 등)

3. 이행 및 관리
제48조(사업착공등의 통보), 제49조(협의 내용 이행의 관리·감독)

제5장 환경영향평가에 대한 특례

환경영향평가서 작성 및 협의에 과다한 시일이 소요되는 문제점을 해결하기 위하여 전략환경영향평가와 환경영향평가를 통합실시하고, 약식절차 등을 도입하고 있다.

1. 계획수립특례
제50조(개발기본계획과 사업계획의 통합 수립 등에 따른 특례)

2. 절차특례
제51조(환경영향평가의 협의 절차 등에 관한 특례)

3. 약식평가서작성
제52조(약식절차의 완료에 따른 평가서의 작성 등)

환경영향평가법 조문구조 (밑줄은 기출조문입니다)

제1장 총칙
제1조 목적
제2조 정의
제3조 국가 등의 책무
제4조 환경영향평가등의 기본원칙
제5조 환경보전목표의 설정 등
제6조 환경영향평가등의 대상지역
제7조 환경영향평가등의 분야 및 평가항목
제8조 환경영향평가협의회

제2장 전략환경영향평가
제1절 전략환경영향평가의 대상
제9조 전략환경영향평가의 대상
제10조 전략환경영향평가 대상 제외
제10조의2 전략환경영향평가 대상계획의 결정 절차
제11조 평가 항목·범위 등의 결정
제11조의2 약식전략환경영향평가

제2절 전략환경영향평가서 초안에 대한 의견 수렴 등
제12조 전략환경영향평가서 초안의 작성
제13조 주민 등의 의견 수렴
제14조 주민 등의 의견 수렴 절차의 생략
제15조 주민 등의 의견 재수렴
제15조의2 정책계획의 의견 수렴

제3절 전략환경영향평가서의 협의 등
제16조 전략환경영향평가서의 작성 및 협의 요청 등
제17조 전략환경영향평가서의 검토 등
제18조 협의 내용의 통보기간 등
제19조 협의 내용의 이행
제20조 재협의
제21조 변경협의

제3장 환경영향평가
제1절 환경영향평가의 대상
제22조 환경영향평가의 대상
제23조 환경영향평가 대상 제외

제2절 환경영향평가서 초안에 대한 의견 수렴 등
제24조 평가 항목·범위 등의 결정
제25조 주민 등의 의견 수렴
제26조 주민 등의 의견 재수렴

제3절 환경영향평가서의 협의, 재협의, 변경협의 등
제27조 환경영향평가서의 작성 및 협의 요청 등
제28조 환경영향평가서의 검토 등
제29조 협의 내용의 통보기간 등
제30조 협의 내용의 반영 등
제31조 조정 요청 등
제32조 재협의
제33조 변경협의
제34조 사전공사의 금지 등

제4절 협의 내용의 이행 및 관리 등
제35조 협의 내용의 이행 등
제36조 사후환경영향조사
제37조 사업착공등의 통보
제38조 협의 내용 등에 대한 이행의무의 승계 등
제39조 협의 내용의 관리·감독

제40조 조치명령 등

제40조의2 과징금

제41조 재평가

제5절 시·도의 조례에 따른 환경영향평가

제42조 시·도의 조례에 따른 환경영향평가

제4장 소규모 환경영향평가

제43조 소규모 환경영향평가의 대상

제44조 소규모 환경영향평가서의 작성 및 협의 요청 등

제45조 소규모 환경영향평가서의 검토 등

제46조 협의 내용의 반영 등

제46조의2 변경협의

제47조 사전공사의 금지 등

제48조 사업착공등의 통보

제49조 협의 내용 이행의 관리·감독

제5장 환경영향평가등에 관한 특례

제50조 개발기본계획과 사업계획의 통합 수립 등에 따른 특례

제51조 환경영향평가의 협의 절차 등에 관한 특례

제52조 약식절차의 완료에 따른 평가서의 작성 등

제6장 환경영향평가의 대행

제53조 환경영향평가의 대행 등

제54조 환경영향평가업의 등록

제55조 결격사유

제56조 환경영향평가업자의 준수사항

제56조의2 권리·의무의 승계

제57조 업무의 폐업·휴업

제58조 등록의 취소 등

제59조 등록취소나 영업정지 처분을 받은 환경영향평가업자의 업무 계속

제59조의2 행정처분의 효과 승계

제60조 보고·조사

제61조 환경영향평가 대행 실적의 보고 등

제62조 환경영향평가등의 대행 비용의 산정기준

제6장의2 환경영향평가기술자의 육성 〈신설 2016.5.29〉

제62조의2 환경영향평가기술자의 육성 등

제62조의3 환경영향평가기술자의 인정

제62조의4 환경영향평가기술자의 인정취소 등

제7장 환경영향평가사
　제63조 환경영향평가사
　제63조의2 환경영향평가사 시험
　제64조 환경영향평가사의 준수사항
　제65조 환경영향평가사의 자격취소 등

제8장 보칙
　제66조 환경영향평가서등의 공개
　제66조의2 환경영향평가 협의 위반사실의 공표
　제67조 청문
　제68조 전문기관 등의 수행사항
　제69조 비밀 유지의 의무
　제70조 환경영향평가 정보지원시스템의 구축·운영 등
　제71조 환경영향평가협회
　제72조 권한의 위임 및 위탁

제9장 벌칙
　제73조 벌칙
　제74조 벌칙
　제75조 양벌규정
　제76조 과태료

환경영향평가법시행령 조문구조 (밑줄은 기출조문입니다)

제1장 총칙
　제1조 목적
　제2조 환경영향평가등의 분야별 세부 평가항목 등
　제3조 환경영향평가협의회의 심의사항
　제4조 환경영향평가협의회의 구성
　제5조 환경영향평가협의회의 운영
　제6조 위원의 제척·기피·회피 등
　제6조의2 위원의 지명철회·해임 및 해촉
　제6조의3 환경영향평가협의회의 전문위원회

제2장 전략환경영향평가
제1절 전략환경영향평가의 대상
　제7조 전략환경영향평가 대상계획의 종류
　제7조의2 전략환경영향평가 실시 여부의 결정 주기 등

제8조 심의를 생략할 수 있는 사업계획의 규모
제9조 평가준비서의 심의기간
제10조 전략환경영향평가항목등의 결정내용 공개 등
제10조의2 약식전략환경영향평가

제2절 전략환경영향평가서 초안에 대한 의견 수렴 등
제11조 전략환경영향평가서 초안의 작성
제12조 전략환경영향평가서 초안의 제출방법 등
제13조 전략환경영향평가서 초안의 공고·공람 등
제14조 주민 등의 의견제출 방법 등
제15조 설명회의 개최
<u>제16조 공청회의 개최 등</u>
제17조 관계 전문가 등의 의견 수렴이 필요한 지역
<u>제18조 설명회 또는 공청회의 생략</u>
제19조 주민 등의 의견 수렴 결과 및 반영 여부 공개
제20조 중요사항 변경에 따른 주민 등의 의견 재수렴

제3절 전략환경영향평가서의 협의 등
제21조 전략환경영향평가서의 작성
제22조 전략환경영향평가서의 제출방법 및 협의 요청시기 등
제23조 전략환경영향평가서의 검토·보완·반려 등
제24조 전략환경영향평가서의 검토를 위한 자료제출 요청
제25조 협의 내용의 통보기간
제26조 협의 내용의 이행결과 통보 등
제27조 조치결과 또는 조치계획의 관리·감독 등
제28조 재협의 대상
제28조의2 전략환경영향평가의 재협의 생략
제29조 개발기본계획에 대한 변경협의
제30조 정책계획에 대한 변경협의

제3장 환경영향평가
제1절 환경영향평가의 대상
<u>제31조 환경영향평가의 대상사업 및 범위</u>
제2절 환경영향평가서 초안에 대한 의견 수렴 등
제32조 평가준비서의 심의기간 등
제33조 환경영향평가항목등의 결정내용 공개 등
제34조 환경영향평가서 초안의 작성
제35조 환경영향평가서 초안의 제출방법 등

제36조 환경영향평가서 초안의 공고·공람 등
제37조 승인기관장등에 의한 공고 및 공람 절차의 대행
제38조 주민 등의 의견제출 방법 등
제39조 설명회의 개최
제40조 공청회의 개최 등
제41조 설명회 또는 공청회의 생략
제42조 관계 전문가 등의 의견 수렴이 필요한 지역
제43조 주민 등의 의견 수렴 결과 및 반영 여부 공개
제44조 환경영향평가서 초안의 작성 등의 생략절차
제45조 중요사항 변경에 따른 주민 등의 의견 재수렴

제3절 환경영향평가서의 협의, 재협의, 변경협의 등
제46조 환경영향평가서의 작성 등
제47조 환경영향평가서의 제출방법 및 협의 요청시기 등
제48조 환경영향평가서의 검토 등
제49조 해양수산부장관의 의견을 들어야 하는 환경영향평가 대상사업
제50조 협의 내용의 통보기간 등
제51조 협의 내용의 반영결과 통보
제52조 조정 요청
제53조 조정 요청에 대한 심의 결과 통보기간
제54조 환경영향평가서의 재협의 대상 등
제54조의2 환경영향평가의 재협의 생략
제55조 환경보전방안 검토요청 시 제출서류 등

제4절 협의 내용의 이행 및 관리 등
제55조의2 사후환경영향조사 결과 등의 공개
제55조의3 사후환경영향조사 결과 등에 대한 검토기관
제55조의4 사업착공등의 공개
제56조 협의 내용의 이행 여부 확인 결과의 통보
제56조의2 과징금의 부과기준
제57조 환경영향 재평가의 결과 통보

제5절 시·도의 조례에 따른 환경영향평가
제58조 시·도의 조례에 따른 환경영향평가대상사업의 범위

제4장 소규모 환경영향평가
제59조 소규모 환경영향평가 대상사업 및 범위
제60조 소규모 환경영향평가서의 작성
제61조 소규모 환경영향평가서의 제출방법 및 협의 요청 시기 등
제61조의2 소규모 환경영향평가의 작성 및 협의 요청 생략

제62조 협의 내용의 통보기간 등
제63조 소규모 환경영향평가서의 보완·조정 등
제63조의2 소규모 환경영향평가서의 변경협의

제5장 환경영향평가등에 관한 특례
제64조 약식절차 대상사업의 범위
제65조 약식평가서의 작성
제66조 약식절차 대상사업 결정을 위한 심의기간
제67조 협의 내용 등이 포함된 평가서의 작성 등

제6장 환경영향평가의 대행
제67조의2 사업수행능력 평가 기관 및 단체
제67조의3 사업수행능력 평가의 대상·기준
제67조의4 사업수행능력의 평가방법 및 절차
제67조의5 협회의 협조
제68조 환경영향평가업의 등록
제69조 환경영향평가업의 등록사항 변경

제6장의2 환경영향평가기술자의 육성 〈신설 2016.11.29〉
제69조의2 환경영향평가기술자의 자격기준 등
제69조의3 교육·훈련의 종류·시기 등

제7장 환경영향평가사
제70조 자격시험의 실시
제71조 응시자격
제72조 검정 기준 및 방법
제73조 시험과목의 일부 면제 등
제74조 부정행위의 기준
제75조 삭제 〈2016.11.29〉

제8장 보칙
제76조 환경영향평가서등의 공개
제77조 위임 및 위탁
제77조의2 규제의 재검토
제78조 과태료의 부과기준 등
제79조 고유식별정보의 처리

2023년도 시행 제12회 변호사시험

〈제1문〉

국방부장관은 국방·군사시설을 A시로 이전하는 사업(이하 '이 사건 사업'이라 한다)을 추진하는 과정에서 B를 사업시행자로 지정하였다. B는 이 사건 사업의 실시계획을 수립하여 국방부장관에게 승인을 신청하였는데, 이 사건 사업은 「환경영향평가법」에 따른 환경영향평가 대상사업이다. 국방부장관은 이 사건 사업에 대한 환경영향평가에서 "법정보호종인 맹꽁이가 환경영향평가 대상지역(이하 '대상지역'이라 한다) 내에는 서식하지 않는다."라는 조사결과를 바탕으로 「국방·군사시설사업에 관한 법률」에 따른 승인처분(이하 '이 사건 처분'이라 한다)을 한 후 고시하였다.

이에 대하여 대상지역 내에서 거주하고 있는 甲, 대상지역 내에 거주하지는 않지만 대상지역 내에서 토지를 소유하고 있는 乙, 대상지역 밖에 거주하면서 대상지역 내 농지를 임차하여 농사를 짓고 있는 丙, 대상지역과 약 50km 이상 떨어진 곳에 거주하지만 수 년 동안 매년 2회 이상 대상지역 내의 늪지대를 탐사하며 맹꽁이 연구를 수행하고 있는 생물학자 丁은 대상지역 내에 맹꽁이가 서식하고 있다는 구체적인 증거를 제시하면서 이 사건 처분의 취소를 구하는 행정소송을 제기하였다.

3. B가 환경영향평가 협의절차가 완료되기 전에 이 사건 사업의 공사를 하였다면, 벌칙부과대상에 해당하는지 여부 및 이 사건 처분의 위법 여부를 검토하시오. (20점)

문제해설 [2023년 제12회 변시 제1문] 문제 3. 해설

1. 문제
(1) 벌칙부과대상 해당 여부, (2) 이 사건 처분의 위법성이 문제 된다.

2. 벌칙부과대상 해당 여부

(1) 관련 조문

1) 환경영향평가법 제34조 제1항

사업자는 환경영향평가의 협의·재협의 또는 변경협의의 절차를 거치지 아니하거나 절차가 끝나기 전(공사가 일부 진행되는 과정에서 재협의 또는 변경협의의 사유가 발생한 경우에는 재협의 또는 변경협의의 절차가 끝나기 전을 말한다)에 환경영향평가 대상사업의 공사를 하여서는 아니 된다.

2) 환경영향평가법 제74조 제2항 제2호

사전공사의 금지규정(동법 제34조 제1항)을 위반하여 협의 또는 재협의 절차를 거치지 아니하거나 절차가 끝나기 전(공사가 일부 진행되는 과정에서 재협의의 사유가 발생한 경우에는 재협의의 절차가 끝나기 전을 말한다)에 공사를 한 자는 1년 이하의 징역 또는 1천만 원 이하의 벌금에 처한다.

(2) 사안의 경우
사업시행자 B가 이 사건 환경영향평가 협의절차가 완료되기 전에 이 사건 사업의 공사를 하였다면, 환경영향평가법 제74조 제2항 제2호에 따라 1년 이하의 징역 또는 1천만 원 이하의 벌칙부과 대상에 해당된다.

3. 이 사건 처분의 위법성

(1) 판례
환경영향평가절차가 완료되기 전에 공사시행을 금지하고, 그 위반행위에 대하여 형사 처벌을 하도록 한 것은 환경영향평가의 결과에 따라 사업계획에 대한 승인 여부를 결정하고, 공사를 시행하도록 하여 당해 사업으로 인한 해로운 환경영향을 피하거나 줄이고자 하는 데에 입법 취지가 있어 사업자가 이러한 사전 공사시행 금지규정을 위반하였다고 하여 승인기관의 장이 한 사업계획 등에 대한 승인 등의 처분이 위법한 것은 아니다.

(2) 사안의 경우

1) 판례에 태도에 따르면, 환경영향평가법의 사전공사 금지규정 및 벌칙의 입법 취지는 협의 없이 이루어지는 공사에 따른 환경오염을 막기 위한 것이지 대상사업 처분의 적법 여부를 결정짓는 요소가 아니므로 협의절차가 완료되기 전에 공사를 실시하더라도 처분에는 영향이 없다는 태도로 해석된다.

2) 그런데, 일반적으로 환경영향평가절차에서 승인기관은 환경부장관에게 협의를 요청하고, 환경부장관은 평가서를 검토하여 승인기관에게 통보하면, 승인기관은 이를 사업자에게 재통보한다. 사업자는 협의내용을 반영하고 이에 대한 결과를 통보하여 협의 내용이 실효적으로 이행될 수 있는 절차를 두고 있다.

3) 그렇다면, 이 사건 사업에서 환경영향평가협의도 국방부장관이 환경부장관에게 협의를 요청하고, 이를 검토하여 국방부장관에게 통보하며, 국방부장관은 이를 사업시행자 B에게 알려주어서 이러한 협의 내용이 반영되도록 하여야 한다. 그럼에도, 공사를 시행하였다면 환경영향평가법을 명백하게 위반한 위법행위로서 위법성의 요소가 분명히 존재한다고 보아야 하는바, '이 사건 처분이 위법하다.'라고 단정 지을 수는 없으나 처분의 위법 요소는 된다고 보아야 한다.

4. 결론

B가 환경영향평가 협의절차가 완료되기 전에 이 사건 사업의 공사를 하였다면, (1) 환경영향평가법 제74조 제2항 제2호에 따라 1년 이하의 징역 또는 1천만 원 이하의 벌칙부과 대상에 해당되고, (2) 판례에 태도에 따르면 이 사건 처분이 위법하다고 볼 수는 없으나, 환경영향평가법 위반에 따른 위법 요소는 존재한다.

2020년도 시행 제9회 변호사시험

〈제2문〉

A군과 B군 사이에 ○○산도립공원이 위치하고 있다. 5년 전 B군이 관할구역 내에 ○○산도립공원 정상부근까지 케이블카를 설치하자 많은 관광객이 B군으로만 몰리게 되었고, 그 결과 A군의 관광수입이 급격히 줄어들어 경제사정이 악화되었다. 이에 A군수는 지역경제 활성화를 위하여 A군의 관할구역에서 출발하지만 정상부근이 아닌 다른 봉우리에 도착하는 케이블카와 상부 케이블카 정류장에서 정상을 잇는 국내에서 가장 긴 흔들다리를 설치하는 사업(이하 '케이블카사업'이라고 함)을 시행하고자 하였다. 케이블카사업은 환경영향평가대상사업으로 환경영향평가대상지역(이하 '대상지역'이라고 함)으로 지정된 구역은 한국의 알프스로 불릴 정도로 광활한 초원지대가 발달된 곳이며, 왕벚나무 등 A군에만 자생하는 희귀 동·식물이 많은 지역으로 알려져 있다.

주민 甲은 35명의 주민과 함께 케이블카사업이 주변 환경에 미치는 심각한 영향을 우려하여 공청회 개최가 필요하다는 의견을 제출하였으나, 공청회는 개최되지 않았다. 환경부장관과의 협의를 거쳐 A군수는 환경영향평가서를 작성하였고, C도지사는 이러한 환경영향평가서를 근거로 케이블카사업에 대한 승인처분을 하였다.

1. 환경부장관과의 협의와 관련해서 다음의 질문에 대하여 답하시오.

   가. 환경부장관의 협의의 처분성 여부를 검토하시오. (10점)

   나. 「환경영향평가법」상 협의 내용의 이행확보를 위한 수단에 대해 검토하시오. (20점)

문제해설 [2020년 제9회 변시 제2문] 문제 1. 가. 해설

1. 문제
환경부장관의 협의의 처분성 인정 여부가 문제 된다.

2. 환경부장관의 협의의 처분성 인정 여부

(1) **관련 조문** – 처분이란 행정청이 행하는 구체적 사실에 관한 법집행으로서의 공권력의 행사 또는 그 거부와 그 밖에 이에 준하는 행정작용을 말한다(행정소송법 제2조 제1항 제1호). 승인기관장은 환경영향평가 대상사업에 대한 승인등을 하거나 환경영향평가 대상사업을 확정하기 전에 환경부장관에게 협의를 요청하여야 한다(환경영향평가법 제27조 제1항).

(2) **판례** – 행정권 내부에서의 행위나 알선, 권유, 사실상의 통지 등과 같이 상대방 또는 기타 관계자들의 법률상 지위에 직접적인 법률적 변동을 일으키지 아니하는 행위 등은 항고소송의 대상이 될 수 없다.

(3) **사안의 경우** – 환경부장관의 협의 자체만으로 A군에게 직접적으로 권리나 의무관계에 영향을 주는 행위로 평가할 수 없다는 점에서 케이블카 사업 승인처분이 이루어진 것으로 볼 수 없는바, 협의 자체의 처분성은 부정된다.

3. 결론
환경부장관의 협의의 처분성은 인정할 수 없다.

문제해설 [2020년 제9회 변시 제2문] 문제 1. 나. 해설

1. 문제

환경영향평가법상의 협의 내용의 이행확보를 위해 환경부장관 또는 C도지사가 취할 수 있는 조치가 문제된다.

2. 협의내용의 관리·감독

(1) 확인의무

환경부장관 또는 승인기관장은 승인 등을 받아야 하는 사업자가 협의 내용을 이행하였는지를 확인하여야 한다(환경영향평가법 제39조 제1항, 제40조 제3항).

(2) 자료 제출 및 출입 조사

환경부장관 또는 승인기관의 장은 사업자에게 협의 내용의 이행에 관련된 자료를 제출하게 하거나 소속 공무원으로 하여금 사업장에 출입하여 조사하게 할 수 있다(환경영향평가법 제39조 제2항).

(3) 이행여부 통보 및 확인요청

승인기관장은 해당 사업의 준공검사를 하려는 경우에는 협의 내용의 이행 여부를 확인하고 그 결과를 환경부장관에게 통보하여야 한다. 승인기관장은 필요하면 환경부장관에게 공동으로 협의 내용의 이행 여부를 확인하여 줄 것을 요청할 수 있다(환경영향평가법 제39조 제3항).

(4) 사안의 경우

환경부장관과 C도지사는 A군이 협의내용을 이행하였는지를 확인하고, A군에게 협의 내용 이행에 관련된 자료 제출 및 조사를 할 수 있고, C도지사는 준공검사시에 협의 내용 이행 여부를 확인하여 환경부장관에게 통보하여 협의 내용 이행확보를 위해 관리·감독한다.

3. 조치명령 등 필요조치

(1) 조치명령

승인기관장은 승인 등을 받아야 하는 사업자가 협의 내용을 이행하지 아니하였을 때에는 그 이행에 필요한 조치를 명하여야 한다(환경영향평가법 제40조 제1항).

(2) 공사중지명령

승인기관장은 승인 등을 받아야 하는 사업자가 동법 제1항에 따른 조치명령을 이행하지 아니하여 해당 사업이 환경에 중대한 영향을 미친다고 판단하는 경우에는 그 사업의 전부 또는 일부에 대한 공사중지명령을 하여야 한다(환경영향평가법 제40조 제2항).

(3) 원상회복명령

환경부장관은 협의 내용의 이행을 관리하기 위하여 필요하거나, 사후환경영향조사의 결과 및 조치의 내용 등을 검토한 결과 주변 환경의 피해를 방지하기 위하여 필요하다고 인정되는 경우에는 승인기관장에게 공사중지, 원상복구 또는 그 밖에 필요한 조치를 할 것을 명령하도록 요청할 수 있다(환경영향평가법 제40조 제4항).

(4) 사안의 경우

C도지사는 A군이 협의내용을 이행하지 아니한 경우, 그 이행에 필요한 조치명령을 명하고, 이를 이행하지 않는 경우 공사중지 명령을 한다. 그리고 환경부장관은 C도지사에게 공사중지, 원상회복 명령, 기타 필요한 조치 등을 요청할 수 있다.

4. 과징금 부과

(1) 과징금 부과조치

환경부장관 또는 승인기관장은 동법 제40조 제4항에 따라 원상복구할 것을 명령하여야 하는 경우에 해당하나, 그 원상복구가 주민의 생활, 국민경제, 그 밖에 공익에 현저한 지장을 초래하여 현실적으로 불가능할 경우에는 원상복구를 갈음하여 총 공사비의 3퍼센트 이하의 범위에서 과징금을 부과할 수 있다(환경영향평가법 제40조의2 제1항).

(2) 사안의 경우

환경부장관 또는 C도지사는 원상복구명령이 불가능한 경우에는 총 공사비의 3퍼센트 이하의 범위에서 과징금을 부과할 수 있다.

5. 결론

환경영향평가법상의 협의 내용의 이행확보를 위해 환경부장관 또는 C도지사는 (1) 협의내용의 관리·감독, (2) 조치명령 등 필요조치, (3) 과징금 부과 등을 할 수 있다.

2013년도 시행 제2회 변호사시험

〈제1문〉

　한국토지주택공사는 수도권지역의 주택난 해소 및 택지의 효율적 공급 추진을 위하여 「택지개발촉진법」에 따라 경기도 용인시 ○○리 일원에 사업면적이 25만㎡인 택지개발사업(이하 '제1차 택지개발사업'이라 한다)을 하기 위해 경기도에 사업승인을 신청하였고, 경기도지사는 2011. 10. 한국토지주택공사의 제1차 택지개발사업 실시계획을 승인하였다. 한편 한국토지주택공사는 제1차 택지개발사업을 시행하는 과정에서 그 사업의 전체 골격은 유지하되 사업규모를 확대하기 위하여 동일 지역에 사업면적이 10만㎡인 택지를 추가로 개발하기로 하고 2012. 9. 경기도지사로부터 이에 대한 개발사업(이하 '제2차 택지개발사업'이라 한다) 실시계획의 승인을 받았다.

　그런데 제2차 택지개발사업이 이루어지는 사업지구(이하 '사업지구'라 한다)에 거주하는 주민 A, 사업지구의 인근 지역에 거주하는 주민 B 및 사업지구에 건물을 소유하고 있으나 서울시에 거주하고 있는 C는, 경기도지사가 제1차 택지개발사업 및 제2차 택지개발사업에 대한 실시계획 승인을 하면서 사전에 환경영향평가를 거치지 않았기 때문에 위법하므로 이들에 대한 실시계획 승인 처분은 취소되어야 한다고 주장하고 있다. 이에 대하여 경기도지사는 제1차 택지개발사업 및 제2차 택지개발사업은 환경영향평가 대상사업에 해당하지 않고, 나아가 주민 A, B 및 C는 모두 처분의 상대방이 아니므로 취소를 구할 자격이 없기 때문에 다툴 수 없다고 주장하고 있다.

　이상의 사실관계를 전제로, 다음의 질문에 답하시오.

[참조조문]

1. 환경영향평가법 시행령 [별표 3](환경영향평가 대상사업의 구체적인 종류, 범위 및 협의 요청시기)은 도시의 개발사업으로서 "택지개발촉진법 제7조 제1항에 따른 택지개발사업 중 사업면적이 30만㎡ 이상인 사업"을 환경영향평가 대상사업으로 규정하고 있다.

2. 환경영향평가법 시행령 [별표 3](환경영향평가 대상사업의 구체적인 종류, 범위 및 협의 요청시기) 비고 제4항은 다음과 같이 규정하고 있다.

　다음 각 목의 어느 하나에 해당하는 사업은 그 사업 전체에 대하여 환경영향평가를 하여야 한다.

　가. 같은 사업자가 동일 영향권역에서 같은 종류의 사업을 하는 경우로서 각 사업 규모의 합이 평가 대상규모에 이른 경우(위 표 제17호 마목의 골재채취예정지는 제외하고, 위 표 제3호 다목 및 라목의 송전선로건설사업, 제5호의 도로건설사업, 제7호의 철도건설사업의 경우에는 준공된 사업은 제외한다.)

　나. 사업의 승인등을 할 당시에 평가대상사업에 해당되나 평가 대상규모 미만이어서 환경영향평가를 하지 않은 사업이 동일 영향권역에서 사업계획의 변경으로 그 사업규모가 평가 대상

규모에 이르거나, 그 사업규모와 신규로 승인등이 된 사업규모의 합이 평가 대상규모에 이른 경우

다. 해당 사업의 승인등이 이루어진 후 위 표의 개정으로 새로 환경영향평가대상사업에 해당하게 된 사업이 다음의 어느 하나에 해당하는 경우

1) 위 표의 개정 당시 평가 대상규모 미만인 사업이 동일 영향권역에서 사업계획의 변경 또는 신규 승인등으로 사업규모가 평가 대상규모에 이르거나 해당 사업의 규모와 신규로 승인등이 되는 사업의 규모와의 합이 환경영향평가 대상규모 이상이 되는 경우

2) 위 표의 개정 당시에 새로 추가된 환경영향평가대상사업의 평가 대상규모 이상인 사업이 동일 영향권역에서 사업계획의 변경 또는 신규 승인등으로 해당 사업의 승인등을 받을 당시보다 15퍼센트 이상 그 규모가 증가되거나 증가되는 사업의 규모가 평가 대상규모 이상인 경우

1. 제1차 택지개발사업과 제2차 택지개발사업이 환경영향평가 대상사업에 해당하는지에 대하여 검토하시오. (20점)

문제해설 [2013년 제2회 변시 제1문] 문제 1. 해설

1. 문제

개별적으로 판단하면 각각의 개발사업이 환경영향평가 대상사업에 해당되지 않으나, 총량적·누적적으로 판단하면 환경영향평가대상사업에 해당되는지가 문제된다.

2. 환경영향평가 대상사업 해당여부

(1) 관련 조문

환경영향평가법 시행령 [별표 3]에서 도시의 개발사업으로서 "택지개발촉진법 제7조 제1항에 따른 택지개발사업 중 사업면적이 30만㎡ 이상인 사업"을 환경영향평가 대상사업으로 규정하고 있다.

(2) 제1차 택지개발사업

한국토지주택공사는 수도권지역의 주택난 해소 및 택지의 효율적 공급 추진을 위하여 「택지개발촉진법」에 따라 경기도 용인시 ○○리 일원에 사업면적이 25만㎡인 택지개발사업(이하 '제1차 택지개발사업'이라 한다)을 하기 위해 경기도에 사업승인을 신청하였고, 경기도지사는 2011. 10. 한국토지주택공사의 제1차 택지개발사업 실시계획을 승인하였는데, 30만㎡ 이상인 사업"이 아닌바, 환경영향평가 대상사업에 해당하지 않는다.

(3) 제2차 택지개발사업

1) 관련 조문 - 환경영향평가법 시행령 [별표 3] 비고 제4항에서 같은 사업자가 동일 영향권역에서 같은 종류의 사업을 하는 경우로서 각 사업 규모의 합이 평가 대상규모에 이른 경우, 사업의 승인 등을 할 당시에 평가대상사업에 해당되나 평가 대상규모 미만이어서 환경영향평가를 하지 않은 사업이 동일 영향권역에서 사업계획의 변경으로 그 사업규모가 평가 대상규모에 이르거나, 그 사업규모와 신규로 승인 등이 된 사업규모의 합이 평가 대상규모에 이른 경우에는 그 사업 전체에 대하여 환경영향평가를 하여야 한다.

2) 사안의 경우 - 한국토지주택공사는 제1차 택지개발사업을 시행하는 과정에서 그 사업의 전체 골격은 유지하되 사업규모를 확대하기 위하여 동일 지역에 사업면적이 10만㎡인 택지를 추가로 개발하기로 하고 2012. 9. 경기도지사로부터 이에 대한 개발사업(이하 '제2차 택지개발사업'이라 한다) 실시계획의 승인을 받았는바, 이는 이른바 연접개발로서 한국토지주택공사라는 동일한 사업자가 동일 지역에서 같은 종류의 사업을 하는 경우로서 각 사업규모의 합이 35만㎡으로 환경영향평가대상면적인 30만㎡을 초과하였는바, 제 1,2차 택지개발사업 전체범위에 대하여 환경영향평가를 하여야 한다.

3. 결론

(1) 제1차 택지개발사업은 환경영향평가 대상사업에 해당하지 않는다.

(2) 제2차 택지개발사업은 연접개발로서 제1,2차 택지개발사업 면적의 합이 평가대상규모에 이른 경우이므로 환경영향평가 대상사업에 해당하고 그 대상범위는 제1,2차 사업전체면적인 35만㎡이다.

2023년도 제2회 변호사시험 모의시험

〈제2문〉

에너지 개발회사인 甲은 신재생에너지원 확보를 위하여 X군 Y면 일대에 발전량 15만KW 규모의 대규모 풍력발전 단지를 건설하는 전원개발사업(이하 '이 사건 개발사업')을 추진 중이다. 풍력발전 단지 건설 사업지역(이하 '이 사건 사업지역')은 X군 Y면 일대에 지정된 자연공원에서 1.2km 떨어진 산림지역으로서 최고 높은 곳은 800m 정도에 불과하지만 야생동식물이 풍부하게 분포되어 있으며, 특히 멸종위기 야생생물 II급 곤충인 '소똥구리'의 서식지가 발견되었다.

한편, 이 사건 사업지역에는 乙을 포함한 50여 가구가 살고 있는 A마을이 있다. 乙을 비롯한 마을 주민들은 이 사건 개발사업으로 주변의 아름다운 자연경관이 훼손되고 식생의 변화로 주변 생태계가 파괴될 것을 우려하고 있다. 甲이 이 사건 개발사업의 실시계획을 승인받기 위한 환경영향평가를 시작하고 그 초안이 공개되자 乙을 포함한 40명의 주민들은 공청회 개최를 요구하였다. 그러나 甲은 이미 주민들이 민원제기와 함께 시위에 나서고 있어 공청회 개최는 의미가 없다고 보고 설명회로 이를 갈음하였다. 그리고 甲은 이 사건 개발사업에 대한 환경영향평가를 실시하면서 이 사건 사업지역의 '체계적인 개발과 이용'을 중심으로 환경영향평가서를 작성하였다. 이후 관할 행정청은 甲이 제출한 환경영향평가의 결과를 토대로 이 사건 개발사업의 실시계획을 승인하였다 (환경부의 동의 여부는 논외로 함).

1. 乙은 이 사건 개발사업의 실시계획승인 취소를 구하는 소를 제기하고자 한다. 해당 실시계획승인이 위법하다고 주장할 수 있는 논거를 검토하시오. (30점)

2. A마을 주민들이 해당 환경영향평가에 하자가 있음을 주장하자 이를 검토한 관할 행정청은 실시계획승인을 직권취소하고 甲에게 다시 하자 없는 환경영향평가를 할 것을 요구하였다. 甲은 환경영향평가절차를 다시 진행하면서 동시에 해당 개발사업의 착공을 준비하기 위한 현장사무소 설치공사에 착수하였다. 「환경영향평가법」상 甲의 갑의 이와 같은 공사착수가 가능한지 검토하시오. (15점)

문제해설 [2023년 제2차 제2문] 문제 1. 해설

1. 문제
이 사건 승인처분의 절차상, 실체상 하자를 이유로 한 처분의 위법성 여부가 문제 된다.

2. 절차상 하자

(1) 공청회 개최요건 및 생략사유 존재여부

1) 관련 조문

① 환경영향평가법 제13조 제1항

　　개발기본계획을 수립하려는 행정기관의 장은 개발기본계획에 대한 전략환경영향평가서 초안을 공고·공람하고 설명회를 개최하여 해당 평가 대상지역 주민의 의견을 들어야 한다. 다만, 대통령령으로 정하는 범위의 주민이 공청회의 개최를 요구하면 공청회를 개최하여야 한다.

② 환경영향평가법 시행령 제16조 제1항 제1호

　　개발기본계획을 수립하려는 행정기관의 장은 법 제13조 제1항 단서에 따라 공청회 개최가 필요하다는 의견을 제출한 주민이 30명 이상인 경우에는 공청회를 개최하여야 한다.

③ 환경영향평가법 시행령 제18조 제1항 제1호, 제2호, 제2항

　　동법 제13조 제3항에 따라 설명회나 공청회를 개최하지 아니할 수 있는 경우는 설명회가 주민 등의 개최 방해 등의 사유로 개최되지 못하거나 개최되었더라도 정상적으로 진행되지 못한 경우, 공청회가 주민 등의 개최 방해 등의 사유로 2회 이상 개최되지 못하거나 개최되었더라도 정상적으로 진행되지 못한 경우로 한다. 그리고 생략한 경우에는 관련 내용을 일간신문과 지역신문에 공고하여 다른 방법으로 주민들의 의견을 청취하기 위한 노력을 하여야 한다.

2) 사안의 경우

① 乙을 포함한 40명의 주민들이 이 사건 개발사업으로 주변의 아름다운 자연경관이 훼손되고 식생의 변화로 주변 생태계가 파괴될 것이 우려되므로 공청회 개최가 필요하다는 의견을 요구하였으므로 공청회를 개최하여야 한다.

② 그런데, 甲은 주민들이 민원제기와 함께 시위에 나서고 있어 공청회 개최는 의미가 없다고 보고 설명회로 이를 갈음하였는데, 생략 사유가 존재한다고 보기 어렵다.

③ 설령, 생략 사유가 존재하더라도 다른 방법으로 주민들의 의견을 청취하기 위한 노력을 하지 않았으므로 절차상 하자가 존재한다.

(2) 절차상 하자에 따른 처분의 위법성 여부

1) 관련 법리 - 주민의견수렴 절차 등 경미한 절차상 하자의 경우에는 취소사유가 되지 않는다는 견해도 존재하나, 법령상 규정된 절차를 거치지 않은 것을 경미한 절차위반이라고 보기는 어려우며 위법, 취소사유에 해당하는 것이 원칙이다.

2) 판례 - 재량행위·기속행위를 불문하고 절차적 하자가 존재하는 경우 독자적 위법사유로 인정하고 있다.

3) 사안의 경우 - 乙을 비롯한 A 마을 주민 40명이 공청회를 요청하였음에도 공청회를 개최하지 아니한 절차적 하자가 존재하므로, 절차가 갖는 사전적 권리구제로서의 역할을 간과한 처분에 대한 위법성을 주장할 수 있다.

3. 실체상 하자

(1) 환경영향평가의 실체적 하자 유무

1) 관련 조문 - 자연환경보전법 시행령 제28조 제2항

환경부 장관은 개발사업에 대한 협의를 하고자 할 때에는 생태·자연도의 등급권역별로 다음 각 호의 기준을 고려하여야 하며, 환경부장관은 이를 위하여 생태·자연도를 제공하여야 한다.

 1. 1등급 권역 : 자연환경의 보전 및 복원
 2. 2등급 권역 : 자연환경의 보전 및 개발·이용에 따른 훼손의 최소화
 3. 3등급 권역 : 체계적인 개발 및 이용

2) 사안의 경우 - 해당 지역은 환경적·생태적으로 가치가 큰 지역으로, 자연환경보전법상 멸종위기 야생동물 Ⅱ급 곤충인 '소똥구리'의 서식지가 발견되어, 생태·자연도 1등급 권역임에도 3등급 권역기준인 '체계적인 개발과 이용'을 기준으로 환경영향평가서를 부실하게 실시된 실체적 하자가 존재한다.

(2) 환경영향평가의 실체적 하자 효과

1) 판례 - 환경영향평가를 거쳐야 할 대상사업에 대하여 환경영향평가를 하지 않고 승인처분을 하였다면 그 처분은 위법하나, 그러한 절차를 거쳤다면 환경영향평가의 내용이 다소 부실하더라도 그 부실은 당해 승인 등 처분에 재량권 일탈·남용의 위법이 있는지 여부를 판단하는 하나의 요소이지 당연히 당해 승인 처분이 위법한 것은 아니다.

2) 사안의 경우 - 1등급 권역 기준인 자연환경의 보전 및 복원 여부를 기준으로 사업지역에 대한 환경영향평가를 실시하지 않은 실체적 하자는 사업대상지역에 대한 환경영향평가를 부실하게 않고 승인처분을 한 것으로 재량행위 일탈 내지 남용의 요소가 분명하다.

4. 결론

乙은 이 사건 개발사업의 실시계획승인이 절차상 및 실체적 하자가 있음을 주장하며 취소를 구하는 소를 제기할 수 있다.

문제해설 [2023년 제2차 제2문] 문제 2. 해설

1. 문제

환경영향평가법상 甲의 현장사무소 설치공사 행위 가부가 문제된다.

2. 사전공사 금지 해당여부

(1) 환경영향평가법 제34조 제1항

사업자는 환경영향평가의 재협의 또는 변경 협의의 절차를 거치지 아니하거나 절차가 끝나기 전에 환경영향평가 대상 사업의 공사를 하여서는 아니 된다. 다만, 다음 각 호의 어느 하나에 해당하는 공사의 경우에는 그러하지 아니하다.

  1. 재협의나 변경 협의의 대상에 포함되지 아니한 지역에서 시행되는 공사
  2. 착공을 준비하기 위한 현장사무소 설치 공사 또는 다른 법령에 따른 의무를 이행하기 위한 공사 등 환경부령으로 정하는 경미한 사항에 대한 공사

(2) 사안의 경우

관할 행정청이 실시계획승인을 직권취소하고 甲에게 환경영향평가의 재실시를 요구하였다. 이에 甲이 환경영향평가절차를 다시 진행하면서 동시에 착공을 준비하기 위한 현장사무소 설치공사에 착수한 것은 경미한 사항에 대한 공사에 해당되는바, 사전공사 금지에 해당되지 않는다.

3. 결론

환경영향평가법상 甲이 해당 개발사업의 착공을 준비하기 위한 현장사무소 설치 공사에 착수한 행위는 가능하다.

2017년도 제1회 변호사시험 모의시험

〈제1문〉

재단법인 A공원은 2014.10.15. 경기도 광주시 일원 임야 200,000㎡에 사설 법인묘지설치허가를 성남시장에게 신청하였다. 성남시장은 2015.12.20. A공원에 대하여 장사 등에 관한 법률에 따라 위 임야에 법인묘지설치허가를 하였다.

그 후 2015.12.25. A공원은 성남시장에게 위 법인묘지설치허가지역에 연접한 광주시 소재 임야 70,000㎡에 봉안시설(납골당)설치신고를 하였고 성남시장은 이를 수리하였다.

수년전 생태전문가들의 생태계현황조사에 따르면, 광주시 일대 숲에서 천연기념동물인 흑비둘기, 크낙새의 서식처가 다수 발견되었고 천연기념식물인 모감주나무, 희귀식물인 왕벚나무 자생지 군락이 산재해 있는 것이 확인되었다. A공원은 위 각 사업이 환경영향평가법상 평가대상사업에 해당하지 않는다고 판단하고 환경영향평가를 받지 않았다.

甲은 위 묘지설치허가 및 봉안시설설치신고 사업지역에서 불과 300m 떨어진 광주시 소재 자연부락에 살고 있고, 乙은 위 각 사업지역에서 500m 떨어진 광주시 소재 농공단지의 업체에 근무하고 있다. 丙은 위 각 사업지역으로부터 약 10km 떨어진 성남시 분당구에 살고 있다.

자연환경 평가항목(동·식물상 등)이 환경영향평가대상에 포함되는 경우는 평가대상사업예정지역으로부터 5km 이내의 공간적 범위로 하고, 봉안시설설치신고수리는 처분성이 있는 것으로 전제한다.

[참조 법률]
환경영향평가법 시행령 제31조 제2항 [별표 3] 제12호 (환경영향평가의 대상 사업 및 범위)

12. 산지의 개발사업	가. 「산지관리법」 제2조제1호에 따른 산지에서 시행되는 다음의 어느 하나에 해당하는 사업	
	1) 「장사 등에 관한 법률」 제2조제7호·제9호에 따른 묘지 또는 봉안시설의 설치사업 중 사업면적이 25만제곱미터 이상인 사업	가) 시·도지사 또는 시장·군수·구청장이 설치하는 경우: 「장사 등에 관한 법률」 제13조에 따른 설치·조성 전 나) 그 밖의 자가 사설묘지 및 사설봉안시설을 설치하는 경우: 「장사 등에 관한 법률」 제14조 또는 제15조에 따른 허가 또는 신고 전

비고

4. 다음 각 목의 어느 하나에 해당하는 사업은 그 사업 전체에 대하여 환경영향평가를 하여야 한다. 다만, 위 표 제17호마목의 골재채취예정지 및 준공된 선형사업은 다음 각 목의 사업에서 제외한다.

　가. 같은 사업자가 동일 영향권역에서 같은 종류의 사업을 하는 경우로서 각 사업 규모의 합이 평가 대상규모에 이른 경우

　나. 사업의 승인등을 할 당시에 평가대상사업에 해당되나 평가 대상규모 미만이어서 환경영향평가를 하지 않은 사업이 동일 영향권역에서 사업계획의 변경으로 그 사업규모가 평가 대상규모에 이르거나, 그 사업규모와 신규로 승인 등이 된 사업규모(사업자가 같은 경우만 해당한다)의 합이 평가 대상규모에 이른 경우

장사 등에 관한 법률

제2조(정의) 이 법에서 사용하는 용어의 뜻은 다음과 같다.

　5. "봉안"이란 유골을 봉안시설에 안치하는 것을 말한다.

　7. "묘지"란 분묘를 설치하는 구역을 말한다.

　9. "봉안시설"이란 유골을 안치(매장은 제외한다)하는 다음 각 목의 시설을 말한다.

　　가. 분묘의 형태로 된 봉안묘

　　나. 「건축법」 제2조제1항제2호의 건축물인 봉안당

　　다. 탑의 형태로 된 봉안탑

　　라. 벽과 담의 형태로 된 봉안담

제14조(사설묘지의 설치 등) ① 국가, 시·도지사 또는 시장·군수·구청장이 아닌 자는 다음 각 호의 구분에 따른 묘지(이하 "사설묘지"라 한다)를 설치·관리할 수 있다.

　4. 법인묘지 : 법인이 불특정 다수인의 분묘를 같은 구역 안에 설치하는 묘지

③ 가족묘지, 종중·문중묘지 또는 법인묘지를 설치·관리하려는 자는 보건복지부령으로 정하는 바에 따라 해당 묘지를 관할하는 시장 등의 허가를 받아야 한다. 허가받은 사항 중 대통령령으로 정하는 사항을 변경하려는 경우에도 또한 같다.

④ 시장 등은 묘지의 설치·관리를 목적으로 「민법」에 따라 설립된 재단법인에 한정하여 법인묘지의 설치·관리를 허가할 수 있다.

제15조(사설화장시설 등의 설치) ① 시·도지사 또는 시장·군수·구청장이 아닌 자가 화장시설(이하 "사설화장시설"이라 한다) 또는 봉안시설(이하 "사설봉안시설"이라 한다)을 설치·관리하려는 경우에는 보건복지부령으로 정하는 바에 따라 그 사설화장시설 또는 사설봉안시설을 관할하는 시장·군수·구청장에게 신고하여야 한다. 신고한 사항 중 대통령령으로 정하는 사항을 변경하려는 경우에도 또한 같다.

② 사설봉안시설의 시공자는 제1항에 따른 봉안시설 신고 여부를 확인하여야 한다.

③ 유골 500구 이상을 안치할 수 있는 사설봉안시설을 설치·관리하려는 자는 「민법」에 따라 봉안시설의 설치·관리를 목적으로 하는 재단법인을 설립하여야 한다. 다만, 대통령령으로 정하는 공공법인 또는 종교단체에서 설치·관리하는 경우이거나 「민법」에 따라 친족관계였던 자 또는 종중·문중의 구성원 관계였던 자의 유골만을 안치하는 시설을 설치·관리하는 경우에는 그러하지 아니하다.

1. A공원의 법인묘지설치사업과 봉안시설설치사업이 환경영향평가대상사업에 해당하는지에 대하여 검토하시오. (30점)

문제해설 [2017년 제1차 제1문] 문제 1. 해설

1. 문제

법인묘지와 봉안시설설치는 각각 250,000㎡에 미달하여 각 사업이 환경영향평가대상사업에 해당하지 않지만, 연접개발로 보면 두 사업면적을 합하면 270,000㎡로 평가대상사업면적에 해당하는바, 두 사업이 평가대상사업에 해당하는지가 문제된다.

2. 총량적·누적적 환경영향평가의 대상사업 해당여부

(1) 관련 조문

1) 환경영향평가법 시행령 제31조 제2항 [별표3] 제12호에서 장사 등에 관한 법률 제2조 제7호, 제9호에 따른 묘지 또는 봉안시설의 설치사업 중 사업면적이 25만㎡ 이상인 사업을 환경영향평가 대상사업으로 규정하고 있다.

2) 환경영향평가법 시행령 제31조 제2항 [별표3] 제12호 비고 4호 나목에 따르면 사업의 승인 등을 할 당시에 평가 대상규모 미만이어서 환경영향평가를 하지 않은 사업이 동일 영향권역에서 사업계획의 변경으로 그 사업규모가 평가 대상규모에 이르거나, 그 사업규모와 신규로 승인 등이 된 사업규모의 합이 평가 대상규모에 이른 경우에도 평가대상에 해당된다.

(2) 판례

사전환경성검토협의 대상면적 미만으로 이미 허가를 받은 개발사업지역과 연접한 지역에 추가로 개발사업을 하고자 하는 연접개발이 사전환경성검토협의 대상사업에 해당하는지 여부를 판단함에 있어서, 위 연접개발에 관하여 규정한 사업주체가 동일한 경우는 물론 사업주체나 사업시기를 달리하는 경우에도 그 적용이 있다.

(3) 사안의 경우

A공원의 법인묘지설치사업 20만㎡으로 환경영향평가대상인 25만㎡면적에 미달하여 환경영향평가 대상이 아니지만, A공원의 봉안시설설치사업면적은 7만㎡으로 누적합산 하면 27만㎡로 환경영향평가 대상사업에 해당하는바, 후속사업인 봉안시설설치사업은 환경영향평가대상사업에 해당하고, 평가범위는 27만㎡ 전부가 된다.

3. 결론

(1) A공원의 법인묘지설치사업은 환경영향평가 대상사업이 아니다.

(2) A공원의 봉안시설설치사업은 환경영향평가대상사업에 해당하고, 평가범위는 법인묘지설치사업 면적을 포함하는 27만㎡ 전부가 된다.

2021년도 제3회 변호사시험 모의시험

〈제1문〉

A시 산하 도시공사(이하 도시공사)는 전원주택 단지 건설을 위하여 「택지개발촉진법」 제7조 제1항에 따른 택지개발사업의 일환으로 A시 일원에 사업면적 27만㎡의 택지개발사업을 추진하기로 결정하였다. 이후 환경영향평가절차 없이 사업승인을 신청하여 2019. 10 택지개발사업 실시계획을 승인받았다. 도시공사는 택지개발사업 시행 중 전원주택에 대한 실수요자들의 반응이 폭발적이자 해당 택지개발사업 연접 지역에 5만㎡ 택지를 추가하는 내용으로 계획을 변경하여 2020. 10. 환경영향평가절차 없이 실시계획 변경승인을 받았다.

해당 택지개발사업지 인근에 거주하는 A시 시민 甲, A시가 아닌 B시에서 거주하고 있으나 A시에서 주택임대사업주로 등록하여 환경영향권역 내에서 임대사업을 운영하는 B시 시민 乙 그리고 C시에 거주하나 A시로 출퇴근하며 A시 내에서 식당을 운영하는 C시 시민 丙은 도시공사가 택지개발사업에 대해 환경영향평가를 하지 않은 것을 이유로 A시 시장을 상대로 해당 실시계획 승인처분 취소 소송을 제기하였다. 이에 대하여 A시 시장은 2019년 택지개발사업실시계획 및 2020년 변경계획 모두 환경영향평가 대상사업에 해당하지 않고, 원고 甲, 乙, 丙 모두 해당 승인처분의 당사자도 또한 환경영향평가권역 내 주민도 아니어서 취소소송의 원고적격이 없다고 주장한다.

1. 2019년 택지개발사업 실시계획 및 2020년 변경계획이 환경영향평가 대상에 해당하는지 검토하시오. (20점)

2. 甲, 乙, 丙이 2020년 변경계획 승인처분을 다툴 수 있는 원고적격이 있는지에 대하여 검토하시오. (30점)

3. 도시공사가 2020년 변경계획에 대해 환경영향평가를 실시하기로 결정하였다고 가정한다. 2021년 10월 현재 환경영향평가가 진행 중이며 환경부장관과 협의는 완료되었다. 그러나 도시공사는 사업 분양이 성공적이자 사업 규모를 추가 변경하고자 한다. 현재 도시공사는 추가 사업 규모를 협의 내용이 반영된 사업 규모(32만㎡)의 1) 10% 미만, 2) 10%이상~30% 미만, 3) 30% 이상 등 세 가지 방안 중 결정하려고 한다. 각각의 방안에 필요한 환경영향평가 상의 절차는 무엇인지 제시하시오. (30점)

※동 택지개발사업은 소규모환경영향평가 대상으로 지정되지 않음.

[참조조문]

1. 환경영향평가법 시행령 [별표 3](환경영향평가 대상사업의 구체적인 종류, 범위 및 협의 요청시기)은 도시의 개발사업으로서 "택지개발촉진법 제7조 제1항에 따른 택지개발사업 중 사업면적이 30만㎡ 이상인 사업"을 환경영향평가 대상사업으로 규정하고 있다.

2. 환경영향평가법 시행령 [별표 3](환경영향평가 대상사업의 구체적인 종류, 범위 및 협의 요청시기) 비고 제4항은 다음과 같이 규정하고 있다.

다음 각 목의 어느 하나에 해당하는 사업은 그 사업 전체에 대하여 환경영향평가를 하여야 한다.

가. 같은 사업자가 동일 영향권역에서 같은 종류의 사업을 하는 경우로서 각 사업 규모의 합이 평가 대상규모에 이른 경우(위 표 제17호 마목의 골재채취예정지는 제외하고, 위 표 제3호 다목 및 라목의 송전선로건설사업, 제5호의 도로건설사업, 제7호의 철도건설사업의 경우에는 준공된 사업은 제외한다.)

나. 사업의 승인등을 할 당시에 평가대상사업에 해당되나 평가 대상규모 미만이어서 환경영향평가를 하지 않은 사업이 동일 영향권역에서 사업계획의 변경으로 그 사업규모가 평가 대상규모에 이르거나, 그 사업규모와 신규로 승인등이 된 사업규모의 합이 평가 대상규모에 이른 경우

다. 해당 사업의 승인등이 이루어진 후 위 표의 개정으로 새로 환경영향평가대상사업에 해당하게 된 사업이 다음의 어느 하나에 해당하는 경우

  1) 위 표의 개정 당시 평가 대상규모 미만인 사업이 동일 영향권역에서 사업계획의 변경 또는 신규 승인등으로 사업규모가 평가 대상규모에 이르거나 해당 사업의 규모와 신규로 승인등이 되는 사업의 규모와의 합이 환경영향평가 대상규모 이상이 되는 경우

  2) 위 표의 개정 당시에 새로 추가된 환경영향평가대상사업의 평가 대상규모 이상인 사업이 동일 영향권역에서 사업계획의 변경 또는 신규 승인등으로 해당 사업의 승인등을 받을 당시보다 15퍼센트 이상 그 규모가 증가되거나 증가되는 사업의 규모가 평가 대상규모 이상인 경우

문제해설 [2021년 제3차 제1문] 문제 1. 해설

1. 문제

개별적으로 판단하면 각각의 개발사업이 환경영향평가 대상사업에 해당되지 않으나, 총량적·누적적으로 판단하면 환경영향평가대상사업에 해당되는지가 문제된다.

2. 환경영향평가 대상사업 해당여부

(1) 관련 조문

1) 환경영향평가법 시행령 [별표 3]에서 도시의 개발사업으로서 "택지개발촉진법 제7조 제1항에 따른 택지개발사업 중 사업면적이 30만㎡ 이상인 사업"을 환경영향평가 대상사업으로 규정하고 있다.

2) 환경영향평가법 시행령 [별표 3] 비고 제4항 "나"에서 사업의 승인 등을 할 당시에 평가대상사업에 해당되나 평가 대상규모 미만이어서 환경영향평가를 하지 않은 사업이 동일 영향권역에서 사업계획의 변경으로 그 사업규모가 평가 대상규모에 이르거나, 그 사업규모와 신규로 승인 등이 된 사업규모의 합이 평가 대상규모에 이른 경우에는 그 사업 전체에 대하여 환경영향평가를 하여야 한다.

(2) 사안의 경우

1) 2019년 택지개발사업 – A시 도시공사는 전원주택 단지 건설을 위하여 「택지개발촉진법」제7조 제1항에 따른 택지개발사업의 일환으로 A시 일원에 사업면적 27만㎡인 택지개발사업을 하기 위해 A시에 사업승인을 신청하였고, A시는 2019. 10. 이를 승인하였는데, 30만㎡ 이상인 사업이 아닌바, 환경영향평가 대상사업에 해당하지 않는다.

2) 2020년 변경계획 – 2019년 택지개발사업 계획부지에 연접하여 5만㎡가 추가되어 동일 영향권 내에 있을 뿐 아니라 추가된 변경계획으로 인해 전체 사업규모의 합이 32만㎡이 되어 환경영향평가대상사업인 30만㎡ 이상을 초과하는바, 2020년 변경계획으로 인한 전체 32만㎡ 개발사업 전체에 대하여 환경영향평가를 하여야 한다.

3. 결론

(1) 2019년 택지개발사업은 환경영향평가 대상 사업에 해당하지 않는다.

(2) 2020년 택지개발사업은 연접개발로서 2019년과 2020년 택지개발사업 면적의 합이 평가대상 규모에 이른 경우이므로 환경영향평가 대상사업에 해당하고 그 대상범위는 두 사업전체면적인 32만㎡이다.

문제해설 [2021년 제3차 제1문] 문제 2. 해설

1. 문제

(1) 법률상 이익 여부 및 근거법규 해당 여부, (2) 甲, 乙, 丙의 원고적격 인정 여부가 문제 된다.

2. 법률상 이익 여부 및 근거법규 해당 여부

(1) **관련 조문** - 취소소송은 처분 등의 취소를 구할 법률상 이익이 있는 자가 제기할 수 있다(행소법 제12조).

(2) **학설** - ① 권리구제설, ② 법률상 이익구제설, ③ 소송상 보호할 가치 있는 이익구제설, ④ 적법성 보장설 등이 있다.

(3) **판례** - 법률상 보호되는 이익이란 처분의 근거법규 및 관련 법규에 의하여 보호되는 개별적·직접적·구체적 이익이 있는 경우를 말하고, 근거법규 및 관련 법규의 명문 규정이 없더라도 합리적 해석상 이를 보호하는 취지가 있는 경우까지 포함하나, 공익 보호의 결과로 생기는 일반적·간접적·추상적 이익의 경우는 포함되지 않는다.

(4) **사안의 경우** - 이 사건 승인처분의 판단 근거인 법률의 의미에 환경영향평가법을 근거법규로 볼 수 있는지 살펴보면, 환경영향평가 대상사업의 경우 승인처분을 위해서는 환경영향평가의 협의 내용을 사업계획에 반영하도록 하여야 하는바, 환경영향평가법은 처분에 직접적인 영향을 미치는 근거법규가 된다.

3. 甲, 乙, 丙의 원고적격 인정 여부

(1) 甲

1) 판례

① 행정처분의 근거법규에 그 처분으로 환경상 침해가 예상되는 영향권의 범위가 구체적으로 규정되어 있는 경우 그 범위 내의 주민들은 직접적으로 중대한 환경피해를 입으리라고 예상할 수 있고, 이는 주민 개개인에 대한 개별적·직접적·구체적 이익으로서 그들에 대하여는 환경상 이익의 침해가 있는 것으로 사실상 추정되어 법률상 보호되는 이익이 인정된다.

② 영향권 밖의 주민들은 당해 처분으로 인하여 그 처분 전과 비교하여 수인한도를 넘는 환경피해를 받거나 받을 우려가 있다는 자신의 환경상 이익에 대한 침해 또는 침해 우려가 있음을 입증하여야만 법률상 보호되는 이익으로 인정되어 원고적격이 인정 된다.

2) 사안의 경우 - 甲은 A시에 거주하고 있으나 택지개발사업지 인근에 거주하여 환경영향권역 내에 거주하는지는 명확하지 않으므로, 환경영향권역 내에 거주하는 경우라면 개별적·직접적·구체적 이익이 인정되어 원고적격이 인정되고, 그렇지 않은 경우라면 해당 개발사업으로 인한 본인의 환경상 이익에 대한 침해 또는 침해 우려를 입증하는 경우 원고적격이 인정될 수 있다.

(2) 乙, 丙의 원고적격

1) 판례 - 환경상 침해를 받으리라고 예상되는 영향권 내의 주민들을 비롯하여 그 영향권 내에서 농작물을 경작하는 등 현실적으로 환경상 이익을 향유하는 사람도 포함되나 단지 그 영향권 내의 건물·토지를 소유하거나 환경상 이익을 일시적으로 향유하는 데 그치는 사람은 포함되지 않는다.

2) 乙의 경우 - 乙은 B시 시민이고, A시에서 주택임대사업주로 등록하여 임대사업을 운영하고 있는 자로 영향권 내의 건물 및 토지를 소유함에 그치는 자에 불과하므로 원칙적으로 원고적격이 인정되지 않는다.

3) 丙의 경우 - C시 시민으로 C시에 거주하고 있으나 A시로 출퇴근하며 식당을 운영하는 자이므로 C는 환경상의 이익을 일시적으로 향유하는 자인바, 원고적격을 인정하기 어렵다. 다만, 영향권 내에서 식당 운영을 위해 농작물을 경작하는 등의 현실적으로 환경상 이익을 향유하고 있음을 주장·입증하는 경우에는 원고적격이 인정될 소지도 있다.

4. 결론

(1) 甲은 환경영향평가범위 내에 있는 자라면 원고적격이 인정되고, 아니라면 수인한도를 넘는 환경상 이익의 피해의 우려가 있음을 입증한 경우에 한하여 인정된다.

(2) 乙은 원고적격이 인정되기 어렵다.

(3) 丙은 침해 또는 침해 우려의 대상을 경제적 이익에 대한 침해로 접근하는 경우 원고적격이 인정되지 않지만, 환경상 이익이 피해의 우려를 입증하는 경우에는 원고적격이 인정될 수 있다.

문제해설 [2021년 제3차 제1문] 문제 3. 해설

1. 문제
협의한 사업계획 규모를 일정 범위에서 추가 변경하는 경우, 필요한 환경영향평가상 절차가 문제 된다.

2. 10% 미만 – 변경신고

(1) 원칙
10% 이하가 변경되는 경우는 변경협의 절차를 받지 않아도 되어 사업계획변경을 제출하는 것으로 절차가 마무리된다.

(2) 사안의 경우
10% 이하를 추가하는 경우 신고 외에 별도의 절차가 필요 없다.

3. 10% 이상 ~ 30% 미만 – 승인기관과의 변경 협의

(1) 환경영향평가법 제33조
사업자는 환경영향평가사업을 변경하는 경우로서 제32조 제1항 각 호에 해당하지 아니하는 경우에는 사업계획 등의 변경에 따른 환경보전방안을 마련하여 이를 변경되는 사업계획 등에 반영하여야 한다. 승인 등을 받아야 하는 사업자는 제1항에 따른 환경보전방안에 대하여 미리 승인기관의 장의 검토를 받아야 한다.

(2) 환경영향평가법 시행령 제55조 제2항 제2호 가목
사업·시설 규모가 협의 내용에 반영된 사업·시설 규모의 10퍼센트 이상 증가되는 경우를 말한다.

(3) 사안의 경우
추가 사업 규모가 10% 이상 30% 미만 추가 변경되는 경우에는 사업계획변경과 보전방안을 마련, 승인기관의 검토를 받아야 한다.

4. 30% 이상 – 환경부장관과의 재협의

(1) 환경영향평가법 제32조 제1항 제2호
승인기관장은 환경영향평가대상사업으로 협의한 사업계획 등을 변경하는 경우 환경영향평가 대상사업의 규모를 증가시키는 경우에는 환경부장관에게 재협의를 요청하여야 한다.

(2) 환경영향평가법 제32조 제3항
제1항에 따른 재협의에 대하여는 제24조부터 제31조까지의 규정을 준용하므로, 주민들의 의견수렴절차(제25조, 제26조)를 거쳐야 한다.

(3) 환경영향평가법 시행령 제54조 제2항
환경영향평가 대상사업의 변경 등으로 재협의를 받아야 하는 대상은 협의 내용에 반영된 사업·시설 규모의 30퍼센트 이상 증가되는 경우를 말한다.

(4) 사안의 경우

추가 사업 규모가 30% 이상 추가 변경되는 경우에는 승인기관 A시 외에 환경부장관에게 재협의를 요청하여야 하고, 주민들의 의견수렴 절차도 다시 거쳐야 한다.

2019년도 제1회 변호사시험 모의시험

〈제1문〉

한국고속철도건설공단은 고속철도차량정비기지 건설사업과 관련하여 「환경영향평가법」과 동시행령에 따라 이 사업에 관한 환경영향평가서의 작성을 대행업자인 P에게 의뢰하였다. P가 작성한 환경영향평가서 초안이 공고, 공람된 후, 이 초안에 대하여 甲을 포함한 8인의 지역주민이 의견을 제출하였다. 한국고속철도건설공단은 주민들의 의견을 일부 반영하여 작성된 환경영향평가서를 사업계획승인권자인 K에게 제출하였다. 이에 K는 위 환경영향평가서를 검토한 후 관계기관과의 협의를 마치고 이 사업의 실시계획승인처분을 하였다.

3. 한국고속철도건설공단이 환경영향평가서의 작성을 P에게 대행시킬 때 요구되는 절차와 요건을 기술하시오. (15점)

문제해설 [2019년 제1차 제1문] 문제 3. 해설

1. 문제
환경영향평가의 대행시 환경영향평가법상 요구되는 절차와 요건이 문제된다.

2. 환경영향평가법상 요구되는 절차와 요건

(1) 사업수행능력평가

1) 환경영향평가법 제53조 제2항 제2호
　공기업이 환경영향평가서 작성을 대행하게 하려는 때에는 이에 참여하려는 환경영향평가업자의 기술·경영능력 등의 사업수행능력을 평가하여야 한다.

2) 사안의 경우
　한국고속철도건설공단은 고속철도차량정비기지 건설사업과 관련하여 「환경영향평가법」과 동시행령에 따라 이 사업에 관한 환경영향평가서의 작성을 대행업자인 P에게 의뢰하기 위해서는 선행적으로 P의 환경영향평가의 사업수행능력을 평가해야 한다.

(2) 분리계약 체결

1) 환경영향평가법 제53조 제5항 제4호
　환경영향평가 등을 하려는 자는 환경영향평가업자와 환경영향평가서등의 작성에 관한 대행계약을 체결하는 경우에는 해당 환경영향평가 등의 대상이 되는 계획이나 사업의 수립·시행과 관련되는 계약과 분리하여 체결하여야 한다.

2) 사안의 경우
　한국고속철도건설공단은 이 사업에 관한 환경영향평가서의 작성을 대행업자인 P에게 의뢰하기 위해서는 고속철도차량정비기지 건설사업계획과 관련되는 계약과 분리하여 체결하여야 한다.

(3) 부실작성 요구금지

1) 환경영향평가법 제53조 제5항 제5호
　환경영향평가업자와 환경영향평가서등의 작성에 관한 대행계약을 체결하는 경우에는 환경영향평가서등과 그 작성의 기초가 되는 자료 및 환경영향 예측·분석 결과를 거짓으로 작성하거나 평가에 영향을 미치는 중요한 자료를 누락하는 등 부실하게 작성하도록 요구하지 아니하여야 한다.

2) 사안의 경우
　한국고속철도건설공단은 이 사업에 관한 환경영향평가서의 작성을 대행업자인 P에게 의뢰할 때 부실작성을 요구하여서는 아니 된다.

3. 결론
한국고속철도건설공단이 환경영향평가서의 작성을 P에게 대행시킬 때 사업수행능력을 먼저 평가하고, 대행계약 체결시 사업계획 관련되는 계약과 분리하여 체결하고, 부실작성을 요구하여서는 안 된다.

2018년도 제1회 변호사시험 모의시험

〈제1문〉

A시는 제4차산업혁명에 대응하고 지역경제를 활성화시키기 위하여 『산업입지 및 개발에 관한 법률』 제2조 제9호에 따라 사업면적 20만m² 규모로 자율주행자동차 산업단지를 조성하는 내용의 자율주행자동차 산업단지 개발기본계획(이하 '개발기본계획')에 대한 전략환경영향평가서 초안을 공고·공람한 후 주민의 의견을 수렴하고자 한다.

주민들은 이 단지 부지를 확보하기 위해서는 습지를 매립해야 하고, 습지를 매립할 경우에는 생태계에 악영향을 미칠 수 있다고 주장하고 있다. 또한 주민들은 해당 부지가 주민들의 거주지 및 경작하고 있는 논밭과 매우 가깝게 위치하고 있어 향후 산업단지가 설치되면 오염물질로 인해 건강은 물론 작물피해가 발생할 수 있다고 우려한다. 이에 甲을 비롯한 주민 40여명은 공청회 개최를 요구하였다. 그러나 A시는 공청회를 열지 않고 설명회 개최 후 환경부장관과의 협의를 거쳐 개발기본계획을 확정·고시하였다. (이 개발기본계획은 처분성이 있음을 전제로 한다)

해당 사업부지는 농지와 습지가 혼재되어 있는 지역으로 주민들은 습지와 연결된 청정환경에서 유기농 농사와 함께 수경식물을 재배하고 있다. 또한 습지 인근에는 철새도래지가 있어 관광지로도 이름이 알려져 있으며, 조류보호단체인 '철새지킴이'가 정기적으로 철새교실 및 철새먹이주기 등의 보호활동을 펼치고 있다.

한편, 주민 乙과 환경단체 '자연지킴이'는 해당 지역이 환경적·생태적으로 가치가 큰 지역임에도 불구하고 도래하는 철새종의 상당부분이 평가에서 누락되어 있고, 철새 도래에 대한 계절별 시뮬레이션도 이루어지지 않는 등 전략환경영향평가가 부실하게 실시되었다고 주장하고 있다. 乙은 전략환경영향평가지역 내에 거주하면서 농업에 종사하고 있는 주민으로서 오랫동안 해당지역에서 철새도래지 안내원으로도 활동하면서 철새연구를 해오고 있다.

【참조조문】
〈환경영향평가법 시행령〉
　별표 3. (환경영향평가 대상사업의 구체적인 종류, 범위 및 협의 요청시기)
　　2. 산업입지 및 산업단지의 조성사업
「산업입지 및 개발에 관한 법률」 제2조제9호에 따른 산업단지 개발사업 또는 같은 조 제11호에 따른 산업단지 재생사업 중 사업면적이 15만제곱미터 이상인 사업

〈산업입지 및 개발에 관한 법률〉
· 제2조 제9호 : "산업단지개발사업"이란 산업단지를 조성하기 위하여 시행하는 다음 각 목의 사업을 말한다. 가. 제7호의2에 따른 시설의 용지조성사업 및 건축사업

- 제2조 제7의2호 : "산업시설용지"란 공장, 지식산업 관련 시설, 문화산업 관련 시설, 정보통신산업 관련 시설, 재활용산업 관련 시설, 자원비축시설, 물류시설, 교육·연구시설 및 그밖에 대통령령으로 정하는 시설의 용지를 말한다.

3. A시는 개발기본계획을 확정·고시한 후, 산업과 연구의 연계성 확보를 위하여 기존 계획에 8만 m^2 규모의 배후연구단지 건립계획을 추가하려고 한다. 이 때 A시는 환경영향평가법상 어떠한 조치를 취해야 하는지를 검토하고, 만약 해당 조치를 취하지 않았을 경우, 면적 추가로 새롭게 변경되어 확정·고시한 개발기본계획의 효력을 설명하시오. (25점)

문제해설 [2018년 제1차 제1문] 문제 3. 해설

1. 문제

개발기본계획을 확정·고시한 후, 연구단지계획이 추가되어 전체사업부지가 증가한 경우 (1) 전략환경영향평가 재실시 여부, (2) 해당조치를 위반한 처분의 효력이 문제된다.

2. 전략환경영향평가 재실시 여부

(1) **관련 조문** – 개발기본계획을 수립하는 행정기관의 장은 협의한 개발기본계획 대상지역이 협의 내용에 반영된 규모보다 30퍼센트 이상 증가하는 경우에는 전략환경영향평가를 다시하여야 한다 (환경영향평가법 제20조 제1항 제1호, 동법 시행령 제28조 제1항 제1호).

(2) **사안의 경우** – 추가되는 연구단지의 부지는 8만㎡로서 이로서 전체 사업부지는 기존 20만㎡에서 28만㎡로 증가하였고, 이는 사업규모가 30퍼센트 이상 증가하는 경우에 해당하는바, A시는 개발기본계획에 대한 전략환경영향평가를 다시하여야 한다.

3. 해당조치를 위반한 처분의 효력

(1) **판례** – 환경영향평가를 거쳐야 할 대상사업에 대하여 환경영향평가를 거치지 아니하였음에도 불구하고 승인 등 처분이 이루어진다면 이러한 행정처분의 하자는 법규의 중요한 부분을 위반한 중대한 것이고 객관적으로도 명백한 것이라고 하지 않을 수 없어, 이와 같은 행정처분은 당연무효이다.

(2) **사안의 경우** – 전략환경영향평가를 거쳐야 할 대상사업임에도 이를 거치지 않은 하자가 중대 명백한바, 면적 추가로 새롭게 변경되어 확정·고시한 개발기본계획은 당연 무효이다.

4. 결론

A시는 면적 추가로 새롭게 변경되어 확정·고시한 개발기본계획은 환경영향평가법상 재협의 대상으로 전략환경영향평가를 다시 하여야 함에도 불구하고, 이러한 조치를 취하지 않았으므로 면적 추가로 새롭게 변경되어 확정·고시한 개발기본계획의 효력은 당연 무효이다.

2014년도 제2회 변호사시험 모의시험

〈제1문〉

수도권 인근의 A시는 폐기물을 주변 시의 폐기물처리장에 위탁처리하여 왔다. 그러나 A시의 경제개발로 인해 인구가 점차 늘어나고 이에 따른 폐기물이 증가하자, A시는 2012년 위탁처리가 아닌 자체 처리를 위한 계획을 수립하였다. 폐기물관리법에 따라 A시가 작성한 계획은 일일 처리량 90톤의 중간처분시설에 해당하는 시립 쓰레기 소각장 및 재활용센터 등의 건설을 포함하고 있다. 해당 소각장은 스토커(stoker) 방식으로 폐기물 연소 후 나온 가스를 최종적으로 굴뚝 바로 아래에서 섭씨 900도 정도로 재가열하여 다이옥신의 발생 가능성을 완벽하게 차단하도록 설계된 방식이다(다이옥신은 섭씨 700도 정도에서 분해됨). 해당 건설계획은 2013년 전략환경영향평가를 하였으며, 주민의견수렴 절차 및 환경부 장관과의 협의 등을 포함한 모든 절차는 적법하게 진행되었다.

동 쓰레기 소각장 설치사업 승인 후 공사 기초작업이 진행되기 전, A시는 기존 계획과는 달리 소각장의 일일 처리량을 100톤으로 늘리고 처리방식 역시 기존 스토커 방식에서 열용융 방식으로 변경하였다. 해당 설계변경에 따르면 쓰레기 투입구조가 위에서 아래를 향해 직선으로 투하하는 방식으로, 쓰레기 투입구를 통해 일정정도 유독가스 및 다이옥신이 새어나오는 것을 완벽하게 방지하기 어렵다. 이에 대해 시민단체 및 시의회 의원들의 문제제기가 있자 시에서는 투입구 문을 이중으로 설치해서 교대로 열고 닫아 다이옥신 등 유독가스의 방출 가능성은 없다고 반박하였으나, 전문가들의 의견에 따르면 문과 문 사이의 공간에 들어온 가스는 외부유출을 막을 길이 없는 구조로 평가되었다.

A시는 소각장 처리량 변경 후 별도의 환경영향평가를 진행하였으나, 환경영향평가서 초안에 따르면 다이옥신에 대한 평가 및 저감 방식 등이 전혀 언급되어 있지 않다. 이에 A시 주민 50여명이 연서하여 공청회를 요청하였다. 그러나 A시는 1년 전 전략환경영향평가에서 공청회를 개최하였으므로 또 다른 공청회가 필요 없다는 이유로 거부하였다. 지역 환경단체 회원인 甲과 乙은 동 소각장 운영방식 변경 및 주민의견수렴 등의 절차 미비를 이유로 동 사업의 승인처분취소소송을 제기하였다. 甲은 A시에 거주하나 乙은 A시에 바로 인접한 B시에 거주하고 있다.

※ 환경영향평가법 시행령에 따르면 환경영향평가 대상사업이 되는 폐기물소각장의 최소 사업규모는 일일 처리량 100톤 이상이다.

※ 동 사안에 있어 전략환경영향평가 변경협의 문제는 논외로 한다.

2. 전략환경영향평가절차에서 개최한 공청회와는 별도로 해당 환경영향평가절차에서 다시 공청회를 개최하여야 하는지에 대하여 검토하시오. (30점)

문제해설 [2014년 제2차 제1문] 문제 2. 해설

1. 문제

전략환경영향평가절차에서 의견수렴절차를 거친 경우 일정한 요건 하에서 환경영향평가절차에서 의견수렴절차를 생략할 수 있도록 규정한 환경영향평가법 제25조 제5항 요건 충족여부가 문제된다.

2. 환경영향평가절차에서 공청회 생략 가부

(1) 원칙

1) 환경영향평가법 제25조 제2항 및 시행령 제40조 제1항 제1호 - 사업자는 환경영향평가항목 등에 따라 환경영향평가서 초안을 작성하여 주민 등의 의견을 수렴하여야 하고, 행정기관의 장은 개발기본계획에 대한 환경영향평가서 초안을 공고·공람하고 설명회를 개최하여 해당 평가 대상 지역 주민들의 의견을 들어야 한다. 다만 주민 30명 이상이 공청회의 개최를 요구하면 공청회를 개최하여야 한다.

2) 사안의 경우 - A시 시장은 A시의 주민 50여명이 연서하여 공청회를 요청하였으므로 원칙적으로 공청회를 개최하여야 한다.

(2) 예외

1) 환경영향평가법 제25조 제5항 - 사업자가 환경영향평가 대상사업에 대한 개발기본계획을 수립할 때에 전략환경영향평가서 초안의 작성 및 의견 수렴 절차를 거친 경우 다음 각 호의 요건에 모두 해당하는 경우 협의기관의 장과의 협의를 거쳐 제1항 및 제2항에 따른 환경영향평가서 초안의 작성 및 의견 수렴 절차를 거치지 아니할 수 있다.

2) 각호 사유

① 협의 내용을 통보받은 날부터 3년이 지나지 아니한 경우

② 전략환경영향평가서 협의 내용보다 사업규모가 30퍼센트 이상 증가되지 아니한 경우

③ 전략환경영향평가서 협의 내용보다 사업규모가 제22조제2항에 따라 대통령령으로 정하는 환경영향평가 대상사업의 최소 사업규모 이상 증가되지 아니한 경우

④ 폐기물소각시설, 폐기물매립시설, 하수종말처리시설, 폐수종말처리시설 등 주민의 생활환경에 미치는 영향이 큰 시설의 입지가 추가되지 아니한 경우

3) 사안의 경우

① 전략환경영향평가서의 협의내용을 통보받은 날부터 아직 1년 밖에 되지 않았다.

② 사업규모가 일일처리량 90톤 이상에서 100톤 이상으로 증가하였으므로 전략환경영향평가서 협의 당시 내용보다 30퍼센트 이상 증가되지 않았다.

③ 협의 당시 90톤 이상이던 일일처리량을 100톤 이상으로 변경하여 그 사업규모가 환경영향평가 대상사업의 최소사업 규모이상으로 증가하여 환경영향평가법 제25조 제5호 3호 사유에 해당하지 않는다.

(3) 소결

환경영향평가서 초안의 작성 및 의견 수렴절차를 생략할 수 없는데도 공청회를 생략한 절차상 위법이 존재하고, 환경영향평가 절차에서 의견 수렴을 생략하고자 할 때는 협의기관의 장과의 협의를 거쳐야 함에도 불구하고 협의절차 없이 임의로 절차를 생략한 위법 또한 존재한다.

3. 결론

공청회를 생략할 수 있는 환경영향평가법 제25조 제5항 3호 사유를 충족하지 못하는 바, 환경영향평가절차에서 다시 공청회를 개최하여야 한다.

2014년도 제1회 변호사시험 모의시험

〈제1문〉

甲 회사는 A시에 액화석유가스(LNG)를 주연료로 하는 복합화력발전소를 건설, 운영하려고 한다. 甲 회사는 환경영향평가서초안을 작성하여 2011. 5. A시 지역주민들을 상대로 환경영향평가 설명회를 개최한 후, 2011. 12. 주무관청에 발전사업허가신청을 하여 허가를 받았다. 이어서 2012. 2. 환경영향평가 협의완료를 마치고 주무관청에 공사계획인가신청을 하여 인가를 받았다. 이에 지역주민 乙 및 환경단체 소속 회원 丙은 위 발전소에 배출되는 온배수와 이산화탄소등 대기오염물질은 인근 해양생태계 및 천연기념물이자 멸종위기동물 2급에 속하는 검은머리물떼새의 서식지에 부정적 영향을 미칠 것이라며, 주무관청을 상대로 공사계획인가처분의 취소를 구하는 소를 제기하였다. 법원이 사건을 심리한 결과 다음과 같은 사실이 인정되었다.

가. A시와 B군은 '은(銀)강' 하구를 사이에 두고 남북으로 위치하여 있는데 이 사건 발전소는 A시에 위치하고 있다. 동 발전소는 일과식 냉각방식(Once-Through Cooling System)을 채택하여 해양생태계에 부정적 영향을 미칠 우려가 있는 다량의 온배수를 위 강 하구에 배출하고 있다. 발전소 사업부지에서 강 건너편 B군까지의 최단거리는 2km 이내이고, 원고 乙은 B군 주민으로서 사업지역에서 30km 정도 떨어진 곳에서 거주하며 '강 하구'와 동 사업지역에서 10km 정도 떨어진 '인근 해역'에서 어업활동을 하고 있다. 원고 丙은 B군에 인접한 C시에 거주하며 '자연과 새들의 친구'라는 환경단체에서 활동하고 있고, 오래 전부터 검은머리물떼새 서식지(동 서식지는 발전소 부지에서 4km 정도 떨어져있다)를 자주 찾아 새를 관찰·연구하며, 또 검은머리물떼새를 관찰하기 위하여 이곳을 찾는 내·외국인들에 대한 안내, 학생들의 교육, 자연보호 및 감시활동 등을 벌여 오고 있다.

나. B군 주민들은 이 사건 발전소에 배출되는 온배수 및 이산화탄소 등 대기오염물질은 자신들이 어업활동을 하는 강하구와 주변해역의 자연생태계 및 건강 등에 악영향을 미칠 것을 우려하고 있고 이에 주민 중 70여명은 사업자에게 환경영향평가초안에 대하여 주민들의 의견을 듣는 공청회를 개최하여 줄 것을 요청하였다. 그런데 사업자는 사업지역은 A시이므로 A시 주민들의 의견만 수렴하면 충분하다고 보면서도 B군 주민들의 집단행동을 우려하여 "의견 수렴을 하되 그 방법은 공청회가 아니라 설명회로 하겠다"고 주민들에게 통보하였다. 그러자 주민들은 설명회에 의해서는 주민의견이 제대로 수렴될 수 없다며 사업자가 개최하는 설명회에 참석하지 않았다.

다. 이 사건 환경영향평가서에는 발전소의 운영이 검은머리물떼새 서식지에 미치는 영향에 관한 평가가 누락되었다. 그런데 소송과정에서 사업자에 의하여 별도로 이루어진 영향조사에서 발전소의 운영이 검은머리물떼새의 서식지에 미치는 영향은 그리 크지 않은 것으로 나타났다.

라. 사업자가 작성한 환경영향평가서상의 평가항목과 평가대상지역은 다음과 같다.

[환경영향평가 항목별 평가대상지역 및 예측범위]

항목\구분		예측범위		설정내용
		공간적 범위	시간적 범위	
자연환경	동식물상 (육상)	사업예정지역 및 인접영향지역	공사 시	사업예정지역을 포함한 주변지역
			운영 시	사업예정지역 5km 범위
	동식물상 (해양)	사업예정지역 전면 해역 및 주변 해역	공사 시 운영 시	사업예정지역 전면 해역 및 주변해역(온배수 확산지역*)
	해양환경	사업예정지역 전면 해역 및 주변 해역	공사 시 운영 시	사업예정지역 전면 해역 및 주변해역(온배수 확산지역)
생활환경	대기질	사업예정지역 및 주변영향지역	공사 시 운영 시	사업예정지역 중심 반경 20km 범위
	수질	사업예정지역 주변수계	운영 시	사업예정지역 주변 인근수계

* 온배수 확산지역 : 온배수 확산지역은 계절과 조석에 따라 변화하는데, 주변 수온을 1℃ 이상 초과하여 온배수가 확산되는 면적을 기준으로 하는 경우 온배수는 동계 대조기에 가장 멀리까지 퍼져 서해까지 이르고, 그 면적은 강 하구 중 상당 부분을 포함하게 될 것으로 예측

2. 환경영향평가와 관련하여 이 사건 처분에는 어떠한 하자가 있는지 또 그것이 이 사건 인가처분에 어떠한 영향을 미치는지 설명하시오. (40점)

문제해설 [2014년 제1차 제1문] 문제 2. 해설

1. 문제
환경영향평가에서 공청회를 개최하지 않은 절차적 하자와 평가누락의 실체적 하자가 있는 경우의 이 사건 처분의 위법성이 문제된다.

2. 절차적 하자의 존재여부

(1) **관련 조문** – 사업자는 환경영향평가서 초안을 작성하여 주민 등의 의견을 수렴해야 하고, 주민 등의 의견 수렴과 관련하여 30인 이상의 주민 요구가 있으면 공청회를 개최하여야 한다(환경영향평가법 제25조 제2항 및 시행령 제40조 제1항 제1호).

(2) **판례** – 재량행위·기속행위를 불문하고 절차적 하자가 존재하는 경우 독자적 위법사유로 인정하고 있다.

(3) **사안의 경우**

1) 원고 乙을 포함하여 발전사업예정지 인근 해역에서 어업활동에 종사하는 B군 주민들은 발전소에서 배출되는 온배수 및 대기오염물질로 인하여 어업활동 및 건강에 부정적 영향을 받을 것이 예상되는바, 평가대상 지역주민에 해당한다.

2) 나아가 어민들 약 70명이 공청회를 개최하여 줄 것을 요청하였으므로 사업자는 시행령 제40조에 따라 공청회를 열어 주민의견을 수렴하여야 함에도 사업지역이 A시라는 이유만으로 B군 주민들의 의견을 듣지 않았으며, 그 후 의견진술권을 가진 지역주민들로부터 법이 정한 요건을 갖춘 공청회의 개최를 요청받았음에도 이를 일축하고 설명회 방식으로 의견수렴을 하겠다고 일방적으로 통보함으로써 결국 B군 주민들로부터 환경영향평가초안에 관하여 의견을 듣지 아니하였다.

3) 결국 이 사건 승인처분에는 영향지역주민의 의견을 듣지 아니한 절차적 하자가 존재하고, 개발사업이 환경영향평가법상의 평가대상사업 및 규모에 해당하여 사업승인처분에 앞서 환경영향평가를 실시하고 환경부장관과 협의하여야 한다면, 이러한 환경영향평가절차는 승인처분을 함에 있어 요구되는 필요절차를 구성하게 되어 환경영향평가 '절차'상의 하자는 이 사건 인가처분의 절차적 하자에 직접적 영향을 미치게 된다.

3. 실체적 하자의 존재여부

(1) **부실한 환경영향평가의 효과**

1) 판례 – 환경영향평가를 거쳐야 할 대상사업에 대하여 환경영향평가를 하지 않고 승인처분을 하였다면 그 처분은 위법하나, 그러한 절차를 거쳤다면 환경영향평가의 내용이 다소 부실하더라도 그 부실은 당해 승인 등 처분에 재량권 일탈·남용의 위법이 있는지 여부를 판단하는 하나의 요소이지 당연히 당해승인 처분이 위법한 것은 아니다.

2) 사안의 경우 - 검은머리물떼새의 서식지에 대한 영향조사의 누락은 그 부실의 정도가 환경영향평가제도를 둔 입법취지를 달성할 수 없을 정도이어서 환경영향평가를 하지 아니한 것과 다를 바 없는 정도의 것이라고 볼 수 없어 당연히 당해 승인 등 처분이 위법하게 되는 것은 아니다. 다만, 그 하자는 이 사건 처분에 재량행위 일탈남용 여부를 판단하는 요소가 된다.

(2) 재량행위 일탈남용

1) 관련 조문 - 행정청의 재량에 속하는 처분이라도 재량권의 한계를 넘거나 그 남용이 있는 때에는 법원은 이를 취소할 수 있다(행소법 제27조).

2) 사안의 경우 - 소송과정에서 사업자에 의하여 별도로 이루어진 영향조사에서 발전소의 운영이 검은머리물떼새의 서식지에 미치는 영향은 그리 크지 않은 것으로 나타난 점에 비추어 그 부실의 정도가 환경영향평가제도를 둔 입법 취지를 달성할 수 없을 정도로 볼 수 없고, 발전소 건설로 인한 공익적 가치를 고려할 때 A 인가 처분을 재량행위 일탈남용으로 보아 위법하다고 보기 어렵다.

4. 결론

B군 주민들에 대한 공청회를 개최하지 않은 절차적 하자가 존재하지만, 검은머리물떼새의 서식지에 대한 영향조사의 누락의 부실정도가 재량행위를 일탈남용 하였다고 보기 어려운 바, 이 사건 인가처분에 영향을 미치지 않는다.

2013년도 제3회 변호사시험 모의시험

<제2문>

甲 회사는 국토의 계획 및 이용에 관한 법률 제6조제2호에 따른 계획관리지역에 시멘트공장을 설치, 운영하기 위하여 A광역시장에게 공장설립승인신청을 하였다. 甲 회사는 동 신청을 하기에 앞서 환경영향평가법에 따라 환경영향평가를 실시하였는데 시멘트분진이 발생할 것으로 예상되는 사업의 특성상 특히 평가항목으로 대기환경에 주안점을 두고 사업부지에서 반경 20㎞를 영향평가대상지역으로 설정하여 영향을 예측, 평가하고 관련하여 저감방안을 제시한 다음 평가대상지역 안 주민들의 의견을 수렴하였다. 의견수렴 뒤 사업자는 환경영향평가서를 작성하여 A광역시장에게 제출하였다. 이에 A광역시장은 환경부장관의 권한을 위임받은 관할지방환경청장에게 환경영향평가서를 제출하며 환경영향평가협의를 요청하였는바 협의요청을 받은 환경청장은 사업예정 및 주변지역은 비교적 자연환경이 잘 보전된 청정지역으로 분지형태인 지형특성상 이곳에 시멘트공장이 설치, 운영된다면 공장에서 배출되는 시멘트 관련 먼지 등으로 인한 대기환경질의 악화와 이로 인한 주민건강에 피해가 우려된다며 "최신의 대기오염방지시설을 설치, 운영할 것"을 내용으로 하는 협의의견을 통보하였다. A광역시장과 사업자는 이러한 환경청장의 협의내용에 이의를 제기하지 않고 사업계획에 반영하는 조치를 하였다. 이후 A광역시장은 공장설립승인처분을 하였다.

시멘트공장 운영 이후 주변지역 주민들(이들은 공장으로부터 가깝게는 5㎞ 멀게는 20㎞이내에 거주하고 있다)은 시멘트 공장의 사업장과 굴뚝에서 배출되는 먼지 등으로 인하여 생활불편은 물론 호흡기질환 등(진폐증, 만성 폐쇄성 폐질환(COPD)) 건강피해를 받고 있다고 주장하며 사업자에게 적절한 방지대책 등을 수립할 것을 수차례 요구하였다(사업자의 공장에서 발생한 시멘트 분진이 주민들의 생활공간 곳곳에 낙하되어 있다는 점은 육안으로 확인이 가능하다). 이러한 주민들의 요구에 대하여 사업자는 법으로 정해진 배출허용기준을 준수하고 있으며 주민불편을 최소화하기 위하여 노력을 다하겠다는 말을 되풀이하고 있다. 그러나 협의내용인 최신의 대기오염방지시설을 설치·운영하지 않은 채 공장을 운영하고 있다.

이러던 차에 최근 들어 호흡기 이상을 호소하는 지역주민들의 수가 크게 증가하였고 이에 주민들은 A광역시장에게 대기환경보전법에 따라 방지시설의 개선명령 등 필요한 조치를 명하여 줄 것을 요청하였다. 주민들의 요청이 거듭되자 A광역시장은 법위반 등 조사에 착수하였는데 TMS(굴뚝의 배출가스 농도를 자동으로 측정하는 기기) 자료에 의하면 먼지와 질소산화물(NOx)의 농도는 법정배출허용기준 이내로 밝혀졌고, A광역시장은 대기환경보전법에 따른 감독권을 발동할 사유가 없다고 회신하였다. 한편 지역주민들의 건강조사결과 일부 주민에게서 진폐증과 COPD가 발병한 것으로 나타났는데 이는 대조지역에 비하여 유의하게 높은 비율인 것으로 평가되었다.

2. 지역주민들은 사업자로 하여금 "최신의 대기오염방지시설을 설치·운영하라"는 협의내용을 이행하도록 하기 위하여 A광역시장, 환경부장관 및 사업자를 상대로 이용 가능한 쟁송수단을 검토하시오. (30점)

문제해설 [2013년 제3차 제2문] 문제 2. 해설

1. 문제
(1) A광역시장, (2) 환경부장관, (3) 사업자에 대한 쟁송수단이 문제된다.

2. A광역시장에 대한 청구

(1) **관련 조문** – 승인기관의 장은 승인 등을 받아야 하는 사업자가 협의 내용을 이행하였는지를 확인하여야 한다(환경영향평가법 제39조 제1항). 사업자가 협의 내용을 이행하지 아니하였을 때에는 그 이행에 필요한 조치를 명하여야 하고, 조치명령을 이행하지 아니하여 해당 사업이 환경에 중대한 영향을 미친다고 판단하는 경우에는 그 사업의 전부 또는 일부에 대한 공사중지명령을 하여야 한다(동법 제40조 제1항, 제2항).

(2) **사안의 경우** – 협의내용은 영향평가대상지역 내 주민의 개별 구체적 환경 및 건강이익을 보호하기 위한 것으로 의무의 사익 보호성을 인정할 수 있으므로 지역주민은 승인기관장인 A시장을 상대로 이행에 필요한 조치를 명할 것을 요구할 수 있고, 만약 시장이 이에 따르지 아니할 경우 지역주민들은 A시장을 상대로 의무이행 행정심판, 부작위위법확인청구, 거부처분취소청구를 할 수 있다.

3. 환경부장관에 대한 조치

(1) **관련 조문** – 환경부장관은 협의 내용에 협의기준에 대한 내용이 포함되어 있으면 협의기준의 준수 여부를 확인하여야 하며, 협의 내용의 이행을 관리하기 위하여 필요하다고 인정하는 경우, 사후 환경영향조사의 결과 및 조치의 내용 등을 검토한 결과 주변 환경의 피해를 방지하기 위하여 필요하다고 인정하는 경우에는 승인 등을 받지 아니하여 되는 사업자에게 공사중지명령이나 그밖에 필요한 조치명령을 할 것을 요청할 수 있다. 이 경우 승인기관장은 특별한 사유가 없으면 이에 따라야 한다(환경영향평가법 제40조 제3항, 제4항).

(2) **사안의 경우** – 환경부장관에게 조치명령을 요청할 것인지에 대해 재량이 있으나 협의내용은 영향평가대상지역 내 주민의 개별구체적 환경 및 건강이익을 보호하기 위한 것으로 재량이 0으로 수축하는바, 지역주민들은 환경부장관장에게 승인기관장에 조치명령을 요청하라고 요구할 수 있다.

4. 사업자에 대한 조치

(1) **관련 조문** – 사업자는 개발 사업을 시행할 때에 그 사업계획에 반영된 협의내용을 이행하여야 한다(환경영향평가법 제49조 제1항).

(2) **판례** – 환경영향평가절차를 이행한 후 환경영향평가 시에 고려되지 아니하였던 새로운 사정이 발견되어 그 사업으로 인하여 사업시행구간 관련 토지 소유자들의 환경이익을 침해할 수 있다는 개연성이 나타나고 종전의 환경영향평가만으로는 그와 같은 개연성에 관한 우려를 해소하기에 충분하지 못한 경우에는 새로이 환경영향평가를 실시하거나 그 환경이익의 침해를 예방할 수 있는 적절한 조처를 먼저 행한 후 사업을 시행하도록 함이 상당하고, 위 토지소유자들은 이를 사법상의 권리로 청구할 수 있다.

(3) **사안의 경우** - 사업자의 의무는 대기환경의 보호라는 공익적 성격뿐 아니라 주변지역 주민들의 대기오염으로 인한 건강피해를 방지하고자 하는 사익보호적 성격을 가지고 있는바, 주민들은 사업자를 상대로 최신 방지시설을 설치할 의무의 이행을 사법상의 권리로 청구할 수 있다.

5. 결론

(1) 지역주민들은 A시장을 상대로 이행에 필요한 조치를 명할 것을 요구할 수 있고, 이에 따르지 않을 경우 의무이행행정심판, 부작위위법확인청구, 거부처분취소청구를 할 수 있다.

(2) 환경청장에 대해서는 승인기관장인 A시장에 대해 조치명령을 요구할 수 있다.

(3) 사업자에 대해서는 최신 방지시설을 설치할 의무의 이행을 사법상의 권리로 청구할 수 있다.

COMPACT 변시 환경법의 感

제6편
자연환경보전법

제6편 자연환경보전법 (밑줄은 기출조문입니다)

자연환경보전법 조문구조

제1장 총칙

제1조 목적

제2조 정의

제3조 자연환경보전의 기본원칙

제4조 국가·지방자치단체 및 사업자의 책무

제5조 자연보호운동

제6조 자연환경보전기본방침

제7조 주요시책의 협의 등

제8조 자연환경보전기본계획의 수립

제9조 자연환경보전기본계획의 내용

제10조 자연환경보전기본계획의 시행

제11조 자연환경정보망의 구축·운영 등

제2장 생태·경관보전지역의 관리 등

<u>제12조 생태·경관보전지역</u>

<u>제13조 생태·경관보전지역의 지정·변경절차</u>

제14조 생태·경관보전지역관리기본계획

<u>제15조 생태·경관보전지역에서의 행위제한 등</u>

제16조 생태·경관보전지역에서의 금지행위

제16조의2 생태·경관보전지역의 출입제한

<u>제17조 중지명령 등</u>

제18조 자연생태·자연경관의 보전을 위한 토지등의 확보

제19조 생태·경관보전지역 등의 토지등의 매수

제20조 생태·경관보전지역의 주민지원

제21조 생태·경관보전지역의 우선이용 등

제21조의2 생물권보전지역의 지원

제22조 자연유보지역

<u>제23조 시·도 생태·경관보전지역의 지정·보전</u>

<u>제24조 시·도 생태·경관보전지역 지정절차 등</u>

제25조 시·도 생태·경관보전지역관리계획

제26조 시·도 생태·경관보전지역의 행위제한 등

제27조 자연경관의 보전

<u>제28조 자연경관영향의 협의 등</u>

제29조 자연경관심의위원회의 구성 및 운영

제3장 생물다양성의 보전

제30조 자연환경조사

제31조 정밀조사와 생태계의 변화관찰 등

제32조 자연환경조사원

제33조 타인토지에의 출입 등

제34조 생태·자연도의 작성·활용

제34조의2 도시생태현황지도의 작성·활용

제35조 생태계 보전대책 및 국제협력

제36조 생태계의 연구·기술개발 등

제37조 삭제 〈2012.2.1〉

제4장 자연자산의 관리

제38조 자연환경보전·이용시설의 설치·운영

제39조 자연휴식지의 지정·관리

제40조 공공용으로 이용되는 자연의 훼손방지

제41조 생태관광의 육성

제42조 생태마을의 지정 등

제43조 도시의 생태적 건전성 향상 등

제43조의2 도시생태 복원사업

제44조 우선보호대상 생태계의 복원 등

제45조 생태통로의 설치 등

제45조의2 생태통로의 조사 등

제45조의3 자연환경복원사업의 시행 등 (신설조문)

제45조의4 자연환경복원사업계획의 수립 등 (신설조문)

제45조의5 자연환경복원사업 추진실적의 보고·평가 (신설조문)

제45조의6 자연환경복원사업의 유지·관리 (신설조문)

제5장 생태계보전협력금

제46조 생태계보전협력금

제47조 사업 인·허가등의 통보

제48조 생태계보전협력금의 강제징수

제48조의2 결손처분 (신설조문)

제49조 생태계보전협력금의 용도

제50조 생태계보전협력금의 반환·지원

제6장 보칙

제51조 관계기관의 협조

제52조 토지등의 수용·사용

제53조 손실보상

제54조 국고보조 등

제55조 한국자연환경보전협회

제55조의2 생태관광협회

제56조 자연상징표지 및 지방자치단체의 상징종

제57조 민간자연환경보전단체의 육성

제58조 자연환경보전명예지도원

제59조 자연환경해설사

제59조의2 자연환경해설사 양성기관의 지정

제59조의3 지정의 취소

제60조 자연환경학습원

제61조 권한의 위임 및 위탁

제62조 삭제 〈2006.10.4〉

제7장 벌칙

<u>제63조 벌칙</u>

<u>제64조 벌칙</u>

제65조 양벌규정

제66조 과태료

자연환경보전법시행령 조문구조 (밑줄은 기출조문입니다)

제1조 목적

제2조 자연환경보전기본방침에 포함되어야 할 사항

<u>제2조의2 자연환경보전기본방침에 포함되어야 할 사항</u> (신설조문)

제3조 주요시책의 협의

제4조 자연환경보전기본계획의 경미한 변경

제5조 자연환경보전기본계획에 포함되어야 할 사항

제6조 자연환경정보망 구축·운영의 전문기관 위탁

제7조 생태·경관보전지역의 범위 및 지정기준

제8조 생태·경관보전지역의 지정에 사용하는 지형도

제9조 생태·경관보전지역의 경미한 변경

제10조 생태·경관보전지역관리기본계획에 포함되어야 할 사항

<u>제11조 자연환경보전에 유해한 행위</u>

제12조 재해의 범위

<u>제13조 행위제한 등의 배제</u>

제14조 완충구역 안에서 허용되는 행위

제15조 전이구역 안에서 허용되는 행위

제16조 개발사업 등의 제한
제17조 금지행위
제17조의2 출입제한의 예외
제18조 관리전환 대상 토지 등의 선정
제19조 생태·경관보전지역 등의 주민지원
제20조 자연경관영향의 협의 또는 검토대상 등
제21조 자연경관심의위원회의 구성 등
제22조 심의위원회의 운영 등
제23조 자연환경조사의 내용 및 방법 등
제24조 생태·자연도 1등급 권역에 포함되는 지역
제25조 별도관리지역
제26조 자료 등의 협조요청
제27조 생태·자연도의 작성방법 등
제28조 생태·자연도의 활용대상 등
제29조 삭제 〈2008.10.20〉
제30조 삭제 〈2018.5.21〉
제31조 생물다양성 구성요소의 조사 등
제32조 삭제 〈2018.5.21〉
제33조 삭제 〈2018.5.21〉
제34조 자연휴식지의 지정
제35조 입목의 벌채 등을 제한할 수 있는 기준
제35조의2 야생동·식물의 생태적 특성 및 서식실태 등에 관한 조사
제35조의3 자연환경복원사업의 시행 등 (신설조문)
제35조의4 자연환경복원사업 추진실적의 보고·평가
제35조의5 자연환경복원사업의 유지·관리
제36조 생태계보전협력금의 부과대상사업
제37조 생태계 훼손면적의 산정
제38조 생태계보전협력금의 부과·징수
제39조 생태계보전협력금의 감면
제40조 생태계보전협력금의 재산정
제41조 생태계보전협력금의 재산정 신청
제42조 생태계보전협력금의 정산
제42조의2 신용카드 등으로 하는 생태계보전협력금의 납부
제43조 생태계보전협력금의 부과·징수비용의 교부 등
제44조 통보하여야 하는 사업 인·허가등의 내용
제45조 생태계보전협력금의 그 밖의 용도

제46조 자연환경보전사업의 범위 및 생태계보전협력금의 반환 등
제47조 관계기관의 협조 사항
제48조 손실보상의 청구
제49조 손실보상 재결신청
제50조 자연환경보전명예지도원
제51조 삭제 〈2012.1.26〉
제52조 권한의 위임
제52조의2 업무의 위탁
제53조 보고
제53조의2 고유식별정보의 처리
제53조의3 규제의 재검토
제54조 과태료의 부과기준

2018년도 시행 제7회 변호사시험

〈제1문〉

　A시에 소재한 X지역은 특이한 암반대로 구성된 아름다운 경관을 보유하고 있을 뿐만 아니라, 멸종위기종 2급 동물인 붉은발말똥게의 서식지와 연산호 군락지가 분포하고 있음이 최근에 밝혀짐에 따라, 환경단체 甲과 지역주민들은 환경부장관에게 X지역을 「자연환경보전법」에 따른 생태·경관보전지역으로 지정할 것을 요구하였다. 이에 따라 환경부장관은 「자연환경보전법」이 규정하는 소정의 절차를 거쳐 X지역을 생태·경관보전지역 중 핵심구역으로 지정·고시하고, 종전까지 생태·자연도 등급권역 3등급으로 지정되어 있었던 X지역을 1등급으로 변경하였다.

　A시는 관할구역 내의 교통문제를 해소하고 지역접근성을 제고하기 위해 X지역의 외곽경계선으로부터 50m에서 300m 떨어진 4.8km 구간의 토지를 기존의 지방도 구간과 연결하는 도로건설사업(이하 '이 사건 도로건설사업'이라 한다)을 추진하고자 한다.

　이 사건 도로건설사업으로 인하여 발생되는 소음·진동·먼지·강우유출수 등은 붉은발말똥게의 서식지와 연산호 군락지를 포함해 이 지역에서만 서식하는 야생동·식물의 생태계를 파괴할 것으로 예상되는바, 환경단체 甲과 일부 지역주민들은 환경영향평가 대상사업인 이 사건 도로건설사업의 인·허가를 반대하고 있다. 甲은 10년 전 자연환경보호 목적으로 설립된 단체로서 이를 정관에 명시하고 환경부장관의 허가를 받은 비영리법인이며, 회원 150명으로 지금까지 자연환경보호 활동을 해 오고 있다.

　한편 X지역 내의 나대지를 소유하고 있는 乙은 해당 토지 위에 건축행위를 계획하고 있다.

[참조조문]
　「자연환경보전법 시행령」

[별표1]

자연경관영향의 협의대상이 되는 거리(제20조제1항 관련)

1. 일반기준

구분		경계로부터의 거리
자연공원	최고봉 1200m 이상	2,000m
	최고봉 700m 이상	1,500m
	최고봉 700m 미만 또는 해상형	1,000m
습지보호지역		300m
생태·경관보전지역	최고봉 700m 이상	1,000m
	최고봉 700m 이하 또는 해상형	500m

2. 이 사건 도로건설사업과 관련하여 관할 행정청인 A시장 및 환경부장관이 「자연환경보전법」상 취해야 하는 조치에 대하여 검토하시오. (30점)

문제해설 **[2018년 제7회 변시 제1문] 문제 2. 해설**

1. 문제
자연경관영향의 협의·심의대상인 경우, A시장 및 환경부장관이 자연환경보전법상 취해야 하는 조치가 문제된다.

2. 자연경관영향의 협의·심의 대상여부 및 관련조치

(1) 관련 조문
1) 지방자치단체체장은 생태·경관보전지역에 해당하는 지역으로부터 일정한 거리 이내의 지역에서의 개발사업 등으로서 환경영향평가의 대상사업인 경우 당해 개발 사업이 자연경관에 미치는 영향 및 보전방안 등을 전략환경영향평가의 협의, 환경영향평가 협의 또는 소규모 환경영향평가 협의 내용에 포함하여 환경부장관 또는 지방환경관서의 장과 협의를 하여야 한다(자연환경보전법 제28조 제1항 제1호 다목).
2) 환경부장관은 자연환경보전법 제28조 제1항의 규정에 의하여 협의를 요청받은 경우에는 당해 개발사업 등이 자연경관에 미치는 영향 및 보전방안 등에 대하여 환경부장관은 중앙환경정책위원회의 심의를 거쳐야 한다(자연환경보전법 제28조 제2항).

(2) 사안의 경우
1) A시는 관할구역 내의 교통문제를 해소하고 지역접근성을 제고하기 위해 X지역의 외곽경계선으로부터 50m에서 300m 떨어진 4.8km 구간의 토지를 기존의 지방도 구간과 연결하는 도로건설사업을 추진하고자 하는데, 이는 생태·경관보전지역의 최고봉과 관계없이 모두 자연경관영향의 협의대상이 되는 거리에 해당한다.
2) A시장은 자연환경보전법 제28조 제1항 제1호 다목에 의하여 개발사업이 자연경관에 미치는 영향 및 보전방안 등을 환경영향평가 협의 내용에 포함하여 환경부장관과 협의하여야 한다.
3) 환경부장관은 A시장이 환경영향평가의 협의를 요청받은 경우에는, 자연환경보전법 제28조 제2항에 의해 자연경관에 미치는 영향 등에 대하여 환경정책위원회의 심의를 거쳐야 한다.

3. 결론
(1) A시장은 자연환경보전법 제28조 제1항 제1호 다목에 의하여 환경부장관과 협의하여야 한다.
(2) 환경부장관은 자연환경보전법 제28조 제2항에 의해 환경정책위원회의 심의를 거쳐야 한다.

〈제2문〉

에너지 개발회사인 甲은 신재생에너지원 확보를 위하여 X군 Y면 일대에 발전량 15만KW 규모의 대규모 풍력발전 단지를 건설하는 전원개발사업(이하 '이 사건 개발사업')을 추진 중이다. 풍력발전 단지 건설 사업지역(이하 '이 사건 사업지역')은 X군 Y면 일대에 지정된 자연공원에서 1.2㎞ 떨어진 산림지역으로서 최고 높은 곳은 800m 정도에 불과하지만 야생동식물이 풍부하게 분포되어 있으며, 특히 멸종위기 야생생물 II급 곤충인 '소똥구리'의 서식지가 발견되었다.

한편, 이 사건 사업지역에는 乙을 포함한 50여 가구가 살고 있는 A마을이 있다. 乙을 비롯한 마을 주민들은 이 사건 개발사업으로 주변의 아름다운 자연경관이 훼손되고 식생의 변화로 주변 생태계가 파괴될 것을 우려하고 있다. 甲이 이 사건 개발사업의 실시계획을 승인받기 위한 환경영향평가를 시작하고 그 초안이 공개되자 乙을 포함한 40명의 주민들은 공청회 개최를 요구하였다. 그러나 甲은 이미 주민들이 민원제기와 함께 시위에 나서고 있어 공청회 개최는 의미가 없다고 보고 설명회로 이를 갈음하였다. 그리고 甲은 이 사건 개발사업에 대한 환경영향평가를 실시하면서 이 사건 사업지역의 '체계적인 개발과 이용'을 중심으로 환경영향평가서를 작성하였다. 이후 관할 행정청은 甲이 제출한 환경영향평가의 결과를 토대로 이 사건 개발사업의 실시계획을 승인하였다 (환경부의 동의 여부는 논외로 함).

3. 이 사건 개발사업이 진행되어 관할 행정청이 해당 사업에 대한 인·허가를 하는 경우 「자연환경보전법」상 취하여야 할 조치는 무엇인지 검토하시오. (20점)

4. 甲은 위 사업을 진행하면서 사업지역 내에 자연환경복원사업을 하였고, 소요된 비용은 3억원이다. 사업지역은 「국토의 계획 및 이용에 관한 법률」상 자연환경보전지역 내에 있고, 이 사업으로 인해 훼손되는 생태계의 면적은 10만제곱미터로 산정되었다. 동법 시행령에 따르면 생태계보전부담금의 단위면적당 부과금액은 제곱미터당 300원이고, 자연환경보전지역의 지역계수는 4이다. 환경부장관은 甲에게 얼마의 생태계보전부담금을 부과할 수 있는지 「자연환경보전법」을 토대로 검토하시오. (15점)

[참조조문]

■ 생태도·자연도 작성지침(환경부예규) – 자연환경보전법 시행령 제27조 관련

제12조(생태·자연도 1등급 권역 작성기준) 다음 각 호의 어느 하나에 해당하는 경우에는 생태·자연도 1등급 권역으로 작성한다.

    1. 식생

가. 식생보전등급 Ⅰ등급에 해당하는 지역

　　　나. 식생보전등급 Ⅱ등급에 해당하는 지역

　　2. 멸종위기 야생생물

　　　가. 멸종위기 야생생물 Ⅰ급 종이 서식하거나 생태통로로 이용하는 지역

　　　나. 멸종위기 야생생물 Ⅱ급 종이 서식하거나 생태통로로 이용하는 지역

■ 자연환경보전법 시행령 [별표 1]

자연경관영향의 협의대상이 되는 거리(제20조제1항 관련)

1. 일반기준

구분		경계로부터의 거리
자연공원	최고봉 1200m 이상	2,000m
	최고봉 700m 이상	1,500m
	최고봉 700m 미만 또는 해상형	1,000m
습지보호지역		300m
생태·경관보전지역	최고봉 700m 이상	1,000m
	최고봉 700m 이하 또는 해상형	500m

■ 자연환경보전법 시행령 [별표 2의5] 〈개정 2022. 1. 6.〉

감면 대상 사업	감면비율(퍼센트)
1. 자연환경복원사업	100
2. 법 제12조제1항에 따른 생태·경관보전지역 및 법 제23조제1항에 따른 시·도 생태·경관보전지역에서 제13조제2항제3호에 따른 자연환경의 훼손을 방지하기 위하여 필요하다고 인정하는 시설 등을 설치하는 사업	100
3. 「국방·군사시설 사업에 관한 법률」 제2조제1호가목부터 바목까지의 규정에 따른 국방·군사시설 사업	100
4. 법 제38조제1항제1호 또는 제2호의 시설을 설치하는 사업	50

문제해설 [2023년 제2차 제2문] 문제 3. 해설

1. 문제

자연경관영향의 협의·심의대상인 경우, 관할 행정청에 해당되는 시장 및 환경부장관이 자연환경보전법상 취하여야 할 조치가 문제 된다.

2. 자연경관영향의 협의·심의 대상 여부

(1) 관련 조문

1) 자연환경보전법 제28조 제1항 제1호 가목

지방자치단체장은 자연공원에서 일정한 거리 이내의 지역에서의 개발사업으로서 환경영향평가의 대상사업인 경우 당해 개발 사업이 자연경관에 미치는 영향 및 보전방안 등을 전략환경영향평가의 협의, 환경영향평가 협의 또는 소규모 환경영향평가 협의 내용에 포함하여 환경부장관 또는 지방환경관서의 장과 협의를 하여야 한다.

2) 자연환경보전법시행령 제20조 제1항 및 별표 1

자연공원에서 최고봉 700m 이상인 경우에는, 자연공원 경계로부터 1,500m 이내에 대상사업이 실시되는 상황에서는 관할행정청과 협의를 하여야 한다.

(2) 사안의 경우

이 사건 사업지역은 X군 Y면 일대에 지정된 자연공원에서 1.2km 떨어진 산림지역으로서, 최고 높이는 800m 정도이므로 자연환경보전법상 자연경관영향의 협의대상에 해당된다.

3. 자연환경보전법상 취하여야 할 조치

(1) 관련 조문 - 자연환경보전법 제28조 제2항

환경부장관은 자연환경보전법 제28조 제1항의 규정에 의하여 협의를 요청받은 경우에는 당해 개발사업 등이 자연경관에 미치는 영향 및 보전방안 등에 대하여 환경부장관은 중앙환경정책위원회의 심의를 거쳐야 한다.

(2) 사안의 경우

1) 관할지자체장은 자연환경보전법 제28조 제1항 제1호 다목에 의하여 개발사업이 자연경관에 미치는 영향 및 보전방안 등을 환경영향평가 협의 내용에 포함하여 환경부장관과 협의하여야 한다.

2) 환경부장관은 관할지자체장이 환경영향평가의 협의를 요청받은 경우에는, 자연환경보전법 제28조 제2항에 의해 자연경관에 미치는 영향 등에 대하여 환경정책위원회의 심의를 거쳐야 한다.

4. 결론

(1) 이 사건 개발사업은 자연환경보전법상 자연경관영향의 협의대상에 해당된다.
(2) 관할지자체장은 자연환경보전법 제28조 제1항 제1호 다목에 의하여 환경부장관과 협의하여야 한다.
(3) 환경부장관은 자연환경보전법 제28조 제2항에 의해 환경정책위원회의 심의를 거쳐야 한다.

문제해설 [2023년 제2차 제2문] 문제 4. 해설

1. 문제
환경부장관이 甲에게 부과할 수 있는 생태계보전부담금이 문제 된다.

2. 생태계보전부담금의 부과액수

(1) 관련 조문

1) 자연환경보전법 제46조 제1항

환경부장관은 생태적 가치가 낮은 지역으로 개발을 유도하고 자연환경 또는 생태계의 훼손을 최소화할 수 있도록 자연환경 또는 생태계에 미치는 영향이 현저하거나 생물다양성의 감소를 초래하는 사업을 하는 사업자에 대하여 생태계보전부담금을 부과·징수한다.

2) 자연환경보전법 제46조 제3항

제1항에 따른 생태계보전부담금은 생태계의 훼손면적에 단위면적당 부과금액과 지역계수를 곱하여 산정·부과한다. 다만, 생태계의 보전·복원 목적의 사업 또는 국방 목적의 사업으로서 대통령령으로 정하는 사업에 대하여는 생태계보전부담금을 감면할 수 있다.

3) 자연환경보전법 시행령 제39조

법 제46조제3항 단서에 따라 생태계보전부담금을 감면할 수 있는 사업 및 감면비율은 별표 2의 5와 같다.

(2) 사안의 경우

1) 생태계의 훼손 면적 × 단위면적당 부과금액 × 지역계수 = 생태계보전부담금
100,000㎡ × 300원 × 지역계수 4 = 12억 원

2) 자연환경복원사업은 100% 감면되므로, 자연환경복원사업에 해당하는 생태통로 설치사업 비용 3억 원이 감면할 수 있다.

3. 결론
환경부 장관은 생태계보전부담금으로 12억 원을 부과해야 한다. 다만, 시행령으로 정하는 사업에 대하여는 생태계보전부담금 3억 원을 감면하여 총 9억 원을 생태계보전부담금을 부과할 수 있다.

2022년도 제1회 변호사시험 모의시험

〈제2문〉

甲은 A시 소재 임야(이하 '이 사건 신청지')에 비금속광물 분쇄물 생산공장(이하 '이 사건 공장')을 설립하고자 산업집적활성화 및 공장설립에 관한 법률(이하 '공장설립법')에 따라 공장신설 승인신청(공장부지 5,041㎡, 제조시설 525㎡, 이하 '1차 신청')을 하였다.

관할 시장은 위 1차 신청에 따른 공장설립 사업이 소규모 환경영향평가 대상 사업에 해당하므로 지방환경청과의 협의가 필요하다고 하자 甲은 이 신청을 취하하고 1개월 뒤 사업부지 면적(야적장)을 축소하여 다시 신청(공장부지 3,010㎡, 제조시설 525㎡, 이하 '2차 신청')을 하였다.

변경된 사업계획안에 따르면 공장의 1일 제품생산량은 500㎥로 계속 유지되고 있는 반면 야적장 면적은 100㎡로 축소되었다.

관할 시장은 ① 이 신청은 환경영향평가를 회피할 목적으로 한 부적합한 신청이라는 점, ② 이 사건 신청지는「자연환경보전법」제34조에 따른 생태·자연도 1등급 권역으로 개발 자제가 불가하다는 점, ③ 이 신청에는 분진·소음, 오폐수 처리에 대한 실효적인 저감방안이 마련되어 있지 않고, 경관 및 주변 환경과의 조화가 고려되지 않았다는 점을 처분사유로 들며 2차 신청을 불승인하였다(이하 '이 사건 처분'이라고 한다).

공장설립법에 따르면 관할청은 공장설립의 승인신청을 받은 때에 그 신청이 공장설립법 등 관계 법령에 적합한지를 검토하여 승인 여부를 결정하도록 하고 있고, 공장설립을 승인한 때 국토의 계획 및 이용에 관한 법률(이하 '국토계획법')에 따른 개발행위허가와「자연환경보전법」상 관련 협의를 받은 것으로 각각 의제된다. 한편 국토계획법에 따르면 개발행위허가는 주변 지역의 토지이용실태 또는 토지이용계획, 건축물의 높이, 토지의 경사도, 수목의 상태, 물의 배수, 하천·호소·습지의 배수 등 주변 환경이나 경관과 조화를 이루지 해당 지역과 그 주변 지역에 대기오염·수질오염·토질오염·소음·진동·분진 등에 의한 환경오염·생태계 파괴·위해 등이 발생할 우려가 없는 경우에만 가능하다.

1. 관할 시장의 이 사건 처분이 각 처분사유에 비춰 적법한지 검토하시오(40점).

2. 관할 시장이 공장설립 승인처분을 하였다면, A시 주민 乙이 생태·자연도 1등급 권역에서 개발사업 승인은 위법(① 위법사유)하며 또「자연환경보전법」제28조에 따라 이 개발사업이 인근 습지보호지역의 경관에 미치는 영향을 협의하거나 검토하지 않은 위법(② 위법사유)이 있다고 주장하며 취소소송을 제기하는 경우 다음에 관하여 검토하시오.

   가. 각 위법사유와 관련하여 乙에게 원고적격이 인정되는지 여부 (20점)

   나. ② 위법사유가 인정되는지 여부 (20점) (위 가. 원고적격 인정 여부와 무관하게 검토할 것)

※ 이하 참조 조문 참고

[참조조문]

[별표1]

자연경관영향의 협의대상이 되는 거리(제20조제1항 관련)

1. 일반기준

구분		경계로부터의 거리
자연공원	최고봉 1200m 이상	2,000m
	최고봉 700m 이상	1,500m
	최고봉 700m 미만 또는 해상형	1,000m
습지보호지역		300m
생태·경관보전지역	최고봉 700m 이상	1,000m
	최고봉 700m 이하 또는 해상형	500m

문제해설 [2022년 제1차 제2문] 문제 1. 해설

1. 문제
(1) 환경영향평가 회피 목적으로 규모를 축소하여 신청한 경우의 위법성 여부, (2) 생태 자연도 등급에 따른 규율 내용의 기속성 여부, (3) 실효적인 저감방안 부재 및 주변 환경과의 조화 미고려를 이유로 한 거부 처분의 적법성 여부가 문제 된다.

2. 환경영향평가 회피 목적으로 규모를 축소 신청한 경우의 위법성

(1) 관련 조문
행정청의 재량에 속하는 처분이라도 재량권의 한계를 넘거나 그 남용이 있는 때에는 법원은 이를 취소할 수 있다(행정소송법 제27조).

(2) 판례
1) 원심 - 비록 승인신청 당시에 그러한 면탈의 의도가 드러났더라도 나중에 공장면적을 확대하여 공장증설승인 신청을 하는 시점에서 환경영향평가 대상사업에 해당하게 되면 그때 환경영향평가를 새로 받도록 할 수 있으므로 설령 환경영향평가 회피의 목적이 드러난다고 하더라도 이를 승인 거부의 근거로 삼기 어렵다.

2) 대법원 - 환경영향평가법을 면탈하고자 하는 의도의 존부는 신청의 요건으로서 독립적인 처분사유는 되지 못한다고 하더라도 당연히 그 처분이 재량행위에 속하는 이상 이를 재량판단의 고려요소로 삼을 수 있다.

(3) 사안의 경우
환경영향평가법 면탈 의도가 그 신청 자체에 비교적 뚜렷이 드러나는 경우라고 하더라도 이를 요건단계에서 독립적인 거부처분사유로 삼는 것은 자칫 입법자가 중시하는 행정의 예측가능성과 투명성을 해치고 행정청의 자의적 판단을 가져올 수 있는 위험이 있는바, 독자적 위법사유로 처분을 거부할 수 있다고 보기는 어렵고, 다른 요소들과 함께 재량판단의 고려 사유에는 해당된다.

3. 생태 자연도 등급에 따른 규율 내용의 기속성 여부

(1) 관련 조문
1) 자연환경보전법 제34조 제1항
환경부 장관은 토지 이용 및 개발계획의 수립이나 시행에 활용할 수 있도록 하기 위하여 자연환경 조사결과를 기초로 하여 전국의 자연환경에 관한 생태·자연도를 작성하여야 하고, 시·도지사는 환경부장관이 작성한 생태·자연도를 기초로 하여 관할구역의 상세한 생태·자연도를 작성하여야 한다(동법 제34조 제1항).

2) 자연환경보전법 시행령 제28조 제2항
환경부장관, 관계 중앙행정기관의 장 또는 지방자치단체의 장은 환경영향평가 대상사업에 대한 협의를 하고자 할 때에는 다음 기준을 고려하여야 하며, 환경부장관은 이를 위하여 생태·자연도

를 제공하여야 한다. 1등급 권역은 자연환경의 보전 및 복원, 2등급 권역은 자연환경의 보전 및 개발·이용에 따른 훼손의 최소화, 3등급 권역은 체계적인 개발 및 이용을 고려한다.

(2) 사안의 경우

1등급 권역의 경우 주변 자연환경 등에 비추어, 되도록 개발·이용에 따른 훼손을 최소화해야 할 지역이기는 하나, 1등급 권역에서의 개발 자체가 독자적 위법사유로 삼을 수는 없다. 다만, 거분처분을 위한 재량 일탈의 요소로서 고려할 수 있다.

4. 실효적인 저감방안 부재 및 주변 환경과의 조화 미고려

(1) 관련 조문

1) 공장설립법 제13조 제1항

공장건축면적이 500제곱미터 이상인 공장의 신설·증설 또는 업종변경(이하 "공장설립등"이라 한다)을 하려는 자는 대통령령으로 정하는 바에 따라 시장·군수 또는 구청장의 승인을 받아야 한다.

2) 공장설립법 제13조의 2 제1항 제5호

제13조 제1항에 따른 공장설립등의 승인을 할 때 해당 공장 및 진입로 부지에 대한 다음 각 호의 허가·신고·면허·승인·해제 또는 용도폐지 등(이하 "인·허가등"이라 한다)에 관하여 해당 시장이 관계 행정기관의 장과 협의한 사항(제5항 단서에 따라 협의가 생략되는 경우를 포함한다)에 대하여는 해당 인·허가 등을 받은 것으로 본다.

(2) 사안의 경우

1) 공장설립을 승인한 때 국토계획법에 따른 개발행위허가를 받은 것으로 의제되므로 공장설립 등의 승인이 개발행위허가 요건을 갖추지 못한 경우 행정청은 이를 이유로 공장설립 등의 승인을 거부할 수 있다.

2) 다만, 개발행위허가는 주변 환경이나 경관과 조화를 이루고 해당 지역과 그 주변 지역에 대기오염·수질오염·토질오염·소음·진동·분진 등에 의한 환경오염·생태계 파괴·위해 등이 발생할 우려가 없는 경우에만 가능하다는 점에서 개발행위허가는 허가기준과 금지요건이 불확정개념으로 규정된 부분이 많아 그 요건에 해당하는지 여부는 행정청의 재량판단 영역에 속한다.

3) 그렇다면, 축소된 야적장(100㎡)에 1일 제품생산량(500㎥)을 야적할 수 있다는 甲의 사업계획이 물리적으로 불가능하지는 않겠지만 매우 이례적인 점에서 A 시가 실효적인 저감방안 부재 및 주변환경과의 조화를 이유로 한 거부처분은 재량행위 일탈로 보기 어렵다.

5. 결론

관할 시장의 불승인 처분은 각 처분 사유를 고려하여 볼 때 위법하다고 보기 어렵다.

문제해설 [2022년 제1차 제2문] 문제 2-가. 해설

1. 문제
(1) 법률상 이익여부 및 근거법규 해당여부, (2) 乙의 원고적격 인정 여부가 문제 된다.

2. 법률상 이익여부 및 근거법규 해당여부

(1) **관련 조문** - 취소소송은 처분 등의 취소를 구할 법률상 이익이 있는 자가 제기할 수 있다(행정소송법 제12조).

(2) **학설** - ① 권리구제설, ② 법률상 이익 구제설, ③ 소송상 보호할 가치 있는 이익구제설, ④ 적법성 보장설 등이 있다.

(3) **판례** - 법률상 보호되는 이익이란 처분의 근거법규 및 관련법규에 의하여 보호되는 개별적·직접적·구체적 이익이 있는 경우를 말하고, 근거법규 및 관련법규의 명문규정이 없더라도 합리적 해석상 이를 보호하는 취지가 있는 경우까지 포함하나, 공익보호의 결과로 생기는 일반적·간접적·추상적 이익의 경우는 포함되지 않는다.

(4) **사안의 경우** - 이 사건 승인처분의 판단 근거인 법률의 의미에 자연환경보전법을 근거법규로 볼 수 있는지 살펴보면, 공장성립을 승인할 때 자연환경보전법상 관련 협의를 받은 것으로 의제되는 점에서 자연환경보전법은 처분에 직접적인 영향을 미치는 근거 법규가 된다.

3. 乙의 원고적격 인정여부

(1) **생태자연도 1등급 권역과 관련하여**

1) 판례 - 생태·자연도의 작성 및 등급변경 근거가 되는 자연환경보전법 제34조 제1항 및 같은 법 시행령 제27조 제1항, 제2항은 생태·자연도를 토지 이용 및 개발계획의 수립이나 시행에 활용하여 자연환경을 체계적으로 보전·관리하기 위한 것일 뿐, 지역주민들이 가지는 이익은 1등급 권역 지정에 따른 환경보호라는 공공의 이익이 달성됨에 따라 반사적으로 얻게 되는 이익에 불과하므로, 지역주민에 불과한 원고는 이 사건 등급조정의 취소를 구할 법률상의 이익이 없다.

2) 사안의 경우 - A시 주민 乙이 생태·자연도 1등급 권역에서 누리는 이익은 반사적 이익에 불과하지 개별적·직접적·구체적 이익이라고 볼 수 없는바, 원고적격이 인정되기 어렵다.

(2) **자연경관과 관련하여**

자연환경보전법상 자연경관을 누릴 이익도 원칙적으로 공공의 이익에 해당한다고 할 것이므로 법률상 이익으로 인정하기 어려운 바, 이를 이유로 한 원고적격을 인정하기도 어렵다.

4. 결론
乙에게 원고적격이 인정되지 않는다.

문제해설 [2022년 제1차 제2문] 문제 2-나. 해설

1. 문제

A시 시장이 자연환경보전법 제28조 따라 자연경관 영향을 협의하거나 검토할 의무가 있는지 여부가 문제 된다.

2. 자연환경보전법 제28조 제1항에 따른 협의 의무

(1) 자연환경보전법 제28조 제1항

관계 지방자치단체의 장은 「환경영향평가법」제43조에 따른 소규모 환경영향평가 대상사업에 해당하는 개발사업 등에 대한 인·허가 등을 하고자 하는 때에는 해당 개발사업 등이 자연경관에 미치는 영향 및 보전방안 등을 전략환경영향평가 협의, 환경영향평가 협의 또는 소규모 환경영향평가 협의 내용에 포함하여 환경부장관 또는 지방환경관서의 장과 협의를 하여야 한다.

(2) 사안의 경우

甲의 공장설립행위는 소규모 환경영향평가 대상사업에 해당하는 개발사업이 아닌바, 관할관청은 자연환경보전법 제28조 제1항에 따른 협의를 할 의무는 없다.

3. 자연환경보전법 제28조 제3항에 따른 검토 의무

(1) 자연환경보전법 제28조 제3항

지방자치단체의 장은 제1항 각호의 개발사업등으로서 환경영향평가 협의 및 소규모 환경영향평가 협의 대상사업이 아닌 개발사업등과 그 밖에 자연경관에 미치는 영향이 크다고 판단되어 지방자치단체의 조례로 정하는 개발사업등에 대하여 인·허가등을 하고자 하는 때에는 환경부령으로 정하는 자연경관에 관한 검토기준을 따라야 한다.

(2) 사안의 경우

자연환경보전법에 따라 공장경계부지로부터 300미터 이내에 습지보호지역이 있다고 한다면 A시청은 개발사업을 승인할 때 개발사업이 습지보호지역의 자연경관에 미치는 영향을 검토하여야 할 의무가 있다.

4. 결론

A 시장의 승인처분 당시 甲이 신청한 공장경계부지로부터 300미터 이내에 습지보호지역이 있음에도 자연경관에 미치는 영향을 검토하지 아니하고 처분을 하였다면 위법사유에 해당한다.

2017년도 제3회 변호사시험 모의시험

〈제2문〉

A군 소재 둠벙습지는 지하수에 의하여 형성되는 산지형 습지로, 범무늬꼬리 도롱뇽과 백오초 등 멸종위기 동·식물을 포함해 다양한 동식물종이 서식하고 있는 것으로 확인됐다. 주변의 너른 바위계곡 또한 멸종위기종인 쉬리와 A군 지역에서 쉽게 발견되지 않는 편백나무등 수백의 생물종이 서식하고 있는 것으로 조사됐다. 이에 환경부장관은 위 습지와 계곡 일대를 자연환경보전법상 생태·경관보전지역으로 지정(이하 "지역지정")하였다. 그런데 위 습지 일부에 토지를 소유한 B(A군에 거주하고 있지는 아니하다)은 환경부장관이 토지소유자인 자신의 의견을 반영하지 아니한 채 지역지정을 하였다며 이 지정처분을 취소하든지 아니면 자신의 토지를 매수해줄 것을 주장하고 있다.

환경부장관은 지역지정을 하기에 앞서 자연환경보전법이 정하는 바에 따라 지역주민들과 이해관계인 그리고 지방자치단체의 장의 의견을 수렴하였으므로 별 문제가 없으며, 토지매수는 행정청이 필요하다고 인정되는 경우 소유자와 협의해 매수할 수 있을 뿐 토지소유자가 매수를 신청할 권리는 없다며 매수요청에 응하지 않았다. 환경부장관이 지역지정을 취소하지도 않고 또 토지매수에 응하지도 않자 B는 자신이 지역지정 전에 하던 버섯재배를 확장한다는 이유로 자신의 소유 부분인 습지를 메워버렸다.

1. 환경부장관의 생태·경관보전지역 지정은 자연환경보전법상 적법한지 검토하시오. (20점)

3. 환경부장관은 습지를 메운 B의 행위에 대해 자연환경보전법상 어떠한 조치를 취할 수 있는지 검토하시오. (30점)

문제해설 [2017년 제3차 제2문] 문제 1. 해설

1. 문제
환경부장관의 생태·경관보전지역 지정이 자연환경보전법상 지정요건 및 절차를 준수하였는지 여부가 문제된다.

2. 생태·경관보전지역의 지정

(1) 요건

1) 관련 조문 – 환경부장관은 ① 자연 상태가 원시성을 유지하고 있거나 생물다양성이 풍부하여 보전 및 학술적 연구가치가 큰 지역, ② 지형 또는 지질이 특이하여 학술적 연구 또는 자연경관의 유지를 위하여 보전이 필요한 지역, ③ 다양한 생태계를 대표할 수 있는 지역 또는 생태계의 표본지역, ④ 그밖에 하천·산간계곡 등 자연경관이 수려하여 특별히 보전할 필요가 있는 지역으로서 대통령이 정하는 지역을 자연생태·자연경관 보전지역으로 정할 수 있다(자연환경보전법 제12조 제1항).

2) 사안의 경우 – A군 소재 둠벙습지는 지하수에 의하여 형성되는 산지형 습지로, 범무늬꼬리 도롱뇽과 백오초 등 멸종위기 동·식물종을 포함해 다양한 동식물종이 서식하고 있는 것으로 확인됐다. 주변의 너른바위계곡 또한 멸종위기종인 쉬리와 A군 지역에서 쉽게 발견되지 않는 편백나무등 수백의 생물종이 서식하고 있는 것으로 조사됐다. 이에 환경부장관은 위 습지와 계곡 일대를 자연환경보전법상 생태·경관보전지역으로 지정한 것은 자연환경보전법 제12조 제1항 각호 사유에 해당하는바, 지정요건을 충족한다.

(2) 절차

1) 관련 조문 – 환경부장관은 생태·경관보전지역을 지정하거나 변경하고자 하는 때에는 ① 지정사유 및 목적, ② 지정면적 및 범위, ③ 자연생태·자연경관의 현황 및 특징, ④ 토지이용현황, ⑤ 핵심구역·완충구역 및 전이구역의 구분개요 및 해당 구역별 관리방안을 포함한 지정계획서에 대통령령이 정하는 지형도를 첨부하여 당해 지역주민과 이해관계인 및 지방자치단체의 장의 의견을 수렴한 후 관계중앙행정기관의 장과의 협의 및 중앙환경정책위원회의 심의를 거쳐야 한다. 다만, 대통령령이 정하는 경미한 사항의 변경은 중앙환경정책위원회의 심의를 생략할 수 있다(자연환경보전법 제13조 제1항).

2) 판례 – 환경상 침해를 받으리라고 예상되는 영향권 내의 주민들을 비롯하여 그 영향권 내에서 농작물을 경작하는 등 현실적으로 환경상 이익을 향유하는 사람도 포함되나 단지 그 영향권 내의 건물·토지를 소유하거나 환경상 이익을 일시적으로 향유하는 데 그치는 사람은 포함되지 않는다.

3) 사안의 경우 – A군에 거주하고 있지 않은 위 습지 일부에 토지를 소유한 B의 의견을 반영하지 아니하였으나, 그는 환경상 이익을 일시적으로 향유하는 데 불과하여 자연환경보전법상의 이해관계인에 해당하지 않고 환경부장관은 지역지정에 앞서 자연환경보전법이 정하는 바에 따라 지역주민들과 이해관계인 그리고 지방자치단체의 장의 의견을 수렴하였으므로 지정절차도 준수하였다.

3. 결론
환경부장관의 생태·경관보전지역 지정은 자연환경보전법상 적법하다.

문제해설 [2017년 제3차 제2문] 문제 3. 해설

1. 문제

(1) B 행위가 자연환경보전법상 행위제한에 해당되는지 여부, (2) 이에 대한 환경부장관의 조치가 문제된다.

2. 자연환경보전법상 행위제한 여부

(1) **관련 조문** - 생태경관보전지역 안에서는 자연환경보전에 유해하다고 인정되는 수면의 매립·간척 등의 자연생태 또는 자연경관의 훼손행위를 하여서는 아니된다(자연환경보전법 제15조 제1항 제5호, 동법 시행령 제11조 제1호).

(2) **예외** - 생태경관보전지역 안에 거주하는 주민들이 생태경관보전지역 지정 당시에 실시하던 영농행위를 지속하기 위하여 필요한 행위 즉, 생태적으로 지속 가능하다고 인정되는 버섯·산나물의 채취 행위 등 그밖에 이에 준하는 행위는 허용된다(자연환경보전법 제15조 제2항 제3호, 동법 시행령 제13조 제1항).

(3) **사안의 경우** - 생태경관보전지역 지정 당시에 실시하던 영농행위를 지속하기 위한 행위는 허용되나, B가 자신이 지역지정 전에 하던 버섯재배를 확장한다는 이유로 자신의 소유 부분인 습지를 메워버린 행위는 자연환경보전에 유해하다고 보이는바, 동법 제15조 제1항 제5호의 행위제한에 해당된다.

3. 환경부장관의 조치

(1) **중지명령**

1) 관련 조문 - 환경부장관은 생태경관보전지역 안에서 행위제한 규정에 위반되는 행위를 한 사람에 대하여 그 행위의 중지를 명하거나 상당한 기간을 정하여 원상회복을 명할 수 있다. 다만, 원상회복이 곤란한 경우에는 대체자연의 조성 등 이에 상응하는 조치를 명할 수 있다(자연환경보전법 제17조).

2) 사안의 경우 - B의 행위는 행위제한 규정에 위반되는 행위이므로, 환경부장관은 B에게 습지를 메워버리는 행위의 중지를 명하거나 원상회복을 명할 수 있다. 다만, 이미 습지를 메워버려서 원상회복이 곤란한 경우에는 대체자연의 조성 등의 조치를 명할 수 있다.

(2) **고발조치**

1) 관련 조문 - 핵심구역 또는 완충구역 안에서 행위제한 규정을 위반하여 자연생태·자연경관의 훼손행위를 한 사람의 경우에는 3년 이하의 징역 또는 3천만 원 이하의 벌금에 처한다(자연환경보전법 제63조). 전이구역 안에서 행위제한 규정을 위반하여 자연생태·자연경관의 훼손행위를 한 사람의 경우에는 2년 이하의 징역 또는 2천만 원 이하의 벌금에 처한다(자연환경보전법 제64조).

2) 사안의 경우 - 환경부장관은 B의 행위가 생태경관보전지역 중 핵심 또는 완충구역인 경우에는 동법 제63조, 전이구역인 경우에는 동법 제64조에 의하여 형사고발조치를 할 수 있다.

4. 결론

(1) B의 행위는 동법 제15조 제1항 제5호의 행위제한에 해당된다.

(2) 환경부장관은 중지명령을 하거나 고발조치를 할 수 있다.

2016년도 제1회 변호사시험 모의시험

〈제1문〉

한국도시철도공단 甲은 교통문제를 해소하고, 지역 접근성을 제고하기 위하여 경부고속철도 일부 구간(5.7㎞)을 기존 경부선 구간과 연결하는 사업을 시행하려고 하고 있다. 사업지역은 산림지역으로서 최고 높은 곳은 800여 미터이다. 甲은 약 4개월 정도 주민의견 수렴 등 환경영향평가 절차를 진행하였다. 甲은 환경영향평가서초안을 작성하여 주민의견수렴 절차를 진행하였다. 이 과정에서 35인의 주민이 공청회 개최를 요구하였는데, 주민보상이 충분히 이루어지지 않는 것에 불만을 갖는 다른 주민들이 공청회 개최를 방해함으로써 정상적으로 진행되지 못하였다. 甲은 차후의 공청회가 정상적으로 진행되지 못할 것이 확실하다고 보고 더 이상의 공청회는 개최하지 아니하였다. 다만 甲은 공청회를 생략하게 된 사유, 의견제출 시기 및 방법, 설명자료 열람방법 등을 일간신문과 지역신문에 각각 1회 공고하였다. 환경단체는 주민의견 수렴절차가 이루어질 때부터 해당 지역이 생태·경관보전지역으로서, 사업 부지 중 임야 면적이 상당한 정도에 이르러 자연경관이 침해될 가능성이 있다고 주장하면서 계획대상지 입지의 타당성에 의문을 제기하였다. 2014. 12. 甲은 국토의 계획 및 이용에 관한 법률에 따라 국토교통부장관에게 사업승인을 신청하였고, 국토교통부장관은 2015. 1. 환경부장관에게 환경영향평가 협의를 요청하였다. 甲은 이 사업이 전형적이고 저감방안을 자세히 제시하였으므로 곧 승인이 나올 것으로 예상하고 2015. 2. 사업의 공사에 착수하였다. 그 후 같은 해 4. 국토교통부장관은 사업승인을 하였다. 이러한 사안에서 다음의 질문에 답하시오.

2. 국토교통부장관과 환경부장관이 자연환경보전법상 취하여야 할 조치는 어떠한 것이 있는가? (30점)

[참조조문]
1. 환경영향평가법 시행령 [별표 3]에서는 철도의 건설사업으로서 "국토의계획및이용에관한법 제2조 제6호에 따른 철도 또는 고속철도의 건설사업 중 길이가 4㎞ 이상이거나 철도시설의 면적이 100,000㎡ 이상인 것"을 대상사업으로 정하고 있다.
2. 자연환경보전법 시행령 제20조(자연경관영향의 협의 또는 검토대상 등)
   ① 법 제28조제1항제1호에서 "대통령령이 정하는 거리"라 함은 별표 1과 같다.
   ② 법 제28조제1항제2호에서 "대통령령이 정하는 개발사업등"이라 함은 별표 2와 같다.

[별표 1]

자연경관영향의 협의대상이 되는 거리(자연환경보전법 시행령 제20조제1항관련)

1. 일반기준

구분		경계로부터의 거리
자연공원	최고봉 1200m 이상	2,000m
	최고봉 700m 이상	1,500m
	최고봉 700m 미만 또는 해상형	1,000m
습지보호지역		300m
생태·경관보전지역	최고봉 700m 이상	1,000m
	최고봉 700m 이하 또는 해상형	500m

비고

생태·경관보전지역이 습지보호지역과 중복되는 경우에는 습지보호지역의 거리기준을 우선 적용한다.

2. 도시지역 및 관리지역(계획관리지역에 한한다)의 거리기준

제1호의 일반기준에 불구하고 법 제28조제1항제1호의 규정에 따른 자연공원, 습지보호지역 및 생태·경관보전지역이 「국토의 계획 및 이용에 관한 법률」 제36조제1항의 규정에 따른 도시지역 및 관리지역(계획관리지역에 한한다)에 위치한 경우에는 경계로부터의 거리를 300미터로 한다.

문제해설 [2016년 제1차 제1문] 문제 2. 해설

1. 문제
(1) 자연관경영향의 협의·심의대상여부, (2) 환경부장관의 조치가 문제된다.

2. 자연경관영향의 협의·심의 대상여부

(1) 관련 조문
1) 지방자치단체체장은 생태·경관보전지역에 해당하는 지역으로부터 일정한 거리 이내의 지역에서의 개발사업 등으로서 환경영향평가의 대상사업인 경우 당해 개발 사업이 자연경관에 미치는 영향 및 보전방안 등을 전략환경영향평가의 협의, 환경영향평가 협의 또는 소규모 환경영향평가 협의 내용에 포함하여 환경부장관 또는 지방환경관서의 장과 협의를 하여야 한다(자연환경보전법 제28조 제1항 제1호 다목).
2) 환경부장관은 자연환경보전법 제28조 제1항의 규정에 의하여 협의를 요청받은 경우에는 당해 개발사업 등이 자연경관에 미치는 영향 및 보전방안 등에 대하여 환경부장관은 중앙환경정책위원회의 심의를 거쳐야 한다(자연환경보전법 제28조 제2항).

(2) 사안의 경우
1) 한국도시철도공단 甲의 철도연결사업은 해당지역이 생태경관보전지역이고, 최고봉이 800여 미터로, 개발 사업이 경계로부터 1,000m 이내의 지역이라면, 자연환경보전법 제28조 제1항 제1호 다목에 해당하여 자연경관영향협의 대상이 되는 사업에 해당한다.
2) 국토교통부장관은 환경부장관과 자연경관영향의 협의를 하여야 하고, 환경부장관은 중앙환경정책위원회의 심의를 거쳐야 한다.

3. 환경부장관의 조치

(1) **관련 조문** - 환경부장관은 자연환경을 체계적으로 보전하고 자연자산을 관리·활용하기 위하여 자연환경 또는 생태계에 미치는 영향이 현저하거나 생물다양성의 감소를 초래하는 사업을 하는 사업자에게 생태계보전협력금을 부과·징수한다(자연환경보전법 제46조 제1항). 환경영향평가대상이 되는 사업은 생태계보전협력금의 부과대상이 되는 사업에 해당한다(동법 제46조 제2항 제2호).

(2) **사안의 경우** - 한국도시철도공단 甲의 철도연결사업은 환경영향평가대상사업이므로 생태계보전협력금의 부과대상이 되는바, 환경부장관은 동법 제46조 제3항에 근거하여 50억 원의 범위 안에서 생태계보전협력금을 부과징수 조치할 수 있다.

4. 결론
(1) 이 사건 사업은 자연환경보전법 제28조 제1항 제1호 다목의 자연경관영향의 협의심의 대상이 되는 사업에 해당하는바, 자연환경보전법 제28조 제2항에 근거하여 국토교통부장관은 환경부장관과 자연경관영향의 협의를 하여야 하고, 환경부장관은 중앙환경정책위원회의 심의를 거쳐야 한다.
(2) 환경부장관은 자연환경보전법 제46조 제3항에 의거하여 50억 원의 범위 안에서 생태계보전협력금을 부과징수 조치할 수 있다.

2014년도 제3회 변호사시험 모의시험

〈제2문〉

　　사업자 A는 전라북도 甲시 일원에 케이블카 운영사업 (궤도운송법에 따르면 "궤도사업"이다. 이하 "케이블카 사업"이라 한다)을 하려고 한다. 위 甲시장은 침체된 지역관광경제를 활성화시키고 지방세수를 확보하고자 위 케이블카 사업을 적극 밀어주겠다는 방침을 정하였다. 그런데 위 케이블카 사업예정부지 중 일부가 전라북도 도지사가 2010. 5.경 지정한 생태경관보전지역에 포함되어 있다. 이에 甲 시장은 위 보전지역에 포함된 사업부지를 보전지역에서 제외해 줄 것을 도지사에게 요청하였다. 도지사도 지방관광산업의 활성화를 통한 지역발전을 명분으로 위 케이블카 사업을 위하여 위 보전지역에 포함된 사업해당부지를 생태경관보전지역에서 제외하려고 한다. 이러한 계획에 대해 지역환경단체는 강하게 반발하였으나 결국 도지사는 관련절차를 거쳐 해당 사업부지를 생태경관보전지역에서 제외하는 내용의 생태경관보전지역변경결정을 하고 이를 고시하였다.

　　환경단체 A와 그 단체의 회원 B는 단지 개발사업의 편의를 위하여 생태경관보전지역을 일부라도 해제하는 것은 생태경관보전지역제도의 취지, 목적 등에 반하고, 특히 이곳은 생태자연도 1등급 지역으로 개발보다는 보전해야 한다는 점에서 도지사의 결정은 자연환경보전법의 목적 등에 위배되며, 또 도지사가 환경보전에 이해를 가지는 자의 의견을 제대로 듣지 아니한 채 일방적으로 해제결정을 한 것은 절차상으로도 문제가 있다고 주장한다. 그리고 이러한 도지사의 잘못된 처분에 의하여 생태경관보전지역에 대하여 가지는 자신들의 환경상 이익(특히 B는 해당 지역주민이자 고등학교 과학교사로 오래 전부터 이곳을 자주 찾아와 보전지역을 관찰·연구하고, 또 이곳을 관찰하기 위하여 찾는 내·외국인들에 대한 안내, 학생들의 교육, 자연보호 및 감시활동 등을 벌여 오는 등의 방법으로 그 환경이익을 향유하고 있었다) 및 자연환경보전법상의 의견진술이익이 침해되었다고 주장하며 위 변경결정고시처분의 취소를 구하는 소송을 제기하고자 한다(사업자 A가 하려는 케이블카 사업의 규모는 환경영향평가 대상사업 규모에 해당한다).

2. 환경단체 A와 B가 이 사건 처분의 하자로 주장한 내용과 관련하여 자연환경보전법상 어떠한 조항의 위반여부가 문제될 수 있는지를 검토하시오. (40점)

문제해설 [2014년 제3차 제2문] 문제 2. 해설

1. 문제

(1) 자연환경보전법 제23조 제3항 위배여부, (2) 자연환경보전법 제24조 제1항 위배여부, (3) 자연환경보전법 제34조 위배여부가 문제된다.

2. 자연환경보전법 제23조 제3항 위배여부

(1) **관련 조문** – 도지사는 생태·경관보전지역이 군사목적 또는 천재지변 그 밖의 사유로 인하여 생태경관보전지역으로서의 가치를 상실하거나 보전할 필요가 없게 된 경우에는 그 지역을 해제·변경할 수 있다(동법 제23조 제3항, 제12조 제3항 준용).

(2) **사안의 경우** – 도지사는 생태경관보전지역에 따른 행위제한으로 개발 사업을 할 수 없기에 보전지역을 해제하기로 결정한 것으로 이는 보전지역을 해제 또는 변경하기 위한 자연환경보전법상의 실체적 요건을 충족하지 못하였는바, 자연환경보전법 제23조 제3항 위배된다.

3. 자연환경보전법 제24조 제1항 위배여부

(1) **관련 조문** – 도지사가 생태경관보전지역을 지정 또는 변경하고자 하는 경우에는 자연환경보전법 제13조 제1항의 규정에 의해 ① 지정사유 및 목적, ② 지정면적 및 범위, ③ 자연생태·자연경관의 현황 및 특징, ④ 토지이용현황, ⑤ 핵심구역·완충구역 및 전이구역의 구분개요 및 해당 구역별 관리방안을 포함한 지정계획서에 대통령령이 정하는 지형도를 첨부하여 당해 지역주민과 이해관계인 및 지방자치단체의 장의 의견을 수렴한 후 관계중앙행정기관의 장과의 협의 및 중앙환경정책위원회의 심의를 거쳐야 한다(동법 제24조 제1항, 동법 제13조 제1항 준용).

(2) **사안의 경우** – 보전지역을 해제 또는 변경하려면 당해 지역주민의 의견을 수렴하여야 하는데, 도지사가 환경보전에 이해를 가지는 자의 의견을 제대로 듣지 아니한 채 일방적으로 해제결정을 하였다면, 자연환경보전법 제24조 제1항 위배된다.

3. 자연환경보전법 제34조 위배여부

(1) **관련 조문**

1) 환경부장관은 토지이용 및 개발계획의 수립이나 시행에 활용할 수 있도록 하기 위하여 자연환경 조사결과를 기초로 하여 전국의 자연환경에 관한 생태·자연도를 작성하여야 한다(동법 제34조 제1항).

2) 환경부장관, 관계 중앙행정기관의 장 또는 지방자치단체의 장은 환경영향평가 대상사업에 대한 협의를 하고자 할 때에는 다음 기준을 고려하여야 하며, 환경부장관은 이를 위하여 생태·자연도를 제공하여야 한다. 1등급 권역은 자연환경의 보전 및 복원, 2등급 권역은 자연환경의 보전 및 개발·이용에 따른 훼손의 최소화, 3등급 권역은 체계적인 개발 및 이용(법시행령 제28조 제1항, 제2항).

(2) 사안의 경우

생태자연도는 환경영향평가 대상사업에 대한 협의를 하고자 할 때 고려되는 기준으로 사안에서는 케이블카 사업에 대한 환경영향평가협의단계는 아니므로 동 규정이 직접 적용되는 것은 아니지만 자연환경보전법상의 목적, 취지 위반이 인정된다.

4. 결론

환경단체 A와 B가 이 사건 처분의 하자로 주장한 내용과 관련하여 자연환경보전법상 제23조 제3항, 제24조 제1항, 제34조 위배가 인정된다.

COMPACT 변시 환경법의 感

제7편
대기환경보전법

제7편 대기환경보전법

대기환경보전법 조문구조 (밑줄은 기출조문입니다)

제1장 총칙
  제1조 목적
  제2조 정의
  제3조 상시 측정 등
  제3조의2 환경위성 관측망의 구축·운영 등
  제4조 측정망설치계획의 결정 등
  제5조 토지 등의 수용 및 사용
  제6조 다른 법률과의 관계
  제7조 대기오염물질에 대한 심사·평가
  제7조의2 대기오염도 예측·발표
  제7조의3 국가 대기질통합관리센터의 지정·위임 등
  <u>제8조 대기오염에 대한 경보</u>
  제9조 기후·생태계 변화유발물질 배출 억제
  제9조의2 국가 기후변화 적응센터 지정 및 평가 등
  제9조의3 삭제 〈2017.11.28〉
  제9조의4 삭제 〈2017.11.28〉
  제10조 대기순환 장애의 방지
  제11조 대기환경개선 종합계획의 수립 등
  제12조 삭제 〈2010.1.13〉
  제13조 장거리이동대기오염물질피해방지 종합대책의 수립 등
  제14조 장거리이동대기오염물질대책위원회
  제15조 장거리이동대기오염물질피해 방지 등을 위한 국제협력

제2장 사업장 등의 대기오염물질 배출 규제
  <u>제16조 배출허용기준</u>
  제17조 대기오염물질의 배출원 및 배출량 조사
  <u>제18조</u> 삭제 〈2019. 4. 2.〉
  <u>제19조</u> 삭제 〈2019. 4. 2.〉
  <u>제20조</u> 삭제 〈2019. 4. 2.〉
  <u>제21조</u> 삭제 〈2019. 4. 2.〉
  <u>제22조 총량규제</u>
  제23조 배출시설의 설치 허가 및 신고
  제24조 다른 법령에 따른 허가 등의 의제
  제25조 사업장의 분류
  제26조 방지시설의 설치 등

제27조 권리와 의무의 승계 등
제28조 방지시설의 설계와 시공
제29조 공동 방지시설의 설치 등
제30조 배출시설 등의 가동개시 신고
제31조 배출시설과 방지시설의 운영
제32조 측정기기의 부착 등
제32조의2 측정기기 관리대행업의 등록
제32조의3 측정기기 관리대행업의 등록취소 등
제33조 개선명령
제34조 조업정지명령 등
제35조 배출부과금의 부과·징수
제35조의2 배출부과금의 감면 등
제35조의3 배출부과금의 조정 등
제35조의4 배출부과금의 징수유예·분할납부 및 징수절차
제36조 허가의 취소 등
제37조 과징금 처분
제38조 위법시설에 대한 폐쇄조치 등
제38조의2 비산배출시설의 설치신고 등
제39조 자가측정
제40조 환경기술인

제3장 생활환경상의 대기오염물질 배출 규제
제41조 연료용 유류 및 그 밖의 연료의 황함유기준
제42조 연료의 제조와 사용 등의 규제
제43조 비산먼지의 규제
제44조 휘발성유기화합물의 규제
제44조의2 도료의 휘발성유기화합물함유기준 등
제44조의3 다른 법률에 따른 변경신고의 의제
제45조 기존 휘발성유기화합물 배출시설에 대한 규제
제45조의2 권리와 의무의 승계 등
제45조의3 휘발성유기화합물 배출 억제·방지시설 검사

제4장 자동차·선박 등의 배출가스 규제
제46조 제작차의 배출허용기준 등
제46조의2 제작차배출허용기준 관련 연구·개발 등에 대한 지원
제47조 기술개발 등에 대한 지원
제48조 제작차에 대한 인증
제48조의2 인증시험업무의 대행

제48조의3 인증시험대행기관의 지정 취소 등

제48조의4 과징금 처분

제49조 인증의 양도·양수 등

제50조 제작차배출허용기준 검사 등

제50조의2 자동차의 평균 배출량 등

제50조의3 평균 배출허용기준을 초과한 자동차제작자에 대한 상환명령 등

제51조 결함확인검사 및 결함의 시정

제52조 부품의 결함시정

제53조 부품의 결함 보고 및 시정

제54조 자동차 배출가스 정보관리 전산망 설치 및 운영

제55조 인증의 취소

제56조 과징금 처분

제57조 운행차배출허용기준

제57조의2(배출가스 관련 부품의 탈거 등 금지)

제58조 저공해자동차의 운행 등

제58조의2(저공해자동차의 보급)

제58조의3(저공해자동차 보급실적의 이월·거래 등)

제58조의4(저공해자동차 보급 기여금)

제58조의5(저공해자동차의 구매·임차 등)

제58조의6(저공해자동차의 구매·임차 계획)

제58조의7(저공해자동차의 구매·임차 실적)

제58조의8(저공해자동차의 구매·임차 촉진을 위한 협조요청)

제58조의9(저공해자동차 관련 정보의 제공 등)

제58조의10(수소연료공급시설 배치계획의 수립)

제58조의11(수소연료공급시설 설치계획의 승인)

제58조의12(인·허가 등의 의제)

제59조 공회전의 제한

제60조 배출가스저감장치 및 공회전제한장치의 인증 등

제60조의2 배출가스저감장치 등의 관리

제60조의3 배출가스저감장치 등의 저감효율 확인검사

제60조의4(배출가스저감장치 등의 수시검사)

제61조 운행차의 수시 점검

제62조 운행차의 배출가스 정기검사

제62조의2 이륜자동차정기검사 업무의 대행

제62조의3 지정정비사업자의 지정 등

제62조의4 지정의 취소 등

제63조 운행차의 배출가스 정밀검사
제64조 삭제 〈2012.2.1〉
제65조 삭제 〈2012.2.1〉
제66조 삭제 〈2012.2.1〉
제67조 삭제 〈2012.2.1〉
제68조 배출가스 전문정비사업의 등록 등
제69조 등록의 취소 등
제69조의2 결격 사유
제70조 운행차의 개선명령
제70조의2 자동차의 운행정지
제71조 삭제 〈2012.2.1〉
제72조 삭제 〈2012.2.1〉
제73조 삭제 〈2012.2.1〉
제74조 자동차연료·첨가제 또는 촉매제의 검사 등
제74조의2 검사업무의 대행
제74조의3 검사대행기관의 지정 취소 등
제75조 자동차연료·첨가제 또는 촉매제의 제조·공급·판매 중지 및 회수
제75조의2 친환경연료의 사용 권고
제76조 선박의 배출허용기준 등

제5장 자동차 온실가스 배출 관리 〈신설 2013.4.5〉
제76조의2 자동차 온실가스 배출허용기준
제76조의3 자동차 온실가스 배출량의 보고
제76조의4 자동차 온실가스 배출량의 표시
제76조의5 자동차 온실가스 배출허용기준 및 평균에너지소비효율기준의 적용·관리 등
제76조의6 과징금 처분
제76조의7 삭제 〈2020. 12. 29.〉
제76조의8 삭제 〈2020. 12. 29.〉

제5장의2 냉매의 관리 〈신설 2017.11.28〉
제76조의9 냉매의 관리기준 등
제76조의10 냉매사용기기의 관리 등
제76조의11 냉매회수업의 등록
제76조의12 냉매회수업자의 준수사항 등
제76조의13 냉매회수업 등록의 취소 등
제76조의14 냉매 판매량 신고
제76조의15 냉매정보관리전산망 설치 및 운영

제6장 보칙 〈개정 2013.4.5〉
    제77조 환경기술인 등의 교육
    제77조의2 친환경운전문화 확산 등
    제77조의3 자전거 이용 우수 기관 지원 등
    제78조 한국자동차환경협회의 설립 등
    제79조 회원
    제80조 업무
    제80조의2 굴뚝자동측정기기협회
    제81조 재정적 · 기술적 지원
    제82조 보고와 검사 등
    제83조 관계 기관의 협조
    제84조 행정처분의 기준
    제85조 청문
    제86조 수수료
    제87조 권한의 위임과 위탁
    제88조 벌칙 적용 시 공무원 의제

제7장 벌칙 〈개정 2013.4.5〉
    <u>제89조 벌칙</u>
    <u>제90조 벌칙</u>
    제90조의2 벌칙
    제91조 벌칙
    <u>제91조의2 벌칙 (신설조문)</u>
    <u>제92조 벌칙</u>
    제93조 벌칙
    제94조 과태료
    제95조 양벌규정

대기환경보전법 시행령 조문구조 (밑줄은 기출조문입니다)
  제1장 총칙
    제1조 목적
    제1조의2(저공해자동차의 종류)
    제1조의3(환경위성 관측망의 구축 · 운영 등)
    제1조의4(대기오염도 예측 · 발표 대상 등)
    제1조의5(국가 대기질통합관리센터의 지정 대상기관)
    제1조의6(통합관리센터의 지정기준)
    제1조의7(통합관리센터의 지정 절차)

제1조의8(통합관리센터의 지정 취소 기준 등)

제2조 대기오염경보의 대상 지역 등 (전면개정)

제2조의2 삭제 〈2022. 3. 25.〉

제2조의3 삭제 〈2022. 3. 25.〉

제3조 삭제 〈2023. 6. 20.〉

제4조 삭제 〈2023. 6. 20.〉

제5조 삭제 〈2023. 6. 20.〉

제6조 삭제 〈2023. 6. 20.〉

제6조의2 삭제 〈2023. 6. 20.〉

제7조 삭제 〈2023. 6. 20.〉

제7조의2 삭제 〈2023. 6. 20.〉

제8조 삭제 〈2023. 6. 20.〉

제9조 삭제 〈2023. 6. 20.〉

제10조 삭제 〈2023. 6. 20.〉

제2장 사업장 등의 대기오염물질 배출 규제

제11조 배출시설의 설치허가 및 신고 등

제12조 배출시설 설치의 제한

제13조 사업장의 분류기준

제14조 방지시설의 설치면제기준

제15조 변경신고에 따른 가동개시신고의 대상규모 등

제16조 시운전을 할 수 있는 시설

제17조 측정기기의 부착대상 사업장 및 종류 등

제18조 측정기기의 개선기간

제19조 굴뚝 원격감시체계 관제센터의 설치·운영

제19조의2 측정결과의 공개

제19조의3(측정기기 관리대행업의 등록기준 등) ① 법 제32조의2제1항 전단에 따라 측정

제20조 배출시설 및 방지시설의 개선기간

제21조 개선계획서의 제출

제22조 개선명령 등의 이행 보고 및 확인

제23조 배출부과금 부과대상 오염물질

제24조 초과부과금 산정의 방법 및 기준

제25조 초과부과금의 오염물질배출량 산정 등

제26조 연도별 부과금산정지수 및 위반횟수별 부과계수

제27조 기본부과금 및 자동측정사업장에 대한 초과부과금의 부과기준일 및 부과기간

제28조 기본부과금 산정의 방법과 기준

제29조 기본부과금의 오염물질배출량 산정 등

제30조 기준이내배출량의 조정 등
제31조 자료의 제출 및 검사 등
제31조의2(징수비용의 교부)
제32조 부과금의 부과면제 등
제33조 부과금의 납부통지
<u>제34조 부과금의 조정</u>
제35조 부과금에 대한 조정신청
제36조(부과금의 징수유예·분할납부 및 징수절차)
제37조(신용카드 등에 의한 배출부과금의 납부)
제38조 과징금 부과대상
제38조의2 비산배출의 저감대상 업종
제39조 환경기술인의 자격기준 및 임명기간

제3장 생활환경상의 대기오염물질 배출 규제
제40조 저황유의 사용
제41조 저황유 외의 연료사용
제42조 고체연료의 사용금지 등
제43조 청정연료의 사용
<u>제44조 비산먼지 발생사업</u>
제45조 휘발성유기화합물의 규제 등
제45조의2(도료의 휘발성유기화합물함유기준 초과 시 조치명령 등)

제4장 자동차·선박 등의 배출가스 규제
제46조 배출가스의 종류
제47조 인증의 면제·생략 자동차
제47조의2(과징금 부과기준) ① 법 제48조의4제2항에 따른 과징금의 부과기준은 다음 각
제48조 제작차배출허용기준 검사의 종류 등
제49조 제작차배출허용기준 검사의 생략
제49조의2(자동차의 교체·환불·재매입 명령)
제50조(부품의 결함시정 현황 및 결함원인 분석 현황의 보고)
제50조의2 결함시정 현황 보고의 요건
제51조(부품의 결함시정 명령의 요건)
제52조 과징금 산정 등
<u>제52조의2 저공해자동차를 보급해야하는 자동차판매자의 범위</u> (신설조문)
<u>제52조의3 무공해자동차</u> (신설조문)
<u>제52조의4 저공해자동차 보급 기여금</u> (신설조문)
<u>제52조의5 저공해자동차의 구매·임차 대상 기관 등</u> (신설조문)
<u>제52조의6 수소연료공급시설 설치계획의 승인 등</u> (신설조문)

제53조 이륜자동차정기검사 전문기관

제54조 운행차 배출가스 정밀검사의 시행지역

제55조 삭제 〈2013.1.31〉

제56조 전문정비사업의 등록기준

제57조 전문정비사업의 등록사항 변경

제58조 삭제 〈2009.6.30〉

제59조 삭제 〈2009.6.30〉

제60조 선박 대기오염물질의 종류

제4장의2 자동차 온실가스 배출 관리 〈신설 2014.2.5〉

제60조의2 매출액 범위

제60조의3(과징금 산정방법 등)

제4장의3 냉매의 관리 〈신설 2018.11.27〉

제60조의4(냉매회수업의 등록기준)

제5장 보칙

제61조 재정지원의 대상·절차 및 방법

제62조 관계 기관의 협조

제62조의2 전산정보처리시스템의 설치·운영

제63조 권한의 위임

제64조(대기오염 관리를 위한 점검·확인 등)

제65조 보고

제66조(업무의 위탁)

제66조의2 규제의 재검토

제66조의3 고유식별정보의 처리

제67조 과태료

2022년도 시행 제11회 변호사시험

〈제1문〉

甲은 2013. 5. A시 ○○구 자연녹지지역에 레미콘·아스콘공장(이하 '아스콘공장'이라 한다)을 설립하면서 대기환경보전법상 대기오염물질 배출시설로 신고·운영해 오고 있다. 아스팔트를 주된 원료로 사용하는 아스콘공장은 설치 당시부터 지금까지 1급 발암물질의 일종인 벤조a피렌을 배출하고 있다. 아스콘공장 주변 1km 안에는 乙을 포함하여 약 2만1천 명의 지역주민이 거주하고 있으며, 아스콘공장은 벤조a피렌을 연간 11t 배출하고 있다. 乙과 지역주민들은 아스콘공장이 설립된 후부터 폐암과 천식 등 호흡기 질환으로 건강상 위해를 입었다고 주장하고 있다. 최근 벤조a피렌과 위 질환 간에 역학적 상관관계가 있다는 의학계의 발표가 있었다. 2020. 1. 1. 개정 대기환경보전법은 특정대기유해물질로 벤조a피렌을 새로이 추가하였다. 개정 전까지 해당 물질을 배출하는 시설은 대기환경보전법상 설치허가 대상 배출시설이 아니었다. A시장은 2020. 6. 아스콘공장에서 배출되는 벤조a피렌의 농도를 측정하였고, 그 결과는 12ng/㎥이었다.

2. 벤조a피렌을 배출하는 시설이 대기오염물질배출시설 설치허가 대상인지 여부를 검토하고 (10점), A시장이 아스콘공장의 배출시설 설치를 제한할 수 있는지 여부(20점)를 검토하시오. (30점)

3. 「국토의 계획 및 이용에 관한 법률」 제76조에 의하면 자연녹지지역에는 특정대기유해물질 배출시설의 설치가 금지되고 있다. 이러한 경우, A시장이 취할 수 있는 대기환경보전법상 조치에 대하여 검토하시오. (10점)

[참조 조문]
※ 대기환경보전법 시행규칙 제24조의2(설치허가 대상 특정대기유해물질 배출시설의 적용기준) 시행령 제11조 제1항 제1호에서 "환경부령으로 정하는 기준"이란 [별표 8의2]에 따른 기준을 말한다.

■ 대기환경보전법 시행규칙 [별표 8의2]

배출시설설치허가 대상 특정대기유해물질 배출시설의 적용기준(제24조의2 관련)

물 질 명	기준농도
다환방향족 탄화수소류(벤조a피렌)	10ng/㎥
……이하 생략	……이하 생략

문제해설 [2022년 제11회 변시 제1문] 문제 2. 해설

1. 문제
(1) 벤조a피렌 배출시설의 설치허가 대상 여부, (2) A 시장의 설치허가 제한 여부가 문제된다.

2. 설치허가 대상 여부

(1) 대기환경보전법 제23조 제1항
배출시설을 설치하려는 자는 대통령령으로 정하는 바에 따라 시·도지사의 허가를 받거나 시·도지사에게 신고하여야 한다. 다만, 시·도가 설치하는 배출시설, 관할 시·도가 다른 둘 이상의 시·군·구가 공동으로 설치하는 배출시설에 대해서는 환경부장관의 허가를 받거나 환경부장관에게 신고하여야 한다.

(2) 대기환경보전법 시행령 제11조 제1항 제1호
법 제23조제1항에 따라 설치허가를 받아야 하는 대기오염물질배출시설(이하 "배출시설"이라 한다)은 특정대기유해물질이 환경부령으로 정하는 기준 이상으로 발생되는 배출시설을 말한다.

(3) 대기환경보전법 시행규칙 제24조의2
영 제11조제1항제1호에서 "환경부령으로 정하는 기준"이란 별표 8의2에 따른 기준을 말한다.

(4) 사안의 경우
甲이 신고·운영해 오는 아스콘 공장의 벤조a피렌의 배출농도 측정결과는 12ng/㎥이고, 설치허가 요건이 적용되는 기준농도는 10ng/㎥을 초과하는바, 설치허가 대상에 해당된다.

3. A 시장의 설치허가 제한 여부

(1) 대기환경보전법 제23조 제8항
환경부장관 또는 시·도지사는 배출시설로부터 나오는 특정대기유해물질이나 특별대책지역의 배출시설로부터 나오는 대기오염물질로 인하여 환경기준의 유지가 곤란하거나 주민의 건강·재산, 동식물의 생육에 심각한 위해를 끼칠 우려가 있다고 인정되면 대통령령으로 정하는 바에 따라 특정대기유해물질을 배출하는 배출시설의 설치 또는 특별대책지역에서의 배출시설 설치를 제한할 수 있다.

(2) 대기환경보전법시행령 제12조 제1호
환경부장관 또는 시·도지사는 배출시설 설치지점으로부터 반경 1킬로미터 안의 상주 인구가 2만명 이상인 지역으로서 특정대기유해물질 중 한 가지 종류의 물질을 연간 10톤 이상 배출하거나 두 가지 이상의 물질을 연간 25톤 이상 배출하는 시설을 설치하는 경우에는 설치를 제한할 수 있다.

(3) 사안의 경우
배출시설 설치지점인 아스콘공장으로부터 주변 1Km 안에 약 2만 1천명의 지역주민이 거주하고 있고, 특정대기유해물질인 벤조a피렌을 연간 11t을 배출하고 있는 점에서, 대기환경보전법 시행령 제12조 제1호 요건을 충족하는바, A시장은 아스콘 공장의 배출시설 설치허가를 제한할 수 있다.

4. 결론

(1) 벤조a피렌을 배출하는 아스콘 공장은 대기오염물질 배출시설 설치허가 대상에 해당하고, (2) A시장은 대기환경보전법 제23조 제8항과 동법 시행규칙 제12조 제1호를 근거로 배출시설 설치를 제한할 수 있다.

문제해설 [2022년 제11회 변시 제1문] 문제 3. 해설

1. 문제

자연녹지지역에 특정대기유해물질 배출시설의 설치가 금지되고 있음에도 아스콘 공장을 운영하는 甲에게 A시장이 취할 수 있는 대기환경보전법상의 조치가 문제 된다.

2. 위법시설에 대한 폐쇄조치

(1) 대기환경보전법 제38조

시·도지사는 배출시설의 설치허가를 받지 아니하거나 신고를 하지 아니하고 배출시설을 설치하거나 사용하는 자에게는 그 배출시설의 사용 중지를 명하여야 한다. 다만, 그 배출시설을 개선하거나 방지시설을 설치·개선하더라도 그 배출시설에서 배출되는 오염물질의 정도가 배출허용기준 이하로 내려갈 가능성이 없다고 인정되는 경우 또는 그 설치장소가 다른 법률에 따라 그 배출시설의 설치가 금지된 경우에는 그 배출시설의 폐쇄를 명하여야 한다.

(2) 사안의 경우

甲이 신고·운영해 오는 아스콘공장의 설치장소는 자연녹지지역으로, 국토의 계획 및 이용에 관한 법률에 제76조에 따라 배출시설의 설치가 금지된 경우에 해당하는바, 배출시설의 폐쇄를 명하여야 한다.

3. 배출부과금의 부과 징수

(1) 대기환경보전법 제35조 제1항 제2호

시·도지사는 대기오염물질로 인한 대기환경상의 피해를 방지하거나 줄이기 위하여 대기환경보전법 규정에 따른 허가를 받지 아니하거나 신고를 하지 아니하고 배출시설을 설치 또는 변경한 자에 대하여 배출부과금을 부과·징수한다.

(2) 사안의 경우

A시장은 2020. 1. 1. 개정으로 대기환경보전법상 특정대기유해물질로 새롭게 추가된 벤조a피렌을 배출하는 甲이 신고·운영해 오는 아스콘공장에 대하여 배출부과금을 부과·징수한다.

4. 결론

A 시장은 甲에게 해당 시설의 폐쇄조치를 명하거나 법 개정으로 인해 배출 부과금 부과 대상에 해당함을 이유로 배출 부과금을 부과징수하는 조치를 한다.

2016년도 시행 제5회 변호사시험

〈제2문〉

　A주식회사는 2013. 3. 'Q'라는 모델의 대형 승용차를 출시하였다. 대형 승용차의 제작차배출허용기준은 일산화탄소 4.0g/kWh, 질소산화물 0.40g/kWh, 탄화수소(배기관가스) 0.14g/kWh이었으며, A주식회사는 대기환경보전법령에 따른 제작차배출허용기준에 맞춰 자동차를 생산할 수 있는 기술을 보유하고 있었다.

　하지만 제작차배출허용기준을 준수하면서 A주식회사가 공시한 리터당 18㎞의 연소효율(연비)을 유지하기 위해서는 차량 1대당 약 500만 원의 생산원가가 추가로 투입되어야 했다.

　이 문제를 고민하던 A주식회사의 경영진은 제작차배출허용기준에 맞추기 위해 필요한 공장 설비 개선 등의 조치를 취하지 않고 'Q' 모델 승용차를 제작하여 판매하기로 결정하였다. 그리고 프로그램 조작을 통해 제작차배출허용기준을 준수한 것처럼 인증기관을 기망하여 「대기환경보전법」 제48조에 따라 인증을 받았다.

　2013. 5.경 기존 4차로에서 6차로로 확장되어 차량 통행량이 2배 이상 증가한 ○○순환도로 인근에 살고 있는 甲은 제작차배출허용기준을 위반한 제작행위로 인해 천식이 발병되고 악화되었음을 이유로 국내 자동차 시장 점유율이 70%에 이르는 A주식회사를 상대로 배상을 청구하는 한편, ○○순환도로의 관리주체인 서울특별시를 상대로 배상을 청구하고자 한다.

[참조조문]

「대기환경보전법 시행규칙」 [별표 17] 제작차배출허용기준

　사. 2013년 1월 1일 이후

| 차 종 | 일산화탄소 | 질소산화물 | 탄화수소 | | | 포름알데히드 | 측정방법 |
			배기관가스	블로바이가스	증발가스		
대형 승용·화물 초대형 승용·화물	4.0 g/kWh 이하	0.40 g/kWh 이하	0.14 g/kWh 이하	0g/1주행	-	-	WHTC 모드

1. 'Q' 모델 승용차 판매행위와 관련하여 「대기환경보전법」상 환경부장관이 A주식회사에 대하여 취할 수 있는 조치와 그 근거를 설명하시오. (25점)

문제해설 [2016년 제5회 변시 제2문] 문제 1. 해설

1. 문제
대기환경보전법상의 환경부장관의 조치가 문제된다.

2. 환경부장관의 조치

(1) 판매정지, 부품교체 명령
1) 관련 조문 – 환경부장관은 제작차배출허용기준 검사 결과 불합격된 자동차의 제작자에게 그 자동차와 동일한 조건으로 환경부장관이 정하는 기간에 생산된 것으로 인정되는 같은 종류의 자동차에 대하여 판매정지 또는 출고정지를 명할 수 있고, 이미 판매된 자동차에 대하여는 배출가스 관련 부품의 교체를 명할 수 있다(대기환경보전법 제50조 제7항).

2) 사안의 경우 – 환경부장관는 A회사가 프로그램 조작을 통해 검사 결과에 불합격될 Q모델 자동차를 판매하였는바, 판매정지 또는 출고정지를 명할 수 있고, 이미 판매된 자동차에 대하여는 부품교체를 명할 수 있다.

(2) 결함시정명령
1) 관련 조문 – 환경부장관은 결함확인검사에서 검사 대상차가 제작차배출허용기준에 맞지 아니하다고 판정되고, 그 사유가 자동차제작자에게 있다고 인정되면 그 차종에 대하여 결함을 시정하도록 명하여야 한다(대기환경보전법 제51조 제4항).

2) 사안의 경우 – 환경부장관은 A회사에 Q모델 자동차에 대한 결함시정을 명하여야 한다.

(3) 인증취소
1) 관련 조문 – 환경부장관은 거짓이나 그 밖의 부정한 방법으로 인증을 받은 경우에는 인증을 취소해야 한다(대기환경보전법 제55조 제1호).

2) 사안의 경우 – A회사는 프로그램 조작을 통해 제작차배출허용기준을 준수한 것처럼 인증기관을 기망하여 「대기환경보전법」 제48조에 따라 인증을 받았는바, 환경부장관은 A회사 Q모델에 대한 인증을 취소할 수 있다.

(4) 과징금 부과
1) 관련 조문 – 환경부장관은 자동차제작자가 거짓이나 그 밖의 부정한 방법으로 제48조에 따른 인증을 받은 경우에는 그 자동차제작자에 대하여 매출액에 100분의 5를 곱한 금액을 초과하지 아니하는 범위에서 과징금을 부과할 수 있다. 이 경우 과징금의 금액은 500억 원을 초과할 수 없다(대기환경보전법 제56조 제1항 제2호).

2) 사안의 경우 – A회사는 거짓인증 받아 Q모델 자동차를 판매하였는바, Q모델 자동차 매출액의 5%의 범위 내에서 과징금을 부과할 수 있고, 이는 500억 원을 초과할 수 없다.

(5) 형사고발

1) 관련 조문 – 결함시정명령을 위반한 자의 경우에는 5년 이하의 징역이나 5천만 원 이하의 벌금에 처한다(대기환경보전법 제90조 제7호).

2) 사안의 경우 – A회사가 환경부장관의 결함시정명령에 위반하는 경우에는 형사고발조치를 할 수 있다.

3. 결론

환경부장관은 (1) 판매정지, 부품교체 명령, (2) 결함시정명령, (3) 인증취소, (4) 과징금 부과, (5) 형사고발 등의 조치를 취할 수 있다.

2012년도 시행 제1회 변호사시험

〈제1문〉

A기업은 1970년대부터 B광역시에 속하는 X지역에서 시멘트 공장을 운영하여 왔다. 1980년대 이후 X지역이 개발되면서 인근에 주택가가 들어서게 되었고, 옥외에 널어놓은 세탁물이 검게 변할 정도로 많은 먼지가 날려 인근 주민들의 항의가 지속적으로 제기되었다.

오랫동안 X지역 주민의 민원제기가 이어지자 해당 지방자치단체에서는 일정 기간을 정하여 이 지역의 대기오염 정도를 측정하였다. 측정 결과 먼지의 농도는 대기환경보전법상의 배출허용기준을 초과하지는 않았지만 환경정책기본법상의 환경기준의 기준치는 초과하였다.

한편, 1990년부터 시멘트 공장에서 500미터 떨어진 곳에 거주하는 甲은 수년전부터 호흡기 장애 증상이 나타나기 시작하여 병원치료를 받아왔고 천식으로 발전하여 그동안 다량의 천식약을 복용하여 왔다. 그러나 증세가 호전되지 않아 흉강경 조직검사를 한 결과 분진의 침착으로 인한 진폐증 진단을 받았다. 현재 X지역 주민의 상당수가 호흡기 장애 증상을 보이는 것으로 나타났다.

1. 국가 또는 지방자치단체가 환경기준 초과를 근거로 대기환경보전법에 따라 X지역에 대하여 취할 수 있는 조치를 검토하시오. (20점)
2. A가 시멘트 운송업에 진출하려고 하자 지역 주민들은 시멘트 운송차량이 통행하면서 대기 중에 직접 배출하는 먼지의 피해를 우려하고 있다. A가 시멘트 운송업을 하기 위해 거쳐야 하는 절차와 조치에 대하여 설명하고, 이를 제대로 이행하지 않은 경우 관할 행정청은 어떠한 조치를 취할 수 있는지 대기환경보전법에 근거하여 검토하시오. (20점)

문제해설 [2012년 제1회 변시 제1문] 문제 1. 해설

1. 문제

대기오염정도가 환경기준을 초과하는 경우에 국가 또는 지자체가 대기환경보전법상 가능한 조치가 문제된다.

2. 대기환경보전법상 가능한 조치

(1) 대기오염경보발령

1) 관련 조문 - 시·도지사는 대기오염도가「환경정책기본법」제12조에 따른 대기에 대한 환경기준을 초과하여 주민의 건강·재산이나 동식물의 생육에 심각한 위해를 끼칠 우려가 있다고 인정되면 그 지역에 대기오염경보를 발령할 수 있다(대기환경보전법 제8조 제1항).

2) 사안의 경우 - B광역시장은 X지역에 대기오염경보를 발령할 수 있다.

(2) 배출허용기준강화

1) 관련 조문 - 광역시는 「환경정책기본법」 제12조제3항에 따른 지역 환경기준의 유지가 곤란하다고 인정되거나 제18조에 따른 대기환경규제지역의 대기질에 대한 개선을 위하여 필요하다고 인정되면 그 시·도 또는 대도시의 조례로 제1항에 따른 배출허용기준보다 강화된 배출허용기준을 정할 수 있다(대기환경보전법 제16조 제3항).

2) 사안의 경우 - B광역시장은 X지역에 배출허용기준보다 강화된 배출허용기준을 정할 수 있다.

(3) 엄격한 배출허용기준설정

1) 관련 조문 - 환경부장관은 「환경정책기본법」 제38조에 따른 특별대책지역의 대기오염 방지를 위하여 필요하다고 인정하면 그 지역에 설치된 배출시설에 대하여 제1항의 기준보다 엄격한 배출허용기준을 정할 수 있으며, 그 지역에 새로 설치되는 배출시설에 대하여 특별배출허용기준을 정할 수 있다(대기환경보전법 제16조 제6항).

2) 사안의 경우 - 환경부장관은 X지역에 설치된 배출시설에 대하여 배출허용기준보다 엄격한 배출허용기준을 정할 수 있으며, X지역에 새로 설치되는 배출시설에 대하여 특별배출허용기준을 정할 수 있다.

3. 결론

(1) B광역시장은 X지역에 대기환경보전법 제8조 제1항을 근거로 대기오염경보를 발령할 수 있고, 동법 제16조 제3항에 의거하여 배출허용기준보다 강화된 배출허용기준을 정할 수 있다.

(2) 환경부장관은 X지역에 대기환경보전법 제16조 제6항을 근거로 배출시설에 대한 특별배출허용기준을 설정할 수 있다.

문제해설 [2012년 제1회 변시 제1문] 문제 2. 해설

1. 문제
(1) A가 시멘트 운송업을 위해 거쳐야 하는 절차와 조치, (2) 불이행시의 행정청의 조치가 문제된다.

2. A가 시멘트 운송업을 위해 거쳐야 하는 절차와 조치
(1) **관련 조문** – 비산먼지를 발생시키는 시멘트 운송업 사업을 하려는 자는 관할 행정청에 신고하고 비산먼지의 발생을 억제하기 위한 시설을 설치하거나 필요한 조치를 하여야 한다(대기환경보전법 제43조 제1항, 시행령 제44조 제6호).

(2) **사안의 경우** – A가 시멘트 운송업을 시작하기 위해서는 비산먼지의 발생을 억제하기 위한 시설을 설치하거나 필요한 조치를 하고, B광역시장에게 시멘트 운송업 사업을 신고해야 한다.

3. 불이행시 행정청의 조치
(1) **개선명령**
  1) 관련 조문 – 시장은 사업자가 비산먼지의 발생을 억제하기 위한 시설의 설치 또는 필요한 조치를 하지 아니하거나 그 시설이나 조치가 적합하지 아니하다고 인정하는 경우에는 그 사업자에게 필요한 시설의 설치나 조치의 이행 또는 개선을 명할 수 있다(대기환경보전법 제43조 제4항).
  2) 사안의 경우 – B광역시장은 A가 비산먼지 발생을 억제하기 위한 시설을 설치하지 아니한 경우에는 그 설치의 이행을 명하고, 설치가 비산먹지 발생을 억제하는데 적합하지 아니한 경우에는 그 개선을 명할 수 있다.

(2) **사업중지명령**
  1) 관련 조문 – 시장은 개선명령을 이행하지 아니하는 자에게는 그 사업을 중지시키거나 시설 등의 사용 중지 또는 제한하도록 명할 수 있다(대기환경보전법 제43조 제5항).
  2) 사안의 경우 – B광역시장은 A가 개선명령을 이행하지 아니하는 경우에는 시멘트 사업을 중지 또는 가동을 제한하도록 명할 수 있다.

4. 결론
(1) A는 B광역시장에게 시멘트 운송업 사업을 신고하기 전에 비산먼지의 발생을 억제하기 위한 시설을 설치하거나 필요한 조치를 하여야 한다.

(2) B광역시장은 A가 필요한 조치를 하지 아니하고 사업을 하는 경우에는 개선명령을 명하고, 이를 이행하지 아니하는 경우에는 사업중지 또는 제한명령을 할 수 있다.

2023년도 제3회 변호사시험 모의시험

〈제1문〉

甲 회사는 자동차의 정비, 판금 및 도장 등의 서비스업을 영위하기 위해 관할관청으로부터 대기오염물질 배출시설인 '도장시설(120㎥×1기)'과 대기오염물질 방지시설인 '흡착시설(450㎥/분)'을 허가받아 운영하고 있다. 甲 회사는 허가 신청 당시 도장시설의 용도를 도색 후 자연건조 방식으로 운영하겠다고 해 허가받았다. 그런데 이후 자연건조 방식이, 의도하는 수준의 작업 속도가 확보되지 않자 건조 진행 속도를 높이기 위해 허가 사항과 달리 임의로 열풍 시설을 용도 추가해 도장시설을 운영하고 있다.

한편 방지시설인 흡착시설의 내부에 충전하는 활성탄은 일정 시간 사용 후 교환해야 한다. 그러나 甲 회사는 활성탄 교체 비용을 줄이고자 오염물질이 흡착된 활성탄을 주기적으로 교환하지 아니하고 우회배출관로를 설치해 발암성과 악취를 유발하는 벤젠, 톨루엔 등이 함유된 오염물질을 대기로 배출하고 있다.

위 배출시설 주변 지역 주민들은 근래 원인 모를 악취로 두통을 겪거나 불쾌감을 느끼는 등 신체 및 생활 측면에서 상당한 고통을 겪고 있다. 지역 주민들은 주변에 악취를 유발할 시설이 달리 없어 위 배출시설이 원인이라고 주장하고 있다. 하지만 甲 회사는 악취의 원인이 자신의 배출시설인지는 명확한 증거가 없다고 주민들의 주장을 반박하고 있다.

1. 甲 회사의 대기환경보전법 위반 여부와 관할 행정청이 대기환경보전법에 따라 취할 수 있는 행정조치(금전 부과 처분은 제외)를 검토하시오. (40점)

2. 甲 회사는 자신의 행위가 대기환경보전법 위반에 해당한다면 조업정지 대신 과징금을 부과해 줄 것을 관할 행정청에 요청하고 있다. 이 경우 관할 행정청이 과징금을 부과할 수 있는지 검토하시오. (15점)

문제해설 [2023년 제3차 제1문] 문제 1. 해설

1. 문제

대기오염물질 배출시설 변경허가 미이행 위반사실 및 대기오염물질배출방지시설 비정상 가동에 대한 관할행정청의 행정조치가 문제 된다.

2. 대기오염물질 배출시설 변경허가 미이행 위반사실에 대한 관할행정청의 조치

(1) 관련 조문

1) 대기환경보전법 제23조 제2항

제1항에 따라 허가를 받은 자가 허가받은 사항 중 대통령령으로 정하는 중요한 사항을 변경하려면 변경허가를 받아야 하고, 그 밖의 사항을 변경하려면 변경신고를 하여야 한다.

2) 대기환경보전법 시행령 제11조 제4항 제2호

법 제23조 제2항에서 "대통령령으로 정하는 중요한 사항"이란 법 제23조 제1항 또는 제2항에 따른 설치허가 또는 변경허가를 받은 배출시설의 용도 추가를 말한다.

3) 대기환경보전법 제36조 제1항 제3호

환경부장관 또는 시·도지사는 사업자가 제23조 제2항에 따른 변경허가를 받지 아니하거나 변경신고를 하지 아니한 경우에는 배출시설의 설치허가 또는 변경허가를 취소하거나 배출시설의 폐쇄를 명하거나 6개월 이내의 기간을 정하여 배출시설 조업정지를 명할 수 있다.

4) 대기환경보전법 제89조 제1호

제23조 제2항에 따른 허가나 변경허가를 받지 아니하거나 거짓으로 허가나 변경허가를 받아 배출시설을 설치 또는 변경하거나 그 배출시설을 이용하여 조업한 자는 7년 이하의 징역이나 1억 원 이하의 벌금에 처한다.

(2) 사안의 경우

1) 기존 도장시설에 임의로 열풍 시설을 용도 추가해 사용하는 것은, 미리 변경허가를 받아야 할 중요한 사항이므로 대기환경보전법 제23조 제2항 위반에 해당한다.
2) 이러한 위반 사실에 대하여 관할 행정청은 배출시설의 설치허가 또는 변경허가를 취소하거나 배출시설의 폐쇄를 명하거나 6개월 이내의 기간을 정하여 조업정지를 명할 수 있다.
3) 또한, 형사고발 조치를 취하여 7년 이하의 징역이나 1억 원 이하의 벌금에 처할 수 있다.

3. 대기오염물질 배출 및 방지시설 비정상 가동에 대한 관할행정청의 조치

(1) 관련 조문

1) 대기환경보전법 제31조 제1항 제2호, 제5호

사업자는 배출시설과 방지시설을 운영할 때에는 방지시설을 거치지 아니하고 오염물질을 배출할 수 있는 공기 조절장치나 가지 배출관 등을 설치하는 행위, 그 밖에 배출시설이나 방지시설을 정당한

사유 없이 정상적으로 가동하지 아니하여 배출허용기준을 초과한 오염물질을 배출하는 행위를 하여서는 아니 된다.

  2) 대기환경보전법 제36조 제1항 제6호
  환경부장관 또는 시·도지사는 사업자가 제31조에 해당하는 경우에는 배출시설의 설치허가 또는 변경허가를 취소하거나 배출시설의 폐쇄를 명하거나 6개월 이내의 기간을 정하여 배출시설 조업정지를 명할 수 있다.

  3) 대기환경보전법 제89조 제3호
  환경부장관 또는 시·도지사는 사업자가 제31조 제1항 제5호에 해당되는 행위를 한 자는 7년 이하의 징역이나 1억원 이하의 벌금에 처한다.

  4) 대기환경보전법 제90조 제2호
  제31조 제1항 제2호에 해당하는 행위를 한 자는 5년 이하의 징역이나 5천만 원 이하의 벌금에 처한다.

(2) 사안의 경우

  1) 가지 배출관을 설치하거나 그 밖에 방지시설을 비정상 가동함으로써 배출허용기준을 초과한 오염물질 배출행위를 한 자는 대기환경보전법 제31조 제1항 제2호, 제5호 위반에 해당한다.

  2) 이러한 위반 사실에 대하여 관할 행정청은 배출시설의 설치허가 또는 변경허가를 취소하거나 배출시설의 폐쇄를 명하거나 6개월 이내의 기간을 정하여 조업정지를 명할 수 있다.

  3) 또한, 형사고발 조치를 취하여 7년 이하의 징역이나 1억 원 이하의 벌금, 5년 이하의 징역이나 5천만 원 이하의 벌금에 처할 수 있다.

4. 결론

甲 회사는 대기환경보전법 제23조 제2항, 제31조 제1항, 제36조 제1항을 위반하였는바, 관할행정청은 설치변경허가취소 또는 조업정지, 형사고발 조치 등을 할 수 있다.

문제해설 [2023년 제3차 제1문] 문제 2. 해설

1. 문제
관할행정청이 조업정지 대신 과징금을 부과할 수 있는지 여부가 문제된다.

2. 관할행정청의 조업정지 대체과징금 부과 가부

(1) 관련 조문

1) 대기환경보전법 제37조 제1항 제6호

　환경부장관 또는 시·도지사는 제조업의 배출시설에 해당하는 배출시설을 설치·운영하는 사업자에 대하여 제36조 제1항에 따라 조업정지를 명하여야 하는 경우로서 그 조업정지가 주민의 생활, 대외적인 신용·고용·물가 등 국민경제, 그 밖에 공익에 현저한 지장을 줄 우려가 있다고 인정되는 경우 등 그 밖에 대통령령으로 정하는 경우에는 조업정지처분을 갈음하여 매출액에 100분의 5를 곱한 금액을 초과하지 아니하는 범위에서 과징금을 부과할 수 있다.

2) 대기환경보전법 제37조 제2항 제2호

　제31조 제1항의 금지행위를 한 경우로서 30일 이상의 조업정지처분을 받아야 하는 경우에는 조업정지처분을 갈음하여 과징금을 부과할 수 없다.

(2) 사안의 경우

甲 회사가 제조업 배출시설인 경우에는 조업정지를 과징금 부과로 대체할 수 있다. 다만, 배출 및 방지시설 비정상가동으로 인한 조업정지처분 일수가 30일 이상인 경우에는 대체과징금을 부과할 수 없다.

3. 결론
관할행정청은 과징금을 부과할 수 없다.

2022년도 제2회 변호사시험 모의시험

〈제2문〉

A시에서 甲은 1999년 폐기물중간처리업허가를 받고 폐기물중간처리시설(폐기물 소각)을 설치하여 가동중에 있다. 최근 조사결과, 甲의 시설에서 특정대기유해물질이자 1급발암물질인 다이옥신이 배출허용기준보다 5배 이상 배출된 것이 확인되었다. 다이옥신은 무색, 무취의 맹독성 화학물질로 청산가리보다 1만 배 강한 독성을 가지고 있으며, 인체에 흡수되면 반영구적으로 축적되어 피부질환, 면역력 감소, 기형아 출산, 암유발 등을 일으킬 수 있는 유해물질로 알려져 있다. 조사과정에서 설비용량 불법 증설과 과다소각 사실 및 굴뚝자동측정기기(TMS)를 조작한 사실이 확인되었다.

한편 乙은 A시 소재 토지의 소유자로서 관할 유역환경청장 B로부터 폐기물처리사업계획서 적합통보(1일 처리능력 91.2t)를 받은 다음, A시의 시장(이하 'A시장'이라 한다)에게 폐기물처분(소각)시설을 설치하기 위한 건축허가(「국토의 계획 및 이용에 관한 법률」 제56조에 따른 개발행위허가 포함)를 신청하였다.

A시는 전국면적의 약 1%를 차지하고 있으나 환경부 통계에 따르면 폐기물소각시설 용량은 전국 시설용량의 약 18%로 과도하게 밀집되어 있으며, A시에 위치한 6개의 소각업체 중 3개 업체가 乙의 신청지역 인접지역에서 운영 중이다. 소각시설 밀집으로 인한 A시 주민의 환경피해 및 주민건강 위협 사항에 대하여 현재 환경부의 '주민건강역학조사'가 추진되고 있다. 「대기환경보전법」 및 관련 법령상 행정처분권한이 A시장에게 위임되었다고 가정하고 아래의 문제에 답하시오.

1. 甲의 「대기환경보전법」 위반여부를 검토하고 A시장이 취할 수 있는 조치를 검토하시오. (30점)

2. 乙의 사업예정지로부터 2㎞ 정도 떨어진 곳에 거주하고 있는 주민 丙이 B를 상대로 이 사건 폐기물처리사업계획서 적합통보에 대하여 취소소송을 제기하는 경우 원고적격 및 항고소송의 대상적격을 검토하시오. (30점)

3. 乙은 자신이 환경부로부터 「폐기물관리법」상 폐기물처리사업계획서에 대한 적합통보를 받았으므로 A시장은 개발행위허가 처분을 하여야 한다고 주장한다. 乙의 주장의 타당성을 검토하시오. (20점)

〈참조법령〉

국토의 계획 및 이용에 관한 법률

제56조(개발행위의 허가) ① 다음 각 호의 어느 하나에 해당하는 행위로서 대통령령으로 정하는 행위(이하 "개발행위"라 한다)를 하려는 자는 특별시장·광역시장·특별자치시장·특별자치도지사·

시장 또는 군수의 허가(이하 "개발행위허가"라 한다)를 받아야 한다. 다만, 도시·군계획사업(다른 법률에 따라 도시·군계획사업을 의제한 사업을 포함한다)에 의한 행위는 그러하지 아니하다.
  1. 건축물의 건축 또는 공작물의 설치

제57조(개발행위허가의 절차) ① 개발행위를 하려는 자는 그 개발행위에 따른 기반시설의 설치나 그에 필요한 용지의 확보, 위해(危害) 방지, 환경오염 방지, 경관, 조경 등에 관한 계획서를 첨부한 신청서를 개발행위허가권자에게 제출하여야 한다. 이 경우 개발밀도관리구역 안에서는 기반시설의 설치나 그에 필요한 용지의 확보에 관한 계획서를 제출하지 아니한다. 다만, 제56조제1항제1호의 행위 중 「건축법」의 적용을 받는 건축물의 건축 또는 공작물의 설치를 하려는 자는 「건축법」에서 정하는 절차에 따라 신청서류를 제출하여야 한다.

제58조(개발행위허가의 기준) ① 특별시장·광역시장·특별자치시장·특별자치도지사·시장 또는 군수는 개발행위허가의 신청 내용이 다음 각 호의 기준에 맞는 경우에만 개발행위허가 또는 변경허가를 하여야 한다.
  4. 주변지역의 토지이용실태 또는 토지이용계획, 건축물의 높이, 토지의 경사도, 수목의 상태, 물의 배수, 하천·호소·습지의 배수 등 주변환경이나 경관과 조화를 이룰 것

국토의 계획 및 이용에 관한 법률 시행령

제56조(개발행위허가의 기준) ① 법 제58조제3항에 따른 개발행위허가의 기준은 별표 1의2와 같다.

별표 1의2 제1호 (라)목 (2)항 개발행위로 인하여 당해 지역 및 그 주변지역에 대기오염·수질오염·토질오염·소음·진동·분진 등에 의한 환경오염·생태계파괴·위해발생 등이 발생할 우려가 없을 것. 다만, 환경오염·생태계파괴·위해발생 등의 방지가 가능하여 환경오염의 방지, 위해의 방지, 조경, 녹지의 조성, 완충지대의 설치 등을 허가의 조건으로 붙이는 경우에는 그러하지 아니하다.

문제해설 [2022년 제2차 제2문] 문제 1. 해설

1. 문제

(1) 다이옥신 배출허용기준 초과 배출, (2) 설비용량 불법 증설과 과다소각, (3) 굴뚝 자동측정기(TMS) 조작에 따른 대기환경보전법 위반 여부와 그에 대한 A 시장의 조치가 문제 된다.

2. 다이옥신 배출허용기준 초과 배출과 관련하여

(1) 대기환경보전법 제31조 제1항 제5호 위반

사업자는 배출시설과 방지시설을 운영할 때에는 그 밖에 배출시설이나 방지시설을 정당한 사유 없이 정상적으로 가동하지 아니하여 배출허용기준을 초과한 오염물질을 배출하는 행위를 하여서는 아니 된다.

(2) A 시장의 조치

1) 개선명령

① **관련 조문** - 시장은 배출시설 가동개시 신고를 한 후 조업 중인 배출시설에서 나오는 오염물질의 정도가 배출허용기준을 초과한다고 인정하면 기간을 정하여 사업자에게 그 오염물질의 정도가 배출허용기준 이하로 내려가도록 필요한 조치를 취할 것을 명할 수 있다(동법 제33조). 이러한 개선명령을 하는 경우에는 개선에 필요한 조치 및 시설 설치기간 등을 고려하여 1년 이내의 개선기간을 정해야 한다(동법 시행령 제20조 제1항).

② **사안의 경우** - A 시장은 甲에게 1년 이내의 기간을 정하여 개선명령을 할 수 있다.

2) 조업정지명령

① **관련 조문** - 시장은 제33조에 따라 개선명령을 받은 자가 개선명령을 이행하지 아니하거나 기간 내에 이행은 하였으나 검사결과 배출허용기준을 계속 초과하면 해당 배출시설의 전부 또는 일부에 대하여 조업 정지를 명할 수 있다(동법 제34조 제1항).

② **사안의 경우** - A 시장은 甲이 개선명령에 응하지 않는 경우 조업정지를 명령할 수 있다.

3) 허가취소 또는 조업정지

① **관련 조문** - 시장은 사업자가 제31조 제1항 제1호에 해당하는 경우에는 배출시설의 설치허가 또는 변경허가를 취소하거나 배출시설의 폐쇄를 명하거나 6개월 이내의 기간을 정하여 배출시설 조업정지를 명할 수 있다(동법 제36조 제1항 제6호).

② **사안의 경우** - A 시장은 허가취소, 폐쇄명령, 조업정지 등을 할 수 있다.

4) 과징금

① **관련 조문** - 시장은 배출시설을 설치·운영하는 사업자에 대하여 제36조 제1항에 따라 조업정지를 명하여야 하는 경우로서 그 조업정지가 주민의 생활, 대외적인 신용·고용·물가 등 국민경제, 그밖에 공익에 현저한 지장을 줄 우려가 있다고 인정되는 경우에는 과징금을 부과할 수 있다(동법 제37조 제1항).

② **사안의 경우** - A 시장은 과징금을 부과할 수 있다.

5) 형사고발

① **관련 조문** - 동법 제31조 제1항 제1호에 해당하는 행위를 한 자는 7년 이하의 징역이나 1억 원 이하의 벌금에 처한다(동법 제89조 제3호).

② **사안의 경우** - A 시장은 형사 고발 조치할 수 있다.

3. 설비용량 불법 증설과 과다소각 관련하여

(1) 대기환경보전법 제23조 제2항 위반

배출시설을 설치하려는 자는 배출시설의 설치허가를 받아야 하고, 이러한 허가를 받은 자가 허가받은 사항 중 중요한 사항을 변경하려면 변경허가를 받아야 하고, 그 밖의 사항을 변경하려면 변경신고를 하여야 한다.

(2) A 시장의 조치

1) 허가취소 또는 조업정지

① **관련 조문** - 시장은 동법 제23조 제3항을 위반한 경우에는 배출시설의 설치허가 또는 변경허가를 취소하거나 배출시설의 폐쇄를 명하거나 6개월 이내의 기간을 정하여 배출시설 조업정지를 명할 수 있다(동법 제36조 제1항 제3호).

② **사안의 경우** - A 시장은 甲에게 허가를 취소하거나 6개월 이내의 기간을 정하여 조업정지를 명할 수 있다.

2) 과징금

① **관련 조문** - 시장은 배출시설을 설치·운영하는 사업자에 대하여 제36조 제1항에 따라 조업정지를 명하여야 하는 경우로서 그 조업정지가 주민의 생활, 대외적인 신용·고용·물가 등 국민경제, 그밖에 공익에 현저한 지장을 줄 우려가 있다고 인정되는 경우에는 과징금을 부과할 수 있다(동법 제37조 제1항).

② **사안의 경우** - A 시장은 과징금을 부과할 수 있다.

3) 사용중지명령

① **관련 조문** - 시장은 제23조 제2항에 따른 허가를 받지 아니하거나 신고를 하지 아니하고 배출시설을 설치하거나 사용하는 자에게는 그 배출시설의 사용중지를 명하여야 한다(동법 제38조).

② **사안의 경우** - A 시장은 사용중지명령을 할 수 있다.

4) 형사고발

① **관련 조문** - 동법 제23조 제2항에 위반되는 행위를 한 자는 7년 이하의 징역이나 1억 원 이하의 벌금에 처한다(동법 제89조 제1호).

② **사안의 경우** - A 시장은 형사 고발 조치할 수 있다.

4. 굴뚝의 TMS 조작 관련하여

(1) 대기환경보전법 제32조 제3항 제4호 위반

사업자는 배출시설에서 나오는 오염물질이 배출허용기준에 맞는지를 확인하기 위하여 측정기기를 부착하는 등의 조치를 하여 배출시설과 방지시설이 적정하게 운영되도록 하여야 하고, 부착된 측정기기에 대하여 측정기기를 조작하여 측정결과를 빠뜨리거나 거짓으로 측정결과를 작성하는 행위를 하여서는 아니 된다.

(2) A 시장의 조치

1) 개선명령

① **관련 조문** – 시장은 제32조 제4항에 따른 측정기기의 운영·관리기준을 지키지 아니하는 사업자에게 6개월 이내의 개선 기간을 정하여 측정기기가 기준에 맞게 운영·관리되도록 필요한 조치를 취할 것을 명할 수 있다(동법 제32조 제5항, 동법시행령 제18조 제1항).

② **사안의 경우** – A 시장은 甲에게 6개월 이내의 기간을 정하여 개선명령을 명할 수 있다.

2) 조업정지명령

① **관련 조문** – 시장은 동법 제32조 제5항에 따라 조치명령을 받은 자가 이를 이행하지 아니하면 해당 배출시설의 전부 또는 일부에 대하여 조업정지를 명할 수 있다(동법 제32조 제6항).

② **사안의 경우** – A 시장은 조업정지명령을 할 수 있다.

3) 허가취소 또는 조업정지

① **관련 조문** – 시장은 동법 제32조 제3항을 위반한 경우에는 배출시설의 설치허가 또는 변경허가를 취소하거나 배출시설의 폐쇄를 명하거나 6개월 이내의 기간을 정하여 배출시설 조업정지를 명할 수 있다(동법 제36조 제1항 제9호).

② **사안의 경우** – A 시장은 甲에게 허가를 취소하거나 6개월 이내의 기간을 정하여 조업정지를 명할 수 있다.

4) 형사고발

① **관련 조문** – 동법 제32조 제3항 제4호에 위반되는 행위를 한 자는 5년 이하의 징역이나 5천만 원 이하의 벌금에 처한다(동법 제90조 제4호).

② **사안의 경우** – A 시장은 형사고발 조치할 수 있다.

문제해설 [2022년 제2차 제2문] 문제 2. 해설

1. 문제
(1) 제3자인 인근 주민 丙의 취소소송 원고적격 인정 여부, (2) 폐기물처리업허가의 사전절차인 사업계획서에 대한 적합 통보에 대한 항고소송의 대상 적격이 문제 된다.

2. 제3자인 인근 주민 丙의 취소소송 원고적격 인정 여부

(1) **관련 조문** - 취소소송은 처분 등의 취소를 구할 법률상 이익이 있는 자가 제기할 수 있다(행정소송법 제12조).

(2) **학설** - ① 권리구제설, ② 법률상 이익 구제설, ③ 소송상 보호할 가치 있는 이익구제설, ④ 적법성 보장설 등이 있다.

(3) **판례**

  1) 법률상 보호되는 이익이란 처분의 근거법규 및 관련법규에 의하여 보호되는 개별적·직접적·구체적 이익이 있는 경우를 말하고, 근거법규 및 관련법규의 명문규정이 없더라도 합리적 해석상 이를 보호하는 취지가 있는 경우까지 포함하나, 공익보호의 결과로 생기는 일반적·간접적·추상적 이익의 경우는 포함되지 않는다.

  2) 영향권 밖의 주민들은 당해 처분으로 인하여 그 처분 전과 비교하여 수인한도를 넘는 환경피해를 받거나 받을 우려가 있다는 자신의 환경상 이익에 대한 침해 또는 침해 우려가 있음을 증명하여야만 법률상 보호되는 이익으로 인정되어 원고적격이 인정된다.

(4) **사안의 경우**

  1) 이 사건 적합 통보 처분의 판단 근거인 법률의 의미에 폐기물관리법 제25조 제2항과 대기환경보전법 제23조를 근거법규로 볼 수 있는지 살펴보면, 폐기물처리시설 내지 배출시설이 설치됨으로써 대기오염물질 등으로 인하여 직접적으로 중대한 환경상 피해를 입을 것으로 예상되는 주민들이 환경상 침해를 받지 아니한 채 쾌적하고 안전하게 생활할 수 있는 개별적 이익까지 구체적·직접적으로 보호하려는 것으로 볼 수 있는 점에서 처분에 직접적인 영향을 미치는 근거법규가 된다.

  2) 그렇다면, 乙이 설치하고자 하는 폐기물소각시설이 추가로 설치될 경우, 이미 폐기물소각장의 난립으로 대기오염이 악화되어 환경부에서 건강역학조사까지 추진중에 있는 점을 고려해 보았을 때, 乙이 얻고자 하는 폐기물처리업의 허가와 그 사전절차로서 진행하고 있는 사업계획서 적합 통보는 乙의 사업부지에서 불과 2km 정도 떨어진 곳에 거주하는 丙에게 수인한도를 넘는 환경피해를 야기할 우려가 있다고 볼 수 있고 丙이 이를 입증한다면 원고적격을 인정할 수 있다.

3. 사업계획서에 대한 적합 통보에 대한 항고소송의 대상 적격

(1) **관련 조문** - 처분이란 행정청이 행하는 구체적 사실에 관한 법집행으로서 공권력의 행사 또는 그 거부를 말한다(행정소송법 제2조 제1항 제1호). 폐기물처리업자는 폐기물처리 사업계획서를 관할 행

정청에 제출하여야 하고, 관할 행정청은 이에 대한 적합 여부를 이를 제출한 자에게 통보하여야 한다 (폐기물관리법 제25조 제1, 2항).

(2) **판례** - 폐기물처리업의 허가를 받기 위해서는 사업계획서를 제출하여 허가권자로부터 사업계획에 대한 적정통보를 받고, 그 적정통보를 받은 자만이 일정기간 내에 시설, 장비, 기술능력, 자본금을 갖추어 허가신청을 할 수 있으므로, 부적정통보는 허가신청 자체를 제한하는 등 개인의 권리 내지 법률상의 이익을 개별적이고 구체적으로 규제하고 있어 행정처분에 해당한다.

(3) **사안의 경우** - 적합통보의 경우에는 허가신청으로 나아갈 수 있는 법률효과가 발생하고, 허가여부는 시설, 장비, 기술능력, 자본금 등을 갖추었는지 여부만을 보아 결정되므로, 처리업허가로 신속히 나아갈 가능성이 크므로 인근 주민들에게 침익적 효과를 가져오는바, 항고소송의 대상인 처분성을 인정할 수 있다.

4. 결론

주민 丙은 B를 상대로 이루어진 적합 통보에 대하여 취소소송을 제기할 원고적격이 인정되고, 적합 통보 또한 항고소송의 대상 적격이 인정될 수 있다.

문제해설 [2022년 제2차 제2문] 문제 3. 해설

1. 문제

폐기물관리법상 폐기물처리업허가 사업계획서 적합 통보를 받은 후에도 A 시장이 처리시설 건축허가 즉, 개발행위허가를 거부할 수 있는지와 관련하여, (1) 국토계획법상 개발행위 허가의 법적 성질, (2) 폐기물처리업 사업계획서 적합 통보와 개발행위허가의 관계가 문제 된다.

2. 국토계획법상 개발행위 허가의 법적 성질

(1) 판례

'환경오염 등이 발생할 우려가 없을 것'을 개발행위허가기준으로 규정하고 있는데, 국토계획법령의 입법목적이 공공복리를 증진시키고 국민의 삶의 질을 향상시키는 데 있는 점을 고려하면 개발행위로 인하여 발생할 수 있는 환경오염 등을 방지하는 것은 외형적·미적 어울림 등 다른 허가기준과 비교하더라도 가장 중요한 공익에 해당하므로 다른 허가기준과 비교하여 부차적인 허가기준에 불과하다고 볼 수 없다.

(2) 사안의 경우

A 시장은 폐기물관리법상 폐기물처리사업계획서에 대한 적합 통보와는 별개로 국토의 계획 및 이용에 관한 법령에 따라 개발행위 허가 여부를 판단할 수 있으며, 이는 처분의 성질상 재량행위에 해당한다.

3. 폐기물처리업 사업계획서 적합 통보와 개발행위허가의 관계

(1) 판례

1) 폐기물처리사업계획 적정통보는 폐기물처리시설의 입지가 관련 법률에 저촉되는지 여부만을 심사하여 이루어지는 것일 뿐, 관련 법률이 행정청에 부여한 재량권을 어떻게 행사할 것인지 여부까지 심사하여 이루어지는 것이 아니므로, 폐기물관리법상 폐기물처리사업계획 적정통보가 있었다고 하더라도 행정청은 '환경오염 발생 우려' 등 개발행위허가기준에 부합하는지 여부를 판단함에 있어 재량권을 행사할 수 있다.

2) '환경오염 발생 우려'와 같이 장래에 발생할 불확실한 상황과 파급효과에 대한 예측이 필요한 요건에 관한 행정청의 재량적 판단은 폭넓게 존중될 필요가 있고, 폐기물관리법 및 통합환경법과 국토계획법은 각기 입법목적과 취지, 규율대상을 달리하고 있으므로, 폐기물관리법상 폐기물처리시설의 설치 승인이 의제되는 통합환경법상 통합허가를 별도로 받아야 한다고 하여 국토계획법상 개발행위허가기준이 완화되어야 한다고 볼 수 없다.

(2) 사안의 경우

1) 폐기물처리사업계획서에 대한 적합 통보와 국토의 계획 및 이용에 관한 법률(이하 '국토법'이라 한다)에 따른 개발행위의 허가 처분은 요건을 달리하는 처분이고, 폐기물법에 대한 적합 통보에서 판단하지 않은 환경오염 발생 우려라는 기준을 가지고 개발행위허가 처분을 거부하는 것은

가능한바, 폐기물관리법상 적합 통보를 받았다고 하여 A시장이 개발행위허가 처분을 하여야 하는 관계에 있는 것은 아니다.

2) 그리고 환경오염 발생 우려에 대한 판단기준이 폐기물관리법상 적합 통보 처분이 있다고 하여 그 요건이 완화되어야 하는 것도 아니다.

4. 결론

乙의 주장은 타당하지 않다.

2021년도 제1회 변호사시험 모의시험

〈제1문〉

 甲은 A시에서 제련업을 운영하고 있다. 甲의 사업장에서 5km 떨어진 곳에는 B아파트 단지가 들어서 있다. 2020. 1.부터 B 아파트 주민들은 단지 내 식물이 고사하고 주민들이 두통, 어지러움 등 이상증세를 보이자 A시장에게 甲 사업장에 대한 조사를 요구하였다. B 아파트 인근에서 대기오염물질을 배출하는 사업장은 甲의 사업장이 유일하다. 해당 사업장은 우리나라 제련수요의 상당부분을 담당하고 있고, A시 고용에도 크게 기여하고 있다. 이 때문에 조사를 지지하는 주민과 반대하는 주민 간 갈등이 격화되는 등 문제가 발생하자 A시장은 甲 사업장에 대한 조사에 착수하지 못하고 있다. 주민들은 A시 소재 국립 A대학교 환경공학연구소에 의뢰하여 해당 시설 인근의 대기를 포집하여 검사한 결과 납화합물은 기준치의 4배, 아연화합물은 3배, 질소산화물은 2.8배, 황산화물은 1.3배가 측정되었다. 이들 물질들은 모두 제련소에서 사용하는 원료에서 발생할 수 있는 성분으로 두통 및 어지러움을 일으킬 수 있는 것으로 알려져 있다. 국립 A 대학교 환경공학연구소가 파악한 바, 해당 제련소가 대기오염방지시설에 딸린 기계장치의 고장에도 특별한 사정이 없이 이를 수리하지 않고 방치한 것이 주된 원인으로 밝혀졌다. 한편, 甲은 원자재 및 완제품을 보관하기 위한 창고를 짓기 위해 유휴시설로 방치되어 있던 구 공장건물을 철거하고 해당 부지에 연면적 3,200m2 규모의 건설공사를 위한 계약을 乙과 체결하였다. 乙은 유휴 구 공장건물의 철거를 위하여 철거전문업자인 丙에게 하도급을 주어 철거공사를 진행하게 하였다. 乙은 A시장에게 비산먼지 발생사업 신고를 하고 A시장은 이를 수리하였다. 그러나 철거공사가 진행되는 동안 비산먼지억제를 위한 조치가 이루어지지 않아 주민들은 해당 사업장에 대해 A시장의 조치를 요구하였고 A시장은 환경특별사법경찰관으로 하여금 비산먼지발생여부를 조사하게 한 바, 다량의 비산먼지가 발생하고 있음을 확인하였다. 丙의 사업장에서는 철거공사에 투입한 살수시설 2대 중 한 대와 세륜시설이 펌프고장을 일으켜 사용하지 못하고 있었다.

2. A시장은 국립 A대학교의 검사 및 파악결과를 바탕으로 조사에 착수하여 해당 사실을 확인함에 따라 甲에 대해 개선명령을 내렸으나, 제련소에서 나온 오염물질로 인한 대기질이 여전히 개선되지 않고 있다. A시장은 甲에게 조업정지명령 25일에 갈음하여 1억5천만원의 과징금부과처분을 내렸다. 대기환경보전법상 해당 과징금부과처분이 적법한지 여부를 논하시오. (25점) (과징금 부과금액은 정당한 것으로 가정)

3. 환경특별사법경찰관이 해당 철거 및 건설공사장에서 다량의 비산먼지가 발생하고 있는 것을 확인한 경우 취해질 수 있는 대기환경보전법상의 행정적 조치를 기술하고, 만약 해당 행정조치를 따르지 않을 경우 형사처벌이 가능한지 검토하시오. (20점)

4. A시장이 해당 살수 및 세륜시설의 고장 수리를 통해 정상적인 비산먼지억제시설이 가동될 수 있도록 조치명령을 내릴 때 해당 조치명령의 대상자가 乙과 丙 중 누구인지 밝히시오. (10점)

문제해설 [2021년 제1차 제1문] 문제 2. 해설

1. 문제
대기환경보전법 제37조 제1항 과징금 부과처분의 적법 여부가 문제 된다.

2. 대기환경보전법 제37조 제1항 과징금 부과처분의 적법 여부

(1) 관련 조문

1) 대기환경보전법 제37조 제1항 제6호

시장은 제조업의 배출시설을 설치·운영하는 사업자에 대하여 제36조 제1항 제6호(제31조 제1항 제4호)에 따라 조업 정지를 명하여야 하는 경우로서 그 조업 정지가 주민의 생활, 대외적인 신용·고용·물가 등 국민경제, 그 밖에 공익에 현저한 지장을 줄 우려가 있다고 인정되는 경우에는 조업정지처분을 갈음하여 매출액에 100분의 5를 곱한 금액을 초과하지 아니하는 범위에서 과징금을 부과할 수 있다.

2) 대기환경보전법 제37조 제2항 제2호

제1항에도 불구하고 사업자는 배출시설과 방지시설을 운영할 때에 방지시설에 딸린 기계와 기구류의 고장이나 훼손을 정당한 사유 없이 방치하는 행위(제31조 제1항 제4호)를 한 경우로서 30일 이상의 조업정지처분을 받아야 하는 경우에는 조업정지처분을 갈음하여 과징금을 부과할 수 없다.

(2) 사안의 경우

1) 과징금 부과요건 충족 여부

① 甲의 사업장은 과징금 부과대상인 배출시설을 설치·운영하는 사업자로서 동법 제37조 제1항 제6호의 제조업 배출시설에 해당한다. ② 甲 제련소는 방지시설에 딸린 기계와 기구류의 고장이나 훼손을 정당한 사유 없이 방치하는 행위를 하여 조업정지를 명하여야 하는 경우이다. ③ 그러나, 조업 정지가 A시 고용에 미치는 영향과 우리나라 제련수요의 상당부분을 담당하고 있다는 점에서 국민경제에 현저한 지장을 줄 우려가 있다고 인정되는바, 과징금 부과처분은 가능하다.

2) 과징금 부과할 수 없는 요건충족 여부

① 상술한 바와 같이, 고장이 발생한 시설을 정당한 이유 없이 방치한 행위는 대기환경보전법 제31조 제1항 제4호에 해당한다. ② 그러나, 조업정지명령 일수가 30일 이상에 해당되어야 과징금을 부과할 수 없으므로, A시장은 甲에게 조업정지명령 25일에 해당하는 처분을 하였는바, 이에 갈음한 과징금부과처분을 적법·유효하다.

3. 결론

조업 정지의 대상이나 국민경제 및 고용상 사유에 의해 과징금부과처분의 대상에 해당하고, 과징금을 부과할 수 없는 요건 중에서 고장시설의 방치 요건은 충족하나 30일 이상의 조업 정지대상이 아닌바, 과징금 부과처분은 적법·유효하다.

문제해설 [2021년 제1차 제1문] 문제 3. 해설

1. 문제
(1) 대기환경보전법상 행정적 조치, (2) 형사처벌 가부가 문제 된다.

2. 대기환경보전법상 행정적 조치

(1) 방지시설 설치 및 조치이행 또는 개선명령
1) 관련 조문 - 시장은 비산먼지의 발생을 억제하기 위한 시설의 설치 또는 필요한 조치를 하지 아니하거나 그 시설이나 조치가 적합하지 아니하다고 인정하는 경우에는 그 사업을 하는 자에게 필요한 시설의 설치나 조치의 이행 또는 개선을 명할 수 있다(대기환경보전법 제43조 제4항).

2) 사안의 경우 - 비산먼지발생 신고를 수리한 A시장은 비산먼지의 발생을 억제하기 위한 시설의 설치 또는 필요한 조치가 이루어지지 않거나 그 시설이나 조치가 적합하지 아니하다고 인정하는 경우에는 乙에게 필요한 시설의 설치나 조치의 이행 또는 개선을 명할 수 있다.

(2) 사업중지, 시설사용중지 또는 제한명령
1) 관련 조문 - 시장은 제4항에 따른 명령을 이행하지 아니하는 자에게는 그 사업을 중지시키거나 시설 등의 사용 중지 또는 제한하도록 명할 수 있다(대기환경보전법 제43조 제5항).

2) 사안의 경우 - A시장은 필요한 시설 및 조치를 이행하지 아니하는 乙에게 그 사업을 중지시키거나 시설 등의 사용 중지 또는 제한하도록 명할 수 있다.

3. 형사처벌 가부

(1) 1년 이하의 징역이나 1천만 원 이하의 벌금
1) 관련 조문 - 제43조 제5항에 따른 사용제한 등의 명령을 위반한 자는 1년 이하의 징역이나 1천만 원 이하의 벌금에 처한다(대기환경보전법 제91조 제3호).

2) 사안의 경우 - 乙이 A시장의 사업중지, 시설사용중지 또는 제한 명령을 따르지 않을 경우 동법 제91조 제3호에 근거하여 1년 이하의 징역이나 1천만 원 이하의 벌금형에 처할 수 있다.

(2) 300만원 이하의 벌금
1) 관련 조문 - 제43조 제4항을 위반하여 비산먼지의 발생을 억제하기 위한 시설의 설치나 조치의 이행 또는 개선명령을 이행하지 아니한 자는 300만 원 이하의 벌금에 처한다(대기환경보전법 제92조 제6호).

2) 사안의 경우 - 乙이 A시장의 방지시설 설치 및 조치이행 또는 개선명령 명령을 따르지 않을 경우 동법 제92조 제6호에 근거하여 300만 원 이하의 벌금형에 처할 수 있다.

4. 결론
(1) 대기환경보전법상의 방지시설 설치 및 조치이행 또는 개선명령, 사업중지, 시설사용중지 또는 제한 명령 등의 행정적 조치를 취할 수 있다.

(2) 이에 따르지 않을 경우, 1년 이하의 징역이나 1천만 원 이하의 벌금 또는 300만원 이하의 벌금형에 처할 수 있다.

문제해설 [2021년 제1차 제1문] 문제 4. 해설

1. 문제
하도급관계에서 비산먼지사업장의 시설조치의무자가 누구인지 문제 된다.

2. 하도급관계에서 비산먼지사업장의 시설조치의무자

(1) **관련 조문** – 비산먼지를 발생시키는 사업으로서 대기환경보전법 시행규칙 제57조 별표 13의 제5호 라목의 2) 지반조성공사의 일환으로 건축물해체공사의 경우로서 연면적이 3,000㎡ 이상인 공사를 하려는 자는 시장에게 신고하고 비산먼지의 발생을 억제하기 위한 시설을 설치하거나 필요한 조치를 하여야 한다(대기환경보전법 제43조 제1항).

(2) **판례** – 여러 단계의 도급을 거쳐 시행되는 건설공사의 특성을 고려하여, 사업장 내의 비산먼지 배출 공정을 효과적으로 관리·통제하고 책임 소재를 명확하게 할 목적으로 하도급에 의하여 공사를 하는 경우에도 비산먼지 배출 신고의무 및 시설조치의무는 최초수급인이 부담하도록 한 것으로 해석되는바, 시설조치의무자와 신고의무자를 달리 볼 것은 아니다.

(3) **사안의 경우** – 최초수급인 乙이 A시장에게 비산먼지 발생사업 신고를 한 신고의무자에 해당되므로, 시설조치의무자 또한 乙이 된다.

3. 결론
A시장이 해당 살수 및 세륜시설의 고장 수리를 통해 정상적인 비산먼지 억제시설이 가동될 수 있도록 조치명령을 내릴 때, 해당 조치명령의 당사자는 최초수급인 乙이다.

2020년도 제3회 변호사시험 모의시험

〈제1문〉

甲이 대표이사로 있는 주식회사 A(이하 'A'라 한다)는 ○○산업단지 내에서 화학비료제품을 생산하는 업체이다. A는 2010. 3. 화학비료 제조시설을 설치하면서 「대기환경보전법」제23조에 따른 배출시설 설치허가를 받았고, 동법 제30조에 따른 배출시설의 가동개시 신고를 한 후 공장을 가동 중에 있다. 그런데 화학비료제품을 생산하는 공정 과정에서 먼지, 카드뮴 화합물 등 다량의 대기오염물질이 발생하게 되었다. 甲은 대기오염물질 처리담당자 乙에게 처리비용을 아낄 것을 지시하였고, 이에 乙은 2015. 11. 오염물질의 오염도를 낮추기 위하여 배출시설에서 나오는 오염물질에 공기를 섞어 공장 밖으로 배출하였다. 그해 겨울은 유난히 강풍이 많이 불어 먼지 등 대기오염물질이 인근 지역으로 멀리 퍼져 나갔다.

丙은 2012년부터 A의 공장으로부터 1km 떨어진 지역에서 멜론과 딸기를 재배하는 대규모 비닐하우스 단지를 운영하고 있다. 그런데 2015. 11. 이후 丙의 비닐하우스 내의 멜론과 딸기가 제대로 자라지 않고 수확량이 감소하는 피해가 발생하였다. 丙은 주식회사 A의 공장에서 날아온 먼지가 비닐하우스에 쌓이고 그 결과 햇빛 투과율이 저하되어 멜론과 딸기의 수확량 감소 및 품질 저하가 발생하였고, 이로 인해 총 3억원 상당의 피해를 입었다고 주장하였다.

한편, 丁은 A의 공장으로부터 5km 떨어진 인근 마을에 거주하는 주민으로 2015년부터 천식 증세가 심해져서 병원치료를 받았는데, 이러한 질병이 A의 공장 운영과 밀접한 연관이 있는 것으로 판단하고 있다.

丙과 丁은 지역 시민단체와 함께 A의 대기오염물질의 불법 배출 및 이로 인한 피해에 대하여 문제를 제기하면서 관할 행정청에 지속적으로 민원을 제기하였다. 이에 관할 행정청이 조사에 나섰는데, A의 공장 배출시설에서 2015. 12.부터 2016. 2.까지 배출시설을 정상적으로 가동하지 않아 먼지 등이 집중적으로 배출되었고, 배출된 대기오염물질 중 먼지가 배출허용기준을 초과하였다는 사실이 확인되었다. 또한 역학조사 전문기관에 의뢰한 결과 丁의 천식과 A의 공장 배출시설에서 발생한 먼지 등 대기오염물질 사이에 역학적으로 상관관계가 인정된다는 통보를 받았다.

A는 대기오염물질 배출시설을 「대기환경보전법」에 따라 적법하게 설치하였고, 먼지 등이 날아가지 않도록 공장부지 주변에 먼지 차단펜스를 높게 설치하였고, 배출된 오염물질이 배출허용기준을 초과하더라도 일시적으로 아주 약간만 초과하였을 뿐 주변에 영향을 줄 정도는 아니라고 주장하고 있다. 그리고 먼지가 주변으로 멀리 날아간 것은 그해 겨울에 유난히 강풍이 많이 불어 그런 것으로, 자신에게는 책임이 없다고 주장하고 있다.

1. A가 오염도를 낮추기 위하여 배출시설에서 나오는 오염물질에 공기를 섞어 공장 밖으로 방출한 것에 대하여 누구를 대상으로 어떠한 처벌이 가능한지 「대기환경보전법」에 근거하여 검토하시오(20점).

2. A의 공장에서 배출되는 대기오염물질이 「대기환경보전법」상의 배출허용기준을 초과하고 있다면, 관할 행정청이 취할 수 있는 조치에는 어떠한 것이 있는지 「대기환경보전법」에 근거하여 검토하시오(20점).

> **문제해설** [2020년 제3차 제1문] 문제 1. 해설

1. 문제
(1) 대기환경보전법 위반 여부와 처벌 근거, (2) 행위자 이외에 법인의 처벌 가부가 문제 된다.

2. 대기환경보전법에 위반 여부와 처벌 근거

(1) 대기환경보전법 제31조 제1항 제1호
사업자는 배출시설과 방지시설을 운영할 때에는 배출시설을 가동할 때에 방지시설을 가동하지 아니하거나 오염도를 낮추기 위하여 배출시설에서 나오는 오염물질에 공기를 섞어 배출하는 행위를 하여서는 아니 된다.

(2) 대기환경보전법 제89조 제3호
대기환경보전법 제31조 제1항 제1호에 해당하는 행위를 한 자는 7년 이하의 징역이나 1억원 이하의 벌금에 처한다.

(3) 사안의 경우
제89조 제3호의 '행위를 한 자'에 甲이 포함되는지가 문제될 수 있으나, 甲은 간접정범 또는 교사범으로 행위자 乙에 비하여 불법성의 정도가 결코 적다고 볼 수 없으므로, 지시자 甲과 행위자 乙은 7년 이하의 징역이나 1억 원 이하의 벌금 부과가 가능하다.

3. 주식회사 A의 처벌 가부

(1) 대기환경보전법 제95조
법인의 대표자나 법인 또는 개인의 대리인, 사용인, 그 밖의 종업원이 그 법인 또는 개인의 업무에 관하여 제89조에 해당하는 위반행위를 하면 그 행위자를 벌하는 외에 그 법인 또는 개인에게도 해당 조문의 벌금형을 과(科)한다. 다만, 법인 또는 개인이 그 위반행위를 방지하기 위하여 해당 업무에 관하여 상당한 주의와 감독을 게을리하지 아니한 경우에는 그러하지 아니하다.

(2) 사안의 경우
주식회사 A도 대기환경보전법 제89조에 따라 1억 원 이하의 벌금 부과가 가능하다.

4. 결론
甲과 乙은 대기환경보전법 제89조 제3호에 따라 7년 이하의 징역 또는 1억 원 이하의 벌금형, 그리고 주식회사 A는 대기환경보전법 제95조에 따라 1억 원 이하의 벌금형이 부과될 수 있다.

문제해설 [2020년 제3차 제1문] 문제 2. 해설

1. 문제
배출허용기준 초과 시 행정청이 취할 수 있는 조치내용이 문제 된다.

2. 개선명령 및 조업정지 명령

(1) **관련 조문** - 시·도지사는 배출시설 가동개시 신고를 한 후 조업 중인 배출시설에서 나오는 오염물질의 정도가 배출허용기준을 초과한다고 인정하면 기간을 정하여 사업자에게 그 오염물질의 정도가 배출허용기준 이하로 내려가도록 필요한 조치를 취할 것을 명할 수 있다(대기환경보전법 제33조). 개선명령을 받은 자가 개선명령을 이행하지 아니하거나 기간 내에 이행은 하였으나 검사 결과에도 배출허용기준을 계속 초과하면 해당 배출시설의 전부 또는 일부에 대하여 조업정지를 명할 수 있다(대기환경보전법 제34조).

(2) **사안의 경우** - 관할 행정청은 A로 하여금 배출허용기준 이하로 내려가도 배출할 것을 명하고, 이를 이행하지 아니하는 경우 A가 운행하는 화학비료 제조시설의 전부 또는 일부의 정지를 명할 수 있다.

3. 배출부과금 부과

(1) **관련 조문** - 환경부장관 또는 시·도지사는 대기오염물질로 인한 대기환경상의 피해를 방지하거나 줄이기 위하여 배출허용기준을 초과하여 배출하는 사업장에게 대기오염물질의 배출량과 배출농도 등에 따라 초과부과금을 부과·징수한다(대기환경보전법 제35조).

(2) **사안의 경우** - A 공장이 배출허용기준을 초과하여 대기오염물질을 배출하고 있으므로 초과배출부과금을 부과·징수할 수 있다.

4. 허가의 취소, 배출시설의 폐쇄 또는 6개월 이내의 조업정지 명령

(1) **관련 조문** - 환경부장관 또는 시·도지사는 사업자가 배출시설을 가동할 때에 방지시설을 가동하지 아니하거나 오염도를 낮추기 위하여 배출시설에서 나오는 오염물질에 공기를 섞어 배출하는 행위를 한 경우에는 배출시설의 설치허가 또는 변경허가를 취소하거나 배출시설의 폐쇄를 명하거나 6개월 이내의 기간을 정하여 배출시설 조업정지를 명할 수 있다(대기환경보전법 제36조 제1항 제6호).

(2) **사안의 경우** - A 공장이 2015. 11. 오염물질의 오염도를 낮추기 위하여 배출시설에서 나오는 오염물질에 공기를 섞어 공장 밖으로 배출하였으므로 허가의 취소, 배출시설의 폐쇄 또는 6개월 이내의 조업정지 명령 등을 할 수 있다.

5. 과징금 처분

(1) **관련 조문** - 환경부장관 또는 시·도지사는 제조업의 배출시설을 설치·운영하는 사업자에 대하여 제36조 제1항에 따라 조업정지를 명하여야 하는 경우로서 그 조업정지가 주민의 생활, 대외

적인 신용·고용·물가 등 국민경제, 그 밖에 공익에 현저한 지장을 줄 우려가 있다고 인정되는 경우에는 조업정지처분을 갈음하여 매출액에 100분의 5를 곱한 금액을 초과하지 아니하는 범위에서 과징금을 부과할 수 있다(대기환경보전법 제37조 제1항 제6호). 그런데, 제31조 제1항 제1호의 금지행위를 한 경우로서 30일 이상의 조업정지처분을 받아야 하는 경우에는 조업정지처분을 갈음하여 과징금을 부과할 수 없다(대기환경보전법 제37조 제2항 제2호).

(2) **사안의 경우** – 제조시설을 설치 운영하면서 배출시설을 운영하는 A에게 조업정지를 명하는 경우 지역경제에 현저한 지장을 줄 우려가 있는 경우에는 조업정지처분에 갈음하여 과징금 부과할 수 있으나, 조업정지일수가 30일 이상인 경우에는 부과할 수 없다.

6. 형사고발

(1) **관련 조문** – 대기환경보전법 제31조 제1항 제1호(배출시설을 가동할 때에 방지시설을 가동하지 아니하거나 오염도를 낮추기 위하여 배출시설에서 나오는 오염물질에 공기를 섞어 배출하는 행위), 제5호(배출시설이나 방지시설을 정당한 사유 없이 정상적으로 가동하지 아니하여 배출허용기준을 초과한 오염물질을 배출하는 행위)에 해당하는 행위를 한 자는 7년 이하의 징역이나 1억원 이하의 벌금에 처한다(대기환경보전법 제89조 제3호).

(2) **사안의 경우** – 관할 관청은 A회사의 임직원을 상대로 형사고발을 할 수 있다.

2019년도 제3회 변호사시험 모의시험

〈제1문〉

열병합발전소(이하 '발전소'라 한다)를 운영하고 있는 甲은 발전소 운영에 따른 영업이익률을 높이기 위하여 발전소의 사용연료를 우드칩(Wood Chip)에서 폐플라스틱 고형연료(이하 '고형연료'라 한다)로 변경하기로 하였다. 그런데, 우드칩과 달리 위 고형연료의 연소과정에서 염화수소·카드뮴·다이옥신 등 특정대기유해물질이 발생, 배출된다. 이에 따라 甲은 2019. 2. 「대기환경보전법」에 따라 대기배출시설 설치허가 신청을 하였다.

그런데 관할지자체장 乙은 2019. 4. 첫째, 위 발전소는 수도권 지역 중 대기오염이 심각하다고 인정되는 대기관리권역으로 지정된 지역에 위치하고 있는 데, 고형연료를 연소할 경우 염화수소 등 특정대기유해물질이 배출되므로 대기오염이 심화될 것으로 판단되고, 둘째, 위 발전소에서 배출되는 특정대기유해물질은 수질보전 특별대책지역으로 지정절차가 진행 중인 상수원(발전소로부터 300m 내 위치, 급수인구는 약 150,000명)의 수질에 악영향을 초래할 우려가 있다며, 대기환경보전법에 따라 위 신청을 불허가하는 처분(이하 '불허가처분'이라 한다)을 하였다. 그러자 甲은 대기환경보전법에 따른 배출시설설치허가 요건을 모두 갖추었고, 설치를 제한할 사유도 없으므로 위 불허가처분은 위법하다고 주장한다.

한편, 배출시설 설치지점으로부터 반경 1킬로미터 안의 상주인구는 약 13,500명이다(주변 도시개발계획에 따르면 장차 2만명 이상의 인구가 상주할 것으로 예측된다). 연료변경에 따라 '염화수소'는 연간 7톤, '카드뮴'은 연간 8톤, '다이옥신'은 연간 3톤이 배출될 것으로 예상된다. 乙의 불허가처분 뒤인 2019. 7. 환경정책기본법에 따라 위 상수원 및 주변지역은 수질보전 특별대책지역으로 지정되었는데 위 발전소는 위 특별대책지역 내 입지하게 되었다.

1. 甲의 허가신청에 대기환경보전법에 따른 배출시설 설치제한사유가 있는지를 검토하시오. (20점)

2. 乙의 불허가처분의 위법성 여부를 검토하시오. (30점)

3. 발전소로부터 반경 700m 이내 거주하면서 위 상수원에서 급수를 받는 지역주민 丙은 甲이 제기한 불허가처분의 취소 소송에서 피고측에 참가하려고 한다. 행정소송법에 따라 丙이 위 소송에 참가할 자격이 있는지를 검토하시오. (30점)

문제해설 [2019년 제3차 제1문] 문제 1. 해설

1. 문제
甲의 허가신청에 대기환경보전법에 따른 배출시설 설치제한 사유 여부가 문제된다.

2. 대기환경보전법에 따른 배출시설 설치제한 사유 여부

(1) 대기환경보전법 제23조 제8항
환경부장관 또는 시·도지사는 배출시설로부터 나오는 특정대기유해물질이나 특별대책지역의 배출시설로부터 나오는 대기오염물질로 인하여 환경기준의 유지가 곤란하거나 주민의 건강·재산, 동식물의 생육에 심각한 위해를 끼칠 우려가 있다고 인정되면 대통령령으로 정하는 바에 따라 특정대기유해물질을 배출하는 배출시설의 설치 또는 특별대책지역에서의 배출시설 설치를 제한할 수 있다.

(2) 대기환경보전법시행령 제12조
환경부장관 또는 시·도지사는 1. 배출시설 설치지점으로부터 반경 1킬로미터 안의 상주 인구가 2만명 이상인 지역으로서 특정대기유해물질 중 한 가지 종류의 물질을 연간 10톤 이상 배출하거나 두 가지 이상의 물질을 연간 25톤 이상 배출하는 시설을 설치하는 경우, 2. 대기오염물질(먼지·황산화물 및 질소산화물만 해당한다)의 발생량 합계가 연간 10톤 이상인 배출시설을 특별대책지역(법 제22조에 따라 총량규제구역으로 지정된 특별대책지역은 제외한다)에 설치하는 경우에는 배출시설의 설치를 제한할 수 있다.

(3) 사안의 경우
1) 대기배출시설 설치불허처분시점인 2019. 4. 배출시설 설치지점으로부터 반경 1킬로미터 안의 상주 인구는 약 13,500명이고, 특정대기 유해물질 중 한 가지 종류의 물질배출 예상량이 연간 10톤 또는 두 가지 이상의 물질을 연간 25톤 이상 배출하는 시설이 아닌바, 시행령 제12조 제1호 소정의 설치제한 사유에는 해당되지 않는다.

2) 불허가처분 이후 위 발전소는 이 수질보전 특별대책지역 내 입지하게 되는데, 이는 상수원 보호를 위한 특별대책지역이므로 오수, 폐수, 가축분뇨 등 배출시설 입지가 규제되는 것이므로 시행령 제12조 제2호 소정의 설치제한 사유에는 해당되지 않는다.

3. 결론
甲의 허가신청에 대기환경보전법에 따른 배출시설 설치제한 사유는 존재하지 않는다.

문제해설 [2019년 제3차 제1문] 문제 2. 해설

1. 문제
관할지자체장 乙의 불허가처분 위법성 여부가 문제된다.

2. 대기환경보전법에 따른 배출시설 설치허가의 법적성격

(1) **관련 조문** - 배출시설을 설치하려는 자는 대통령령으로 정하는 바에 따라 시·도지사의 허가를 받거나 시·도지사에게 신고하여야 한다(동법 제23조 제1항). 환경부장관 또는 시·도지사는 배출시설로부터 나오는 대기오염물질로 인하여 환경기준의 유지가 곤란하거나 주민의 건강·재산, 동식물의 생육에 심각한 위해를 끼칠 우려가 있다고 인정되면 특정대기유해물질을 배출하는 배출시설의 설치를 제한할 수 있다(동법 제23조 제8항).

(2) **판례** - 행정행위가 기속행위인지 또는 재량행위인지 여부는 이를 일률적으로 규정지을 수는 없고, 당해 처분의 근거가 된 규정의 형식이나 체제 또는 문언에 따라 개별적으로 판단한다.

(3) **사안의 경우** - 특정대기유해물질 배출시설을 설치하려는 자는 허가권자의 허가를 받게 되어 있을 뿐 어떤 경우에 허가를 할 것인지 일의적으로 정하고 있지 않고, 허가권자는 일정한 경우 그 설치를 제한할 수 있는바, 허가 여부의 판단은 원칙적으로 행정청의 재량행위에 해당한다.

3. 처분행위 위법성 판단

(1) **관련 법리** - 재량행위에 대한 사법심사는 법원은 독자의 결론을 도출함이 없이 당해 행위에 재량권의 일탈·남용이 여부만을 심사하게 되고, 이러한 재량권의 일탈·남용 여부에 대한 심사는 사실오인, 비례·평등의 원칙 위배, 당해 행위의 목적 위반 등을 그 판단의 대상으로 한다.

(2) **판례** - 행정청은 환경기준의 유지가 곤란하거나 주민의 건강·재산, 동식물의 생육에 심각한 위해를 끼칠 우려가 있다고 인정되는 등 중대한 공익상의 필요가 있을 때에는 허가를 거부할 수 있다.

(3) **사안의 경우**

1) 상술한 바와 같이 甲의 허가신청에 대기환경보전법에 따른 배출시설 설치제한 사유는 존재하지 않다.

2) 그런데, 발전소 주변에 이미 수질보전 특별대책지역으로 지정되었고, 가까운 장래에 배출시설 설치지점으로부터 반경 1km 안의 상주인구가 2만 명 이상이 될 것으로 예상된다.

3) 따라서, 허가 당시 상주인구의 건강 및 생활환경뿐만 아니라 이 사건 시설을 정상가동할 때까지 사이에 증가가 예상되는 상주인구의 건강 및 생활환경도 보호되어야 한다는 등의 사정을 종합하여 볼 때, 乙이 배출시설 설치허가를 거부한 것은 재량권을 일탈하거나 남용한 잘못이 없다.

4. 결론
乙의 불허가 처분은 적법하다.

문제해설 [2019년 제3차 제1문] 문제 3. 해설

1. 문제
丙의 행정소송법상 제3자의 소송참가가 문제된다.

2. 행정소송법상 제3자의 소송참가 가부

(1) 관련 조문 - 법원은 소송의 결과에 따라 권리 또는 이익의 침해를 받을 제3자가 있는 경우에는 당사자 또는 제3자의 신청 또는 직권에 의하여 결정으로써 그 제3자를 소송에 참가시킬 수 있다(행소법 제16조 제1항). 이때의 이익은 법률상 이익을 말하고 단순한 사실상 또는 경제적 이익은 포함되지 않는다.

(2) 대기환경에 대한 이익 침해 여부

1) 관련 조문 - 배출시설 설치지점으로부터 반경 1킬로미터 안의 상주 인구가 2만명 이상인 지역으로서 특정대기유해물질 중 한 가지 종류의 물질을 연간 10톤 이상 배출하거나 두 가지 이상의 물질을 연간 25톤 이상 배출하는 시설을 설치하는 경우(대기환경보전법시행령 제12조 제1호)에는 배출시설 설치를 제한할 수 있다.

2) 판례 - 행정처분의 근거 법규에 그 처분으로 환경상 침해가 예상되는 영향권의 범위가 구체적으로 규정되어 있는 경우 그 범위 내의 주민들은 직접적으로 중대한 환경피해를 입으리라고 예상할 수 있고, 이는 주민 개개인에 대한 개별적·직접적·구체적 이익으로서 그들에 대하여는 환경상 이익의 침해가 있는 것으로 사실상 추정되어 법률상 보호되는 이익이 인정된다.

3) 사안의 경우 - 丙은 배출시설로부터 반경 7백 미터 내 거주하는 자로 근거 법규인 대기환경보전법에서 규정하고 있는 영향지역 반경 1킬로미터 내 거주하는 주민에 해당함을 이유로, 시설설치에 따른 환경상 이익을 침해를 주장할 수 있는바, 甲이 제기한 불허가처분 취소소송에 참가할 수 있다.

(3) 상수원 수질에 대한 이익 침해 여부

1) 관련 조문 - 물환경보전법은 수질오염으로 인한 국민건강 및 환경상의 위해를 예방하고 하천 등 공공수역의 물환경을 적정하게 관리·보전함으로써 국민이 그 혜택을 널리 향유할 수 있도록 함과 동시에 미래의 세대에게 물려줄 수 있도록 함을 목적으로 한다(물환경보전법 제1조).

2) 판례 - 수돗물은 급수시설에 의해 공급되는 것이어서 수돗물의 수질악화 등으로 주민들이 갖게 되는 환경상 이익의 침해나 그 우려는 그 수돗물을 공급하는 취수시설이 입게 되는 수질오염 등의 피해나 그 우려와 동일하게 평가될 수 있으므로, 취수장에서 취수된 물을 공급받는 주민들도 개별적·구체적·직접적으로 보호되는 환경상 이익, 즉 법률상 보호되는 이익이 침해되거나 침해될 우려가 있는 주민으로서 원고적격이 인정된다.

3) 사안의 경우 - 발전소로부터 300m 내 위치한 상수원으로부터 급수를 받는 丙은 깨끗한 수질에 대한 환경상 이익 즉, 물환경보전법에 따라 보호되는 법률상 이익이 침해를 주장할 수 있는바, 甲이 제기한 불허가처분 취소소송에 참가할 수 있다.

3. 결론

丙은 대기 및 수질환경에 대한 법률상 이익 침해를 이유로 행정소송법 제16조 제1항을 근거로 하여 이 사건 소송에 참가할 자격이 인정될 수 있다.

2018년도 제3회 변호사시험 모의시험

〈제1문〉

　　甲과 乙은 A광역시 B구에 거주하였던 주민이다. 한편, 丙과 丁은 B구에서 1976년부터 1995년까지 석면공장을 운영하였다. 甲은 1967년 丙과 丁이 해당 공장을 설치·운영하기 이전부터 그 지역에 인접하여 거주하던 주민이었으며, 乙은 해당 공장으로부터 약 2.1km 떨어진 곳에 1985년 아파트 단지가 건설되면서 이주해 온 주민이다. 甲은 丙과 丁이 석면공장을 운영하기 시작한 후 7년이 지나 갑작스런 가슴통증을 호소하다 흉막악성중피종 판정을 받고 치료를 받던 중 얼마 지나지 않아 사망하였다. 또한 乙은 거주를 시작한 지 4년 후 甲과 동일한 증상을 보이다가 치료 도중 사망하였다. 악성중피종은 폐흉막, 위나 간 등을 보호하는 복막, 심장을 싸고 있는 심막 등의 표면을 덮고 있는 중피 조직에 생기는 악성 종양(암의 일종)으로서, 그 발병원인의 80~90%는 석면이라고 알려져 있다.

　　丙과 丁이 석면공장을 운영하던 시기에 두 공장은 방진 및 집진시설을 설치해 놓고 있었으나, 실제로는 해당 방진 및 집진시설을 거의 가동을 하지 않아 공장 내부에는 항상 석면분진이 비산되어 있었으며, 공장 뒤에 있는 미나리 논에도 허옇게 석면가루가 내려앉을 정도였다. 또한 가끔 집진시설을 가동하더라도 무거운 먼지만 집진시설 내부에 가라앉고 가벼운 먼지는 굴뚝 밖으로 비산되었다. 게다가 공장들의 천정에는 구멍이 뚫려 있었고, 공장들의 양쪽 옆 출입구는 한겨울을 제외하고 대체로 열려 있는 상태였기 때문에, 위 천정구멍과 양쪽 옆 출입구를 통해 석면가루와 먼지가 공장 외부로 그대로 유출되었다.

　　1985년부터 대규모 공동주택사업 시행으로 인하여 대규모 아파트 단지가 해당지역에 조성됨에 따라 초등학교 등 교육시설도 함께 들어서면서 丙·丁의 석면공장에 대한 각종 민원이 제기되자 이들은 1995년 해당 공장들을 폐쇄하고 다른 도시로 이전하였다. 이후 戊 주식회사가 해당 석면공장을 대신하여, B구청장의 허가를 받아 비금속물질인 알루미늄제조공장을 설치·운영해 오고 있다. 戊주식회사의 공장은 굴뚝과 같은 배출구가 없이 대기 중에 직접 먼지를 배출하여 주변 지역의 농작물에 막대한 피해를 주고 있다.

3. 戊주식회사가 발생시키는 먼지가 대기환경보전법상 규제대상인지 검토하고, 만약 규제대상이라면 B구청장이 대기환경보전법상 어떠한 조치를 취할 수 있는지 검토하시오. (20점)

제44조(비산먼지 발생사업) 법 제43조제1항 전단에서 "대통령령으로 정하는 사업"이란 다음 각 호의 사업 중 환경부령으로 정하는 사업을 말한다. 〈개정 2015. 7. 20, 2019. 7. 16.〉

　　1. 시멘트·석회·플라스터 및 시멘트 관련 제품의 제조업 및 가공업
　　2. 비금속물질의 채취업, 제조업 및 가공업

3. 제1차 금속 제조업
4. 비료 및 사료제품의 제조업
5. 건설업(지반 조성공사, 건축물 축조공사, 토목공사, 조경공사 및 도장공사로 한정한다)
6. 시멘트, 석탄, 토사, 사료, 곡물 및 고철의 운송업
7. 운송장비 제조업
8. 저탄시설(貯炭施設)의 설치가 필요한 사업
9. 고철, 곡물, 사료, 목재 및 광석의 하역업 또는 보관업
10. 금속제품의 제조업 및 가공업
11. 폐기물 매립시설 설치 · 운영 사업

문제해설 [2018년 제3차 제1문] 문제 3. 해설

1. 문제

戊 회사가 발생시키는 먼지가 대기환경보전법상 규제 대상인지 여부와 B구청장의 대기환경보전법상 조치가 문제된다.

2. 대기환경보전법상 규제 대상인지 여부

(1) 대기환경보전법 제43조 제1항

비산먼지를 발생시키는 사업으로서 대통령령으로 정하는 사업을 하려는 자는 환경부령으로 정하는 바에 따라 구청장에게 신고하고 비산먼지의 발생을 억제하기 위한 시설을 설치하거나 필요한 조치를 하여야 한다.

(2) 대기환경보전법 시행령 제44조 제2호

대기환경보전법 제43조 제1항 전단에서 "대통령령으로 정하는 사업"이란 제2호의 비금속물질의 채취업, 제조업 및 가공업 중 환경부령으로 정하는 사업을 말한다.

(3) 대기환경보전법 시행규칙 제57조

대기환경보전법 시행령 제44조 제2호에서 "환경부령으로 정하는 사업"이란 별표 13의 제2호의 비금속물질의 채취업, 제조업 및 가공업을 말한다.

(4) 사안의 경우

戊주식회사의 알루미늄 제조업은 비금속물질의 제조업에 해당하는바, 戊회사가 발생시키는 먼지는 대기환경보전법 제43조 제1항의 규제대상에 해당한다.

3. B구청장의 대기환경보전법상 조치

(1) 대기환경보전법 제43조 제4항

구청장은 동법 제43조 제1항에 따른 비산먼지의 발생을 억제하기 위한 시설의 설치 또는 필요한 조치를 하지 아니하거나 그 시설이나 조치가 적합하지 아니하다고 인정하는 경우에는 그 사업을 하는 자에게 필요한 시설의 설치나 조치의 이행 또는 개선을 명할 수 있다.

(2) 대기환경보전법 제43조 제5항

구청장은 동법 제43조 제3항에 따른 명령을 이행하지 아니하는 자에게는 그 사업을 중지시키거나 시설 등의 사용 중지 또는 제한하도록 명할 수 있다.

(3) 대기환경보전법 제92조 제6호

제43조 제4항을 위반하여 비산먼지의 발생을 억제하기 위한 시설의 설치나 조치의 이행 또는 개선 명령을 이행하지 아니한 자는 300만원 이하의 벌금에 처한다.

(4) 사안의 경우

1) B구청장은 대기환경보전법 제43조 제4항에 따라 비산먼지의 발생을 억제하기 위한 필요한 시설의 설치나 조치의 이행 또는 개선을 명할 수 있다.

2) B구청장은 대기환경보전법 제43조 제5항에 따라 위 명령을 이행하지 아니하는 자에게는 그 사업을 중지 또는 제한하도록 명할 수 있다.

3) B구청장은 대기환경보전법 제92조 제6호에 따라 벌금에 처하도록 고발조치를 할 수 있다.

4. 결론

(1) 戊회사가 발생시키는 먼지는 대기환경보전법 제43조 제1항의 규제대상에 해당한다.

(2) B구청장은 대기환경보전법 제43조 제 4, 5항에 따라 비산먼지의 발생을 억제하기 위한 필요한 시설의 조치의 이행 또는 개선을 명하고 위 명령을 이행하지 아니하는 자에게는 그 사업을 중지 또는 제한하도록 명할 수 있으며, 고발조치를 취할 수도 있다.

2016년도 제3회 변호사시험 모의시험

〈제2문〉

A시에서 자동차부품 등 제조업체로서 대기오염물질배출시설을 운영하는 甲은 사업장 내에 부품제작기계 3대 및 대기오염물질의 배출 및 방지를 위한 집진시설 1대를 설치, 운영해 오고 있다. 2015. 7. 27. 甲의 집진시설에 대한 A시의 대기오염도 검사결과 먼지 배출허용기준 $100mg/Sm^3$을 훨씬 초과하는 $2,879.3mg/Sm^3$의 먼지가 검출되었다. 이 때 대기오염도 검사는 부품제작기계 3대가 모두 가동된 상태로 이루어졌다.

A시장은 2015. 8. 1. 甲에게 개선명령을 발하였다. 甲은 2015. 10. 31.까지 위 집진시설을 개선하겠다는 내용의 개선계획서를 제출한 다음 2015. 10. 31. 개선완료보고를 하였다. A시장은 2015. 11. 2. 그 개선이행상태를 확인한 후 위 2015. 7. 27.자 초과농도 측정결과를 토대로 초과배출기간을 위 집진시설에 대한 오염물질 채취일인 2015. 7. 27.부터 원고의 개선완료보고일인 2015. 10. 31.까지(중간의 휴무일 공제)로 하고 그 기간 중 1일 조업시간을 10시간으로 확정하여 초과배출부과금 산정계산식에 따라 총 85일의 배출기간에 대한 초과배출부과금으로 1,303,020,520원을 부과하였다.

[대기환경보전법 시행규칙]
제49조(개선완료일) 영 제34조제2항에서 "환경부령으로 정하는 개선완료일"이란 제39조제2항에 따른 개선완료 보고서를 제출한 날을 말한다.

이 사안에 대하여 다음 질문에 답하시오

2. 환경법상 배출부과금제도 일반 및 기본부과금, 초과부과금의 취지와 그 차이점을 설명하고, 그 취지에 비추어 현행 제도에 대해 평가하시오. (20점)

3. 甲은 2014. 1. 1. 이후로 주문물량이 부품제작기계 2대만 가동하면 충분한 물량이어서 3대 중에 교대로 2대씩만 가동하였으므로, 3대를 모두 가동하여 측정한 초과배출량을 기준으로 초과배출부과금을 산정하는 것은 위법하다고 주장한다. 甲의 주장이 입증될 수 있다면, 이 사실이 초과배출부과금 산정 시에 반영될 수 있는지 검토하시오. (20점)

4. 甲은 개선명령을 이행하기 위한 집진시설 보수공사는 9. 30.에 완료하였으나, 개선명령이행완료보고서만 10. 31.에 제출한 것이므로 초과배출부과금은 9. 30.까지로 산정되어야 한다고 주장한다. 甲은 A시장에게 제출한 개선명령이행완료보고서에 보수공사기간이 '2015. 9. 1.부터 2015. 9. 30.까지'로 기재되어 있고, 공사대금은 10. 2. 전액 지급되었으며, 2015. 9. 30. 이후 甲이 다른 공사를 한 적이 없음에도 불구하고 위 개선명령 이행보고 후 실시한 오염도 검사결과 배출허용기준을 충족한 것으로 나타났다는 점 등을 증거로 제시하고자 한다. 甲이 보수공사가 9. 30.에 완료되었음을 입증한다면, 초과배출부과금의 산정에 반영되어야 하는지에 대해 검토하시오. (20점)

문제해설 [2016년 제3차 제2문] 문제 2. 해설

1. 문제
(1) 배출부과금제도일반, (2) 기본부담금과 초과부담금의 취지와 차이점, (3) 현행제도에 대한 평가가 논의된다.

2. 배출부과금 제도일반

(1) **의의** – 배출부과금이란 일정한 법정기준을 초과하는 공해배출량이나 잔류량에 대하여 일정단위당 부과금을 곱하여 산정되는 금전적 급부의무를 부과함으로써 환경오염을 방지하려는 수단을 말한다.

(2) **법적성질** – 국가가 오염규제에 직접적으로 관여하지 않고 이윤추구의 논리에 따라 자발적으로 오염을 억제하는 방법으로 유도하는 것으로, 금전적인 제재수단으로서의 과징금의 성격과 시장유인적 규제수단으로서의 의미를 겸유하고 있다.

3. 기본부담금과 초과부담금의 취지와 차이점

(1) **기본부담금** – 대기오염물질을 배출하는 사업자가 배출허용기준 이하로 배출하는 대기오염물질의 배출량 및 배출농도 등에 따라 부과하는 금액을 말한다(대기환경보전법 제35조 제2항 제1호). 동법 시행령 제23조 제1항에 의해 부과대상 오염물질이 황산화물과 먼지로 제한되어 있어서 형평성과 효과성을 결여하였다는 비판을 받고 있다.

(2) **초과부담금** – 배출허용기준을 초과하여 배출하는 경우 대기오염물질의 배출량과 배출농도 등에 따라 부과하는 금액을 말한다(대기환경보전법 제35조 제2항 제2호). 동법 시행령 제23조 제2항에 의해 부과대상이 되는 오염물질이 황산화물, 암모니아, 황화수소, 이산화탄소, 먼지, 불소화합물, 염화수소, 염소, 시안화수소 등 유독물질로 되어 있어 기본부담금에 비해 그 대상이 확장된 점에서 차이가 있다.

4. 현행제도에 대한 평가

(1) **기준의 객관성** – 산정방식에 적용되는 계수의 경우 배출허용 기준초과율별 부과계수와 지역별 부과계수로 나뉘는데 이러한 계수 산정이 객관적으로 타당한 가에 대한 비판이 있다.

(2) **금액의 실효성** – 배출부과금 요율이 배출기업이 갖는 이익에 비해 낮아 위반해서 걸리면 벌금내면 그만이라는 식의 기업인들의 태도가 팽배하여 부과요율을 높여 금액의 실효성을 확보해야 한다는 평가가 지배적이다.

문제해설 [2016년 제3차 제2문] 문제 3. 해설

1. 문제
甲 주장의 당부가 문제된다.

2. 甲 주장의 당부

(1) **관련 조문** – 기준초과배출량은 배출기간 중에 배출허용기준을 초과하여 조업함으로써 배출되는 오염물질의 양으로 하되, 일일 기준초과배출량에 배출기간 일수를 곱하여 산정한다(대기환경보전법 시행령 제25조 제1항).

(2) **판례** – 배출부과금 산정의 기준이 되는 배출허용기준초과 오염물질배출량은 사업자가 조업에 제공하기 위하여 실제로 가동하는 배출시설로 인하여 배출되는 오염물질의 양을 산정하는 것이지 조업을 위한 실제 가동 여부와 관계없이 당해 사업장에 설치된 배출시설을 모두 가동하여 최대의 부하량이 걸린 상태에서 배출되는 오염물질의 최대량을 가리키는 것은 아니다.

(3) **사안의 경우** – 甲은 2014. 1. 1. 이후로 주문물량이 부품제작기계 2대만 가동하면 충분한 물량이어서 3대 중에 교대로 2대씩만 가동하였으므로, 3대를 모두 가동하여 측정한 초과배출량을 기준으로 초과배출부과금을 산정하는 것은 위법하다는 주장은 타당하다.

3. 결론
甲의 주장이 입증될 수 있다면, 이 사실이 초과배출부과금 산정 시에 반영될 수 있다.

문제해설 [2016년 제3차 제2문] 문제 4. 해설

1. 문제
(1) 초과배출부과금 산정과정, (2) 배출부과금 조정제도, (3) 甲 주장의 반영여부가 문제된다.

2. 초과배출부과금 산정과정

(1) 초과부과금의 오염물질배출량 산정
배출허용기준초과 오염물질배출량의 산정시 배출기간은 개선계획서를 배출하고 개선하는 경우에는 명시된 부적정 운영개시일부터 개선시간만료일까지의 기간으로 한다(대기환경보전법 시행령 제25조 제1항 제1호).

(2) 개선명령 등의 이행보고 및 확인제도
조치명령이나 개선사업을 받은 사업자는 그 명령을 이행한 경우에는 지체 없이 시도지사에게 보고하고, 시도지사는 보고를 받은 경우에는 관계 공무원에게 지체 없이 명령의 이행상태를 확인하여야 한다(대기환경보전법 시행령 제22조 제1항, 제2항).

3. 배출부과금 조정제도

(1) 대기환경보전법 제35조의3 제1항
시·도지사는 배출부과금 부과 후 오염물질 등의 배출상태가 처음에 측정할 때와 달라졌다고 인정하여 다시 측정한 결과 오염물질 등의 배출량이 처음에 측정한 배출량과 다른 경우 등 대통령령으로 정하는 사유가 발생한 경우에는 이를 다시 산정·조정하여 그 차액을 부과하거나 환급하여야 한다.

(2) 대기환경보전법시행령 제34조 제1항, 제2항
법 제35조의3 제1항에 근거한 배출부과금 조정이 가능한 경우 중 하나로 시행령 제34조 제1항에 정한 개선명령의 조기 이행의 경우가 있으며, 이러한 경우 제34조 제2항에서 환경부령으로 정하는 개선완료일이나 제22조제1항에 따른 명령 이행의 보고일을 오염물질 또는 배출물질의 배출기간으로 하여 초과부과금을 산정한다.

(3) 대기환경보전법 시행규칙 제49조
대기환경보전법시행령 제34조제2항에서 "환경부령으로 정하는 개선완료일"이란 제39조제2항에 따른 개선완료 보고서를 제출한 날을 말한다.

4. 甲 주장의 반영여부
(1) **판례** - 대기환경보전법시행령이 정한 절차에 따라 개선명령 이행완료예정일 이전의 조기 이행을 원인으로 그 배출기간의 단축을 통한 배출부과금의 조정이 가능함에도 불구하고 개선명령 이행완료 예정일 이전에 그러한 절차를 취하지 아니한 이상 위 법령에서 정한 바에 따른 배출기간의 종기를 기준으로 배출부과금을 부과한 처분이 위법하다고 할 수 없다.

(2) **사안의 경우** - 행정청의 공식적 개선명령 이행완료확인이 있어야 개선명령의 이행이 있다고 할 수 있고, 개선명령의 조기이행의 경우 조정을 위한 별도의 절차를 대기환경보전법 시행령 제34조 제2항에 마련하고 있으므로 이러한 절차를 거치지 않고 조기이행을 주장하는 甲의 주장은 반영하기 어렵다.

5. 결론
甲이 보수공사가 9. 30.에 완료되었음을 입증하더라도 초과배출부과금의 산정에 반영할 수 없다.

2015년도 제3회 변호사시험 모의시험

〈제1문〉

甲은 A 광역시에서 대기오염물질의 배출 및 방지시설에 관한 설치신고를 A 광역시장에게 하고 이를 가동하여 오고 있다. 이 과정에서 배출허용기준을 초과하는 대기오염물질이 배출되는 것이 확인되었다. 이에 A 광역시장은 甲에게 방지시설에 대한 개선명령을 내렸고, 甲은 A 광역시장에게 방지시설에 대한 개선계획서를 제출하고 그 보수공사를 완료한 뒤 A 광역시장에게 개선완료 보고를 하였다. A 광역시장은 甲의 공장에 출장하여 위 방지시설의 개선이행상태를 확인한 뒤 甲에 대하여 초과배출부과금을 부과하였다.

乙은 A 광역시와 인접한 B 도에서 제철공장을 운영하고자 배출 및 방지시설에 관한 설치신고를 하였는데,「B도 도시계획조례」에 따르면「국토의 계획 및 이용에 관한 법률」상 계획관리지역인 이 지역에서는 특정대기유해물질인 크롬이 배출되는 공장은 입지가 허용되지 않는다. 그런데 단속 결과 배출허용기준을 넘는 크롬이 乙의 공장에서 배출되는 것으로 확인되어 B 도지사는 乙의 공장의 폐쇄를 명하였다. 이에, 乙은 종업원의 생계를 고려하지 않은 이 폐쇄명령은 너무 지나친 것으로 위법하다고 주장한다.

丙은 B 도에서 배출 및 방지시설에 관한 설치신고를 하고 화학공장을 운영하던 중 가지배출관을 설치하였다는 사실이 적발되어 B 도지사로부터 4개월의 조업정지명령을 받았다. 이에 丙은 가지배출관을 설치한 것은 방지시설의 확장공사 과정에서 부득이하게 행한 것이며, 이 시설을 통하여 배출한 기간도 불과 3일밖에 되지 않고, 그간 자원회수율이 높은 고가의 대기오염물질 저감시설을 설치하여 왔다는 등의 확인된 사실을 들어 4개월의 조업정지명령은 과도한 것으로 위법하다고 주장한다.

이에 다음 물음에 답하시오.

1. (1) 초과부담금의 부과 후 대기오염물질의 배출상태가 처음 측정할 때와 달라져 재측정한 결과 오염물질이 처음에 측정한 배출량보다 저감하게 된 경우 甲이 대기환경보전법상 취할 수 있는 절차는 무엇인가?

   (2) 甲은 배출부과금이 부과된 것은 애초에 개선명령이 잘못된 데에 그 이유가 있다고 보는 경우, 甲이 제소기간 내에 그 개선명령을 취소소송으로 다툴 수 있는지를 개선명령과 배출부과금 부과의 관계를 중심으로 검토하시오. (30점)

2. B 도지사의 처분에 대한 乙과 丙의 주장의 당부를 각각 검토하시오. (25점)

3. 만일 乙과 丙을 포함한 다수의 공장들이 같은 산업단지 내에서 오염물질의 공동처리를 위하여 공동방지시설을 설치하고, 이에 B 도지사가 공동방지시설을 거쳐 배출된 오염물질에 대하여 공동방지시설을 운영하는 사업자간의 내부규약에 의거하여 출자비율에 따라 배출부과금을 부과한 경우 丙이 배출부과금의 산정근거가 된 대기오염물질은 丙의 사업장에서는 배출될 수 없는 것이어서 자신은 배출부과금을 낼 수 없다고 주장할 때 그 주장의 당부를 검토하시오. (25점)

문제해설 [2015년 제3차 제1문] 문제 1. 해설

1. 문제
(1) 배출부과금 조정절차, (2) 개선명령의 취소소송 가부가 문제된다.

2. 배출부과금 조정절차

(1) 대기환경보전법 제35조의3 제1항
시·도지사는 배출부과금 부과 후 오염물질 등의 배출상태가 처음에 측정할 때와 달라졌다고 인정하여 다시 측정한 결과 오염물질 등의 배출량이 처음에 측정한 배출량과 다른 경우 등 대통령령으로 정하는 사유가 발생한 경우에는 이를 다시 산정·조정하여 그 차액을 부과하거나 환급하여야 한다.

(2) 대기환경보전법시행령 제34조 제1항 제2호
법 제35조의3 제1항에 근거한 배출부과금 조정이 가능한 경우 중 하나로 시행령 제34조 제1항 2호에 초과부과금의 부과 후 오염물질 등의 배출상태가 처음에 측정할 때와 달라졌다고 인정하여 다시 측정한 결과, 오염물질 또는 배출물질의 배출량이 처음에 측정한 배출량과 다른 경우를 말한다.

(3) 대기환경보전법시행령 제34조 제3항
이때 초과부과금을 조정하는 경우에는 재점검일 이후의 기간에 다시 측정한 배출량만을 기초로 초과부과금을 산정한다.

(4) 대기환경보전법시행령 제35조 제1,2,3,4항
부과금납부자는 부과금의 조정을 신청할 수 있고, 신청은 부과금납부통지서를 받은 날로부터 60일 이내에 하여야 하며, 시도지사는 30일 이내에 처리결과를 알려주어야 한다. 이때 조정신청여부는 부과금납부기간에 영향을 미치지 않는다.

(5) 사안의 경우
甲은 대기환경보전법 제35조의3 제1항의 사유가 발생하였음을 이유로 배출부과금의 조정을 신청하여 그 차액을 환급받을 수 있다.

3. 개선명령의 취소가부

(1) 개선명령과 배출부과금의 관계
양자는 일방이 다른 쪽의 전제가 되거나 종속된 처분이 아니라 별개의 직접적인 목적을 가지고 별도의 법적 근거에서 행하는 독립된 처분으로 본다.

(2) 협의의 소익 유무
1) 관련 조문 – 처분이 집행 그 밖의 사유로 인하여 소멸된 뒤에도 그 처분 등의 취소로 인하여 회복되는 법률상 이익이 있는 경우에는 소를 제기할 수 있다(행소법 제12조 후문).

2) 판례 - 처분의 효력이 소멸된 경우에는 원칙적으로 소의 이익이 없으나, 처분이 장래의 제제적 처분의 가중요건 또는 전제요건이 되는 경우에는 예외적으로 소의 이익을 인정한다.

3) 사안의 경우 - A시장에 대한 개선명령 처분에 대하여 甲은 이미 보수공사를 완료하였으므로 더 이상 다툴 법률상 이익이 없고, 개선명령이 장래의 처분의 가중요건 또는 전제요건으로 되는 경우도 아닌바, 협의의 소의 이익은 없다.

(3) 소결

개선명령은 이미 완료되어 더 이상 그 효력을 다툴 이익이 없는바, 甲이 제기한 개선명령에 대한 취소소송은 협의의 소의 이익이 없어 각하된다.

4. 결론

(1) 甲은 대기환경보전법상 제35조의3 제1항 배출부과금 조정신청 절차를 취할 수 있다.

(2) 甲은 제소기간 내에 개선명령을 취소소송으로 다툴 수 없다.

문제해설 [2015년 제3차 제1문] 문제 2. 해설

1. 문제
(1) 乙 주장의 당부, (2) 丙 주장의 당부가 문제된다.

2. 乙 주장의 당부

(1) **관련 조문** - 시·도지사는 제23조제1항부터 제3항까지의 규정에 따른 허가를 받지 아니하거나 신고를 하지 아니하고 배출시설을 설치하거나 사용하는 자에게는 그 배출시설의 사용중지를 명하여야 한다. 다만, 그 배출시설을 개선하거나 방지시설을 설치·개선하더라도 그 배출시설에서 배출되는 오염물질의 정도가 제16조에 따른 배출허용기준 이하로 내려갈 가능성이 없다고 인정되는 경우 또는 그 설치장소가 다른 법률에 따라 그 배출시설의 설치가 금지된 경우에는 그 배출시설의 폐쇄를 명하여야 한다(대기환경보전법 제38조).

(2) **사안의 경우** - 「B도 도시계획조례」에 따르면 「국토의 계획 및 이용에 관한 법률」상 계획관리지역인 이 지역에서는 특정대기유해물질인 크롬이 배출되는 공장은 입지가 허용되지 않아, B도지사가 대기환경보전법 제38조를 근거로 이 사건 폐쇄명령조치를 한 것은 기속행위로써 적법한바, 乙 주장은 부당하다.

3. 丙 주장의 당부

(1) **관련 조문** - 시·도지사는 사업자가 방지시설을 거치지 아니하고 오염물질을 배출할 수 있는 가지배출관을 설치하여 운영한 경우에는 배출시설의 설치허가 또는 변경허가를 취소하거나 배출시설의 폐쇄를 명하거나 6개월 이내의 기간을 정하여 배출시설 조업정지를 명할 수 있다(대기환경보전법 제36조 제1항 제6호).

(2) **사안의 경우** - B도지사가 丙에 대하여 조업정지 4개월을 명한 처분은 재량행위로써 丙은 가지배출관을 설치하고 대기오염물질을 그대로 배출한 것은 3일 밖에 되지 않아 丙의 위법사실에 비하여 중대하다고 주장하고 있으나, 적발되지 않았을 경우에는 위 가지시설을 통해 유해가스를 지속적으로 배출하였을 것이 예상되는바, B의 처분이 결코 무겁다고 볼 수 없어 이 사건 처분이 재량을 일탈남용에 해당하지 않는다. 따라서, 丙의 주장은 부당하다.

4. 결론

(1) B도지사의 乙에 대한 처분은 기속행위로써 대기환경보전법 제38조를 근거로 한 것으로 적법한바, 위법하다는 乙의 주장은 부당하다.

(2) B도지사의 丙에 대한 처분은 재량행위로써 재량권 일탈 남용 사실이 없어 적법한 바, 위법하다는 丙의 주장은 부당하다.

문제해설 [2015년 제3차 제1문] 문제 3. 해설

1. 문제
丙 주장의 당부가 문제된다.

2. 공동방지시설에 대한 배출부과금

(1) **관련 조문** – 산업단지나 그밖에 사업장이 밀집된 지역의 사업자는 배출시설로부터 나오는 오염물질의 공동처리를 위하여 공동 방지시설을 설치할 수 있다. 이 경우 각 사업자는 사업장별로 그 오염물질에 대한 방지시설을 설치한 것으로 본다(대기환경보전법 제29조 제1항).

(2) **판례**
  1) 배출부과금은 사업자가 배출한 오염물질처리비용 상당액을 한도로 부과하여야 하는 것이므로, 공동방지시설로부터 기준초과 오염물질 등이 배출되어 배출부과금을 부과하는 경우에도 행정청은 각 사업자에게 각자 배출한 오염물질 처리비용에 상당하는 금액만을 부과하여야 한다.
  2) 또한, 배출부과금 부과처분과 같이 국민에게 의무를 부과하는 행정처분은 법령의 근거 하에 행해져야 하는 것이므로 공동방지시설을 설치한 사업자들 상호간의 내부관계를 정한 것에 불과한 "공동방지시설의 운영에 관한 규약"에 근거하여 배출부과금을 부과할 수는 없으며 위 규약이 관계 행정청의 승인을 받았다고 해서 달리 볼 것은 아니다.

(3) **사안의 경우** – 공동방지시설에 대한 배출부과금은 乙, 丙 공장의 각각 배출한 오염물질에 대응하는 처리비용만큼 부과되어야 하므로, B도지사가 오염물질에 대하여 공동방지시설을 운영하는 사업자간의 내부규약에 의거하여 출자비율에 따라 배출부과금을 부과한 것은 법령의 근거 없이 내려진 처분인 바, 위법하다.

3. 결론
丙이 배출부과금의 산정근거가 된 대기오염물질은 丙의 사업장에서는 배출될 수 없는 것이어서 자신은 배출부과금을 낼 수 없다는 주장은 타당하다.

2014년도 제3회 변호사시험 모의시험

〈제1문〉

A군 내 10여 가구가 모여 사는 한 마을에서 몇 년 사이 암 환자가 잇따라 발생하고 있다. 주민들의 진술에 따르면 2008년부터 매년 마을에서 1~2명씩 암환자가 생겨나 최근까지 8명의 암 환자(췌장암으로 2명, 그리고 위암과 유방암으로 각 1명씩 모두 4명이 숨졌고 현재 주민 4명도 유방암과 대장암, 폐암 등으로 투병 중이다)가 발생하였고, 암환자의 연령층도 30대 초반부터 70대까지 다양하다. 한편 2006년에 이곳 마을에 활성탄(폐수나 배출가스 등에서 유해물질을 걸러내는 역할을 한다) 및 폐활성탄을 생산·재생하는 공장이 배출시설 설치허가를 받아 운영을 시작하였다(폐활성탄은 사용된 곳에 따라 벤젠 등 각종 발암물질을 함유하고 있는데 재생과정에서 유해물질이 배출될 수 있어 대기오염방지시설 설치 등 규제가 심한 업종이다).

마을 대표는 "공장이 들어서면서 주민들은 하나 둘 두통과 호흡곤란 등을 호소하기 시작했다. 공장에서 작업을 할 때면 쉰 김치 향처럼 시큼한 냄새가 마을을 뒤덮는다. 공장이 들어서기 전에는 주민들 중에 암 환자가 1명도 없었다"며 암 발병은 공장에서 배출되는 유해가스 때문이라고 주장하며 관할 관청에 공장폐쇄를 요청하고 있다. 이에 대해 공장 측은 잇따른 암 발생은 우연일 뿐 공장과 전혀 관련이 없다고 반박한다. A군이 관할 보건환경연구원에 의뢰하여 해당 공장의 먼지와 벤젠을 측정한 결과, 먼지농도는 21.7mg/㎥ (배출허용기준치: 100mg/㎥), 벤젠은 2.10ppm (배출허용기준: 20ppm, 환경기준: 연간 평균치 5㎍/㎥ 이하)으로 나타났다. 이에 관할 관청은 공장에서 배출되는 대기오염물질이 법정배출허용기준치를 넘지 않고 환경기준치도 준수되고 있는데다가 암 발병이 공장운영과 연관이 있다는 뚜렷한 증거도 없다며 현재로서는 대기환경보전법에 따른 어떠한 조치도 취할 수 없다고 주민들에게 답변하였다.

그런데 마을주민들은 공장 측이 평소에는 비용문제로 대기오염방지시설을 정상적으로 가동하지 않다가 관청의 점검이 있을 때만 방지시설을 가동한다며 그 측정결과를 신뢰할 수 없다고 주장하였다. 이에 관할 관청이 측정기기의 측정결과 및 공장직원들을 조사한 결과 평소에 대기오염방지시설을 가동하지 않았고, 이에 맞추어 측정기기도 정상적인 측정이 이루어지지 않도록 조작한 사실이 드러났다. (대기환경보전법상의 시·도지사의 사안관련권한은 군에 위임되었다고 가정한다).

[참고 1] 대기환경보전법 시행규칙 제41조(조업시간의 제한 등) 시·도지사는 대기오염이 주민의 건강이나 환경에 급박한 피해를 준다고 인정하면 법 제34조제2항에 따라 대기오염물질 등의 배출로 예상되는 위해와 피해의 정도에 따라 사용연료의 대체, 조업시간의 제한 또는 변경, 조업의 일부 또는 전부의 정지를 명하되, 위해나 피해를 가장 크게 주는 배출시설부터 조치하여야 한다.

[참고 2] 벤젠은 대기환경보전법상 "특정대기유해물질"로, 식품의약품안전처는 공식블로그('식약지킴이')에서 벤젠의 유해성 등을 다음과 같이 설명하고 있다. 『벤젠은 인간과 동물에서 발암성이 알려져 있으며, 세계보건기구(WHO)의 국제암연구소(IARC)에서는 발암물질(Group 1)로 분류하고 있습니다. 벤젠은 인체의 림프구에서 소핵과 DNA 손상을 일으키며, 기형을 유발하는 것으로 알려졌고, 고농도 노출 시 신장, 간장, 소화기계, 피부 등에 독성을 일으킬 수 있습니다. 벤젠에 의한 급·만성독성은 주로 산업장에서 나타나며, 만성적 노출은 백혈구감소증, 무과립구증, 재생불량성 빈혈, 골수형성이상증후군, 범혈구감소증, 백혈병 및 사망을 일으키기도 합니다. 벤젠은 담배 연기, 자동차 배기가스, 가정용 세척제, 쓰레기 매립지에서 나오는 침출수, 에틸벤젠이나 스틸렌을 제조하는 공장, 정유 공장 등에서 발생하여 대기, 수질 및 토양에 분포하게 됩니다. 호흡을 통해 흡입된 벤젠은 50%가 흡수되는 것으로 알려져 있으며, 이는 $1\mu g/m^3$ 벤젠에 오염된 공기를 호흡 시 하루에 $10\mu g$ (하루 호흡량 $20m^3$)이 체내로 유입되는 것을 의미합니다. 담배연기에는 고농도의 벤젠($150~204mg/m^3$)을 함유하고 있어 흡연자의 주요 노출원이 되며, 피부를 통해서는 제한적으로 흡수되는 것으로 알려져 있습니다.』

- 주민들이 발병하였다고 주장하는 폐암 등은 의학적으로 다양한 요인들이 복합적으로 작용하는 이른바 비특이성 질환으로 분류된다.

[참고 3] 법시행규칙 별표 36 행정처분기준에 따르면,

1) 방지시설 미가동의 경우, 1차 위반 : 조업정지 10일, 2차 위반 : 30일, 3차 위반 : 허가취소 또는 폐쇄

(다만 위반하여 사람 또는 가축에 피해발생 등 중대한 대기오염을 일으킨 경우 1차 위반 : 조업정지 3개월, 허가취소 또는 폐쇄, 2차 위반 : 허가취소 또는 폐쇄).

2) 측정기기 조작의 경우, 1차 위반 : 경고, 2차 위반 : 조업정지 5일, 3차 위반 : 조업정지 10일, 4차 위반 : 조업정지 30일.

1. 이 경우 관할 관청은 대기환경보전법에 따라 어떠한 조치를 취할 수 있는지 검토하시오. (50점)

문제해설　[2014년 제3차 제1문] 문제 1. 해설

1. 문제
관할 관청이 대기오염 방지시설을 정상적으로 가동하지 않은 공장에 대하여 취할 수 있는 조치가 문제된다.

2. 폐쇄조치

(1) 대기환경보전법 제38조에 의한 폐쇄조치 가부

1) 대기환경보전법 제38조

시·도지사는 허가를 받지 아니하거나 신고를 하지 아니하고 배출시설을 설치하거나 사용하는 자에게는 그 배출시설의 사용중지를 명하여야 한다. 다만, 그 배출시설을 개선하거나 방지시설을 설치·개선하더라도 그 배출시설에서 배출되는 오염물질의 정도가 제16조에 따른 배출허용기준 이하로 내려갈 가능성이 없다고 인정되는 경우 또는 그 설치장소가 다른 법률에 따라 그 배출시설의 설치가 금지된 경우에는 그 배출시설의 폐쇄를 명하여야 한다.

2) 사안의 경우

유해물질을 배출하는 공장이 배출시설 설치허가를 받아 운영을 시작하여 동법 제38조가 적용될 수 없는바, 위법시설에 대한 폐쇄조치 명령은 불가하다.

(2) 대기환경보전법 제34조 제2항에 의한 폐쇄조치 가부

1) 대기환경보전법 제34조 제2항

시·도지사는 대기오염으로 주민의 건강상·환경상의 피해가 급박하다고 인정하면 환경부령으로 정하는 바에 따라 즉시 그 배출시설에 대하여 조업시간의 제한이나 조업정지, 그밖에 필요한 조치를 명할 수 있다.

2) 대기환경보전법 시행규칙 제41조

시·도지사는 대기오염이 주민의 건강이나 환경에 급박한 피해를 준다고 인정하면 법 제34조 제2항에 따라 대기오염물질 등의 배출로 예상되는 위해와 피해의 정도에 따라 사용연료의 대체, 조업시간의 제한 또는 변경, 조업의 일부 또는 전부의 정지를 명하되, 위해나 피해를 가장 크게 주는 배출시설부터 조치하여야 한다.

3) 사안의 경우

동법 제34조의 그밖에 필요한 조치에 배출시설 폐쇄명령은 없는바, 위 공장에 대한 폐쇄조치 명령은 불가하다.

(3) 대기환경보전법 제36조에 의한 폐쇄조치 가부

1) 대기환경보전법 제36조 제6호 및 제9호

시·도지사는 사업자가 배출시설을 가동할 때에 방지시설을 가동하지 아니하거나(제6호) 측정기기를 고의로 작동하지 아니하거나 정상적인 측정이 이루어지지 아니하도록 하는 행위(제9호)를 하는 경우에는 배출시설의 설치허가 또는 변경허가를 취소하거나 배출시설의 폐쇄를 명하거나 6개월 이내의 기간을 정하여 배출시설 조업정지를 명할 수 있다.

   2) 대기환경보전법 시행규칙 별표 36 행정처분 기준
   방지시설을 미가동하여 사람 또는 가축에 피해발생 등 중대한 대기오염을 일으킨 경우 1차 위반 시에도 허가취소 또는 폐쇄조치를 명할 수 있고, 측정기기를 조작한 경우에는 경고 내지 조업정지 처분 이외에 조치를 취할 수 없다.

   3) 사안의 경우
   관할 관청은 대기환경보전법 제36조 제6호를 위반하여 배출시설을 가동할 때 방지시설을 가동하지 않아 사람 또는 가축에 피해가 발생하는 중대한 대기오염이 발생하였음을 이유로 해당 공장의 폐쇄조치를 명할 수 있다.

3. 개선명령

 (1) 대기환경보전법 제33조
   시·도지사는 배출시설 가동개시 신고를 한 후 조업 중인 배출시설에서 나오는 오염물질의 정도가 배출허용기준을 초과한다고 인정하면 기간을 정하여 사업자에게 그 오염물질의 정도가 배출허용기준 이하로 내려가도록 필요한 조치를 취할 것을 명할 수 있다.

 (2) 사안의 경우
   공장에서 배출되는 대기오염물질이 법정배출 허용기준치를 넘지 않고 환경기준치도 준수되고 있더라도 평소에 대기오염방지시설을 가동하지 않았고 또 측정기기를 조작하였으므로 실제로는 배출허용기준을 초과하였을 가능성을 배제할 수 없는바, 행정청이 초과 사실을 입증하여 개선명령을 내릴 수 있다.

4. 조업정지명령

 (1) 대기환경보전법 제34조 제1항에 의한 조업정지명령 가부

   1) 대기환경보전법 제34조 제1항
   시·도지사는 제33조에 따라 개선명령을 받은 자가 개선명령을 이행하지 아니하거나 기간 내에 이행은 하였으나 검사결과 제16조 또는 제29조제3항에 따른 배출허용기준을 계속 초과하면 해당 배출시설의 전부 또는 일부에 대하여 조업정지를 명할 수 있다.

   2) 사안의 경우
   관할 관청이 공장에서 배출되는 대기오염물질이 배출허용기준을 초과하는 사실을 입증하여 조업정지명령을 내릴 수 있다.

 (2) 대기환경보전법 제36조에 의한 조업정지명령 가부

   1) 대기환경보전법 제36조 제6호 및 제9호
   시·도지사는 사업자가 배출시설을 가동할 때에 방지시설을 가동하지 아니하거나(제6호) 측정기기를 고의로 작동하지 아니하거나 정상적인 측정이 이루어지지 아니하도록 하는 행위(제9호)를 하는 경우에는 6개월 이내의 기간을 정하여 배출시설 조업정지를 명할 수 있다.

2) 사안의 경우

　관할 관청은 공장에 방지시설의 미가동과 측정기기의 조작을 이유로 6월 이내 기간을 정하여 배출시설의 조업정지를 명할 수 있다.

5. 과징금 부과

(1) 대기환경보전법 제37조 제1항 제6호

　시·도지사는 제조업의 배출시설을 설치·운영하는 사업자에 대하여 제36조에 따라 조업정지를 명하여야 하는 경우로서 그 조업정지가 주민의 생활, 대외적인 신용·고용·물가 등 국민경제, 그밖에 공익에 현저한 지장을 줄 우려가 있다고 인정되는 경우 등 그밖에 대통령령으로 정하는 경우에는 조업정지처분을 갈음하여 2억 원 이하의 과징금을 부과할 수 있다.

(2) 대기환경보전법 제37조 제2항 제2호

　배출시설을 미가동하여 30일 이상의 조업정지처분을 받아야 하는 경우에는 조업정지처분에 갈음하여 과징금을 부과할 수 없다.

(3) 사안의 경우

　관할 관청은 해당 공장이 30일 미만의 조업정지 처분을 받는 경우 동법 제37조 제1항 요건을 충족한다면 2억 원 이하의 과징금 부과처분을 할 수 있으나, 30일 이상의 조업정지처분을 하는 경우에는 동법 제37조 제1항 요건을 충족여부와 상관없이 과징금을 부과할 수 없다.

6. 형사고발

(1) 대기환경보전법 제89조 제4호, 제5호, 제5의2호

　제34조 제1항 제1호, 제36조 제1항, 제38조에 위반에 해당하는 자는 7년 이하의 징역이나 1억 원 이하의 벌금에 처한다.

(2) 사안의 경우

　관할 관청은 해당 공장이 방지시설을 미가동하고, 측정기기를 조작하였음을 이유로 형사고발조치를 할 수 있다.

7. 결론

(1) 관할관청은 공장에 대기환경보전법 제36조 제6호를 근거로 폐쇄조치를 할 수 있다.

(2) 관할관청은 공장에 대기환경보전법 제33조를 근거로 개선명령을 내릴 수 있다.

(3) 관할관청은 공장에 대기환경보전법 제34조 제1항, 제36조 제6호 및 제9호 근거로 조업정지명령을 내릴 수 있다.

(4) 관할관청은 공장에 대기환경보전법 제37조 제1항 제6호를 근거로 과징금을 부과할 수 있다.

(5) 관할관청은 공장에 대기환경보전법 제89조 제4호, 제5호, 제5의2호를 근거로 형사고발할 수 있다.

2013년도 제1회 변호사시험 모의시험

〈제1문〉

A연구소는 호흡기질환의 치료에 필요한 신약을 개발하기 위하여 서울특별시 관내에서도 비교적 대기상태가 양호한 청명산 근처의 소규모 인근 마을 B에 입지하여 상당한 연구성과를 보이고 있으며 연구성과의 일부에 대하여 특허를 취득하여 상업화에도 성공을 거두고 있다. 그런데 최근 A연구소 인근에 대규모 종합병원 C가 신축되면서 인구의 유입이 늘게 되었고 특히 A연구소 바로 인근 부지에 C병원의 의료폐기물의 처리를 위한 시설이 입지하게 되어 대기질이 현저히 악화되었다. C병원에서 발생하는 의료폐기물의 소각, 수집과 운반을 위하여 소각로에서의 소각은 물론 하루에도 수십 차례 폐기물 운반트럭이 이동함에 따라서 A연구소는 임상실험 등 신약개발에 막대한 지장을 받고 있으며 B마을의 주민들도 고통을 겪고 있다. 그런데 C병원은 중증장애인 치료를 전담하는 팀을 운영하고 있으며, 장애인 치료와 재활에 있어서 국제적인 명성을 얻어가고 있는 중이다.

A연구소와 B마을에 거주하는 주민들은 자체 팀을 동원하여 일산화탄소와 오존의 농도를 측정하였는데, 모두 환경정책기본법상의 환경기준을 초과하였다. 특히, C병원 소각로에서 배출되는 일산화탄소의 경우는 지속적으로 대기환경보전법상의 배출허용기준을 초과한 것으로 나타났다.

일산화탄소의 경우 독성이 강해 A연구소의 신약개발은 물론 B마을 주민들의 건강에 심각한 위해가 발생할 수 있는 사안이므로 주민들은 시장 D는 물론 환경부장관 E에 대하여 대기환경보전법상 일정한 조치가 불가피하다는 점을 수차례 진정하였다.

2. 환경정책기본법상의 환경기준 초과와 관련하여 시장 D와 환경부장관 E가 대기환경보전법에 근거하여 취할 수 있는 조치는 무엇인가? (20점)

문제해설 [2013년 제1차 제1문] 문제 2. 해설

1. 문제
시장 D의 대기환경보전법상 조치가 문제된다.

2. 시장 D의 대기환경보전법상 조치

(1) 오염경보

1) 대기환경보전법 제8조 제1항

시·도지사는 대기오염도가 「환경정책기본법」 제12조에 따른 대기에 대한 환경기준을 초과하여 주민의 건강·재산이나 동식물의 생육에 심각한 위해를 끼칠 우려가 있다고 인정되면 그 지역에 대기오염경보를 발령할 수 있다.

2) 대기환경보전법 제8조 제2항

시·도지사는 대기오염경보가 발령된 지역의 대기오염을 긴급하게 줄일 필요가 있다고 인정하면 기간을 정하여 그 지역에서 자동차의 운행을 제한하거나 사업장의 조업 단축을 명하거나, 그밖에 필요한 조치를 할 수 있다.

3) 대기환경보전법 시행령 제2조 제2항

법 제8조에 따른 대기오염경보의 대상 오염물질은 「환경정책기본법」 제12조에 따라 환경기준이 설정된 1. 미세먼지(PM-10) 2. 미세먼지(PM-2.5) 3. 오존(O_3)이다.

4) 사안의 경우

시장 D는 A연구소와 B마을 그리고 C병원이 위치한 지역에 오염경보를 발령할 수 있다.

3. 결론
시장 D는 대기환경보전법 제8조에 근거하여 대기오염경보를 발령할 수 있다.

COMPACT 변시 환경법의 感

제8편
물환경보전법

제8편 물환경보전법

물환경보전법 조문구조 (밑줄은 기출조문입니다)

제1장 총칙

제1조 목적

<u>제2조 정의</u>

제3조 책무

제4조 수질오염물질의 총량관리

제4조의2 오염총량목표수질의 고시·공고 및 오염총량관리기본방침의 수립

제4조의3 오염총량관리기본계획의 수립 등

제4조의4 오염총량관리시행계획의 수립·시행 등

제4조의5 시설별 오염부하량의 할당 등

<u>제4조의6 초과배출자에 대한 조치명령 등</u>

<u>제4조의7 오염총량초과과징금</u>

제4조의8 오염총량관리지역 지방자치단체에 대한 지원 및 불이행에 대한 제재 등

제4조의9 오염총량관리를 위한 기관 간 협조 및 조사·연구반의 운영 등

제5조 물환경종합정보망의 구축·운영 등

제6조 민간의 물환경 보전활동에 대한 지원

제6조의2 물환경 연구·조사 활동에 대한 지원

제7조 친환경상품에 대한 지원

제8조 다른 법률과의 관계

제2장 공공수역의 물환경 보전 〈개정 2017.1.17〉

제1절 총칙 〈개정 2013.7.30〉

제9조 수질의 상시측정 등

제9조의2 측정망 설치계획의 결정·고시 등

제9조의3 수생태계 현황 조사 및 건강성 평가

제9조의4 수생태계 현황 조사계획의 수립·고시

제10조 타인의 토지에의 출입 등

제10조의2 물환경목표기준 결정 및 평가

제10조의3 삭제 〈2016.1.27〉

제11조 삭제 〈2017.1.17〉

제12조 공공시설의 설치·관리 등

제13조 국토계획에의 반영

제14조 도시·군기본계획에의 반영

<u>제15조 배출 등의 금지</u>

제16조 수질오염사고의 신고

제16조의2 방사성물질 등의 유입 여부 조사
　　제16조의3 수질오염방제센터의 운영
　　제16조의4 수질오염방제정보시스템의 구축·운영
　　제17조 상수원의 수질보전을 위한 통행제한
　　제18조 공공수역의 점용 및 매립 등에 따른 수질오염 방지
　　제19조 특정 농작물의 경작 권고 등
　　제19조의2 물환경 보전조치 권고
　　제19조의3 수변생태구역의 매수·조성
　　제19조의4 배출시설 등에 대한 기후변화 취약성 조사 및 권고
　　제20조 낚시행위의 제한
　　제21조 수질오염 경보제
　　제21조의2 오염된 공공수역에서의 행위제한
　　제21조의3 상수원의 수질개선을 위한 특별조치
　　제21조의4 완충저류시설의 설치·관리
　　제21조의5 조류에 의한 피해 예방
　제2절 국가 및 수계영향권별 물환경 보전 〈개정 2017.1.17〉
　　제22조 국가 및 수계영향권별 물환경 관리
　　제22조의2 수생태계 연속성 조사 등
　　제22조의3 환경생태유량의 확보
　　제23조 오염원 조사
　　제23조의2 국가 물환경관리기본계획의 수립
　　제24조 대권역 물환경관리계획의 수립
　　제25조 중권역 물환경관리계획의 수립
　　제26조 소권역 물환경관리계획의 수립
　　제27조 환경부장관 또는 시·도지사의 소권역계획 수립
　　제27조의2 수생태계 복원계획의 수립 등
　제3절 호소의 물환경 보전 〈개정 2017.1.17〉
　　제28조 정기적 조사·측정 및 분석
　　제29조 삭제 〈2016.1.27〉
　　제30조 양식어업 면허의 제한
　　제31조 호소 안의 쓰레기 수거·처리
　　제31조의2 중점관리저수지의 지정 등
　　제31조의3 중점관리저수지의 수질 개선 등
제3장 점오염원의 관리
　제1절 산업폐수의 배출규제
　　제32조 배출허용기준

제33조 배출시설의 설치 허가 및 신고
제33조의2 다른 법률에 따른 변경신고의 의제
제34조 폐수무방류배출시설의 설치허가
제35조 방지시설의 설치·설치면제 및 면제자 준수사항 등
제36조 권리·의무의 승계
제37조 배출시설 등의 가동시작 신고
제38조 배출시설 및 방지시설의 운영
제38조의2 측정기기의 부착 등
제38조의3 측정기기부착사업자등의 금지행위 및 운영·관리기준
제38조의4 측정기기부착사업자등에 대한 조치명령 및 조업정지명령
제38조의5 측정기기부착사업자등에 대한 지원 및 보고·검사의 면제 등
제38조의6 측정기기 관리대행업의 등록 등
제38조의7 결격사유
제38조의8 측정기기 관리대행업자의 준수사항 등
제38조의9 등록의 취소 등
제38조의10 관리대행능력의 평가 및 공시
제39조 배출허용기준을 초과한 사업자에 대한 개선명령
제40조 조업정지명령
제41조 배출부과금
제42조 허가의 취소 등
제43조 과징금 처분
제44조 위법시설에 대한 폐쇄명령 등
제45조 명령의 이행보고 및 확인
제46조 수질오염물질의 측정
제46조의2 특정수질유해물질 배출량조사 및 조사결과의 검증
제46조의3 특정수질유해물질 배출량조사 결과의 공개
제46조의4 자발적 협약의 체결
제47조 환경기술인

제2절 공공폐수처리시설 〈개정 2016.1.27〉
제48조 공공폐수처리시설의 설치
제48조의2 공공폐수처리시설 설치 부담금의 부과·징수
제48조의3 공공폐수처리시설의 사용료의 부과·징수
제49조 공공폐수처리시설 기본계획
제49조의2 비용부담계획
제49조의3 권리·의무의 승계
제49조의4 수용 및 사용

제49조의5 공공폐수처리시설 설치 부담금 및 사용료의 납입
제49조의6 강제징수
제49조의7 보고 등
제50조 공공폐수처리시설의 운영·관리 등
제50조의2 기술진단 등
제51조 배수설비 등의 설치 및 관리 등
　제3절 생활하수 및 가축분뇨의 관리 〈개정 2013.7.30〉
제52조 생활하수 및 가축분뇨의 관리

제4장 비점오염원의 관리
제53조 비점오염원의 설치신고·준수사항·개선명령 등
제53조의2 상수원의 수질보전을 위한 비점오염저감시설 설치
제53조의3 비점오염원 관리 종합대책의 수립
제53조의4 성능검사 판정의 취소 (신설조문)
제53조의5 비점오염원 관리 종합대책의 수립 (신설조문)
제54조 관리지역의 지정 등
제55조 관리대책의 수립
제56조 시행계획의 수립
제57조 예산 등의 지원
제57조의2 기술개발·연구
제58조 농약잔류허용기준
제59조 고랭지 경작지에 대한 경작방법 권고

제5장 기타수질오염원의 관리 〈개정 2013.7.30〉
제60조 기타수질오염원의 설치신고 등
제61조 골프장의 농약 사용 제한
제61조의2 물놀이형 수경시설의 신고 및 관리

제6장 폐수처리업
제62조 폐수처리업의 허가
제62조의2 폐수처리업의 시설검사 등
제63조 결격사유
제64조 허가의 취소 등
제65조 권리·의무의 승계
제66조 과징금 처분

제7장 보칙 〈개정 2013.7.30.〉
제66조의2 수탁처리폐수의 전산 처리
제67조 환경기술인 등의 교육

제68조 보고 및 검사 등
제68조의2 신고포상금
제69조 국고 보조
제70조 관계 기관의 협조
제71조 행정처분의 기준
제72조 청문
제73조 수수료
제74조 위임 및 위탁
제74조의2 벌칙 적용에서 공무원 의제

제8장 벌칙 〈개정 2013.7.30〉
제75조 벌칙
제76조 벌칙
제77조 벌칙
제78조 벌칙
제79조 벌칙
제80조 벌칙
제81조 양벌규정
제82조 과태료

물환경보전법시행령 조문구조 (밑줄은 기출조문입니다)

제1장 총칙
제1조 목적
제2조 오염총량관리지역 지정·고시
제3조 오염총량목표수질의 고시·공고 등
제4조 오염총량관리기본방침
제5조 오염총량관리기본계획 변경승인 대상
제6조 오염총량관리시행계획 승인 등
제7조 오염총량관리시행계획 변경승인 대상
제8조 오염부하량 할당시설 등
제9조 오염부하량 또는 배출량 측정기기
제10조 오염총량초과과징금 산정의 방법과 기준
제11조 오염총량초과과징금의 납부통지
제12조 오염총량초과과징금의 조정 신청
제13조 오염총량초과과징금의 조정
제14조 오염총량초과과징금의 징수유예·분할납부 및 징수절차
제15조 오염총량관리기본계획 등을 수립·시행하지 아니한 지방자치단체에 대한 제재

제2장 공공수역의 물환경 보전 〈개정 2018.1.16〉

제1절 총칙

제16조 삭제 〈2017.1.17〉

제17조 삭제 〈2017.1.17〉

제18조 삭제 〈2017.1.17〉

제19조 삭제 〈2017.1.17〉

제20조 삭제 〈2017.1.17〉

제21조 국토계획에의 반영사항

제21조의2 수질오염방제센터 사업운영계획서의 제출 등

제22조 공공수역의 수질오염방지 조건의 내용

제23조 특정 농작물의 경작 권고 등에 따른 손실보상

제24조 물환경 보전조치의 기준 등

제25조 수변생태구역 매수 등의 기준 등

제26조 매수가격의 산정과 매수의 방법·절차 등

제27조 낚시금지구역 또는 낚시제한구역의 지정 등

제28조 수질오염경보

제29조 오염된 공공수역에서의 행위제한

제29조의2 상수원의 수질개선을 위한 특별조치의 절차 및 내용 등

제29조의3 조류에 의한 피해 예방 조치

제29조의4 환경생태유량의 산정 등

제29조의5 국가 물환경관리기본계획의 수립절차 등

제29조의6 수생태계 복원계획의 내용 등

제29조의7 복원계획의 승인 등

제2절 호소의 물환경 보전 〈개정 2018.1.16〉

제30조 호소수 이용 상황 등의 조사·측정 및 분석 등

제30조의2 중점관리저수지의 지정기준

제3장 점오염원의 관리

제1절 산업폐수의 배출규제

제31조 설치허가 및 신고 대상 폐수배출시설의 범위 등

제32조 배출시설 설치제한 지역

제33조 방지시설설치의 면제기준

제34조 변경신고에 따른 가동시작 신고의 대상

제35조 측정기기 부착의 대상·방법·시기 등

제36조 측정기기와 관련하여 조치명령을 받은 자의 개선기간 등

제37조 수질원격감시체계 관제센터의 설치·운영

제38조 측정기기부착사업장등의 보고·검사의 면제
제38조의2 측정기기 관리대행업의 등록기준 등
제39조 개선기간 등
제40조 조치명령 또는 개선명령을 받지 아니한 사업자의 개선
제41조 기본배출부과금 산정의 기준 및 방법
제42조 기본배출부과금의 부과 대상 수질오염물질의 종류
제43조 기본배출부과금의 부과기간 등
제44조 기준 이내 배출량의 산정 등
제45조 초과배출부과금의 산정기준 및 산정방법
제46조 초과배출부과금 부과 대상 수질오염물질의 종류
제46조의2 과징금의 부과기준
제47조 배출시설에 대한 기준초과배출량의 산정
제48조 폐수무방류배출시설에 대한 기준초과배출량의 산정
제49조 연도별 부과금산정지수 및 위반횟수별 부과계수
제50조 기준이내배출량의 조정
제51조 기준이내배출량의 조정을 위한 자료제출 요청 등
제52조 배출부과금의 감면 등
제53조 배출부과금의 납부통지
제54조 배출부과금의 조정
제55조 배출부과금에 대한 조정신청
제56조 배출부과금의 징수유예·분할납부 및 징수절차
제56조의2 신용카드 등에 의한 배출부과금의 납부
제57조 징수비용의 지급
제58조 과징금 부과처분의 대상이 되는 배출시설
제59조 환경기술인의 임명 및 자격기준 등

제2절 공공폐수처리시설 〈개정 2017.1.17〉
제60조 공공폐수처리시설 설치·운영사업의 협의사항 등
제61조 공공폐수처리시설의 종류
제62조 공공폐수처리시설사업에 드는 비용의 산정
제63조 원인자의 공공폐수처리시설 설치 부담금 및 사용료의 총액
제64조 원인자별 공공폐수처리시설 설치 부담금 및 사용료 결정기준
제65조 공공폐수처리시설 설치 부담금 및 사용료의 부과·징수절차 등
제65조의2 공공폐수처리시설 설치 부담금 및 사용료의 징수유예·분할납부 등 (신설조문)
제66조 공공폐수처리시설 기본계획 승인 등
제67조 비용부담계획의 수립 및 승인신청
제68조 비용부담계획의 통지

제69조 공공폐수처리시설 설치 부담금 및 사용료의 징수 위탁
제70조 공공폐수처리시설의 개선 등 명령의 이행조치기간
제71조 공공폐수처리시설에 폐수를 유입하여야 하는 자의 범위

제4장 비점오염원의 관리
제72조 비점오염원의 신고 대상 사업 및 시설
제73조 비점오염원의 변경신고
제74조 비점오염저감시설을 설치하지 아니할 수 있는 사업자
제75조 이행 또는 설치·개선 명령의 기간
제75조의2 비점오염저감시설을 설치하여야 하는 도로
제75조의3 비점오염원 관리 종합대책의 수립 등
제76조 관리지역의 지정기준·지정절차
제77조 휴경 등에 따른 손실보상

제5장 기타 수질오염원의 관리
제78조 골프장에서 사용이 제한되는 농약
제78조의2 물놀이형 수경시설의 신고 대상 공공기관

제6장 폐수처리업
제79조 삭제 〈2018.1.16〉
제79조의2 과징금의 부과기준 등

제7장 보칙
제79조의3 신고포상금 지급의 기준 등
<u>제79조의4 신고포상금 지급의 기준 등</u> (신설조문)
제80조 관계 기관의 협조 사항
제81조 권한의 위임
제82조 권한위임에 따른 업무감독 등
제83조 보고
제84조 업무의 위탁
제84조의2 고유식별정보의 처리
제84조의3 규제의 재검토

제8장 벌칙
제85조 과태료의 부과기준

2023년도 시행 제12회 변호사시험

〈제2문〉

甲은 최근 금속도금업을 추가 운영할 필요가 있어서 새로운 사업장 부지를 물색하였다. 甲은 A시에서는 더 이상 사업장의 부지 확보가 어려울 것으로 판단하고, 인근의 B시에서 사업장 부지를 매입한 후 관련 법령에 따른 공장설립절차를 시작하였다. B시 일대에는 X하천이 지나가고 있고, 그 하류지역에는 취수시설이 있는 관계로 이 지역의 주민들은 공장설립에 반대하고 있다. 특히 금속도금 공장에서 발생하는 구리와 그 화합물로 인하여 하천과 농경지가 오염될 것을 우려하고 있다.

2. 甲이 B시에 소재하는 사업장의 폐수배출시설 설치허가를 신청할 경우, 관할 행정청은 「물환경보전법」상 해당 지역이 폐수배출시설의 설치제한지역에 해당한다는 이유로 거부할 수 있는지 검토하시오. (20점)

3. 만약 甲이 폐수무방류배출시설을 설치하여 B시에서 사업장을 운영하려는 경우, 「물환경보전법」상 폐수무방류배출시설의 허가가 가능한지를 관련 절차와 함께 검토하시오. (20점)

[참조조문]

「물환경보전법 시행규칙」

제39조(폐수무방류배출시설의 설치가 가능한 특정수질유해물질) 법 제33조제9항에서 "환경부령으로 정하는 특정수질유해물질"이란 다음 각 호의 물질을 말한다.
  1. 구리 및 그 화합물
  2. 디클로로메탄
  3. 1, 1-디클로로에틸렌

문제해설 **[2023년 제12회 변시 제2문] 문제 2. 해설**

1. 문제

(1) 배출시설 설치허가 신청 가부, (2) 관한 행정청의 거부 여부가 문제 된다.

2. 배출시설의 설치허가 신청 가부

(1) 관련 조문

1) 물환경보전법 제33조 제1항 본문

배출시설을 설치하려는 자는 대통령령으로 정하는 바에 따라 환경부 장관의 허가를 받거나 환경부 장관에게 신고하여야 한다.

2) 물환경보전법 시행령 제31조 제1항 제1호

특정수질유해물질이 환경부령으로 정하는 기준 이상으로 배출되는 배출시설은 법 제33조제1항 본문에 따라 설치허가를 받아야 한다.

3) 물환경보전법 시행규칙 별표 13의 2

구리 및 그 화합물의 기준농도가 0.1(mg/L) 이상으로 배출하는 시설은 설치허가를 받아야 한다.

(2) 사안의 경우

甲이 B시에 금속도급업 사업의 확장을 위하여 공장을 설립함에 따라 필수적으로 요구되는 배출시설을 설치하려고 한다. 그런데 이러한 공장에서 배출되는 구리와 그 화합물로 인하여 하천과 농경지가 오염될 것으로 우려되고 있는바, 관계법령에 따라 설치허가를 신청하여야 한다.

3. 관할 행정청의 거부 여부

(1) 관련 조문

1) 물환경보전법 제33조 제7, 8항

환경부장관은 상수원보호구역의 상류지역, 특별대책지역 및 그 상류지역, 취수시설이 있는 지역 및 그 상류지역의 배출시설로부터 배출되는 수질오염물질로 인하여 환경기준을 유지하기 곤란하거나 주민의 건강·재산이나 동식물의 생육에 중대한 위해를 가져올 우려가 있다고 인정되는 경우에는 관할 시·도지사의 의견을 듣고 관계 중앙행정기관의 장과 협의하여 배출시설의 설치(변경을 포함한다)를 제한할 수 있다. 동조 제7항에 따라 배출시설의 설치를 제한할 수 있는 지역의 범위는 대통령령으로 정하여 고시하여야 한다.

2) 물환경보전법 시행령 제32조 제1호

동법 제33조 제8항에 따라 배출시설의 설치를 제한할 수 있는 지역의 범위에는 취수시설이 있는 지역이 포함된다.

3) 물환경보전법 제74조 제1, 2항

동법에 따른 환경부장관의 권한은 대통령령으로 정하는 바에 따라 그 일부를 시·도지사, 대도시의 장, 시장·군수·구청장, 환경부 소속 환경연구기관의 장 또는 지방환경관서의 장에게 위임할 수 있고, 제1항에 따라 권한을 위임받은 시·도지사는 그 권한의 일부를 환경부장관의 승인을 받아 시장·군수·구청장에게 재위임할 수 있다.

(2) 사안의 경우

B시 일대에는 X 하천이 흐르고 있고, 그 하류 지역에 취수시설이 있으므로, 환경부장관으로부터 설치허가 권한을 위임받은 관할 행정청은 물환경보전법 제33조 제7항을 근거로 설치제한지역에 해당함을 이유로 설치허가 신청을 거부할 수 있다.

4. 결론

甲은 관계 법령에 근거하여 폐수배출시설 설치허가를 신청하여야 하고, 관할 행정청은 B시가 설치제한지역에 해당함을 근거로 이를 거부할 수 있다.

문제해설 [2023년 제12회 변시 제2문] 문제 3. 해설

1. 문제
폐수무방류배출시설 설치허가 가부와 관련 절차가 문제 된다.

2. 폐수무방류배출시설 설치허가 가부

(1) 관련 조문

1) 물환경보전법 제2조 제11호
   폐수무방류배출시설이란 폐수배출시설에서 발생하는 폐수를 해당 사업장에서 수질오염방지시설을 이용하여 처리하거나 같은 배출시설에 재이용하는 등 공공수역으로 배출하지 않는 폐수배출시설을 말한다.

2) 물환경보전법 제33조 제9항
   동법 제7항 및 제8항에도 불구하고 환경부령으로 정하는 특정수질유해물질을 배출하는 배출시설의 경우 배출시설의 설치제한지역에서 폐수무방류배출시설로 하여 이를 설치할 수 있다.

3) 물환경보전법 시행규칙 제39조 제1,2,3호
   구리 및 그 화합물, 디클로로메탄, 디클로로에틸렌

4) 물환경보전법 제33조 제1항 단서
   동법 제9항에 따라 폐수무방류배출시설을 설치하려는 자는 환경부장관의 허가를 받아야 한다.

(2) 사안의 경우
甲이 폐수무방류배출시설을 설치하여 B에서 사업장을 운영하려고 하는 경우에는 甲이 사업장에서 배출하는 물질이 구리 및 그 화합물, 디클로로메탄, 디클로로에틸렌에 해당된다는 사실을 소명하고, 관련 절차를 충족하는 경우 관할 행정청은 폐수무방류배출시설의 허가가 가능하다.

3. 폐수무방류배출시설 설치허가 관련 절차

(1) 관련 조문

1) 물환경보전법 제34조 제1항
   제33조 제1항 단서에 따라 폐수무방류배출시설의 설치허가를 받으려는 자는 폐수무방류배출시설 설치계획서 등 환경부령으로 정하는 서류를 환경부장관에게 제출하여야 한다.

2) 물환경보전법 제34조 제2항
   환경부장관은 동조 제1항에 따른 허가신청을 받았을 때에는 폐수무방류배출시설 및 폐수를 배출하지 아니하고 처리할 수 있는 수질오염방지시설 등의 적정 여부에 대하여 환경부령으로 정하는 관계 전문기관의 의견을 들어야 한다.

3) 물환경보전법 시행규칙 제37조[1]

법 제33조 제1항 단서에 따라 폐수무방류배출시설의 설치허가를 받으려는 자는 별지 제12호서식의 폐수배출시설 설치허가신청서에 다음 각 호의 서류를 첨부해 시·도지사에게 제출해야 한다.
1. 영 제31조제5항제1호부터 제3호까지의 서류
2. 영 제31조제7항 각 호의 시설 설치계획서 및 그 도면
3. 영 별표 6에 따른 세부설치기준 이행계획서 및 그 도면

(2) 사안의 경우

甲은 관할 행정청에 폐수무방류배출시설 설치계획서를 제출하고, 관할 행정청은 폐수무방류배출시설의 적정 여부에 대하여 관계 전문기관의 의견을 들어서 허가여부를 결정할 수 있다.

4. 결론

甲이 B시에 폐수무방류배출시설을 설치하여 사업장을 운영하려는 경우, 甲이 사업장에서 배출하는 물질이 구리 및 그 화합물, 디클로로메탄, 디클로로에틸렌에 해당된다는 사실을 소명하고, 이러한 오염물질이 포함된 폐수를 용수에 적합하도록 처리한 후 생산공정에 재이용할 수 있는 시설의 구비 여부, 세부기준을 갖춘 사실을 확인하는 절차를 관계 법령에 따라 이행한다면, 물환경보전법 제33조 제1항 단서에 따라 폐수무방류배출시설의 허가가 가능하다.

---

[1] 실제 시험장에서 서술하였을 것으로 기대하기는 어렵다. 내용의 정확한 확인을 위하여 서술하였음을 미리 밝힌다.

2021년도 시행 제10회 변호사시험

〈제1문〉

甲이 대표이사로 있는 주식회사 A는 X산업단지 내에서 화학제품을 생산하는 업체이다. 주식회사 A는 2019. 3. 「물환경보전법」 제33조에 따른 폐수배출시설 설치허가를 받고, 같은 법 제37조에 따른 폐수배출시설 및 수질오염방지시설의 가동시작 신고를 한 후 공장을 가동하고 있다.

그런데 제품을 생산하는 과정에서 수은, 구리, 비소, 크롬 등 다량의 수질오염물질이 배출되어 그 처리비용이 과다해지자 甲은 수질오염물질 처리담당자인 직원 乙에게 처리비용을 크게 절감할 수 있는 방법을 강구할 것을 수차례 지시하였다. 이에 乙은 2020. 7. 오염도를 낮추기 위해 수질오염물질에 물을 섞어 인근 Y하천으로 방류하였다. 그런데 같은 시기에 발생한 태풍으로 인해 이 지역에 폭우가 내려 Y하천이 범람하였고, 丙이 운영하는 인근 송어 양식장으로 위 수질오염물질이 포함된 하천수가 대량 유입되었다.

하천수가 유입된 이후 양식장의 송어가 집단폐사하여 丙은 10억 원 상당의 재산적 피해를 입게 되었다. 관할 행정청의 조사 결과, 주식회사 A가 운영하는 공장에서 배출되는 수질오염물질 중 구리와 비소의 농도가 배출허용기준을 초과하고 있다는 사실이 확인되었다.

1. 관할 행정청이 A에 대하여 「물환경보전법」상 할 수 있는 조치를 검토하시오. (25점)

문제해설 [2021년 제10회 변시 제1문] 문제 1. 해설

1. 문제

(1) 주식회사 A가 물환경보전법상 위반행위 해당 여부, (2) 이에 대한 행정청의 물환경보전법상 조치가 문제 된다.

2. 주식회사 A의 물환경보전법상 위반행위 해당 여부

(1) 물환경보전법 제38조 제1항 제3호

사업자는 배출시설에서 배출되는 수질오염물질에 공정(工程) 중 배출되지 아니하는 물 또는 공정 중 배출되는 오염되지 아니한 물을 섞어 배출하는 행위를 하여서는 아니 된다.

(2) 사안의 경우

주식회사 A는 제품을 생산하는 과정에서 수은, 구리, 비소, 크롬 등 다량의 수질오염물질이 배출되어 그 처리비용이 과다해지자 대표이사 甲이 수질오염물질 처리담당자인 직원 乙에게 처리비용을 크게 절감할 수 있는 방법을 지시하여, 乙은 2020. 7. 오염도를 낮추기 위해 수질오염물질에 물을 섞어 인근 Y하천으로 방류하였는바, 물환경보전법 제38조 제1항 제3호에 위배되는 행위를 하였다.

3. 행정청의 물환경보전법상 조치

(1) 개선명령 (물환경보전법 제39조)

환경부장관은 조업 중인 배출시설에서 배출되는 수질오염물질의 정도가 배출허용기준을 초과한다고 인정할 때에는 일정기간을 정하여 사업자에게 개선명령을 명할 수 있다.

(2) 조업정지 (물환경보전법 제40조)

환경부장관은 제39조에 따라 개선명령을 받은 자가 개선명령을 이행하지 아니하거나 기간 이내에 이행은 하였으나 검사 결과가 배출허용기준을 계속 초과할 때에는 해당 배출시설의 전부 또는 일부에 대한 조업정지를 명할 수 있다.

(3) 배출부과금 부과 징수 (물환경보전법 제41조 제1항)

환경부장관은 수질오염물질로 인한 수질오염 및 수생태계 훼손을 방지하거나 감소시키기 위하여 수질오염물질을 배출하는 사업자에게 배출부과금을 부과·징수한다. 특히, 배출허용기준을 초과하여 배출되었음이 확인되었는바, 초과배출부과금을 부과해야 한다.

(4) 허가취소, 폐쇄명령, 조업정지 (물환경보전법 제42조 제1항 제1호)

환경부장관은 사업자가 배출허용 기준을 초과하여 배출한 경우에는 배출시설의 설치허가 또는 변경허가를 취소하거나 배출시설의 폐쇄 또는 6개월 이내의 조업정지를 명할 수 있다.

(5) 과징금 부과징수 (물환경보전법 제43조 제1항, 제2항)

환경부장관은 제조업의 배출시설을 설치·운영하는 사업자에 대하여 제42조에 따라 조업정지를 명하여야 하는 경우로서 그 조업정지가 주민의 생활, 대외적인 신용, 고용, 물가 등 국민경제 또는 그

밖의 공익에 현저한 지장을 줄 우려가 있다고 인정되는 경우에는 조업정지처분을 갈음하여 과징금을 부과할 수 있다. 다만, 수질오염물질에 물을 섞어 처리한 행위와 같이 동법 제38조 제1항 제3호에 위반되는 행위를 하여 30일 이상의 조업정지처분 대상이 되는 경우 과징금이 아닌 조업정지를 명하여야 한다.

(6) 형사고발 (물환경보전법 제76조 제3호, 제81조)

수질오염시설을 정상적으로 가동하지 않은 동법 제38조 제1항 제3호에 해당하는 행위를 한 자는 동법 제76조 제3호에 따라 5년 이하의 징역 또는 5천만 원 이하의 벌금에 처하고, 법인의 대표자나 법인 또는 개인의 대리인, 사용인, 그 밖의 종업원이 그 법인 또는 개인의 업무에 관하여 제76조에 해당하는 위반행위를 하면 그 행위자를 벌하는 외에 그 법인 또는 개인에게도 해당 조문의 벌금형을 과(科)하는바, 주식회사 법인 A에게 벌금형을 부과할 수 있다.

4. 결론

관할 행정청은 물환경보전법 제74조 제1항에 따라 환경부장관으로부터 권한을 위임받은 경우에, 주식회사 A에 대하여 개선명령, 조업정지명령, 배출부과금부과 및 징수, 허가취소, 폐쇄명령 또는 조업정지명령, 과징금부과징수, 형사고발 등을 할 수 있다.

2019년도 시행 제8회 변호사시험

〈제1문〉

甲은 폐수배출시설을 설치·운영하였는데, 이 시설로부터 배출되는 폐수에는 유기물질, 유류, 질소화합물, 중금속 등의 수질오염물질이 다량 함유되어 있었다. 甲은 폐수배출시설에서 배출되는 수질오염물질을 감소시키거나 제거하기 위하여 수질오염방지시설을 설치·가동해 오고 있으며, 수질오염방지시설에서 처리된 폐수는 최종 방류구를 통해 인근 X하천으로 배출되었다.

배출된 폐수는 X하천수와 합류되어 하류의 Y유수지에 일정기간 저류되는데, Y유수지의 수위가 일정 높이 이상으로 올라가는 경우 간헐적으로 X하천과 바다 경계면에 있는 배수갑문이 개방되면서 바다로 방류되었다. 바다에 방류된 폐수는 해수와 합류·희석되었고, 조류의 흐름에 따라 乙의 양식장에 도달하였다.

乙은 甲의 폐수배출시설에서 배출된 폐수가 정상적으로 처리되지 않은 상태로 乙의 양식장에 유입되어 양식장이 황폐화되는 피해를 입었다고 주장하고 있다.

3. 甲이 수질오염방지시설을 정상적으로 가동하지 않아 배출허용기준을 초과하는 수질오염물질을 배출하였다는 사실이 밝혀졌을 경우, 관할 행정청이 「물환경보전법」에 따라 취할 수 있는 조치에 대해 설명하시오. (20점)

> **문제해설** [2019년 제8회 변시 제1문] 문제 3. 해설

1. 문제
甲이 배출허용기준을 초과하는 수질오염물질을 배출한 경우, 관할 행정청이 물환경보전법에 따라 취할 수 있는 조치가 문제된다.

2. 관할 행정청의 물환경보전법에 따른 조치

(1) 개선명령 (물환경보전법 제39조, 동법시행령 제39조)

환경부장관은 조업 중인 배출시설에서 배출되는 수질오염물질의 정도가 배출허용기준을 초과한다고 인정할 때에는 1년을 정하여 사업자에게 개선명령을 명할 수 있다.

(2) 조업정지 (물환경보전법 제40조)

환경부장관은 제39조에 따라 개선명령을 받은 자가 개선명령을 이행하지 아니하거나 기간 이내에 이행은 하였으나 검사 결과가 배출허용기준을 계속 초과할 때에는 해당 배출시설의 전부 또는 일부에 대한 조업정지를 명할 수 있다.

(3) 배출부과금 부과 징수 (물환경보전법 제41조 제1항)

환경부장관은 수질오염물질로 인한 수질오염 및 수생태계 훼손을 방지하거나 감소시키기 위하여 수질오염물질을 배출하는 사업자에게 배출부과금을 부과·징수한다.

(4) 허가취소, 폐쇄명령, 조업정지 (물환경보전법 제42조 제1항 제1호)

환경부장관은 사업자가 배출허용 기준을 초과하여 배출한 경우에는 배출시설의 설치허가 또는 변경허가를 취소하거나 배출시설의 폐쇄 또는 6개월 이내의 조업정지를 명할 수 있다.

(5) 과징금 부과징수 (물환경보전법 제43조 제1항, 제2항)

환경부장관은 제조업의 배출시설을 설치·운영하는 사업자에 대하여 제42조에 따라 조업정지를 명하여야 하는 경우로서 그 조업정지가 주민의 생활, 대외적인 신용, 고용, 물가 등 국민경제 또는 그 밖의 공익에 현저한 지장을 줄 우려가 있다고 인정되는 경우에는 조업정지처분을 갈음하여 과징금을 부과할 수 있다. 다만, 수질오염시설을 정상적으로 가동하지 않아 30일 이상의 조업정지처분 대상이 되는 경우 조업정지를 명하여야 한다.

(6) 형사고발 (물환경보전법 제76조 제6호, 제7호)

수질오염시설을 정상적으로 가동하지 않은 동법 제38조 제1항 제4호에 해당하는 행위를 한 자는 5년 이하의 징역 또는 5천만 원 이하의 벌금에 처한다.

3. 결론

관할 행정청은 甲에 대하여 개선명령, 조업정지명령, 배출부과금부과 및 징수, 허가취소, 폐쇄명령 또는 조업정지명령, 과징금부과징수, 형사고발 등을 할 수 있다.

2014년도 시행 제3회 변호사시험

〈제2문〉

B시에 소재하는 A하천의 상류지역은 「환경정책기본법」에 따른 수질보전특별대책지역으로 지정, 관리되고 있다. 그런데 특별대책지역의 지정에 따라 여러 가지 규제를 받던 하천 상류지역 주민들은 그 지정을 해제하여줄 것을 요청하였다. 환경부장관은 규제 완화 요청이 타당하다고 판단하고, 특별대책지역의 일부를 해제하는 것으로 결정하여 변경고시하였다.

한편, 특별대책지역으로 지정되지 않은 A하천의 중류지역에는 화학제품을 제조·판매하는 甲회사가 폐수배출시설 설치허가를 받고 폐수처리시설을 설치·운영하고 있다. 지역주민들은 우기 시에 인근 하천에 종종 검은 폐수가 흐르는 것을 목격하고 B시에 원인을 확인한 후 조치를 취해줄 것을 여러 차례 요청하였다. 그러나 이에 대해 B시는 아무런 조치를 취하지 않았다. 이와 관련하여 B시의 단속 방치가 지역주민의 식수원인 취수장의 수질에 악영향을 미쳐 주민들의 건강침해가 우려된다는 내용이 언론에 보도되었다. 지역에서 비난 여론이 들끓자 한참 후에 B시 소속 공무원은 비가 오는 날 甲회사 사업장을 방문하여 甲회사가 폐수처리시설을 정상적으로 가동하지 않고 폐수를 하천으로 방류하는 현장을 목격하였다. 이에 방류수를 채수하여 B시 부속 보건환경연구원에 수질오염도 검사를 의뢰하였는데, 그 결과 「수질 및 수생태계 보전에 관한 법률」상의 배출허용기준을 초과하는 것으로 나타났다.

乙은 A하천 하류지역에 거주하며 송어를 양식하고 있다. 최근 乙이 양식하는 송어가 집단폐사하였는데, 이는 甲회사가 방류한 폐수가 원인인 것으로 밝혀졌다. 또한 乙은 위 취수장으로부터 수돗물을 공급받는 입장에서 폐수로 인한 심각한 건강침해를 우려하고 있다. 이에 B시에 적절한 조치를 취해 줄 것을 여러 차례 요청하였지만 아직 아무런 조치가 취해지고 있지 않다.

2. 관할 행정청이 「수질 및 수생태계 보전에 관한 법률」에 근거하여 甲회사에 대하여 취할 수 있는 조치를 검토하시오. (30점)

문제해설 [2014년 제3회 변시 제2문] 문제 2. 해설

1. 문제
관할행정청이 물환경보전법에 근거하여 甲 회사에 대하여 취할 수 있는 조치가 문제된다.

2. 초과배출자에 대한 조치명령
(1) **관련 조문** – 오염총량관리시행 지방자치단체장은 할당된 오염부하량 또는 지정된 배출량을 초과하여 배출하는 자에게 수질오염방지시설의 개선 등 필요한 조치를 명할 수 있다(물환경보전법 제4조의6 제1항).

(2) **사안의 경우** – B시장은 甲에게 수질오염방지시설의 개선 등 필요한 조치를 명할 수 있다.

3. 오염총량과징금 부과
(1) **관련 조문** – 오염총량관리시행 지방자치단체장은 할당오염부하량등을 초과하여 배출한 자로부터 과징금을 부과·징수한다(물환경보전법 제4조의7 제1항).

(2) **사안의 경우** – B시장은 甲에게 오염총량과징금을 부과한다.

4. 개선명령
(1) **관련 조문** – 환경부장관은 조업 중인 배출시설에서 배출되는 수질오염물질의 정도가 제32조에 따른 배출허용기준을 초과한다고 인정할 때에는 사업자에게 그 수질오염물질의 정도가 배출허용기준 이하로 내려가도록 필요한 조치 즉, 개선명령을 명할 수 있다(물환경보전법 제39조).

(2) **사안의 경우** – 환경부장관은 甲에게 수질오염물질의 정도가 배출허용기준 이하로 내려가도록 개선명령을 할 수 있다.

5. 조업정지명령
(1) **관련 조문** – 환경부장관은 제39조에 따라 개선명령을 받은 자가 개선명령을 이행하지 아니하거나 기간 이내에 이행은 하였으나 검사 결과가 제32조에 따른 배출허용기준을 계속 초과할 때에는 해당 배출시설의 전부 또는 일부에 대한 조업정지를 명할 수 있다(물환경보전법 제40조).

(2) **사안의 경우** – 환경부장관은 甲이 개선명령을 이행하지 아니하였거나 이행한 후에도 배출허용기준을 계속 초과하는 경우에는 甲 공장의 전부 또는 일부에 대한 조업정지명령을 할 수 있다.

6. 허가취소
(1) **관련 조문** – 환경부장관은 사업자 또는 방지시설을 운영하는 자가 배출허용기준을 초과한 경우에는 배출시설의 설치허가 또는 변경허가를 취소하거나 배출시설의 폐쇄 또는 6개월 이내의 조업정지를 명할 수 있다(물환경보전법 제42조).

(2) 사안의 경우 - 환경부장관은 甲에게 공장의 허가를 취소하거나 폐쇄 또는 6개월 이내의 조업정지를 명할 수 있다.

7. 과징금처분

(1) 관련 조문 - 환경부장관은 배출시설을 설치·운영하는 사업자에 대하여 제42조에 따라 조업정지를 명하여야 하는 경우로서 그 조업정지가 주민의 생활, 대외적인 신용, 고용, 물가 등 국민경제 또는 그 밖의 공익에 현저한 지장을 줄 우려가 있다고 인정되는 경우에는 조업정지처분을 갈음하여 과징금을 부과할 수 있다(물환경보전법 제43조).

(2) 사안의 경우 - 환경부장관은 甲에 대한 조업정지로 공익에 현저한 지장을 줄 우려가 있다고 인정되는 경우에는 조업정지처분에 갈음하여 과징금을 부과할 수 있다.

8. 형사고발

(1) 관련 조문 - 관할행정청은 제40조, 제42조에 따른 명령을 위반한 경우 5년 이하의 징역 또는 5천만 원 이하의 벌금형에 해당하므로 형사고발조치를 할 수 있다(물환경보전법 제76조).

(2) 사안의 경우 - 환경부장관 또는 B시장은 甲이 조업정지명령이나 허가취소명령에도 계속 공장을 가동하는 경우에는 형사고발조치를 할 수 있다.

9. 결론

관할행정청은 甲 회사에 대하여 대기환경보전법상 (1) 초과배출자에 대한 조치명령, (2) 오염총량 과징금 부과, (3) 개선명령, (4) 조업정지명령, (5) 허가취소, (6) 과징금처분, (7) 형사고발 등의 조치를 취할 수 있다.

2023년도 제3회 변호사시험 모의시험

〈제2문〉

甲은 A강 최상류 지역에서 B제련소를 운영하고 있다. B제련소로부터 배출되는 폐수에는 수은, 카드뮴 등 특정수질유해물질이 다량 함유되어 있었다. 甲은 이러한 오염물질을 제거하기 위해 수질오염 방지시설을 설치·가동해 오고 있으며, 해당 시설에서 처리된 폐수를 최종 방류구를 통해 A강으로 배출해왔다. 한편 B제련소로부터 A강 하류 지역에 거주하고 있는 乙은 A강에서 취수한 물을 원수로 하여 생산된 물을 식수와 생활용수로 사용해왔다. 乙은 A강 최상류에 B제련소가 운영 중이라는 사실을 우연히 알게 되면서 A강에서 취수한 물을 생활용수로 사용하는 것에 대해 상당한 불안감을 가지고 있었다. 그런데 최근 A강유역환경청의 조사에 따르면 A강의 수질이 「환경정책기본법」 제12조 제2항, 같은 법 시행령 제2조[별표1]에서 정한 하천의 생활환경 기준에 따르면 "약간 나쁨" 수준인 것이 드러났다.

또한 A강에서 서식하는 메기에서 기준치를 넘는 수은이 검출된 사실이 언론을 통해 알려졌다. 수은은 체내에 흡수될 경우 중추 신경계에 영향을 미칠 수 있는 위험한 물질이다. A강 유역에서 어업에 종사하는 수산업자와 주민들이 제기한 민원에 따라 A강 유역환경청에서는 B제련소에 대한 조사에 나서게 되었고, 지난 6월 폭우가 내린 기간 동안 甲이 수질오염 방지시설을 정상적으로 가동하지 않아 수은, 카드뮴 등 특정수질유해물질이 다량 포함된 폐수(배출허용기준을 넉넉히 초과한 것으로 판단됨)를 그대로 A강 수역에 배출하는 등 甲이 수질오염 방지시설 정상운영 의무를 위반한 사실을 뒤늦게 확인하였다.

1. 甲이 수질오염 방지시설을 정상적으로 가동하지 않아 A강 수역에 배출허용기준을 초과할 정도로 다량의 특정수질유해물질이 포함된 폐수를 배출한 행위에 대해 「물환경보전법」 위반 여부를 평가하고 관할 행정청이 해당 법령에 따라 취할 수 있는 조치에 대하여 설명하시오. (20점)

2. 乙은 A강유역환경청의 조사 결과를 접하고 분노한 나머지 A강 주변 지역 주민들의 생명줄과 같은 A강의 수질을 생활용수로 사용가능한 최소 수질환경기준조차 유지하지 못한 것에 대한 책임을 묻기 위해 국가를 상대로 손해배상 청구에 나서고자 한다. 법적 쟁점과 인용가능성을 검토하시오. (30점)

3. 甲은 B제련소가 계속 가동되는 상황에서는 반복되는 수질오염으로 인해 건강과 일상생활에 참을 수 없는 피해가 발생하게 된다고 주장하면서 제련소 자체의 가동중지를 청구하는 소송을 제기하려고 한다. 이와 같은 중지 청구가 허용될 수 있을지와 관련한 법률적 쟁점을 검토하고, 乙의 청구의 인용가능성에 대해 검토하시오. (30점)

문제해설 [2023년 제3차 제2문] 문제 1. 해설

1. 문제
(1) 甲의 물환경보전법상 위반행위 해당 여부, (2) 이에 대한 행정청의 물환경보전법상 조치가 문제된다.

2. 甲의 물환경보전법상 위반행위 해당 여부

(1) 물환경보전법 제38조 제1항 제3호

사업자는 배출시설에서 배출되는 수질오염물질에 공정(工程) 중 배출되지 아니하는 물 또는 공정 중 배출되는 오염되지 아니한 물을 섞어 배출하는 행위를 하여서는 아니 된다.

(2) 사안의 경우

甲은 제품을 생산하는 과정에서 수은, 카드뮴 등 다량의 특정수질유해물질이 배출됨에도 불구하고, 수질오염 방지시설 정상운영 의무를 위반하여 방지시설이 정상적으로 가동되지 않아서 A강 수역에 배출허용기준을 초과할 정도의 다량의 특정수질 유해물질이 포함된 폐수를 배출한 행위는 물환경보전법 제38조 제1항 제3호에 위배되는 행위에 해당된다.

3. 행정청의 물환경보전법상 조치

(1) 개선명령 (물환경보전법 제39조)

환경부장관은 조업 중인 배출시설에서 배출되는 수질오염물질의 정도가 배출허용기준을 초과한다고 인정할 때에는 일정기간을 정하여 사업자에게 개선명령을 명할 수 있다.

(2) 조업정지 (물환경보전법 제40조)

환경부장관은 제39조에 따라 개선명령을 받은 자가 개선명령을 이행하지 아니하거나 기간 이내에 이행은 하였으나 검사 결과가 배출허용기준을 계속 초과할 때에는 해당 배출시설의 전부 또는 일부에 대한 조업정지를 명할 수 있다.

(3) 배출부과금 부과 징수 (물환경보전법 제41조 제1항)

환경부장관은 수질오염물질로 인한 수질오염 및 수생태계 훼손을 방지하거나 감소시키기 위하여 수질오염물질을 배출하는 사업자에게 배출부과금을 부과·징수한다. 특히, 배출허용기준을 초과하여 배출되었음이 확인되었는바, 초과배출부과금을 부과해야 한다.

(4) 허가취소, 폐쇄명령, 조업정지 (물환경보전법 제42조 제1항 제1호)

환경부장관은 사업자가 배출허용 기준을 초과하여 배출한 경우에는 배출시설의 설치허가 또는 변경허가를 취소하거나 배출시설의 폐쇄 또는 6개월 이내의 조업정지를 명할 수 있다.

(5) 과징금 부과징수 (물환경보전법 제43조 제1항, 제2항)

환경부장관은 제조업의 배출시설을 설치·운영하는 사업자에 대하여 제42조에 따라 조업정지를 명하여야 하는 경우로서 그 조업정지가 주민의 생활, 대외적인 신용, 고용, 물가 등 국민경제 또는 그

밖의 공익에 현저한 지장을 줄 우려가 있다고 인정되는 경우에는 조업정지처분을 갈음하여 과징금을 부과할 수 있다. 다만, 수질오염물질에 물을 섞어 처리한 행위와 같이 동법 제38조 제1항 제3호에 위반되는 행위를 하여 30일 이상의 조업정지처분 대상이 되는 경우 과징금이 아닌 조업정지를 명하여야 한다.

(6) 형사고발 (물환경보전법 제76조 제3호, 제81조)

수질오염시설을 정상적으로 가동하지 않은 동법 제38조 제1항 제3호에 해당하는 행위를 한 자는 동법 제76조 제3호에 따라 5년 이하의 징역 또는 5천만 원 이하의 벌금에 처하고, 법인의 대표자나 법인 또는 개인의 대리인, 사용인, 그 밖의 종업원이 그 법인 또는 개인의 업무에 관하여 제76조에 해당하는 위반행위를 하면 그 행위자를 벌하는 외에 그 법인 또는 개인에게도 해당 조문의 벌금형을 과(科)하는바, 주식회사 법인 A에게 벌금형을 부과할 수 있다.

4. 결론

관할 행정청은 물환경보전법 제74조 제1항에 따라 환경부장관으로부터 권한을 위임받은 경우에, 甲에 대하여 개선명령, 조업정지명령, 배출부과금부과 및 징수, 허가취소, 폐쇄명령 또는 조업정지명령, 과징금 부과징수, 형사고발 등을 할 수 있다.

문제해설 [2023년 제3차 제2문] 문제 2. 해설

1. 문제
乙의 국가배상법 제2조 배상책임 인용 여부가 문제된다.

2. 乙의 국가배상법 제2조 배상책임 인용 여부

(1) **관련 조문** - 국가 또는 지방자치단체는 공무원이 직무를 집행하면서 고의 또는 과실로 법령을 위반하여 타인에게 손해를 입힌 경우 그 손해를 배상해야 한다(국가배상법 제2조).

(2) **법령위반 여부**

1) 관련 조문 - "환경기준"이란 국민의 건강을 보호하고 쾌적한 환경을 조성하기 위하여 국가가 달성하고 유지하는 것이 바람직한 환경상의 조건 또는 질적인 수준을 말한다(환경정책기본법 제3조 제8호). 국가는 생태계 또는 인간의 건강에 미치는 영향 등을 고려하여 환경기준을 설정하여야 하며, 환경 여건의 변화에 따라 그 적정성이 유지되도록 하여야 한다(환경정책기본법 제12조, 제13조).

2) 판례 - 환경정책기본법의 환경기준은 국민의 건강을 보호하고 쾌적한 환경을 조성하기 위하여 유지되는 것이 바람직한 기준, 즉 환경행정에서의 정책목표로 설정된 공법상 기준으로서 법적 구속력이 없다.

3) 사안의 경우 - 환경정책기본법은 국가가 생활용수로 주로 사용되는 A강의 수질을 최소 수질환경기준에 유지하도록 노력할 추상적, 선언적 규범으로 보아야 하지 구체적으로 통제력이 있는 법령으로 해석할 수는 없다.

(3) **작위의무 인정여부**

1) 관할 행정청이 취할 조치의 법적 성격

관할 행정청은 이러한 규범에 따라 적정성이 유지되도록 노력하여야 하는 법적 구속력이 있는 기속행위로 보기 어렵고, 재량행위로 포함될 수 있다.

2) 재량의 0으로 수축여부

① **요건** - 사람의 생명, 신체 및 재산 등에 중대하고 급박한 위험이 존재하고, 그러한 위험이 행정권의 발동에 의해 제거될 수 있고, 피해자의 개인적 노력으로 권익침해의 방지가 이루어질 수 없는 경우이어야 한다.

② **판례** - 국민의 생명, 신체, 재산 등에 대하여 절박하고 중대한 위험상태가 발생하였거나 발생할 우려가 있어서 국가가 초법규적, 일차적으로 그 위험 배제에 나서지 아니하면 국민의 생명, 신체, 재산 등을 보호할 수 없는 경우에는 형식적 의미의 법령에 근거가 없더라도 국가나 관련 공무원에 대하여 그러한 위험을 배제할 작위의무를 인정할 수 있다.

③ **사안의 경우** - ① A강 주변 지역 주민들의 생명줄과 같은 생활용수로 사용하고 있으므로 주민들이 폐수로 인한 심각한 건강침해가 우려되고, ② 이러한 폐수 배출은 관할 행정청의

甲회사에 대하여 지도점검을 통한 개선 조치 등으로 제거될 수 있고, ③ 폐수 배출로 인한 식수 오염은 지역주민들의 개인적인 노력으로 개선할 수 없어 재량이 0으로 수축하는바, 행정청의 작위의무가 인정된다.

(4) 사익보호성

1) 판례 - 공무원이 직무를 수행하면서 근거법령에 따라 구체적 의무를 부여받았고, 국민의 이익과 관련된 것이라도 직접 국민 개개인의 이익을 위한 것이 아니라 전체적으로 공공 일반의 이익을 도모하기 위한 것이라면 그 의무에 위반하여 국민에게 손해를 가하여도 국가 또는 지방자치단체는 배상책임을 부담하지 아니한다.

2) 사안의 경우 - 환경정책기본법 관련 규정의 해석상 환경정책기본법이 국민 개개인의 이익을 보호하기 위한 것으로 해석하기 어려우므로 사익보호성이 인정된다고 보기 어려울 수도 있으나, 해당수역에서 기준치를 초과하는 수은이 검출된 것을 감안하면 생명과 재산에 중대한 위험의 제거가 필요한 경우에 해당한다고 보여지는바, 사익보호성도 인정된다.

(5) 손해 및 인과관계

수은은 체내에 흡수될 경우 방출이 어려워서 축적되고 이타이이타이 병을 초래할 가능성이 높으며, 지역주민들이 상당한 불안감을 가지고 있고 위험등이 현실화 될 개연성이 높고, 주민들이 식수 안전에 불안을 느껴 생수를 구입하여 식수로 이용할 수 있는바, 합리적 근거가 있는 불안으로 손해 발생을 인정할 수 있다.

3. 결론

乙의 甲에 대한 국가배상청구는 인용될 수 있다.

문제해설 [2023년 제3차 제2문] 문제 3. 해설

1. 문제
(1) 유지청구의 법적 근거, (2) 유지청구 요건충족 여부가 문제 된다.

2. 유지청구의 법적 근거

(1) **의의** – 환경상의 가해행위가 계속됨으로 인하여 손해가 발생되거나 발생할 우려가 있는 경우 손해를 제거하거나 예방하기 위하여 가해행위의 소극적 또는 적극적 중지를 구하는 것이다.

(2) **학설** – ① **물권적 청구권설** : 민법상의 소유권 또는 점유권에 근거하여 유지청구를 할 수 있다. ② **불법행위설** : 민법 제750조를 근거로 손해배상뿐만 아니라 유지청구도 할 수 있다. ③ **환경권설** : 헌법 제35조 제1항에 근거하여 직접 유지청구를 할 수 있다. ④ **상린관계설** : 민법 제217조를 근거로 유지청구가 가능하다.

(3) **판례** – 건물의 소유자 또는 점유자가 인근의 소음으로 인하여 정온하고 쾌적한 일상생활을 영위할 수 있는 생활이익이 침해되고 그 침해가 사회통념상 수인한도를 넘어서는 경우에 건물의 소유자 또는 점유자는 그 소유권 또는 점유권에 기하여 소음피해의 제거나 예방을 위한 유지청구를 할 수 있다.

(4) **사안의 경우** – 乙은 A 강을 상수원으로 사용하는 주민에 불과하므로 물권적 청구권에 기한 소유권 또는 점유권을 주장하는 경우, 유지청구의 법적 근거로 인정될 수 있다. 다만, "안전하고 깨끗한 물을 마실 권리"를 법적 근거로 주장하는 경우 사법상 권리로서의 환경권을 인정될 수 있는가에 관한 논의가 있는데 환경정책기본법을 추상적 선언적 규범으로 해석하는 한 법적 근거로 인정받기 어렵다.

3. 유지청구 요건충족여부

(1) **요건** – ① 피해의 성질과 정도에 비추어 금전적 평가가 곤란, ② 사후 금전보상으로 피해회복이 어렵고, ③ 피해가 계속적이며 중대명백하고, ④ 피해가 수인한도를 초과할 것을 요한다.

(2) **수인한도의 판단 – 위법성 단계설**

 1) 의의 – 유지청구의 수인한도 기준은 손해배상청구의 수인한도와 다르게 훨씬 높아야 한다.

 2) 판례
  ① 폐수로 입은 환경 등 생활이익의 침해를 이유로 배출시설의 중지를 인용하는 내용의 유지청구 소송에서 그 침해가 사회통념상 일반적으로 수인할 정도를 넘어서는지의 여부는 피해의 성질 및 정도, 피해이익의 공공성, 가해행위의 태양, 가해행위의 공공성, 가해자의 방지조치 또는 손해회피의 가능성, 인·허가 관계 등 공법상 기준에의 적합 여부, 지역성, 토지이용의 선후관계 등 모든 사정을 종합적으로 고려하여 판단하여야 한다.

② 폐수로 인한 생활방해를 원인으로 폐수 방출의 예방 또는 배제를 구하는 방지청구는 금전배상을 구하는 손해배상청구와는 내용과 요건을 서로 달리하는 것으로 방지청구는 인용될 경우 소송당사자뿐 아니라 제3자의 이해관계에도 중대한 영향을 미칠 수 있어, 법원은 해당 청구가 인용될 경우에 당사자가 받게 될 이익과 상대방 및 제3자가 받게 될 불이익 등을 고려한다.

3) 사안의 경우

① **피해의 성질과 정도에 비추어 금전적 평가의 곤란** - 음용수에서 수은이나 카드뮴의 체내 축적으로 인한 피해는 건강의 직접적인 피해이므로 금전적 평가가 곤란한 점이 있다.

② **사후 금전보상으로 인한 피해회복** - 乙의 피해는 생명과 직결되는 피해로 단순 금전보상으로 완전히 회복하기 어렵다.

③ **피해가 계속적이고 중대 명백할 것** - 제련소는 산업에 기초가 되는 철을 생산하는데 필수불가결한 시설로 제련소가 갖는 공공성을 고려할 때 제련소 중단이 현실적으로 이루어지기 어려운바, 이로 인한 피해는 계속적이고 중대 명백할 것으로 예상된다.

④ **피해의 수인한도 초과여부** - 메기에서 기준치를 넘는 수은이 검출된 점에서 이를 음용하는 주민들에게도 체내 축적이 이루어졌을 개연성이 높으므로 수인한도를 넘는 피해가 발생한 것으로 해석할 수 있다.

4. 결론

乙이 甲을 상대로 유지청구권을 행사할 경우, 이 사건 제련소 운영으로 인한 공익적 측면을 고려해 볼 때 제련소 운영 정지와 같은 유지청구의 전면적 허용은 어렵고, 특정수질유해물질 배출을 방지하기 위하여 폐수처리시설을 설치하는 형태로 변형되어 인용될 가능성이 크다.

2022년도 제3회 변호사시험 모의시험

〈제2문〉

甲은 A시에서 사업장일반폐기물과 지정폐기물을 소각하여 처리하는 특정폐기물 및 일반폐기물 처리업을 영위하는 폐기물처리업체이다. 甲은 「폐기물관리법」상의 폐기물처리업 허가를 받았을 뿐 「물환경보전법」에 따른 폐수배출시설의 설치허가를 받거나 설치신고를 한 바는 없다.

A시의 시장(이하 'A시장'이라 한다)은 甲이 소각처리시설을 운영하며 발생하는 특정 수질유해물질이 포함된 폐수를 저장탱크로 옮긴 후 소방호스를 이용하여 우수로에 무단 방류하고 있음을 인지하고 甲의 시설 담당직원의 입회하에 최종 방류지점인 소방호스와 저장탱크에서 각 방류수를 채취한 후 이를 봉인하여 관할 보건환경연구원에 수질검사를 의뢰하였다. 보건환경연구원의 이 사건 방류수에 대한 수질검사 결과 이 사건 방류수에서 수은이 95.2975mg/L(배출허용기준 0.005mg/L), 1,2-디클로로에탄이 0.543mg/L(배출허용기준 0.3mg/L), 셀레늄이 3.11mg/L(배출허용기준 1mg/L) 각 검출되었다. 이 물질들은 모두 물환경보전법 시행규칙 별표3에서 정하고 있는 특정수질유해물질에 해당한다.

한편, 甲의 이 사건 폐기물처리 시설이 설치된 A시 일대는 「국토의 계획 및 이용에 관한 법률」(이하 '국토계획법'이라 한다)에 따른 계획관리지역에 해당한다. 「국토계획법 시행령」에서는 계획관리지역안에서 건축할 수 없는 건축물로 특정수질유해물질을 배출하는 시설을 열거하고 다만 「물환경보전법」 제34조에 따라 폐수무방류배출시설의 설치허가를 받아 운영하는 경우는 제외한다고 규정하고 있다.

「물환경보전법」상의 관련 행정처분권한이 A시장에게 위임되었다고 가정하고 아래의 문제에 답하시오.

1. 이 사안에서 甲의 「물환경보전법」 위반여부를 검토하고 A시장이 甲에게 「물환경보전법」에 근거하여 취할 수 있는 조치를 모두 검토하시오. (30점)

2. A시장이 甲에 대하여 43억원의 수질초과배출부과금의 부과처분을 하였고 乙이 甲으로부터 폐기물처리사업을 양수하였다면, 甲에게 부과된 초과배출부과금 부과처분에 따른 甲의 납부의무 역시 乙에게 승계되는지 검토하시오. (20점)

3. 甲이 뒤늦게 A시장에게 「물환경보전법」상 배출시설 설치허가 신청을 하는 경우, 「물환경보전법」상의 배출시설 설치허가의 법적 성질과 허가가능 여부를 검토하시오. (30점)

〈참조법령〉

물환경보전법 시행규칙 별표4 폐수배출시설(제6조 관련)

1. 폐수배출시설의 적용기준

　가. 폐수배출시설은 다음의 구분에 따른 시설로 한다.

　　1) 특정수질유해물질이 포함된 폐수를 배출하는 시설의 경우: 1일 최대 폐수량이 0.01세제곱미터 이상인 시설.

　　2) 특정수질유해물질이 포함되지 않은 폐수를 배출하는 시설의 경우: 1일 최대 폐수량이 0.1세제곱미터 이상인 시설.

　나. 가목에서 "1일 최대 폐수량"은 연중 폐수가 가장 많이 발생되는 날을 기준으로 사업장의 모든 시설에서 배출되는 폐수를 합산하여 산정하고, 위탁처리·재이용하거나 폐수배출공정 중의 방지시설에서 처리되는 폐수를 모두 포함하여 산정한다.

물환경보전법 시행규칙 별표 13의2

특정수질유해물질 폐수배출시설 적용기준(제35조의2 관련)

물질명	기준농도(mg/L)
수은과 그 화합물	0.001
셀레늄과 그 화합물	0.01
1,2-디클로로에탄	0.03

문제해설 [2022년 제3차 제2문] 문제 1. 해설

1. 문제

(1) 甲의 폐수배출시설이 물환경보전법상의 폐수배출시설 설치허가 또는 신고대상 여부, (2) 무허가 설치에 대한 A 시장의 행정조치, (3) 초과배출부담금 처분이 문제 된다.

2. 甲의 폐수배출시설이 물환경보전법상의 폐수배출시설 설치허가 또는 신고대상 여부

(1) 관련 법령

1) 물환경보전법 제2조 제10호, 동법 시행규칙 별표4

"폐수배출시설"이란 수질오염물질을 배출하는 시설물, 기계, 기구, 그 밖의 물체로서 환경부령으로 정하는 것을 말한다. "특정수질유해물질이 포함된 폐수를 배출하는 시설의 경우 1일 최대 폐수량이 0.01세제곱미터 이상인 시설"을 폐수배출시설의 적용이 되는 시설로 보고, 수은·디클로로에탄·셀레늄은 특정수질유해물질에 해당한다.

2) 동법 제33조 제1항, 시행령 제31조 제1항, 시행규칙 별표13의 2

배출시설을 설치하려는 자는 대통령령으로 정하는 바에 따라 환경부장관의 허가를 받거나 환경부장관에게 신고하여야 한다. 대통령령에 따라 설치허가를 받아야 하는 폐수배출시설은 수은과 그 화합물을 0.001mg/L, 셀레늄은 0.01mg/L, 디클로로에탄은 0.03mg/L을 이상을 배출하는 시설을 말한다.

(2) 사안의 경우

폐기물소각시설에서 각종 특정수질유해물질이 폐수의 형태로 배출되며 수은·디클로로에탄·셀레늄은 등 특정수질유해물질이 배출허용기준을 초과할 정도의 고농도로 배출하는 시설이므로 허가대상 폐수배출시설에 해당하는바, 설치허가를 받거나 또는 신고를 하여야 한다.

3. 무허가설치에 대한 A 시장의 행정조치

(1) 위법시설에 대한 사용중지 또는 폐쇄명령

1) 동법 제44조

환경부 장관은 제33조 제1항에 따른 허가를 받지 아니하거나 신고를 하지 아니하고 배출시설을 설치하거나 사용하는 자에 대하여 해당 배출시설의 사용중지를 명하여야 한다. 다만, 그 설치장소가 배출시설의 설치가 금지된 장소인 경우에는 그 배출시설의 폐쇄를 명하여야 한다.

2) 사안의 경우

A 시장은 甲에게 무허가시설에 대한 사용중지 및 폐쇄명령 조치를 할 수 있다.

(2) 명령의 이행보고 및 확인

1) 동법 제45조 제1, 2항

제44조에 따른 사용중지 명령 또는 폐쇄 명령을 받은 자가 그 명령을 이행하였을 때에는 지체 없이 이를 환경부 장관에게 보고하여야 하고, 환경부 장관은 보고를 받았을 때에는 관계 공무원으로

하여금 지체 없이 그 명령의 이행상태 또는 개선완료 상태를 확인하게 하고, 폐수 오염도검사가 필요하다고 인정되는 경우에는 시료를 채취하여 검사기관에 오염도 검사를 지시하거나 의뢰하여야 한다.

   2) 사안의 경우

     A 시장은 甲에게 명령의 이행상태를 보고하게 하고, 이를 확인하기 위한 조치를 할 수 있다.

  (3) 형사고발

   1) 동법 제75조 제1호

     제33조 제1항에 따른 허가 또는 변경허가를 받지 아니하고 그 배출시설을 이용하여 조업한 자는 7년 이하의 징역 또는 7천만 원 이하의 벌금에 처한다.

   2) 사안의 경우

     A 시장은 甲을 형사고발 조치할 수 있다.

4. 초과배출부담금 처분

  (1) 관련 법령

   1) 동법 제32조 제1항, 제41조 제1항, 시행규칙 별표 13의2

     폐수배출시설에서 배출되는 수질오염물질의 배출허용기준은 환경부령으로 정한다. 설치허가 또는 신고를 하지 아니하고 배출시설을 설치한 자에게 배출 부과금을 부과해야 한다. 이때 기본배출부과금과 초과배출부과금을 부과해야 한다.

   2) 동법 시행령 제42조 제1,2호, 제46조 제9호

     기본배출부과금의 부광 대상이 되는 수질오염물질로는 유기물질과 부유물질, 초과배출부과금의 부과대상이 되는 수질오염물질로는 수은 및 그 화합물이 있다.

  (2) 사안의 경우

    甲의 사업장에서 초과부과금 부과 대상인 수은 배출허용기준을 초과하는 폐수배출을 하였으므로 수은배출에 한하여 초과배출부과금을 부과할 수 있다.

5. 결론

  (1) 甲은 물환경보전법 제33조 제1항을 위배하였고, 이에 대해 A 시장은 甲에게 (2) 위법시설에 대한 사용중지 또는 폐쇄명령, 명령의 이행보고 및 확인, 형사고발 조치 등을 할 수 있으며, (3) 수은 배출에 관하여 초과배출부과금을 부과할 수 있다.

문제해설 [2022년 제3차 제2문] 문제 2. 해설

1. 문제
(1) 배출 부과금 부과처분이 대인적 처분인지 대물적 처분인지 여부, (2) 폐기물관리법과 물환경보전법상의 권리 의무 승계규정의 적용 여부가 문제 된다.

2. 배출 부과금 부과처분이 대인적 처분인지 대물적 처분인지 여부

(1) 학설

1) 대인적 하명설 – 대인적 행정행위는 행위의 상대방의 지식 기술 능력 등과 같은 주관적 사정에 착안하여 행해지는 행정행위로서 그 효과는 일신전속적인 것이므로 제3자에게 승계되지 않는다.

2) 대물적 하명설 – 물건의 성질이나 상태 등 물적 사정에 착안하여 행해지는 행정행위이며 그 효과는 행위의 상대방에 그치지 않고 원칙상 그 승계인에게도 미친다.

(2) 검토 및 사안의 적용

1) 대인적 하명설에 따를 경우 배출부과금은 양도인의 법령위반행위에 대한 제재조치로서 부과되는 것이므로 그 효과는 일신전속적인 것으로 보아야 함. 처분의 침익적 성질을 고려해 볼 때, 승계를 부정하는 것이 법치행정에 부합한다.

2) 대물적 하명설에 따르면 배출부과금의 부과는 처분의 상대방의 주관적 사정을 고려하지 않고 처분의 대상인 시설의 객관적 사실에 착안하여 행해지는 행정행위로 보아 승계를 긍정하며, 이는 친환경적 실무관행 정착에 유리하며 물환경보전 입법목적에 부합한다는 이점이 있다.

3) 그렇다면, 입법목적에 부합하는 대물적 하명설이 문언 해석에 일치하는 해석론이다.

3. 폐기물관리법과 물환경보전법상의 권리 의무 승계규정의 적용 여부

(1) 관련 조문

1) 물환경보전법 제36조 제1항 제2호
사업자가 그 배출시설 및 방지시설을 양도한 경우에는 종전 사업자의 허가·변경허가·신고 또는 변경신고에 따른 종전 사업자의 권리·의무를 승계한다.

2) 폐기물관리법 제33조 제1항
폐기물처리업자로부터 폐기물처리업 등을 양수한 자는 관할 행정청의 허가를 받아야 하고, 이 경우 허가를 받은 양수인은 폐기물처리업등의 허가·승인·등록 또는 신고에 따른 권리·의무를 승계한다.

(2) 학설

1) 긍정설 – 물환경보전법은 폐수배출시설을 허가 또는 신고대상으로 규율하고 있으며 무허가 배출시설에 대해서도 배출허용기준 초과배출시 초과배출부과금을 부과하도록 하고 있으므로 "허가에 따른 의무"를 좁게 보아 수허가자의 의무로만 볼 것이 아니라 무허가 시설 양수인의 승계책임도 인정하는 것이 입법목적에 부합한다.

2) 부정설 - 허가에 따른 의무란 허가를 하면서 붙인 부관 또는 허가 이후 수허가자의 법률상의 의무 등을 말하는 것이므로 허가를 받지 않고 무허가 배출시설을 가동한 자의 의무는 허가에 따른 의무로 볼 수 없는바, 甲에 대한 배출부과금 부과를 반드시 허가에 따라서 부과되는 것이라고 보기 어려워 승계되지 않는다.

(3) **검토 및 사안의 경우** - 乙은 甲의 사업 및 시설을 양수한 자로서 문언해석상 물환경보전법 제36조 제1항에 근거하여 甲의 물환경보전법상의 의무를 승계하는 것으로 해석하는 것이 타당하다.

4. 결론

甲에게 부과된 초과배출부과금 43억 원의 부과처분에 따른 甲의 납부의무 역시 乙에게 승계된다.

문제해설 **[2022년 제3차 제2문] 문제 3. 해설**

1. 문제
(1) 물환경보전법상 배출시설 설치허가가 기속행위인지 아니면 재량행위인지 여부, (2) 물환경보전법상 설치허가 가부가 문제 된다.

2. 기속행위인지 재량행위 인지 여부

(1) 관련 법령

1) 물환경보전법 제33조 제1항 및 시행령 제31조 제1항 제1호

특정 수질 유해물질이 환경부령으로 정하는 기준 이상으로 배출되는 배출시설을 설치하려는 자는 환경부 장관의 허가를 받거나 환경부 장관에게 신고하여야 한다.

2) 동법 제33조 제11항 제2호

다른 법령에 따른 배출시설의 설치제한에 관한 규정에 위반되지 아니할 경우에는 제1항에 따른 허가를 한다.

3) 동법 제33조 제7, 8항 및 시행령 제32조

환경부장관은 상수원보호구역의 상류지역, 특별대책지역 및 그 상류지역, 취수시설이 있는 지역 및 그 상류지역의 배출시설로부터 배출되는 수질오염물질로 인하여 환경기준을 유지하기 곤란하거나 주민의 건강·재산이나 동식물의 생육에 중대한 위해를 가져올 우려가 있다고 인정되는 경우에는 관할 시·도지사의 의견을 듣고 관계 중앙행정기관의 장과 협의하여 배출시설의 설치를 제한할 수 있다. 배출시설의 설치를 제한할 수 있는 지역의 범위는 대통령령으로 정하고, 환경부장관은 지역별 제한대상 시설을 고시하여야 한다.

(2) 판례

행정행위가 기속행위인지 또는 재량행위인지 여부는 이를 일률적으로 규정지을 수는 없고, 당해 처분의 근거가 된 규정의 형식이나 체제 또는 문언에 따라 개별적으로 판단한다.

(3) 사안의 경우

1) 원칙상 기속행위이므로 배출시설 설치허가 신청이 물환경보전법 제33조 제11항에서 정한 허가 기준에 부합하고 물환경보전법 제33조 제7항에서 정한 허가제한사유에 해당하지 아니하는 한 원칙적으로 허가를 하여야 한다.

2) 다만, 배출시설의 설치는 국민건강이나 환경의 보전에 직접적으로 영향을 미치는 행위라는 점과 수질오염으로 인한 국민건강이나 환경에 관한 위해를 예방하고 물환경을 적정하고 지속가능하게 관리·보전하여 모든 국민이 건강하고 쾌적한 환경에서 생활할 수 있게 하려는 물환경보전법의 목적을 고려하면, 환경부장관은 물환경보전법 제33조 7·8항, 시행령 제32조 각 호에서 정한 사유에 준하는 사유로서 환경기준의 유지가 곤란하거나 주민의 건강·재산, 동식물의 생육에 심각한 위해를 끼칠 우려가 있다고 인정되는 등 중대한 공익상의 필요가 있을 때에는 허가를 거부할 수 있다.

3. 물환경보전법상 설치허가 가부

(1) 다른 법령에 따른 제한 사유 해당 여부

이 사건 폐기물처분시설이 입지한 곳은 국토계획법상 계획관리지역이고 국토계획법시행령이 금지하는 특정수질유해물질을 배출하는 시설이므로 물환경보전법상 다른 법률이 설치를 제한하는 시설에 해당하므로 원칙적으로 설치허가 불가하다.

(2) 폐수무방류배출시설로 설치허가 가부

1) 관련 법령

① 동법 제34조 제1, 2항

제33조 제1항 단서 및 같은 조 제2항에 따라 폐수무방류배출시설의 설치허가 또는 변경허가를 받으려는 자는 폐수무방류배출시설 설치계획서 등 환경부령으로 정하는 서류를 환경부장관에게 제출하여야 한다. 환경부장관은 이에 따른 허가신청을 받았을 때에는 폐수무방류배출시설 및 폐수를 배출하지 아니하고 처리할 수 있는 수질오염방지시설 등의 적정 여부에 대하여 환경부령으로 정하는 관계 전문기관의 의견을 들어야 한다.

② 동법 제33조 제10항

제33조 제9항에 따라 배출시설의 설치제한지역에서 폐수무방류배출시설을 설치할 수 있는 지역 및 시설은 환경부장관이 정하여 고시한다.

2) 사안의 경우 - 甲의 폐기물처리시설은 계획관리지역에 입지하여 원칙상 특정수질유해물질을 배출하는 배출시설의 설치는 허용되지 않는 것이 원칙이나, 예외적으로 폐수무방류배출시설로 설치가 가능하므로, 물환경보전법 제34조에 따른 폐수무방류배출시설의 설치는 취수시설이 있는 지역 등 환경부장관이 고시한 지역이라면 가능하다.

4. 결론

(1) 물환경보전법상 배출시설 설치허가는 원칙적으로 기속행위이나 동법 제33조 제7, 8항에 따라 예외적으로 제한할 수 있고, (2) 배출시설 설치허가는 국토계획법상 원칙적으로 불가하고, 예외적으로 물환경보전법상 폐수무방류배출시설을 설치할 수 있는 지역이 아니라면 폐수무방류배출시설로도 불가능하다.

2021년도 제3회 변호사시험 모의시험

<제2문>

1. 甲은 국토의 계획 및 이용에 관한 법률(이하 '국토계획법')에 따른 '계획관리지역'인 X부지에 금형시설(이하 '이 사건 배출시설')을 설치하여 금형 가공업을 영위하려 한다. 금형 공정 과정에서는 「물환경보전법」상 특정수질유해물질인 구리(Cu)가 기준농도 이상으로 발생하여 폐수에 녹아 들어간다. 한편 국토계획법에 따르면 '계획관리지역'에는 「물환경보전법」상 특정수질유해물질을 기준농도 이상으로 배출하는 건축물은 건축할 수 없다.

2. 甲은 관할관청으로부터 물환경보전법 제33조 제1항 본문에 따른 배출시설 설치허가를 받아 금형 가공업을 수십 년째 영위하고 있는데 이 사건 배출시설에서 발생되는 폐수를 시설 내에서 필터 등 여과시설을 거쳐 순환시켜 전량 재이용하는 시스템을 갖추고 폐수를 재이용하고 있다. 그런데 언제부터인가 이 사건 배출시설에서 폐수가 조금씩 배출되면서 인근 하천으로 흘러 들어가고 있었고, 관할관청은 이 사건 배출시설에 대하여 「물환경보전법」제68조 제1항 등 관련 규정에 따른 지도 점검을 하지 않았다는 사실이 드러났다. 관할 행정청은 甲에게 이 사건 폐수배출시설에 대하여 「물환경보전법」상 행정처분을 사전통지하였다. 甲은 폐수가 의도치 않게 배출된 사실을 인정하면서도, 그동안 이 사건 배출시설에서 발생된 폐수를 전량 재이용하는 시스템을 갖추어 재이용해왔다는 점, 또한 이 시설을 운영하면서 어떠한 행정처분도 받지 않았다는 사실에 비춰 처분이 과도하다는 점 등을 들며 사전통지된 행정처분은 위법하다는 의견을 제출하였다.

3. 한편 지역 언론은 복수의 전문가의 말을 인용하며 이 사건 배출시설에서 배출된 폐수는 특정수질유해물질이 함유되어 있는데 이것이 주변 취수장(이하 '이 사건 취수장')으로 유입되었고, 그로 인하여 식수 안전에 영향을 미쳤을 수 있다는 기사를 연일 보도하고 있다. 이 사건 취수장에서 수돗물이 공급되고 있는 지역에 거주하는 임산부 乙은 이 기사를 접하자 식수 안전에 불안을 느껴 생수를 구입하여 식수로 이용하고 있다.

1. [설문 1]과 관련하여 甲이 X부지에서 이 사건 폐수배출시설을 운영하려면 「물환경보전법」에 따라 어떠한 절차를 밟아야 하는지 검토하시오. (25점)

2. [설문 2]와 관련하여 관할 행정청은 이 사건 폐수배출시설에 대하여 「물환경보전법」상 어떠한 조치를 취할 수 있는지, 이 조치와 관련하여 甲이 제출한 의견이 타당한지 검토하시오. (25점)

3. [설문 3]과 관련하여 乙은 X부지에 특정수질유해물질을 배출하는 시설의 설치를 허가한 관할청을 상대로 손해배상을 청구하려 한다. 승소 가능성을 검토하시오. (30점)

[참조조문]

1. 물환경보전법 시행규칙 별표 13의 2

특정수질유해물질 폐수배출시설 적용기준

물질명	기준농도
구리 및 그 화합물	0.1(mg/L)

물환경보전법 시행규칙 제101조(보고 및 검사 등의 사유와 통합검사 등) ① 법 제68조제1항 각 호 외의 부분에서 "환경부령으로 정하는 경우"란 다음 각 호의 어느 하나에 해당하는 경우를 말한다.

1. 폐수배출시설·수질오염방지시설·공공폐수처리시설·기타수질오염원 또는 물놀이형 수경시설의 적정한 가동 여부 또는 수질오염물질의 처리실태를 확인하기 위하여 지도·점검하는 경우

2. 국토계획법 시행령

[별표 20] 계획관리지역 안에서 건축할 수 없는 건축물

1. 건축할 수 없는 건축물

   자. 「건축법 시행령」 별표 1 제17호의 공장 중 다음의 어느 하나에 해당하는 것.

   (1) 「물환경보전법」 제2조제8호에 따른 특정수질유해물질이 같은 법 시행령 제31조제1항제1호에 따른 기준 이상으로 배출되는 것. 다만, 동법 제34조에 따라 폐수무방류배출시설의 설치허가를 받아 운영하는 경우를 제외한다. (이하 생략)

문제해설 [2021년 제3차 제2문] 문제 1. 해설

1. 문제

(1) 이 사건 배출시설의 설치가 허가사항인지 신고사항인지, (2) 이 사건 배출시설의 설치 허가기준과 관련하여 국토계획법상 계획관리지역 내에서 배출시설 설치허가 제한 및 예외에 해당되는지가 문제된다.

2. 배출시설의 설치 허가 및 신고

(1) 관련 조문

1) 물환경보전법 제33조 제1항 본문

배출시설을 설치하려는 자는 대통령령으로 정하는 바에 따라 환경부 장관의 허가를 받거나 환경부 장관에게 신고하여야 한다.

2) 물환경보전법 시행령 제31조 제1항 제1호

특정수질유해물질이 환경부령으로 정하는 기준 이상으로 배출되는 배출시설은 법 제33조제1항 본문에 따라 설치허가를 받아야 한다.

3) 물환경보전법 시행규칙 별표 13의 2

구리 및 그 화합물의 기준농도가 0.1(mg/L) 이상으로 배출하는 시설은 설치허가를 받아야 한다.

(2) 사안의 경우

甲의 금형 공정 과정에서「물환경보전법」상 특정수질유해물질인 구리(Cu)가 기준농도 이상으로 발생하여 폐수에 녹아 들어가므로, 이 사건 폐수배출시설을 설치하려면 환경부 장관의 허가를 받아야 한다.

3. 허가의 기준

(1) 관련 조문

1) 물환경보전법 제33조 제11항 제2호

폐수배출시설 허가의 기준은 다른 법령에 따른 배출시설의 설치제한에 관한 규정에 위반되지 아니하여야 한다.

2) 국토계획법상 배출시설 설치허가 제한 및 예외

국토계획법에 따르면 계획관리지역 안에서「물환경보전법」에 따른 특정수질유해물질을 기준 이상으로 배출하는 경우 건축이 제한된다. 다만, 같은 법 제34조에 따라 폐수무방류배출시설의 설치허가를 받아 운영하는 경우를 제외한다.

(2) 사안의 경우

甲이 계획관리지역인 X부지에서 이 사건 배출시설을 운영하려면 환경부 장관으로부터 폐수무방류배출시설의 설치허가를 받아야 한다.

4. 결론

甲이 X부지에서 이 사건 폐수배출시설을 운영하려면 물환경보전법 제33조 제1항 단서에 따라 환경부장관의 허가를 받아야 한다.

문제해설 [2021년 제3차 제2문] 문제 2. 해설

1. 문제
(1) 환경보전법 제44조에 따른 위법시설에 대한 폐쇄명령조치 가부, (2) 甲 의견의 타당성이 문제 된다.

2. 환경보전법 제44조에 따른 위법시설에 대한 폐쇄명령 조치 가부

(1) 물환경보전법 제44조
환경부장관은 제33조 제1항의 규정에 따른 허가를 받지 아니하거나 신고를 하지 아니하고 배출시설을 설치하거나 사용하는 자에 대하여 해당 배출시설의 사용중지를 명하여야 한다. 다만, 그 설치장소가 다른 법률에 따라 해당 배출시설의 설치가 금지된 장소인 경우에는 그 배출시설의 폐쇄를 명하여야 한다.

(2) 사안의 경우
국토계획법에 따르면 계획관리지역 안에서「물환경보전법」에 따른 특정수질유해물질을 기준 이상으로 배출하는 경우 건축이 제한되고, 물환경보전법 제33조 제1항 단서에 따라 환경부 장관의 허가가 있어야 운영이 가능함에도 관할 행정청이 제33조 제1항 본문에 따라 설치허가를 내주어 금지된 장소에서 운영을 한 경우이므로 관할 행정청은 이 사건 배출시설의 폐쇄를 명하여야 한다.

3. 甲 의견의 타당성

(1) 甲의 ①번 의견 - 폐수무방류배출시스템 구비 주장

1) 물환경보전법 제34조 제1,2항
동법 제33조 제1항 단서에 따라 폐수무방류배출시설의 설치허가를 받으려는 자는 폐수무방류배출시설 설치계획서 등 환경부령으로 정하는 서류를 환경부장관에게 제출하여야 한다. 환경부장관은 제1항에 따른 허가신청을 받았을 때에는 폐수무방류배출시설 및 폐수를 배출하지 아니하고 처리할 수 있는 수질오염방지시설 등의 적정 여부에 대하여 환경부령으로 정하는 관계 전문기관의 의견을 들어야 한다.

2) 사안의 경우
甲의 주장대로 폐수무방류배출시설 시스템을 갖추었다고 하더라도 폐수무방류배출시설의 설치허가를 받지 아니하였고, 환경부장관의 정상적인 작동 여부에 대한 확인이 없었다는 점, 그 시스템의 신뢰할만한 운영 여부에 관하여서도 증거가 없다는 점에서 甲의 ①번 의견은 타당하지 않다.

(2) 甲의 ②번 의견 - 비례원칙 위반
甲은 행정청의 폐쇄조치 명령에 대하여 과도하다는 점을 들어 비례원칙에 위배된다는 주장을 하고 있으나, 계획관리지역에서의 설치허가가 되지 않은 배출시설을 설치운영한 것은 물환경보전법 제44조 단서에 따라 폐쇄를 명하여야 하는 기속행위에 해당하는바, 甲의 ②번 의견은 타당하지 않다.

문제해설 [2021년 제3차 제2문] 문제 3. 해설

1. 문제
乙이 관할관청을 상대로 한 국가배상법 제2조의 손해배상 청구 가부가 문제 된다.

2. 국가배상법 제2조의 손해배상 청구 가부

(1) 관련 조문 - 국가 또는 지방자치단체는 공무원이 직무를 집행하면서 고의 또는 과실로 법령을 위반하여 타인에게 손해를 입힌 경우 그 손해를 배상해야 한다(국가배상법 제2조).

(2) 법령위반 여부

1) 관련 법리 - 국토계획법 제76조 및 국토계획규칙 시행령 제71조 제1항 제19호 별표 20에 따르면 계획관리지역에는 물환경보전법상 특정수질유해물질을 기준농도 이상으로 배출하는 건축물은 건축할 수 없다.

2) 사안의 경우 - 甲의 금형 가공업 공정 과정에서 물환경보전법상 특정수질유해물질이 물환경보전법 시행규칙 별표 13의 2 기준농도 이상으로 배출되어 건축허가를 할 수 없음에도 불구하고, 물환경보전법 제33조 제1항 본문에 따른 배출시설 설치허가를 내어준 법령위반 사실이 존재한다.

(3) 작위의무 인정여부

1) 관할 행정청이 취할 조치의 법적 성격 (재량행위)

시·도지사는 특정수질유해물질의 폐수배출시설의 경우에는 필요한 보고를 명하거나 자료를 제출하게 할 수 있으며, 수질오염물질을 채취하거나 관계 서류·시설·장비 등을 검사하게 할 수 있다(물환경보전법 제68조 제1항).

2) 재량의 0으로 수축여부

① **요건** - 사람의 생명, 신체 및 재산 등에 중대하고 급박한 위험이 존재하고, 그러한 위험이 행정권의 발동에 의해 제거될 수 있고, 피해자의 개인적 노력으로 권익침해의 방지가 이루어질 수 없는 경우이어야 한다.

② **판례** - 국민의 생명, 신체, 재산 등에 대하여 절박하고 중대한 위험상태가 발생하였거나 발생할 우려가 있어서 국가가 초법규적, 일차적으로 그 위험 배제에 나서지 아니하면 국민의 생명, 신체, 재산 등을 보호할 수 없는 경우에는 형식적 의미의 법령에 근거가 없더라도 국가나 관련 공무원에 대하여 그러한 위험을 배제할 작위의무를 인정할 수 있다.

③ **사안의 경우** - ① 임산부 乙은 취수장으로부터 식수를 공급받아 음용하는 입장에서 폐수로 인한 심각한 건강침해가 우려되고, ② 이러한 폐수 배출은 관할 행정청의 甲회사에 대하여 지도점검을 통한 개선 조치 등으로 제거될 수 있고, ③ 폐수 배출로 인한 식수오염은 乙의 개인적인 노력으로 개선할 수 없어 재량이 0으로 수축하는바, 행정청의 작위의무가 인정된다.

(4) 사익보호성

1) 판례 - 공무원이 직무를 수행하면서 근거법령에 따라 구체적 의무를 부여받았고, 국민의 이익과 관련된 것이라도 직접 국민 개개인의 이익을 위한 것이 아니라 전체적으로 공공 일반의 이익을 도모하기 위한 것이라면 그 의무에 위반하여 국민에게 손해를 가하여도 국가 또는 지방자치단체는 배상책임을 부담하지 아니한다.

2) 사안의 경우 - 물환경보전법은 수질오염으로 인한 국민건강 및 환경상의 위해를 예방하고 공공수역의 수질을 적정하게 관리·보전함으로써 국민이 그 혜택을 널리 향유할 수 있도록 함을 목적으로 하는바, 사익보호성도 인정된다.

(5) 손해 및 인과관계

임산부 乙은 식수 안전에 불안을 느껴 생수를 구입하여 식수로 이용하고 있다. 합리적 근거가 있는 불안으로 생수 구입비용이 지출되었으므로 손해 발생을 인정할 수 있다.

3. 결론

乙은 X부지에 특정수질유해물질을 배출하는 시설의 설치를 허가를 한 관할청을 상대로 상술한 요건을 주장·입증하여 국가배상법 제2조의 손해배상청구에서 승소할 수 있다.

2020년도 제1회 변호사시험 모의시험

〈제2문〉

甲은 A시에서 폐수처리업을 운영하고 있다. A시의 환경단속 공무원 B는 2018. 11. 20. 하수처리장으로 유입되는 폐수의 수질이 나빠지자, 이에 관한 역추적 조사를 실시하던 중, 甲의 사업장 인근 도로변에 있는 맨홀을 개방하여 방류수를 확인한 결과 폐수 최초배출업체가 甲임을 알게 되었다. B는 당일 늦은 오후 甲의 사업장을 방문하여 경비원에게 공무원증을 보여주면서 폐수 관련 단속임을 밝히고 입회를 요구하였으나 경비원이 야간근무자에게 연락해야 한다고 하며 지체하자, 잠시 대기하다가 더 이상 지체할 수 없다고 보고 사업장관계자의 입회없이 시료를 채취하였다. B가 관할 보건환경연구원에 시료 검사를 의뢰한 결과, 생물화학적산소요구량(BOD) 4,182mg/l, 화학적산소요구량(COD) 4,280mg/l, 부유물질량(SS) 298mg/l, 총질소 5,560mg/l, 불소 333mg/l, 아연 132mg/l, 철 76mg/l, 망간 11mg/l의 수질오염물질이 검출되었다. (배출허용기준 : BOD 200mg/l, COD 250mg/l, SS 200mg/l, 총질소 60mg/l, 불소 15mg/l, 아연 5mg/l, 철 10mg/l, 망간 10mg/l.)

관련 형사사건에서 甲의 직원들은 "미생물이 사멸하여 기능을 다하지 아니하는 2계열 폭기조에 증발농축기를 거치지 아니한 폐수를 유입하도록 한 후 2계열 폭기조에 설치된 가지관을 통하여 폭기조 다음 공정인 2차 침전조, 여과시설을 거치지 아니하고 최종방류구로 배출하는 방법으로 무단배출하였고, 그 기간은 2018. 8. 8.경부터 단속 당일인 2018. 11. 20.경까지"라고 진술하였다. 甲은 2018. 11. 20. 단속되자 그 다음날 2계열 폭기조의 가지관을 절단한 후 막음으로써 물환경보전법 제38조 제1항 제4호를 위반한 행위를 중지하였다.

처분권한을 위임받은 A시장은 관련 형사사건의 확정판결에서 甲의 직원들이 인정한 배출허용기준이 초과된 수질오염물질이 포함된 폐수량 37,726㎥를 기준으로 일일유량을 346㎥로 산정한 후 초과배출부과금 200억원을 부과하였다.

1. A시장의 초과배출금 부과처분과 관련하여,

   1) B가 사업장관계인의 입회하에 지도·점검을 실시하도록 규정한 지도점검규정(환경부훈령)을 위반하였다면, 초과배출금 부과처분은 위법한지 검토하시오. (15점)

   2) A시장이 해당 일에 수질검사를 실시하지도 않은 채, 형사재판 관련자들이 수사기관에서 한 진술에만 의존하여 2018. 8. 8.을 배출기간의 시기(始期)로 보아 초과배출부과금을 산정하였다면, 이러한 부과처분은 위법한 것인지 검토하시오. (20점)

   3) 甲의 무단배출로 인한 환경에의 악영향의 정도에 비해 초과배출부과금의 부과액수가 과도하여 재량권의 일탈·남용에 해당한다고 甲이 주장하는 경우 법원의 판단은 어떠하겠는가? (20점)

2. A시 환경단속 공무원 B는 甲이 폐수처리시설에서 폐수의 부유물질을 가라앉히는 시설인 침전조가 넘쳐 중금속이 포함된 폐수가 유출되도록 방치하였을 뿐만 아니라, 정화처리시설로 보내야하는 중금속이 포함된 침전조의 폐수를 허가받지 않은 별도의 배관을 설치해 빗물저장시설로 보낸 사실을 적발하였다. 甲의 폐수처리시설에서 적발된 행위에 대하여 A시장이 취할 수 있는 조치를 검토하시오. (25점)

문제해설 [2020년 제1차 제2문] 문제 1.의 1) 해설

1. 문제
환경부훈령인 지도점검규정을 위반한 시료채취행위가 초과배출부과금 부과처분에 미치는 효력이 문제된다.

2. 지도점검 규정 위반 및 그 효력

(1) 관련 조문

1) 물환경보전법 68조 제1항 제2호

환경부장관 또는 시·도지사는 공공폐수처리시설을 설치·운영하는 자에게 필요한 보고를 명하거나 자료를 제출하게 할 수 있으며, 관계 공무원으로 하여금 해당 시설 또는 사업장 등에 출입하여 방류수 수질기준, 배출허용기준, 허가 또는 변경허가 기준의 준수 여부, 측정기기의 정상 운영, 특정수질유해물질 배출량조사의 검증, 준수사항, 수질 기준 및 관리 기준의 준수 여부 또는 전자인계·인수관리시스템의 입력 여부를 확인하기 위하여 수질오염물질을 채취하거나 관계 서류·시설·장비 등을 검사하게 할 수 있다.

2) 환경오염물질배출시설 등에 관한 통합지도·점검규정 제8조 제5항

지도·점검 공무원은 사업장 관계인의 입회하에 지도·점검을 실시하여야 한다.

(2) 판례

환경오염물질배출시설 등에 관한 통합지도·점검규정은 행정청 내부의 사무처리준칙을 정한 것에 불과하고 대외적으로 법원이나 일반 국민을 기속하는 법규명령으로서의 성질을 가지는 것이라고 볼 수 없으므로, 피고가 사건 시료의 채취와 관련하여 위 조항에서 정한 절차를 따르지 아니하였더라도 조업정지처분과 부과처분이 위법하다고 볼 수 없다.

(3) 사안의 경우

A시의 환경단속공무원 B가 甲 측의 사업장관계자의 입회없이 시료를 채취하고, 이에 기하여 초과배출금 부과처분을 한 것은 환경오염물질배출시설 등에 관한 통합지도·점거규정에서 규정한 절차를 위반한 사실이 있으나, 위 규정인 행정내부규정에 불과하고 법규명령으로서의 성질을 가지는 것이라 볼 수 없는바, 위 처분이 위법하다고 볼 수 없다.

3. 결론
A시장의 초과배출금 부과처분은 적법하다.

문제해설 [2020년 제1차 제2문] 문제 1.의 2) 해설

1. 문제

A시장이 직접시료채취를 하지 않은 채 확정된 형사재판 판결의 사실판단에 기초하여 초과배출량 및 기간을 산정하여 초과배출부과금을 부과할 수 있는지가 문제된다.

2. 초과배출부과금 산정 방법 및 기준

(1) 관련 조문

1) 물환경보전법 제41조 제1,2항

환경부장관은 수질오염물질로 인한 수질오염 및 수생태계 훼손을 방지하거나 감소시키기 위하여 수질오염물질을 배출하는 사업자가 배출허용기준을 초과하여 배출되는 경우, 배출허용기준 초과 여부, 배출되는 수질오염물질의 종류, 수질오염물질의 배출기간, 수질오염물질의 배출량 등을 고려하여 초과배출부과금을 부과·징수한다.

2) 물환경보전법 시행령 제47조 제1항 제3호

기준초과배출량은 수질오염물질이 배출되기 시작한 날부터 위반행위의 중지시까지 배출기간 중에 배출허용기준을 초과하여 조업함으로써 배출한 수질오염물질의 양으로 하되, 일일기준초과배출량에 배출기간의 일수를 곱하여 산정한다.

(2) 판례

행정재판의 경우 관련된 형사사건의 확정판결에서 인정된 사실은 특별한 사정이 없는 한 유력한 증거자료가 되는바, 관련 형사사건에서 위와 같은 진술의 신빙성 또는 객관성을 의심할 만한 사정은 없고, 배출기간까지 사업장에서 배출한 폐수의 성상에 특별한 변화가 있거나 폐수처리과정 또는 무단배출하는 방식이 달라졌다고 인정할 만한 사정도 없다.

(3) 사안의 경우

1) A시의 공무원 B가 2018. 11. 20. 甲 사업장에서 배출한 폐수에 대한 시료를 채취하여, 분석 의뢰한 결과 초과배출부과금 부과대상 수질오염물질인 유기물질(BOD, COD), 부유물질, 총질소, 불소, 아연, 철 등이 배출허용기준 초과하였다.

2) 배출기간산정과 관련하여, 형사사건에서 甲의 직원들이 진술한 2018. 8. 8.경부터 단속 당일인 2018. 11. 20.경까지라고 진술한 것은 특별한 사정이 없는 한 행정처분에도 유력한 사실증거가 되는바, 이를 근거로 한 처분을 위법하다고 볼 수 없다.

3. 결론

A시장이 형사재판 관련자들이 수사기관에서 한 진술에 의존하여 2018. 8. 8.을 배출기간의 시기(始期)로 보아 초과배출부과금을 산정한 부과처분을 위법하다고 볼 수 없다.

문제해설 [2020년 제1차 제2문] 문제 1.의 3) 해설

1. 문제
초과배출부과금의 부과행위가 재량행위에 해당하는지 여부가 문제된다.

2. 초과배출금 부과처분의 재량행위 여부

(1) 관련 조문
환경부장관은 수질오염물질로 인한 수질오염 및 수생태계 훼손을 방지하거나 감소시키기 위하여 수질오염물질을 배출하는 사업자에게 초과배출부과금을 부과·징수한다(물환경보전법 제41조 제1항 제2호).

(2) 판례
1) 기속행위인지 재량행위인지에 대한 구별은 법령의 규정·형식·문언을 제1차적 기준으로 하되, 입법목적이나 입법취지 및 당해 행위의 성질, 헌법상 기본권과의 관련성 등을 종합적으로 고려하여 구체적으로 판단하도록 하고 있다.

2) 행정청은 배출허용기준을 초과하여 수질오염물질을 배출한 사업자에게 관련 법령이 정한 산정기준과 산정방법에 따라 산출되는 초과배출부과금을 부과하여야 하는 것이지, 행정청에게 부과 여부 및 금액 산정에 관한 재량의 여지가 없으므로, 초과배출부과금 부과처분은 행정청의 재량을 허용하지 아니하는 기속행위이다.

(3) 사안의 경우
1) 관련법령인 물환경보전법 제41조 제1항 제2호에 환경부장관은 수질오염물질의 허용기준을 초과하여 배출하는 사업자에게 초과배출금을 부과·징수해야 한다라고 규정하고 있으며, 수질오염으로 인한 국민건강 및 환경상 위해를 예방하고, 공공수역의 물환경을 적정하게 관리 보전함으로써 국민이 그 혜택을 향유하여야 하는 법규의 입법 목적 내지 국민의 환경권을 고려하여 볼 때 기속행위에 해당한다고 보여진다.

2) 甲은 무단 폐수배출로 인한 환경에 악영향을 주는 정도에 비해 초과배출부과금의 부과액수가 과도하여 재량권의 일탈·남용에 해당한다고 주장하고 있는데, 초과배출부과금 부과처분은 상술한 바와 같이 기속행위에 해당하는바, 이 사건 부과처분이 재량행위임을 전제로 한 甲의 주장은 타당하지 않다.

3. 결론
법원은 甲의 주장을 기각한다.

문제해설 [2020년 제1차 제2문] 문제 2. 해설

1. 문제
(1) 甲의 물환경보전법 위반행위 여부, (2) A 시장이 취할 수 있는 조치가 문제된다.

2. 甲의 물환경보전법 위반행위 여부

(1) 관련 조문

1) 물환경보전법 제38조 제1항 제1호
  방지시설을 운영하는 자는 배출시설에서 배출되는 수질오염물질을 방지시설에 유입하지 아니하고 배출할 수 있는 시설을 설치하는 행위를 하여서는 아니 된다.

2) 물환경보전법 제62조 제3항 제2호
  폐수처리업을 하려는 자는 기술능력·시설 및 장비 등을 항상 유지·점검하여 폐수처리업의 적정 운영에 지장이 없도록 하여야 한다.

(2) 사안의 경우

1) 폐수처리업자 甲이 정화처리시설로 보내야 하는 중금속이 포함된 침전조의 폐수를 허가받지 않은 별도의 배관을 설치해 빗물저장시설로 보내는 행위를 한 것은 물환경보전법 제38조 제1항 제1호에 위반된 행위를 한 것이다.

2) 폐수처리업자 甲이 폐수처리시설에서 폐수의 부유물질을 가라앉히는 시설인 침전조가 넘쳐 중금속이 포함된 폐수가 유출되도록 방치한 것은 폐수시설을 항상 유지·점검하여적정 운영에 지장이 없도록 하여야 하는 물환경보전법 제62조 제3항 제2호를 위반한 행위이다.

3. A 시장이 취할 수 있는 조치

(1) 영업취소 또는 영업정지

1) 물환경보전법 제64조 제2항 제3호
  환경부장관은 폐수처리업자가 고의 또는 중대한 과실로 폐수처리영업을 부실하게 한 경우에는 그 허가를 취소하거나 6개월 이내의 기간을 정하여 영업정지를 명할 수 있다.

2) 사안의 경우
  처분권한을 위임받은 A시장은 폐수처리업자 甲이 폐수처리영업을 고의 또는 중대한 과실로 부실하게 하였음을 이유로 폐수처리업 허가를 취소하거나 6개월 이내의 기간을 정하여 영업정지 처분을 할 수 있다.

(2) 형사고발

1) 물환경보전법 제76조 제3호
  동법 제38조 제1항에 해당하는 행위를 한 자는 5년 이하의 징역 또는 5천만 원 이하의 벌금에 처한다.

2) 물환경보전법 제79조 제2호

동법 제62조 제3항 제2호에 따른 준수사항을 지키지 아니한 폐수처리업자는 500만 원 이하의 벌금에 처한다.

3) 사안의 경우

A시장은 상술한 甲의 위반 행위에 대하여 동법 제76조 제3호, 제79조 제2호를 근거로 형사고발을 할 수 있다.

4. 결론

A시장은 甲의 폐수처리시설에서 위반된 행위에 대하여, 영업취소 또는 영업정지 처분, 형사고발 등을 할 수 있다.

2018년도 제3회 변호사시험 모의시험

〈제2문〉

甲은 반도체 및 통신기기 제조업자로 A시에 신규로 최첨단 주력상품 제조를 위해 제2공장을 건설하고 A시장으로부터 물환경보전법 제33조에 따른 배출시설 설치허가를 받은 후 가동을 시작하였다. 甲은 해당분야에서 세계적인 경쟁력을 갖추고 있는 회사로서 우리나라 국내총생산(GDP)에 상당부분 기여하고 있다.

한편, 甲의 신공장 설치로 인해 관련 하청 및 협력업체의 입주수요가 크게 늘면서 A시장은 해당 지역에 첨단산업단지를 조성하였는데, 다수의 반도체, IoT, 드론관련 업체들이 입주하였다. 이들 업체들은 산업단지조합 乙을 설립하고, 乙은 폐수처리를 위해 물환경보전법 제35조 제4항 내지 제6항 및 동 법 시행규칙 제45조 제1항, 제2항에 따라 수질오염 공동방지시설을 운영하고 있다. 乙은 내부규약으로 배출부과금·과태료·벌금의 분담에 대해 정하고 있다.

丙과 丁 등은 甲의 공장 및 산업단지 인근에 거주하고 있는 주민으로, B하천(甲의 공장 및 산업단지 부근에 위치) 근처에서 원예업을 영위하고 있다. 그런데 최근 작물이 말라죽거나 생육이 부진하여 그 원인을 조사하던 중 인근 공장들이 배출하는 오염수가 하천에 유입되면서 하천수를 용수로 사용하는 원예단지에 피해를 주었다고 생각하고 있다. 丙과 丁 등은 A시장에게 역학조사를 요구하였고, A시의 조사결과 甲 공장과 乙 시설에서 구리성분의 오염물질이 배출허용기준 이상으로 배출되고 있음을 발견하였다.

아울러 丙과 丁 등 주민들은 해당 지역에 오염물질을 배출하는 산업시설들이 밀집되면서 B하천의 상류지역으로까지 확대될 것을 우려하고, 상류지역을 보호하고자 환경부장관에게 그 지역을 환경정책기본법에 따른 특별대책지역으로 지정해 주도록 민원을 제기하였다. 그러나 A시장은 상류지역을 특별대책지역으로 지정할 경우 기업유치가 어려울 것으로 예상하여 환경부장관과의 협의시 반대의견을 제시하였고, 환경부장관은 충분한 합의가 없다는 것을 이유로 지정처분을 내리지 않고 있다. 이에 주민들은 상류지역보호를 위해 환경부장관을 상대로 한 소송을 고려중이다.

한편, A시에는 계속하여 산업시설이 입주하고 있는데, 최근에는 자율주행자동차 주행시험장 공사가 진행되고 있다. 해당 시설은 야산을 깎아서 조성되는데, 공사과정에서 다량의 토사 및 오폐수가 B하천으로 유입되고 있다는 제보가 이어지고 있으며, 큰 비가 내릴 경우 그 피해가 더욱 확산될 것으로 우려되고 있다.

【참조조문】『물환경보전법 시행규칙』
제45조(공동방지시설의 설치·변경 등) ① 사업자 또는 법 제35조제5항에 따른 공동방지시설운영기구의 대표자는 법 제35조제4항에 따른 공동방지시설을 설치하려는 경우에는 법 제33조제4항에 따라 다음 각 호의 서류를 시·도지사에게 제출하여야 한다.

1. 공동방지시설의 설치명세서와 그 도면 및 위치도......(중략)
6. 사업장별 폐수배출량 및 수질오염물질 농도를 측정할 수 없을 때의 배출부과금·과태료·과징금 및 벌금 등에 대한 분담명세를 포함한 공동방지시설의 운영에 관한 규약

② 공동방지시설을 설치한 사업자는 공동방지시설의 대표자에게 공동방지시설의 설치 및 운영과 관련한 행위를 대행하게 할 수 있다. 다만, 공동방지시설의 운영관리와 관련된 배출부과금의 납부는 사업자별로 부담비율을 미리 정하여 분담한다.

1. 甲의 사업장에서는 배출허용기준을 넘는 수질오염물질이 배출되고 있다. A시장이 甲에 대해서 취할 수 있는 조치를 검토하시오. 그리고 만약 A시장이 필요한 조치를 취했음에도 불구하고 개선이 제대로 이루어지지 않고 있어, 조업을 중지하는 조치를 취할 경우 국민경제 및 대외신용도에 악영향을 줄 수 있다는 우려가 제기된다면, 이때 A시장이 취할 수 있는 물환경보전법상 조치를 설명하시오. (오염방지시설 개선공사 시 약 3개월의 공사기간이 소요) (20점)

2. A시장은 乙에 대하여 초과배출부과금을 부과하였으나, 단지 내 같은 원재료를 사용하는 동일업종의 집적으로 인해 乙은 각 사업장별 폐수배출량 및 수질오염물질농도를 정확하게 산정하기 어려운 상황이다. 따라서 乙은 내부규약으로 정한 분담비율에 따라 초과배출부과금을 배분하였다. 이와 같은 분담이 적법한지 검토하시오. (20점)

3. 丙과 丁 등 주민들이 환경부장관을 상대로 부작위위법확인소송을 제기할 경우 원고적격이 있는지 검토하시오. (20점)

4. 자율주행자동차 주행시험장 공사로 인해 발생하고 있는 토사 및 오폐수 유입에 대하여 A시장이 취할 수 있는 물환경보전법상의 조치는? (20점)

문제해설 [2018년 제3차 제2문] 문제 1. 해설

1. 문제

A시장이 甲에 대해서 취할 수 있는 조치와 조업중지 조치를 할 수 없는 경우의 물환경보전법상 조치가 문제된다.

2. A시장이 甲에 대해서 취할 수 있는 조치

(1) 물환경보전법 제39조

환경부장관은 조업 중인 배출시설에서 배출되는 수질오염물질의 정도가 배출허용기준을 초과한다고 인정할 때에는 대통령령으로 정하는 바에 따라 기간을 정하여 사업자에게 개선명령을 명할 수 있다.

(2) 물환경보전법 제40조

환경부장관은 제39조에 따라 개선명령을 받은 자가 개선명령을 이행하지 아니하거나 기간 이내에 이행은 하였으나 검사 결과가 배출허용기준을 계속 초과할 때에는 해당 배출시설의 전부 또는 일부에 대한 조업정지를 명할 수 있다.

(3) 물환경보전법 제41조 제1항

환경부장관은 수질오염물질로 인한 수질오염 및 수생태계 훼손을 방지하거나 감소시키기 위하여 수질오염물질을 배출하는 사업자에게 배출부과금을 부과·징수한다.

(4) 물환경보전법 제42조 제1항 제1호

환경부장관은 사업자가 배출허용 기준을 초과하여 배출한 경우에는 배출시설의 설치허가 또는 변경허가를 취소하거나 배출시설의 폐쇄 또는 6개월 이내의 조업정지를 명할 수 있다.

(5) 물환경보전법 제74조 제1항

환경부장관의 권한은 대통령령(물환경보전법시행령 제81조 제1항 제 8, 9, 10, 11호)에 따라 그 일부를 시장에게 위임할 수 있다.

(6) 사안의 경우

1) A시장이 환경부장관으로부터 위 권한을 위임받은 경우에는 甲에 대하여 직접 개선명령, 배출시설에 대한 조업정지명령, 배출부과금부과 및 징수, 허가취소, 폐쇄명령 또는 조업정지명령을 할 수 있다.

2) A시장이 환경부장관으로부터 위 권한을 위임받지 않은 경우에는 환경부장관에게 위 조치를 취할 것을 요구할 수 있다.

3. 조업중지 조치를 할 수 없는 경우의 물환경보전법상 조치

(1) 물환경보전법 제43조 제1항 제4호

환경부장관은 제조업의 배출시설을 설치·운영하는 사업자에 대하여 제42조에 따라 조업정지를 명하여야 하는 경우로서 그 조업정지가 주민의 생활, 대외적인 신용, 고용, 물가 등 국민경제 또는 그

밖의 공익에 현저한 지장을 줄 우려가 있다고 인정되는 경우에는 조업정지처분을 갈음하여 과징금을 부과할 수 있다.

(2) 물환경보전법 제74조 제1항

환경부장관의 권한은 대통령령(물환경보전법시행령 제81조 제1항 제12호)에 따라 그 일부를 시장에게 위임할 수 있다.

(3) 사안의 경우

1) A시장이 환경부장관으로부터 위 권한을 위임받은 경우에는 조업중지 조치를 취할 경우 국민경제 및 대외신용도에 악영향을 줄 수 있다는 우려가 있다가 인정되는 경우에는 甲에 대하여 직접 조업정지처분에 갈음하여 과징금을 부과할 수 있다.

2) A시장이 환경부장관으로부터 위 권한을 위임받지 않은 경우에는 환경부장관에게 위 조치를 취할 것을 요구할 수 있다.

문제해설 [2018년 제3차 제2문] 문제 2. 해설

1. 문제

乙이 내부규약에 따라 초과배출부과금을 분담한 것의 적법성이 문제된다.

2. 초과배출금 분담의 적법성

(1) 관련 조문

1) 물환경보전법 제35조 제4, 5, 6항

사업자는 배출시설로부터 배출되는 수질오염물질의 공동처리를 위한 공동방지시설을 설치할 수 있다. 이 경우 각 사업자는 사업장별로 해당 수질오염물질에 대한 방지시설을 설치한 것으로 본다. 사업자는 공동방지시설을 설치·운영할 때에는 해당 시설의 운영기구를 설치하고 대표자를 두어야 하며, 그 밖에 공동방지시설의 설치·운영에 필요한 사항은 환경부령으로 정한다.

2) 물환경보전법 시행규칙 제45조 제1항 제6호

공동방지시설의 대표자는 공동방지시설을 설치하려는 경우에는 사업장별 폐수배출량 및 수질오염물질 농도를 측정할 수 없을 때의 배출부과금·과태료·과징금 및 벌금 등에 대한 분담명세를 포함한 공동방지시설의 운영에 관한 규약을 시장에게 제출하여야 한다.

3) 물환경보전법 시행규칙 제45조 제2항

공동방지시설을 설치한 사업자는 공동방지시설의 대표자에게 공동방지시설의 설치 및 운영과 관련한 행위를 대행하게 할 수 있다. 다만, 공동방지시설의 운영관리와 관련된 배출부과금의 납부는 사업자별로 부담비율을 미리 정하여 분담한다.

(2) 판례

사업자들이 공동방지시설을 설치하였고, 사업장별 폐수배출량 및 수질오염물질 농도를 측정할 수 없는 경우, 행정청이 사업자들이 제출한 '공동방지시설의 운영에 관한 규약'에서 정해진 '사업장별 배출부과금 부담비율'에 근거하여 각 사업자들에게 배출부과금을 부과하였다면, 이러한 배출부과금 부과처분은 적법하다.

(3) 사안의 경우

내부규약에서 정한 분담기준이 현저히 불합리 하는 등의 특별한 사정이 없다면 乙이 내부규약에 따라 초과배출부과금을 배분한 것은 적법하다.

3. 결론

乙이 내부규약에 따라 초과배출부과금을 분담한 것은 적법하다.

문제해설 [2018년 제3차 제2문] 문제 3. 해설

1. 문제
丙과 丁 등의 주민들이 부작위위법확인소송의 원고적격이 있는지 여부가 문제된다.

2. 부작위위법확인소송의 원고적격 인정여부

(1) **관련 조문** - 행정청의 부작위가 위법하다는 것의 확인을 구하는 소송을 제기할 수 있다(행소법 제4조 3호). 부작위란 행정청이 당사자의 신청에 의하여 상당한 기간 내에 일정한 처분을 하여야 할 법률상 의무가 있음에도 불구하고 하지 않는 것을 말한다(동법 제2조 2호).

(2) **판례** - 부작위위법확인소송에서 당사자가 행정청에 대하여 어떠한 행정행위를 하여 줄 것을 요구할 수 있는 법규상 또는 조리상의 신청권이 없다면 원고적격이 없거나 항고소송의 대상인 위법한 부작위가 있다고 볼 수 없다.

(3) **사안의 경우** - 丙과 丁 등 주민들에게 환경부장관에게 환경정책기본법에 따른 특별대책지역으로 지정해줄 것을 청구할 수 있는 법규상 또는 조리상의 신청권이 있는지 여부가 검토되어야 한다.

3. 법규상 또는 조리상 신청권 인정여부 (행정개입청구권 발생여부)

(1) **환경부장관이 취할 조치의 법적성격**

1) 환경정책기본법 제38조 제1, 2항

환경부장관은 환경오염 우려가 있는 지역을 관계 중앙행정기관의 장 및 시·도지사와 협의하여 환경보전을 위한 특별대책지역으로 지정·고시하고, 해당 지역의 환경보전을 위한 특별종합대책을 수립하여 관할 시·도지사에게 이를 <u>시행하게 할 수 있다</u>. 이때 환경부장관은 제1항에 따른 특별대책지역의 환경개선을 위하여 특히 필요한 경우에는 대통령령으로 정하는 바에 따라 그 지역에서 토지 이용과 시설 설치를 <u>제한할 수 있다</u>.

2) 환경정책기본법 시행령 제13조

환경부장관은 법 제38조제2항에 따라 환경기준을 초과하여 주민의 건강·재산이나 생물의 생육에 중대한 위해를 가져올 우려가 있다고 인정되는 경우에는 특별대책지역 내의 토지 이용과 시설 설치를 <u>제한할 수 있다</u>.

3) 사안의 경우 - 환경부장관은 A시장과 협의하여 특별대책지역으로 지정할 수 있는바, 재량행위로 판단된다.

(2) **재량의 0으로 수축여부**

1) 요건 - 사람의 생명, 신체 및 재산 등에 중대하고 급박한 위험이 존재하고, 그러한 위험이 행정권의 발동에 의해 제거될 수 있고, 피해자의 개인적 노력으로 권익침해의 방지가 이루어질 수 없는 경우이어야 한다.

2) 사안의 경우 - 丙과 丁 등 주민들은 해당지역에 오염물질을 배출하는 산업시설들이 밀집되면서 B하천의 상류지역으로 오염물질이 확대될 것을 우려하여, 상류지역 보전을 위해 민원을 제기한 것으로, 주민들의 생명, 신체 및 재산에 중대하고 급박한 위험이 존재한다고 볼 수 없는바, 재량이 0으로 수축되어 행정개입청구권이 발생된다고 볼 수 없다.

(3) 소결 - 丙과 丁등 주민들에게 법규상 또는 조리상 신청권이 인정되지 않는다.

4. 결론

丙과 丁등 주민들의 부작위위법확인소송 원고적격이 인정되기 어렵다.

문제해설 [2018년 제3차 제2문] 문제 4. 해설

1. 문제
공사로 인해 발생하는 오염원 종류 및 A시장의 조치가 문제된다.

2. 비점오염원과 점오염원과의 구별

(1) 물환경보전법 제2조 1의2, 2호
점오염원이란 폐수배출시설, 하수발생시설, 축사 등으로서 관거·수로 등을 통하여 일정한 지점으로 수질오염물질을 배출하는 배출원을 말한다. 비점오염원이란 도시, 도로, 농지, 산지, 공사장 등으로서 불특정 장소에서 불특정하게 수질오염물질을 배출하는 배출원을 말한다.

(2) 사안의 경우
자율주행자동차 주행시험장 공사장에서 배출되는 다량의 토사 및 오폐수 유입은 불특정 장소에서 불특정하게 수질오염물질을 배출하는 배출원에 해당되는바, 비점오염원으로 파악된다.

3. A시장의 조치

(1) 물환경보전법 제54조 제1, 2항
환경부장관은 비점오염원에서 유출되는 강우유출수로 인하여 하천·호소등의 이용목적, 주민의 건강·재산이나 자연생태계에 중대한 위해가 발생하거나 발생할 우려가 있는 지역에 대해서는 관할 시·도지사와 협의하여 비점오염원관리지역으로 지정할 수 있고, 시·도지사는 관할구역 중 비점오염원의 관리가 필요하다고 인정되는 지역에 대해서는 환경부장관에게 관리지역으로의 지정을 요청할 수 있다.

(2) 물환경보전법 제55조 제1, 2항, 제56조 제1항
환경부장관은 관리지역을 지정·고시하였을 때에는 비점오염원관리대책을 관계 중앙행정기관의 장 및 시·도지사와 협의하여 수립하여야 하고, 이를 수립하였을 때에는 시·도지사에게 이를 통보하여야 한다. 시·도지사는 환경부장관으로부터 관리대책을 통보받았을 때에는 관리대책의 시행을 위한 계획을 수립하여 환경부령으로 정하는 바에 따라 환경부장관의 승인을 받아 시행하여야 한다.

(3) 사안의 경우
A시장은 환경부장관에게 비점오염원 관리지역 지정요청을 할 수 있고, 환경부장관으로부터 비점오염원 관리대책을 통보받은 때에는 비점오염원 관리대책의 시행을 위한 계획을 수립하여 환경부장관의 승인을 받아 시행한다.

4. 결론
A시장은 비점오염원 관리지역 지정을 요청하고 관리대책 시행계획을 수립 시행한다.

2017년도 제3회 변호사시험 모의시험

〈제1문〉

A도에는 주민의 식수원으로 쓰이는 하천이 흐르고 있다. 이 하천의 상류지역은 상수원 보호구역으로 지정되어 있고, 중류지역에는 수돗물로 사용하기 위해 하천수를 취수하는 취수장이 있으며, 취수장에서 500M 떨어진 곳에는 취수한 하천수를 정화하는 정수장이 있다.

甲은 乙건설회사에 이 하천의 상류지역 상수원보호구역 경계선으로부터 2km 떨어진 야산에 골프장을 건설하는 공사를 도급하였고, 乙은 다시 丙에게 공사의 일부인 토목공사를 하도급 하였다. 丙은 토목공사 과정에서 굴착한 다량의 토사를 다른 공사에 사용하기 위해 정수장에서 200M정도 떨어진 곳에 임시로 야적하였다. 토사의 야적장은 정수장 보다 지면이 높고 경사진 곳에 위치하고 있는데, 丙은 토사를 야적하기 위해 간단한 기반공사를 한 후, 그 위에 굴착한 토사를 쌓아두었다.

그런데 그해 장마철 폭우로 인해 골프장 건설현장의 파헤쳐진 곳에서 법령에서 정하는 기준 이상의 토사가 이 하천의 상수원보호구역으로 유출되어 하천수를 오염시켰다. 또한 정수장 인근의 야적장에 쌓아둔 토사가 폭우와 함께 법령에서 정하는 기준 이상으로 유출되어 정수장에 흘러들었다.

한편, A도의 주민인 丁은 이 하천수를 수돗물로 공급받는 자로서 하천의 하류지역에서 일반음식점영업을 하는 자이다.

〈참조조문〉

「수질 및 수생태계보전에 관한 법률시행규칙」 제5조(공공수역)법 제2조제9호에서 "환경부령으로 정하는 수로"란 다음 각 호의 수로를 말한다.
1. 지하수로
2. 농업용 수로
3. 하수관로
4. 운하

1. A도의 도지사는 정수장 근처의 토사가 정수장에 흘러들어 수질을 오염시킬 우려가 있다는 이유로 「수질 및 수생태계 보전에 관한 법률」 제15조에 따라 丙에게 정수장으로 흘러든 토사를 제거하도록 명령하였다. 이 명령은 적법한가? (25점)

3. A도의 도지사는 「수질 및 수생태계 보전에 관한 법률」제15조에 근거하여 甲에게 오염된 하천의 방제작업을 하도록 명하였다. 그러나 甲이 이 명령에 응하지 않자 행정대집행을 통하여 방제작업을 완료한 후, 甲에게 방제작업의 비용을 납부할 것을 명하였다. 이 명령은 적법한가? (20점)

문제해설 [2017년 제3차 제1문] 문제 1. 해설

1. 문제
물환경보전법 제15조에 따른 방제조치 이행명령의 적법성이 문제된다.

2. 방제조치명령의 대상자 여부

(1) 물환경보전법 제15조 제2항
제1항 제1호·제2호 또는 제4호의 행위로 인하여 공공수역이 오염되거나 오염될 우려가 있는 경우에는 그 행위자, 행위자가 소속된 법인 및 그 행위자의 사업주는 해당 물질을 제거하는 등 환경부령으로 정하는 바에 따라 오염을 방지·제거하기 위한 조치를 하여야 한다.

(2) 판례
자기의 사업활동을 위하여 자기의 영향력 내에 있는 행위자를 이용하는 사업자는, 특별한 사정이 없는 한 그 행위자가 발생시킨 수질오염에 대하여 '그 행위자의 사업주'로서 이 사건 조항에 따른 방제조치 의무를 부담한다.

(3) 사안의 경우
행위자인 丙과 丙의 사업주인 甲과 乙도 방제조치명령의 대상자가 된다.

3. 물환경보전법 위반행위 해당여부

(1) 물환경보전법 제15조 제1항 4호
누구든지 정당한 사유 없이 공공수역에 환경부령으로 정하는 기준 이상의 토사를 유출하거나 버리는 행위를 하여서는 아니 된다.

(2) 물환경보전법 제2조 제9호
공공수역이란 하천, 호소, 항만, 연안해역, 그 밖에 공공용으로 사용되는 수역과 이에 접속하여 공공용으로 사용되는 환경부령으로 정하는 수로를 말한다.

(3) 물환경보전법 시행규칙 제5조
물환경보전법 제2조 제9호에서 "환경부령으로 정하는 수로"란 ① 지하수로, ② 농업용수로, ③ 하수관로, ④ 운하를 말한다.

(4) 사안의 경우
丙이 토사를 유출시킨 곳은 정수장으로 물환경보전법 제15조 제1항 4호에 공공수역에 해당하지 않는바, 제15조 제1항 위반행위에 해당하지 않는다.

4. 결론
丙이 방제조치명령의 대상자에는 해당되지만 정수장은 공공수역에 해당하지 않아 물환경보전법 제15조 제1항의 위반행위에 해당하지 않는바, 물환경보전법 제15조 제2항에 따른 정수장으로 흘러든 토사를 제거하도록 한 명령은 위법하다.

문제해설 [2017년 제3차 제1문] 문제 3. 해설

1. 문제
(1) 甲이 방제조치명령대상자 해당여부, (2) 물환경보전법 제15조 제4항 요건충족여부가 문제된다.

2. 방제조치명령대상자 해당여부

(1) 물환경보전법 제15조 제2항
제1항 제1호·제2호 또는 제4호의 행위로 인하여 공공수역이 오염되거나 오염될 우려가 있는 경우에는 그 행위자, 행위자가 소속된 법인 및 그 행위자의 사업주는 해당 물질을 제거하는 등 환경부령으로 정하는 바에 따라 오염을 방지·제거하기 위한 조치를 하여야 한다.

(2) 판례
자기의 사업활동을 위하여 자기의 영향력 내에 있는 행위자를 이용하는 사업자는, 특별한 사정이 없는 한 그 행위자가 발생시킨 수질오염에 대하여 '그 행위자의 사업주'로서 이 사건 조항에 따른 방제조치 의무를 부담한다.

(3) 사안의 경우
행위자인 丙과 丙의 사업주인 甲은 자기의 행위 또는 사업활동으로 인해 환경훼손을 야기한 자에 해당하여 책임을 지는 행위자의 사업주에 해당하므로 방제조치명령의 대상자가 된다.

3. 물환경보전법 제15조 제4항 요건충족여부

(1) 물환경보전법 제15조 제4항 제2호
시도지사는 제3항에 따른 방제조치 명령을 받은 자가 그 명령을 이행하지 아니하는 경우에는 해당 방제조치의 대집행을 하거나 시장으로 하여금 대집행을 하도록 명할 수 있다.

(2) 사안의 경우
甲은 공공수역 하천에 공사장의 토사를 유출시켜 하천을 오염시킨 자에 해당하는바, 제15조 제2항에 의해 도지사의 방제조치명령으로 인해 방제조치라는 작위의무가 발생하였고 이를 이행하지 아니한 것은 작위의무의 불이행이고, 방제조치는 대체적 작위의무이므로 대집행의 요건을 충족한다.

4. 결론
A도의 도지사는 물환경보전법 제15조에 제2항 근거하여 甲에게 오염된 하천의 방제작업을 하도록 명하였고, 甲이 이 명령에 응하지 않자 물환경보전법 제15조 제4항 제2호의 행정대집행을 통하여 방제작업을 완료하였는바, 방제작업의 비용에 대한 납부명령은 적법하다.

2016년도 제2회 변호사시험 모의시험

〈제1문〉

　부산광역시 ○○구 ○○피혁단지(이하 '이 사건 단지'라 한다) 내 피혁제조업체를 운영하고 있는 사업자인 甲은 수질오염물질이 혼입된 폐수의 배출시설과 그로부터 배출되는 수질오염물질을 같은 법이 정한 배출허용기준 이하로 하기 위한 수질오염방지시설을 설치한 뒤 위 공장에서 피혁제품제조, 가공업을 경영하여 왔다.

　이 사건 단지에는 피혁, 어피, 어묵, 수산물가공 등의 업종 총 43개의 업체가 조합을 구성하고 있으며, 위 조합은 조합원들이 배출하는 피혁, 수산물 가공 폐수의 공동처리를 위한 공동방지시설을 운영하고 있다.

　이 사건 단지의 공동방지시설에서 처리된 폐수는 배수설비를 통하여 전량 부산광역시 환경관리공단 강변사업소의 폐수종말처리장으로 배출되며, 甲은 「수질 및 수생태계보전에 관한 법률」에 따른 폐수종말처리시설 부담금을 정기적으로 납부하고 있었다.

　이 사건 단지 인근에 거주하는 주민들은 공동방지시설로부터 나오는 악취 등으로 여름철에 창문도 열지 못할 정도의 고통에 시달리고 있어 관할구청장인 乙에게 수차례에 걸쳐 민원을 제기해오고 있다.

　이에 ○○구청장 乙은 위 공동방지시설의 방류수를 채취하여 보건환경연구원에 수질오염도 검사를 의뢰하였는데 그 결과 생물화학적 산소요구량, 총질소량, 크롬 등이 배출허용 기준을 초과하였다는 결과가 통보되자 개선명령을 하는 한편 초과배출부과금 349,420,810 원을 부과하였다.

1. 「수질 및 수생태계 보전법」에 따라 수질자동측정기기(수질TMS)를 부착한 甲에게는 초과배출부과금과 관련하여 어떠한 특례가 적용되는가? (30점)

2. 甲은 폐수종말처리시설 부담금 납부를 이유로 초과배출부담금은 별도로 부과될 수 없다고 주장하고 있다. 甲의 주장의 당부를 폐수종말처리시설 부담금과 초과배출부담금의 관계를 중심으로 검토하시오. (30점)

3. 그 이후 甲은 재정적 어려움으로 인하여 파탄에 직면하게 되었고, 甲의 사업장은 「채무자 회생 및 파산에 관한 법률」에 따른 환가(換價)절차에 따라 丙에게 인수되었다. ○○ 구청장 乙은 丙에게 甲이 납부하지 않은 폐수종말처리시설 부담금의 납부를 명할 수 있는가? (20점)

문제해설 [2016년 제2차 제1문] 문제 1. 해설

1. 문제
물환경보전법상의 수질TMS 부착사업자 甲에 대한 초과배출부과금 특례가 문제된다.

2. 물환경보전법상의 특례

(1) 보고·검사의 면제

1) 물환경보전법 시행령 제38조

환경부장관은 제35조 제4항에 따라 자동측정 자료를 행정자료로 활용할 수 있는 경우에는 법 제38조의5 제4항에 따라 법 제12조 제3항에 따른 공공폐수처리시설의 방류수 수질기준 초과 여부, 법 제32조에 따른 배출허용기준 초과 여부를 확인하기 위한 보고 또는 검사를 면제할 수 있다.

2) 사안의 경우

甲에게는 방류수 수질기준초과 및 배출허용기준 초과여부를 확인하기 위한 보고 또는 검사의무가 면제된다.

(2) 확정배출량의 산정

1) 물환경보전법 시행령 제44조 제2항 제3호

측정기기부착사업장등의 확정배출량은 부과기간의 24시간 평균치(대체자동측정자료와 제41조제5항제2호 각 목에 따른 자료를 포함한다. 이하 이 조와 제47조에서 같다)가 방류수수질기준을 초과한 그 24시간의 방류수수질기준 초과농도(법 제41조제1항제1호가목의 경우에는 배출허용기준농도 이하 방류수수질기준 초과농도를 말한다)에 해당 24시간의 평균배출유량을 곱하여 산정한다.

2) 사안의 경우

수질TMS를 부착하지 않은 사업자는 일일오염물질 배출량을 측정 당시의 배출농도에 그 날의 폐수총량을 곱하여 산정하는데 반하여 TMS부착사업장의 경우에는 해당 3시간의 평균배출유량을 곱하여 산정하는 특례가 존재한다.

(3) 초과배출부과금의 산정기준 및 산정방법

1) 물환경보전법 시행령 제45조 제1항 본문

초과배출부과금은 수질오염물질 배출량 및 배출농도를 기준으로 다음 계산식에 따라 산출한 금액에 제3항 각 호의 구분에 따른 금액을 더한 금액으로 한다.

2) 물환경보전법시행령 제45조 제1항 단서

초과배출부과금을 부과하는 경우로서 배출허용기준을 경미하게 초과하여 법 제39조에 따른 개선명령을 받지 아니한 측정기기부착사업자등에게 부과하는 경우에는 배출허용기준초과율별 부과계수와 위반횟수별 부과계수를 적용하지 아니하고, 제3항 제1호의 금액을 더하지 아니한다.

3) 사안의 경우

甲에게는 "기준초과배출량 × 수질오염물질 1킬로그램당 부과금액 × 연도별 부과금산정지수 × 지역별 부과계수 × 배출허용기준 초과율별 부과계수 × 배출허용기준 위반횟수별 부과계수"의 계산식에서 "배출허용기준 초과율별 부과계수와 배출허용기준 위반횟수별 부과계수"가 곱해지지 않아 초과배출부과금이 줄어드는 특례가 존재한다.

(4) 배출시설에 대한 기준초과배출량의 산정

1) 물환경보전법 시행령 제47조 1항 본문

제45조제1항에 따른 기준초과배출량은 배출기간 중에 배출허용기준을 초과하여 조업함으로써 배출한 수질오염물질의 양으로 하되, 일일기준초과배출량에 배출기간의 일수를 곱하여 산정한다.

2) 물환경보전법 시행령 제47조 1항 단서

측정기기부착사업장의 기준초과배출량은 3시간 평균치가 배출허용기준을 초과한 그 3시간의 배출허용기준 초과농도에 해당 3시간의 평균배출유량을 곱하여 산정한다.

3) 사안의 경우

수질TMS를 부착하지 않은 사업자는 기준초과배출량을 일일기준초과배출량에 배출기간의 일수를 곱하여 산정하는데 반하여 甲에게는 해당 3시간의 평균배출유량을 곱하여 산정하는 특례가 존재한다.

(5) 배출부과금의 납부통지

1) 물환경보전법 시행령 제53조 제1항

배출부과금은 기본배출부과금의 경우 해당 부과기간에 대한 확정배출량 자료제출기간의 종료일부터 60일 이내, 초과배출부과금의 경우 초과배출부과금의 부과사유가 발생하였을 때에 납부통지를 하여야 한다. 다만, 측정기기부착사업장의 경우에는 분기별로 초과배출부과금을 합산하여 납부통지를 할 수 있다.

2) 사안의 경우

초과배출부과금의 경우 부과사유발생시 납부통지를 하여야 하는데, 甲에게는 분기별로 초과배출부과금을 합산하여 납부통지를 할 수 있는 특례가 존재한다.

3. 결론

(1) 甲에게는 물환경보전법시행령 제38조에 의하여 보고검사의무가 면제된다.

(2) 甲에게는 물환경보전법시행령 제44조 제2항 제3호에 의하여 확정배출량 산정에서 특례가 있다.

(3) 甲에게는 물환경보전법시행령 제45조 제1항 단서에 의하여 초과배출부과금이 줄어드는 특례가 존재한다.

(4) 甲에게는 물환경보전법시행령 제47조 1항 단서에 의하여 기준초과배출량의 산정이 줄어드는 특례가 존재한다.

(5) 甲에게는 물환경보전법시행령 제53조 제1항 단서에 의하여 배출부과금의 납부통지의 특례가 존재한다.

문제해설 [2016년 제2차 제1문] 문제 2. 해설

1. 문제

폐수종말처리시설 부담금 및 초과배출부담금의 관계에서 甲 주장의 당부가 문제된다.

2. 폐수종말처리시설 부담금 및 초과배출부담금의 관계

(1) 폐수종말처리시설 부담금

1) 물환경보전법 제48조 제1항

국가·지방자치단체 및 한국환경공단은 수질오염이 악화되어 환경기준을 유지하기 곤란하거나 물 환경 보전에 필요하다고 인정되는 지역의 각 사업장에서 배출되는 수질오염물질을 공동으로 처리하여 배출하기 위하여 공공폐수처리시설을 설치·운영할 수 있으며, 국가와 지방자치단체는 한국환경공단, 사업시행자 등에게 공공폐수처리시설을 설치하거나 운영하게 할 수 있다. 이 경우 사업자 또는 그밖에 수질오염의 원인을 직접 야기한 자는 공공폐수처리시설의 설치·운영에 필요한 비용의 전부 또는 일부를 부담하여야 한다.

2) 물환경보전법 제48조의2 제1항

제48조에 따라 공공폐수처리시설을 설치·운영하는 자는 그 시설의 설치에 드는 비용의 전부 또는 일부에 충당하기 위하여 원인자로부터 공공폐수처리시설의 설치 부담금을 부과·징수할 수 있다.

3) 소결

폐수종말처리시설부담금은 원인자로부터 폐수종말처리시설의 설치·운영에 소요되는 비용을 충당하기 위한 부담금이다.

(2) 초과배출부담금

1) 물환경보전법 제41조 제1항 제2호

환경부장관은 수질오염물질로 인한 수질오염 및 수생태계 훼손을 방지하거나 감소시키기 위하여 수질오염물질을 배출하는 사업자에게 배출부과금을 부과·징수하는데, 이 경우 초과배출부과금은 수질오염물질이 제32조에 따른 배출허용기준을 초과하여 배출되는 경우 내지 수질오염물질이 공공수역에 배출되는 경우에 부과한다.

2) 소결

초과배출부담금은 수질오염 및 수생태계 훼손을 방지하거나 감소시키기 위하여 배출허용기준을 초과하여 배출되는 사업장에게 부과되는 부담금으로 행정상 의무 위반에 대한 제재수단으로서의 과징금 성격과 시장유인적 규제수단으로서의 성격을 아울러 가지고 있다.

(3) 양자의 관계

1) 물환경보전법 제32조 제1항

폐수배출시설에서 배출되는 수질오염물질의 배출허용기준은 환경부령으로 정한다.

2) 물환경보전법 제32조 제9항

환경부장관은 공공폐수처리시설 또는 공공하수처리시설에 배수설비를 통하여 폐수를 전량 유입하는 배출시설에 대해서는 그 공공폐수처리시설 또는 공공하수처리시설에서 적정하게 처리할 수 있는 항목에 한정하여 제1항에도 불구하고 따로 배출허용기준을 정하여 고시할 수 있다

3) 판례

폐수종말처리시설 등에 배수설비를 통하여 폐수를 전량 유입하는 배출시설에 대하여도 법 제41조, 법 시행령 제45조 등에 의한 초과배출부과금이 부과될 수 있다.

4) 사안의 경우

폐수종말처리시설부담금은 원인자로부터 폐수종말처리시설의 설치·운영에 소요되는 비용을 충당하기 위한 부담금이고, 초과배출부담금은 배출허용기준을 초과하여 배출되는 사업장에게 부과되는 부담금으로 양자의 성격이 다르므로 폐수종말처리시설부담금이 부과되었더라도 초과배출부담금을 부과할 수 있다.

3. 결론

甲의 폐수종말처리시설 부담금 납부를 이유로 초과배출부담금이 별도로 부과될 수 없다는 주장은 부당하다.

문제해설 [2016년 제2차 제1문] 문제 3. 해설

1. 문제

丙이 물환경보전법 제49조의3에 권리의무를 승계한 양수인에 해당하는지가 문제된다.

2. 물환경보전법 제49조의3의 해석

(1) 물환경보전법 제49조의3

공공폐수처리시설 설치 부담금의 징수대상이 되는 공장 또는 사업장 등을 양수한 자는 당사자 간에 특별한 약정이 없으면 양수 전에 이 법에 따라 양도자에게 발생한 공공폐수처리시설 설치 부담금에 관한 권리·의무를 승계한다.

(2) 물환경보전법 제36조 제1항

다음 각 호의 어느 하나에 해당하는 자는 종전 사업자의 허가·변경허가·신고 또는 변경신고에 따른 종전 사업자의 권리·의무를 승계한다.
1. 사업자가 사망한 경우 그 상속인
2. 사업자가 그 배출시설 및 방지시설을 양도한 경우 그 양수인
3. 법인인 사업자가 다른 법인과 합병한 경우 합병 후 존속하는 법인이나 합병으로 설립되는 법인

(3) 물환경보전법 제36조 제2항

다음 각 호의 어느 하나에 해당하는 절차에 따라 사업자의 배출시설 및 방지시설을 인수한 자는 허가·변경허가 또는 신고·변경신고에 따른 종전 사업자의 권리·의무를 승계한다.
1. 「민사집행법」에 따른 경매
2. 「채무자 회생 및 파산에 관한 법률」에 따른 환가(換價)
3. 「국세징수법」, 「관세법」 또는 「지방세징수법」에 따른 압류재산의 매각
4. 그밖에 제1호부터 제3호까지의 규정 중 어느 하나에 준하는 절차

(4) 판례

물환경보전법 제36조 제1항과 제2항이 배출시설 등을 양도·양수한 경우와 경매 절차에 따라 배출시설 등을 인수한 경우를 구분하여 규정하고 있는데, 동일한 법령에서 사용한 용어는 특별한 사정이 없는 한 동일하게 해석·적용하여야 하는바, 물환경보전법 제49조의3이 정한 '공장 또는 사업장 등을 양수한 자'에 경매를 통하여 공장 또는 사업장 등의 소유권을 이전받은 사람은 포함되지 않는다.

(5) 사안의 경우

물환경보전법 제36조 제1항과 제2항이 배출시설 등을 양도·양수한 경우 외에 채무자회생 및 파산에 관한 법률에 따른 환가절차에 따른 인수인도 승계인으로 포함시키는 것과는 달리 물환경보전법 제49조의3에서 승계인으로서 양수인만을 명문으로 규정하고 있는 바, 폐수종말처리시설 부담금납부 의무의 승계인은 양수인에 한정되고 채무자회생 및 파산에 관한 법률에 따른 환가절차에 따른 인수인은 포함되지 않는다.

3. 결론

丙이 물환경보전법 제49조의3에 권리의무를 승계한 양수인이 아니므로 구청장 乙은 丙에게 甲이 납부하지 않은 폐수종말처리시설 부담금의 납부를 명할 수 없다.

2015년도 제2회 변호사시험 모의시험

〈제1문〉

甲은 시설하우스를 설치, 지하수를 이용하여 화훼를 재배하고 있는 화훼농가다(여름: 2회/일, 겨울: 20일 간격으로 관수를 실시하고 있다). 그런데 최근 들어 재배하는 화훼가 고사하는 피해가 발생하여 더 이상 경영을 유지하기 어려울 지경에 이르렀다. 甲을 포함한 주변농가들은 乙 경마공원에서 수년째 겨울철에 경마주로 결빙을 방지하기 위하여 집중적으로 결빙 방지용 소금(염화칼슘)을 살포하여 왔는데 이것이 빗물에 토양으로 침투되어 지하수를 염소이온으로 오염시켰다고 주장하며 관할관청에 민원을 제기하는 한편 乙 경마공원 측에 염화칼슘 살포를 중단할 것과 아울러 화훼고사로 인한 손해를 배상할 것을 요구하였다.

이에 대해 乙 경마공원측은 겨울철에 한시적으로 염화칼슘을 살포하고 있는데 이것이 법으로 금지된 것은 아니라고 한다. 또 경마주로는 우수가 지하로 침투하기 어렵게 최신방지시설로 설계되어 있고, 강우량도 적어 지하로 침투할 가능성이 적다고 한다. 또 염분지하수가 피해농가가 사용하는 관정에까지 도달하였는지 증명되지 않았고 그 농도도 법정기준치 이내로 농업용수로 사용하는데 아무런 지장이 없다고 주장한다.

관할관청이 확인한 결과 乙 경마공원측은 매년 11월에서 그 다음해 3월까지 연평균 약 370톤의 염화칼슘을 경마주로에 다량 살포하고 있는데, 염화칼슘은 강우 시 또는 해빙 시 일부는 지하로 침투하고 나머지는 경마주로 주변의 하천에 유입되고 있다. 그런데 염소이온(염화칼슘이 빗물에 녹아 이온화된다)은 하천주변에 퇴적된 특정수질유해물질인 구리 등 중금속 등을 용출시키면서 하천으로 유입되는 것으로 드러났다. 관할관청이 실시한 '경마장 주변 지하수' 수질측정 결과에 따르면, 염소농도가 농업용수 수질기준(250㎎/L) 미만인 것으로 나타났다(이 기준은 벼를 기준으로 산정된 것으로 미국과 네덜란드, 일본의 경우 화훼류 재배 시 적합한 수질기준은 50~70㎎/L로 각각 정해져있다).

2. 관할관청은 경마주로 주변 하천의 수질오염을 방지하기 위하여 어떠한 행정조치를 취할 수 있는지를 「수질 및 수생태계 보전에 관한 법률」에 따라 검토하시오. (35점)

문제해설 [2015년 제2차 제1문] 문제 2. 해설

1. 문제
(1) 비점오염원 해당여부, (2) 비점오염원 방지조치, (3) 물환경보전법 위반행위 해당여부, (4) 물환경보전법 제15조의 방제조치가 문제된다.

2. 비점오염원 해당여부

(1) 물환경보전법 제2조 제1의2호
점오염원이란 폐수배출시설, 하수발생시설, 축사 등으로서 관거·수로 등을 통하여 일정한 지점으로 수질오염물질을 배출하는 배출원을 말한다.

(2) 물환경보전법 제2조 제2호
비점오염원은 도시, 도로, 농지, 산지, 공사장 등으로서 불특정 장소에서 불특정하게 수질오염물질을 배출하는 배출원을 말한다.

(3) 사안의 경우
乙 경마공원 측이 경마주로에 다량 살포하고 있는 염화칼슘은 강우 시 또는 해빙 시 일부는 지하로 침투하고 나머지는 경마주로 주변의 하천에 유입되고, 빗물에 녹아 이온화된 염소이온은 하천주변에 퇴적된 특정수질 유해물질인 구리 등 중금속 등을 용출시키면서 하천으로 유입되면서 오염이 심화되고 있으므로 이는 불특정 장소에서 불특정하게 수질오염물질을 배출하고 있는바, 비점오염원에 해당한다.

3. 비점오염원 방지조치

(1) 물환경보전법 제53조 제1항
다음 각 호의 어느 하나에 해당하는 자는 환경부령으로 정하는 바에 따라 환경부장관에게 신고하여야 한다.
  1. 대통령령으로 정하는 규모 이상의 도시의 개발, 산업단지의 조성, 그 밖에 비점오염원에 의한 오염을 유발하는 사업으로서 대통령령으로 정하는 사업을 하려는 자
  2. 대통령령으로 정하는 규모 이상의 사업장에 제철시설, 섬유염색시설, 그 밖에 대통령령으로 정하는 폐수배출시설을 설치하는 자
  3. 사업이 재개(再開)되거나 사업장이 증설되는 등 대통령령으로 정하는 경우가 발생하여 제1호 또는 제2호에 해당되는 자

(2) 물환경보전법 제54조 제1항
환경부장관은 비점오염원에서 유출되는 강우유출수로 인하여 하천·호소등의 이용목적, 주민의 건강·재산이나 자연생태계에 중대한 위해가 발생하거나 발생할 우려가 있는 지역에 대해서는 관할 시·도지사와 협의하여 비점오염원관리지역으로 지정할 수 있다.

(3) 사안의 경우

   1) 물환경보전법 제53조 제1항 각호의 대상자 즉, 물환경보전법 시행령 제72조에서 규정하고 있는 비점오염원의 신고대상 사업 및 시설에 경마공원이 존재하지 않는바, 동법 제53조의 개선명령 등의 조치명령을 할 수 없다.

   2) 동법 제54조 제1항에 따라 환경부장관은 경마주로 주변 하천의 수질오염을 방지하기 위하여 관할시도지사와 협의하여 관리지역으로 지정할 수 있다.

4. 물환경보전법 위반행위 해당여부

(1) 물환경보전법 제15조 제1항 1호 해당여부

   누구든지 정당한 사유 없이 공공수역에 특정수질유해물질을 누출·유출하거나 버리는 행위를 하여서는 아니 된다.

(2) 물환경보전법 제2조 제9호

   공공수역이란 하천, 호소, 항만, 연안해역, 그 밖에 공공용으로 사용되는 수역과 이에 접속하여 공공용으로 사용되는 환경부령으로 정하는 수로를 말한다.

(3) 사안의 경우

   乙이 배출한 물질이 유입된 곳은 하천으로 공공수역에 해당하는 것은 분명하고, 乙이 구리 등의 특정수질유해물질이 아닌 동 물질을 용출시키는 간접물질을 누출 또는 유출한 것이지만 결과적으로 두 행위를 다르게 볼 것은 아니므로 물환경보전법 제15조 제1항 1호의 위반행위에 해당한다.

5. 물환경보전법 제15조 제2항의 방제조치

(1) 물환경보전법 제15조 제2항

   제1항 제1호의 행위로 인하여 공공수역이 오염되거나 오염될 우려가 있는 경우에는 그 행위자, 행위자가 소속된 법인 및 그 행위자의 사업주는 해당 물질을 제거하는 등 오염을 방지·제거하기 위한 조치를 하여야 한다.

(2) 사안의 경우

   乙은 공공수역 하천에 구리를 유출시켜 하천을 오염시킨 자에 해당하는바, 제15조 제2항에 의해 시도지사의 방제조치를 명령할 수 있다.

6. 결론

   관할관청은 경마주로 주변 하천의 수질오염을 방지하기 위하여 (1) 비점오염원 방지조치로 물환경보전법 제54조 제1항에 따라 관리지역으로 지정할 수 있고, (2) 물환경보전법 위반행위에 해당함으로 이유로 물환경보전법 제15조 제2항에 방제조치를 명할 수 있다.

COMPACT 변시 환경법의 感

제9편
소음진동관리법

제9편 소음진동관리법

소음진동관리법 조문구조 (밑줄은 기출조문입니다)

제1장 총칙
　제1조 목적
　제2조 정의
　제2조의2 국가와 지방자치단체의 책무
　제2조의3 종합계획의 수립 등
　제3조 상시 측정
　제4조 측정망 설치계획의 결정·고시
　제4조의2 소음지도의 작성
　제5조 다른 법률과의 관계
　제6조 삭제 〈2009.6.9〉

제2장 공장 소음·진동의 관리 〈개정 2009.6.9〉
　제7조 공장 소음·진동배출허용기준
　제8조 배출시설의 설치 신고 및 허가 등
　제9조 방지시설의 설치
　제10조 권리와 의무의 승계 등
　제11조 방지시설의 설계와 시공
　제12조 공동 방지시설의 설치 등
　제13조 삭제 〈2009.6.9〉
　제14조 배출허용기준의 준수 의무
　<u>제15조 개선명령</u>
　<u>제16조 조업정지명령 등</u>
　제17조 허가의 취소 등
　제18조 위법시설에 대한 폐쇄조치 등
　제19조 환경기술인
　제20조 명령의 이행보고 및 확인

제3장 생활 소음·진동의 관리 〈개정 2009.6.9〉
　제21조 생활소음과 진동의 규제
　제21조의2 층간소음기준 등
　<u>제22조 특정공사의 사전신고 등</u>
　제22조의2 공사장 소음측정기기의 설치 권고
　<u>제23조 생활소음·진동의 규제기준을 초과한 자에 대한 조치명령 등</u>
　제24조 이동소음의 규제
　제25조 폭약의 사용으로 인한 소음·진동의 방지

제4장 교통 소음·진동의 관리 〈개정 2009.6.9〉
제26조 교통소음·진동의 관리기준
제27조 교통소음·진동 관리지역의 지정
제28조 자동차 운행의 규제
제29조 방음·방진시설의 설치 등
제30조 제작차 소음허용기준
제31조 제작차에 대한 인증
제31조의2 인증시험대행기관의 지정
제31조의3 인증시험대행기관의 지정 취소
제31조의4 과징금 처분
제32조 인증의 양도·양수 등
제33조 제작차의 소음검사 등
제33조의2 자동차 소음·진동 정보관리 전산망의 구축 및 운영 (신설조문)
제34조 인증의 취소
제34조의2 자동차용 타이어 소음허용기준 등 (신설조문)
제34조의3 타이어 소음허용기준 초과에 따른 시정명령 등 (신설조문)
제35조 운행차 소음허용기준
제36조 운행차의 수시점검
제37조 운행차의 정기검사
제38조 운행차의 개선명령

제5장 항공기 소음의 관리 〈개정 2009.6.9〉
제39조 항공기 소음의 관리

제6장 방음시설의 설치 기준 등
제40조 방음시설의 성능과 설치 기준 등

제7장 확인검사대행자
제41조 확인검사대행자의 등록
제42조 결격 사유
제43조 등록취소 등

제8장 보칙
제44조 소음도 검사 등
제44조의2 가전제품 저소음표시 등
제45조 소음도 검사기관의 지정 및 취소 등
제45조의2 철도차량에 대한 소음기준 권고
제45조의3 휴대용음향기기의 최대음량기준
제46조 환경기술인 등의 교육
제46조의2 포상금 지급 (신설조문)

제47조 보고와 검사 등
　　제48조 관계 기관의 협조
　　제49조 행정처분의 기준
　　제50조 행정처분 효과의 승계
　　제51조 청문
　　제52조 연차 보고서의 제출
　　제53조 수수료
　　제54조 권한의 위임·위탁
　　제55조 벌칙 적용에서의 공무원 의제
제9장 벌칙
　　제56조 벌칙
　　제57조 벌칙
　　제58조 벌칙
　　제59조 양벌규정
　　<u>제60조 과태료</u>

소음진동관리법시행령 조문구조 (밑줄은 기출조문입니다)
　　제1조 목적
　　제1조의2 종합계획의 수립 등
　　제2조 배출시설의 설치허가 등
　　제3조 층간소음 관리 등
　　제4조 제작차 소음허용기준
　　제5조 인증의 면제·생략 자동차
　　제5조의2 과징금의 부과기준
　　제6조 제작차 소음허용기준 검사의 종류 등
　　제7조 제작차 소음허용기준 검사의 생략
　　제8조 운행차 소음허용기준
　　제9조 항공기 소음의 한도 등
　　제9조의2 소음도 검사의 면제 대상
　　제10조 소음도 검사기관의 지정기준
　　제11조 관계 기관의 협조
　　제12조 권한의 위임
　　제13조 보고
　　제14조 업무의 위탁 등
　　제14조의2 고유식별정보의 처리 (신설조문)
　　제14조의3 규제의 재검토
　　제15조 과태료 부과기준

2024년도 시행 제13회 변호사시험

〈제2문〉

甲은 2007년부터 A지역에서 양돈장을 운영해 왔다. 한국철도시설공단(이하 '시설공단')이 2020년 양돈장 인근을 지나는 철로를 설치하여 관리하고 있고, 한국철도공사(이하 '철도공사')가 2022년부터 위 철로상으로 1일 30회 열차를 운행하고 있다. 그런데 2023년부터 양돈장에서 사육 중인 돼지들에 유·사산, 성장 지연 등의 피해가 발생하기 시작하였다. 양돈장과 가장 가까운 철로 사이의 직선거리는 약 70미터에 불과하여 甲을 비롯한 인근 주민들이 시설공단에 방음·방진시설 설치 등을 여러 차례 요구하였으나, 시설공단은 열차 운행으로 인한 소음·진동을 저감하기 위한 대책을 전혀 마련하지 않고 있다. 한편, 위 철로가 지나가는 B지역 주민들도 소음·진동으로 인하여 생활불편이 가중되고 있다며 관할 시장에게 방음·방진시설의 설치 등 철도 소음·진동을 적절히 관리해 줄 것을 요청하고 있다. 이에 관할 시장은 B지역이 (철도) 교통소음·진동 관리기준을 초과하거나 초과할 우려가 있음을 확인하고 시설공단으로 하여금 방음·방진시설을 설치하도록 하는 방안을 강구하고 있다.

3. 「소음·진동관리법」에 따라 B지역 관할 시장이 시설공단의 장에게 방음·방진시설의 설치를 요구하기 위하여 필요한 조치를 검토하고, 시설공단의 장이 방음·방진시설을 설치하여야 하는지를 검토하시오. (20점)

문제해설 [2024년 제13회 변시 제1문] 문제 3. 해설

1. 문제

B시장이 철로에서 발생하는 소음 및 진동 감소를 위해 소음진동관리법상 취할 수 있는 조치가 문제된다.

2. 교통소음·진동관리지역의 지정

(1) 소음진동관리법 제27조 제1항

시장은 교통기관에서 발생하는 소음·진동이 교통소음·진동 관리기준을 초과하거나 초과할 우려가 있는 경우에는 해당 지역을 교통소음·진동 관리지역으로 지정할 수 있다.

(2) 사안의 경우

B시장은 B지역 주민들이 거주하는 철로 인근을 교통소음·진동 관리지역으로 지정할 수 있다.

3. 방음·방진시설의 설치

(1) 소음진동관리법 제29조 제1항

시장은 교통소음·진동 관리지역에서 자동차 전용도로, 고속도로 및 철도로부터 발생하는 소음·진동이 교통소음·진동 관리기준을 초과하여 주민의 조용하고 평온한 생활환경이 침해된다고 인정하면 스스로 방음·방진시설을 설치하거나 해당 시설관리기관의 장에게 방음·방진시설의 설치 등 필요한 조치를 할 것을 요청할 수 있다. 이 경우 해당 시설관리기관의 장은 특별한 사유가 없으면 그 요청에 따라야 한다.

(2) 사안의 경우

B시장은 이 사건 철로를 관리하는 한국철도시설공단의 장에게 방음·방진시설의 설치 등 필요한 조치를 할 것을 요청할 수 있다.

4. 결론

(1) B시장은 철로 인근을 교통소음·진동 관리지역으로 지정할 수 있다.

(2) B시장은 한국철도시설공단의 장에게 방음·방진시설의 설치 등을 요청할 수 있다.

2018년도 시행 제7회 변호사시험

〈제2문〉

시공회사 甲은 A시 소재 ○○동에서 대지 1,000㎡상에 연면적 6,000㎡의 지하 3층, 지상 7층의 상가건물 신축공사를 하게 되었다. 甲은 2017. 12. 25.부터 2018. 1. 13. 현재까지 터파기공사, 발파공사, 흙막이공사 등의 토(土)공사와 기초공사를 진행하고 있다. 이 과정에서 주변에 아무런 소음방지시설을 설치하지 않은 채 항타기, 천공기, 공기압축기, 브레이커, 굴삭기, 콘크리트 절단기, 콘크리트 펌프 등을 사용하고 있다. 공사작업시간은 8시부터 16시이고, 평균 80dB(A), 최대 100dB(A)의 소음이 지속적으로 발생하고 있다. 이러한 소음수준은 「소음·진동관리법 시행규칙」 별표 8의 생활소음 규제기준을 크게 초과하는 것이다.

乙은 위 공사장 인근에서 예전부터 거주하고 있는 자로서, 공사작업과정에서 발생하는 소음으로 인한 어지럼증, 이명, 불안감, 불면증 등 심각한 정신적·신체적 피해를 호소하고 있다. 乙은 甲에게 공사작업시간의 단축, 방음벽의 설치, 특정 기계의 사용 금지 등 개선대책의 시행을 여러 차례 요구하였으나, 甲은 아무런 조치를 취하지 않고 있다.

[참조조문]

「소음·진동관리법 시행규칙」

제21조(특정공사의 사전신고 등) ① 법 제22조제1항에서 "환경부령으로 정하는 특정공사"란 별표 9의 기계·장비를 5일 이상 사용하는 공사로서 다음 각 호의 어느 하나에 해당하는 공사를 말한다.
　〈단서 생략〉
　1. 연면적이 1천제곱미터 이상인 건축물의 건축공사 및 연면적이 3천 제곱미터 이상인 건축물의 해체공사
　2. 구조물의 용적 합계가 1천세제곱미터 이상 또는 면적 합계가 1천 제곱미터 이상인 토목건설공사
　3. 면적 합계가 1천제곱미터 이상인 토공사(土工事)·정지공사(整地工事)
　4. 총연장이 200미터 이상 또는 굴착 토사량의 합계가 200세제곱미터 이상인 굴정공사
　5. 영 제2조제2항에 따른 지역에서 시행되는 공사
　②~⑧ 〈생략〉

[별표 9]

특정공사의 사전신고 대상 기계·장비의 종류(제21조제1항 관련)

1. 항타기·항발기 또는 항타항발기(압입식 항타항발기는 제외한다)
2. 천공기
3. 공기압축기(공기토출량이 분당 2.83세제곱미터 이상의 이동식인 것으로 한정한다)
4. 브레이커(휴대용을 포함한다)
5. 굴삭기
6. 발전기
7. 로더
8. 압쇄기
9. 다짐기계
10. 콘크리트 절단기
11. 콘크리트 펌프

1. 공사를 시작하기 전에 甲이 준수해야 할 「소음·진동관리법」상 의무에 대해서 검토하시오. (20점)

문제해설 [2018년 제7회 변시 제2문] 문제 1. 해설

1. 문제
소음진동관리법상 (1) 특정공사 해당여부, (2) 공사시작 전 준수의무가 문제된다.

2. 특정공사 해당여부

(1) 소음진동관리법 제22조 제1항
생활소음·진동이 발생하는 공사로서 환경부령으로 정하는 특정공사를 시행하려는 자는 환경부령으로 정하는 바에 따라 관할 특별자치시장·특별자치도지사 또는 시장·군수·구청장에게 신고하여야 한다.

(2) 소음·진동관리법 시행규칙 제21조 제1항 제1호
법 제22조 제1항에서 환경부령으로 정하는 특정공사란 항타기, 천공기, 공기압축기, 브레이커, 굴삭기, 콘크리트 절단기, 콘크리트 펌프를 5일 이상 사용하는 공사로서 면적이 1천 제곱미터 이상인 건축물의 건축공사 및 연면적이 3천 제곱미터 이상인 건축물의 해체공사를 말한다.

(3) 사안의 경우
시공회사 甲은 A시 소재 ○○동에서 대지 1,000㎡상에 연면적 6,000㎡의 지하 3층, 지상 7층의 상가건물 신축공사를 하고, 2017. 12. 25.부터 2018. 1. 13. 현재까지 항타기, 천공기, 공기압축기, 브레이커, 굴삭기, 콘크리트 절단기, 콘크리트 펌프 등을 사용하고 공사를 진행하고 있는바, 소음진동관리법 제22조 제1항의 특정공사에 해당한다.

3. 공사시작 전 준수의무

(1) 사전신고
생활소음·진동이 발생하는 공사로서 환경부령으로 정하는 특정공사를 시행하려는 자는 환경부령으로 정하는 바에 따라 관할 특별자치시장·특별자치도지사 또는 시장·군수·구청장에게 신고하여야 한다(소음진동관리법 제22조 제1항).

(2) 방음시설설치
환경부령으로 정하는 기준에 적합한 방음시설을 설치한 후 공사를 시작해야 한다(소음진동관리법 제22조 제5항 제1호).

(3) 저감대책수립 및 시행
공사로 발생하는 소음·진동을 줄이기 위한 저감대책을 수립·시행해야 한다(소음진동관리법 제22조 제5항 제2호).

4. 결론
甲의 공사는 소음진동관리법 제22조 제1항의 특정공사에 해당하는바, 공사시작 전에 관할관청에 신고하고, 방음시설을 설치하고, 저감대책을 수립 및 시행하여야 한다.

2014년도 시행 제3회 변호사시험

〈제1문〉

甲은 A시에 소재하는 주택에 거주하는 사람이다. 甲이 거주하는 지역은 일반주거지역으로 甲의 주택 인근에는 한국도로공사가 건설·관리하는 고속국도가 있다. 甲은 소음 발생을 어느 정도 예상하였지만 지방을 오가며 사업을 하고 있어 고속국도 진입의 편의성을 고려하여 위 주택에 전입하였다. 甲의 전입 이후 한국도로공사는 교통량의 증가로 교통체증이 심각해지자 편도 2차로의 위 도로를 편도 4차로로 확장하였다. 도로 확장 이후 甲은 심야에도 교통소음에 시달리며, 이명과 불면증 등을 호소하고 있다.

甲은 한국도로공사에 교통소음의 감소를 위하여 방음벽 설치 등 소음을 저감하는 조치를 취할 것을 여러 차례 요구하였고, 이에 한국도로공사는 일부 구간에 방음벽을 설치하였고, 무인속도측정기 설치를 위하여 관할 행정청과 협의 중이다. 그러나 증가된 통행량, 통행 차량의 과속 등으로 위 방음벽은 제대로 기능을 하지 못하고 있다.

甲은 도로 확장 이후에 발생한 소음으로 피해를 받았다면서 한국도로공사를 상대로 중앙환경분쟁조정위원회에 손해배상과 방음벽의 추가 설치를 구하는 재정신청을 하였다. 재정 과정에서 甲이 거주하는 주택의 외부소음도를 측정하였는데, 그 결과 주간에는 69dB, 야간에는 57dB 수준이었다. 이에 중앙환경분쟁조정위원회는 「환경정책기본법」상 소음환경기준(주간: 65dB, 야간: 55dB)을 초과하였다면서 甲의 신청 중 손해배상청구 일부만을 인용하는 재정결정을 하였다. 이러한 사안에서 다음의 「소음·진동관리법」상 도로의 교통소음·진동의 관리기준을 참조하여 질문에 답하시오.

교통소음·진동의 관리기준(「소음·진동관리법」 시행규칙 제25조 관련)

대상지역	구분	한도 주간 (06:00~22:00)	한도 야간 (22:00~06:00)
주거지역, 녹지지역, 관리지역 중 취락지구·주거개발진흥지구 및 관광·휴양개발진흥지구, 자연환경보전지역, 학교·병원·공공도서관 및 입소규모 100명 이상의 노인의료복지시설·영유아보육시설의 부지 경계선으로부터 50미터 이내 지역	소음 (LeqdB(A))	68	58
	진동 (dB(V))	65	60

상업지역, 공업지역, 농림지역, 생산관리지역 및 관리지역 중 산업·유통개발진흥지구, 미고시지역	소음 (LeqdB(A))	73	63
	진동 (dB(V))	70	65

참고

1. 대상 지역의 구분은「국토의 계획 및 이용에 관한 법률」에 따른다.

2. 대상 지역은 교통소음·진동의 영향을 받는 지역을 말한다.

3. A시의 시장은 위 고속국도에서 발생하는 소음의 감소를 위하여 「소음·진동관리법」 상 어떠한 조치를 취할 수 있는지 검토하시오. (20점)

문제해설 [2014년 제3회 변시 제1문] 문제 3. 해설

1. 문제
A시장이 고속국도에서 발생하는 소음감소를 위해 소음진동관리법상 취할 수 있는 조치가 문제된다.

2. 교통소음·진동관리지역의 지정

(1) 소음진동관리법 제27조 제1항
시장은 교통기관에서 발생하는 소음·진동이 교통소음·진동 관리기준을 초과하거나 초과할 우려가 있는 경우에는 해당 지역을 교통소음·진동 관리지역으로 지정할 수 있다.

(2) 사안의 경우
A시장은 甲이 거주하는 고속국도 인근을 교통소음·진동 관리지역으로 지정할 수 있다.

3. 자동차운행의 규제

(1) 소음진동관리법 제28조
시장은 교통소음·진동 관리지역을 통행하는 자동차를 운행하는 자에게 「도로교통법」에 따른 속도의 제한·우회 등 필요한 조치를 하여 줄 것을 지방경찰청장에게 요청할 수 있다. 이 경우 지방경찰청장은 특별한 사유가 없으면 지체 없이 그 요청에 따라야 한다.

(2) 사안의 경우
A시장은 A지방경찰청장에게 고속국도를 통행하는 자동차를 운행하는 자에게 「도로교통법」에 따른 속도의 제한·우회 등 필요한 조치를 하여 줄 것을 요청할 수 있다.

4. 방음·방진시설의 설치

(1) 소음진동관리법 제29조 제1항
시장은 교통소음·진동 관리지역에서 자동차 전용도로, 고속도로 및 철도로부터 발생하는 소음·진동이 교통소음·진동 관리기준을 초과하여 주민의 조용하고 평온한 생활환경이 침해된다고 인정하면 스스로 방음·방진시설을 설치하거나 해당 시설관리기관의 장에게 방음·방진시설의 설치 등 필요한 조치를 할 것을 요청할 수 있다. 이 경우 해당 시설관리기관의 장은 특별한 사유가 없으면 그 요청에 따라야 한다.

(2) 사안의 경우
A시장은 이 사건 고속도로를 관리하는 한국도로공사사장에게 방음·방진시설의 설치 등 필요한 조치를 할 것을 요청할 수 있다.

5. 결론
(1) A시장은 甲이 거주하는 고속국도 인근을 교통소음·진동 관리지역으로 지정할 수 있다.
(2) A시장은 A지방경찰청장에게 고속국도의 자동차운행규제를 요청할 수 있다.
(3) A시장은 한국도로공사사장에게 방음·방진시설의 설치 등을 요청할 수 있다.

2023년도 제2회 변호사시험 모의시험

〈제1문〉

甲은 2005년 3월부터 P시 소재 X아파트에 거주하고 있고, 乙은 2015년 9월 X아파트 인근에 있는 신축빌라로 이주하여 현재까지 거주하고 있다. 甲과 乙이 거주하는 지역은 일반주거지역으로 그 인근에는 A공사가 관리하는 고속도로가 지나가고 있다. 1980년대 고속도로가 개통된 이래 교통량의 증가로 교통체증이 심각해지자 A공사는 2010년부터 3년간 도로확장공사를 진행하였다. 도로 확장 이후 교통소음이 현저하게 증가하면서 甲과 乙을 비롯한 인근 주민들은 고속도로에서 발생하는 소음으로 일상생활에 심각한 방해를 받고 있다. 이에 甲과 乙을 비롯한 인근 주민들이 P시에 지속적인 민원을 제기하자, P시에서는 전문기관에 소음도 측정을 의뢰하였다. 전문기관에서 소음·진동공정시험방법에 따라 甲이 거주하는 아파트와 乙이 거주하는 빌라의 실외 소음도를 측정한 결과, 주간에는 69데시벨(Leq dB(A)), 야간에는 57데시벨(Leq dB(A)) 수준이었다. 「환경정책기본법」상 도로변 일반주거지역의 소음환경기준은 주간(06:00~22:00) 65데시벨(Leq dB(A)), 야간(22:00~06:00) 55데시벨(Leq dB(A))이다. 한편, 「소음진동관리법」상 주거지역의 도로교통소음의 관리기준은 주간(06:00~22:00) 68데시벨(Leq dB(A)), 야간(22:00~06:00) 58데시벨(Leq dB(A))이다. 甲과 乙은 A공사가 방음벽 설치 등 방음대책을 제대로 이행하지 않고 있고, 도로확장공사 이후에 발생한 소음으로 인해 휴식 방해, 정신집중 저하, 수면장애 등 심각한 고통을 받고 있다고 주장하고 있다. 그리고 소음으로 인한 피해를 구제받기 위하여 A공사를 상대로 법적 대응을 준비하고 있다.

3. P시의 시장은 위 고속도로에서 발생하는 소음의 감소를 위하여 「소음진동관리법」상 어떠한 조치를 취할 수 있는지 검토하시오. (20점)

문제해설 [2023년 제2차 제1문] 문제 3. 해설

1. 문제
P시장이 고속국도에서 발생하는 소음감소를 위해 소음진동관리법상 취할 수 있는 조치가 문제 된다.

2. 교통소음·진동관리지역의 지정

(1) 소음진동관리법 제27조 제1항
시장은 교통기관에서 발생하는 소음·진동이 교통소음·진동 관리기준을 초과하거나 초과할 우려가 있는 경우에는 해당 지역을 교통소음·진동 관리지역으로 지정할 수 있다.

(2) 사안의 경우
P시장은 甲·乙이 거주하는 고속국도 인근을 교통소음·진동 관리지역으로 지정할 수 있다.

3. 자동차운행의 규제

(1) 소음진동관리법 제28조
시장은 교통소음·진동 관리지역을 통행하는 자동차를 운행하는 자에게 「도로교통법」에 따른 속도의 제한·우회 등 필요한 조치를 하여 줄 것을 지방경찰청장에게 요청할 수 있다. 이 경우 지방경찰청장은 특별한 사유가 없으면 지체 없이 그 요청에 따라야 한다.

(2) 사안의 경우
P시장은 P시 지방경찰청장에게 고속국도를 통행하는 자동차를 운행하는 자에게 「도로교통법」에 따른 속도의 제한·우회 등 필요한 조치를 하여 줄 것을 요청할 수 있다.

4. 방음·방진시설의 설치

(1) 소음진동관리법 제29조 제1항
시장은 교통소음·진동 관리지역에서 자동차 전용도로, 고속도로 및 철도로부터 발생하는 소음·진동이 교통소음·진동 관리기준을 초과하여 주민의 조용하고 평온한 생활환경이 침해된다고 인정하면 스스로 방음·방진시설을 설치하거나 해당 시설관리기관의 장에게 방음·방진시설의 설치 등 필요한 조치를 할 것을 요청할 수 있다. 이 경우 해당 시설관리기관의 장은 특별한 사유가 없으면 그 요청에 따라야 한다.

(2) 사안의 경우
P시장은 이 사건 고속도로를 관리하는 A 공사 사장에게 방음·방진시설의 설치 등 필요한 조치를 할 것을 요청할 수 있다.

5. 결론
(1) P시장은 甲·乙이 거주하는 고속국도 인근을 교통소음·진동 관리지역으로 지정할 수 있다.

(2) P시장은 P 지방경찰청장에게 고속국도의 자동차운행규제를 요청할 수 있다.

(3) P시장은 A공사 사장에게 방음·방진시설의 설치 등을 요청할 수 있다.

2015년도 제1회 변호사시험 모의시험

〈제2문〉

건축주 甲은 2015. 1. 3.부터 경기도 이천시 신둔면 수광리 10번지(이 지역은 아래 소음·진동규제법의 생활소음의 규제기준적용 대상지역 분류상 "나"지역에 해당됨) 대지 1,000㎡상에 연면적 2,500㎡의 지하 2층 지상 3층의 반도체 공장 신축공사를 하게 되었다.

甲으로부터 공장건축공사 도급을 받은 시공회사 乙은 발파공사, 터파기공사, 흙막이 공사를 거쳐 골조공사 등을 진행하고 있다. 乙은 지하 2층을 굴착하기 위하여 항타기(抗打機), 크레인, 굴착기, 덤프트럭 등을 동원하여 소음이 많이 발생하는 H빔 항타작업 후 그라우팅(Grouting)工法(강관인 H빔을 항타기로 땅에 때려 박은 후 그 안의 흙을 파내는 공법)으로 지하 터파기 공사를 10일간 진행하고 있다.

(소음발생 때문에 H빔 항타공법보다는 시추공을 롤링으로 뚫어 그 안에 콘크리트 양생으로 차단벽을 만들고 그 안의 흙 등을 파내 소음발생이 적은 C.I.P.공법이 있으나, 甲과 乙은 합의 하에 공사비용을 줄이기 위해 H빔 항타작업에 의한 그라우팅공법으로 터파기공사를 진행하고 있다).

위 공사현장에서 H빔 항타작업시 발생하는 소음측정치는 90데시벨(dB)이고 이 공사장에서 150미터 떨어진 곳에서 측정해 본 결과 소음측정치는 80데시벨이었다. 乙은 공사장 주위에 소음방지시설을 설치하지 않은 채로 위 공사를 시공하였다.

丙은 위 공사장으로부터 약 150m 떨어진 곳에서 돼지 500여 두를 기르는 돼지농장(양돈장)을 운영하고 있었다.

丙은 위 공장 신축공사 중 공사장 소음으로 인해 때마침 임신한 어미돼지(성돈) 50여두는 유산을 했고 이미 출생한 새끼 돼지 80마리가 폐사하였다고 주장하고 있다.

이에 대해 甲과 乙은 공사장에서 150m 떨어진 곳에 위치한 丙의 돼지농장까지 H빔 항타작업 소음으로 인해 돼지가 폐사했다고 인정할 근거가 없다고 주장하고 있다.

위와 같은 사실관계와 아래 참고사항을 기초로 하여 문제에 답하시오.

[참고사항]

참고1〉 소음·진동관리법

① 법 제22조제1항에서 "환경부령으로 정하는 특정공사"란 별표 9의 기계·장비를 5일 이상 사용하는 공사로서 다음 각 호의 어느 하나에 해당하는 공사를 말한다. 다만, 별표 9의 기계·장비로서 환경부장관이 저소음·저진동을 발생하는 기계·장비라고 인정하는 기계·장비를 사용하는 공사와 제20조제1항에 따른 지역에서 시행되는 공사는 제외한다.

1. 연면적이 1천제곱미터 이상인 건축물의 건축공사 및 연면적이 3천 제곱미터 이상인 건축물의 해체공사
2. 구조물의 용적 합계가 1천세제곱미터 이상 또는 면적 합계가 1천 제곱미터 이상인 토목건설공사
3. 면적 합계가 1천제곱미터 이상인 토공사(土工事)·정지공사(整地工事)
4. 총연장이 200미터 이상 또는 굴착 토사량의 합계가 200세제곱미터 이상인 굴정공사
5. 영 제2조제2항에 따른 지역에서 시행되는 공사

② 법 제22조제1항에 따라 특정공사를 시행하려는 자(도급에 의하여 공사를 시행하는 경우에는 발주자로부터 최초로 공사를 도급받은 자를 말한다)는 해당 공사 시행 전(건설공사는 착공 전)까지 별지 제10호서식의 특정공사 사전신고서에 다음 각 호의 서류를 첨부하여 특별자치시장·특별자치도지사 또는 시장·군수·구청장에게 제출하여야 한다. 다만, 둘 이상의 특별자치시 또는 시·군·구(자치구를 말한다. 이하 같다)에 걸쳐있는 건설공사의 경우에는 해당 공사지역의 면적이 가장 많이 포함되는 지역을 관할하는 특별자치시장·시장·군수·구청장에게 신고하여야 한다.

1. 특정공사의 개요(공사목적과 공사일정표 포함)
2. 공사장 위치도(공사장의 주변 주택 등 피해 대상 표시)
3. 방음·방진시설의 설치명세 및 도면
4. 그 밖의 소음·진동 저감대책

[별표 9]

특정공사의 사전신고 대상 기계·장비의 종류 (제21조제1항 관련)
1. 항타기·항발기 또는 항타항발기(압입식 항타항발기는 제외한다)
2. 천공기
3. 공기압축기(공기토출량이 분당 2.83세제곱미터 이상의 이동식인 것으로 한정한다)
4. 브레이커(휴대용을 포함한다)
5. 굴삭기
6. 발전기
7. 로더
8. 압쇄기
9. 다짐기계
10. 콘트리트 절단기
11. 콘크리트 펌프

참고2〉 생활소음의 규제기준(소음·진동관리법 시행규칙 제20조제3항 관련)

[단위 : dB(A)]

대상 지역	소음원	시간대별	아침, 저녁 (05:00~07:00, 18:00~22:00)	주간 (07:00~18:00)	야간 (22:00~05:00)
가. 주거지역, 녹지지역, 관리지역 중 취락지구·주거개발진흥지구 및 관광·휴양개발진흥지구, 자연환경보전지역, 그 밖의 지역에 있는 학교·종합병원·공공도서관	확성기	옥외설치	60이하	65 이하	60 이하
		옥내에서 옥외로 소음이 나오는 경우	50 이하	55 이하	45 이하
	공장		50 이하	55 이하	45 이하
	사업장	동일 건물	45 이하	50 이하	40 이하
		기타	50 이하	55 이하	45 이하
	공사장		60 이하	65 이하	50 이하
나. 그 밖의 지역	확성기	옥외설치	65 이하	70 이하	60 이하
		옥내에서 옥외로 소음이 나오는 경우	60 이하	65 이하	55 이하
	공장		60 이하	65 이하	55 이하
	사업장	동일 건물	50 이하	55 이하	45 이하
		기타	60 이하	65 이하	55 이하
	공사장		65 이하	70 이하	50 이하

참고3〉 연구결과 돼지는 소음에 매우 취약한 특성이 있는 것으로 보고되고 있다. 70데시벨의 소음에 5시간 이상 지속적으로 노출될 경우 임신한 성돈이 스트레스로 유산을 하고 80데시벨의 소음상태에 5시간이상 지속적으로 노출될 경우 미숙돈은 스트레스로 인해 사망한다는 실험 결과가 보고되었다(소음측정 수치와 소음노출 시간은 모두 편의상 가정된 수치임).

1. 나) 소음·진동관리법상 乙의 의무와 관할행정청인 이천시장의 乙에 대한 행정조치에 대해 검토하시오. (10점)

문제해설 [2015년 제1차 제2문] 문제 1-나). 해설

1. 소음진동관리법상 乙의 의무

(1) 소음진동관리법 제22조 제1항

생활소음·진동이 발생하는 공사로서 환경부령으로 정하는 특정공사를 시행하려는 자는 환경부령으로 정하는 바에 따라 관할 시장에게 신고하여야 한다.

(2) 소음진동관리법 제22조 제5항

제1항에 따른 특정공사를 시행하려는 자는 다음 각 호의 사항을 모두 준수하여야 한다.
 1. 환경부령으로 정하는 기준에 적합한 방음시설을 설치한 후 공사를 시작할 것.
 2. 공사로 발생하는 소음·진동을 줄이기 위한 저감대책을 수립·시행할 것

(3) 사안의 경우

乙은 공사시작 전에 이천시장에게 신고를 하고, 적합한 방음시설 및 저감대책을 수립 시행하여야 한다.

2. 이천시장의 乙에 대한 행정조치

(1) 소음진동관리법 제23조 제1항

시장은 생활소음·진동이 제21조 제2항에 따른 규제기준을 초과하면 소음·진동을 발생시키는 자에게 작업시간의 조정, 소음·진동 발생 행위의 분산·중지, 방음·방진시설의 설치, 환경부령으로 정하는 소음이 적게 발생하는 건설기계의 사용 등 필요한 조치를 명할 수 있다.

(2) 소음진동관리법 제23조 제4항

시장은 제1항에 따른 조치명령을 받은 자가 이를 이행하지 아니하거나 이행하였더라도 제21조제2항에 따른 규제기준을 초과한 경우에는 해당 규제대상의 사용금지, 해당 공사의 중지 또는 폐쇄를 명할 수 있다.

(3) 사안의 경우

이천시장은 생활소음의 규제기준을 초과한 乙에 대해 작업시간의 조정, 소음·진동 발생 행위의 분산·중지, 방음·방진시설의 설치, 환경부령으로 정하는 소음이 적게 발생하는 건설기계의 사용 등 필요한 조치명령 등을 내릴 수 있고, 이를 이행하지 않은 경우에는 해당 규제대상의 사용금지, 해당 공사의 중지 또는 폐쇄를 명할 수 있다.

2013년도 제2회 변호사시험 모의시험

〈제2문〉

A는 2005. 5. 30. 준공업지역인 서울 성동구 성수동 일원에서 철재·목재가구를 제조하는 공장(산업집적활성화 및 공장설립에 관한 법률 제2조제1호의 공장에 포함된다)을 운영하고 있다. A는 공장을 운영하면서 30마력의 금속절단기, 12마력의 압축기, 20마력의 목재가공기계 등을 사용하여 성수기인 8월~11월 사이에는 24시간, 비수기인 1~7월, 12월에는 14:00부터 새벽까지 공장을 가동하였다. 소음배출시설을 설치하여 작동하는 과정에서 소음이 지속적으로 발생되고 있고, 특히 금속절단기 등을 사용할 경우에는 높은 소음이 발생되었다. B는 2010년 3월경에 A 공장의 블록담장을 경계로 약 1m 떨어져 있는 주택으로 이사 와서 살고 있다.

A가 기계에 방음커버를 둘러싸고, 방지시설을 설치하였음에도 크고 충격적인 소음이 빈번하게 발생하였다. B는 2010. 9. 4.~최근까지 10회에 걸쳐서 공장의 소음·진동으로 인하여 집안에서 휴식·숙면 등을 취할 수 없고, 병원에서 치료받는 등 신체적·정신적 손해가 발생하고 있다고 주장하면서 관할 구청 등에 기계의 작동금지 또는 방지시설의 추가 설치를 요구하는 민원을 제기하였고, 그에 따라 서울특별시 보건환경연구원이 공장에서 발생하는 야간소음·진동을 측정한 결과는 다음과 같았다.

(가) 소음 : 2010. 10. 5. 55㏈, 2010. 11. 10. 56㏈, 2011. 1. 6. 49㏈, 2011. 4. 19. 48㏈, 2011. 5. 29. 57㏈, 2011. 9. 28. 55㏈

(나) 진동 : 2010. 10. 4. 54㏈, 2011. 9. 28. 48㏈

A는 민원이 제기된 후 주택과 인접한 블록담장의 벽을 보강하여 높이는 방법으로 방음시설을 하였으며, 그밖에 진동을 줄이기 위하여 금속절단기에 완충장치를 부착하였으나 여전히 분쟁이 계속되고 있다. A는 서울특별시 보건환경연구원이 측정한 공장의 소음·진동 측정 결과가 모두 공법상 규제기준 이내이고, 방음시설 등을 설치하는 등 나름대로 노력을 다하였으며, B가 소음피해가 발생하고 있음을 알고도 이사 왔으므로 충분히 소음피해를 피할 수 있었고, 소음피해가 있으리라는 사정을 예견할 수 있었음에도 스스로 이를 용인하고 이사 왔으므로 책임이 없다고 주장하고 있다. B는 추가로 설치된 방음시설 등이 부실하다고 주장하고 있다. 이러한 사안에서 소음·진동관리법 시행규칙이 정하는 아래 규제기준을 참조하면서 다음의 질문에 답하시오.

- 아래 -

공장소음·진동의 배출허용기준(소음·진동관리법 시행규칙 제8조 [별표 5])

1. 공장소음 배출허용기준 [단위: dB(A)]

대상 지역	시간대별		
	낮 (06:00~ 18:00)	저녁 (18:00~ 24:00)	밤 (24:00~ 06:00)
가. 도시지역 중 전용주거지역·녹지지역, 관리지역 중 취락지구·주거개발진흥지구 및 관광·휴양개발진흥지구, 자연환경보전지역 중 수산자원보호구역 외의 지역	50 이하	45 이하	40 이하
나. 도시지역 중 일반주거지역 및 준주거지역	55 이하	50 이하	45 이하
다. 농림지역, 자연환경보전지역 중 수산자원보호구역, 관리지역 중 가목과 라목을 제외한 그 밖의 지역	60 이하	55 이하	50 이하
라. 도시지역 중 상업지역·준공업지역, 관리지역 중 산업개발진흥지구	65 이하	60 이하	55 이하
마. 도시지역 중 일반공업지역 및 전용공업지역	70 이하	65 이하	60 이하

2. 공장진동 배출허용기준 [단위: dB(V)]

대상 지역	시간대별	
	낮 (06:00~22:00)	밤 (22:00~06:00)
가. 도시지역 중 전용주거지역·녹지지역, 관리지역 중 취락지구·주거개발진흥지구 및 관광·휴양개발진흥지구, 자연환경보전지역 중 수산자원보호구역 외의 지역	60 이하	55 이하
나. 도시지역 중 일반주거지역·준주거지역, 농림지역, 자연환경보전지역 중 수산자원보호구역, 관리지역 중 가목과 다목을 제외한 그 밖의 지역	65 이하	60 이하
다. 도시지역 중 상업지역·준공업지역, 관리지역 중 산업개발진흥지구	70 이하	65 이하
라. 도시지역 중 일반공업지역 및 전용공업지역	75 이하	70 이하

2. 서울특별시장이 소음진동관리법상 A에 대하여 취할 수 있는 조치는 어떠한 것이 있는가? (20점)

문제해설 [2013년 제2차 제2문] 문제 2. 해설

1. 문제
사업자 A에 대해 관할행정청인 서울시장이 소음진동관리법상 취할 수 있는 조치가 문제된다.

2. 서울시장의 소음진동관리법상 A에 대한 조치

(1) 개선명령

1) 소음진동관리법 제15조

　시장은 조업 중인 공장에서 배출되는 소음·진동의 정도가 배출허용기준을 초과하면 환경부령으로 정하는 바에 따라 기간을 정하여 사업자에게 그 소음·진동의 정도가 배출허용기준 이하로 내려가는 데에 필요한 조치를 명할 수 있다.

2) 사안의 경우

　서울시장은 A가 배출하는 소음·진동이 공장소음·진동의 배출허용기준(소음·진동관리법 시행규칙 제8조 [별표 5])을 초과하는 경우에는 A에게 그 소음·진동의 정도가 배출허용기준이하로 내려가는 조치를 하도록 개선명령을 내릴 수 있다.

(2) 조업정지명령

1) 소음진동관리법 제16조 제1항

　시장은 개선명령을 받은 자가 이를 이행하지 아니하거나 기간 내에 이행은 하였으나 배출허용기준을 계속 초과할 때에는 그 배출시설의 전부 또는 일부에 조업정지를 명할 수 있다. 이 경우 환경부령으로 정하는 시간대별 배출허용기준을 초과하는 공장에는 시간대별로 구분하여 조업정지를 명할 수 있다.

2) 소음진동관리법 제16조 제2항

　시장은 소음·진동으로 건강상에 위해와 생활환경의 피해가 급박하다고 인정하면 환경부령으로 정하는 바에 따라 즉시 해당 배출시설에 대하여 조업시간의 제한·조업정지, 그밖에 필요한 조치를 명할 수 있다.

3) 사안의 경우

　서울시장은 A가 개선명령을 이행하지 않은 경우에는 공장에 대한 조업정지를 명할 수 있고, 이때 야간시간인 22:00~07:00 동안에는 위 기계를 작동하지 말 것을 명할 수 있다. 건강상에 위해와 생활환경의 피해가 급박한 경우에도 조업정지명령을 할 수 있다.

(3) 과태료

1) 소음진동관리법 제60조 제3항 제2호

　제14조를 위반하여 공장에서 배출되는 소음·진동을 배출허용기준 이하로 처리하지 아니한 자에게는 200만 원 이하의 과태료를 부과한다.

2) 사안의 경우

    A가 배출허용기준준수의무를 위반하여 소음진동을 발생시킨 경우에는 서울시장은 200만 원 이하의 과태료를 부과한다.

3. 결론

서울시장은 사업자 A에 대하여,

(1) 소음진동관리법 제15조에 근거하여 개선명령을 내릴 수 있다.

(2) 소음진동관리법 제16조 제1항 및 제2항에 근거하여 조업정지명령을 내릴 수 있다.

(3) 소음진동관리법 제60조 제3항 제2호에 근거하여 200만 원 이하의 과태료를 부과한다.

COMPACT 변시 환경법의 感

제10편
폐기물관리법

제10편 폐기물관리법

폐기물관리법 조문구조 (밑줄은 기출조문입니다)

제1장 총칙
    제1조 목적
    <u>제2조 정의</u>
    제2조의2 폐기물의 세부분류
    제3조 적용 범위
    <u>제3조의2 폐기물 관리의 기본원칙</u>
    제4조 국가와 지방자치단체의 책무
    제5조 폐기물의 광역 관리
    제6조 폐기물처리시설 반입수수료
    제7조 국민의 책무
    <u>제8조 폐기물의 투기 금지 등</u>
    제9조 삭제 〈2017.11.28〉
    제10조 삭제 〈2017.11.28〉
    제11조 삭제 〈2017.11.28〉
    제12조 삭제 〈2015.1.20〉

제2장 폐기물의 배출과 처리
    <u>제13조 폐기물의 처리 기준 등</u>
    제13조의2 폐기물의 재활용 원칙 및 준수사항
    제13조의3 폐기물의 재활용 시 환경성평가
    제13조의4 재활용환경성평가기관의 지정 등
    제13조의5 재활용 제품 또는 물질에 관한 유해성기준
    제14조 생활폐기물의 처리 등
    제14조의2 생활폐기물 수집·운반 대행자에 대한 과징금 처분
    제14조의3 음식물류 폐기물 발생 억제 계획의 수립 등
    제14조의4 생활계 유해폐기물 처리계획의 수립 등
    <u>제14조의5 생활폐기물 수집·운반 관련 안전기준 등</u> (신설조문)
    제14조의6 생활폐기물 중 특정 품목의 대행
    제14조의7 벌금형의 분리 선고
    제15조 생활폐기물배출자의 처리 협조 등
    제15조의2 음식물류 폐기물 배출자의 의무 등
    제16조 협약의 체결
    <u>제17조 사업장폐기물배출자의 의무 등</u>
    제17조의2 폐기물분석전문기관의 지정

제17조의3 폐기물분석전문기관의 준수사항
제17조의4 폐기물분석전문기관에 대한 평가
제17조의5 폐기물분석전문기관 지정의 취소 등
<u>제18조 사업장폐기물의 처리</u>
제18조의2 유해성 정보자료의 작성·제공 의무
제19조 사업장폐기물처리자의 의무
제20조 삭제 〈2007.8.3〉
제21조 삭제 〈2007.8.3〉
제22조 삭제 〈2007.8.3〉
제23조 삭제 〈2007.8.3〉
제24조 삭제 〈2015.7.20〉
제24조의2 삭제 〈2017.4.18〉
제24조의3 삭제 〈2017.4.18〉

제3장 삭제 〈2007.8.3〉

제4장 폐기물처리업 등
<u>제25조 폐기물처리업</u>
제25조의2 전용용기 제조업
<u>제25조의3 폐기물처리업의 적합성확인</u> (신설조문)
제25조의4 의료폐기물 처리에 관한 특례
제26조 결격 사유
<u>제26조의2 벌금형의 분리 선고</u> (신설조문)
<u>제27조 허가의 취소 등</u>
제27조의2 전용용기 제조업 등록의 취소 등
제28조 폐기물처리업자에 대한 과징금 처분
제29조 폐기물처리시설의 설치
제30조 폐기물처리시설의 검사
<u>제30조의2 폐기물처리시설 검사기관의 지정 등</u> (신설조문)
제31조 폐기물처리시설의 관리
제32조 다른 법령에 따른 허가·신고 등의 의제
제33조 권리·의무의 승계 등

제5장 폐기물처리업자 등에 대한 지도와 감독 등
제34조 기술관리인
제35조 폐기물 처리 담당자 등에 대한 교육
제36조 장부 등의 기록과 보존
제37조 휴업과 폐업 등의 신고
제38조 보고서 제출

제39조 보고 · 검사 등
제39조의2 배출자에 대한 폐기물 처리명령
제39조의3 폐기물처리업자 등에 대한 폐기물 처리명령
제40조 폐기물처리업자 등의 방치폐기물 처리
제41조 폐기물 처리 공제조합의 설립
제42조 조합의 사업
제43조 분담금
제44조 「민법」의 준용

제6장 보칙

제45조 폐기물 인계 · 인수 내용 등의 전산 처리
제46조 폐기물처리 신고
제46조의2 폐기물처리 신고자에 대한 과징금 처분
제47조 폐기물의 회수 조치
제47조의2 폐기물의 반입정지명령 (신설조문)
제48조 폐기물 처리에 대한 조치명령
제48조의2 의견제출
제48조의3 폐기물처리자문위원회 (신설조문)
제48조의4 폐기물적정처리추진센터 (신설조문)
제48조의5 과징금 (신설조문)
제49조 대집행
제50조 폐기물처리시설의 사후관리 등
제51조 폐기물처리시설의 사후관리이행보증금
제52조 사후관리이행보증금의 사전 적립
제53조 사후관리이행보증금의 용도 등
제54조 사용종료 또는 폐쇄 후의 토지 이용 제한 등
제55조 폐기물 처리사업의 조정
제56조 국고 보조 등
제57조 폐기물처리시설 설치비용의 지원
제58조 폐기물 처리실적의 보고
제58조의2 한국폐기물협회
제59조 수수료
제60조 행정처분의 기준
제61조 청문
제62조 권한이나 업무의 위임과 위탁
제62조의2 벌칙 적용에서의 공무원 의제
제62조의3 규제의 재검토

제7장 벌칙

제63조 벌칙

제64조 벌칙

제65조 벌칙

제66조 벌칙

제67조 양벌규정

제68조 과태료

폐기물관리법시행령 조문구조 (밑줄은 기출조문입니다)

제1장 총칙

제1조 목적

제1조의2 정의

제2조 사업장의 범위

제3조 지정폐기물의 종류

제4조 의료폐기물의 종류

제5조 폐기물처리시설

제6조 폐기물 감량화시설

제6조의2 삭제 〈2017.12.26〉

제2장 폐기물의 배출 및 처리

제7조 폐기물의 처리기준 등

제7조의2 폐기물의 재활용 준수사항

제7조의3 재활용이 금지 또는 제한되는 폐기물

제7조의4 재활용환경성평가에 따른 재활용의 승인 요건

제7조의5 재활용환경성평가기관의 지정

제8조 생활폐기물의 처리대행자

제8조의2 과징금의 부과

제8조의3 과징금의 사용용도

제8조의4 음식물류 폐기물 배출자의 범위

제9조 폐기물의 감량지침 준수의무 대상사업자

제10조 폐기물분석전문기관의 지정

제3장 폐기물처리업 등

제10조의2(적합성확인의 유효기간)

제10조의3(의료폐기물 처리에 관한 특례의 적용 범위)

제10조의4(결격 사유)

제11조(과징금을 부과할 위반행위별 과징금의 금액 등)

제11조의2(과징금의 부과 및 납부)
제12조(과징금의 사용용도)
제13조(오염물질 측정대상 폐기물처리시설)
제14조(주변지역 영향 조사대상 폐기물처리시설)
제14조의2(폐기물처리시설의 폐쇄절차 대행자)

제4장 폐기물처리업자 등에 대한 지도·감독 등
제15조 기술관리인을 두어야 할 폐기물처리시설
제16조 기술관리대행자
제17조 교육대상자
제18조 방치폐기물의 처리이행보증보험
제19조 삭제 〈2008.7.29〉
제20조 폐기물의 처리명령 대상이 되는 조업중단 기간
제21조 처리이행보증보험금액의 산출기준
제22조 처리이행보증보험의 갱신
제23조 방치폐기물의 처리량과 처리기간

제5장 보칙
제23조의2 전자정보처리프로그램을 이용한 업무
제23조의3 과징금을 부과할 위반행위별 과징금의 금액 등
제23조의4 과징금의 사용용도
제23조의5 폐기물처리자문위원회의 구성 및 운영 (신설조문)
제23조의6 폐기물적정처리추진센터의 지정 등 (신설조문)
제23조의7 과징금의 계산방법 등 (신설조문)
제24조 사후관리 대상
제25조 사후관리 대행자
제26조 사후관리등 비용의 예치
제27조 사후관리등 비용의 면제 등
제28조 사후관리이행보증보험증서의 제출
제29조 담보물의 제공
제30조 사후관리이행보증금의 산출기준
제31조 사후관리이행보증금의 반환기준
제32조 사후관리이행보증금의 반환절차
제33조 사후관리이행보증금의 사전적립
제33조의2 담보물의 접수, 매각 등
제34조 사전적립금의 차액반환 등
제35조 토지 이용 제한 등

제35조의2 국고 보조의 검토 (신설조문)
제36조 폐기물매립시설 사후관리 사항에 대한 의견청취
제36조의2 한국폐기물협회의 설립
제36조의3 한국폐기물협회의 업무 등
제36조의4 임원 및 선출방법 등
제37조 권한의 위임
제37조의2 업무의 위탁
제38조 권한의 위임에 따른 업무감독 등
제38조의2 고유식별정보의 처리
제38조의3 규제의 재검토
제38조의4 과태료의 부과기준
제39조 삭제 〈2012.12.27〉

2022년도 시행 제11회 변호사시험

〈제2문〉

甲은 비철금속의 제련·가공 등을 하는 사업장을 운영하고 있는 자로서, 월 평균 2t 이상의 오니를 배출하고 있다. 乙은 丙 소유의 X토지를 임차하여 폐기물 종합처분업 허가를 받아 사업을 하고 있다. 甲은 2020. 7. 자신의 사업장에서 배출되는 폐기물인 오니를 처리하기 위하여 乙과 폐기물 처리위탁계약을 체결하였다. 당시 약정 수수료는 시장의 적정가격보다 매우 낮은 수준이었다. 심각한 재정난을 겪고 있던 乙은 X토지 위에 甲으로부터 수거한 오니를 적치하여 왔다. 甲은 위탁계약 내용대로 폐기물이 적정처리되고 있는지를 전자정보처리프로그램을 통하여 확인하지 않았다.

甲은 2020. 10. 처리비용의 절감을 위하여 자신의 사업장에서 나오는 오니를 무단 매립할 것을 乙에게 요구하였다. 이에 乙은 X토지 인근 지역에 오니의 일부를 무단 매립하였다. X토지 및 인근 지역에 적치·매립된 폐기물로 인하여 악취가 발생하고 침출수가 유출되는 등 주민의 민원이 지속적으로 제기되자 관할 행정청은 일정한 조치를 강구하고 있다.

1. 부적정처리폐기물이 발생한 경우 관할 행정청은 누구에게 어떠한 조치를 취할 수 있는지 검토하시오. (50점)

2. 폐기물처리업자 乙이 오니를 법령에서 정하는 양의 5배를 초과하여 적치하는 등 폐기물관리법 제25조 제9항 제2호의 준수 사항을 위반한 경우, 관할 행정청이 취할 수 있는 조치를 검토하시오. (30점)

[참조 조문]

※ 폐기물관리법 제48조 제1항에서는 부적정처리폐기물을 "제13조에 따른 폐기물의 처리 기준과 방법 또는 제13조의2에 따른 폐기물의 재활용 원칙 및 준수사항에 맞지 아니하게 처리되거나 제8조제1항 또는 제2항을 위반하여 버려지거나 매립되는 폐기물을 말한다"라고 규정하고 있다.

※ 폐기물관리법 시행규칙 제17조(음식물류 폐기물 배출자 및 사업장폐기물배출자의 확인) 다음 각 호의 어느 하나에 해당하는 자는 (…) 제17조제1항제3호 본문에 따라 해당 폐기물의 처리과정이 법 제13조에 따른 폐기물의 처리 기준과 방법 (…) 에 맞게 이뤄지고 있는지를 [별표 5의7]에 따른 방법으로 확인해야 한다.

  1-2. (생략)

  3. 지정폐기물이 아닌 다음 각 목의 폐기물을 배출하는 사업장폐기물배출자

가. 오니, 폐합성고분자화합물(월 평균 2톤 이상 배출되는 경우만 해당한다)

나. (생략)

4-5. (생략)

■ 폐기물관리법 시행규칙 [별표 5의7]

음식물류 폐기물 배출자 및 사업장폐기물배출자의 폐기물 적정처리 여부 확인 방법(제17조 관련)
1. 수탁자가 제16조의7제3호에 따른 위탁계약의 내용대로 폐기물을 적정하게 처리하고 있는지를 1개월마다 전자정보처리프로그램 등을 활용하는 방법으로 확인할 것 2-3. (생략) 4. 제1호 및 제2호에 따라 수탁자가 폐기물을 위탁계약의 내용대로 처리하지 않거나 법 제13조에 따른 폐기물의 처리 기준과 방법 또는 법 제13조의2에 따른 폐기물의 재활용 원칙 및 준수사항에 맞지 않게 폐기물의 처리가 이루어지지 않는 것을 확인한 경우에는 지체 없이 폐기물의 처리 위탁을 중단할 것

문제해설 [2022년 제11회 변시 제2문] 문제 1. 해설

1. 문제

(1) 甲, 乙, 丙의 폐기물관리법 조치대상자 해당 여부, (2) 관할 행정청의 폐기물관리법상 조치가 문제된다.

2. 甲, 乙, 丙의 폐기물관리법 조치대상자 해당 여부

(1) 폐기물관리법 제48조 제1항

관할 행정청은 부적정처리폐기물(제13조에 따른 폐기물의 처리 기준과 방법 또는 제13조의2에 따른 폐기물의 재활용 원칙 및 준수사항에 맞지 아니하게 처리되거나 제8조제1항 또는 제2항을 위반하여 버려지거나 매립되는 폐기물)이 발생하면 다음 각 호의 어느 하나에 해당하는 자(이하 "조치명령대상자"라 한다)에게 기간을 정하여 폐기물의 처리방법 변경, 폐기물의 처리 또는 반입 정지 등 필요한 조치를 명할 수 있다.

1. 부적정처리폐기물을 발생시킨 자
3. 부적정처리폐기물의 처리를 제15조의2제3항 또는 제18조제1항에 따라 위탁한 음식물류 폐기물 배출자 또는 사업장폐기물배출자. 다만, 폐기물의 처리를 위탁한 자가 제17조제1항제3호에 따른 의무를 위반하거나 그 밖의 귀책사유가 있다고 인정되는 경우로 한정한다.
4. 부적정처리폐기물의 발생부터 최종처분에 이르기까지 배출, 수집·운반, 보관, 재활용 및 처분 과정에 관여한 자
6. 제1호부터 제5호까지의 규정 중 어느 하나에 해당하는 자에 대하여 부적정처리폐기물의 발생 원인이 된 행위를 할 것을 요구·의뢰·교사한 자 또는 그 행위에 협력한 자
9. 부적정처리폐기물을 직접 처리하거나 다른 사람에게 자기 소유의 토지 사용을 허용한 경우 부적정처리폐기물이 버려지거나 매립된 토지의 소유자

(2) 사안의 경우

1) 甲의 경우

① 甲은 비철금속의 제련·가공 등을 하는 사업장을 운영하고 있는 사업장폐기물배출자이다.

② 甲은 폐기물처리업 허가를 받은 乙에게 폐기물처리를 위탁하는 경우, 약정 수수료가 적정가격보다 매우 낮은 수준이므로 폐기물처리의무 준수 여부에 대한 확인이 강하게 요구됨에도, 이에 대한 적정처리 여부를 1개월 마다 전자정보처리프로그램을 통해 확인할 의무를 해태한 자로서, 제48조 제1항 제3호의 조치대상자에 해당한다.

③ 甲은 2020. 10. 처리비용 절감을 위하여 자신의 사업장에서 배출되는 오니를 무단 매립할 것을 요구한 점에서 제48조 제1항 제6호의 조치대상자에 해당한다.

2) 乙의 경우

① 乙은 폐기물 종합처분업 허가를 받아 사업을 하는 폐기물처리업자이다.

② 乙은 X토지 인근 지역에 오니의 일부를 무단 매립하여 부적정처리폐기물을 발생시킨 자로서 제48조 제1항 제1호의 조치대상자에 해당한다.

③ 乙은 부적정처리폐기물의 발생부터 최종처분에 이르기까지 배출, 수집·운반, 보관, 재활용 및 처분과정에 관여한 자로서 제48조 제1항 제4호의 조치대상자에 해당한다.

3) 丙의 경우

丙은 상술한 부적정처리폐기물이 버려지거나 매립된 X토지의 소유자로서 제48조 제1항 제9호의 조치대상자에 해당한다.

4) 소결

甲은 폐기물관리법 제48조 제1항 제3호, 제6호, 乙은 동법 제48조 제1항 제1호, 제4호, 丙은 동법 제48조 제1항 제9호의 조치대상자이다.

3. 관할 행정청의 폐기물관리법상 조치

(1) 과징금 부과

1) 폐기물관리법 제48조의5 제1항

관할행정청은 제48조 제1항 제1호부터 제8호까지의 규정 중 어느 하나에 해당하는 자가 폐기물을 부적정 처리함으로써 얻은 부적정처리이익(부적정 처리함으로써 지출하지 아니하게 된 해당 폐기물의 적정 처리비용 상당액을 말한다. 이하 이 조에서 같다)의 3배 이하에 해당하는 금액과 폐기물의 제거 및 원상회복에 드는 비용을 과징금으로 부과할 수 있다.

2) 사안의 경우

관할 행정청은 甲, 乙에게 부적정처리이익의 3배 이하에 해당하는 금액과 폐기물의 제거 및 원상회복에 드는 비용을 과징금으로 부과할 수 있다.

(2) 대집행

1) 폐기물관리법 제49조 제1항

관할행정청은 제48조에 따른 명령을 받은 자가 그 명령을 이행하지 아니하면 행정대집행법에 따라 대집행(代執行)을 하고 그 비용을 징수할 수 있다.

2) 사안의 경우

관할행정청은 甲, 乙, 丙이 폐기물관리법 제48조에 따른 명령을 받고도 이행하지 아니하면 대집행을 하고 그 비용을 징수할 수 있다.

(3) 형사고발

1) 폐기물관리법 제63조 제2호

제8조 제2항을 위반하여 사업장폐기물을 매립하거나 소각한 자는 7년 이하의 징역이나 7천만 원 이하의 벌금에 처한다.

2) 폐기물관리법 제65조 제1호, 제23호

제13조를 위반하여 폐기물을 매립한 자 또는 폐기물처리에 따른 조치명령을 이행하지 아니한 자는 3년 이하의 징역이나 3천만 원 이하의 벌금에 처한다.

3) 사안의 경우

관할행정청은 甲, 乙, 丙에 대하여 형사고발 조치를 할 수 있다.

(4) 폐기물처리업자의 허가취소 및 처리 명령

1) 폐기물관리법 제27조 제2항 제18호

관할행정청은 폐기물처리업자가 제48조에 따른 명령을 이행하지 아니한 경우 그 허가를 취소하거나 6개월 이내의 기간을 정하여 영업의 전부 또는 일부의 정지를 명령할 수 있다

2) 폐기물관리법 제39조의 3

관할행정청은 제27조에 따른 허가취소 또는 영업정지를 명하는 경우에는 폐기물처리업자 또는 폐기물처리 신고자에게 기간을 정하여 보관하는 폐기물의 처리를 명하여야 한다.

3) 사안의 경우

관할행정청은 乙에 대한 폐기물처리업 허가에 대한 취소 및 영업정지 처분과 함께 폐기물 처리를 명할 수 있다.

4. 결론

관할행정청은 폐기물관리법 조치대상자인 甲, 乙, 丙에게 과징금, 대집행, 형사고발 조치를 할 수 있고, 폐기물처리업자인 乙에게는 폐기물처리업 허가취소 및 처리 명령 등을 할 수 있다.

문제해설 [2022년 제11회 변시 제2문] 문제 2. 해설

1. 문제
폐기물관리법 제25조 제9항 제2호의 준수사항을 위반한 경우, 관할 행정청이 취할 수 있는 조치가 문제 된다.

2. 반입정지명령

(1) 폐기물관리법 제47조의2 제1항
관할행정청은 폐기물처리업자의 보관용량, 처리실적, 처리능력 등 환경부령으로 정하는 기준을 초과하여 폐기물을 보관하는 경우에는 폐기물처리업자에게 폐기물의 반입정지를 명할 수 있다.

(2) 폐기물관리법 시행규칙 제68조의2 제1항
"환경부령으로 정하는 기준"이란 허용보관량의 2배를 말한다.

(3) 사안의 경우
관할행정청은 폐기물처리업자 乙이 법령에서 정하는 양의 5배를 초과하여 적치하는 경우에는 폐기물의 반입정지를 명할 수 있다.

3. 폐기물처리업 허가취소

(1) 폐기물관리법 제27조 제2항 제8호
관할행정청은 폐기물처리업자가 폐기물관리법 제25조 제9항 제2호에서 정한 양을 초과하여 폐기물을 보관하는 경우에는 그 허가를 취소하거나 6개월 이내의 기간을 정하여 영업의 전부 또는 일부의 정지를 명령할 수 있다.

(2) 사안의 경우
관할행정청은 폐기물처리업자 乙이 법령에서 정하는 양의 5배를 초과하여 적치하는 경우에는 폐기물 종합 처분업 허가를 취소하거나 6개월 이내의 기간을 정하여 영업의 전부 또는 일부 정지를 명할 수 있다.

4. 폐기물 처리명령

(1) 폐기물관리법 제39조의3
관할행정청은 제27조에 따른 허가취소 또는 영업정지를 명하는 경우에는 폐기물처리업자 또는 폐기물처리 신고자에게 기간을 정하여 보관하는 폐기물의 처리를 명하여야 한다.

(2) 사안의 경우
관할행정청은 폐기물처리업자 乙이 법령에서 정하는 양의 5배를 초과하여 적치하는 경우에는 폐기물 종합 처분업 허가를 취소하거나 6개월 이내의 기간을 정하여 영업의 전부 또는 일부 정지를 명함과 동시에 기간을 정하여 보관폐기물에 대한 처리를 명하여야 한다.

5. 행정대집행

(1) 폐기물관리법 제49조 제2항
관할행정청은 제39조의3에 따른 명령을 받은 자가 그 명령을 이행하지 아니하면 「행정대집행법」에 따라 대집행(代執行)을 하고 그 비용을 징수할 수 있다

(2) 사안의 경우
관할행정청은 폐기물처리업자 乙이 동법 제39조의3에 따른 명령을 받고도 이를 이행하지 아니하면 대집행을 하고 그 비용을 징수할 수 있다.

6. 형사고발

(1) 폐기물관리법 제66조 제9호
폐기물관리법 제25조 제9항에 따른 준수사항을 지키지 아니하고 폐기물을 처리한 자는 2년 이하의 징역이나 2천만 원 이하의 벌금에 처한다.

(2) 사안의 경우
관할행정청은 甲 회사가 폐기물관리법 제25조 제9항의 준수사항을 지키지 아니한 乙을 형사고발하여 형사처벌을 받도록 조치할 수 있다.

7. 결론
관할 행정청은 폐기물관리법 제25조 제9항 제2호를 위반한 폐기물처리업자 乙에 대하여 (1) 반입정지명령, (2) 폐기물처리업 허가취소, (3) 폐기물처리명령, (4) 행정대집행, (5) 형사고발 조치 등을 할 수 있다.

2020년도 시행 제9회 변호사시험

〈제1문〉

「대기환경보전법」에 따른 배출시설을 설치·운영하는 사업장을 가지고 있는 甲 회사는 자신의 매출을 증가시키기 위하여 첨단 신소재 매트리스 침대를 전략상품으로 개발해서 판매를 시작하였다. 甲 회사의 침대가 전국적인 인기를 얻게 되자 매출이 저감된 乙 회사는 甲 회사 침대의 인기비결과 특수성을 검토하기 위하여 비밀리에 甲 회사의 침대를 분해하여 실험하던 중, 매트리스에 카드뮴, 벤젠, 크실렌 등이 법령상 허용치의 5배 이상 들어 있다는 사실을 발견하고 시민단체와 언론사에 제보하였다. 지난 1년 사이에 甲 회사의 침대를 구매한 수십만 명의 소비자들이 이 소식에 크게 놀라서 대책을 요구하자, 정부는 甲 회사에 대해 문제된 제품의 긴급수거조치를 권고하였다. 甲 회사는 전국에 판매된 수십만 개의 매트리스의 일부를 폐기하기 위하여 긴급수거하였고, 생산 중이던 제품의 생산을 전면 중단하였다. 甲 회사는 수거된 매트리스와 생산 후 판매되지 않은 매트리스를 서울 구로구(상세 주소 생략) 등 30여 필지 35,011㎡에 소재한 자신 소유의 본사 창고와 공장하역장(이하 '이 사건 부지'라고 함)에 기존 사업장폐기물과 분리하지 않고 적치하였고, 그 상태가 1년 이상 지속되고 있었다. 이 소식을 알게 된 본사 인근 주민들이 관할 행정청에게 필요한 조치를 요구하고 있다.

1. 甲 회사가 이 사건 부지에 적치한 매트리스가 「폐기물관리법」상 폐기물에 해당하는지 여부에 대해 검토하시오. (10점)

2. 설문의 사안에서 관할 행정청이 甲 회사에 대하여 「폐기물관리법」상 취할 수 있는 조치에 대해 검토하시오. (30점)

문제해설 [2020년 제9회 변시 제1문] 문제 1. 해설

1. 문제
甲 회사가 이 사건 부지에 적치한 매트리스가 폐기물관리법상 폐기물에 해당하는지 여부가 문제된다.

2. 폐기물관리법상 폐기물 해당여부

(1) 폐기물관리법 제2조 제1호
"폐기물"이란 쓰레기, 연소재(燃燒滓), 오니(汚泥), 폐유(廢油), 폐산(廢酸), 폐알칼리 및 동물의 사체(死體) 등으로서 사람의 생활이나 사업활동에 필요하지 아니하게 된 물질을 말한다.

(2) 판례
사업장에서 배출되는 물질이 당해 사업장의 사업 활동에 필요하지 아니하게 된 이상, 그 물질은 폐기물관리법에서 말하는 폐기물에 해당하고, 당해 사업장에서 폐기된 물질이 재활용 원료로 공급된다고 해서 폐기물로서의 성질을 상실하는 것은 아니다.

(3) 사안의 경우
甲 회사의 이 사건 부지에 적치된 매트리스는 카드뮴, 벤젠, 크실렌 등이 법령상 허용치의 5배 이상 들어 있어 정부의 권고를 받아 폐기하기 위하여 긴급수거한 후 기존 사업장폐기물과 분리하지 않고 적치된 것으로, 더 이상 사람의 생활이나 사업활동에 필요하지 아니하게 된 물질에 해당하는바, 폐기물관리법상의 폐기물에 해당한다.

3. 결론
甲 회사가 이 사건 부지에 적치한 매트리스는 폐기물관리법상 폐기물에 해당한다.

문제해설 [2020년 제9회 변시 제1문] 문제 2. 해설

1. 문제

관할행정청이 대기환경보전법에 따른 배출시설을 설치·운영하는 사업자 甲 회사가 사업장폐기물 등을 1년 이상 적치만 하고 처리하지 않고 있는 경우, 폐기물관리법상 취할 수 있는 행정조치가 문제된다.

2. 배출자에 대한 폐기물처리명령

(1) 폐기물관리법 제39조의2 제1항

환경부장관 또는 시·도지사(이하 '관할행정청')는 사업장폐기물 배출자가 제13조에 따른 폐기물의 처리기준과 방법으로 정한 보관기간을 초과하여 폐기물을 보관하는 경우에는 사업장폐기물 배출자에게 기간을 정하여 폐기물의 처리를 명할 수 있다.

(2) 동법 제13조의 폐기물처리기준

폐기물관리법 시행규칙 제14조 별표 5.에 해당 사업장에서 배출되는 "사업장배출시설계 폐기물"을 "사업장생활계 폐기물"과 혼합되지 아니하도록 하여야 한다.

(3) 동법 제13조의 폐기물보관방법

폐기물관리법 시행규칙 제14조 별표 5.에 사업장일반폐기물 배출자는 그의 사업장에서 발생하는 폐기물을 보관이 시작되는 날부터 90일(중간가공 폐기물의 경우는 120일을 말한다)을 초과하여 보관하여서는 아니 된다.

(4) 사안의 경우

甲 회사가 폐기하기 위하여 긴급수거한 매트리스와 폐기하여야 할 생산 후 판매하지 않은 매트리스를 기존 사업장폐기물과 분리하지 않고 적치하고, 허용된 보관기간인 90일을 초과하여 1년 이상 지속하여 보관한 것은 폐기물관리법 제13조에 따른 처리기준과 보관기관을 위반한 것인바, 관할행정청은 甲 회사에게 기간을 정하여 폐기물처리를 명할 수 있다.

3. 폐기물처리에 대한 조치명령

(1) 폐기물관리법 제48조 제1항 제1호

관할행정청은 부적정처리폐기물(제13조에 따른 폐기물의 처리기준과 방법을 위반하여 버려지거나 매립되는 폐기물)을 발생시킨 자(이하 "조치명령 대상자")에게 기간을 정하여 폐기물의 처리방법 변경, 폐기물의 처리 또는 반입 정지 등 필요한 조치를 명할 수 있다.

(2) 사안의 경우

상술한 바와 같이 甲 회사는 동법 제13조를 위반한 부적정처리폐기물을 발생시킨 자에 해당하는바, 동법 제48조 제1항에 따라 기간을 정하여 폐기물의 처리 방법 변경, 폐기물의 처리 또는 반입 정지 등 필요한 조치명령을 할 수 있다.

4. 과징금 부과

(1) 폐기물관리법 제48조의5 제1항

환경부장관, 시·도지사 또는 시장·군수·구청장은 제48조제1항제1호부터 제8호까지의 규정 중 어느 하나에 해당하는 자가 폐기물을 부적정 처리함으로써 얻은 부적정처리이익(부적정 처리함으로써 지출하지 아니하게 된 해당 폐기물의 적정 처리비용 상당액을 말한다. 이하 이 조에서 같다)의 3배 이하에 해당하는 금액과 폐기물의 제거 및 원상회복에 드는 비용을 과징금으로 부과할 수 있다.

(2) 사안의 경우

관할행정청은 동법 제48조 제1항 제1호에 해당하는 甲회사를 상대로 부적정처리이익의 3배에 해당하는 금액과 폐기물 제거 및 원상회복에 드는 비용을 과징금으로 부과할 수 있다.

5. 행정대집행

(1) 폐기물관리법 제49조 제1항

관할행정청은 대집행기관으로 동법 제39조의 2, 제48조에 따른 명령을 받은 자가 그 명령을 이행하지 아니하면 「행정대집행법」에 따라 대집행(代執行)을 하고 그 비용을 징수할 수 있다.

(2) 사안의 경우

관할행정청이 동법 제39조의2 제1항, 제48조에 따른 명령을 하고도 甲 회사가 이를 이행하지 아니하면 대집행을 하고 그 비용을 징수할 수 있다.

6. 형사고발

(1) 폐기물관리법 제66조 제1호

폐기물관리법 제13조를 위반하여 폐기물을 처리한 자는 2년 이하의 징역이나 2천만 원 이하의 벌금에 처한다.

(2) 사안의 경우

관할행정청은 甲 회사가 폐기물관리법 제66조 제1호에 위반된 사실을 형사고발하여 형사처벌을 받도록 조치할 수 있다.

7. 결론

관할 행정청은 甲 회사에 대하여 (1) 동법 제39조의 2를 근거로 기간을 정하여 폐기물처리, (2) 동법 제48조 제1항에 따라 폐기물의 처리 방법변경, 폐기물의 처리 또는 반입 정지 등 필요한 조치명령을 하고, (3) 과징금을 부과하고, (4) 이를 이행하지 아니하면 행정대집행을 하고, (5) 형사고발 조치 등을 할 수 있다.

2016년도 시행 제5회 변호사시험

<제1문>

甲은 A시에서 화학제품을 제조하는 사업장을 운영하고 있다. 甲의 사업장에서는 주변 환경을 오염시킬 수 있는 폐유가 월 평균 20톤씩 배출되고 있다.

乙주식회사(이하 '乙'이라 한다)는 2014. 4. 30. 관할 행정청으로부터 각종 폐유의 폐기물 중간처리업 허가를 받아 5,000㎡ 면적의 X 토지 위에 폐유처리시설, 폐유저장고, 탱크로리 3대 등의 시설을 갖추고 폐기물처리업을 운영하였다. 乙은 영업을 시작하기 전에 폐기물처리공제조합 丙(이하 '丙'이라 한다)에게 분담금을 납부하였다.

그런데 乙은 2015. 2. 15. 경영악화로 인하여 휴업을 한 채 폐유저장고에 있던 1,000리터의 폐유를 방치하였다. 또한 X 토지 위에는 乙이 수거해 온 TV, 냉장고 등 가전폐기물도 10톤이 쌓여 있다. 한편, 丁은 폐기물 중간처리업을 하기 위하여 2015. 9. 10. 乙로부터 X 토지 및 폐기물처리시설 등을 양수하였다.

[참조조문]

「폐기물관리법 시행령」 [별표 1] 지정폐기물의 종류

1. 특정시설에서 발생되는 폐기물
2. 부식성 폐기물
3. 유해물질함유 폐기물(환경부령으로 정하는 물질을 함유한 것으로 한정한다)
4. 폐유기용제
5. 폐페인트 및 폐래커(다음 각 목의 것을 포함한다)
6. 폐유
7. 폐석면
8. 폴리클로리네이티드비페닐 함유 폐기물
9. 폐유독물질
10. 의료폐기물
11. 그 밖에 주변환경을 오염시킬 수 있는 유해한 물질로서 환경부장관이 정하여 고시하는 물질

1. 甲은 乙에게 폐유의 처리를 위탁하려고 한다. 甲이 폐유를 위탁처리하기 전에 취하여야 할 「폐기물관리법」상의 조치는 무엇인지 검토하시오. (25점)

2. 乙의 X 토지 내 폐유저장고에 있는 폐유의 처리를 위하여 관할 행정청은 누구에게 어떠한 조치를 취할 수 있는지 「폐기물관리법」을 근거로 검토하시오. (40점)

3. 관할 행정청이 丙에게 폐유뿐만 아니라 X 토지 위에 쌓여 있던 가전폐기물의 처리를 함께 명하였다. 이에 丙은 가전폐기물은 영업대상 폐기물이 아니므로 이를 처리할 의무가 없다고 주장하고 있다. 이 주장의 당부에 대하여 검토하시오. (15점)

문제해설 [2016년 제5회 변시 제1문] 문제 1. 해설

1. 문제
(1) 폐유의 지정폐기물 해당여부, (2) 폐기물법상의 사전조치가 문제된다.

2. 폐유의 지정폐기물 해당여부

(1) 폐기물관리법 제2조 제4호
지정폐기물이란 사업장폐기물 중 폐유·폐산 등 주변 환경을 오염시킬 수 있거나 의료폐기물 등 인체에 위해를 줄 수 있는 해로운 물질로서 대통령령으로 정하는 폐기물을 말한다.

(2) 폐기물관리법 시행령 제3조
법 제2조 제4호에 따른 지정폐기물의 종류 제6호에 폐유가 규정되어 있다.

(3) 사안의 경우
폐유는 폐기물관리법 제2조 제4호의 지정폐기물에 해당된다.

3. 폐기물법상의 사전조치

(1) 수탁자의 처리능력 확인

1) 폐기물관리법 제17조 제1항 제3호
사업장폐기물을 배출하는 사업자는 제18조제1항에 따라 폐기물의 처리를 위탁하려면 사업장폐기물배출자는 수탁자가 제13조에 따른 폐기물의 처리 기준과 방법 또는 제13조의2에 따른 폐기물의 재활용 원칙 및 준수사항에 맞게 폐기물을 처리할 능력이 있는지를 환경부령으로 정하는 바에 따라 확인한 후 위탁하여야 한다.

2) 사안의 경우
지정폐기물인 폐유를 처리하려는 甲은 수탁자 乙이 폐기물을 기준에 맞게 처리할 능력이 있는지에 대하여 확인을 하지 않은 경우 조치명령의 대상이 되므로, 수탁자 乙이 폐기물을 처리할 능력이 있는지를 확인을 한 후에 위탁하여야 한다.

(2) 환경부장관의 확인

1) 폐기물관리법 제17조 제5항
환경부령으로 정하는 지정폐기물을 배출하는 사업자는 그 지정폐기물을 제18조제1항에 따라 처리하기 전에 ① 폐기물처리계획서, ② 폐기물분석결과서, ③ 수탁처리자의 수탁확인서 등을 환경부장관에게 제출하여 확인을 받아야 한다.

2) 사안의 경우
甲은 폐기물처리계획서, 폐기물분석결과서, 수탁확인서등을 환경부장관에게 제출하여 확인을 받아야 한다.

4. 결론
甲은 지정폐기물인 폐유를 위탁처리하기 전에 수탁자 乙의 처리능력을 확인하고, 폐기물처리계획서, 폐기물분석결과서, 수탁확인서등을 환경부장관에게 제출하여 확인을 받아야 한다.

문제해설 [2016년 제5회 변시 제1문] 문제 2. 해설

1. 문제
방치폐기물에 대하여 위탁자인 甲, 수탁자인 乙, 폐기물처리공제조합인 丙, 양수인 丁에게 관할행정청이 취할 수 있는 조치가 문제된다.

2. 폐기물처리에 대한 조치명령의 대상자

(1) 폐기물관리법 제48조 제1항

환경부장관, 시·도지사 또는 시장·군수·구청장은 폐기물이 제13조에 따른 폐기물의 처리 기준과 방법 또는 제13조의2에 따른 폐기물의 재활용 원칙 및 준수사항에 맞지 아니하게 처리되거나 제8조 제1항 또는 제2항을 위반하여 버려지거나 매립되면 동조 제1항 각호에 해당하는 자에게 에게 기간을 정하여 폐기물의 처리방법 변경, 폐기물의 처리 또는 반입 정지 등 필요한 조치를 명할 수 있다.

(2) 사안의 경우

환경부장관과 A시장은 폐기물관리법 제48조 제1항 각호 사유에 해당하는 자에게 필요한 조치를 명할 수 있는 바, 甲, 乙, 丙, 丁이 이에 해당되는지가 논의된다.

3. 甲의 경우

(1) 폐기물관리법 제17조 제1항 제3호

사업장폐기물을 배출하는 사업자는 제18조제1항에 따라 폐기물의 처리를 위탁하려면 사업장폐기물배출자는 수탁자가 제13조에 따른 폐기물의 처리 기준과 방법 또는 제13조의2에 따른 폐기물의 재활용 원칙 및 준수사항에 맞게 폐기물을 처리할 능력이 있는지를 환경부령으로 정하는 바에 따라 확인한 후 위탁하여야 한다.

(2) 사안의 경우

지정폐기물인 폐유를 처리하려는 甲은 수탁자 乙이 <u>폐기물을 기준에 맞게 처리할 능력이 있는지에 대하여 확인을 하지 않은 경우, 제48조 제1항 제3호 단서에서 규정한 제17조 제1항 제3호 위반자에 해당</u>하는 바, 폐기물처리에 대한 조치명령 대상자에 해당된다.

4. 乙의 경우

(1) 폐기물관리법 제40조 제2항

시·도지사는 제1항에 따른 폐기물처리업자나 폐기물처리 신고자가 대통령령으로 정하는 기간을 초과하여 휴업을 하거나 폐업 등으로 조업을 중단하면 기간을 정하여 그 폐기물처리업자나 폐기물처리 신고자에게 그가 보관하고 있는 폐기물의 처리를 명할 수 있다.

(2) 폐기물관리법 시행령 제20조 제1항

법 제40조제2항에서 "대통령령으로 정하는 기간"이란 다음 각 호의 기간을 말한다.
  1. 동물성 잔재물과 의료폐기물 중 조직물류폐기물 등 부패나 변질의 우려가 있는 폐기물인 경우 : 15일

2. 폐기물의 방치로 생활환경 보전상 중대한 위해가 발생하거나 발생할 우려가 있는 경우 : 폐기물의 처리를 명할 수 있는 권한을 가진 자가 3일 이상 1개월 이내에서 정하는 기간

3. 제1호와 제2호 외의 경우 : 1개월

(3) 사안의 경우

乙은 휴업하여 1개월 넘게 영업을 중단한 상태에 있으므로 A시장은 기간을 정하여 乙에게 폐기물 처리를 명할 수 있다.

5. 丙의 경우

(1) 폐기물관리법 제40조 제4항

환경부장관 또는 시·도지사는 제2항 또는 제3항에 따른 명령을 받은 자가 그 명령을 이행하지 아니하면 그가 보관하고 있는 방치폐기물의 처리에 관하여 다음 각 호의 조치를 할 수 있다.

1. 제1항 제1호에 따른 분담금을 낸 경우 : 제41조에 따른 폐기물 처리 공제조합에 대한 방치폐기물의 처리 명령

(2) 사안의 경우

환경부장관 또는 A시장은 乙이 폐기물처리명령을 받고서도 이를 이행하지 아니하고 보관하는 폐기물에 대하여 공제조합 丙이 처리하도록 명할 수 있다.

6. 丁의 경우

(1) 폐기물관리법 제33조 제1항

폐기물처리업자 등이 영업을 양도한 경우에 그 양수인이 존속하는 법인의 허가·승인·등록 또는 신고에 따른 권리·의무를 승계한다.

(2) 폐기물관리법 제40조 제3항

환경부장관 또는 시·도지사는 폐기물처리업자나 폐기물처리 신고자에게 처리명령을 하였음에도 불구하고 처리되지 아니한 폐기물이 있으면 제33조제1항 또는 제2항에 따라 권리·의무를 승계한 자에게 기간을 정하여 폐기물의 처리를 명할 수 있다.

(3) 사안의 경우

환경부장관과 A시장은 乙의 의무를 승계한 丁에게 폐유의 처리를 명할 수 있다.

7. 결론

환경부장관과 A시장은 (1) 甲에게는 폐기물관리법 제48조 제1항 제3호, (2) 乙에게는 폐기물관리법 제40조 제2항, (3) 丙에게는 폐기물관리법 제40조 제4항, (4) 丁에게는 폐기물관리법 제40조 제3항을 근거로 폐기물에 대한 처리명령을 할 수 있다.

문제해설 [2016년 제5회 변시 제1문] 문제 3. 해설

1. 문제

   폐기물처리공제조합에 대하여 조합원의 영업대상 폐기물이 아닌 방치폐기물에 대한 처리명령을 할 수 있는지가 문제된다.

2. 방치폐기물에 대한 처리명령 가부

   (1) **관련 조문** - 환경부장관 또는 시·도지사가 제4항 제1호에 따라 폐기물 처리 공제조합에 방치폐기물의 처리를 명할 때에는 처리량과 처리기간에 대하여 대통령령으로 정하는 범위 안에서 할 수 있도록 명하여야 한다(폐기물관리법 제40조 제11항).

   (2) **판례** - 공제조합의 설립목적이나 취지에 고려할 때, 공제조합의 조합원이 방치한 폐기물이면 그 종류 여하를 불문하고 공제조합이 이를 먼저 처리한 후 폐기물을 방치한 조합원에게 그 비용을 구상할 수 있는 것으로 해석함이 상당하므로 공제조합에게 조합원의 영업대상폐기물이 아닌 방치폐기물에 대하여도 방치폐기물 처리명령을 할 수 있다.

   (3) **사안의 경우** - 폐기물처리공제조합이 처리하여야 할 폐기물들에 관하여 영업대상폐기물로 제한하고 있지 아니한바, 관할 행정청이 丙에게 폐유뿐만 아니라 X 토지 위에 쌓여 있던 가전폐기물의 처리를 함께 명할 수 있다.

3. 결론

   丙은 가전폐기물은 영업대상 폐기물이 아니므로 이를 처리할 의무가 없다고 주장은 부당하다.

2013년도 시행 제2회 변호사시험

〈제2문〉

甲은 2012. 3. 자신의 사업장에서 배출되는 오니를 포함한 공정잔해물(이하 '오니 등'이라 한다)을 폐기물 중간재활용업을 하고 있는 乙에게 처리를 위탁하였다.

乙은 수거해 온 오니 등의 일부를 1년 전 자신에게 토지사용을 승낙한 바 있는 丙이 소유하고 있는 토지 위에 적치하였고, 나머지 오니 등은 2012. 5.부터 파쇄, 선별, 풍화, 혼합 및 숙성의 방법으로 가공하여 A라는 물질을 만들어 판매해 오고 있다. A물질은 재생벽돌 및 도로포장재 등의 제품을 만드는 원료로 사용되고 있다. A물질은 한 동안 수요가 증가하였으나 더 값싼 대체물질이 개발되자 수요가 감소하였고, 乙은 판매하지 못하고 남아 있던 A물질을 자신의 사업장에 노상적치하여 놓았다.

그런데 乙사업장 부지 주변에서 악취가 발생하고 있다는 인근 주민의 민원이 제기되자 관할 행정청에서는 원인조사에 들어갔다. 관할 행정청은 악취의 원인이 노상적치되어 있는 A물질이 흩날리거나 노출되는 과정에서 발생하는 것이라는 사실을 알게 되었다. 이에 일정한 조치를 강구하고 있다.

한편, 2012. 9. 근저당권이 설정되어 있던 甲 소유의 사업장과 부속 건물 등에 대하여 일괄 경매가 실시되었고, 丁이 이를 경락받아 소유권을 취득하였다. 그런데 甲의 사업장 지상에는 2012. 3.부터 오니 등이 처리되지 않고 적치되어 있었다. 이에 관할 행정청은 丁에게 지상에 적치되어 있는 오니 등을 일정한 기간을 정하여 처리할 것을 명령하였다.

1. 관할 행정청은 乙이 A물질을 폐기물관리법상의 처리기준에 반하여 보관하고 있다는 이유로 고발하였고, 검찰은 乙을 폐기물관리법 위반으로 기소하였다. 이에 乙은 동법을 위반하지 않았다고 주장하고 있다. 乙 주장의 당부에 대하여 검토하시오. (20점)

2. 丙의 토지에 폐기물처리기준에 반하여 오랜 기간 적치되어 있는 오니 등으로 인하여 주변 환경이 심각하게 오염되고 있다. 관할 행정청은 환경오염정화를 위하여 신속하게 오니 등을 처리하기 위한 조치를 강구하고 있다. 관할 행정청이 어떠한 조치 등을 취할 수 있는지 폐기물관리법에 근거하여 검토하시오. (30점)

3. 관할 행정청이 경락받은 사업장에 적치되어 있는 오니 등을 처리할 것을 丁에게 명령한 것이 적법한지와 丁이 甲에 대하여 오니 등을 수거하고 해당 부지를 인도하라는 소송상 청구의 인용 가능성에 대하여 각각 검토하시오. (30점)

문제해설 [2013년 제2회 변시 제2문] 문제 1. 해설

1. 문제
乙의 폐기물관리법 위반여부가 문제된다.

2. 乙의 폐기물관리법 위반여부

(1) 폐기물관리법 제66조 제1호
폐기물관리법 제13조를 위반하여 폐기물을 처리하여 주변환경을 오염시킨 자는 2년 이하의 징역이나 2천만 원 이하의 벌금에 처한다.

(2) 폐기물관리법 제13조 위반여부

1) A물질의 폐기물 해당여부
   ① **의의** - "폐기물"이란 쓰레기, 연소재, 오니, 폐유, 폐산, 폐알칼리 및 동물의 사체 등으로서 사람의 생활이나 사업활동에 필요하지 아니하게 된 물질을 말한다(폐기물관리법 제2조 제1호).
   ② **판례** - 사업장에서 배출되는 물질이 당해 사업장의 사업 활동에 필요하지 아니하게 된 이상 그 물질은 폐기물에 해당한다고 보아야 하고, 당해 사업장에서 폐기된 물질이 재활용 원료로 공급된다고 해서 폐기물로서의 성질을 상실하는 것은 아니다.
   ③ **사안의 경우** - 乙은 甲이 배출한 오니 중 일부를 2012. 5.부터 파쇄, 선별, 풍화, 혼합 및 숙성의 방법으로 가공하여 A라는 물질을 만들어 판매해 오고 있고 A물질은 재생벽돌 및 도로포장재 등의 제품을 만드는 원료로 사용되고 있다 하더라도 폐기물로서의 성질을 상실하지 않는바, A물질은 여전히 폐기물이다.

2) 폐기물관리방법 준수여부
   ① **관련 조문** - 폐기물을 처리하는 자는 수집·운반·보관의 과정에서 폐기물이 흩날리거나 누출되지 아니하도록 하고, 침출수가 유출되지 아니하도록 하며, 침출수가 생기는 경우에는 환경부령으로 정하는 바에 따라 처리해야 한다(폐기물관리법 제13조 제1항, 시행령 제7조 제1항 제2호).
   ② **사안의 경우** - A물질이 노상에 적치되고 있고 흩날리고 노출되어 주변에 악취를 발생시켜, 폐기물이 적법하게 관리되고 있지 못하고 있는바, 폐기물관리방법을 준수하지 못한 위법사실이 존재한다.

(3) 소결
乙은 폐기물관리법 제13조를 위반하였다.

3. 결론
따라서, 乙이 폐기물관리법을 위반하지 않았다는 주장은 부당하다.

문제해설 [2013년 제2회 변시 제2문] 문제 2. 해설

1. 문제
甲, 乙, 丙에게 폐기물관리법의 어떠한 조치를 할 수 있는지가 문제된다.

2. 폐기물처리에 대한 조치 명령의 대상자 여부

(1) 폐기물관리법 제48조 제1항

환경부장관, 시·도지사 또는 시장·군수·구청장은 폐기물이 제13조에 따른 폐기물의 처리 기준과 방법 또는 제13조의2에 따른 폐기물의 재활용 원칙 및 준수사항에 맞지 아니하게 처리되거나 제8조 제1항 또는 제2항을 위반하여 버려지거나 매립되면 각호에 해당하는 자에게 기간을 정하여 폐기물의 처리방법 변경, 폐기물의 처리 또는 반입 정지 등 필요한 조치를 명할 수 있다.

(2) 甲의 경우

1) 폐기물관리법 제48조 제1항 제3호

행정청은 부적정처리폐기물처리를 위탁한 자가 제17조 제1항 제3호에 따른 의무를 위반하거나 그 밖의 귀책사유가 있다고 인정되는 경우로 한정한다

2) 폐기물관리법 제17조 제1항 제3호

사업장폐기물을 배출하는 사업자(이하 "사업장폐기물배출자"라 한다)는 폐기물의 처리를 위탁하려면 환경부령으로 정하는 위탁·수탁의 기준 및 절차를 따라야 하며, 해당 폐기물의 처리과정이 제13조에 따른 폐기물의 처리 기준과 방법 또는 제13조의2에 따른 폐기물의 재활용 원칙 및 준수사항에 맞게 이루어지고 있는지를 환경부령으로 정하는 바에 따라 확인하는 등 필요한 조치를 취하여야 한다.

3) 사안의 경우

甲은 2012. 3. 자신의 사업장에서 배출되는 오니를 포함한 공정잔해물(이하 '오니 등'이라 한다)을 폐기물 중간재활용업을 하고 있는 乙에게 처리를 위탁하였고, 그 당시에 동법 제17조 제1항 제3호에 따른 의무를 준수하지 않았는바, 동법 제48조 제1항 제3호 위반자에 해당한다.

(3) 乙의 경우

1) 폐기물관리법 제48조 제1항 제1호

행정청은 부적정처리폐기물을 발생시킨 자에게 기간을 정하여 조치 명령 등을 할 수 있다. 부적정처리폐기물이란 제13조에 따른 폐기물의 처리 기준과 방법 또는 제13조의2에 따른 폐기물의 재활용 원칙 및 준수사항에 맞지 아니하게 처리되거나 제8조 제1항 또는 제2항을 위반하여 버려지거나 매립되는 폐기물을 말한다.

2) 사안의 경우

乙은 상술한 바와 같이 동법 제13조를 위반하여 부적정폐기물을 발생시켰으므로 제48조 제1항 제1호에 해당하는바, 폐기물처리에 대한 조치명령 대상자에 해당된다.

(4) 丙의 경우

1) 폐기물관리법 제48조 제1항 제9호

행정청은 다른 사람에게 자기 소유의 토지 사용을 허용한 경우 부적정처리폐기물이 버려지거나 매립된 토지의 소유자에게 기간을 정하여 조치 명령 등을 할 수 있다.

2) 사안의 경우

丙은 乙에게 자기 소유의 토지 사용을 허용한 자로서 제48조 제1항 제9호에 해당하는바, 폐기물 처리에 대한 조치명령 대상자에 해당된다.

3. 과징금 부과

(1) 폐기물관리법 제48조의5 제1항

환경부장관, 시·도지사 또는 시장·군수·구청장은 제48조 제1항 제1호부터 제8호까지의 규정 중 어느 하나에 해당하는 자가 폐기물을 부적정 처리함으로써 얻은 부적정처리이익(부적정 처리함으로써 지출하지 아니하게 된 해당 폐기물의 적정 처리비용 상당액을 말한다. 이하 이 조에서 같다)의 3배 이하에 해당하는 금액과 폐기물의 제거 및 원상회복에 드는 비용을 과징금으로 부과할 수 있다.

(2) 사안의 경우

관할 행정청은 甲, 乙에게 부적정처리이익의 3배 이하에 해당하는 금액과 폐기물의 제거 및 원상회복에 드는 비용을 과징금으로 부과할 수 있다.

4. 대집행

(1) 폐기물관리법 제49조 제1항

환경부장관, 시·도지사 또는 시장·군수·구청장(이하 "대집행기관"이라 한다)은 제48조에 따른 명령을 받은 자가 그 명령을 이행하지 아니하면 「행정대집행법」에 따라 대집행(代執行)을 하고 그 비용을 징수할 수 있다.

(2) 사안의 경우

관할행정청은 甲, 乙, 丙에게 폐기물처리조치를 명하고, 이를 이행하지 않을 경우에는 폐기물법 제49조의 대집행을 하고 그 비용을 구상할 수 있다.

5. 형사고발

(1) 폐기물관리법 제65조 제23호

제48조에 따른 조치명령을 이행하지 아니한 자는 3년 이하의 징역이나 3천만원 이하의 벌금에 처한다.

(2) 사안의 경우

관할행정청은 甲, 乙, 丙이 조치명령을 이행하지 아니한 경우에 3년 이하의 징역이나 3천만 원 이하의 벌금에 처하도록 형사고발 조치할 수 있다.

6. 결론

관할행정청은, (1) 甲, 乙에게 과징금과 폐기물 제거 및 원상회복비용을 부과할 수도 있고, (2) 甲, 乙, 丙에게는 대집행 이후 그 비용을 징수할 수도 있고, (3) 甲, 乙, 丙이 조치명령을 이행하지 아니한 경우에 3년 이하의 징역이나 3천만 원 이하의 벌금에 처하도록 형사고발 조치할 수 있다.

문제해설 [2013년 제2회 변시 제2문] 문제 3. 해설

1. 문제
(1) 丁에 대한 조치명령의 적법성, (2) 甲에 대한 유지청구 가부가 문제된다.

2. 丁에 대한 조치명령의 적법성

(1) 폐기물관리법 제17조 제9항
민사집행법에 따른 경매에 따른 압류재산의 매각, 그밖에 이에 준하는 절차에 따라 사업장폐기물 배출자의 사업장 전부 또는 일부를 인수한 자는 그 사업장폐기물과 관련한 권리와 의무를 승계한다.

(2) 사안의 경우
丁은 甲에 대한 사업장과 부속물을 경락받아 소유권을 취득하여 甲의 의무를 승계한 자로 조치명령의 대상자인바, 관할행정청의 丁에 대한 조치명령은 적법하다.

3. 甲에 대한 유지청구 가부

(1) 관련 법리
丁은 사업장과 부속물에 대한 소유권자로서 민법 제213 및 제214조에 근거하여 오니 등의 제거를 청구할 수 있다.

(2) 판례
승계규정은 방치되는 폐기물의 발생을 예방하기 위하여 오염원인자 책임원칙을 확장한 것으로 위와 같은 인수자가 사업장폐기물배출자의 공법상 권리·의무를 승계한다는 취지일 뿐이지, 사업장폐기물배출자의 사법상 권리·의무까지 당연히 승계되는 것은 아니다.

(3) 사안의 경우
丁이 소유권을 취득하였다고 하여 甲의 丁에 대한 사법상 의무가 승계되어 소멸되는 것은 아니므로 丁은 甲에게 폐기물에 대한 제거청구를 할 수 있다.

4. 결론
(1) 행정청의 丁에 대한 조치명령은 적법하다.
(2) 丁의 甲에 대한 방해배제청구는 인용된다.

2012년도 시행 제1회 변호사시험

〈제2문〉

A는 자신이 소유하는 토지 위에서 철물을 주조·가공하는 공장을 운영하면서 다량의 철강슬래그 등을 장기간에 걸쳐 매립하여 왔다. 그러나 불황으로 철강공장의 운영이 어려워진 A는 폐업을 결정했고, 공장부지(이하 "이 사건 토지"라 한다)를 B에게 매도하였다. 이 사건 토지를 인도받은 B는 이 사건 토지에 업무용 빌딩을 건축하기로 하였다. 그런데 위 철강공장이 가동된 이후 질병으로 고생하는 인근 주민들이 유달리 많아졌음을 이상하게 생각한 인근 주민 C는 관할 행정청 甲시장에게 토양환경보전법상의 적절한 조치를 취해줄 것을 요구했다. 이에 甲시장은 토양오염실태조사를 실시한 바, 그 결과 토양환경보전법 제2조 제2호 및 같은 법 시행규칙 제1조의2 [별표 1]에서 규정하는 토양오염물질인 구리, 비소, 수은 및 납이 같은 법 제4조의2 및 같은 법 시행규칙 제1조의5 [별표 3]에서 규정하는 토양오염우려기준을 초과하는 것으로 나타났다. 이에 甲시장은 A와 B에 대하여 토양환경보전법상의 조치를 취할 것인지를 검토하고 있다.

3. 만일 甲시장의 조치를 염려한 B가 이 사건 토지로부터 오염토양을 분리하여 폐기물처리업허가를 받지 못한 공사업체에 이 분리된 오염토양을 폐기물로 처리하도록 위탁했다면, B를 폐기물관리법에 따라 처벌할 수 있는지를 검토하시오. (20점)

문제해설 [2012년 제1회 변시 제2문] 문제 3. 해설

1. 문제
B의 폐기물관리법상 처벌가부가 문제된다.

2. B의 폐기물관리법상 책임

(1) 폐기물관리법 제18조 제1항 및 제65조 제11호
사업장폐기물배출자는 그의 사업장에서 발생하는 폐기물을 스스로 처리하거나 폐기물처리업의 허가를 받은 자, 폐기물처리 신고자, 폐기물처리시설을 설치·운영하는 자에게 위탁하여 처리하여야 한다. 이를 위반한 경우에는 3년 이하의 징역이나 3천만 원 이하의 벌금에 처한다.

(2) 오염토양의 폐기물 해당여부
판례는 토양은 폐기물 기타 오염물질에 의하여 오염될 수 있는 대상일 뿐 오염토양이라 하여 동산으로서 '물질'인 폐기물에 해당한다고 할 수 없고, 나아가 오염토양은 법령상 절차에 따른 정화 대상이 될 뿐 법령상 금지되거나 그와 배치되는 개념인 투기나 폐기 대상이 된다고 할 수 없다.

(3) B의 경우
B가 이 사건 토지로부터 오염토양을 분리하여 폐기물처리업허가를 받지 못한 공사업체에 이 분리된 오염토양을 폐기물로 처리하도록 위탁하였더라도 오염토양은 폐기물에 해당하지 않는바, 폐기물관리법상의 책임은 지지 않는다.

3. 결론
B는 오염토양을 폐기물처리업허가를 받지 못한 업체에 처리하도록 위탁하였더라도 오염토양은 폐기물에 해당하지 않는바, 폐기물관리법 제18조 제1항 및 제65조 제11호 따라 처벌할 수 없다.

2022년도 제1회 변호사시험 모의시험

〈제1문〉

甲은 A시 관내에서 주변 축산농가로부터 반입한 액체비료의 원료인 가축의 분뇨(이하 '액비원료'라 함)를 가공하여 액체비료를 생산하는 비료생산업자이다. 그런데 반입한 '액비원료'가 모두 액체비료로 생산되지는 못하였고, 甲의 공장에서는 1일 400kg 이상의 '액비원료'가 액체비료 생산에 필요 없게 되어 처리를 위해 보관중이었다. 2017.8.31.경 처리를 위해 보관 중인 액비원료 1,000kg에 대해 빗물 등이 들어올 수 없도록 차단시설 등을 하지 않아 침출수 등이 위 공장 인근의 농경지로 흘러들게 하여 주변환경을 오염시켰다. 이후 甲은 보관 중인 위 액비원료를 처리하기 위해 2017.9.15. 폐기물처리업허가를 받은 처리업자 乙에게 처리를 위탁하였는데, 甲은 乙에게 위탁하면서 「폐기물관리법」 제17조 제1항 제3호에 따른 위탁기준을 따르지 아니하였다. 甲으로부터 액비원료처리를 수탁한 乙은 폐기물처리비용을 절감하기 위해 적정한 폐기물처리절차에 따르지 아니하고 액비원료의 일부를 자신이 임차하여 사용 중인 丁의 토지에 무단으로 매립하였다.

한편, 관할 행정청인 A시의 시장(이하 '시장'이라 함)은 인근주민들의 민원에 따라 丁의 토지를 조사하여 다량의 액비원료가 적정하게 처리되지 아니한 채 매립되어 토양과 지하수를 오염시키고 악취를 발산하고 있음을 확인한 후, 2017.10.25. 丁에 대해 「폐기물관리법」 제48조에 따라 토지에 무단으로 매립되어 있는 액비원료를 제거하라는 조치명령을 하였다. 2017.10.31. 甲의 비료생산업체는 丙에게 양도되었고, 2017.11.2. 丁의 토지는 戊(무)에게 양도되었는데, 丁과 乙간의 임대차관계는 戊에게 승계되었다. '시장'은 해당 토지에 여전히 액비원료가 제거되지 아니한 것을 확인하고 2017.11.15. 戊에 대해 「폐기물관리법」 제8조 제3항 및 A시의 조례에 따라 액비원료를 제거하라는 조치명령을 하였다. 또한 '시장'은 2017.8.31.의 침출수 등 유출과 관련하여 「폐기물관리법」 제66조 제1호의 따라 제13조에 의해 폐기물을 처리하려는 자가 준수할 사항을 위반하였다는 이유로 甲을 고발하였다.

1. 甲에 대한 '시장'의 고발과 관련하여 다음 설문에 답하시오.

    (1) 액비원료의 폐기물성과 甲의 「폐기물관리법」 제13조 위반여부를 검토하시오(15점).

    (2) 甲은 "액비원료가 공장에서 흘러나간 것이어서 생활폐기물이라고 할 수 없고, 위 공장은 폐기물을 배출하는 사업장이 아니어서 이를 사업장폐기물로도 볼 수 없으므로, 액비원료는 「폐기물관리법」상의 폐기물에 해당하지 않아 자신은 「폐기물관리법」을 위반하지 않았다"라고 주장한다. 甲의 위 주장이 타당한지 검토하시오(20점).

2. 戊는 '시장'이 동일한 토지의 동일한 폐기물인 액비원료에 대해 이미 丁에 대해 「폐기물관리법」 제48조에 따른 조치명령을 하였음에도 불구하고 다시 자신에게 「폐기물관리법」제8조 제3항에 따른 조치명령을 한 것은 위법하다며 '시장'의 폐기물제거 조치명령 취소소송을 제기하였다. 戊에 대한 조치명령이 「폐기물관리법」 제48조와 제8조 제3항의 관계에 비추어 적법한지 검토하시오(25점).

   ※ 조치명령의 절차적 요건이나 취소소송의 적법요건 등은 검토하지 않음.

3. 戊의 토지에 매립된 폐기물에 대해 '시장'이 「폐기물관리법」제48조에 의해 조치명령을 내릴 경우 명령의 대상자와 대상이 되는 사유 및 근거 조항을 적시하시오(20점).

문제해설 [2022년 제1차 제1문] 문제 1-(1). 해설

1. 문제

(1) 액비원료가 폐기물관리법상 폐기물의 정의에 비추어 폐기물에 해당되는지 여부, (2) 甲이 액비원료를 보관하고 있는 것이 폐기물처리에 해당하는지 여부가 문제된다.

2. 액비원료의 폐기물성

(1) 폐기물관리법 제2조 제1호

"폐기물"이란 쓰레기, 연소재(燃燒滓), 오니(汚泥), 폐유(廢油), 폐산(廢酸), 폐알칼리 및 동물의 사체(死體) 등으로서 사람의 생활이나 사업활동에 필요하지 아니하게 된 물질을 말한다.

(2) 판례

사업장에서 배출되는 물질이 당해 사업장의 사업 활동에 필요하지 아니하게 된 이상, 그 물질은 폐기물관리법에서 말하는 폐기물에 해당한다.

(3) 사안의 경우

액비원료는 액체비료의 원료이지만, 액체비료의 생산에 필요 없게 되어 처리를 위해 보관되고 있으므로, 이는 사람의 생활이나 사업활동에 필요하지 아니하게 된 물질로서 폐기물에 해당한다.

3. 甲의 폐기물관리법 제13조 위반 여부

(1) 관련조문

1) 폐기물을 처리하는 자는 보관의 과정에서 폐기물이 흩날리거나 누출되지 아니하도록 하고, 침출수가 유출되지 아니하도록 하며, 침출수가 생기는 경우에는 환경부령으로 정하는 바에 따라 처리해야 한다(폐기물관리법 제13조 제1항, 시행령 제7조 제1항 제2호).

2) "처리"란 폐기물의 수집, 운반, 보관, 재활용, 처분을 말한다(폐기물관리법 제2조 제5호의3).

(2) 사안의 경우 - 甲이 액비원료를 '보관'하는 것도 '처리'에 해당하므로 시행령으로 정하는 기준과 방법을 따라야 하고, 차단시설 등을 하지 않아 침출수 등이 위 공장 인근의 농경지로 흘러들게 하여 주변환경을 오염시켰는바, 폐기물관리법 제13조 위반에 해당한다.

4. 결론

(1) 액비원료는 폐기물에 해당하고, (2) 甲의 행위는 폐기물관리법 제13조 위반이다.

문제해설 [2022년 제1차 제1문] 문제 1-(2). 해설

1. 문제

액체비료가 생활폐기물 또는 사업장폐기물에 해당되는지가 문제 된다.

2. 생활폐기물 해당 여부

(1) 관련조문

"생활폐기물"이란 사업장폐기물 외의 폐기물을 말한다(폐기물관리법 제2조 제2호).

(2) 사안의 경우 – 액체비료가 폐기물에 해당하는 것은 상술한 바와 같고 사업장폐기물에 해당되지 않는다면 생활폐기물에 해당되는바, 폐기물에 해당하지 않아 폐기물관리법을 위반하지 않았다는 甲의 주장은 타당하지 않다.

3. 사업장폐기물 해당 여부

(1) 관련조문

1) "사업장폐기물"이란 「대기환경보전법」, 「물환경보전법」 또는 「소음·진동관리법」에 따라 배출시설을 설치·운영하는 사업장이나 그 밖에 대통령령으로 정하는 사업장에서 발생하는 폐기물을 말한다(폐기물관리법 제2조 제3호).

2) 대통령령으로 정하는 사업장이란 폐기물을 1일 평균 300킬로그램 이상 배출하는 사업장을 말한다(폐기물관리법 시행령 제2조 제7호).

(2) 사안의 경우 – 甲의 사업장은 1일 400kg 이상의 액비원료가 액체비료의 생산에 필요 없게 되어, 1일 300kg 이상 폐기물을 배출하는 사업장에 해당하므로, 이곳에서 배출되는 액비원료는 사업장폐기물에 해당된다.

4. 결론

甲의 사업장에서 배출되는 액비원료는 사업장폐기물에 해당되어 폐기물관리법 위반에 해당하는바, 甲의 주장은 타당하지 않다. 설령, 사업장폐기물이 아니더라도 생활폐기물에 해당되고, 침출수 처리를 위한 차단시설을 제대로 하지 않아, 액비원료가 빗물에 의해 인근 농경지로 흘러가게 한 것은 '폐기물관리법' 위반에 해당하는바, 甲의 주장은 타당하지 않다.

문제해설 [2022년 제1차 제1문] 문제 2. 해설

1. 문제
A시 시장이 丁에 대한 폐기물관리법 제48조에 따른 폐기물처리에 대한 조치명령과는 별도로 동법 제8조 제3항 등에 따라 '필요한 조치'로서 戊에게 폐기물 제거 조치명령을 한 것이 적법한지 문제 된다.

2. 제8조 제3항과 제48조와의 관계

(1) 관련 조문

1) 폐기물관리법 제8조 제3항

폐기물관리법 제8조 제3항에 따른 조치명령은 제7조 제2항에서 정한 토지소유자 등의 청결유지 의무 이행을 확보하기 위한 수단으로서, 이를 위반하면 폐기물관리법 제68조 제3항 제2호에 따라 100만 원 이하의 과태료를 부과한다.

2) 폐기물관리법 제48조

폐기물관리법 제48조에 따른 조치명령은 제8조 제1항에서 정한 폐기물 무단투기금지 등 폐기물관리법에서 정한 폐기물의 처리 기준·방법이 준수되도록 하기 위한 수단으로서 이를 위반하면 폐기물관리법 제65조 제23호에 따라 3년 이하의 징역이나 3천만 원 이하의 벌금에 처한다.

(2) 판례
폐기물관리법 제8조 제3항에 따른 조치명령과 폐기물관리법 제48조에 따른 조치명령은 규율의 대상, 처분의 상대방과 요건, 위반 시의 효과 등이 서로 다른 별개의 제도이므로 시장 등은 폐기물관리법 제48조에 따른 폐기물 처리에 대한 조치명령과는 별도로 폐기물관리법 제8조 제3항 및 그 위임에 따른 조례에 의하여 그에 상응하는 '필요한 조치'로서 폐기물 제거 조치명령을 할 수 있다.

(3) 소결

1) 제8조 제3항은 모든 토지 소유자의 일반적인 청결유지 의무이행을 확보하기 위한 조항이고, 제48조는 모든 토지의 소유자가 아니라, 제48조 제1항 제9호의 요건에 해당하는 토지의 소유자에게만 적용되는 규정이다.

2) 즉, 제8조 제3항은 일반적인 국민의 청결유지의무와 대청소의무의 이행을 확보하기 위한 것이고, 제48조는 부적정처리폐기물을 직접 처리하거나 다른 사람에게 자기 소유의 토지 사용을 허용한 경우 부적정처리폐기물이 버려지거나 매립된 토지의 소유자에게 제8조 제1항 또는 제2항의 무단투기 금지의무의 준수를 확보하기 위한 것이다.

(4) 검토 및 사안의 적용
폐기물관리법 제8조 제3항에 따른 조치명령과 폐기물관리법 제48조에 따른 조치명령은 규율의 대상, 처분의 상대방과 요건, 위반 시의 효과 등이 서로 다른 별개의 제도이므로, A시장은 폐기물관리법 제48조에 따른 폐기물 처리에 대한 조치명령과는 별도로 폐기물관리법 제8조 제3항 및 그 위임에 따른 A시의 조례에 따라 '필요한 조치'로서 폐기물 제거 조치명령을 할 수 있다.

3. 결론
A 시장의 戊에 대한 폐기물관리법 제8조 제3항에 따른 조치 명령은 적법하다.

문제해설 [2022년 제1차 제1문] 문제 3. 해설

1. 문제
甲, 乙, 丙, 丁, 戊의 폐기물관리법 제48조 조치 명령 대상자 여부가 문제 된다.

2. 폐기물처리에 대한 조치 명령의 대상자 여부

(1) 甲의 경우

1) 폐기물관리법 제48조 제1항 제3호
 행정청은 부적정처리폐기물처리를 위탁한 자가 제17조 제1항 제3호에 따른 의무를 위반하거나 그 밖의 귀책사유가 있다고 인정되는 경우로 한정한다

2) 폐기물관리법 제17조 제1항 제3호
 사업장폐기물을 배출하는 사업자(이하 "사업장폐기물배출자"라 한다)는 폐기물의 처리를 위탁하려면 환경부령으로 정하는 위탁·수탁의 기준 및 절차를 따라야 하며, 해당 폐기물의 처리과정이 제13조에 따른 폐기물의 처리 기준과 방법 또는 제13조의2에 따른 폐기물의 재활용 관련조문 및 준수사항에 맞게 이루어지고 있는지를 환경부령으로 정하는 바에 따라 확인하는 등 필요한 조치를 취하여야 한다.

3) 사안의 경우
 甲은 사업장폐기물배출자이고, 동법 제18조 제1항에 따라 폐기물의 처리를 위탁하려면 사업장폐기물배출자는 환경부령으로 정하는 위탁·수탁의 기준 및 절차를 따라야 하는데 그 당시에 동법 제17조 제1항 제3호에 따른 의무를 준수하지 않았는바, 동법 제48조 제1항 제3호 위반자에 해당한다.

(2) 乙의 경우

1) 폐기물관리법 제48조 제1항 제1호
 행정청은 부적정처리폐기물을 발생시킨 자에게 기간을 정하여 조치 명령 등을 할 수 있다. 부적정처리폐기물이란 제13조에 따른 폐기물의 처리 기준과 방법 또는 제13조의2에 따른 폐기물의 재활용 관련조문 및 준수사항에 맞지 아니하게 처리되거나 제8조 제1항 또는 제2항을 위반하여 버려지거나 매립되는 폐기물을 말한다.

2) 폐기물관리법 제48조 제1항 제4호
 부적정처리폐기물의 발생부터 최종처분에 이르기까지 배출, 수집·운반, 보관, 재활용 및 처분과정에 관여한 자에게 조치 명령을 할 수 있다.

3) 사안의 경우
 乙은 동법 제13조를 위반하여 폐기물처리비용을 절감하기 위해 적정한 폐기물처리절차에 따르지 아니하여 부적정폐기물을 발생시켰으므로 제48조 제1항 제1호에 해당하고, 이후 액비원료의 일부를 자신이 임차하여 사용 중인 정의 토지에 무단으로 매립하는 등의 부적정처리폐기물의 발생부터 최종처분에 이르기까지 배출, 수집·운반, 보관, 재활용 및 처분과정에 관여한 자로 제48조 제1항 제4호에 해당된다.

(3) 丙의 경우

1) 폐기물관리법 제48조 제1항 제7호

관할 행정청은 부적정처리폐기물이 발생하면 사업장폐기물배출자에 대하여 제17조 제8항에 따라 그 사업을 양수한 자(이하 "조치명령대상자"라 한다)에게 기간을 정하여 폐기물의 처리방법 변경, 폐기물의 처리 또는 반입 정지 등 필요한 조치를 명할 수 있다.

2) 사안의 경우

丙은 법 제17조 제8항에 따라 甲의 사업을 양수한 자로서 사업장폐기물배출자인 甲의 사업장폐기물과 관련한 권리·의무를 승계하므로 대상자이다.

(4) 丁과 戊의 경우

1) 폐기물관리법 제48조 제1항 제9호

행정청은 다른 사람에게 자기 소유의 토지사용을 허용한 경우 부적정처리폐기물이 버려지거나 매립된 토지의 소유자에게 기간을 정하여 조치 명령 등을 할 수 있다.

2) 사안의 경우

丁은 乙에게 자기 소유의 토지사용을 허용한 자로서 제48조 제1항 제9호를 유추 적용하여 이에 해당하는 것으로 볼 수 있고, 戊는 丁의 토지를 양수하였으므로 자신의 토지를 乙에게 임대한 자로서 자기 소유의 토지를 다른 사람에게 사용하도록 허용한 자에 해당하여 제48조 제1항 제9호의 조치명령 대상자이다.

〈제2문〉

염료제조공장을 경영하는 甲은 2015. 3. 이래 자신의 사업장에서 배출되는 오니를 포함한 공정잔해물(이하 '오니 등'이라 한다)을 폐기물 중간재활용업을 운영하고 있는 乙에게 위탁처리하였다. 한편, 최근 근저당권이 설정되어 있던 甲 소유의 공장 사업장과 부속건물 등에 대하여 일괄 경매가 실시되었고, 물류창고업자 丙이 이를 경락받아 소유권을 취득하였다. 그런데 甲의 사업장 지상에는 오니 등이 처리되지 않은 채 적치되어 있었다. 이에 관할 행정청은 丙에게 적치되어 있는 오니 등을 일정한 기간을 정하여 처리할 것을 명령하였다.

폐기물 중간재활용업자인 乙은 甲 등의 사업장으로부터 수거해 온 오니 등을 자신의 처리시설 부지 위에 적치한 채, 선별, 풍화, 혼합, 숙성의 과정을 거쳐 가공하여 재생골재를 만들어 판매하였다. 재생골재는 도로포장재 등의 제품을 만드는 원료로 사용되는데, 한 동안 수요가 증가하였으나 더 값싼 대체물질이 개발되자 수요가 감소하였고, 乙은 판매하고 남은 재생골재를 자신의 부지 저지대 매립에 사용하였다.

그런데 乙의 사업장 부지 주변에서 악취가 발생하고 있다는 인근 주민의 민원이 제기되자 관할 행정청에서는 원인조사에 들어갔다. 관할 행정청은 악취의 원인이 乙의 사업장에 적치되어 있는 오니에서 발생하는 것이라는 사실을 알게 되었다. 이에 관할 행정청은 일정한 조치를 강구하고 있다.

1. 甲의 사업장과 관련된 아래 질문에 답하시오. (30점)
   (1) 관할 행정청이 丙에게 오니 등의 처리를 명령한 것이 적법한지 검토하시오. (10점)
   (2) 丙이 甲에 대하여 적치되어 있는 오니 등을 수거하고 해당 부지를 인도하라는 민사소송을 제기하는 경우 인용가능성을 검토하시오. (20점)

2. 乙의 폐기물처리(중간재활용) 영업과 관련된 아래 질문에 답하시오. (50점)
   (1) 乙이 이 사건 재생골재를 자신의 사업장에 매립한 행위의 형사처벌 가능성을 검토하시오. (15점)
   (2) 乙이 환경부령이 정한 보관량 및 보관기간을 초과하여 오니 등 폐기물을 보관한 경우, 관할 행정청이 취할 수 있는 조치를 검토하시오. (10점)
   (3) 乙이 오니 등 폐기물을 자신의 사업장에 방치한 채 35일이 넘도록 휴업하는 경우, 관할 행정청이 방치폐기물의 처리와 관련하여 취할 수 있는 조치를 검토하시오. (10점)
   (4) 丁이 압류재산 매각 절차에 따라 乙의 폐기물처리시설 부지를 인수하였다면, 관할 행정청은 丁에게 당해 폐기물처리시설에 대한 개선명령 및 방치폐기물의 처리명령을 내릴 수 있는지 검토하시오. (15점)

> **문제해설** [2020년 제3차 제2문] 문제 1-(1). 해설

1. 문제
폐기물처리명령 등과 같이 공법상 조치의무의 승계 여부가 문제 된다.

2. 丙에 대한 처리 명령의 적법 여부

(1) 관련 조문

1) 폐기물관리법 제17조 제9항

민사집행법에 따른 경매 절차에 따라 사업장폐기물배출자의 사업장 전부 또는 일부를 인수한 자는 그 사업장폐기물과 관련한 권리와 의무를 승계한다.

2) 폐기물관리법 제48조 제1항 제7호

관할 행정청은 부적정처리폐기물이 발생하면 사업장폐기물배출자에 대하여 제17조 제9항에 따라 권리·의무를 승계한 자(이하 "조치명령대상자"라 한다)에게 기간을 정하여 폐기물의 처리방법 변경, 폐기물의 처리 또는 반입 정지 등 필요한 조치를 명할 수 있다.

3) 폐기물관리법 제39조의2 제2항

관할 행정청은 사업장폐기물배출자에게 처리명령을 하였음에도 불구하고 처리되지 아니한 폐기물이 있으면 제17조 제9항에 따라 권리와 의무를 승계한 자에게 기간을 정하여 폐기물의 처리를 명할 수 있다.

(2) 사안의 경우

관할 행정청은 폐기물관리법 제48조 제1항 제7호 및 제17조 제9항, 폐기물관리법 제39조의2 제2항에 근거하여 경락인 丙에게 처리명령을 할 수 있다.

3. 결론
관할 행정청이 丙에게 오니 등의 처리를 명령한 것은 적법하다.

문제해설 [2020년 제3차 제2문] 문제 1-(2). 해설

1. 문제

공법상 권리의무를 승계한 丙이 민법상 소유권을 근거로 전소유자 甲을 상대로 방해제거 및 반환청구 가부가 문제 된다.

2. 甲에 대한 유지청구 가부

(1) 관련 법리

소유자는 그 소유에 속한 물건을 점유한 자에 대하여 반환을 청구할 수 있고, 소유권을 방해하는 자에 대하여 방해의 제거를 청구할 수 있다(민법 제213조, 제214조).

(2) 판례

승계규정은 방치되는 폐기물의 발생을 예방하기 위하여 오염원인자 책임원칙을 확장한 것으로서 위와 같은 인수자가 사업장폐기물배출자의 공법상 권리·의무를 승계한다는 취지일 뿐이고, 이로써 사업장폐기물배출자의 사법상 권리·의무까지 당연히 승계되는 것은 아니라고 보아야 한다.

(3) 사안의 경우

丙은 사업장의 경락인으로 소유권자로서 민법 제213조 및 제214조에 근거하여 오니 등의 수거 및 부지인도를 청구할 수 있고, 丙이 소유권을 취득하였다고 하여 甲의 丙에 대한 사법상 의무가 승계되어 소멸되는 것은 아니므로 丙은 甲에게 폐기물 제거 및 토지 인도 청구를 할 수 있다.

3. 결론

丙이 민법 제213조 및 제214조를 근거로 甲에 대하여 적치되어 있는 오니 등을 수거하고 해당부지를 인도하라는 민사소송을 제기하는 경우 인용된다.

문제해설 [2020년 제3차 제2문] 문제 2-(1). 해설

1. 문제
폐기물무단매립죄 성부와 관련하여 재생골재가 폐기물에 해당되는지 여부가 문제 된다.

2. 폐기물무단매립죄 성부

(1) 폐기물관리법 제63조 제1호
폐기물관리법을 위반하여 사업장폐기물을 버린 자는 7년 이하의 징역이나 7천만원 이하의 벌금에 처한다. 이 경우 징역형과 벌금형은 병과(倂科)할 수 있다.

(2) 재생골재의 폐기물 해당여부

1) 폐기물관리법 제2조 제1호
  폐기물이란 쓰레기, 연소재, 오니, 폐유, 폐산, 폐알칼리 및 동물의 사체 등으로서 사람의 생활이나 사업 활동에 필요하지 아니하게 된 물질을 말한다.

2) 판례
  ① 폐기물 여부를 배출자의 주관적 의사와 물건의 객관적 성상을 모두 고려하여 판단한다. 사업장에서 배출되는 물질이 당해 사업장의 사업 활동에 필요하지 아니하게 된 이상 그 물질은 폐기물에 해당한다고 보아야 하고, 당해 사업장에서 폐기된 물질이 재활용 원료로 공급된다고 해서 폐기물로서의 성질을 상실하는 것은 아니다.

  ② 물질을 공급받은 자가 이를 파쇄, 선별, 풍화, 혼합 및 숙성의 방법으로 가공한 후 완제품을 생산하는 경우에 있어서는 그 물질을 공급받는 자의 의사, 그 물질의 성상 등에 비추어 아직 완제품에 이르지 아니하였다고 하더라도 위와 같은 가공과정을 거쳐 객관적으로 사람의 생활이나 사업활동에 필요하다고 사회통념상 승인될 정도에 이르렀다면 그 물질은 그 때부터는 폐기물로서의 속성을 잃고 완제품 생산을 위한 원료물질로 바뀌었다고 할 것이어서 그 물질을 가리켜 사업활동에 필요하지 아니하게 된 폐기된 물질, 즉 폐기물에 해당한다고 볼 수 없다.

3) 사안의 경우
  乙이 매립한 재생골재가 가공과정을 거쳐 객관적으로 사람의 생활이나 사업활동에 필요하다고 사회통념상 승인될 정도에 이르러 폐기물로서의 속성을 잃었다고 볼 수 있는지 여부가 쟁점이 되는데, 수거해 오니 등이 악취의 원인이 된 것으로 확인된 점에서 아직은 가공의 과정을 거쳐 완전한 변형물로서의 성질을 갖추었다고 보기 어려운바, 폐기물에 해당한다고 보는 것이 타당하다.

3. 결론
재생골재가 폐기물에 해당된다면, 乙이 이를 자신의 사업장에 매립한 행위는 폐기물 무단 매립죄에 해당하여 형사처벌의 대상이 된다.

문제해설 [2020년 제3차 제2문] 문제 2-(2). 해설

1. 문제
(1) 폐기물처리업자 乙의 준수사항 위반 여부, (2) 이에 대한 행정청의 조치가 문제 된다.

2. 폐기물처리업자 乙의 준수사항 위반 여부

(1) 폐기물관리법 제25조 제9항 제2호
폐기물처리업자는 환경부령으로 정하는 양 또는 기간을 초과하여 폐기물을 보관하지 말아야 한다.

(2) 폐기물관리법 시행규칙 제31조 제1항 제4호
폐기물 종합처분업자가 폐기물을 보관하는 경우에는, 1일 처리용량의 30일분 보관량 이하, 30일 이내 처분하여야 한다.

3. 행정청의 조치

(1) 허가의 취소 또는 6개월 이내의 영업정지 처분 (동법 제27조 제2항 제8호)
동법 제25조 제9항을 위반하여 폐기물을 보관하거나 준수사항을 위반한 경우에는 그 허가를 취소하거나 6개월 이내의 기간을 정하여 영업의 전부 또는 일부의 정지를 명령할 수 있다.

(2) 과징금 부과 (동법 제28조)
영업의 정지로 사업활동 및 인근 주민에 막대한 영향을 주는 경우에는 영업의 정지를 갈음하여 과징금을 부과할 수 있다. 다만, 그 폐기물처리업자가 매출액이 없거나 매출액을 산정하기 곤란한 경우로서 대통령령으로 정하는 경우에는 1억원을 초과하지 아니하는 범위에서 과징금을 부과할 수 있다.

(3) 행정청의 폐기물처리명령 (동법 제39조의 3)
행정청은 폐기물처리업자에 대하여 제27조에 따른 허가취소 또는 영업정지를 명하는 경우에는 폐기물처리업자 또는 폐기물처리 신고자에게 기간을 정하여 보관하는 폐기물의 처리를 명하여야 한다.

(4) 대집행 (동법 제49조)
행정청은 제39조의3에 따른 명령을 받은 자가 그 명령을 이행하지 아니하면 「행정대집행법」에 따라 대집행(代執行)을 하고 그 비용을 징수할 수 있다.

(5) 형사고발 (동법 제66조 제9호)
제25조제9항에 따른 준수사항을 지키지 아니한 자는 2년 이하의 징역이나 2천만원 이하의 벌금에 처한다.

문제해설 [2020년 제3차 제2문] 문제 2-(3). 해설

1. 문제
방치폐기물의 처리와 관련된 행정청의 조치 권한이 문제 된다.

2. 방치폐기물의 처리와 관련된 행정청의 조치

(1) 폐기물처리 명령
관할행정청은 폐기물처리업자나 폐기물처리 신고자가 1개월의 기간을 초과하여 휴업을 하거나 폐업 등으로 조업을 중단하면 기간을 정하여 그 폐기물처리업자나 폐기물처리 신고자에게 그가 보관하고 있는 폐기물의 처리를 명할 수 있다(폐기물관리법 제40조 제2항, 시행령 제20조 제1항 제3호).

(2) 공제조합에 대한 방치폐기물 처리 명령 또는 행정청의 처리와 보험금 수령
관할행정청은 폐기물처리 명령을 받은 자가 그 명령을 이행하지 아니하면 방치폐기물의 처리에 관하여 폐기물 처리 공제조합에 분담금 납부한 경우에는 폐기물 처리 공제조합에 대한 방치폐기물의 처리 명령을 하고, 폐기물의 처리를 보증하는 보험에 가입한 경우에는 방치폐기물의 처리와 보험 사업자에게서 보험금 수령을 할 수 있다(동법 제40조 제4항 제1, 2호).

(3) 허가의 취소 또는 6개월 이내의 영업정지 처분 (동법 제27조 제2항 제18호)
동법 제40조 제2항에 따른 명령을 이행하지 아니한 경우에는 그 허가를 취소하거나 6개월 이내의 기간을 정하여 영업의 전부 또는 일부의 정지를 명령할 수 있다.

(4) 대집행 (동법 제49조)
행정청은 제40조 제2항에 따른 명령을 받은 자가 그 명령을 이행하지 아니하면 「행정대집행법」에 따라 대집행(代執行)을 하고 그 비용을 징수할 수 있다.

(5) 형사고발 (동법 제65조 제21호)
제40조 제2항에 따른 명령을 이행하지 아니한 자는 3년 이하의 징역이나 3천만 원 이하의 벌금에 처한다.

문제해설 [2020년 제3차 제2문] 문제 2-(4). 해설

1. 문제

압류재산 매각절차를 통해 폐기물처리시설의 부지를 인수한 자가 폐기물처리업자의 의무를 승계하는지 여부가 문제 된다.

2. 폐기물처리업자의 권리 · 의무의 승계 여부

(1) 관련 조문

1) 폐기물관리법 제31조 제1항 및 제4항

폐기물처리시설을 설치 · 운영하는 자는 환경부령으로 정하는 관리기준에 따라 그 시설을 유지 · 관리하여야 한다.

2) 폐기물관리법 제33조 제1항

폐기물처리업자로부터 폐기물처리업, 폐기물처리시설 등을 인수하는 경우에는 해당 양수인 또는 인수인은 폐기물처리업 등의 허가 · 승인 · 등록 또는 신고에 따른 권리 · 의무를 승계한다.

3) 폐기물관리법 제40조 제3항

환경부장관 또는 시 · 도지사는 폐기물처리업자나 폐기물처리 신고자에게 처리명령을 하였음에도 불구하고 처리되지 아니한 폐기물이 있으면 제33조 제1항부터 제3항까지에 따라 권리 · 의무를 승계한 자에게 기간을 정하여 폐기물의 처리를 명할 수 있다.

(2) 판례

2010. 7. 23. 법률 제10389호로 폐기물관리법이 개정되면서 경매 등으로 위 시설 등을 인수한 자도 인수 전의 권리·의무를 승계한다는 점이 비로소 명시된 점 등을 종합하면, 폐기물처리시설 부지를 공매절차에서 취득한 피고인이 폐기물처리시설까지 인수한 것이라도 인수 당시 시행 중이던 폐기물관리법에서 말하는 폐기물처리시설의 양수인에 해당한다고 볼 수 없다.

(3) 사안의 경우

폐기물처리시설부지도 폐기물처리시설에 포함되는 것으로 볼 수 있고, 丁이 압류재산 매각절차를 통하여 甲의 폐기물처리시설 부지를 인수한 시점이 2015. 3. 이후인 점에서 개정법 이후에 승계한 것으로 보이는바, 丁은 甲의 허가 등에 따른 권리 · 의무를 승계한다고 볼 수 있다.

3. 결론

관할 행정청은 丁에게 당해 폐기물처리시설에 대한 개선명령 및 방치폐기물의 처리 명령을 내릴 수 있다.

2019년도 제2회 변호사시험 모의시험

〈제1문〉

甲은 비철금속의 제련·제조·가공 및 광섬유 등을 제조하는 자로서 제조과정에서 「폐기물관리법」상 지정폐기물에 해당하는 산업폐기물을 발생시켰다. 甲은 발생한 폐기물을 처리하기 위해 사업장폐기물처리업자인 乙에게 1일 50톤씩 위탁하였고, 나머지 폐기물은 「폐기물관리법」상 보관기관을 초과하여 사업장 내에 보관하고 있었다. 이 후 甲은 丙에게 자신의 사업을 양도하였다.

한편, 사업장폐기물처리업자인 乙은 폐기물처리공제조합에 분담금을 납부하는 자로서 1일 처리용량을 50톤으로 하고, 처리할 폐기물의 종류는 건설폐기물로 하여 처리업 허가를 받았다. 그런데, 乙은 사업장의 1일 처리능력이 실제로 30톤 밖에 되지 아니하였음에도 불구하고, 甲으로부터 1일 50톤씩 허가 받지 아니한 지정폐기물의 처리를 위탁받았다. 乙은 위탁받은 폐기물의 처리를 감당하기 어려워 일시적으로 폐기물의 일부를 임의로 소각하여 토지에 매립하였다.

이후, 乙은 매립한 소각재가 혼합된 토양을 수거하여 임의로 다른 토지에 투기하였는데, 이 토양에는 지정폐기물을 구성하는 오염물질인 폴리클로리네이티드비페닐(PCBs)이 법정기준치 이상 함유되어 있었다. 관할 행정청은 乙의 위와 같은 일련의 행위에 대해 「폐기물관리법」 제8조, 제13조 등의 위반을 영업정지 3개월의 처분을 하였다. 영업정지기간이 만료된 후 영업을 재개한 乙은 경영악화로 2개월 이상 조업을 중단한 상태에서 丁에게 폐기물처리업을 양도하였는데, 이 당시 乙의 사업장에는 甲으로부터 위탁받은 지정폐기물 200톤이 방치되어 있었다.

1. 甲의 사업장에 보관기간을 초과하여 보관된 폐기물에 대해 행정청이 취할 조치에 대해 기술하시오.(10점)

2. 乙이 「폐기물관리법」상 처리기준과 방법 등을 위반하여 폐기물을 처리한 경우 행정청이 필요한 조치를 명할 대상자를 검토하시오. (30점)

3. 乙이 폐기물을 소각하여 매립한 후 소각재가 혼합된 오염토양을 수거하여 다른 토지에 투기한 행위가 「폐기물관리법」 제8조 제1항에 위반되는지 여부를 검토하시오.(10점)

4. 乙의 사업장에 방치된 200톤의 지정폐기물의 처리와 관련하여 다음 설문에 답하시오. (30점)
   (1) 관할 행정청이 지정폐기물의 처리를 위해 조치명령을 내린다면 대상은 누구이며, 근거는 무엇인지 기술하시오.(15점)
   (2) 관할 행정청이 폐기물처리공제조합에 乙의 사업장에 방치된 200톤의 지정폐기물의 처리를 명한 경우 이 명령은 적법한지 검토하시오.(15점)

문제해설 [2019년 제2차 제1문] 문제 1. 해설

1. 문제
폐기물관리법 위반자에 대한 법적조치가 문제된다.

2. 폐기물관리법 위반자에 대한 법적조치

(1) 관련 조문

1) 폐기물관리법 제13조 제1항
 누구든지 폐기물을 처리하려는 자는 대통령령으로 정하는 기준과 방법을 따라야 한다.

2) 폐기물관리법 제39조의2 제1항
 환경부장관 또는 시·도지사는 사업장폐기물배출자가 제13조에 따른 폐기물의 처리 기준과 방법으로 정한 보관기간을 초과하여 폐기물을 보관하는 경우에는 사업장폐기물배출자에게 기간을 정하여 폐기물의 처리를 명할 수 있다.

3) 폐기물관리법 제39조의2 제2항
 환경부장관 또는 시·도지사는 제1항에 따라 사업장폐기물배출자에게 처리명령을 하였음에도 불구하고 처리되지 아니한 폐기물이 있으면 제17조 제8항 또는 제9항에 따라 권리와 의무를 승계한 자에게 기간을 정하여 폐기물의 처리를 명할 수 있다.

(2) 사안의 경우

1) 甲 - 행정청은 폐기물관리법 제39조의2 제1항을 근거로 甲에게 기간을 정하여 폐기물의 처리를 명할 수 있다.

2) 丙 - 행정청은 甲에게 폐기물 처리를 명하였음에도 불구하고 처리되지 아니한 폐기물이 있으면 제17조 제8항에 의해 사업장폐기물배출자의 사업을 양수한 丙에게 처리를 명할 수 있다.

문제해설 [2019년 제2차 제1문] 문제 2. 해설

1. 문제
폐기물관리법 위반조치에 대한 대상자가 누구인지가 문제된다.

2. 폐기물관리법 위반조치에 대한 대상자

(1) 관련 조문

1) 폐기물관리법 제48조 제1항

환경부장관, 시·도지사 또는 시장·군수·구청장은 폐기물이 제13조에 따른 폐기물의 처리 기준과 방법 또는 제13조의2에 따른 폐기물의 재활용 원칙 및 준수사항에 맞지 아니하게 처리되거나 제8조제1항 또는 제2항을 위반하여 버려지거나 매립되면 각호에 해당하는 자에게 기간을 정하여 폐기물의 처리방법 변경, 폐기물의 처리 또는 반입 정지 등 필요한 조치를 명할 수 있다.

2) 폐기물관리법 제17조 제1항 제3호

사업장폐기물배출자는 제18조제1항에 따라 폐기물의 처리를 위탁하려면 사업장폐기물배출자는 수탁자가 제13조에 따른 폐기물의 처리 기준과 방법에 맞게 폐기물을 처리할 능력이 있는지를 확인한 후 위탁하여야 한다.

(2) 판례

폐기물관리법에서 말하는 '처리능력'이란, '허가된 매립용량'을 의미하는 것이 아니라, '당해 매립시설 자체에 의하여 처리할 수 있는 능력'을 의미하는 것으로, 허가된 매립시설로써 허가된 매립용량만큼 매립할 수 없다면, 허가된 매립시설에 의하여 매립할 수 있는 용량만큼 매립할 수 있다.

(3) 사안의 경우

1) 甲 - 乙에게 폐기물처리를 위탁할 때 법 제17조 제1항 제3호에 따라 처리능력을 확인하여야 하고, 이를 하지 아니하였다면, 법 제48조 제1항 제3호 단서의 대상자에 해당한다. 즉, 처리능력이란 허가된 처리용량이 아니라 실제 처리시설 자체에서 처리할 수 있는 능력을 말하는데, 乙은 1일 50톤의 처리용량으로 허가를 받았지만, 乙 사업장의 처리능력은 실제 30톤으로 乙은 처리능력을 넘어서 폐기물의 위탁을 받았고, 甲은 이를 확인하지 아니하였는바, 법 제48조 제1항 제3호 단서의 대상자에 해당한다.

2) 乙 - 처리능력을 초과하여 甲으로부터 폐기물의 처리를 위탁받았고, 이 중 일부를 임의로 소각하여 토지에 매립하였으며, 나아가 오염된 토양을 수거하여 임의로 다른 토지에 투기하는 등, 법 제13조에 따른 폐기물의 처리기준과 방법 등에 위반하여 부적정처리 폐기물을 발생시킨 자인바, 동법 제48조 제1항 제1호의 조치 명령의 대상자에 해당한다.

문제해설 [2019년 제2차 제1문] 문제 3. 해설

1. 문제

토지로부터 분리된 오염토양이 폐기물인지여부와 이 오염토양의 투기가 폐기물관리법상 폐기물 무단투기에 해당하는지 여부가 문제된다.

2. 토지로부터 분리된 오염토양의 폐기물성

(1) 판례

토양은 폐기물 기타 오염물질에 의하여 오염될 수 있는 대상일 뿐 오염토양이라 하여 동산으로서 '물질'인 폐기물에 해당한다고 할 수 없고, 나아가 오염토양은 법령상 절차에 따른 정화 대상이 될 뿐 법령상 금지되거나 그와 배치되는 개념인 투기나 폐기 대상이 된다고 할 수 없다.

(2) 사안의 경우

乙이 폐기물을 소각하여 매립한 후 소각재가 혼합된 오염토양을 수거하여 다른 토지에 투기한 행위는 폐기물에 해당되지 않는바, 토양환경보전법상 정화의 대상일 뿐 폐기물관리법상 처리의 대상이 아니다.

3. 오염토양의 투기가 폐기물관리법상 폐기물 무단투기에 해당하는지 여부

(1) 폐기물관리법 제8조 제1항

누구든지 특별자치시장, 특별자치도지사, 시장·군수·구청장이나 공원·도로 등 시설의 관리자가 폐기물의 수집을 위하여 마련한 장소나 설비 외의 장소에 <u>폐기물</u>을 버려서는 아니 된다.

(2) 사안의 경우

乙의 행위는 토양환경보전법의 위반에 해당함은 별론으로 하고, 폐기물관리법 위반행위에는 해당되지 않는다.

문제해설 [2019년 제2차 제1문] 문제 4-(1). 해설

1. 문제

방치된 지정폐기물처리 조치명령의 대상자가 누구인지와 그 근거가 문제된다.

2. 방치된 지정폐기물처리 조치명령의 대상자와 근거

(1) 관련 조문

1) 폐기물관리법 제40조 제2항

환경부장관 또는 시·도지사는 제1항에 따른 폐기물처리업자나 폐기물처리 신고자가 폐기물관리법시행령 제20조 제1항 제1호부터 제3호에서 정한 15일부터 1개월 기간을 초과하여 휴업을 하거나 폐업 등으로 조업을 중단하면 기간을 정하여 그 폐기물처리업자나 폐기물처리 신고자에게 그가 보관하고 있는 폐기물의 처리를 명할 수 있다.

2) 폐기물관리법 제40조 제3항

환경부장관 또는 시·도지사는 제2항 또는 제39조의3에 따라 폐기물처리업자나 폐기물처리 신고자에게 처리명령을 하였음에도 불구하고 처리되지 아니한 폐기물이 있으면 제33조제1항 또는 제2항에 따라 권리·의무를 승계한 자에게 기간을 정하여 폐기물의 처리를 명할 수 있다.

3) 폐기물관리법 제40조 제4항 제1호

환경부장관 또는 시·도지사는 제2항 또는 제3항에 따른 명령을 받은 자가 그 명령을 이행하지 아니하면 그가 보관하고 있는 폐기물(이하 "방치폐기물"이라 한다)의 처리에 관하여 제40조 제1항제1호에 따른 분담금을 낸 경우 제41조에 따른 폐기물 처리 공제조합에 대한 방치폐기물의 처리 명령을 할 수 있다.

(2) 사안의 경우

1) 乙 - 사업장폐기물처리업자인 乙이 영업정지기간이 만료된 후 영업을 재개한 후 경영악화로 2개월 이상 조업을 중단한 상태로 15일부터 1개월의 기간을 초과하는 조업을 중단한 자에 해당하는바, 폐기물관리법 제40조 제2항을 근거로 조치명령의 대상자가 된다.

2) 丁 - 방치폐기물이 乙에 의해 처리되지 않는 경우 영업양수인 丁이 폐기물관리법 제40조 제3항을 근거로 조치명령의 대상자가 된다.

3) 처리공제조합 - 사업장폐기물처리업자인 乙은 폐기물처리공제조합에 분담금을 납부하는 자로서 처리업자 乙과 승계인 丁에 의해 처리되지 아니한 경우, 방치폐기물의 처리를 목적으로 설립된 조합이 폐기물관리법 제40조 제4항 제1호를 근거로 자신의 조합원의 방치폐기물에 대해 분담금으로 처리하는 대상자가 된다.

문제해설 [2019년 제2차 제1문] 문제 4-(2). 해설

1. 문제
대상폐기물의 적정성, 공제조합 책임의 한도가 문제된다.

2. 대상폐기물의 적정성

(1) 판례
공제조합의 조합원이 방치한 폐기물이면 그 종류 여하를 불문하고 공제조합이 이를 먼저 처리한 후 폐기물을 방치한 조합원에게 그 비용을 구상할 수 있으므로 공제조합에게 조합원의 영업대상폐기물이 아닌 방치폐기물에 대하여도 방치폐기물 처리명령을 할 수 있다.

(2) 사안의 경우
사업장폐기물처리업자 乙이 허가 받은 건설폐기물 외의 허가 받지 아니한 지정폐기물을 방치한 경우에도 공제조합이 책임을 지는바, 조치명령 자체는 적법하다.

3. 공제조합 책임의 한도

(1) 폐기물관리법 시행령 제23조 제1항 제1호
폐기물처리 공제조합에 처리를 명할 수 있는 방치폐기물의 처리량은 폐기물처리업자가 방치한 폐기물의 경우, 그 폐기물처리업자의 폐기물 허용보관량의 2배 이내로 제한된다.

(2) 판례
조합원의 방치폐기물에 대하여 공제조합이 그 전량을 처리할 책임을 지도록 하는 것은 비례의 원칙에 반하는 것으로, 공제조합이 처리할 방치폐기물의 범위가 다른 방치폐기물 처리이행 제도의 책임제한 한도인 허용보관량의 2배 이내의 폐기물로 한정된다.

(3) 사안의 경우
乙이 허가받은 50톤을 초과한 처리의 한계는 2배인 100톤 임에도 이를 넘어서 방치된 폐기물의 총량인 200톤에 대한 처리명령은 위법하다.

2018년도 제2회 변호사시험 모의시험

〈제2문〉

甲은 2017. 12. 4. A광역시 B구청장에게 업종을 폐기물수집·운반업, 영업대상 폐기물을 생활폐기물, 영업구역을 B구로 하는 폐기물처리사업계획서(이하 '이 사건 사업계획서'라 한다)를 제출하였다. B구청장은 현재 B구의 생활폐기물 발생량 등의 변동이 거의 없을 것으로 예상하고, 기존의 생활폐기물처리허가업자인 乙이 보유하고 있는 인력과 장비로 충분히 그 처리가 이루어지고 있어 별도의 신규허가는 불필요하다고 보고 있다. 따라서 B구청장은 향후 여건변동이 있을 때 신규허가에 대한 타당성을 검토하여 신문 공고 및 공개 추첨 등의 방법으로 업체를 선정하고자 한다는 이유로 甲에게 이 사건 사업계획서가 부적합하다는 내용의 통보를 하였다.

丙은 사업장폐기물인 오니를 배출하는 사업장으로써 오니를 스스로 적법하게 처리하며 사업장을 운영해 오고 있었으나, 사업장에서 발생한 오니를 저렴하게 처리해 주겠다고 乙이 제안을 하자, 이를 받아드려 그에게 처리를 위탁하였다. 乙은 수거해 온 오니 일부를 2014.6.부터 자신에게 사용을 승낙한 丁소유의 토지(이하 '사건 토지'라 한다) 위에 적치하였다. 2015.12월 경 발생한 여러 차례의 지진으로 오니를 담고 있던 용기가 파괴되어 오니가 유출되자 戊를 비롯한 주민들은 B구청장에게 乙과 丙에 대하여 조치명령을 발하여 줄 것을 요청하였다. 그러나, B구청장은 어떠한 조치도 하지 않았다. 유출된 오니는 인근 공유수면인 강(이하 '위 사건의 강'이라 한다)에 유입되었으며, 그 결과 위 사건의 강에서 戊가 양식 중이던 민물장어는 폐사하였으며 양식장에서 작업을 하던 자들에게 피부병 등의 질환이 발생하였다. 이후 戊등은 역학조사를 통하여 민물장어 폐사와 피부병 원인은 오니에 포함된 오염물질 때문이라는 사실을 알게 되었다.

한편, 2017.1 근저당권이 설정되어 있던 丙소유의 사업장과 부속건물 등에 대하여 일괄경매가 실시되었고, 己(기)가 이를 경락받아 소유권을 취득하였다. 그런데 丙의 사업장 지상에는 오니 등이 처리되지 않고 적치되어 있었다. 이에 B구청장은 지상에 적치되어 있는 오니 등을 일정한 기간을 정하여 처리할 것을 己에게 명령하였다.

1. (30점)

   (1) B구청장은 폐기물처리업 허가에 관한 폐기물처리사업계획서가 적합한지를 심사하면서 폐기물관리법 제25조 제2항 각 호에서 열거한 사항 외의 사유로 부적합통보를 할 수 있는가? (15점)

   (2) 甲은 이 사건 사업계획서가 부적합하다는 B구청장의 통보를 취소하여 달라는 청구를 할 수 있는가? (15점)

2. (35점)

   (1) B구청장은 戊를 포함한 주민들의 피해사실을 신문기사를 통해 접한 후에야 그 심각성을 깨닫고 오염정화를 위하여 신속하게 오니 등을 처리하기 위한 조치를 강구하고 있다. B구청장이「폐기물관리법」을 근거로 하여 취할 수 있는 조치를 검토하시오. (20점)

   (2) 한편 戊는 B구청장이 적절한 조치를 적시 취하지 아니하여 피해가 발생 또는 가중되었다면서 B구청장을 상대로 국가배상청구소송을 제기하고자 한다. 이 경우 예상되는 쟁점과 그 인용가능성에 대하여 검토하시오. (15점)

3. B구청장이 己에게 경락받은 사업장에 적치되어 있는 오니 등에 대한 처리 명령을 한 경우 그 적법성을 검토하고, 己가 丙에 대하여 오니 등을 수거하고 해당 부지를 인도하라는 소를 제기하는 경우 그 인용가능성에 대하여 검토하시오. (15점)

문제해설 [2018년 제2차 제2문] 문제 1-(1). 해설

1. 문제
폐기물관리법 제25조 제2항의 법적성격이 문제된다.

2. 폐기물관리법 제25조 제2항의 법적성격

(1) **관련 조문** – 환경부장관이나 시도지사는 폐기물처리사업계획서가 ① 폐기물처리업 허가를 받으려는 자가 결격사유에 해당하는지 여부, ② 폐기물처리시설의 입지 등이 다른 법률에 저촉되는지 여부 ③ 폐기물처리사업계획서상의 시설·장비와 기술능력이 허가기준에 맞는지 여부, ④ 폐기물처리시설의 설치 운영으로 사람의 건강이나 주변 환경에 영향을 미치는지 여부를 검토한 후 그 적합 여부를 제출한 자에게 통보하여야 한다.

(2) **판례** – 폐기물처리사업계획서의 적합 여부를 심사함에 있어서 법 제25조 제2항 각 호에서 열거된 사항을 검토한 결과 이에 저촉되거나 문제되는 사항이 없다고 하더라도 폐기물의 수집·운반·처리에 관한 안정적이고 효율적인 책임행정의 이행 등 공익을 해칠 우려가 있다고 인정되는 경우에는 이를 이유로 사업계획서의 부적합통보를 할 수 있다

(3) **사안의 경우** – 폐기물관리법 제25조 제2항의 각 호 사유는 예시조항으로 B구청장의 부적합통보는 재량행위로 판단된다.

3. 결론
B구청장은 폐기물처리사업 허가에 관한 폐기물처리사업계획서가 적합한지를 심사하면서 폐기물관리법 제25조 제2항 각 호에서 열거한 사항 외의 사유로 부적합통보를 할 수 있다.

문제해설 [2018년 제2차 제2문] 문제 1-(2). 해설

1. 문제
이 사건 사업계획서가 부적합하다는 B구청장 통보의 처분성이 문제된다.

2. B구청장 통보의 처분성

(1) **관련 조문** - 처분이란 행정청이 행하는 구체적 사실에 관한 법집행으로서 공권력의 행사 또는 그 거부를 말한다(행소법 제2조 제1항 제1호). 행정청의 위법한 처분 등의 취소를 구하는 소를 제기할 수 있다(행소법 제4조 1호).

(2) **판례** - 폐기물처리업의 허가를 받기 위해서는 사업계획서를 제출하여 허가권자로부터 사업계획에 대한 적정통보를 받고, 그 적정통보를 받은 자만이 일정기간 내에 시설, 장비, 기술능력, 자본금을 갖추어 허가신청을 할 수 있으므로, 부적정통보는 허가신청 자체를 제한하는 등 개인의 권리 내지 법률상의 이익을 개별적이고 구체적으로 규제하고 있어 행정처분에 해당한다.

(3) **사안의 경우** - B구청장은 향후 여건변동이 있을 때 신규허가에 대한 타당성을 검토하여 신문 공고 및 공개 추첨 등의 방법으로 업체를 선정하고자 한다는 이유로 甲에게 이 사건 사업계획서가 부적합하다는 내용의 통보를 하여, 甲으로 하여금 폐기물처리업 허가신청 자체를 제한하는 불이익을 발생시켰는바, 항고소송의 대상이 되는 처분에 해당한다.

3. 결론
甲은 B구청장의 부적정통보가 위법한 처분임을 주장하며 취소하여 달라는 청구를 할 수 있다.

문제해설 [2018년 제2차 제2문] 문제 2-(1). 해설

1. 문제
(1) 폐기물관리법 제48조의 조치명령 대상자 여부, (2) 동법 제48조의5 제1항 과징금 부과 가부, (3) 동법 제49조의 대집행 가부가 문제 된다.

2. 폐기물관리법 제48조의 조치명령 대상자 여부

(1) **관련 조문** – 환경부장관, 시·도지사 또는 시장·군수·구청장은 폐기물이 제13조에 따른 폐기물의 처리기준과 방법 또는 제13조의2에 따른 폐기물의 재활용 원칙 및 준수사항에 맞지 아니하게 처리되거나 제8조제1항 또는 제2항을 위반하여 버려지거나 매립되면 각호에 해당하는 자에게 기간을 정하여 폐기물의 처리방법 변경, 폐기물의 처리 또는 반입 정지 등 필요한 조치를 명할 수 있다.

(2) **사안의 경우**

1) 丙 – 사업장에서 발생한 오니를 저렴하게 처리해 주겠다고 乙이 제안을 하자, 이를 받아들여 그에게 처리를 위탁한 자로서, 위탁 당시 동법 제17조 제1항 제3호에 따른 확인을 하지 아니하고 위탁한 자로서 제48조 제1항 제3호 단서에 해당하는바, B구청장이 조치명령을 할 수 있다.

2) 乙 – 수거해 온 오니 일부를 2014. 6. 부터 자신에게 사용을 승낙한 丁소유의 토지 위에 적치한 자로 동법 제13조에 따른 폐기물 처리기준과 방법을 위반하여 부적정처리폐기물을 발생시킨 자로서 제48조 제1항 제1호에 해당하는바, B구청장이 조치명령을 할 수 있다.

3) 丁 – 2014. 6. 부터 자신 소유 토지 위에 乙이 수거해 온 오니 일부를 적치하도록 승낙한 자로서 제48조 제1항 제9호에 해당하는바, B구청장이 조치명령을 할 수 있다.

3. 과징금 부과 가부

(1) **폐기물관리법 제48조의5 제1항**

환경부장관, 시·도지사 또는 시장·군수·구청장은 제48조 제1항 제1호부터 제8호까지의 규정 중 어느 하나에 해당하는 자가 폐기물을 부적정 처리함으로써 얻은 부적정처리이익(부적정 처리함으로써 지출하지 아니하게 된 해당 폐기물의 적정 처리비용 상당액을 말한다. 이하 이 조에서 같다)의 3배 이하에 해당하는 금액과 폐기물의 제거 및 원상회복에 드는 비용을 과징금으로 부과할 수 있다.

(2) **사안의 경우**

B구청장은 甲, 乙에게 부적정처리이익의 3배 이하에 해당하는 금액과 폐기물의 제거 및 원상회복에 드는 비용을 과징금으로 부과할 수 있다.

4. 대집행 가부

(1) **폐기물관리법 제49조 제1항**

환경부장관, 시·도지사 또는 시장·군수·구청장(이하 "대집행기관"이라 한다)은 제48조에 따른 명령을 받은 자가 그 명령을 이행하지 아니하면 「행정대집행법」에 따라 대집행(代執行)을 하고 그 비용을 징수할 수 있다.

(2) 사안의 경우

B구청장은 甲, 乙, 丁에게 폐기물처리조치를 명하고, 이를 이행하지 않을 경우에는 폐기물법 제49조의 대집행을 하고 그 비용을 구상할 수 있다.

5. 결론

B구청장은, (1) 甲, 乙에게 과징금과 폐기물 제거 및 원상회복비용을 사전에 부과할 수도 있고, (2) 甲, 乙, 丁에게는 대집행 이후 그 사후 비용을 징수할 수도 있다.

문제해설 [2018년 제2차 제2문] 문제 2-(2). 해설

1. 문제
B구청장의 부작위로 인해 발생한 피해에 대한 국가배상법 제2조의 손해배상책임이 문제된다.

2. 국가배상법 제2조 책임성부

(1) **관련 조문** - 국가 또는 지방자치단체는 공무원이 직무를 집행하면서 고의 또는 과실로 법령을 위반하여 타인에게 손해를 입힌 경우 그 손해를 배상해야 한다(국가배상법 제2조 제1항).

(2) **사안의 경우** - B구청장의 부작위가 공무원의 위법한 행위에 해당하는지가 논의되어야 한다.

3. 작위의무 인정여부

(1) **관할 행정청이 취할 조치의 법적성격** - 폐기물관리법 제48조 제1항에서 폐기물 처리방법 변경, 폐기물의 처리 또는 반입 정지 등 필요한 조치를 명할 수 있다고 규정하고 있는바, 재량행위에 해당한다.

(2) **재량의 0으로 수축여부**

1) 요건 - ① 사람의 생명, 신체 및 재산 등에 중대하고 급박한 위험이 존재하고, ② 그러한 위험이 행정권의 발동에 의해 제거될 수 있고, ③ 피해자의 개인적 노력으로 권익침해의 방지가 이루어질 수 없는 경우이어야 한다.

2) 판례 - 국민의 생명, 신체, 재산 등에 대하여 절박하고 중대한 위험상태가 발생하였거나 발생할 우려가 있어서 국가가 초법규적, 일차적으로 그 위험 배제에 나서지 아니하면 국민의 생명, 신체, 재산 등을 보호할 수 없는 경우에는 형식적 의미의 법령에 근거가 없더라도 국가나 관련 공무원에 대하여 그러한 위험을 배제할 작위의무를 인정할 수 있다.

3) 사안의 경우 - ① 戊는 오니에 포함된 오염물질로 양식 중이던 민물장어는 폐사하고 피부병 등의 질환이 발생하여 생명, 재산에 대한 위험이 발생하였고, ② 이러한 오염물질은 B구청장의 乙, 丙, 丁에 대한 조치명령으로 제거될 수 있고, ③ 폐기물로 인한 오염은 戊의 개인적인 노력으로 개선할 수 없고 戊를 비롯한 주민들은 B구청장에게 乙과 丙에 대하여 조치명령을 발하여 줄 것을 요청하였는바, 재량이 0으로 수축한다.

(3) **소결** - 재량이 0으로 수축하여 행정청의 작위의무가 인정된다.

4. 사익보호성

(1) **판례** - 공무원이 직무를 수행하면서 근거법령에 따라 구체적 의무를 부여받았고, 국민의 이익과 관련된 것이라도 직접 국민 개개인의 이익을 위한 것이 아니라 전체적으로 공공 일반의 이익을 도모하기 위한 것이라면 그 의무에 위반하여 국민에게 손해를 가하여도 국가 또는 지방자치단체는 배상책임을 부담하지 아니한다.

(2) **사안의 경우** - 폐기물관리법은 발생한 폐기물을 친환경적으로 처리함으로써 환경보전과 국민생활의 질적 향상에 이바지 하는 것을 목적을 하는 바, 사익보호성도 인정된다.

5. 결론

재량이 0으로 수축하여 행정청의 작위의무가 있음에도 불이행한 것으로 위법하고, 폐기물법은 戊의 재산과 신체에 대한 사익보호성도 인정되는바, 국가배상법 제2조 청구는 인용된다.

문제해설 [2018년 제2차 제2문] 문제 3. 해설

1. 문제
(1) 己에 대한 조치명령의 적법성, (2) 丙에 대한 유지청구 가부가 문제된다.

2. 己에 대한 조치명령의 적법성

(1) 폐기물관리법 제17조 제9항

민사집행법에 따른 경매에 따른 압류재산의 매각, 그밖에 이에 준하는 절차에 따라 사업장폐기물 배출자의 사업장 전부 또는 일부를 인수한 자는 그 사업장폐기물과 관련한 권리와 의무를 승계한다.

(2) 사안의 경우

己은 丙에 대한 사업장과 부속물을 경락받아 소유권을 취득하여 丙의 의무를 승계한 자로 조치명령의 대상자인바, 관할행정청 B구청장의 己에 대한 조치명령은 적법하다.

3. 丙에 대한 유지청구 가부

(1) 관련 법리

己는 사업장과 부속물에 대한 소유권자로서 민법 제213조 및 제214조에 근거하여 오니 등의 수거 및 부지인도를 청구할 수 있다.

(2) 판례

승계규정은 방치되는 폐기물의 발생을 예방하기 위하여 오염원인자 책임원칙을 확장한 것으로서 위와 같은 인수자가 사업장폐기물배출자의 공법상 권리·의무를 승계한다는 취지일 뿐이고, 이로써 사업장폐기물배출자의 사법상 권리·의무까지 당연히 승계되는 것은 아니라고 보아야 한다.

(3) 사안의 경우

己가 소유권을 취득하였다고 하여 丙의 己에 대한 사법상 의무가 승계되어 소멸되는 것은 아니므로 己는 丙에게 폐기물제거 및 토지인도청구를 할 수 있다.

4. 결론
(1) B구청장의 己에 대한 조치명령은 적법하다.
(2) 己의 丙에 대한 폐기물제거 및 토지인도청구는 인용된다.

2017년도 제2회 변호사시험 모의시험

〈제2문〉

甲사는 1981년경부터 자신이 소유한 경기도 A시 소재 부지 20,000여㎡ 지상에서 15년간 비철금속제련공장을 운영하였다. 비철금속제련공정 과정에서 납, 아연 등 각종 부산물이 발생하였으며 甲사는 그러한 부산물들을 부지 내 공터에 일부 매립하였다. 甲사는 1997.12.경 乙사에 이 부지를 매도하고 소유권이전등기를 마쳤다. 丙사는 1999.1. 乙사로부터 위 비철금속제련공장의 철거, 부지의 복토 및 아스팔트콘크리트 피복 등 아파트 부지 조성공사를 도급받아 이 부지 지상의 건물을 철거하고 폐콘크리트 등 건설폐기물을 지하에 매립한 다음 복토 및 아스팔트콘크리트 피복 작업을 진행하여 공사를 마쳤다. 乙사는 이 공사과정에서 丙사로 하여금 이 부지에 건설폐기물의 매립을 지시하였다. 乙사는 자금사정 등의 이유로 아파트 사업계획을 접고 이 부지를 자재 창고로 사용하였다. 이 지역에서 오랫동안 사업하여 왔던 丁사는 이 부지에 복합전자유통센터를 신축·분양할 계획을 가지고 2011.12.17. 乙사로부터 이 부지를 싯가보다 싸게 매수하여 소유권이전등기를 마쳤다.

최근 이 부지의 지표면으로부터 최대 지하 7m까지 납, 아연 등으로 오염된 토양이 존재하고, 또한 지표면으로부터 지하 1m 부근에 콘크리트 조각, 폐슬레이트 등의 폐기물이 이 부지의 대부분에 걸쳐 인위적으로 매립되어 있는 것으로 밝혀졌다. (소급적용 문제는 논외로 함)

1. 이 사안과 관련된 회사들의 폐기물관리법 위반 여부를 밝히고, A시 시장이 이들을 상대로 취할 수 있는 법적 조치를 검토하시오. (30점)

문제해설 [2017년 제2차 제2문] 문제 1. 해설

1. 문제
(1) 甲, 乙, 丙, 丁의 폐기물관리법 위반여부, (2) A시장의 폐기물관리법상 조치가 문제된다.

2. 甲, 乙, 丙, 丁의 폐기물관리법 위반여부

(1) 폐기물관리법 제8조 제2항
누구든지 이 법에 따라 허가 또는 승인을 받거나 신고한 폐기물처리시설이 아닌 곳에서 폐기물을 매립하거나 소각하여서는 아니 된다.

(2) 폐기물관리법 제13조 제1항
누구든지 폐기물을 처리하려는 자는 대통령령으로 정하는 기준과 방법을 따라야 한다.

(3) 사안의 경우

1) 甲의 경우 - 甲은 1981년경부터 자신이 소유한 경기도 A시 소재 부지 20,000여㎡ 지상에서 15년간 비철금속제련공장을 운영하면서, 비철금속제련공정 과정에서 납, 아연 등 각종 부산물이 발생하였고, 甲사는 그러한 부산물들을 부지 내 공터에 일부 매립하였는바, 폐기물관리법 제8조 제2항 및 폐기물관리법 제13조 제1항을 위반하였다.

2) 乙의 경우 - 乙은 이 사건 부지의 양수인으로 이 부지의 복토 및 콘크리트·아스팔트 건설과정에서 폐기물의 존재를 알면서 수급인 丙에게 폐기물을 매립하도록 하였는바, 폐기물관리법 제8조 제2항 및 폐기물관리법 제13조 제1항을 위반하였다.

3) 丙의 경우 - 丙은 甲과 乙로부터 철거 및 공사를 수급 받은 건설업체로서 공사현장에서 발생한 건설폐기물 등을 이 부지에 매립하였는바, 폐기물관리법 제8조 제2항 및 폐기물관리법 제13조 제1항을 위반하였다.

4) 丁의 경우 - 丁은 이 사건 부지를 양수한 자로서 폐기물관리법 위반행위는 없다.

3. A시장의 폐기물관리법상 조치

(1) 폐기물처리명령

1) 폐기물관리법 제48조 제1항

환경부장관, 시·도지사 또는 시장·군수·구청장은 폐기물이 제13조에 따른 폐기물의 처리 기준과 방법 또는 제13조의2에 따른 폐기물의 재활용 원칙 및 준수사항에 맞지 아니하게 처리되거나 제8조제1항 또는 제2항을 위반하여 버려지거나 매립되면 각호에 해당하는 자에게 기간을 정하여 폐기물의 처리방법 변경, 폐기물의 처리 또는 반입 정지 등 필요한 조치를 명할 수 있다.

2) 사안의 경우

甲은 부적정폐기물을 발생시킨 자로 동법 제48조 제1항 제1호에 해당되고, 乙은 자기 소유의 토지에 丙으로 하여금 폐기물을 처리하게 한 자이므로 동법 제48조 제1항 제6호 해당되고, 丙은 이 사건 부지에 직접 폐기물을 처분과정에 관여한 자로 동법 제48조 제1항 제4호에 해당되는바, A시장은 甲, 乙, 丙에게 폐기물의 처리방법 변경, 폐기물의 처리 또는 반입 정지 등 필요한 조치를 명할 수 있다.

(2) 과징금 부과

1) 폐기물관리법 제48조의5 제1항

환경부장관, 시·도지사 또는 시장·군수·구청장은 제48조 제1항 제1호부터 제8호까지의 규정 중 어느 하나에 해당하는 자가 폐기물을 부적정 처리함으로써 얻은 부적정처리이익(부적정 처리함으로써 지출하지 아니하게 된 해당 폐기물의 적정 처리비용 상당액을 말한다. 이하 이 조에서 같다)의 3배 이하에 해당하는 금액과 폐기물의 제거 및 원상회복에 드는 비용을 과징금으로 부과할 수 있다.

2) 사안의 경우

A시장은 甲, 乙, 丙에게 부적정처리이익의 3배 이하에 해당하는 금액과 폐기물의 제거 및 원상회복에 드는 비용을 과징금으로 부과할 수 있다.

(3) 대집행

1) 폐기물관리법 제49조

시장은 제48조에 따른 명령을 받은 자가 그 명령을 이행하지 아니하면 행정대집행법에 따라 대집행(代執行)을 하고 그 비용을 징수할 수 있다.

2) 사안의 경우

A시장은 甲, 乙, 丙이 폐기물관리법 제48조에 따른 명령을 받고도 이행하지 아니하면 대집행을 하고 그 비용을 징수할 수 있다.

(4) 형사고발

1) 폐기물관리법 제63조 제2호

제8조 제2항을 위반하여 사업장폐기물을 매립하거나 소각한 자는 7년 이하의 징역이나 7천만 원 이하의 벌금에 처한다.

2) 폐기물관리법 제65조 제1호

제13조를 위반하여 폐기물을 매립한 자는 3년 이하의 징역이나 3천만 원 이하의 벌금에 처한다.

3) 사안의 경우

A시장은 甲, 乙, 丙에 대하여 형사고발 조치를 할 수 있다.

4. 결론

A 시장은 甲, 乙, 丙에게 폐기물처리명령, 과징금, 대집행, 형사고발 조치를 할 수 있다.

2016년도 제1회 변호사시험 모의시험

〈제2문〉

甲은 대형 자동차 정비사업장을 운영하는 사업자이고, 이 사업장에서는 월 평균 10톤 가량의 폐타이어가 배출되고 있다. 乙은 폐타이어 재활용을 주된 영업대상으로 하는 폐기물 종합재활용업자로서, A 광역시가 조성한 산업단지에서 폐타이어를 재활용하여 공사용 충전재, 매트, 바닥재 등을 만드는 영업을 하고 있다. 甲은 乙과 폐타이어의 처리를 위한 위탁계약을 체결하였고, 乙은 甲의 사업장에서 폐타이어 10톤을 운반하여 자신의 사업장 부지에 적치하였다.

한편 乙은 국내에서 재활용을 위한 폐타이어 공급이 부족하자 환경부에 수입신고를 하고 B국으로부터 폐타이어 20톤을 수입하여 자신의 사업장 부지에 적치하였다. 그런데 매스컴 등을 통하여 B국으로부터 방사능에 오염된 폐기물이 수입되었다는 보도가 있자, A 광역시에서는 실태조사에 나섰고, 조사결과 乙이 수입한 폐타이어 일부에서 방사능오염물질이 검출되었다.

이에 인근 주민들이 乙의 사업장 폐쇄 등을 요구하고 나섰고, 설상가상으로 오랫동안 지속된 불경기로 사업이 어려워지자 乙은 휴업을 하였고 1개월 넘게 영업을 중단한 상태에 있다. 현재 乙 사업장 부지에는 甲 사업장에서 수거한 폐타이어 10톤, B국에서 수입한 폐타이어 20톤이 쌓여 있고, 부지 한쪽에는 건축폐기물이 5톤 정도 쌓여 있다. 이들 폐기물은 폐기물관리법 제13조 및 제13조의2에 따른 처리기준에 맞게 보관되어 왔다. 그리고 乙은 폐기물재활용공제조합 丙에 분담금을 납부하고 회원사로 가입해 있다.

1. 현재 乙 사업장 부지에 적치되어 있는 폐타이어의 처리를 위하여 관계 행정청이 취할 수 있는 조치에 대하여 폐기물관리법을 근거로 검토하시오. (35점)

2. A 광역시장은 공제조합 丙에게 乙의 폐기물 허용보관량을 2배 이상 초과하는 폐기물의 처리를 명하였고, 乙의 사업장 부지 한쪽에 방치되어 있던 건축폐기물의 처리도 명하였다. 이에 丙은 A 광역시장이 처리를 명한 폐기물의 양이 너무 많고, 또한 건축폐기물은 乙의 영업대상 폐기물이 아니므로 이를 처리할 의무가 없다고 주장하고 있다. 이 주장의 당부에 대하여 검토하시오. (30점)

3. 만일 乙이 휴업 후 丁에게 폐기물처리업을 양도한 경우, A 광역시장이 丁에게 乙 사업장 부지에 적치되어 있는 폐타이어의 처리를 명하는 것이 가능한지 폐기물관리법을 근거로 검토하시오. (15점)

문제해설 [2016년 제1차 제2문] 문제 1. 해설

1. 문제
폐기물처리업자가 사업장 부지에 적치한 폐기물에 대하여 관계행정청이 취할 수 있는 조치가 문제된다.

2. 폐기물처리명령

(1) 폐기물관리법 제40조 제2항
환경부장관 또는 시·도지사는 제1항에 따른 폐기물처리업자나 폐기물처리 신고자가 대통령령으로 정하는 기간을 초과하여 휴업을 하거나 폐업 등으로 조업을 중단하면 기간을 정하여 그 폐기물처리업자나 폐기물처리 신고자에게 그가 보관하고 있는 폐기물의 처리를 명할 수 있다.

(2) 폐기물처리법 제40조 제4항
환경부장관 또는 시·도지사는 제2항 또는 제3항에 따른 명령을 받은 자가 그 명령을 이행하지 아니하면 그가 보관하고 있는 폐기물의 처리에 관하여 다음 각 호의 조치를 할 수 있다.
  1. 제1항제1호에 따른 분담금을 낸 경우 : 제41조에 따른 폐기물 처리 공제조합에 대한 방치폐기물의 처리 명령
  2. 제1항제2호에 따른 보험에 가입한 경우 : 방치폐기물의 처리와 보험사업자에게서 보험금 수령

(3) 사안의 경우
  1) 乙 - 乙은 휴업을 하였고 1개월 넘게 영업을 중단한 상태에 있으므로 환경부장관 또는 A광역시장은 기간을 정하여 사업장 부지에 적치한 폐기물처리를 명할 수 있다.
  2) 丙 - 乙은 폐기물재활용공제조합 丙에게 분담금을 납부하고 회원사로 가입해 있으므로 환경부장관 또는 A광역시장은 乙이 폐기물처리명령을 받고서 이를 이행하지 아니하는 경우에는 丙에게 처리하도록 명할 수 있다.

3. 대집행

(1) 폐기물관리법 제49조
환경부장관, 시·도지사는 제40조제2항에 따른 명령을 받은 자가 그 명령을 이행하지 아니하면 「행정대집행법」에 따라 대집행을 하고 그 비용을 징수할 수 있다.

(2) 사안의 경우
환경부장관 또는 A광역시장은 乙이 폐기물처리명령을 받고서 이를 이행하지 아니하는 경우에는 행정대집행법에 따라 대집행을 하고 그 비용을 乙에게서 징수할 수 있다.

4. 결론
  (1) 환경부장관 또는 A광역시장은 乙에게 폐기물처리를 명하고, 乙이 이를 이행하지 아니하는 경우에는 공제조합 丙에게 처리하도록 명할 수 있다.
  (2) 환경부장관 또는 A광역시장은 乙이 폐기물처리명령을 받고서 이를 이행하지 아니하는 경우에는 대집행을 하고 그 비용을 乙에게서 징수할 수 있다.

문제해설 [2016년 제1차 제2문] 문제 2. 해설

1. 문제

(1) 공제조합 丙에게 명할 수 있는 방치폐기물 처리량, (2) 영업대상 폐기물 외의 방치폐기물 처리 가부가 문제된다.

2. 공제조합 丙에게 명할 수 있는 방치폐기물 처리량

(1) 폐기물관리법시행령 제23조 제1항

법 제40조제11항에 따라 폐기물처리 공제조합에 처리를 명할 수 있는 방치폐기물의 처리량은 다음 각 호와 같다.
1. 폐기물처리업자가 방치한 폐기물의 경우 : 그 폐기물처리업자의 폐기물 허용보관량의 2배 이내
2. 폐기물처리 신고자가 방치한 폐기물의 경우 : 그 폐기물처리 신고자의 폐기물 보관량의 2배 이내

(2) 사안의 경우

A광역시장은 폐기물 종합재활용업을 하는 乙의 폐기물 허용보관량의 1.5배 이내에서 폐기물처리 공제조합인 丙에게 처리를 명할 수 있는데, 2배에 해당하는 폐기물의 처리를 명한 것은 부당한바, 이 부분을 지적하는 丙의 주장은 타당하다.

3. 영업대상 폐기물 외의 방치폐기물 처리가부

(1) 폐기물관리법 제40조 제11항

환경부장관 또는 시·도지사가 제4항 제1호에 따라 폐기물 처리 공제조합에 방치폐기물의 처리를 명할 때에는 처리량과 처리기간에 대하여 대통령령으로 정하는 범위 안에서 할 수 있도록 명하여야 한다.

(2) 판례

공제조합의 설립목적이나 취지에 고려할 때, 공제조합의 조합원이 방치한 폐기물이면 그 종류 여하를 불문하고 공제조합이 이를 먼저 처리한 후 폐기물을 방치한 조합원에게 그 비용을 구상할 수 있는 것으로 해석함이 상당하므로 공제조합에게 조합원의 영업대상폐기물이 아닌 방치폐기물에 대하여도 방치폐기물 처리명령을 할 수 있다.

(3) 사안의 경우

폐기물처리공제조합이 처리하여야 할 폐기물들에 관하여 영업대상폐기물로 제한하고 있지 아니하여, 관할 행정청인 A광역시장이 폐타이어 폐기물뿐만 아니라 건축폐기물처리를 명할 수 있는바, 건축폐기물은 乙의 영업대상 폐기물이 아니므로 이를 처리할 의무가 없다는 丙의 주장은 부당하다.

4. 결론

(1) 丙이 A 광역시장이 처리를 명한 폐기물의 양이 너무 많다는 주장은 2배를 초과하는 범위에서 타당하다.

(2) 丙이 건축폐기물은 乙의 영업대상 폐기물이 아니므로 이를 처리할 의무가 없다는 주장은 부당하다.

문제해설 [2016년 제1차 제2문] 문제 3. 해설

1. 문제
폐기물처리업의 양수인이 양도인이 방치한 폐기물에 대한 처리의무를 승계하는지가 문제된다.

2. 양수인의 권리의무승계

(1) 폐기물관리법 제33조 제1항
폐기물처리업자 등이 영업을 양도한 경우에는 그 양수인이 양도인의 허가·승인·등록 또는 신고에 따른 권리·의무를 승계한다.

(2) 폐기물관리법 제40조 제3항
환경부장관 또는 시·도지사는 제2항 또는 제39조의3에 따라 폐기물처리업자나 폐기물처리 신고자에게 처리명령을 하였음에도 불구하고 처리되지 아니한 폐기물이 있으면 제33조제1항 또는 제2항에 따라 권리·의무를 승계한 자에게 기간을 정하여 폐기물의 처리를 명할 수 있다.

(3) 사안의 경우
A광역시장은 乙의 의무를 승계한 丁에게 폐타이어 처리를 명할 수 있고, 乙에 대한 폐타이어 처리명령을 이미 한 경우라도 기간을 정하여 丁에게 처리를 명할 수 있다.

3. 결론
A 광역시장이 폐기물관리법 제33조 제1항, 제40조 제3항을 근거로 丁에게 乙 사업장 부지에 적치되어 있는 폐타이어의 처리를 명할 수 있다.

2015년도 제3회 변호사시험 모의시험

〈제2문〉

甲은 A시가 조성한 산업단지에서 주물사(molding sand, 鑄物砂)를 이용하여 금속제품을 만드는 금속공장을 운영하고 있다. 甲의 공장에서는 월 평균 10톤 정도의 폐주물사가 배출되고 있다. 甲은 배출된 폐주물사를 乙(폐주물사를 재활용하여 공사장 성토용 재료를 만드는 업체)에게 kg당 100원에 폐주물사 8000kg를 넘기는 계약을 체결하였다.

한편, 甲은 乙에게 넘기고 남은 폐주물사 2,000kg을 스스로 처리할 능력이 되지 않자 폐기물처리업자 丙에게 처리를 위탁하였다. 甲은 丙이 매우 저렴한 가격에 폐기물을 처리해주겠다는 말만 듣고 위탁계약을 체결하였다. 그런데 위탁받은 폐주물사를 제대로 처리할 능력이 되지 않던 丙은 결국 폐주물사 2000kg 중 1000kg은 자신의 사업장 내에 그대로 쌓아 두었고, 나머지 1000kg은 인근 주민 丁의 토지 위에 쌓아 놓았다. 丙은 1년 전 폐기물 보관을 목적으로 丁과 토지 임대차계약을 체결한 바 있다.

丁 토지 위에 쌓여 있는 폐주물사는 관계법령상 처리기준에 적합하지 않은 채로 적치되어 있는 결과 인근 지역의 토양오염이 급속히 진행되고 있고, 인근 주민들이 식수원으로 사용하는 지하수도 오염될 위험에 처해 있다. 이에 인근 주민들은 A시에 일정한 조치를 해 줄 것을 요구하고 있다.

1. A시장은 甲이 폐주물사를 배출하면서 배출신고를 하지 않았다는 이유로 폐기물관리법에 근거하여 과태료를 부과하였다. 이에 甲은 과태료 부과는 잘못되었다고 주장한다. 이 주장의 당부에 대하여 검토하시오. (20점)

2. A시장은 丁 토지 위의 폐주물사 처리을 위하여 어떠한 조치를 취할 수 있는지 검토하시오. (35점)

3. A시의 실태조사 결과 丙이 인력 및 장비 등을 제대로 갖추지 않은 채 부정한 방법으로 폐기물처리업 허가를 받아 폐기물처리업을 행해온 사실이 드러났다. 이에 A시장은 丙의 폐기물처리업 허가를 취소하려고 한다. 이 경우 A시장은 丙에게 어떠한 조치를 취해야 하는지 폐기물관리법을 근거로 검토하시오. (15점)

4. A시는 지역 내의 환경보전과 폐기물 관리 문제의 개선을 위하여 甲을 포함한 지역 내 사업자들과 자율환경협약을 체결하였다. 이 협약에서 지역 내 사업자들은 폐기물 문제의 해결을 위하여 아래와 같은 3가지 사항을 중점적으로 고려하여 사업장을 운영하기로 결의하였다. 폐기물관리법상 폐기물 관리의 기본원칙을 고려할 때, 甲을 포함한 지역 내 사업자는 아래 3가지 사항 중 우선 순위를 어떻게 정하는 것이 타당한지 답하시오. (10점)

- 아 래 -

㉠ 소각 및 매립시설의 확충
㉡ 재활용제품 사용 확대 및 재활용 기술 개발
㉢ 포장폐기물 발생 억제

문제해설 [2015년 제3차 제2문] 문제 1. 해설

1. 문제
(1) A시장의 과태료 부과처분의 적법여부, (2) 폐주물사의 폐기물 해당여부, (3) 사업장폐기물 해당여부가 문제된다.

2. A시장의 과태료 부과처분의 적법여부

(1) 폐기물관리법 제68조 제1항 제1의4호
폐기물관리법 제17조 제2항에 의해 사업장폐기물배출자는 사업폐기물의 종류와 발생량 등을 환경부령으로 정하는 바에 따라 신고하여야 하고, 이를 위반하여 신고하지 않은 경우에는 1천만 원 이하의 과태료를 부과한다.

(2) 사안의 경우
폐주물사가 폐기물관리법상의 폐기물인지 여부에 따라 甲 주장의 당부가 결정되는바, 폐주물사가 폐기물 개념에 부합하는지, 재활용이 가능한 경우에도 폐기물인지가 논의된다.

3. 폐주물사의 폐기물 해당여부

(1) 폐기물관리법 제2조 제1호
폐기물이란 쓰레기, 연소재, 오니, 폐유, 폐산, 폐알칼리 및 동물의 사체 등으로서 사람의 생활이나 사업 활동에 필요하지 아니하게 된 물질을 말한다.

(2) 판례
폐기물 여부를 배출자의 주관적 의사와 물건의 객관적 성상을 모두 고려하여 판단한다. 사업장에서 배출되는 물질이 당해 사업장의 사업 활동에 필요하지 아니하게 된 이상 그 물질은 폐기물에 해당한다고 보아야 하고, 당해 사업장에서 폐기된 물질이 재활용 원료로 공급된다고 해서 폐기물로서의 성질을 상실하는 것은 아니다.

(3) 사안의 경우
甲이 배출한 폐주물사의 경우 그 배출자인 甲 또한 이를 폐기처리 하였고, 객관적으로도 사람의 생활이나 사업 활동에 필요하지 아니하게 된 물질인바, 폐기물에 해당한다. 그리고 폐주물사가 재활용이 가능하다 하더라도 폐기물임에는 변함이 없다.

4. 사업장폐기물 해당여부

(1) 폐기물관리법 제2조 제3호
사업장폐기물이란 「대기환경보전법」, 「물환경보전법」 또는 「소음·진동관리법」에 따라 배출시설을 설치·운영하는 사업장이나 그 밖에 대통령령으로 정하는 사업장에서 발생하는 폐기물을 말한다.

(2) 폐기물관리법 시행령 제2조 제7호

그 밖에 대통령령으로 정하는 사업장이란 폐기물을 1일 평균 300킬로그램 이상 배출하는 사업장을 말한다.

(3) 사안의 경우

甲의 공장에서는 월 평균 10톤 정도의 폐주물사가 배출되고 있으므로 이 사건 폐주물사는 사업장 폐기물에 해당한다.

5. 결론

사업장 폐기물을 배출하면서 신고를 하지 않은 甲은 폐기물관리법 제17조 제2항을 위반한 것이고, 이에 대하여 A지자체 장이 과태료를 부과한 것은 동법에 따른 적법한 처분인바, 甲의 주장은 타당하지 못하다.

문제해설 **[2015년 제3차 제2문] 문제 2. 해설**

1. 문제

A 시장의 (1) 폐기물관리법 제48조의 조치명령 대상자 해당 여부, (2) 동법 제48조의5 과징금 부과처분 가부, (3) 동법 제49조의 대집행 가부가 문제 된다.

2. A 시장의 폐기물관리법 제48조의 조치명령 대상자 해당 여부

(1) 폐기물관리법 제48조 제1항

환경부장관, 시·도지사 또는 시장·군수·구청장은 폐기물이 제13조에 따른 폐기물의 처리 기준과 방법 또는 제13조의2에 따른 폐기물의 재활용 원칙 및 준수사항에 맞지 아니하게 처리되거나 제8조 제1항 또는 제2항을 위반하여 버려지거나 매립되면 각호에 해당하는 자에게 기간을 정하여 폐기물의 처리방법 변경, 폐기물의 처리 또는 반입 정지 등 필요한 조치를 명할 수 있다.

(2) 폐기물관리법 제17조 제1항 제3호

사업장폐기물배출자는 제18조 제1항에 따라 폐기물의 처리를 위탁하려면 사업장폐기물배출자는 수탁자가 제13조에 따른 폐기물의 처리 기준과 방법에 맞게 폐기물을 처리할 능력이 있는지를 확인한 후 위탁하여야 한다.

(3) 甲의 경우

甲은 丙이 매우 저렴한 가격에 폐기물을 처리해 주겠다는 말만 듣고 위탁계약을 체결한 것은 동법 제17조 제1항 제3호를 위반한 것으로 동법 제48조 제1항 제3호 단서에 해당하는바, 조치명령대상자이다.

(4) 丙의 경우

丙은 폐기물처리업자로서 甲으로부터 처리능력이 되지 않음에도 이 폐주물사를 폐기물처리기준에 반하여 불법으로 적치하였다고 동법 제13조에 위반하여 폐기물을 처리한 것으로 부적정처리폐기물을 발생시킨 자인바, 동법 제48조 제1항 제1호에 해당하는 조치명령대상자이다.

(5) 丁의 경우

丁은 丙과 폐기물 보관을 목적으로 토지 임대차 계약을 체결한 바 있고, 이는 자기 소유의 토지 사용을 허용한 경우로 볼 수 있어, 부적정처리폐기물이 버려지거나 매립된 토지의 소유자로서 동법 제48조 제9호에 해당하는바, 조치명령대상자이다.

3. 과징금 부과 가부

(1) 폐기물관리법 제48조의5 제1항

환경부장관, 시·도지사 또는 시장·군수·구청장은 제48조 제1항 제1호부터 제8호까지의 규정 중 어느 하나에 해당하는 자가 폐기물을 부적정 처리함으로써 얻은 부적정처리이익(부적정 처리함으로써 지출하지 아니하게 된 해당 폐기물의 적정 처리비용 상당액을 말한다. 이하 이 조에서 같다)의 3배 이하에 해당하는 금액과 폐기물의 제거 및 원상회복에 드는 비용을 과징금으로 부과할 수 있다.

(2) 사안의 경우

A시장은 甲, 丙에게 부적정처리이익의 3배 이하에 해당하는 금액과 폐기물의 제거 및 원상회복에 드는 비용을 과징금으로 부과할 수 있다.

4. 대집행 가부

(1) 폐기물관리법 제49조

시장은 제48조에 따른 명령을 받은 자가 그 명령을 이행하지 아니하면 행정대집행법에 따라 대집행을 하고 그 비용을 징수할 수 있다.

(2) 사안의 경우

A시장은 甲, 丙, 丁에게 폐주물사에 대한 처리방법 변경, 폐기물의 처리 또는 반입정지 등의 필요한 조치를 하고, 이를 이행하지 아니하면 행정대집행법에 따라 대집행을 하고 그 비용을 징수할 수 있다.

5. 결론

(1) A시장은 甲, 丙, 丁에게 폐기물관리법 제48조의 조치명령을 할 수 있다.

(2) A시장은 甲, 丙에게 폐기물관리법 제48조의 과징금을 부과할 수 있다.

(3) A시장은 甲, 丙, 丁이 조치명령을 이행하지 아니하는 경우에 폐기물관리법 제49조의 대집행을 할 수 있다.

> **문제해설** [2015년 제3차 제2문] 문제 3. 해설

1. 문제

A시장이 丙에게 (1) 허가취소, (2) 폐기물처리명령, (3) 형사고발을 할 수 있는지가 문제된다.

2. 허가취소

(1) 폐기물관리법 제27조 제1항 제1호

시·도지사는 폐기물처리업자가 속임수나 그 밖의 부정한 방법으로 허가를 받은 경우에는 그 허가를 취소하여야 한다.

(2) 사안의 경우

丙이 인력 및 장비 등을 제대로 갖추지 않은 채 부정한 방법으로 폐기물처리업 허가를 받았는바, A시장은 丙에 대하여 허가취소 처분을 하여야 한다.

3. 폐기물처리명령

(1) 폐기물관리법 제39조의3

시·도지사는 폐기물처리업자에 대하여 제27조에 따른 허가취소 또는 영업정지를 명하는 경우에는 폐기물처리업자 또는 폐기물처리 신고자에게 기간을 정하여 보관하는 폐기물의 처리를 명하여야 한다.

(2) 사안의 경우

A시장은 丙의 폐기물처리업 허가를 취소하는 경우 동법 제39조의3에 따라 丙에게 일정한 기간을 정하여 보관하고 있는 폐기물의 처리를 명하여야 한다.

4. 형사고발

(1) 폐기물관리법 제64조 제6호

거짓이나 그 밖의 부정한 방법으로 폐기물처리업 허가를 받은 자는 5년 이하의 징역이나 5천만 원 이하의 벌금에 처한다.

(2) 사안의 경우

丙은 부정한 방법으로 폐기물처리업 허가를 받았는바, A시장은 丙에 대하여 형사고발 조치를 할 수 있다.

5. 결론

(1) A시장은 丙에게 폐기물관리법 제27조 제1항 제1호를 근거로 허가취소를 해야 한다.

(2) A시장은 丙에게 폐기물관리법 제39조의3을 근거로 폐기물처리 명령을 하여야 한다.

(3) A시장은 丙에게 폐기물관리법 제64조 제6호를 근거로 형사고발 조치를 할 수 있다.

문제해설 [2015년 제3차 제2문] 문제 4. 해설

1. 문제

폐기물관리법상 폐기물 관리의 기본원칙을 고려할 때, 甲을 포함한 지역 내 사업자는 아래 3가지 사항 중 우선 순위가 문제된다.

2. 폐기물관리의 기본원칙

(1) 폐기물관리법 제3조의2 제1항

사업자는 제품의 생산방식 등을 개선하여 폐기물의 발생을 최대한 억제하고, 발생한 폐기물을 스스로 재활용함으로써 폐기물의 배출을 최소화하여야 한다.

(2) 폐기물관리법 제3조의2 제6항

폐기물은 소각, 매립 등의 처분을 하기 보다는 우선적으로 재활용함으로써 자원생산성의 향상에 이바지하도록 하여야 한다.

(3) 사안의 경우

㉠ 소각 및 매립시설의 확충, ㉡ 재활용제품 사용 확대 및 재활용 기술 개발, ㉢ 포장폐기물 발생 억제 중에서 ㉢이 1순위, ㉡이 2순위, ㉠이 3순위로 정해진다.

3. 결론

폐기물관리법 제3조의2제 1항, 제6항의 폐기물관리의 기본원칙을 고려하여 볼 때, 1순위로 포장폐기물발생을 억제하고, 2순위로 재활용 제품 사용 확대 및 재활용 기술 개발, 3순위로 소각 및 매립시설을 확충하는 것이 타당하다.

2013년도 제3회 변호사시험 모의시험

〈제1문〉

甲은 토지소유자 乙로부터 토지를 임차하여 공장건물을 건축한 뒤 동식물성 음식물쓰레기를 파쇄와 탈수를 거쳐 발효·숙성시킨 다음 비료(퇴비)를 생산하여 판매하는 회사를 운영하고 있다. 甲은 인근의 대형 음식점(1일 평균 400킬로그램 이상 폐기물을 배출)들에서 발생한 음식물류폐기물을 어느 정도 파쇄와 탈수과정을 거친 채 가져와서 사업장에서 발효와 숙성을 시켜 최종 퇴비를 만들어 왔다. 甲의 공장 인근에 거주하는 주민들은 악취 및 인근하천의 오염으로 인한 피해를 호소하며 해당 군청에 민원을 제기해 왔다. 관할 A군 환경담당공무원은 甲의 공장에 대한 현장단속을 실시하는 과정에서 甲의 공장 앞 공터에 비료원료라고 하는 물질 약 200㎥가 야적되어 있는 것을 발견하였다. 해당 물질은 겉으로 봤을 때 그 안에 동물성 잔재물이나 음식물 폐기물이 있는지 명확히 확인할 수 없을 정도로 퇴비화가 진행된 상태였으나, 심한 악취가 났고 그 물질 안에는 동물의 뼈가 섞여 있는 것을 볼 수 있었다. 甲은 위 물질에 빗물이 스며들어 발생한 액체를 인근 배수로를 통해 유출되도록 하여 공공수역인 인근 하천에 유입되도록 하였다. 그 후 甲은 회사의 경영이 어려워지자 1개월 이상 휴업을 하다가 자신의 시설과 사업을 丙에게 양도하였다.

1. 甲의 영업은 폐기물관리법상 인허가를 받아야 하는 영업인지 여부를 검토하시오. (10점)

2. 甲이 공장 앞 공터에 비료의 원료물질을 야적해 놓은 행위와 원료물질로부터 침출된 액체를 하천에 유입시킨 행위가 폐기물관리법 및 수질 및 수생태계보전에 관한 법률에 위반하는지 여부를 검토하시오. (30점)

3. 인근 주민들이 악취 및 하천오염이 지속되는 것을 이유로 민원을 제기하는 경우 관련 행정청이 甲에 대하여 취할 수 있는 행정상 조치권한은 무엇인지 검토하시오. (10점)

4. 甲이 휴업이후 공장 및 그 부지에 방치한 음식물류폐기물에 대하여 행정청이 취할 수 있는 조치는 무엇인지 검토하시오. (15점)

5. 甲이 방치한 음식물류폐기물에 대하여 乙 또는 丙이 부담하게 될 공법상 책임에 대하여 검토하시오. (15점)

문제해설 [2013년 제3차 제1문] 문제 1. 해설

1. 문제
음식물류폐기물을 원료로 사용하는 사업이 폐기물처리업 인허가 대상인지 여부가 문제된다.

2. 폐기물처리업 허가대상 여부

(1) 폐기물관리법 제2조 제8호
폐기물처리시설이란 폐기물의 중간처분시설, 최종처분시설 및 재활용시설로서 대통령령으로 정하는 시설을 말한다.

(2) 폐기물관리법 시행령 제5조 별표3
폐기물처리시설의 종류에서 재활용시설에 기계적 재활용시설인 파쇄, 탈수시설과 생물학적 재활용시설인 발효와 숙성을 시키는 부숙시설이 명시되어 있다.

(3) 폐기물관리법 제25조 제3항
제2항에 따라 적합통보를 받은 자는 그 통보를 받은 날부터 2년 이내에 환경부령으로 정하는 기준에 따른 시설·장비 및 기술능력을 갖추어 업종, 영업대상 폐기물 및 처리분야별로 지정폐기물을 대상으로 하는 경우에는 환경부장관의, 그 밖의 폐기물을 대상으로 하는 경우에는 시·도지사의 허가를 받아야 한다.

(4) 사안의 경우
甲은 음식물류폐기물을 이미 파쇄와 탈수과정을 거친 것을 가져와 비료를 제조하는 영업이므로 폐기물을 재활용하는 영업으로 폐기물재활용시설로서 폐기물처리업에 해당하는바, 폐기물관리법 제25조 제3항에 따라 시도지사의 허가 대상이다.

3. 결론
甲의 영업은 폐기물관리법상 인허가를 받아야 하는 영업에 해당한다.

문제해설 [2013년 제3차 제1문] 문제 2. 해설

1. 문제
(1) 폐기물을 재활용하여 제품을 생산하는 경우 그 생산원료가 폐기물에 해당하는지 여부, (2) 폐기물관리법 위반여부, (3) 물환경보전법 위반여부가 문제된다.

2. 폐기물 해당여부

(1) 폐기물관리법 제2조 제1호
폐기물이란 쓰레기, 연소재, 오니, 폐유, 폐산, 폐알칼리 및 동물의 사체 등으로서 사람의 생활이나 사업활동에 필요하지 아니하게 된 물질을 말한다.

(2) 판례
사업장에서 배출되는 물질이 당해 사업장의 사업 활동에 필요하지 아니하게 된 이상 그 물질은 폐기물에 해당한다고 보아야 하고, 당해 사업장에서 폐기된 물질이 재활용 원료로 공급된다고 해서 폐기물로서의 성질을 상실하는 것은 아니다.

(3) 사안의 경우
甲의 사업장에 야적되어 있던 물질은 파쇄와 탈수의 과정을 거쳐 어느 정도 수분이 제거된 음식물류 폐기물에다가 가축분뇨와 톱밥 등을 혼합하여 부산물비료를 제조하는 진행과정 중에 있었을 뿐이고 가공과정을 거쳐 부산물비료의 제조를 위한 원료물질로 바뀐 상태에는 이르지 아니하였으며 야적된 물질에 빗물이 섞여 각 사업장 밖으로 유출된 액체 역시 그것이 사람의 생활이나 사업 활동에 사용하기 어려운 상태에 있는 바, 폐기물에 해당한다.

3. 폐기물관리법 위반여부

(1) 폐기물관리법 제13조 제1항 및 동법 시행령 제7조 제1항 제2호
폐기물을 처리하는 자는 수집·운반·보관의 과정에서 폐기물이 흩날리거나 누출되지 아니하도록 하고, 침출수가 유출되지 아니하도록 하며, 침출수가 생기는 경우에는 환경부령으로 정하는 바에 따라 처리해야 한다.

(2) 사안의 경우
甲은 음식물류폐기물이 포함된 물질을 자신의 공장 앞 공터에 무단 야적하여 환경에 유출시켰으며, 침출수를 환경에 유출시켰고 악취가 나거나 오수가 나도록 방치하였는바, 폐기물관리법 제13조 제1항을 위반하였다.

4. 물환경보전법 위반여부

(1) 물환경보전법 제15조 제1항 제2호 및 제2항
누구든지 정당한 사유 없이 공공수역에 분뇨, 가축분뇨, 동물의 사체, 폐기물 또는 오니를 버리는 행위를 하여서는 아니 된다. 위 행위로 인하여 공공수역이 오염되거나 오염될 우려가 있는 경우에는

그 행위자는 해당 물질을 제거하는 등 환경부령으로 정하는 바에 따라 오염을 방지·제거하기 위한 조치를 하여야 한다.

(2) 판례

야적된 물질에 빗물이 섞여 각 사업장 밖으로 유출된 액체에 대하여도 그것이 사람의 생활이나 사업활동에 사용하기 어려운 상태에 있는 이상 폐기물에 해당된다고 보고, 위 폐기물이 위 각 사업장 밖으로 유출되어 인근의 공공수역에 유입되도록 한 데 대한 고의가 있음을 전제로, 피고인들에 대한 이 사건 '물환경보전법' 위반의 공소사실을 유죄로 인정하였다.

(3) 사안의 경우

甲은 야적된 물질에 빗물이 스며들어 발생한 액체를 인근 배수로를 통해 유출되도록 하여 공공수역인 인근 하천에 유입되도록 하였는바, 물환경보전법 제15조 제1항 제2호 및 제2항을 위반하였다.

5. 결론

(1) 甲이 사업장에 야적한 재활용품 생산원료도 폐기물관리법 제2조 제1호의 폐기물에 해당한다.

(2) 甲이 공장 앞 공터에 비료의 원료물질을 야적해 놓은 행위와 원료물질로부터 침출된 액체를 하천에 유입시킨 행위는 폐기물관리법 제13조 제1항을 위반하였다.

(3) 甲이 원료물질로부터 침출된 액체를 하천에 유입시킨 행위는 물환경보전법 제15조 제1항 제2호 및 제2항을 위반하였다.

문제해설 [2013년 제3차 제1문] 문제 3. 해설

1. 폐기물관리법상의 행정조치 권한

(1) 조치명령 및 대집행

A군수는 폐기물관리법 제48조 제1항을 근거로 동법 제13조를 위반한 甲에 대하여 기간을 정하여 폐기물의 처리방법 변경, 폐기물의 처리 또는 반입 정지 등 필요한 조치를 명할 수 있고, 동법 제48조의5 과징금 부과 및 제49조 대집행을 할 수 있다.

(2) 형사고발

A군수는 甲의 행위는 형사처벌의 대상이 되므로 폐기물관리법 제66조 제1호를 근거로 검찰에 고발조치할 수 있다.

2. 물환경보전법상의 행정조치 권한

(1) 방제조치 이행명령 및 대집행

시도지사는 물환경보전법 15조 3항을 근거로 위법한 배출행위자등이 방제조치를 행하지 아니하는 경우에는 당해 행위자 등에게 방제조치의 이행을 명할 수 있고, 방제조치 명령을 받은 자가 그 명령을 이행하지 아니하거나 그 방제조치만으로는 수질오염의 방지 또는 제거가 곤란하다고 인정되는 때에는 A군수로 하여금 물환경보전법 15조 4항을 근거로 당해 방제조치의 대집행을 하도록 할 수 있다.

(2) 형사고발

시도지사는 甲의 행위는 물환경보전법 제78조 제5호 위반으로 형사처벌의 대상이 되므로 검찰에 고발조치 할 수 있다.

문제해설 [2013년 제3차 제1문] 문제 4. 해설

1. 방치폐기물 해당여부

(1) 폐기물관리법 제2조 제3호

사업장폐기물이란 「대기환경보전법」, 「물환경보전법」 또는 「소음·진동관리법」에 따라 배출시설을 설치·운영하는 사업장이나 그밖에 대통령령으로 정하는 사업장에서 발생하는 폐기물을 말한다.

(2) 폐기물관리법시행령 제2조 제7호

폐기물관리법 제2조 제3호에서 그밖에 대통령령으로 정하는 사업장이란 폐기물을 1일 평균 300킬로그램 이상 배출하는 사업장을 말한다.

(3) 폐기물관리법 제40조 제2항

시·도지사는 사업장폐기물을 대상으로 하는 폐기물처리업자가 15일 내지 1개월을 초과하여 휴업을 하거나 폐업 등으로 조업을 중단하면 그 방치폐기물에 대한 처리명령을 할 수 있다.

(4) 사안의 경우

사업장폐기물이란 폐기물을 1일 평균 300킬로그램 이상 배출하는 사업장에서 배출되는 폐기물로, 甲은 1일 평균 400킬로그램 이상 폐기물을 배출하고 있으므로 사업장폐기물을 대상으로 하는 폐기물처리업자에 해당하는바, 1개월 이상 휴업을 하면서 조업을 중단하였으므로 甲의 사업장에서 보관하고 있는 폐기물은 방치폐기물에 해당한다.

2. 행정청의 조치

(1) 폐기물관리법 제40조 제2항

시·도지사는 제1항에 따른 폐기물처리업자나 폐기물처리 신고자가 대통령령으로 정하는 기간 15일 내지 1개월을 초과하여 휴업을 하거나 폐업 등으로 조업을 중단하면 기간을 정하여 그 폐기물처리업자나 폐기물처리 신고자에게 그가 보관하고 있는 폐기물의 처리를 명할 수 있다.

(2) 폐기물관리법 제40조 제4항

환경부장관 또는 시·도지사는 제2항 또는 제3항에 따른 명령을 받은 자가 그 명령을 이행하지 아니하면 그가 보관하고 있는 방치폐기물의 처리에 관하여 다음 각 호의 조치를 할 수 있다.
  1. 제1항 제1호에 따른 분담금을 낸 경우 : 제41조에 따른 폐기물 처리 공제조합에 대한 방치폐기물의 처리 명령
  2. 제1항 제2호에 따른 보험에 가입한 경우 : 방치폐기물의 처리와 보험사업자에게서 보험금 수령

(3) 사안의 경우

환경부장관 또는 시도지사는 甲에 대하여 기간을 정하여 甲에게 방치폐기물의 처리를 명할 수 있고, 甲은 공제조합에 분담금을 납부하거나 폐기물의 처리를 보증하는 보험가입의무가 있으므로, 甲이 명령을 이행하지 아니하면 폐기물처리공제조합에 대하여 처리명령을 하거나 스스로 처리를 한 후 보험사업자에게서 보험금을 수령할 수 있다.

문제해설 [2013년 제3차 제1문] 문제 5. 해설

1. 乙의 공법상 책임여부

(1) 폐기물관리법 제48조 제1항 제9호

환경부장관, 시·도지사 또는 시장·군수·구청장은 폐기물이 제13조에 따른 폐기물의 처리 기준과 방법 또는 제13조의2에 따른 폐기물의 재활용 원칙 및 준수사항에 맞지 아니하게 처리되거나 제8조 제1항 또는 제2항을 위반하여 버려지거나 매립되면 부적정처리폐기물을 직접 처리하거나 다른 사람에게 자기 소유의 토지 사용을 허용한 경우 부적정처리폐기물이 버려지거나 매립된 토지의 소유자에게 기간을 정하여 폐기물의 처리방법 변경, 폐기물의 처리 또는 반입 정지 등 필요한 조치를 명할 수 있다.

(2) 사안의 경우

乙은 폐기물관리법 제48조 제1항 제9호에 해당되어 행정청의 폐기물 처리에 대한 조치명령의 대상자에 해당하여 필요한 조치를 해야하고, 불이행시 대집행과 같은 공법상의 책임을 진다.

2. 丙의 공법상 책임여부

(1) 폐기물관리법 제33조 제1항

폐기물처리업자 등이 영업을 양도한 경우에 그 양수인이 존속하는 법인의 허가·승인·등록 또는 신고에 따른 권리·의무를 승계한다.

(2) 폐기물관리법 제40조 제3항

환경부장관 또는 시·도지사는 폐기물처리업자나 폐기물처리 신고자에게 처리명령을 하였음에도 불구하고 처리되지 아니한 폐기물이 있으면 제33조제1항 또는 제2항에 따라 권리·의무를 승계한 자에게 기간을 정하여 폐기물의 처리를 명할 수 있다.

(3) 사안의 경우

환경부장관 또는 도지사는 폐기물처리업자에게 처리명령을 하였음에도 불구하고 처리되지 않은 폐기물이 있는 경우, 그 시설을 양수한 자에게 기간을 정하여 폐기물의 처리를 명할 수 있는바, 丙은 甲회사의 양수인으로 이러한 처리명령에 따라야 공법상의 책임을 진다.

2012년도 제3회 변호사시험 모의시험

〈제2문〉

서울에 거주하는 甲은 A군에 3,000㎡의 나대지를 소유하고 있다. A군에 거주하는 乙은 2010년 5월 甲과 상기 나대지를 2년간 임대하는 부동산임대차계약을 체결하였다. 임대차계약체결 과정에서 甲은 乙에게 해당 부지의 임대차 계약의 목적을 물어보았으며, 乙은 폐기물처리업을 할 의사를 명시하였다. 이후 乙은 A군으로부터 적법하게 폐기물처리업 허가를 얻어, 폐기물처리업을 수행하여 왔다.

2011년 5월 乙은 유해화학물질제조공장을 운영하여 사업장폐기물을 배출하는 丙과 연간 20톤 이상의 폐기물처리를 위탁하는 계약을 체결하였다. 丙은 기존에 타 업체와 폐기물처리위탁계약을 유지하고 있었으나 계약이 종료될 시점에 乙로부터 기존 계약보다 절반 가격에 폐기물을 처리할 수 있다는 제안을 받고 비용절감차원에서 계약을 체결하였다. 丙은 해당계약을 체결하기 전에 A군으로부터 발급받은 사업허가서만을 확인하고, 乙이 실제로 해당 폐기물을 적절히 처리할 수 있는지는 확인하지 않았다.

2012년 3월 乙이 운영하는 폐기물처리업장의 지역주민들은 영업장으로부터의 악취, 인근 지천의 수질 오염 및 인접 토지의 토양오염 등으로부터 고통을 받고, A군에 집단민원을 제기하였다. A군 공무원들이 현장을 방문하여 조사한 결과, 乙은 丙으로부터 수거한 폐기물을 포함하여 대부분의 폐기물들을 폐기물관리법에 따라 적절히 처리하지 않고, 상당부분 법에 위반하여 땅에 매립한 사실과 이러한 것이 지역주민들의 피해원인임을 확인하였다.

1. A군은 폐기물관리법에 따라 폐기물 처리 조치명령을 내리고자 한다. 해당 조치명령의 대상자는 누구인지 검토하시오. (40점)

2. 만일 사실관계에서 乙이 2012년 1월 丁에게 폐기물처리업을 양도한 경우, 丁 역시 조치명령 대상자가 되는지 그리고 丁의 자구책은 무엇인지 답하시오. (20점)

3. A군이 조치명령을 내리는 과정에서 취하여야 할 행정절차 및 조치명령을 내렸음에도 불구하고 아무런 조치가 이루어지지 않은 경우 폐기물관리법에 따라 A군이 취할 수 있는 대안을 제시하시오. (20점)

※ 참조 법조문: 폐기물관리법 제48조, 제48조의 2, 제49조.

문제해설 [2012년 제3차 제2문] 문제 1. 해설

1. 문제

甲, 乙, 丙이 폐기물관리법 제48조의 조치대상자에 해당하는지가 문제된다.

2. 폐기물처리에 대한 조치명령의 대상자

(1) 폐기물관리법 제48조 제1항

환경부장관, 시·도지사 또는 시장·군수·구청장은 폐기물이 제13조에 따른 폐기물의 처리 기준과 방법 또는 제13조의2에 따른 폐기물의 재활용 원칙 및 준수사항에 맞지 아니하게 처리되거나 제8조 제1항 또는 제2항을 위반하여 버려지거나 매립되면 각호에 해당하는 자에게 기간을 정하여 폐기물의 처리방법 변경, 폐기물의 처리 또는 반입 정지 등 필요한 조치를 명할 수 있다.

(2) 폐기물관리법 제17조 제1항 제3호

사업장폐기물을 배출하는 사업자는 제18조제1항에 따라 폐기물의 처리를 위탁하려면 사업장폐기물배출자는 수탁자가 제13조에 따른 폐기물의 처리 기준과 방법 또는 제13조의2에 따른 폐기물의 재활용 원칙 및 준수사항에 맞게 폐기물을 처리할 능력이 있는지를 환경부령으로 정하는 바에 따라 확인한 후 위탁하여야 한다.

(3) 甲의 경우

甲은 자신의 토지에 직접 폐기물을 매립한 사람은 아니지만 乙과 2010년 5월에 체결한 부동산임대차계약에서 소유권자로서 해당 토지의 사용을 허용하였으며, 그 과정에서 乙이 해당 부지에서 폐기물처리업을 할 의사를 명시하였는바, 부적정처리폐기물을 직접 처리하거나 다른 사람에게 자기 소유의 토지 사용을 허용한 경우 부적정처리폐기물이 버려지거나 매립된 토지의 소유자로서 폐기물관리법 제48조 제1항 제9호의 조치명령 대상자에 해당된다.

(4) 乙의 경우

乙은 폐기물처리업자로서 해당 부지에서 폐기물처리를 하는 과정에서 폐기물관리법에 따라 적절히 처리하지 않았으며, 상당부분은 법에 위반하여 땅에 매립하였으므로 폐기물관리법 13조에 따른 기준을 준수하지 않아 부적정처리폐기물을 발생시킨 자에 해당하는바, 제48조 제1항 제1호의 조치명령 대상자에 해당된다.

(5) 丙의 경우

丙은 기존에 타 업체와 폐기물처리위탁계약을 유지하고 있었으나 계약이 종료될 시점에 乙로부터 기존 계약보다 절반 가격에 폐기물을 처리할 수 있다는 제안을 받고 비용절감차원에서 계약을 체결하였는데, 그 과정에서 A군으로부터 발급받은 사업허가서만을 확인하고, 乙이 실제로 해당 폐기물을 적절히 처리할 수 있는지는 확인하지 않은 점에서, 동법 제17조 제1항 제3호를 위반하여 동법 제48조 제1항 제3호 단서의 조치명령대상자이다.

3. 결론

A군의 폐기물처리 조치명령은 (1) 甲은 폐기물관리법 제48조 제1항 제9호, (2) 乙은 폐기물관리법 제48조 제1항 제1호, (3) 丙은 폐기물관리법 제48조 제1항 제3호의 조치명령대상자가 된다.

문제해설 [2012년 제3차 제2문] 문제 2. 해설

1. 문제
(1) 丁의 조치명령 대상자 여부, (2) 丁의 자구책이 문제된다.

2. 丁의 조치명령 대상자 여부

(1) 폐기물관리법 제33조 제1항
폐기물처리업자 등이 영업을 양도한 경우에 그 양수인이 존속하는 법인의 허가·승인·등록 또는 신고에 따른 권리·의무를 승계한다.

(2) 폐기물관리법 제40조 제3항
환경부장관 또는 시·도지사는 폐기물처리업자나 폐기물처리 신고자에게 처리명령을 하였음에도 불구하고 처리되지 아니한 폐기물이 있으면 제33조제1항 또는 제2항에 따라 권리·의무를 승계한 자에게 기간을 정하여 폐기물의 처리를 명할 수 있다.

(3) 사안의 경우
丁은 乙의 폐기물처리업을 양도 받은 이상 공법상의 의무를 인수하므로 허가를 발급한 A군의 행정상 의무 역시 양수하였으므로 폐기물관리법 제40조 제3항 조치명령의 대상자가 된다.

3. 丁의 자구책

(1) 판례
승계규정은 방치되는 폐기물의 발생을 예방하기 위하여 오염원인자 책임원칙을 확장한 것으로 위와 같은 인수자가 사업장폐기물배출자의 공법상 권리·의무를 승계한다는 취지일 뿐이지, 사업장폐기물배출자의 사법상 권리·의무까지 당연히 승계되는 것은 아니다.

(2) 사안의 경우
丁이 乙로부터 공법상의 권리의무를 승계한 것이지 사법상의 권리의무를 승계한 것은 아니므로 乙에게 구상권을 행사하여 조치명령을 통해 발생한 비용을 청구할 수 있으며, 나아가 계약매매에 따른 민법 제390조의 채무불이행책임 및 민법 제580조의 하자담보권 청구권에 근거하여 손해배상을 청구할 수 있다.

4. 결론
(1) 丁은 폐기물관리법 제33조 제1항 및 제40조 제3항에 근거하여 조치명령의 대상자가 된다.

(2) 丁은 乙에게 구상권을 행사하여 비용을 청구할 수 있고, 채무불이행 및 담보책임에 근거한 손해배상을 청구할 수 있다.

문제해설 [2012년 제3차 제2문] 문제 3. 해설

1. 문제

(1) A군이 조치명령을 내리는 과정에서 취하여야 할 행정절차, (2) 조치명령 미행시 A군수의 조치가 문제된다.

2. A군이 조치명령을 내리는 과정에서 취하여야 할 행정절차

(1) 폐기물관리법 제48조의2

환경부장관, 시·도지사 또는 시장·군수·구청장은 폐기물처리에 대한 조치명령을 하려면 미리 그 명령을 받을 자에게 그 이유를 알려 의견을 제출할 기회를 주어야 한다.

(2) 사안의 경우

A군은 甲, 乙, 丙, 丁의 조치명령 대상자에게 조치명령 관련 의견 제출의 기회를 제공하여야 한다.

3. 조치명령 미행시 A군수의 조치

(1) 폐기물관리법 제49조

군수는 제48조에 따른 명령을 받은 자가 그 명령을 이행하지 아니하면 행정대집행법에 따라 대집행을 하고 그 비용을 징수할 수 있다.

(2) 사안의 경우

A군은 甲 소유의 부지내의 폐기물로 인한 오염처리를 직접 수행하고 이에 대한 비용을 甲, 乙, 丙, 丁 등 조치명령 대상자에게 징수 할 수 있다.

4. 결론

(1) A군은 폐기물관리법 제48조의2에 근거하여 甲, 乙, 丙, 丁의 조치명령 대상자에게 조치명령 관련 의견 제출의 기회를 제공하여야 한다.

(2) A군수의 조치명령을 甲, 乙, 丙, 丁이 이행하지 아니하는 경우에는 A군은 甲 소유의 부지내의 폐기물로 인한 오염처리를 직접 수행하고 이에 대한 비용을 甲, 乙, 丙, 丁 등 조치명령 대상자에게 징수 할 수 있다.

COMPACT 변시 환경법의 感

제11편
토양환경보전법

제11편 토양환경보전법

토양환경보전법 조문구조 (밑줄은 기출조문입니다)

제1장 총칙 〈개정 2011.4.5〉
  제1조 목적
  <u>제2조 정의</u>
  제3조 적용 제외
  제4조 토양보전기본계획의 수립 등
  <u>제4조의2 토양오염의 우려기준</u>
  제4조의3 정보시스템 구축·운영
  제4조의4 토양오염관리대상시설 등 조사
  제4조의5 토양오염 이력정보의 작성·관리
  <u>제5조 토양오염도 측정 등</u>
  제6조 측정망설치계획의 결정·고시
  제6조의2 표토의 침식 현황 조사
  제6조의3 국유재산 등에 대한 토양정화
  제7조 토지 등의 수용 및 사용
  제8조 타인 토지에의 출입 등
  제9조 손실보상
  제10조 삭제 〈2006.10.4〉
  <u>제10조의2 토양환경평가</u>
  <u>제10조의3 토양오염의 피해에 대한 무과실책임 등</u>
  <u>제10조의4 오염토양의 정화책임 등</u>
  제10조의5 토양정화 공제조합의 설립
  제10조의6 조합의 사업
  제10조의7 분담금
  제10조의8 「민법」의 준용
  제10조의9 토양정화자문위원회
  제10조의10 토양환경센터의 설치·운영 등

제2장 토양오염의 규제 〈개정 2011.4.5〉
  <u>제11조 토양오염의 신고 등</u>
  제11조의2 [제13조로 이동 〈2004.12.31〉]
  제12조 특정토양오염관리대상시설의 신고 등
  제12조의2 다른 법률에 따른 변경신고의 의제
  제13조 토양오염검사
  <u>제14조 특정토양오염관리대상시설의 설치자에 대한 명령</u>

제15조 토양오염방지 조치명령 등
제15조의2 명령의 이행완료 보고
제15조의3 오염토양의 정화
제15조의4 오염토양의 투기 금지 등
제15조의5 위해성평가
제15조의6 토양정화의 검증
제15조의7 토양관리단지의 지정 등
제15조의8 잔류성오염물질 등에 의한 토양오염

제3장 토양보전대책지역의 지정 및 관리 〈개정 2011.4.5〉
제16조 토양오염대책기준
제17조 토양보전대책지역의 지정
제18조 대책계획의 수립·시행
제18조의2 대책계획 시행 결과의 보고
제19조 오염토양 개선사업
제20조 토지이용 등의 제한
제21조 행위제한
제22조 대책지역의 지정해제 등
제23조 [제10조의3으로 이동 〈2004.12.31〉]

제3장의2 토양관련전문기관 및 토양정화업 〈신설 2001.3.28, 2004.12.31〉
제23조의2 토양관련전문기관의 종류 및 지정 등
제23조의3 토양관련전문기관의 결격사유
제23조의4 토양관련전문기관 지정서 등의 대여 금지
제23조의5 겸업 금지
제23조의6 토양관련전문기관의 지정취소 등
제23조의7 토양정화업의 등록 등
제23조의8 토양정화업 등록의 결격사유
제23조의9 토양정화업자의 준수사항
제23조의10 토양정화업의 등록취소 등
제23조의11 등록취소 또는 영업정지된 토양정화업자의 계속공사 등
제23조의12 권리·의무의 승계
제23조의13 행정처분효과의 승계
제23조의14 토양관련전문기관 등의 기술인력 교육

제4장 보칙 〈개정 2011.4.5〉
제24조 대집행
제25조 관계 기관의 협조

제26조 국고보조 등

제26조의2 보고 및 검사 등

제26조의3 특정토양오염관리대상시설 설치현황 등의 보고

제26조의4 행정처분의 기준

제26조의5 청문

제27조 권한의 위임·위탁

제5장 벌칙 〈개정 2011.4.5〉

제28조 벌칙

<u>제29조 벌칙</u>

<u>제30조 벌칙</u>

제31조 양벌규정

<u>제32조 과태료</u>

토양환경보전법시행령 조문구조 (<u>밑줄은 기출조문입니다</u>)

제1조 목적

제2조 삭제 〈2001.12.19〉

제3조 삭제 〈2001.12.19〉

제4조 기본계획 및 지역계획의 수립방법등

제5조 손실보상

제5조의2 토양환경평가

<u>제5조의3 둘 이상의 정화책임자에 대한 토양정화등의 명령 등</u>

제5조의4 토양정화등의 비용 지원

제5조의5 위원회의 구성·운영

제5조의6 토양환경센터의 운영 등

제5조의7 토양환경센터의 운영 위탁

제5조의8 정밀조사명령 등

제6조 특정토양오염관리대상시설의 신고 등

제7조 특정토양오염관리대상시설의 토양오염방지시설 설치 등

제7조의2 토양오염의 방지에 효과적인 시설 설치의 권장 및 지원

제8조 특정토양오염관리대상시설의 토양오염검사

제8조의2 토양오염검사의 면제 등

제8조의3 시정명령 등

제9조 토양정밀 조사명령

제9조의2 조치명령 등

<u>제10조 오염토양의 정화기준 및 정화방법</u>

<u>제11조 정화책임자에 의한 직접 정화</u>

제11조의2 위해성평가의 대상 등
제11조의3 정화과정 검증의 생략
제11조의4 토양관리단지 조성계획의 수립
제11조의5 토양관리단지 조성계획의 변경
제12조 토양보전대책지역의 지정
제12조의2 대책계획의 수립
제13조 오염토양개선사업의 종류
제13조의2 주민건강피해조사 등
제14조 대책지역의 관할조정
제15조 토지이용등의 제한
제16조 대책지역안에서의 시설설치 제한
제17조 폐금속광산지역에 관한 특례
제17조의2 토양관련전문기관의 지정기준 등
제17조의3 토양오염조사기관
제17조의4 토양정화업의 등록요건 등
제17조의5 하도급의 금지
제18조 권한의 위임·위탁
제18조의2 규제의 재검토
제19조 과태료의 부과기준

2024년도 시행 제13회 변호사시험

〈제2문〉

1983. 1. 1.부터 ○○도 ○○시 소재 X토지를 소유하고 있던 甲은 1990. 1. 1. 乙에게 X토지를 임대하였고, 乙은 X토지에 주유소를 설치·운영해 왔다. 1995. 12. 31. 甲은 丙에게 X토지를 매도하였고, 丙은 甲과 乙 사이의 임대차 계약을 그대로 승계하였다.

2023. 1. 1. 丙은 X토지에 공동주택을 신축하기 위하여 약 27년간 수차례의 갱신을 거쳐 유지되었던 乙과의 임대차 계약을 해지하였다. 그러나 丙은 경제상의 이유로 공동주택 신축을 포기하고 2023. 10. 31. X토지를 丁에게 매도하였다. 丁은 매매 과정에서 X토지가 주유소 부지로 사용되었음을 알고 토양환경평가를 받으려 하였으나, '乙이 주유소 시설 철거 시 우려기준 이하로 오염토양정화를 마쳤다'는 丙의 말만 믿고 토양환경평가를 받지 않았다. 그 당시 실제 토양정화는 이루어지지 않았으며, 乙은 주유소를 폐업한 후 재산을 탕진하였고 현재까지 주소불명 상태이다.

2023. 11. 30. X토지 인근 양식장의 송어가 폐사하는 사건이 발생하였고, 현장조사 결과 양식장에 기름띠가 형성되어 있고 기름띠에서는 X토지 지하의 유류저장탱크에 저장된 것과 동일한 유류 혼합물이 다량 검출되었다. 그리고 X토지 및 주변지역에 대한 토양오염도 측정 결과 토양오염물질인 BTEX(벤젠, 톨루엔, 에틸벤젠, 크실렌)가 토양오염대책기준마저 초과한 것으로 드러났다.

1. 환경부장관과 관할 행정청이 토양오염대책기준을 초과하였음을 이유로 X토지와 주변지역에 대하여 「토양환경보전법」상 취할 수 있는 조치를 검토하시오. (30점)

2. 관할 행정청이 X토지에 대하여 토양정화를 명하고자 하는 경우,

   (1) 甲, 乙, 丙, 丁이 「토양환경보전법」상 정화책임자인지를 검토하시오. (25점)

   (2) 정화책임자가 둘 이상인 경우 정화조치명령의 우선순위에 대하여 검토하시오. (10점)

   (3) 위 우선순위에도 불구하고 관할 행정청이 선순위의 정화책임자에 앞서 丙에게 정화조치를 명할 수 있는지를 검토하시오. (15점)

문제해설 [2024년 제13회 변시 제2문] 문제 1. 해설

1. 문제
환경부장관 및 행정청이 「토양환경보전법」상 취할 수 있는 조치가 문제된다.

2. 환경부장관 및 관할 행정청의 조치

(1) 토양정밀조사실시 및 결과공개 (토양환경보전법 제5조 제4항 3호 가.목 및 제5항)
환경부장관, 관할 행정청은 토양오염사고가 발생한 지역으로 토양오염우려 기준이 넘을 가능성이 크다고 인정되는 지역의 경우, 토양보전을 위하여 필요하다고 인정하면 토양정밀조사를 할 수 있고, 그 결과는 공개하여야 한다.

(2) 토양보전대책지역의 지정 (토양환경보전법 제17조 제1항, 제2항)
환경부장관은 토양오염 대책기준을 넘는 지역에 대하여 토양오염대책지역으로 지정할 수 있고, 지자체장은 토양오염의 정도가 대책기준을 초과하지 아니하더라도 관할 시·도지사와 협의하여 그 지역을 대책지역으로 지정하여 줄 것을 환경부장관에게 요청할 수 있다.

(3) 토양정밀조사 및 오염토양의 정화조치명령 (토양환경보전법 제11조 제3항)
토지의 소유자 또는 점유자가 그 소유 또는 점유 중인 토지가 오염된 사실을 발견할 때에는 지체없이 시장에게 신고하여야 하고, 조사를 한 결과 오염도가 우려기준을 넘는 경우에는 관할지자체장은 정화책임자에게 토양관련전문기관에 의한 토양정밀조사의 실시, 오염토양의 정화 조치를 명할 수 있다.

(4) 토양오염방지 조치명령 (토양환경보전법 제15조 제3항)
관할지자체장은 상시측정, 토양오염실태조사 또는 토양정밀조사의 결과 우려기준을 넘는 경우에는 정화책임자에게 기간을 정하여 토양오염관리 대상시설의 개선 또는 이전, 해당 토양오염물질의 사용제한 또는 사용중지, 오염토양의 정화에 해당하는 조치를 명할 수 있다.

(5) 비용부담명령 (토양환경보전법 제18조 제3항)
관할지자체장은 피해주민 지원 대책에 소요되는 비용의 일부를 그 정화책임자에게 부담하게 할 수 있다.

(6) 오염토양 개선사업실시명령 (토양환경보전법 제19조 제1항)
관할지자체장은 오염토양 개선사업의 전부 또는 일부의 실시를 정화책임자에게 명할 수 있다.

3. 결론
(1) 환경부장관과 지자체장은 토양정밀조사 실시를 할 수 있고, 그 결과를 공개하여야 한다.

(2) 환경부장관은 토양보전대책지역으로 지정할 수 있고, 지자체장은 이를 요청할 수 있다.

(3) 지자체장은 토양정밀조사, 오염토양의 정화조치명령, 토양오염방지조치, 비용부담, 오염토양개선사업실시 명령 등을 할 수 있다.

문제해설 [2024년 제13회 변시 제2문] 문제 2. (1) 해설

1. 문제
甲, 乙, 丙, 丁이 토양환경보전법상 제10의4 제1항 각호의 정화책임자에 해당하는지가 문제된다.

2. 토양환경보전법상 정화책임자 법적근거

(1) 토양환경보전법 제10조의4 제1항
다음 각 호의 어느 하나에 해당하는 자는 정화책임자로서 제11조 제3항, 제14조 제1항, 제15조 제1항·제3항 또는 제19조 제1항에 따라 토양정밀조사, 오염토양의 정화 또는 오염토양 개선사업의 실시(이하 "토양정화등"이라 한다)를 하여야 한다.
  1. 토양오염물질의 누출·유출·투기·방치 또는 그 밖의 행위로 토양오염을 발생시킨 자
  2. 토양오염의 발생 당시 토양오염의 원인이 된 토양오염관리대상시설의 소유자·점유자 또는 운영자
  4. 토양오염이 발생한 토지를 소유하고 있었거나 현재 소유 또는 점유하고 있는 자

(2) 토양환경보전법 제10조의4 제2항
제1항에도 불구하고 다음 각 호의 어느 하나에 해당하는 경우에는 같은 항 제4호에 따른 정화책임자로 보지 아니한다. 다만, 1996년 1월 6일 이후에 제1항 제1호 또는 제2호에 해당하는 자에게 자신이 소유 또는 점유 중인 토지의 사용을 허용한 경우에는 그러하지 아니하다.
  1. 1996년 1월 5일 이전에 양도 또는 그 밖의 사유로 해당 토지를 소유하지 아니하게 된 경우
  2. 해당 토지를 1996년 1월 5일 이전에 양수한 경우
  3. 토양오염이 발생한 토지를 양수할 당시 토양오염 사실에 대하여 선의이며 과실이 없는 경우

3. 甲의 경우

(1) 토양환경보전법 제10조의4 제1항 제4호 해당 여부
甲은 1990. 1. 1. 乙에게 X토지를 임대하여 토양오염이 발생한 토지를 소유하고 있던 자이므로 토양환경보전법 제10조의4 제1항 제4호 일응 해당한다.

(2) 토양환경보전법 제10조의4 제2항 제1호 해당 여부
다만, 1995. 12. 31. 丙에게 토지를 매도하여, 1996년 1월 5일 이전에 양도하여 토지를 소유하지 아니하게 된 경우에 해당하는바, 제10조의4 제2항 제1호의 예외가 적용되어 정화책임자가 아니다.

4. 乙의 경우

(1) 토양환경보전법 제10조의4 제1항 제1호 해당여부
乙은 1990. 1. 1. 甲으로부터 X토지를 임차하여 주유소를 설치하고, 2023. 1. 1. 이전까지 운영한 자로 유류저장탱크에서 유류 혼합물이 누출되어 X토지 및 주변 지역의 토양이 오염되었으므로, 토양오염을 발생시킨 자에 해당하는바, 제1호 정화책임자이다.

(2) 토양환경보전법 제10조의4 제1항 제2호 해당여부

乙은 토양오염관리대상시설은 주유소의 소유자이자 운영자로 제2호 정화책임자에 해당한다.

5. 丙의 경우

(1) 토양환경보전법 제10조의4 제1항 제4호 해당 여부

丙은 X토지를 甲으로부터 1995. 12. 31.에 매수하였으므로 토양오염이 발생한 토지를 소유하고 있던 자이므로 토양환경보전법 제10조의4 제1항 제4호 일응 해당한다.

(2) 토양환경보전법 제10조의4 제2항 제2호 해당여부

丙은 X토지를 甲으로부터 1995. 12. 31.에 매수하였으므로 동조 제2항 제2호의 1996. 1. 5. 이전에 양수한 경우에 해당되므로, 제10조의4 제2항 제2호 예외가 적용될 수 있다. 다만, 토양환경보전법 제10조의4 제2항 단서에 따라 1996년 1월 6일 이후에 제1항 제1호 또는 제2호에 해당하는 乙에게 임대차 계약을 27년간 수 차례 갱신한 점에서 자신이 소유 또는 점유 중인 토지의 사용을 허용한 경우에는 해당하는바, 토양환경보전법 제10조의4 제1항 제4호의 정화책임자에 해당한다.

6. 丁의 경우

(1) 토양환경보전법 제10조의4 제1항 제4호 해당여부

丁은 X토지를 현재 소유하고 있는 자이므로 제4호 정화책임자에 일응 해당된다.

(2) 토양환경보전법 제10조의4 제2항 제3호 해당여부

丁이 토양오염이 발생한 토지를 양수할 당시 오염토양정화를 마쳤다는 丙의 말만 믿고 토양환경평가를 받은 사실이 없으므로, 자신의 토양오염 사실에 대하여 선의이며 과실이 없다고 볼 수 없는바, 예외사유에 해당하지 않는다.

7. 결론

(1) 甲은 제10조의4 제2항 제1호의 예외가 적용되어 정화책임자가 아니다.

(2) 乙은 제10조의4 제1항 1호 및 제2호의 정화책임자이다.

(3) 丙은 제10조의4 제1항 4호의 정화책임자이다.

(4) 丁은 제10조의4 제1항 4호의 정화책임자이다.

문제해설 [2024년 제13회 변시 제2문] 문제 2. (2) 해설

1. 문제

토양환경보전법상 복수정화책임자의 우선순위가 문제 된다.

2. 토양환경보전법상 복수정화책임자의 우선순위 관련 규정

(1) 토양환경보전법 제10조의4 제3항

토양정화 등을 명할 수 있는 정화책임자가 둘 이상인 경우에는 대통령령으로 정하는 바에 따라 해당 토양오염에 대한 각 정화책임자의 귀책정도, 신속하고 원활한 토양정화의 가능성 등을 고려하여 토양정화 등을 명하여 한다.

(2) 토양환경보전법 시행령 제5조의3 제1항

법 제10조의4제3항에 따라 시·도지사 또는 시장·군수·구청장은 법 제10조의4제1항에 따른 정화책임자가 둘 이상인 경우에는 다음 각 호의 순서에 따라 토양정밀조사, 오염토양의 정화 또는 오염토양 개선사업의 실시를 명하여야 한다.

1. 법 제10조의4제1항제1호의 정화책임자와 그 정화책임자의 권리·의무를 포괄적으로 승계한 자
2. 법 제10조의4제1항제2호의 정화책임자 중 토양오염관리대상시설의 점유자 또는 운영자와 그 점유자 또는 운영자의 권리·의무를 포괄적으로 승계한 자
3. 법 제10조의4제1항제2호의 정화책임자 중 토양오염관리대상시설의 소유자와 그 소유자의 권리·의무를 포괄적으로 승계한 자
4. 법 제10조의4제1항제4호의 정화책임자 중 토양오염이 발생한 토지를 현재 소유 또는 점유하고 있는 자
5. 법 제10조의4제1항제4호의 정화책임자 중 토양오염이 발생한 토지를 소유하였던 자

3. 결론

제10조의4 제1항 1호 및 제2호의 정화책임자 乙이 1순위로 정화책임을 지고, 제10조의4 제1항 제4호의 정화책임자 중 토양오염이 발생한 토지를 현재 소유하고 있는 丁이 2순위로 정화책임을 지며, 제10조의4 제1항 제4호의 정화책임자 중 토양오염이 발생한 토지를 소유하였던 丙이 3순위로 정화책임을 진다.

문제해설 [2024년 제13회 변시 제2문] 문제 2. (3) 해설

1. 문제
토양환경보전법상 복수정화책임자 중 후순위자에게 정화조치 명령을 할 수 있는지가 문제 된다.

2. 토양환경보전법상 복수정화책임자의 우선순위 관련 규정

(1) 토양환경보전법 시행령 제5조의3 제2항
제1항에도 불구하고 다음 각 호의 어느 하나에 해당하는 경우 제1항 각 호의 순서 중 후순위의 정화책임자 중 어느 하나에게 선순위의 정화책임자에 앞서 토양정화등을 명할 수 있다.
 1. 선순위의 정화책임자를 주소불명 등으로 확인할 수 없는 경우
 2. 선순위의 정화책임자가 후순위의 정화책임자에 비하여 해당 토양오염에 대한 귀책사유가 매우 적은 것으로 판단되는 경우

(2) 사안의 경우
1) 상술한 바와 같이 정화 책임의 1순위자는 乙이고, 2순위자는 丁이며, 3순위자는 丙이다. 현재 1순위 정화책임자 乙이 주유소를 폐업하고 주소불명 등으로 소재를 확인할 수 없으므로 2순위자인 丁이 정화 책임을 져야한다.

2) 그런데, 丁은 2023. 10. 31. X토지를 丙으로부터 매수할 당시 '乙이 주유소 시설 철거 시 우려기준 이하로 오염토양정화를 마쳤다'는 丙의 말만 믿고 토양환경평가를 받지 않은 점에서 실제 토양정화가 이루어진 적이 없음을 당시 소유자인 丙이 알았을 것으로 추정되는바, 丙에 비하여 丁이 해당 토양오염에 대한 귀책사유가 매우 적은 것으로 판단될 여지가 있다.

3) 따라서, 동법 시행령 제5조의3 제2항 제2호에 포섭된다고 행정청이 판단하였다면 3순위자인 丙에게 정화조치를 명할 수 있다.

3. 결론
동법시행령 제5조의제 제2항 제1호에 따라 2순위 자인 丁에게 정화조치명령이 내려져야 한다. 다만, 행정청은 동법시행령 제5조의제 제2항 제2호를 근거로 3순위자인 丙에게 정화조치를 명할 수도 있다.

2021년도 시행 제10회 변호사시험

〈제2문〉

甲은 2014. 10. 서울특별시 A구 소재 35,000㎡ 규모의 부지(이하 '이 사건 토지'라 한다)를 복합쇼핑몰 신축을 위해 乙로부터 매입하였다. 그런데 2019년 甲이 공사를 위해 이 사건 토지를 조사하는 과정에서 이 사건 토지가 불소, 아연, 니켈, 구리 등 토양오염물질로 「토양환경보전법」상 토양오염대책기준을 초과하여 오염되었음이 밝혀졌다. 甲은 A구청에 이를 신고했고, A구청 소속 공무원이 이 사건 토지에 출입하여 오염 원인을 수차례 조사한 결과 이 토양오염은 1998년부터 2000년 사이에 이 사건 토지 인근에서 철강공장을 운영하던 丙에 의해 발생한 것으로 乙에게는 이 사건 토지를 소유하던 중에 해당 토양오염 발생에 귀책사유가 없음이 확인되었다.

한편 이 사건 토지의 인근에는 반환 예정 미군기지부지(이하 '이 사건 미군기지부지'라 한다)가 일부 포함되어 있는데, 환경조사 결과 이 사건 미군기지부지가 우려기준을 넘는 토양오염물질 외에 「잔류성유기오염물질 관리법」 제2조 제1호에 따른 잔류성유기오염물질로도 함께 오염되어 있음이 밝혀졌다. 이 사건 미군기지부지의 환경오염에 대해서는 법률의 효력이 있는 대한민국과 미합중국 간에 체결된 협정에 따라 대한민국 국방부장관이 정화책임을 지는 것으로 되어 있다.

1. 甲, 乙, 丙 각각의 「토양환경보전법」상 정화책임자 해당 여부와, 그 정화책임자가 국가의 정화 비용 지원을 받을 수 있는 요건을 검토하시오(복수책임자 간 우선순위는 논외로 함). (25점)

2. 이 사건 토지의 오염에 대하여,
   1) 환경부장관 및 관할 지방자치단체의 장이 「토양환경보전법」상 할 수 있는 조치를 검토하시오. (30점)

3. 국방부장관이 이 사건 미군기지부지 및 그 주변지역의 오염을 정화하기 위하여 「토양환경보전법」상 해야 할 조치를 검토하시오. (10점)

문제해설 [2021년 제10회 변시 제2문] 문제 1. 해설

1. 문제
(1) 甲, 乙, 丙의 정화책임자 해당 여부, (2) 정화책임자가 국가의 정화비용 지원을 받을 수 있는지가 문제 된다.

2. 토양환경보전법상 정화책임자 판단 및 비용지원의 법적근거

(1) 토양환경보전법 제10조의4 제1항

다음 각 호의 어느 하나에 해당하는 자는 정화책임자로서 토양정밀조사, 오염토양의 정화 또는 오염토양 개선사업의 실시를 하여야 한다.

1. 토양오염물질의 누출·유출·투기(投棄)·방치 또는 그 밖의 행위로 토양오염을 발생시킨 자
2. 토양오염의 발생 당시 토양오염의 원인이 된 토양오염관리대상시설의 소유자·점유자 또는 운영자
4. 토양오염이 발생한 토지를 소유하고 있었거나 현재 소유 또는 점유하고 있는 자

(2) 토양환경보전법 제10조의4 제2항

제1항에도 불구하고 다음 각 호의 어느 하나에 해당하는 경우에는 같은 항 제4호에 따른 정화책임자로 보지 아니한다. 다만, 1996년 1월 6일 이후에 제1항 제1호 또는 제2호에 해당하는 자에게 자신이 소유 또는 점유 중인 토지의 사용을 허용한 경우에는 그러하지 아니하다.

1. 1996년 1월 5일 이전에 양도 또는 그 밖의 사유로 해당 토지를 소유하지 아니하게 된 경우
2. 해당 토지를 1996년 1월 5일 이전에 양수한 경우
3. 토양오염이 발생한 토지를 양수할 당시 토양오염 사실에 대하여 선의이며 과실이 없는 경우

(3) 丙의 경우

이 사건 토지 인근에서 철강공장을 운영하던 丙이 토양오염물질의 원인자로 확인되었는바, 동법 제10조의4 제1항 제1호, 제2호의 정화책임자에 해당된다.

(4) 乙의 경우

토양오염이 발생된 1998년부터 2000년 사이에 이 사건 토지를 소유하고 있었으므로 동법 제10조의4 제1항 제4호의 정화책임자에 해당될 여지가 있으나, 토양오염 발생에 귀책사유가 없음이 확인되었으므로 동법 제2항에 제3호에 따라, 정화책임자에 해당되지 않는다.

(5) 甲의 경우

토양오염이 발생한 토지를 현재 소유 또는 점유하고 있는 자로 동법 제10조의4 제1항 제4호에 따라 정화책임자에 해당된다.

3. 국가의 정화비용 지원 요건

(1) 토양환경보전법 제10조의4 제5항

국가 및 지방자치단체는 다음 각 호의 어느 하나에 해당하는 경우에는 토양정화 등을 하는 데 드는 비용의 전부 또는 일부를 대통령령으로 정하는 바에 따라 지원할 수 있다.

1. 제1항제1호·제2호 또는 제3호의 정화책임자가 토양정화등을 하는 데 드는 비용이 자신의 부담부분을 현저히 초과하거나 해당 토양오염관리대상시설의 소유·점유 또는 운영을 통하여 얻었거나 향후 얻을 수 있을 것으로 기대되는 이익을 현저히 초과하는 경우
2. 2001년 12월 31일 이전에 해당 토지를 양수하였거나 양도 또는 그 밖의 사유로 소유하지 아니하게 된 자가 제1항제4호의 정화책임자로서 토양정화등을 하는 데 드는 비용이 해당 토지의 가액을 초과하는 경우
3. 2002년 1월 1일 이후에 해당 토지를 양수한 자가 제1항제4호의 정화책임자로서 토양정화등을 하는 데 드는 비용이 해당 토지의 가액 및 토지의 소유 또는 점유를 통하여 얻었거나 향후 얻을 수 있을 것으로 기대되는 이익을 현저히 초과하는 경우
4. 동법시행령 제5조의4 제5항

(2) 토양환경보전법시행령 제5조의4 제5항

1. 2001년 12월 31일 이전에 해당 토지를 양수하고 2002년 1월 1일 이후에 해당 토지를 양도 또는 그 밖의 사유로 소유하지 아니하게 된 자가 법 제10조의4 제1항 제4호의 정화책임자로서 토양정화 등을 하는 데 드는 비용이 해당 토지의 가액을 초과하는 경우
2. 2002년 1월 1일 이후에 해당 토지를 양수하고 그 이후 해당 토지를 양도 또는 그 밖의 사유로 소유하지 아니하게 된 자가 법 제10조의4 제1항 제4호의 정화책임자로서 토양정화 등을 하는 데 드는 비용이 해당 토지의 가액 및 소유 또는 점유를 통하여 얻은 이익을 현저히 초과하는 경우

(3) 丙의 경우

丙은 동법 제10조의4 제1항 제1호, 제2호의 정화책임자에 해당되므로, 동법 제10조의4 제5항 제1호에 따라, 토양정화 등을 하는 데 드는 비용이 자신의 부담부분을 현저히 초과하거나 해당 토양오염관리대상시설의 소유·점유 또는 운영을 통하여 얻었거나 향후 얻을 수 있을 것으로 기대되는 이익을 현저히 초과함을 주장·입증하여 지원받을 수 있다.

(4) 甲의 경우

甲은 동법 제10조의4 제1항 제4호의 정화책임자에 해당되므로, 동법 제10조의4 제5항 제3호에 따라, 토양정화등을 하는 데 드는 비용이 해당 토지의 가액 및 토지의 소유 또는 점유를 통하여 얻었거나 향후 얻을 수 있을 것으로 기대되는 이익을 현저히 초과하는 경우임을 주장·입증하여 지원받을 수 있다.

문제해설 [2021년 제10회 변시 제2문] 문제 2. 1) 해설

1. 문제
환경부장관 및 관할 지방자치단체의 장이 「토양환경보전법」상 할 수 있는 조치가 문제된다.

2. 환경부장관 및 관할지자체장의 조치

(1) 토양정밀조사실시 및 결과공개 (토양환경보전법 제5조 제4항 3호 가.목 및 제5항)
환경부장관, 관할지자체장은 토양오염사고가 발생한 지역으로 토양오염우려 기준이 넘을 가능성이 크다고 인정되는 지역의 경우, 토양보전을 위하여 필요하다고 인정하면 토양정밀조사를 할 수 있고, 그 결과는 공개하여야 한다.

(2) 토양보전대책지역의 지정 (토양환경보전법 제17조 제1항, 제2항)
환경부장관은 토양오염 대책기준을 넘는 지역에 대하여 토양오염대책지역으로 지정할 수 있고, 지자체장은 토양오염의 정도가 대책기준을 초과하지 아니하더라도 관할 시·도지사와 협의하여 그 지역을 대책지역으로 지정하여 줄 것을 환경부장관에게 요청할 수 있다.

(3) 토양정밀조사 및 오염토양의 정화조치명령 (토양환경보전법 제11조 제3항)
토지의 소유자 또는 점유자가 그 소유 또는 점유 중인 토지가 오염된 사실을 발견할 때에는 지체 없이 시장에게 신고하여야 하고, 조사를 한 결과 오염도가 우려기준을 넘는 경우에는 관할지자체장은 甲, 丙에게 토양관련전문기관에 의한 토양정밀조사의 실시, 오염토양의 정화 조치를 명할 수 있다.

(4) 토양오염방지 조치명령 (토양환경보전법 제15조 제3항)
관할지자체장은 상시측정, 토양오염실태조사 또는 토양정밀조사의 결과 우려기준을 넘는 경우에는 甲, 丙에게 기간을 정하여 토양오염관리 대상시설의 개선 또는 이전, 해당 토양오염물질의 사용제한 또는 사용중지, 오염토양의 정화에 해당하는 조치를 명할 수 있다.

(5) 비용부담명령 (토양환경보전법 제18조 제3항)
관할지자체장은 피해주민 지원 대책에 소요되는 비용의 일부를 그 정화책임자인 甲, 丙에게 부담하게 할 수 있다.

(6) 오염토양 개선사업실시명령 (토양환경보전법 제19조 제1항)
관할지자체장은 오염토양 개선사업의 전부 또는 일부의 실시를 정화책임자인 甲, 丙에게 명할 수 있다.

(7) 형사고발 (토양환경보전법 제29조 제1호, 제3호)
관할지자체장은 동법 제11조 제3항, 제15조 제3항에 따른 명령을 이행하지 아니하는 자에게 2년 이하의 징역 또는 2천만원 이하의 벌금에 처하도록 형사고발 조치할 수 있다.

3. 결론
   (1) 환경부장관과 지자체장은 토양정밀조사 실시를 할 수 있고, 그 결과를 공개하여야 한다.
   (2) 환경부장관은 토양보전대책지역으로 지정할 수 있고, 지자체장은 이를 요청할 수 있다.
   (3) 지자체장은 토양정밀조사, 오염토양의 정화조치명령, 토양오염방지조치, 비용부담, 오염토양개선 사업실시 명령, 형사고발 조치 등을 할 수 있다.

문제해설 [2021년 제10회 변시 제2문] 문제 3. 해설

1. 문제
정화책임자로서 국방부 장관이 토양환경보전법상 취하여야 할 조치가 문제 된다.

2. 국방부장관의 조치

(1) 토양정화실시 (토양환경보전법 제10조의4 제1항 제3호)
국방부장관은 오염된 이 사건 미군기지부지에 대하여 정화책임을 지는 자인바. 토양오염을 발생시킨 자로부터 권리·의무를 포괄적으로 승계한 자는 토양정밀조사, 오염토양의 정화 또는 오염토양 개선사업의 실시 등을 하여야 한다.

(2) 손실보상의무 (토양환경보전법 제10조의4 제6항, 제7항)
乙은 토양오염이 발생한 토지를 소유 또는 점유하고 있는 자로서 정화책임자가 아닌 자이므로, 해당 토양오염에 토양정화등의 명령을 받아 토양정화등을 하려는 경우에는 정당한 사유가 없으면 이에 협조하여야 하고, 정화책임자인 국방부 장관은 이에 따라 발생한 손실을 보상하여야 한다.

(3) 토양정화검증 (토양환경보전법 제15조의6 제1항, 제2항)
정화책임자인 국방부 장관은 오염토양을 정화하기 위하여 토양정화업자에게 토양정화를 위탁하는 경우에는 토양오염조사기관으로 하여금 정화과정 및 정화완료에 대한 검증을 하게 하여야 하고, 이에 따라 토양오염조사기관으로 하여금 오염토양의 정화과정 및 정화완료에 대한 검증을 하게 할 때에는 오염토양정화계획을 작성하여 관할 지차제장에게 제출하여야 한다.

3. 결론
정화책임자로서 국방부 장관은 토양정화실시, 손실보상, 토양정화검증 등의 조치를 취해야 한다.

문제해설 [2021년 제10회 변시 제2문] 문제 3. 해설

1. 문제
정화책임자의 직접정화 및 오염토양 반출정화 가부가 문제된다.

2. 정화책임자의 직접정화 가부

(1) 토양환경보전법 제15조의3 제2항
오염토양은 토양정화업자에 위탁하여 정화하여야 한다. 다만, 유기용제류에 의한 오염토양 등 대통령령으로 정하는 종류와 규모에 해당하는 오염토양은 정화책임자가 직접 정화할 수 있다.

(2) 토양환경보전법 시행령 제11조 제2호
유기용제 또는 유류에 의한 오염토양으로서 그 양이 5세제곱미터 미만에 해당하는 오염토양에 대하여는 정화책임자가 토양정화업자에게 위탁하지 아니하고 직접 정화할 수 있다.

(3) 사안의 경우
이 사건 부지는 아연, 니켈, 구리 등의 유기용제류에 의한 오염토양에는 해당되지만, 오염정도가 지표면으로부터 지하 6m의 범위까지 심하게 오염되어 동법 15조의3제2항 단서 및 시행령 제11조 제2호에 해당되지 않는바, 직접 정화를 할 수 없다.

3. 오염토양 반출정화 가부

(1) 토양환경보전법 제15조의3 제3항
오염토양을 정화할 때에는 오염이 발생한 해당 부지에서 정화하여야 한다. 다만, 부지의 협소 등 환경부령으로 정하는 불가피한 사유로 그 부지에서 오염토양의 정화가 곤란한 경우에는 토양정화업자가 보유한 시설로 환경부령으로 정하는 바에 따라 오염토양을 반출하여 정화할 수 있다.

(2) 사안의 경우
이 사건 부지가 오염토양을 정화함에 있어서 부지의 협소 등 불가피한 사유로 오염토양의 정화가 곤란하다는 사정이 나타나 있지 않은바, 특별한 사정이 없다면 원칙에 따라 이 사건 부지에서 정화하여야 하고 오염토양을 반출하여 정화할 수는 없다.

4. 결론
정화책임자는 직접 정화할 수 없고, 반출정화도 할 수 없다.

2019년도 시행 제8회 변호사시험

〈제2문〉

甲은 1978년부터 A시 내에 있는 甲 소유의 토지(이하 '이 사건 부지'라 함)에서 주물제조공장을 운영하면서 토양오염물질을 무단으로 투기·매립해 왔고, 그 후 주물제조공장을 철거한 뒤, 1997. 1. 30. 乙에게 이 사건 부지를 매도하였다. 乙은 이 사건 부지를 소유하다가 2000. 1. 3. 丙에게 매도하였다. 丙은 이 사건 부지를 주거용으로 이용하다가, 2015. 3. 1. 농공단지로 개발하려는 丁에게 매도하였다. 丁은 관련 인허가를 모두 받은 후 2016. 9. 1.부터 공사를 진행하던 중 이 사건 부지의 일부가 오염된 사실을 알게 되어 A시장에게 신고하였고, A시장이 조사를 의뢰한 결과 이 사건 부지가 지표면으로부터 지하 6m의 범위까지 아연, 니켈, 구리로 심하게 오염되어 토양오염우려기준을 초과하는 것으로 밝혀졌다.

A시장은 정화명령을 검토하면서 다음과 같은 관련자들의 주장을 청취하였다.

- 甲: 「토양환경보전법」의 제정·시행일(1996. 1. 6.) 이전에 이루어졌던 자신의 토양오염행위에 대해서는 책임을 질 수 없다.
- 乙: 토양오염의 원인이 되는 어떠한 행위도 하지 않았을 뿐만 아니라, 이 사건 부지의 매수 당시 토양오염사실을 전혀 알지 못했기에 책임이 없다.
- 丙: 2001. 12. 31. 이전에 이 사건 부지를 매수했고, 이 사건 부지 정화비용이 거의 토지 매매가액에 근접하는 정도여서 책임의 면제 또는 정화비용 지원이 이루어져야 한다.
- 丁: 이 사건 부지 정화비용이 거의 토지 매매가액에 근접하는 정도일 뿐만 아니라, 개인적으로 지고 있는 과다한 채무 등으로 정화비용을 마련할 여력이 없어 책임의 면제 또는 정화비용 지원이 이루어져야 한다.

1. 甲, 乙, 丙, 丁의 주장이 「토양환경보전법」상 타당한지에 대하여 각각 검토하시오(위헌문제는 논외로 함). (40점)
2. A시장이 정화명령을 한 경우 정화책임자는 「토양환경보전법」상 토양정화업자에게 위탁하지 않고 직접 정화할 수 있는지, 그리고 오염토양을 이 사건 부지로부터 반출하여 정화할 수 있는지에 대하여 각각 검토하시오(시행규칙의 내용은 논외로 함). (20점)

문제해설 [2019년 제8회 변시 제2문] 문제 1. 해설

1. 문제
甲, 乙, 丙, 丁의 주장이 토양환경보전법상 타당한지가 문제 된다.

2. 토양환경보전법상 정화책임자 판단 및 비용 지원의 법적 근거

(1) 토양환경보전법 제10조의4 제1항

다음 각 호의 어느 하나에 해당하는 자는 정화책임자로서 토양정밀조사, 오염토양의 정화 또는 오염토양 개선사업의 실시를 하여야 한다.
1. 토양오염물질의 누출·유출·투기(投棄)·방치 또는 그 밖의 행위로 토양오염을 발생시킨 자
2. 토양오염의 발생 당시 토양오염의 원인이 된 토양오염관리대상시설의 소유자·점유자 또는 운영자
4. 토양오염이 발생한 토지를 소유하고 있었거나 현재 소유 또는 점유하고 있는 자

(2) 토양환경보전법 제10조의4 제2항

제1항에도 불구하고 다음 각 호의 어느 하나에 해당하는 경우에는 같은 항 제4호에 따른 정화책임자로 보지 아니한다. 다만, 1996년 1월 6일 이후에 제1항 제1호 또는 제2호에 해당하는 자에게 자신이 소유 또는 점유 중인 토지의 사용을 허용한 경우에는 그러하지 아니하다.
1. 1996년 1월 5일 이전에 양도 또는 그 밖의 사유로 해당 토지를 소유하지 아니하게 된 경우
2. 해당 토지를 1996년 1월 5일 이전에 양수한 경우
3. 토양오염이 발생한 토지를 양수할 당시 토양오염 사실에 대하여 선의이며 과실이 없는 경우

(3) 토양환경보전법 제10조의4 제5항

국가 및 지방자치단체는 다음 각 호의 어느 하나에 해당하는 경우에는 토양정화 등을 하는 데 드는 비용의 전부 또는 일부를 대통령령으로 정하는 바에 따라 지원할 수 있다.
2. 2001년 12월 31일 이전에 해당 토지를 양수하였거나 양도 또는 그 밖의 사유로 소유하지 아니하게 된 자가 제1항 제4호의 정화책임자로서 토양정화 등을 하는 데 드는 비용이 해당 토지의 가액을 초과하는 경우
3. 2002년 1월 1일 이후에 해당 토지를 양수한 자가 제1항 제4호의 정화책임자로서 토양정화 등을 하는 데 드는 비용이 해당 토지의 가액 및 토지의 소유 또는 점유를 통하여 얻었거나 향후 얻을 수 있을 것으로 기대되는 이익을 현저히 초과하는 경우

3. 甲의 경우

(1) 토양환경보전법 제10조의4 제1항 제1, 2, 4호 해당여부

甲은 1978년부터 이 사건 부지 소유자로서 주물제조공장을 운영하면서 토양오염물질을 무단으로 투기·매립하였으므로 토양오염을 발생시킨 자에 해당하는바, 제1, 2, 4호의 정화책임자이다.

(2) 토양환경보전법 제10조의4 제2항 해당여부

甲은 「토양환경보전법」의 제정·시행일(1996. 1. 6.) 이전에 이루어졌던 자신의 토양오염행위에 대해서는 책임을 질 수 없다고 주장하고 있으나, 1996년 1월 5일 이전에 양도 또는 그 밖의 사유로

해당 토지를 소유하지 아니하게 된 경우 동법 제10조의4 제1항 4호의 정화책임자에 해당되지 않는 다는 규정을 잘못해석 한 것으로, 甲은 1997. 1. 30. 乙에게 이 사건 부지를 매도하여 이에 해당되지 않고, 설령 이 규정에 해당되더라도 제1항 제 1, 2호의 정화책임자에 해당하는바, 토양오염행위에 대해 책임을 질 수 없다는 甲의 주장은 부당하다.

4. 乙의 경우

(1) 토양환경보전법 제10조의4 제1항 제4호 해당여부

乙은 1997. 1. 30. 甲으로부터 이 사건 부지를 매수하여 소유하다가 2000. 1. 3. 丙에게 매도한 자로 토양오염이 발생한 토지를 소유하고 있었던 자에 해당하는바, 제4호의 정화책임자이다.

(2) 토양환경보전법 제10조의4 제2항 제3호 해당여부

乙은 토양오염의 원인이 되는 어떠한 행위도 하지 않았을 뿐만 아니라 이 사건 부지의 매수 당시 토양오염사실을 전혀 알지 못했기에 책임이 없다는 주장을 하고 있고, 이는 토양오염이 발생한 토지를 양수할 당시 토양오염 사실에 대하여 선의이며 과실이 없는 경우인 동법 제10조의4 제2항 제3호에 해당하는바, 토양오염행위에 책임을 질 수 없다는 乙의 주장은 타당하다.

5. 丙의 경우

(1) 토양환경보전법 제10조의4 제1항 제4호 해당여부

丙은 2000. 1. 3. 乙로부터 이 사건 부지를 매수하여 소유하다가 2015. 3. 1. 丁에게 매도한 자로 토양오염이 발생한 토지를 소유하고 있었던 자에 해당하는바, 제4호의 정화책임자이다.

(2) 토양환경보전법 제10조의4 제5항 제2호 해당여부

丙이 2001. 12. 31. 이전에 이 사건 부지를 양수하고 양도로 소유하지 않는 것은 사실이나 토양정화 등을 하는 데 드는 비용이 해당 토지의 매매가액에 근접하는 정도여서 초과하는 경우가 아니므로 동법 제10조의4 제5항 제2호에 해당되지 않는바, 책임의 면제 또는 정화비용 지원이 이루어져야 한다는 丙의 주장은 부당하다.

6. 丁의 경우

(1) 토양환경보전법 제10조의4 제1항 제4호 해당여부

丁은 2015. 3. 1. 丙으로부터 이 사건 토지를 매수한 자로 토양오염이 발생한 토지를 현재 소유하고 있는 자에 해당하는바, 제4호의 정화책임자이다.

(2) 토양환경보전법 제10조의4 제5항 제3호 해당여부

丁이 2002. 2. 1. 이후에 이 사건 토지를 매수한 자로 정화책임자에 해당되지만, 토양정화비용이 해당 토지의 매매가액에 근접하는 정도여서 초과하는 경우가 아니므로 동법 제10조의4 제5항 제3호에 해당되지 않는바, 책임의 면제 또는 정화비용 지원이 이루어져야 한다는 丁의 주장은 부당하다.

7. 결론

甲, 丙, 丁의 주장은 부당하고, 乙의 주장은 타당하다.

문제해설 [2019년 제8회 변시 제2문] 문제 2. 해설

1. 문제
정화책임자의 직접정화 및 오염토양 반출정화 가부가 문제된다.

2. 정화책임자의 직접정화 가부

(1) 토양환경보전법 제15조의3 제2항
오염토양은 토양정화업자에 위탁하여 정화하여야 한다. 다만, 유기용제류에 의한 오염토양 등 대통령령으로 정하는 종류와 규모에 해당하는 오염토양은 정화책임자가 직접 정화할 수 있다.

(2) 토양환경보전법 시행령 제11조 제2호
유기용제 또는 유류에 의한 오염토양으로서 그 양이 5세제곱미터 미만에 해당하는 오염토양에 대하여는 정화책임자가 토양정화업자에게 위탁하지 아니하고 직접 정화할 수 있다.

(3) 사안의 경우
이 사건 부지는 아연, 니켈, 구리 등의 유기용제류에 의한 오염토양에는 해당되지만, 오염정도가 지표면으로부터 지하 6m의 범위까지 심하게 오염되어 동법 15조의3제2항 단서 및 시행령 제11조 제2호에 해당되지 않는바, 직접 정화를 할 수 없다.

3. 오염토양 반출정화 가부

(1) 토양환경보전법 제15조의3 제3항
오염토양을 정화할 때에는 오염이 발생한 해당 부지에서 정화하여야 한다. 다만, 부지의 협소 등 환경부령으로 정하는 불가피한 사유로 그 부지에서 오염토양의 정화가 곤란한 경우에는 토양정화업자가 보유한 시설로 환경부령으로 정하는 바에 따라 오염토양을 반출하여 정화할 수 있다.

(2) 사안의 경우
이 사건 부지가 오염토양을 정화함에 있어서 부지의 협소 등 불가피한 사유로 오염토양의 정화가 곤란하다는 사정이 나타나 있지 않은바, 특별한 사정이 없다면 원칙에 따라 이 사건 부지에서 정화하여야 하고 오염토양을 반출하여 정화할 수는 없다.

4. 결론
정화책임자는 직접 정화할 수 없고, 반출정화도 할 수 없다.

2017년도 시행 제6회 변호사시험

<제2문>

甲은 1990. 3. 1.부터 A시에 소재한 X토지를 토지소유자인 乙로부터 임차하여 폐기물처리시설을 설치하고 폐기물최종처분업을 운영하였다. 그 후 乙은 X토지의 매도를 용이하게 하기 위하여 甲으로 하여금 폐기물처리시설을 철거하도록 한 뒤 甲과의 임대차 계약을 해지하였다. 그리고 복합쇼핑몰을 건축하려고 하는 丙에게 1995. 2. 4. X토지를 매도하였다. 그러나 丙은 갑작스럽게 경제상황이 악화되어 예정대로 건축공사에 착수하지 못하고 X토지를 2000. 12. 1. 丁에게 매도하였다.

폐기물처리시설이 철거된 이후 X토지 주변의 다수 주민들은 토양오염에서 비롯된 질병으로 고생하고 있다. 이에 2013. 1. 15. A시 시장은 X토지에 대하여 토양오염도 조사를 하였는데, 그 결과 X토지에서는 아연, 구리, 비소 등 각종 유해물질이 「토양환경보전법」상의 우려기준 이상으로 검출되고 있음이 확인되었다. 추가 조사에서는 과거 甲이 폐기물최종처분업을 운영할 때 X토지 지하에 설치한 폐기물처리탱크에서 배관 불량으로 폐기물 침출수의 누수가 발생하였음이 밝혀졌다. 현재 인근 주민들은 A시 시장에게 「토양환경보전법」상의 적절한 조치를 취해줄 것을 강력히 요구하고 있다.

1. 甲, 乙, 丙, 丁이 「토양환경보전법」상의 정화책임자인지 여부에 대하여 검토하시오. (40점)

2. A시 시장이 丁에 대하여 X토지에 대한 정화조치명령을 내리자, 丁은 자신이 우선순위가 아니라고 주장하고 있다. 그 주장의 타당성을 토양환경보전법령을 근거로 검토하시오. (20점)

문제해설 [2017년 제6회 변시 제2문] 문제 1. 해설

1. 문제
甲, 乙, 丙, 丁이 토양환경보전법상 제10의4 제1항 각호의 정화책임자에 해당하는지가 문제된다.

2. 토양환경보전법상 정화책임자 법적근거

(1) 토양환경보전법 제10조의4 제1항
다음 각 호의 어느 하나에 해당하는 자는 정화책임자로서 제11조 제3항, 제14조 제1항, 제15조 제1항·제3항 또는 제19조 제1항에 따라 토양정밀조사, 오염토양의 정화 또는 오염토양 개선사업의 실시(이하 "토양정화등"이라 한다)를 하여야 한다.
1. 토양오염물질의 누출·유출·투기(投棄)·방치 또는 그 밖의 행위로 토양오염을 발생시킨 자
2. 토양오염의 발생 당시 토양오염의 원인이 된 토양오염관리대상시설의 소유자·점유자 또는 운영자
3. 합병·상속이나 그 밖의 사유로 제1호 및 제2호에 해당되는 자의 권리·의무를 포괄적으로 승계한 자
4. 토양오염이 발생한 토지를 소유하고 있었거나 현재 소유 또는 점유하고 있는 자

(2) 토양환경보전법 제10조의4 제2항
제1항에도 불구하고 다음 각 호의 어느 하나에 해당하는 경우에는 같은 항 제4호에 따른 정화책임자로 보지 아니한다. 다만, 1996년 1월 6일 이후에 제1항 제1호 또는 제2호에 해당하는 자에게 자신이 소유 또는 점유 중인 토지의 사용을 허용한 경우에는 그러하지 아니하다.
1. 1996년 1월 5일 이전에 양도 또는 그 밖의 사유로 해당 토지를 소유하지 아니하게 된 경우
2. 해당 토지를 1996년 1월 5일 이전에 양수한 경우
3. 토양오염이 발생한 토지를 양수할 당시 토양오염 사실에 대하여 선의이며 과실이 없는 경우
4. 해당 토지를 소유 또는 점유하고 있는 중에 토양오염이 발생한 경우로서 자신이 해당 토양오염 발생에 대하여 귀책사유가 없는 경우

3. 甲의 경우

(1) 토양환경보전법 제10조의4 제1항 제1호 해당여부
甲은 1990. 3. 1. 乙로부터 X토지를 임차하여 폐기물처리시설을 설치하고, 1995. 2. 4. 이전까지 폐기물최종처분업을 운영한자로 운영당시 폐기물처리탱크의 배관불량으로 침출수가 누출되어 토지가 오염되었으므로, 토양오염을 발생시킨 자에 해당하는바, 제1호 정화책임자이다.

(2) 토양환경보전법 제10조의4 제1항 제2호 해당여부
甲은 상기 폐기물처리시설을 설치하고 운영한 자로 토양오염관리대상시설의 소유자에 해당하므로 제2호 정화책임자에 해당한다.

4. 乙의 경우

(1) 토양환경보전법 제10조의4 제2항 제1호 해당여부

乙은 1990. 3. 1. 甲에게 X토지를 임대하여 토양오염이 발생한 토지를 소유하고 있던 자이나 1995. 2. 4. 丙에게 토지를 매도하여, 1996년 1월 5일 이전에 양도하여 토지를 소유하지 아니하게 된 경우에 해당하는바, 제10조의4 제2항 제1호의 예외가 적용되어 정화책임자가 아니다.

5. 丙의 경우

(1) 토양환경보전법 제10조의4 제2항 제2호 해당여부

丙은 X토지를 乙로부터 1995. 2. 4.에 매수하였으므로 동조 제2항 제2호의 1996. 1. 5. 이전에 양수한 경우에 해당되는바, 제10조의4 제2항 제2호 예외가 적용되어 정화책임자가 아니다.

6. 丁의 경우

(1) 토양환경보전법 제10조의4 제1항 제4호 해당여부

丁은 X토지를 현재 소유하고 있는 자이므로 제4호 정화책임자에 해당된다.

(2) 토양환경보전법 제10조의4 제2항 제3호 해당여부

丁이 토양오염이 발생한 토지를 양수할 당시 토양환경영향평가를 실시한 사실이 없고 자신의 토양오염 사실에 대하여 선의이며 과실이 없다는 사실에 대한 입증이 없다면 예외사유에 해당하지 않는다.

7. 결론

(1) 甲은 제10조의4 제1항 1호 및 제2호의 정화책임자이다.

(2) 乙은 제10조의4 제2항 제1호의 예외가 적용되어 정화책임자가 아니다.

(3) 丙은 제10조의4 제2항 제2호의 예외가 적용되어 정화책임자가 아니다.

(4) 丁은 제10조의4 제1항 4호의 정화책임자이다.

문제해설 [2017년 제6회 변시 제2문] 문제 2. 해설

1. 문제
토양환경보전법상 복수정화책임자 규정의 해석이 문제된다.

2. 토양환경보전법상 복수정화책임자의 우선순위

(1) 토양환경보전법 제10조의3 제2항
토양오염을 발생시킨 자가 둘 이상인 경우에 어느 자에 의하여 제1항의 피해가 발생한 것인지를 알 수 없을 때에는 각자가 연대하여 배상하고 오염된 토양을 정화하는 등의 조치를 하여야 한다.

(2) 토양환경보전법 제10조의4 제3항
토양정화 등을 명할 수 있는 정화책임자가 둘 이상인 경우에는 대통령령으로 정하는 바에 따라 해당 토양오염에 대한 각 정화책임자의 귀책정도, 신속하고 원활한 토양정화의 가능성 등을 고려하여 토양정화 등을 명하여야 한다.

(3) 토양환경보전법 시행령 제5조의3 제1항
법 제10조의4제3항에 따라 시·도지사 또는 시장·군수·구청장은 법 제10조의4제1항에 따른 정화책임자가 둘 이상인 경우에는 다음 각 호의 순서에 따라 토양정밀조사, 오염토양의 정화 또는 오염토양 개선사업의 실시를 명하여야 한다.
1. 법 제10조의4제1항제1호의 정화책임자와 그 정화책임자의 권리·의무를 포괄적으로 승계한 자
2. 법 제10조의4제1항제2호의 정화책임자 중 토양오염관리대상시설의 점유자 또는 운영자와 그 점유자 또는 운영자의 권리·의무를 포괄적으로 승계한 자
3. 법 제10조의4제1항제2호의 정화책임자 중 토양오염관리대상시설의 소유자와 그 소유자의 권리·의무를 포괄적으로 승계한 자
4. 법 제10조의4제1항제4호의 정화책임자 중 토양오염이 발생한 토지를 현재 소유 또는 점유하고 있는 자
5. 법 제10조의4제1항제4호의 정화책임자 중 토양오염이 발생한 토지를 소유하였던 자

(4) 사안의 경우
토양오염을 발생시킨 甲이 정화책임자 중 선순위로 정화책임을 진다.

3. 丁 주장의 당부

(1) 토양환경보전법 시행령 제5조의3 제2항
제1항에도 불구하고 다음 각 호의 어느 하나에 해당하는 경우 제1항 각 호의 순서 중 후순위의 정화책임자 중 어느 하나에게 선순위의 정화책임자에 앞서 토양정화등을 명할 수 있다.
1. 선순위의 정화책임자를 주소불명 등으로 확인할 수 없는 경우
2. 선순위의 정화책임자가 후순위의 정화책임자에 비하여 해당 토양오염에 대한 귀책사유가 매우 적은 것으로 판단되는 경우

3. 선순위의 정화책임자가 부담하여야 하는 정화비용이 본인 소유의 재산가액을 현저히 초과하여 토양정화등을 실시하는 것이 불가능하다고 판단되는 경우
4. 선순위의 정화책임자가 토양정화등을 실시하는 것에 대하여 후순위의 정화책임자가 이의를 제기하거나 협조하지 아니하는 경우
5. 선순위의 정화책임자를 확인하기 위하여 필요한 조사 또는 그 밖의 조치에 후순위의 정화책임자가 협조하지 아니하는 경우

(2) 사안의 경우

丁의 토양환경보전법 시행령 제5조의3 제2항의 예외사유가 없음을 증명하여 명문의 규정에 위배하여 甲이 아닌 자신에게 우선명령을 내린 것은 재량행위의 일탈남용이라는 주장을 할 수 있다.

4. 결론

丁이 자신이 토양환경보전법 시행령 제5조의3 제2항의 예외사유가 없음을 증명하여 주장한다면 그 주장은 타당할 수 있다.

〈제2문〉

A는 자신이 소유하는 토지 위에서 철물을 주조·가공하는 공장을 운영하면서 다량의 철강슬래그 등을 장기간에 걸쳐 매립하여 왔다. 그러나 불황으로 철강공장의 운영이 어려워진 A는 폐업을 결정했고, 공장부지(이하 "이 사건 토지"라 한다)를 B에게 매도하였다. 이 사건 토지를 인도받은 B는 이 사건 토지에 업무용 빌딩을 건축하기로 하였다. 그런데 위 철강공장이 가동된 이후 질병으로 고생하는 인근 주민들이 유달리 많아졌음을 이상하게 생각한 인근 주민 C는 관할 행정청 甲시장에게 토양환경보전법상의 적절한 조치를 취해줄 것을 요구했다. 이에 甲시장은 토양오염실태조사를 실시한 바, 그 결과 토양환경보전법 제2조 제2호 및 같은 법 시행규칙 제1조의2 [별표 1]에서 규정하는 토양오염물질인 구리, 비소, 수은 및 납이 같은 법 제4조의2 및 같은 법 시행규칙 제1조의 5 [별표 3]에서 규정하는 토양오염우려기준을 초과하는 것으로 나타났다. 이에 甲시장은 A와 B에 대하여 토양환경보전법상의 조치를 취할 것인지를 검토하고 있다.

1. 甲시장이 A와 B에 대하여 토양정밀조사의 실시 및 오염토양의 정화를 명할 수 있는지에 대하여 검토하시오. (40점)

문제해설 [2012년 제1회 변시 제2문] 문제 1. 해설

1. 문제
(1) 정화책임자 해당여부, (2) 토양정밀조사 실시명령 가부, (3) 오염토양정화 조치명령 가부가 문제된다.

2. 정화책임자 해당여부

(1) 토양환경보전법 제10조의4 제1항
다음 각 호의 어느 하나에 해당하는 자는 정화책임자로서 제11조제3항, 제14조제1항, 제15조제1항·제3항 또는 제19조제1항에 따라 토양정밀조사, 오염토양의 정화 또는 오염토양 개선사업의 실시를 하여야 한다.

1. 토양오염물질의 누출·유출·투기(投棄)·방치 또는 그 밖의 행위로 토양오염을 발생시킨 자
2. 토양오염의 발생 당시 토양오염의 원인이 된 토양오염관리대상시설의 소유자·점유자 또는 운영자
3. 합병·상속이나 그 밖의 사유로 제1호 및 제2호에 해당되는 자의 권리·의무를 포괄적으로 승계한 자
4. 토양오염이 발생한 토지를 소유하고 있었거나 현재 소유 또는 점유하고 있는 자

(2) 토양환경보전법 제10조의4 제2항
제1항에도 불구하고 다음 각 호의 어느 하나에 해당하는 경우에는 같은 항 제4호에 따른 정화책임자로 보지 아니한다. 다만, 1996년 1월 6일 이후에 제1항 제1호 또는 제2호에 해당하는 자에게 자신이 소유 또는 점유 중인 토지의 사용을 허용한 경우에는 그러하지 아니하다.

1. 1996년 1월 5일 이전에 양도 또는 그 밖의 사유로 해당 토지를 소유하지 아니하게 된 경우
2. 해당 토지를 1996년 1월 5일 이전에 양수한 경우
3. 토양오염이 발생한 토지를 양수할 당시 토양오염 사실에 대하여 선의이며 과실이 없는 경우
4. 해당 토지를 소유 또는 점유하고 있는 중에 토양오염이 발생한 경우로서 자신이 해당 토양오염 발생에 대하여 귀책사유가 없는 경우

(3) A의 경우

1) A는 자신이 소유하는 토지 위에서 철물을 주조·가공하는 공장을 운영하면서 다량의 철강슬래그 등을 장기간에 걸쳐 매립하여 온 자이므로 토양환경보전법 제10조의4 제1항 제1호의 정화책임자에 해당한다.

2) 그리고 토양오염이 발생당시 토양오염의 원인이 된 토양오염관리대상시설인 철강공장의 운영자로써 토양환경보전법 제10조의4 제1항 제2호의 정화책임자에 해당한다.

(4) B의 경우
B가 A로부터 토지를 매수한 시기를 알 수 없으므로 1996년 1월 5일 이전에 양수한 경우로 면책

되기는 어렵고, B가 토양환경영향평가를 실시하는 등의 사정도 없어 토양오염에 대한 선의·무과실도 인정되기 어려운 바, 토양환경보전법 제10조의4 제1항 제4호의 정화책임자에 해당한다.

(5) 소결

A와 B는 정화책임자에 해당된다.

3. 토양정밀조사 실시명령 가부

(1) 토양환경보전법 제2조 제6호

토양정밀조사란 토양오염의 우려기준을 넘거나 넘을 가능성이 크다고 판단되는 지역에 대하여 오염물질의 종류, 오염의 정도 및 범위 등을 환경부령으로 정하는 바에 따라 조사하는 것을 말한다.

(2) 토양환경보전법 제11조 제2항

시장은 제1항에 따른 신고를 받거나, 토양오염물질이 누출·유출된 사실을 발견하거나 그밖에 토양오염이 발생한 사실을 알게 된 경우에는 소속 공무원으로 하여금 해당 토지에 출입하여 오염 원인과 오염도에 관한 조사를 하게 할 수 있다.

(3) 토양환경보전법 제11조 제3항

제2항의 조사를 한 결과 오염도가 우려기준을 넘는 토양에 대하여는 대통령령으로 정하는 바에 따라 기간을 정하여 정화책임자에게 토양관련전문기관에 의한 토양정밀조사의 실시, 오염토양의 정화조치를 할 것을 명할 수 있다.

(4) 사안의 경우

甲시장이 해당 지역을 조사한 결과 토양오염우려기준을 초과하는 것으로 밝혀졌는바, 토양환경보전법 제11조 제3항에 따라 기간을 정하여 정화책임자인 A와 B에게 토양관련전문기관에 의한 토양정밀조사의 실시, 오염토양의 정화 조치를 명할 수 있다.

4. 오염토양정화 조치명령 가부

(1) 토양환경보전법 제15조 제1항

시장은 토양오염실태조사의 결과 우려기준을 넘는 지역의 정화책임자에 대하여 대통령령으로 정하는 바에 따라 기간을 정하여 토양관련전문기관으로부터 토양정밀조사를 받도록 명할 수 있다.

(2) 토양환경보전법 제15조 제3항

시장은 상시측정, 토양오염실태조사 또는 토양정밀조사의 결과 우려기준을 넘는 경우에는 대통령령으로 정하는 바에 따라 기간을 정하여 다음 각 호의 어느 하나에 해당하는 조치를 하도록 정화책임자에게 명할 수 있다.

1. 토양오염관리대상시설의 개선 또는 이전
2. 해당 토양오염물질의 사용제한 또는 사용중지
3. 오염토양의 정화

(3) 사안의 경우

甲시장이 해당 지역을 조사한 결과 토양오염우려기준을 초과하는 것으로 밝혀졌는바, 토양환경보전법 제15조 제3항에 따라 정화책임자에게 토양오염관리대상시설의 개선 또는 이전, 해당 토양오염물질의 사용제한 또는 사용중지, 오염토양의 정화에 해당하는 조치를 명할 수 있다.

5. 결론

甲시장이 A와 B에 대하여 토양정밀조사의 실시 및 오염토양의 정화를 명할 수 있다.

2023년도 제1회 변호사시험 모의시험

〈제2문〉

甲 공단은 A시 북구 산촌동 97번지에 철도차량 정비시설과 경유저장시설을 갖춘 차량사업소를 두고 있다. 甲 공단은 정부의 공기업 경영합리화 계획에 따라 해당 부지를 매각하기로 하였으며, 乙은 공매를 통해 이를 매입하였다. 乙은 그 부지에 복합쇼핑몰을 건설하려고 하였으나 경기침체로 인해 개발이 어려워지자 이를 건설·건축자재업을 영위하는 丙에게 임대하였다. 丙은 해당 부지에 토양오염관리대상시설인 건설·건축자재보관 시설을 설치하고 철강재를 포함한 자재 및 콘테이너를 보관해왔다. 해당 품목 중에는 납성분이 함유되어 있는 것들이 있다.

한편, A시장은 A시 주택난이 심화되자 대규모의 주택공급 지역을 물색하던 중 乙 소유부지를 포함한 산촌동 일대를 도시계획을 통해 주택공급지역으로 결정·고시하였다. A시 도시개발공사 (이하 'T')는 乙이 소유한 부지를 협의 취득하고 실시계획 승인을 받은 후 형질변경을 포함한 택지조성공사를 완료하고, 아파트 건축을 위한 터파기 공사를 시작하였다. 丁은 공사 도중 토양오염이 발생한 사실을 알게 되어 A시장에게 신고하였다. 이에 A시장이 소속 공무원으로 하여금 오염도 조사를 한 결과 석유계탄화수소(THP)가 850mg/kg 검출되고 납성분이 520mg/kg 검출되었다.

1. 甲, 乙, 丙, 丁의 정화책임을 논하시오. (40점)

2. 정화책임자가 A시장의 정화명령에도 불구하고 정화를 이행하지 않을 경우 「토양환경보전법」상 A시장이 취할 수 있는 조치에 대하여 기술하시오. (15점)

문제해설 [2023년 제1차 제2문] 문제 1. 해설

1. 문제

A시장이 甲, 乙, 丙, 丁에게 오염토양정화명령을 내리는 경우, (1) 오염토양 정화기준 해당 여부, (2) 오염토양 정화책임자 해당 여부가 문제 된다.

2. 오염토양 정화기준 해당 여부

(1) 관련 조문

1) 토양환경보전법 제15조의3 제1항

오염토양은 대통령령으로 정하는 정화기준 및 정화방법에 따라 정화하여야 한다.

2) 토양환경보전법 시행령 제10조 제1항

법 제15조의3 제1항의 규정에 의한 오염토양의 정화기준은 법 제4조의2의 규정에 의한 토양오염우려기준으로 한다.

3) 토양환경보전법 시행규칙 제1조의 5

법 제4조의2의 규정에 의한 토양오염우려기준은 별표 3과 같다.

4) 토양오염우려기준 별표 3 제3호

공간정보의 구축 및 관리 등에 관한 법률에 따른 지목이 철도차량 정비시설과 경유저장시설을 갖춘 3지역에 해당한다.

5) 토양오염우려기준 별표 3 제6호 가목

오염토양의 정화를 명하는 경우 토양오염우려기준은 조치명령 당시의 지목을 기준으로 하나, 다른 법령에 따라 지목변경 사유에 해당하는 공사가 착공된 경우에는 변경 예정 지목을 기준으로 한다.

(2) 사안의 경우

이 사건 부지는 과거 3지역에 해당하였으나, A 시장이 이 사건부지를 주택공급지역으로 결정·고시 하였다. 즉, 국토의 계획 및 이용에 관한 법률에 따른 도시계획결정으로 의해 주택공급지구로 지정되었으므로, 변경된 지목에 따라 판단하면 1지역에 해당된다. 그렇다면, 1지역 오염기준으로 판단하면 THP가 기준치 500mg/kg이 넘는 850mg/kg이 검출되었고, 납성분은 기준치 200mg/kg이 넘는 520mg/kg이 검출되었는바, 오염토양정화대상에 해당한다.

3. 정화책임자 해당 여부

(1) 관련 조문

1) 토양환경보전법 제10조의4 제1항

다음 각 호의 어느 하나에 해당하는 자는 정화책임자로서 제11조제3항, 제14조제1항, 제15조 제1항·제3항 또는 제19조제1항에 따라 토양정밀조사, 오염토양의 정화 또는 오염토양 개선사업의 실시를 하여야 한다.

  1. 토양오염물질의 누출·유출·투기(投棄)·방치 또는 그 밖의 행위로 토양오염을 발생시킨 자

2. 토양오염의 발생 당시 토양오염의 원인이 된 토양오염관리대상시설의 소유자·점유자 또는 운영자

4. 토양오염이 발생한 토지를 소유하고 있었거나 현재 소유 또는 점유하고 있는 자

2) 토양환경보전법 제10조의4 제2항

제1항에도 불구하고 다음 각 호의 어느 하나에 해당하는 경우에는 같은 항 제4호에 따른 정화책임자로 보지 아니한다. 다만, 1996년 1월 6일 이후에 제1항 제1호 또는 제2호에 해당하는 자에게 자신이 소유 또는 점유 중인 토지의 사용을 허용한 경우에는 그러하지 아니하다.

3. 토양오염이 발생한 토지를 양수할 당시 토양오염 사실에 대하여 선의이며 과실이 없는 경우

(2) 甲의 경우

1) 甲은 토양오염물질의 누출·유출·투기·방치 또는 그 밖의 행위로 토양오염을 발생시킨 자이다(법 제10조의4 1항 제1호).

2) 토양오염의 원인이 된 토양오염관리대상시설의 소유자 또는 운영자이다(법 제10조의4 제1항 제2호).

3) 토양오염이 발생한 토지를 소유하고 있었던 자이다(법 제10조의4 제1항 제4호).

(3) 乙의 경우

1) 乙은 토양오염이 발생한 토지를 소유하고 있었던 자이다(법 제10조의4 제1항 제4호).

2) 다만, 乙이 해당 토지를 양수할 당시 토양환경평가를 실시하여 그 사건 토지의 오염 정도가 우려기준 이하인 것을 확인한 경우에는 선의·무과실이 추정되어 반증이 없는 한 면책을 받을 수 있다. 사안의 경우 그러한 사정이 없는 것으로 보인다.

(4) 丙의 경우

1) 철강재 야적장으로 사용하면서 당시에 토양오염물질인 납을 누출·유출·투기(投棄)·방치 또는 그 밖의 행위로 토양오염을 발생시킨 자로서 책임자에 해당한다(법 제10조의4 제1항 제1호).

2) 토양오염발생 당시 토양오염의 원인이 된 토양오염관리대상시설인 건설·건축자재보관시설을 설치하고 보관해온 소유자, 점유자 또는 운영자로서 책임자에 해당한다(법 제10조의4 제1항 제2호).

(5) 丁의 경우

토양오염이 발생한 토지를 현재 소유하고 있는 자로서 책임자에 해당한다(법 제10조의4 제1항 제4호).

4. 결론

甲, 乙, 丙, 丁 모두 정화책임자에 해당한다.

문제해설 [2023년 제1차 제2문] 문제 2. 해설

1. 문제
(1) 행정대집행, (2) 형사고발 조치가 문제 된다.

2. 행정대집행

(1) 관련조문
시장은 제13조 제1항에 따라 토양오염검사를 받아야 하는 자에게 토양정밀조사실시명령을 내리거나 특정토양오염관리대상시설의 설치자에게 정화조치명령 등을 내릴 수 있는데, 이를 받은 자가 토양오염검사를 받지 아니하거나 그 명령을 이행하지 아니하는 경우에는「행정대집행법」에서 정하는 바에 따라 대집행(代執行)을 하고 그 비용을 명령위반자로부터 징수할 수 있다(토양환경보전법 제24조 제1호).

(2) 사안의 경우
A 시장이 甲, 乙, 丙, 丁에게 정화 명령을 내렸음에도 불구하고 정화를 이행하지 않는 경우, 토지 정화를 스스로 한 뒤에 그 비용을 甲, 乙, 丙, 丁에게 징수할 수 있다.

3. 형사고발 조치

(1) 관련 조문
정화 조치명령을 이행하지 아니한 자에게 2년 이하의 징역 또는 2천만원 이하의 벌금에 처한다 (토양환경보전법 제29조 제1호).

(2) 사안의 경우
A 시장은 甲, 乙, 丙, 丁에 대한 형사고발 조치를 할 수 있다.

4. 결론
A 시장은 정화명령을 이행하지 않는 甲, 乙, 丙, 丁에게 행정대집행에 따른 비용을 징수하거나 형사고발조치를 할 수 있다.

2022년도 제3회 변호사시험 모의시험

〈제1문〉

甲은 「공간정보의 구축 및 관리 등에 관한 법률」에 따른 지목이 공장용지인 이 사건 토지를 1990년 6월 2일 乙로부터 양수하여 2015년 6월 3일 주식회사 丙에게 임대하였다. 丙은 「화학물질관리법」에 따른 유해화학물질 제조영업 허가를 받은 자로서 이 사건 토지에 유해화학물질 저장시설을 설치하였다. 이 저장시설에서는 '트리클로로에틸렌(TCE)'을 저장하고 있는데, 저장시설의 노후로 인해 'TCE'가 누출되었을 것으로 의심되어 관계기관의 조사결과 이 사건 토지의 토양에서 150mg/kg의 'TCE'가 검출되었고 이로 인해 토양이 오염된 사실이 확인되었다. 이 사건 토지의 인근 지역에 거주하는 주민들은 관할 행정청에 대해, 정화책임자에게 오염토양의 정화조치를 명할 것을 요구하였으나 관할 행정청은 정화조치를 명하지 않았다.

이후 관할 행정청은 이 사건 토지와 주변지역을 「토양환경보전법」상 토양보전대책 지역으로 지정한 후, 丙에게 저장시설의 철거를 명하였으나 丙이 이에 응하지 않자 명령불이행을 이유로 丙을 고발하였다.

1. 사례에서 관련된 자들의 「토양환경보전법」상 정화책임 해당여부와 책임의 순위 및 법적 근거를 제시하시오.(35점)

2. 관할 행정청의 고발에 따라 丙이 「토양환경보전법」에 따라 처벌받을 가능성이 있는지 검토하시오.(25점)

3. 丁은 이 사건 토지의 인근에 거주하는 주민으로서 TCE에 노출되어 자신과 가족들에게 의식장해와 경련, 부정맥 등 중독 증상이 나타났다. 이에 丁은 관할 행정청이 정화조치를 명하지 아니하여 자신과 가족들이 피해를 입었다며 「국가배상법」제2조에 따른 손해배상을 청구하였다. 이 청구의 인용여부를 검토하시오.(20점)

〈참조법령〉

「토양환경보전법 시행규칙」

[별표1] 토양오염물질 - 19. 트리클로로에틸렌

[별표2] 특정토양오염관리대상시설

종류	대상범위
1. 유해화학물질의 제조 및 저장시설	「화학물질관리법」 제28조에 따른 유해화학물질 영업의 허가를 받은 자가 설치한 저장시설 중 별표 1에 따른 토양오염물질을 저장하는 시설[유기용제류의 경우는 트리클로로에틸렌(TCE), 테트라클로로에틸렌(PCE), 1,2-디클로로에탄 저장시설에 한정한다]

[별표3] 토양오염우려기준

(단위: mg/kg)

물질	1지역	2지역	3지역
트리클로로에틸렌(TCE)	8	8	40

※ 비고
1. 1지역: 「공간정보의 구축 및 관리 등에 관한 법률」에 따른 지목이 전 · 답 · 과수원 · 목장용지 등
2. 2지역: 「공간정보의 구축 및 관리 등에 관한 법률」에 따른 지목이 임야 · 염전 · 대 · 창고용지 · 하천 등
3. 3지역: 「공간정보의 구축 및 관리 등에 관한 법률」에 따른 지목이 공장용지 · 주차장 · 주유소용지 · 도로 · 철도용지 · 제방 · 잡종지 등

[별표7] 토양오염대책기준

(단위: mg/kg)

물질	1지역	2지역	3지역
트리클로로에틸렌(TCE)	24	24	120

※ 비고
1. 1지역: 「공간정보의 구축 및 관리 등에 관한 법률」에 따른 지목이 전 · 답 · 과수원 · 목장용지 등
2. 2지역: 「공간정보의 구축 및 관리 등에 관한 법률」에 따른 지목이 임야 · 염전 · 대 · 창고용지 · 하천 등
3. 3지역: 「공간정보의 구축 및 관리 등에 관한 법률」에 따른 지목이 공장용지 · 주차장 · 주유소용지 · 도로 · 철도용지 · 제방 · 잡종지 등

문제해설 [2022년 제3차 제1문] 문제 1. 해설

1. 문제

(1) 정화대상이 되는 토양오염에 해당되는지 여부, (2) 정화책임자 해당 여부, (3) 정화책임자 간의 순위가 문제 된다.

2. 정화대상이 되는 토양오염에 해당되는지 여부

(1) 관련 조문

1) 토양환경보전법 제2조 제1호

"토양오염"이란 사업활동이나 그 밖의 사람의 활동에 의하여 토양이 오염되는 것으로서 사람의 건강·재산이나 환경에 피해를 주는 상태를 말한다.

2) 동법 제2조 제2호 및 동법 시행규칙 별표 1 및 별표 2

"토양오염물질"이란 토양오염의 원인이 되는 물질로서 환경부령으로 정하는 것을 말하는데, 트리클로로에틸렌이 포함되고, 이를 저장하는 시설은 특정오염대상관리시설에 해당한다.

3) 동법 시행규칙 별표 3 및 별표 4

토양오염물질인 트리클로로에틸렌 물질의 경우 공장용지인 토지에서의 토양오염기준은 40mg/kg이고, 토양오염대책기준은 120mg/kg이다.

(2) 사안의 경우

토양환경보전법 시행규칙 별표1에 따르면 트리클로로에틸렌은 토양오염물질에 해당하고, 별표2에 따르면 丙의 저장시설은 특정토양오염관리대상시설에 해당하며, 별표3 비고 3호에 따르면 사안의 공장용지의 경우 '3지역'에 해당하여 토양오염우려기준은 40mg/kg이다. 그런데 丙의 저장시설 인근 토지의 토양에서는 트리클로로에틸렌이 150mg/kg 검출되어 토양오염대책기준인 120mg/kg을 초과하였는바, 「토양환경보전법」 제10조의4에 따른 토양정화책임에 해당하는 사안이다.

3. 정화책임자 해당 여부

(1) 관련 조문

1) 토양환경보전법 제10조의4 제1항

다음 각 호의 어느 하나에 해당하는 자는 정화책임자로서 제11조제3항, 제14조제1항, 제15조제1항·제3항 또는 제19조제1항에 따라 토양정밀조사, 오염토양의 정화 또는 오염토양 개선사업의 실시를 하여야 한다.

1. 토양오염물질의 누출·유출·투기(投棄)·방치 또는 그 밖의 행위로 토양오염을 발생시킨 자
2. 토양오염의 발생 당시 토양오염의 원인이 된 토양오염관리대상시설의 소유자·점유자 또는 운영자
4. 토양오염이 발생한 토지를 소유하고 있었거나 현재 소유 또는 점유하고 있는 자

2) 토양환경보전법 제10조의4 제2항

   제1항에도 불구하고 다음 각 호의 어느 하나에 해당하는 경우에는 같은 항 제4호에 따른 정화책임자로 보지 아니한다. 다만, 1996년 1월 6일 이후에 제1항 제1호 또는 제2호에 해당하는 자에게 자신이 소유 또는 점유 중인 토지의 사용을 허용한 경우에는 그러하지 아니하다.
   1. 1996년 1월 5일 이전에 양도 또는 그 밖의 사유로 해당 토지를 소유하지 아니하게 된 경우
   2. 해당 토지를 1996년 1월 5일 이전에 양수한 경우

  (2) 甲의 경우

   1) 甲은 1990년 6월 2일 乙로부터 토지를 양수하여 현재 소유하고 있는 자로서, 토양오염이 발생한 토지를 현재 소유하고 있는 자이다(법 제10조의4 1항 제4호).

   2) 1996년 1월 5일 이전에 해당 토지를 양수한 자에 해당하여 정화책임자에 해당하지 아니하지만(법 제10조의4 제2항 제2호), 2015년 6월 3일 주식회사 丙에게 임대함으로써, 1996년 1월 6일 이후에 토양오염을 발생시킨 자 또는 토양오염관리대상시설의 소유자·점유자 또는 운영자에게 토지의 사용을 허용한 경우에 해당하여 정화책임을 진다(법 제10조의4 제2항 단서).

  (3) 乙의 경우

   1990년 6월 2일 甲에게 양도한 자로서, 토양오염이 발생한 토지를 소유하고 있었던 자이지만(법 제10조의4 제4호), 1996년 1월 5일 이전에 양도 또는 그 밖의 사유로 해당 토지를 소유하지 아니하게 된 경우에 해당하는바, 책임을 지지 아니한다(법 제10조의4 제2항 제1호).

  (4) 丙의 경우

   1) 토양오염물질인 트리클로로에틸렌을 누출·유출·투기(投棄)·방치 또는 그 밖의 행위로 토양오염을 발생시킨 자로서 책임자에 해당한다(법 제10조의4 제1항 제1호).

   2) 토양오염발생 당시 토양오염의 원인이 된 토양오염관리대상시설인 저장시설의 소유자, 점유자 또는 운영자로서 책임자에 해당한다(법 제10조의4 제1항 제2호).

   3) 토양오염이 발생한 토지를 현재 점유하고 있는 자로서 책임자에 해당한다(법 제10조의4 제1항 제4호).

4. 정화책임자간의 순위

  (1) 관련 조문

   1) 토양환경보전법 제10조의4 제3항

   시장은 토양정화 등을 명할 수 있는 정화책임자가 둘 이상인 경우에는 대통령령으로 정하는 바에 따라 해당 토양오염에 대한 토양정화 등을 명하여야 한다.

   2) 토양환경보전법 시행령 제5조의3 제1항

   제10조의4 제3항에 따라 법 제10조의4 제1항에 따른 정화책임자가 둘 이상인 경우에는 다음 각 호의 순서에 따라 실시를 명하여야 한다.
   1. 법 제10조의4 제1항 제1호의 정화책임자와 그 정화책임자의 권리·의무를 포괄적으로 승계한 자

4. 법 제10조의4 제1항 제4호의 정화책임자 중 토양오염이 발생한 토지를 현재 소유 또는 점유하고 있는 자

(2) 사안의 경우

1) 丙은 시행령 제5조의3 제1항 제1호에 따라 동법 제10조의4 제1항 제1호의 정화책임자에 해당하는바, 1순위가 된다.

2) 甲은 시행령 제5조의3 제1항 제4호에 따라 동법 제10조의4 제1항 제4호의 토양오염이 발생한 토지를 현재 소유하고 있는 자에 해당하는바, 2순위가 된다.

문제해설 [2022년 제3차 제1문] 문제 2. 해설

1. 문제

(1) 토양환경보전법상 토양보전대책지역 지정의 적법, (2) 토양환경보전법상 철거명령 적법, (3) 토양환경보전법 위반에 따른 처벌 가부가 문제 된다.

2. 토양환경보전법상 토양보전대책지역 지정의 적법 여부

(1) 토양환경보전법 제17조 제1항

관할 행정청은 대책기준을 넘는 지역에 대해서는 관계 중앙행정기관의 장 및 관할 시·도지사와 협의하여 토양보전대책지역(이하 "대책지역"이라 한다)으로 지정할 수 있다.

(2) 사안의 경우

해당 지역은 공장 지역으로서 토양환경보전법시행규칙 [별표7]과 비고3에 따르면 TCE의 토양오염대책기준은 120mg/kg인데, 해당 토지에서는 150mg/kg이 검출되었으므로 토양환경보전법 제17조에 따라 토양보전대책지역의 지정의 요건을 충족하고 있는바, 관할 행정청이 이 사건 토지와 주변지역을 토양환경보전법상 토양보전대책지역으로 지정한 것은 적법하다.

3. 토양환경보전법상 철거명령 적법

(1) 토양환경보전법 제21조 제3항

관할 행정청은 대책지역 지정의 주요원인이 된 오염물질을 배출하는 시설, 오염물질이 함유된 원료를 사용하는 시설 또는 오염물질이 함유된 제품을 생산하는 시설을 설치해서는 안되고, 시설의 설치로 인하여 토양이 오염되었거나 오염될 우려가 있다고 인정하는 경우에는 해당 행위자 또는 시설의 설치자에게 토양오염물질의 제거나 시설의 철거 등을 명할 수 있다.

(2) 사안의 경우

토양보전대책지역 지정 이후에도 대책기준을 초과하는 토양오염 사실이 확인되었는바, 丙에게 저장시설의 철거를 명한 것은 적법·유효 하다.

4. 토양환경보전법상 처벌 가부

(1) 토양환경보전법 제29조 제6호

동법 제21조 제3항에 따른 토양오염물질의 제거 또는 시설의 철거 등의 명령을 이행하지 아니한 자에게는 2년 이하의 징역 또는 2천만 원 이하의 벌금에 처한다.

(2) 사안의 경우

관할 행정청이 丙에게 설치가 금지된 TCE 배출시설에 대한 철거명령 하였으나, 丙이 이를 이행하지 않았는바, 처벌 대상이 된다.

5. 결론

관할 행정청의 고발에 따라 丙은 토양환경보전법 제29조 제6호에 따라 처벌받을 가능성이 있다.

2020년도 제2회 변호사시험 모의시험

〈제2문〉

甲공항공사(이하 '甲'이라 한다)는 「공항시설법」에 따른 공항개발 실시계획의 승인을 받아 A시에서 2015년부터 2025년까지 총 사업비 5조 원을 투입, 공유수면 매립, 활주로부지 110만 5,000㎡ 조성, 여객터미널 38만 4,000㎡, 여객터미널 사이의 철도 6.4km 및 진입도로 공사 등 공항 건설 사업(이하 '이 사건 사업'이라 한다)을 진행하고 있다. 甲은 이 사건 사업을 추진하기 위해 2015. 10. 丙이 자동차운전학원으로 사용하던 토지 85,000㎡(지목: 잡종지)를 丙으로부터 협의매수하였다. 甲은 2019. 1.경 乙 주식회사(이하 '乙'이라 한다)와 공유수면매립 및 활주로부지 조성 계약을 체결하였다. 乙은 2019. 3.경부터 공유수면 매립 및 활주로부지 조성공사를 실시하였고 2021. 10.경 조성공정을 완료할 예정이다.

乙이 조성공사를 하던 도중, 甲이 丙으로부터 협의매수한 토지 일부에서 불소가 502.3㎎/㎏의 농도로 검출되자, 乙은 甲에게 이 사실을 통보하였다. 甲은 乙에게 불소에 오염된 표층토 1,599㎥를 공사 현장에서 2km 가량 떨어진 적치장으로 운반하게 하였다. 한편, 그 후 乙은 위 적치장에 야적되어 있던 불소에 오염된 표층토를 포함하여 16,809㎥ 상당의 토사를 25톤 덤프트럭으로 1,293회에 걸쳐 운반, 공유수면 매립 및 활주로부지 안정화 작업을 위해 사용하였다. 매립된 공유수면은 아직 지목이 등록되지 않았으며, 토사의 운반 및 매립과정에서 오염지역 및 오염토사의 부피는 확대되었으나 오염토사의 불소농도는 크게 변화하지 않았다.

A시 소속 담당 공무원들은 이와 같은 사실은 모르고 있다가 한 시민단체의 제보로 언론이 널리 보도하자 비로소 이 사실을 알게 되었다. A시 시장은 토양환경보전법 제11조에 근거하여 소속 공무원으로 하여금 이 사건 사업부지의 오염원인과 오염도를 조사하게 하였다. 그 결과 丙이 자동차운전학원을 경영하던 중 자동차 정비 및 세차 과정에서 토양이 불소로 오염된 것으로 밝혀졌다. 불소는 과다 노출되면 피부·폐 등에 손상을 주는 것으로 알려져 있다.

1. 甲과 乙이 이 사건 사업부지에서 토양오염 사실을 확인했음에도 불구하고 적절히 조치하지 않은 점에 대하여 A시 시장이 취할 수 있는 조치를 검토하시오. (15점) (오염토양의 정화와 관련된 사항은 제외함)

2. A시 시장이 이 사건 사업부지 토양오염의 정화에 관하여 甲, 乙, 丙에 대하여 토양환경보전법상 취할 수 있는 조치와 관련된 쟁점을 검토하시오. (30점)

3. A시 시장이 이 사건 사업이 국책사업이라는 이유로 아무런 행정조치를 취하지 않고 있다고 가정하자. 이 사건 사업부지 인근주민들은 불소검출로 인한 건강피해를 우려하며 A시 시장을 상대로 1) 토양정밀조사의 실시 2) 토양정밀조사결과의 공개 3) 토양보전대책지역의 지정 등의 행정조치를 취하여 줄 것을 요구할 수 있는지 여부와 행정쟁송상의 구제수단을 검토하시오. (35점)

〈관련 법령〉

토양환경보전법 시행규칙

제1조의5 별표 3

토양오염우려기준(제1조의5 관련)

(단위: mg/kg)

물질	1지역	2지역	3지역
불소	400	400	800

※ 비고

1. 1지역: 「공간정보의 구축 및 관리 등에 관한 법률」에 따른 지목이 전·답·과수원·목장용지·광천지·대(「공간정보의 구축 및 관리 등에 관한 법률 시행령」 제58조제8호가목 중 주거의 용도로 사용되는 부지만 해당한다)·학교용지·구거(溝渠)·양어장·공원·사적지·묘지인 지역과 「어린이놀이시설 안전관리법」 제2조제2호에 따른 어린이 놀이시설(실외에 설치된 경우에만 적용한다) 부지

2. 2지역: 「공간정보의 구축 및 관리 등에 관한 법률」에 따른 지목이 임야·염전·대(1지역에 해당하는 부지 외의 모든 대를 말한다)·창고용지·하천·유지·수도용지·체육용지·유원지·종교용지 및 잡종지(「공간정보의 구축 및 관리 등에 관한 법률 시행령」 제58조제28호가목 또는 다목에 해당하는 부지만 해당한다)인 지역

3. 3지역: 「공간정보의 구축 및 관리 등에 관한 법률」에 따른 지목이 공장용지·주차장·주유소용지·도로·철도용지·제방·잡종지(2지역에 해당하는 부지 외의 모든 잡종지를 말한다)인 지역과 「국방·군사시설 사업에 관한 법률」 제2조제1호가목부터 마목까지에서 규정한 국방·군사시설 부지

6. 법 제11조제3항, 제14조제1항, 제15조제1항 및 같은 조 제3항 각 호에 따른 토양정밀조사의 실시나 오염토양의 정화 등을 명하는 경우 토양오염우려기준은 조치명령 당시의 지목을 기준으로 한다. 다만, 정밀조사 기간 또는 정화 기간이 완료되기 전에 지목이 변경된 경우에는 변경된 지목을, 다음 각 목의 어느 하나에 해당하여 지목변경이 예정된 경우에는 변경 예정 지목을 기준으로 한다.

    가. 「국토의 계획 및 이용에 관한 법률」 등 관계 법령에 따라 개발행위 허가 또는 실시계획 인가 등을 받고 토지의 형질변경 등의 공사가 착공된 경우

    나. 건축물의 용도변경을 위하여 「건축법」에 따라 용도변경 허가를 받았거나 신고한 후 공사가 착공된 경우

    다. 다른 법령에 따라 지목변경 사유에 해당하는 공사가 착공된 경우

7. 「공간정보의 구축 및 관리 등에 관한 법률」에 따른 지목이 등록되어 있지 않은 토지에 대하여 법 제11조제3항, 제14조제1항, 제15조제1항 또는 같은 조 제3항 각 호에 따른 토양정밀조사의 실시나 오염토양의 정화 등을 명하는 경우 토양오염우려기준은 「국토의 계획 및 이용에 관한

법률」, 「공유수면 관리 및 매립에 관한 법률」 등 관계 법령에 따른 개발행위 허가 또는 실시계획 인가 등의 관계 서류를 통하여 확인할 수 있는 토지의 용도에 부합하는 지목을 기준으로 한다. 다만, 관계 서류를 통하여 그 용도를 확인할 수 없는 경우에는 1지역에 해당하는 지목을 기준으로 한다.

별표 7

토양오염대책기준(제20조 관련)

(단위: mg/kg)

물질	1지역	2지역	3지역
불소	800	800	2000

공간정보의 구축 및 관리 등에 관한 법률 시행령

제58조(지목의 구분) 법 제67조제1항에 따른 지목의 구분은 다음 각 호의 기준에 따른다.

28. 잡종지

다음 각 목의 토지. 다만, 원상회복을 조건으로 돌을 캐내는 곳 또는 흙을 파내는 곳으로 허가된 토지는 제외한다.

가. 갈대밭, 실외에 물건을 쌓아두는 곳, 돌을 캐내는 곳, 흙을 파내는 곳, 야외시장, 비행장, 공동우물

나. 영구적 건축물 중 변전소, 송신소, 수신소, 송유시설, 도축장, 자동차운전학원, 쓰레기 및 오물처리장 등의 부지

다. 다른 지목에 속하지 않는 토지

문제해설 [2020년 제2차 제2문] 문제 1. 해설

1. 문제
(1) 甲과 乙의 토양환경보전법 위반 여부, (2) 이에 대한 A 시장의 행정조치가 문제 된다.

2. 甲과 乙의 토양환경보전법 위반 여부
(1) 관련 조문
1) 토양오염의 신고
 토지의 소유자 또는 점유자가 그 소유 또는 점유 중인 토지가 오염된 사실을 발견한 경우에는 지체 없이 관할시장에게 신고하여야 한다(토양환경보전법 제11조 제1항 제3호).

2) 오염토양의 투기 금지
 누구든지 오염토양을 버리거나 매립하는 행위, 보관, 운반 및 정화 등의 과정에서 오염토양을 누출·유출하는 행위를 하여서는 아니 된다(토양환경보전법 제15조의4 제1,2호).

(2) 사안의 경우
1) 甲은 토지의 소유자, 乙은 공사수급인의 지위에 있는 토지의 점유자로서 공사도중 토지 일부에서 불소가 검출되는 오염토양을 발견하였으므로, 甲과 乙은 신고의무를 부담함에도 A시 시장에게 토양오염 사실을 신고하지 않았는바, 동법 제11조 제1항 제3호를 위반하였다.

2) 甲은 乙에게 오염된 토양을 현장에서 2km나 떨어진 곳으로 유출하게 하였으므로 동법 제15조의4 제2호 위반에 해당하고, 乙은 오염토양을 공유수면 매립에 사용함으로써 동법 제15조의4 제1호 위반에 해당한다.

3. A 시장의 행정조치
(1) 과태료 부과
1) 관련 조문 – 제11조 제1항을 위반하여 토양이 오염된 사실을 발견하고도 그 사실을 신고하지 아니한 자는 300만원 이하의 과태료를 부과한다(토양환경보전법 제32조 제1항 제1호).

2) 사안의 경우 – A 시장은 甲과 乙에게 토양오염 신고의무위반에 대한 300만 원 이하의 과태료 부과한다.

(2) 형사고발
1) 관련 조문 – 동법 제15조의4 제1호를 위반하여 오염토양을 버리거나 매립한 자는 2년 이하의 징역 또는 2천만 원 이하의 벌금에 처한다(토양환경보전법 제29조 제5호). 제15조의4 제2호를 위반하여 오염토양을 누출 또는 유출시킨 자는 1년 이하의 징역 또는 1천만원 이하의 벌금에 처한다(토양환경보전법 제30조 제8호).

2) 사안의 경우 – A 시장은 甲에게는 동법 제30조 제8호, 乙에게는 동법 제29조 제5호를 근거로 형사고발 할 수 있다.

4. 결론
A시장은 甲과 乙에게 과태료 부과, 형사고발 등의 행정조치를 할 수 있다.

문제해설 [2020년 제2차 제2문] 문제 2. 해설

1. 문제

A시장이 甲, 乙, 丙에게 오염토양정화명령을 내리는 경우, (1) 오염토양 정화기준 해당 여부, (2) 오염토양 정화책임자 해당 여부, (3) A 시장의 행정조치가 문제 된다.

2. 오염토양 정화기준 해당여부

(1) 관련 조문

1) 토양환경보전법 제15조의3 제1항
오염토양은 대통령령으로 정하는 정화기준 및 정화방법에 따라 정화하여야 한다.

2) 토양환경보전법 시행령 제10조 제1항
법 제15조의3제1항의 규정에 의한 오염토양의 정화기준은 법 제4조의2의 규정에 의한 토양오염우려기준으로 한다.

3) 토양환경보전법 시행규칙 제1조의 5
법 제4조의2의 규정에 의한 토양오염우려기준은 별표 3과 같다.

4) 토양오염우려기준 별표 3 제2호
공간정보의 구축 및 관리 등에 관한 법률 시행령 제58조 제28호 가목에 규정된 비행장은 2지역 잡종지에 해당한다.

5) 토양오염우려기준 별표 3 제6호 다목
오염토양의 정화를 명하는 경우 토양오염우려기준은 조치명령 당시의 지목을 기준으로 하나, 다른 법령에 따라 지목변경 사유에 해당하는 공사가 착공된 경우에는 변경 예정 지목을 기준으로 한다.

6) 토양오염우려기준 별표 3 제7호
지목이 등록되어 있지 않은 토지에 대한 토양오염우려기준은 토지의 용도에 부합하는 지목을 기준으로 한다.

(2) 사안의 경우

1) 지목이 있는 부지 (잡종지)
① 토양오염이 발견된 당시 해당 부지의 지목은 공간정보구축 및 관리 등에 관한 법률 시행령 제58조 제28호 나목에 의한 자동차운전학원 용도의 잡종지였으므로 3지역에 해당하므로, 불소에 대한 3지역 토양오염우려기준은 800mg/kg이 된다.
② 그런데, 자동차운전학원 용도의 잡종지는 비행장 용도의 잡종지로 지목이 변경되었고, 丙으로부터 협의매수한 부지에 적용될 기준은 조치명령 당시를 기준으로 하면 2지역에 해당하고 불소에 대한 토양오염우려기준은 400mg/kg이 된다.
③ 따라서, 해당 부지에서 검출된 불소농도는 502.3mg/kg이었으므로 토양오염우려기준을 넘는 토지에 해당된다.

2) 지목이 없는 부지 (매립된 공유수면)

　　공항시설법에 따라 공항개발사업 실시계획이 승인된 경우이므로 토지의 용도는 비행장에 해당하며, 비행장에 대한 지목은 공간정보구축 및 관리 등에 관한 법률 시행령 제58조 제28호 가목에 의한 비행장 용도의 잡종지이므로 토양환경보전법 시행규칙 별표3 비고 2.에 의거 2지역에 해당하는바, 공유수면 매립지역에서 400mg/kg을 초과하는 농도가 발견되는 경우, 토양환경보전법상의 조치 대상이 된다.

3. 오염토양 정화책임자 해당여부

(1) 토양환경보전법 제10조의4 제1항

　　다음 각 호의 어느 하나에 해당하는 자는 정화책임자로서 토양정밀조사, 오염토양의 정화 또는 오염토양 개선사업의 실시를 하여야 한다.
　　1. 토양오염물질의 누출·유출·투기(投棄)·방치 또는 그 밖의 행위로 토양오염을 발생시킨 자
　　2. 토양오염의 발생 당시 토양오염의 원인이 된 토양오염관리대상시설의 소유자·점유자 또는 운영자
　　4. 토양오염이 발생한 토지를 소유하고 있었거나 현재 소유 또는 점유하고 있는 자

(2) 사안의 경우

1) 이미 오염된 토지를 매수한 현재의 토지소유자가 오염 토양을 무단 처리하여 다른 토지를 오염시킨 것은, 현재의 토지소유자 역시 제1호에 해당하는 정화책임자로 해석된다.
2) 그렇다면, 甲과 乙은 토양오염사실을 알면서도 오염토사를 무단 유출하여 토양오염을 확대시켰으므로 甲은 제1호 및 제4호, 乙은 제1호, 丙은 제1호, 2호 및 4호에 해당되는바, 甲, 乙, 丙 모두 정화책임자에 해당한다.

4. A 시장의 행정조치

(1) 관련 조문

1) 토양환경보전법 제11조 제3항(토양정밀조사 및 정화조치 명령)
　　오염토양에 대하여는 기간을 정하여 정화책임자에게 토양관련전문기관에 의한 토양정밀조사의 실시, 오염토양의 정화 조치를 할 것을 명할 수 있다.

2) 토양환경보전법 제10조의4 제3항
　　토양정화 등을 명할 수 있는 정화책임자가 둘 이상인 경우에는 대통령령으로 정하는 바에 따라 해당 토양오염에 대한 각 정화책임자의 귀책정도, 신속하고 원활한 토양정화의 가능성 등을 고려하여 토양정화 등을 명하여야 한다.

3) 토양환경보전법 시행령 제5조의3 제1항
　　시장은 정화책임자가 둘 이상인 경우에는 법 제10조의4제1항제1호의 정화책임자에게 우선적으로 토양정밀조사, 오염토양의 정화 또는 오염토양 개선사업의 실시를 명한다.

    4) 토양환경보전법 제24조(대집행)

시장은 토양정밀조사 및 조치명령을 이행하지 아니하는 경우에는 「행정대집행법」에서 정하는 바에 따라 대집행(代執行)을 하고 그 비용을 명령위반자로부터 징수할 수 있다.

  (2) 사안의 경우

이 사건 부지의 경우, 甲, 乙, 丙 모두 제1호에 해당하는 정화책임자에 해당하므로 법률 제10조의4 제3항에 따라 귀책정도, 신속하고 원활한 토양정화의 가능성 등을 고려하여 우선순위를 정하여 정화명령을 하고, 명령을 받은 자가 그 명령을 이행하지 아니하는 경우에는 대집행을 할 수 있다.

5. 결론

A 시장은 甲, 乙, 丙에게 대하여 토양환경보전법 제10조의4 제1항 제1호의 정화책임자에 해당함을 이유로 토양정밀조사 및 정화조치 명령을 내리고, 불이행시 대집행 조치를 할 수 있다.

문제해설 [2020년 제2차 제2문] 문제 3. 해설

1. 문제

(1) 행정개입청구권 인정여부, (2) 행정쟁송수단, (3) 토양정밀조사의 실시 여부, (4) 토양정밀조사 결과의 공개 여부, (5) 토양보전대책지역의 지정신청 여부가 문제된다.

2. 행정개입청구권 인정여부

(1) **의의** - 행정청의 부작위로 인하여 권익을 침해당한 자가 당해 행정청에 대하여 타인에 대한 규제 등 일정한 행정권의 발동을 청구할 수 있는 공권을 말한다.

(2) **요건** - ① 행정청의 개입의무, ② 사익보호성을 요한다.

(3) **재량의 0으로 수축여부**

  1) 관련 법리 - ① 사람의 생명, 신체 및 재산 등에 중대하고 급박한 위험이 존재하고, ② 그러한 위험이 행정권의 발동에 의해 제거될 수 있고, ③ 피해자의 개인적 노력으로 권익침해의 방지가 이루어질 수 없는 경우이어야 한다.

  2) 판례 - 국민의 생명, 신체, 재산 등에 대하여 절박하고 중대한 위험상태가 발생하였거나 발생할 우려가 있어서 국가가 초법규적, 일차적으로 그 위험 배제에 나서지 아니하면 국민의 생명, 신체, 재산 등을 보호할 수 없는 경우에는 형식적 의미의 법령에 근거가 없더라도 국가나 관련 공무원에 대하여 그러한 위험을 배제할 작위의무를 인정할 수 있다.

  3) 사안의 경우 - ① 불소 토양오염우려기준을 초과한 오염토양 1,599㎡을 공유수면 매립 및 활주로 부지 안정화작업에 사용하는 경우, 토양오염으로 인해 인근 주민들이 호흡기를 통하거나 지하수 오염을 유발하여 지하수를 이용하는 주민들에게 피해를 야기하여, 토양오염이 일어난 지역 및 인근주민들에게 악영향을 미칠 우려가 크고, ② 이러한 토양오염은 A시장의 토양오염조치명령 등을 통해 제거될 수 있고, ③ 주민들의 개인적 노력으로 불소 노출로 인한 건강피해를 방지하는 것은 한계가 있는바, 재량이 0으로 수축한다.

(4) **사익보호성** - 토양환경보전법에서 토양오염사고가 발생한 지역에 대하여 관할 시장으로 하여금 토양정밀조사를 실시할 수 있도록 규율한 것은 인근 주민들의 환경상 이익을 보호하기 위한 것으로 볼 여지가 큰바, 사익보호성이 인정된다.

(5) **소결** - ① 재량이 0으로 수축하여 행정청의 개입의무가 인정되고, ② 토양환경보전법의 사익보호성도 인정되는바, 행정개입청구권이 인정된다.

3. 행정쟁송수단

(1) **거부처분취소소송**

  1) 관련 조문 - 행정청의 위법한 처분 등의 취소를 구하는 소를 제기할 수 있다(행소법 제4조 1호). 처분이란 행정청이 행하는 구체적 사실에 관한 법집행으로서 공권력의 행사 또는 그 거부를 말한다(행소법 제2조 제1항 제1호).

2) 사안의 경우 - 행정개입청구권이 인정되는 주민들은 A시장의 토양환경보전법상 조치명령을 신청하고, 이를 A시장이 거부하는 경우 거부처분취소소송을 제기할 수 있다.

(2) 부작위위법확인소송

1) 관련 조문 - 행정청의 부작위가 위법하다는 것의 확인을 구하는 소송을 제기할 수 있다(행소법 제4조 3호). 부작위란 행정청의 당사자의 신청에 의하여 상당한 기간 내에 일정한 처분을 하여야 할 법률상 의무가 있음에도 불구하고 하지 않는 것을 말한다(동법 제2조 2호).

2) 사안의 경우 - 행정개입청구권이 인정되는 주민들은 A시장의 토양환경보전법상 조치명령을 신청하고, 상당기간 내에 A시장이 조치를 하지 않는 경우 부작위위법확인소송을 제기할 수 있다.

4. 토양정밀조사의 실시 여부

(1) **관련 조문** - 시장은 토양보전을 위하여 필요하다고 인정하면 토양오염사고가 발생한 지역으로 토양오염우려기준을 넘을 가능성이 크다고 인정하는 지역에 대하여 토양정밀조사를 할 수 있다(토양환경보전법 제5조 제4항 제3호 가목).

(2) **판례** - 행정행위가 기속행위인지 또는 재량행위인지 여부는 이를 일률적으로 규정지을 수는 없고, 당해 처분의 근거가 된 규정의 형식이나 체제 또는 문언에 따라 개별적으로 판단한다.

(3) **사안의 경우** - 근거법규에서 할 수 있다고 규정하여 행정청에게 재량을 부여하고 있고, 상술한 바와 같이 재량권이 영으로 수축할 정도에 해당되는바, A시 시장은 직접 토양정밀조사를 실시해야 한다.

5. 토양정밀조사 결과의 공개 여부

(1) **관련 조문** - 상시측정, 토양오염실태조사 및 제4항에 따른 토양정밀조사의 결과는 공개하여야 한다(토양환경보전법 제5조 제5항).

(2) **사안의 경우**

1) 토양정밀조사를 실시하였다면 공개의무를 부과하고 있으므로, 주민들은 동조항이 오염토양 인근 주민들의 환경상이익을 보호하는 취지를 담고 있음을 근거로, 행정청이 토양정밀조사를 실시한 경우, 그 공개를 신청하고 이를 거부하는 경우, 행정심판 또는 행정소송을 제기할 수 있다.

2) 또한, 공공기관의 정보공개에 관한 법률에 근거하여 정보공개를 청구할 수도 있고, 거부하는 경우 행정심판 또는 행정소송을 제기할 수 있다.

6. 토양보전대책지역의 지정신청 여부

(1) **관련 조문** - 환경부장관은 대책기준을 넘는 지역이나 시장이 요청하는 지역에 대해서는 관계 중앙행정기관의 장 및 관할 시·도지사와 협의하여 토양보전대책지역(이하 "대책지역"이라 한다)으로 지정할 수 있다(토양환경보전법 제17조 제1항).

(2) 사안의 경우

1) 이 사건 부지의 경우, 불소 오염농도가 800미만이므로 토양오염 대책기준을 넘지 않고, 행정청에게는 '특히 토양보전이 필요하다고 인정' 여부를 결정함에 있어 재량권이 부여되어 있다고 보여지므로 동 법률규정으로부터 바로 행정청에게 행정권발동 의무가 부여되어 있다고 보여지지 않는다.

2) 그런데, 상술한 바와 같이 토양오염이 심각하고 인근 주민들이 이에 노출되어 급박하고 중대한 피해가 초래되고 있어, 행정청의 재량이 영으로 수축되는바, 토양보전대책지역의 지정 등의 신청을 요구할 수 있고, 거부시 거부처분에 대한 취소소송을 제기할 수 있다.

7. 결론

인근주민들은 재량이 0으로 수축되어 행정개입청구권이 인정됨을 전제로, 토양정밀조사의 실시, 토양정밀조사결과의 공개, 토양보전대책지역의 지정 등의 행정조치를 취하여 줄 것을 요구할 수 있고, 거부시에는 거부처분에 대한 취소소송, 무응답시에는 부작위법확인소송 등을 제기할 수 있다.

2019년도 제3회 변호사시험 모의시험

〈제2문〉

甲은 A시 소재 공장부지(이하 '이 사건 부지'라 한다)에서 40년간 화학공장을 경영하다가 조업을 중단하고 이 사건 부지를 2013.9. 乙에게 매도하였다. 乙은 이 사건 부지에서 도시개발사업으로 154만6792㎡ 규모에 약 1조9230억원을 투입해 공동주택 1만1304세대와 단독주택 240세대 등 총 1만3149세대(계획인구 3만3530명)를 건립하고 사업지구 내 미술관과 방송국 건물 등을 살려 문화가 있는 단지를 조성할 계획을 수립하였다. A시는 환경영향평가협의를 거쳐 2018.10. 乙의 도시개발사업 실시계획을 인가하였고 乙은 바로 철거 등 공사에 착공하였다.

한편, A시가 환경부와 협의한 환경영향평가서에는 〈오염토양 정화대책〉으로 '평가서에 제시한 바와 같이 사업 착공 전 사업지구 전반에 토양정밀조사를 실시하여 토양 오염여부를 확인하고 토양오염발견시 적정 토양오염정화대책을 수립 후 사업을 시행하여야 함.'이라고 명시하고 있다. 환경영향평가서 초안을 작성하기 위한 환경현황 조사에서 이 사건 부지는 불소, 수은, 구리, 납, 아연 등이 검출되었는데, 불소는 942mg/kg, 수은은 22.93mg/kg, 구리는 295.3mg/kg이 검출되었다.

1. 이 사건 부지의 토양오염과 관련하여,

   1) A시장이 토양정밀조사 및 토양정화명령을 내리는 경우, 그 대상자, 면책가능성, 우선순위를 검토하시오. (30점)

   2) A시장이 토양정화명령을 내리는 경우 토양정화기준은 무엇인지 검토하시오. (20점)

2. 乙이 이 사건 부지에서 오염 토양을 반출하여 정화하려고 오염토양반출정화계획서를 작성하여 반출정화를 신청하는 경우, A시장은 이를 허용해 주어야 하는지 검토하시오. (30점)

〈관련 법령〉

토양환경보전법 시행규칙

제1조의5 별표 3

토양오염우려기준(제1조의5 관련)

(단위: mg/kg)

물질	1지역	2지역	3지역
카드뮴	4	10	60
구리	150	500	2,000
비소	25	50	200
수은	4	10	20
납	200	400	700
6가크롬	5	15	40
아연	300	600	2,000
니켈	100	200	500
불소	400	400	800

※ 비고

1. 1지역: 「공간정보의 구축 및 관리 등에 관한 법률」에 따른 지목이 전·답·과수원·목장용지·광천지·대(「공간정보의 구축 및 관리 등에 관한 법률 시행령」 제58조제8호가목 중 주거의 용도로 사용되는 부지만 해당한다)·학교용지·구거(溝渠)·양어장·공원·사적지·묘지인 지역과 「어린이놀이시설 안전관리법」 제2조제2호에 따른 어린이 놀이시설(실외에 설치된 경우에만 적용한다) 부지

2. 2지역: 「공간정보의 구축 및 관리 등에 관한 법률」에 따른 지목이 임야·염전·대(1지역에 해당하는 부지 외의 모든 대를 말한다)·창고용지·하천·유지·수도용지·체육용지·유원지·종교용지 및 잡종지(「공간정보의 구축 및 관리 등에 관한 법률 시행령」 제58조제28호가목 또는 다목에 해당하는 부지만 해당한다)인 지역

3. 3지역: 「공간정보의 구축 및 관리 등에 관한 법률」에 따른 지목이 공장용지·주차장·주유소용지·도로·철도용지·제방·잡종지(2지역에 해당하는 부지 외의 모든 잡종지를 말한다)인 지역과 「국방·군사시설 사업에 관한 법률」 제2조제1호가목부터 마목까지에서 규정한 국방·군사시설 부지

6. 법 제11조제3항, 제14조제1항, 제15조제1항 및 같은 조 제3항 각 호에 따른 토양정밀조사의 실시나 오염토양의 정화 등을 명하는 경우 토양오염우려기준은 조치명령 당시의 지목을 기준으로 한다. 다만, 정밀조사 기간 또는 정화 기간이 완료되기 전에 지목이 변경된 경우에는 변경된 지목을, 다음 각 목의 어느 하나에 해당하여 지목변경이 예정된 경우에는 변경 예정 지목을 기준으로 한다.

가. 「국토의 계획 및 이용에 관한 법률」 등 관계 법령에 따라 개발행위 허가 또는 실시계획 인가 등을 받고 토지의 형질변경 등의 공사가 착공된 경우
나. 건축물의 용도변경을 위하여 「건축법」에 따라 용도변경 허가를 받았거나 신고한 후 공사가 착공된 경우
다. 다른 법령에 따라 지목변경 사유에 해당하는 공사가 착공된 경우

토양환경보전법 시행규칙

제19조(반출정화대상) 다음 각 호의 어느 하나에 해당하는 경우에는 법 제15조의3제3항 단서에 따라 오염토양(토양오염도가 제1조의5에 따른 토양오염우려기준을 넘는 토양을 말한다. 이하 같다)을 반출하여 정화할 수 있다.

1. 「국토의 계획 및 이용에 관한 법률」에 의한 도시지역안의 건설공사 현장 등 환경부장관이 정하여 고시하는 경우
2. 토양오염물질 운송차량의 전복 등 긴급한 사고로 인한 오염토양으로서 즉시 처리하여야 하는 경우
3. 오염토양의 양이 5세제곱미터 미만으로서 현장에서 정화하는 때에는 정화효율이 현저하게 저하되는 경우
4. 영 제5조의8제2항, 제8조의3제2항 또는 제9조의2제1항에 따라 오염토양의 정화 조치명령을 받은 자가 오염토양 정화공사를 시행하였으나 오염물질의 종류, 오염정도 및 기술적 한계 등으로 최초 조치명령기간 내에 이를 완료하지 못한 경우로서 법 제15조의6제1항 본문에 따른 토양오염조사기관의 정화과정 검증결과 반출하여 정화할 필요가 있다고 인정한 경우. 다만, 법 제15조의6제1항 단서에 따라 정화과정에 대한 검증을 생략할 수 있는 경우에는 최초 조치명령기간 내에 본문에 따른 이유로 이를 이행하지 못하면 별도의 검증절차 없이 반출하여 정화할 수 있다.
5. 토양오염이 발생한 부지가 같은 시·군·구 내에 흩어져 있는 경우로서 오염부지의 소유자 또는 정화책임자가 같고 각각의 오염부지에 토양정화시설을 모두 설치하기 곤란하여 토양정화업자가 오염부지 중 어느 한 곳에 설치한 시설을 이용하여 한꺼번에 정화하는 경우 (정화 대상 오염토양 전부를 하나의 토양정화업자에게 위탁한 경우만 해당한다)
6. 오염토양을 연구목적으로 이용하려는 경우로서 국립환경과학원장의 의견을 들어 환경부장관이 승인한 경우

문제해설 [2019년 제3차 제2문] 문제 1.의 1) 해설

1. 문제

토양정화명령의 (1) 대상자, (2) 면책가능성, (3) 우선순위가 문제된다.

2. 토양정화명령의 대상자

(1) 토양환경보전법(이하 '토양법') 제10조의4 제1항

다음 각 호의 어느 하나에 해당하는 자는 정화책임자로서 토양정밀조사, 오염토양의 정화 또는 오염토양 개선사업의 실시를 하여야 한다.

1. 토양오염물질의 누출·유출·투기·방치 또는 그 밖의 행위로 토양오염을 발생시킨 자
2. 토양오염의 발생 당시 토양오염의 원인이 된 토양오염관리대상시설의 소유자·점유자 또는 운영자
3. 합병·상속이나 그 밖의 사유로 제1호 및 제2호에 해당되는 자의 권리·의무를 포괄적으로 승계한 자
4. 토양오염이 발생한 토지를 소유하고 있었거나 현재 소유 또는 점유하고 있는 자

(2) 사안의 경우

1) 甲의 경우 - 甲은 A시 소재 공장부지에서 40년간 화학공장을 경영하다가 조업을 중단하고 이 부지를 2013. 9. 乙에게 매도하였으므로 토양법 제10조의4 제1항 제1호 및 제2호에 해당한다.

2) 乙의 경우 - 乙은 토양오염이 발생한 토지를 2013. 9. 이후 현재까지 소유하고 있는 자이므로 토양법 제10조의4 제1항 제4호에 해당한다.

3. 토양정화명령의 면책가능성

(1) 토양환경보전법 제10조의4 제2항

제1항에도 불구하고 다음 각 호의 어느 하나에 해당하는 경우에는 같은 항 제4호에 따른 정화책임자로 보지 아니한다. 다만, 1996년 1월 6일 이후에 제1항 제1호 또는 제2호에 해당하는 자에게 자신이 소유 또는 점유 중인 토지의 사용을 허용한 경우에는 그러하지 아니하다.

1. 1996년 1월 5일 이전에 양도 또는 그 밖의 사유로 해당 토지를 소유하지 아니하게 된 경우
2. 해당 토지를 1996년 1월 5일 이전에 양수한 경우
3. 토양오염이 발생한 토지를 양수할 당시 토양오염 사실에 대하여 선의이며 과실이 없는 경우
4. 해당 토지를 소유 또는 점유하고 있는 중에 토양오염이 발생한 경우로서 자신이 해당 토양오염 발생에 대하여 귀책사유가 없는 경우

(2) 사안의 경우

1) 甲의 경우 - 토양법 제정 이전의 배출행위에 대하여는 일부 면책가능성이 존재한다.

2) 乙의 경우 - 토양법 제10조의4 제2항 제3호에 해당하여 정화책임면제자에 해당하기 위해서는 선의·무과실을 요하는바, 토지를 매도한 2013. 9. 당시 동법 제10조의 2의 토양환경영향평가를 시행한 사실을 입증하여야 한다.

4. 토양정화명령의 우선순위

(1) 토양환경보전법 제10조의4 제3항

시장은 토양정화 등을 명할 수 있는 정화책임자가 둘 이상인 경우에는 대통령령으로 정하는 바에 따라 해당 토양오염에 대한 각 정화책임자의 귀책정도, 신속하고 원활한 토양정화의 가능성 등을 고려하여 토양정화 등을 명하여야 하며, 필요한 경우에는 제10조의9에 따른 토양정화자문위원회에 자문할 수 있다.

(2) 토양환경보전법 시행령 제5조의3 제1항

제10조의4 제3항에 따라 시장은 법 제10조의4 제1항에 따른 정화책임자가 둘 이상인 경우에는 다음 각 호의 순서에 따라 토양정밀조사, 오염토양의 정화 또는 오염토양 개선사업의 실시를 명하여야 한다.

1. 법 제10조의4 제1항 제1호의 정화책임자와 그 정화책임자의 권리·의무를 포괄적으로 승계한 자
2. 법 제10조의4 제1항 제2호의 정화책임자 중 토양오염관리대상시설의 점유자 또는 운영자와 그 점유자 또는 운영자의 권리·의무를 포괄적으로 승계한 자
3. 법 제10조의4 제1항 제2호의 정화책임자 중 토양오염관리대상시설의 소유자와 그 소유자의 권리·의무를 포괄적으로 승계한 자
4. 법 제10조의4 제1항 제4호의 정화책임자 중 토양오염이 발생한 토지를 현재 소유 또는 점유하고 있는 자
5. 법 제10조의4 제1항 제4호의 정화책임자 중 토양오염이 발생한 토지를 소유하였던 자

(3) 사안의 경우

甲은 토양법 시행령 제5조의3 제1항 제1호 및 제2호에 해당하고, 乙은 동시행령 제4호에 해당하는 바, 甲이 乙에 비하여 토양정화명령의 우선순위에 있다.

5. 결론

(1) A시장의 토양정화명령의 대상자는 甲과 乙이 된다.
(2) 甲은 토양법 제정이전의 행위, 乙은 매수당시의 선의 무과실을 입증하면 면책될 수 있다.
(3) 甲이 乙에 우선하는 순위를 갖는다.

문제해설 [2019년 제3차 제2문] 문제 1.의 2) 해설

1. 문제

A시장이 오염토양정화명령을 내리는 경우 (1) 오염토양정화기준, (2) 오염토양 위해성 평가반영 여부가 문제된다.

2. 오염토양정화기준

(1) 토양환경보전법 제15조의3 제1항

오염토양은 대통령령으로 정하는 정화기준 및 정화방법에 따라 정화하여야 한다.

(2) 토양환경보전법 시행령 제10조 제1항

법 제15조의3제1항의 규정에 의한 오염토양의 정화기준은 법 제4조의2의 규정에 의한 토양오염우려기준으로 한다.

(3) 토양환경보전법 시행규칙 제1조의 5

법 제4조의2의 규정에 의한 토양오염우려기준은 별표 3과 같다.

(4) 사안의 경우

A시장이 토양정화명령을 내리는 경우 2018. 10. 이미 개발사업 실시계획인가가 나고 공장부지에서 주거부지로 토지형질변경 등의 공사가 착공되었는바, 별표3 토양오염우려기준상의 지역별 기준 및 비고 제6호에 따라, 3지역이 아닌 1지역 기준으로 오염토양정화를 실시하여야 한다.

3. 오염토양 위해성 평가반영 여부

(1) 토양환경보전법 제15조의5 제1항

시·도지사는 위해성평가기관으로 하여금 오염물질의 종류 및 오염도, 주변 환경, 장래의 토지이용계획과 그 밖에 필요한 사항을 고려하여 해당 부지의 토양오염물질이 인체와 환경에 미치는 위해의 정도를 평가하게 한 후 그 결과를 토양정화의 범위, 시기 및 수준 등에 반영할 수 있다.

(2) 사안의 경우

A시장은 오염토양정화명령을 내리기 전에 오염토양 위해성 평가를 실시하고 그 결과를 정화 수준에 반영할 수 있다.

4. 결론

A 시장은 토양환경보전법 시행규칙 제1조의5 별표 제1지역을 기준으로 토양정화명령을 내릴 수 있고, 그 전에 위해성 평가를 실시하여 이를 반영할 수 있다.

문제해설 [2019년 제3차 제2문] 문제 2. 해설

1. 문제
(1) 반출정화 통보제도의 법적성질, (2) 반출정화 예외사유 해당여부가 문제된다.

2. 반출정화 통보제도의 법적성질

(1) 관련 조문
오염토양을 정화할 때에는 오염이 발생한 해당 부지에서 정화하여야 한다. 다만, 부지의 협소 등 환경부령으로 정하는 불가피한 사유로 그 부지에서 오염토양의 정화가 곤란한 경우에는 토양정화업자가 보유한 시설(제23조의7제1항에 따라 오염토양을 반입하여 정화하기 위하여 등록한 시설을 말한다)로 환경부령으로 정하는 바에 따라 오염토양을 반출하여 정화할 수 있다(토양환경보전법 제15조의3 제3항).

(2) 판례
행정행위가 기속행위인지 또는 재량행위인지 여부는 이를 일률적으로 규정지을 수는 없고, 당해 처분의 근거가 된 규정의 형식이나 체제 또는 문언에 따라 개별적으로 판단한다.

(3) 사안의 경우
반출정화 적정통보제도는 토양법 15조의3 제3항과 동법시행규칙 제19조 각호 사유에 해당하는 경우에 반출정화를 허용할 수 있어, 허가권자는 일정한 경우 그 허용 여부를 판단할 수 있는바, 적정통보행위는 원칙적으로 행정청의 재량행위에 해당한다.

3. 반출정화 예외사유 해당여부

(1) 관련 조문

1) 토양환경보전법 시행규칙 제19조 제1호

국토의 계획 및 이용에 관한 법률에 의한 도시지역안의 건설공사 현장 등 환경부장관이 정하여 고시하는 경우에는 법 제15조의3제3항 단서에 따라 오염토양(토양오염도가 제1조의5에 따른 토양오염우려기준을 넘는 토양을 말한다. 이하 같다)을 반출하여 정화할 수 있다.

2) 환경부장관의 고시

국토의 계획 및 이용에 관한 법률 제6조 제1호에 따른 도시지역 즉, 인구와 산업이 밀집되어 있거나 밀집이 예상되어 그 지역에 대하여 체계적인 개발·정비·관리·보전 등이 필요한 지역 안의 건설공사 과정에서 발견되어 부지 안에서의 정화가 곤란한 오염토양이 이에 해당된다.

(2) 사안의 경우
乙이 이 사건 부지에서 오염 토양을 반출하여 정화하려고 오염토양계획서를 작성하여 반출정화를 신청하였다면, A시장은 토양법 시행규칙 제19조 제1호 및 환경부장관의 고시에 해당되는지 여부를 판단하여야 하는데, 乙이 도시지역에서의 공장부지에서 1만 3149세대 즉, 계획인구 3만 3530명이 넘는 주거부지로 용도를 전환하는 과정에서 발견되어 부지 안에서의 정화가 곤란한 오염토양에 해당하는바, A시장은 이를 허용해 줄 수 있다.

4. 결론

　乙이 이 사건 부지에서 오염 토양을 반출하여 정화하려고 오염토양반출정화계획서를 작성하여 반출정화를 신청하는 경우, A시장은 이를 허용해 줄 수 있다.

2017년도 제2회 변호사시험 모의시험

〈제2문〉

　甲사는 1981년경부터 자신이 소유한 경기도 A시 소재 부지 20,000여㎡ 지상에서 15년간 비철금속제련공장을 운영하였다. 비철금속제련공정 과정에서 납, 아연 등 각종 부산물이 발생하였으며 甲사는 그러한 부산물들을 부지 내 공터에 일부 매립하였다. 甲사는 1997.12.경 乙사에 이 부지를 매도하고 소유권이전등기를 마쳤다. 丙사는 1999.1. 乙사로부터 위 비철금속제련공장의 철거, 부지의 복토 및 아스팔트콘크리트 피복 등 아파트 부지 조성공사를 도급받아 이 부지 지상의 건물을 철거하고 폐콘크리트 등 건설폐기물을 지하에 매립한 다음 복토 및 아스팔트콘크리트 피복 작업을 진행하여 공사를 마쳤다. 乙사는 이 공사과정에서 丙사로 하여금 이 부지에 건설폐기물의 매립을 지시하였다. 乙사는 자금사정 등의 이유로 아파트 사업계획을 접고 이 부지를 자재 창고로 사용하였다. 이 지역에서 오랫동안 사업하여 왔던 丁사는 이 부지에 복합전자유통센터를 신축·분양할 계획을 가지고 2011.12.17. 乙사로부터 이 부지를 싯가보다 싸게 매수하여 소유권이전등기를 마쳤다.

　최근 이 부지의 지표면으로부터 최대 지하 7m까지 납, 아연 등으로 오염된 토양이 존재하고, 또한 지표면으로부터 지하 1m 부근에 콘크리트 조각, 폐슬레이트 등의 폐기물이 이 부지의 대부분에 걸쳐 인위적으로 매립되어 있는 것으로 밝혀졌다.(소급적용 문제는 논외로 함)

2. A시가 토양환경보전법상 누구를 상대로 어떠한 조치를 취할 수 있는지 검토하시오. (25점)

문제해설 [2017년 제2차 제2문] 문제 2. 해설

1. 문제
(1) 정화책임자 해당여부, (2) A시의 행정조치가 문제된다.

2. 정화책임자 해당여부

(1) 토양환경보전법 제10조의4 제1항

다음 각 호의 어느 하나에 해당하는 자는 정화책임자로서 제11조제3항, 제14조제1항, 제15조제1항·제3항 또는 제19조제1항에 따라 토양정밀조사, 오염토양의 정화 또는 오염토양 개선사업의 실시를 하여야 한다.

1. 토양오염물질의 누출·유출·투기(投棄)·방치 또는 그 밖의 행위로 토양오염을 발생시킨 자
2. 토양오염의 발생 당시 토양오염의 원인이 된 토양오염관리대상시설의 소유자·점유자 또는 운영자
3. 합병·상속이나 그 밖의 사유로 제1호 및 제2호에 해당되는 자의 권리·의무를 포괄적으로 승계한 자
4. 토양오염이 발생한 토지를 소유하고 있었거나 현재 소유 또는 점유하고 있는 자

(2) 甲의 경우

1) 甲의 비철금속제련공정과정에서 납, 아연 등 각종 부산물이 발생하였고, 그러한 부산물들을 부지 내 공터에 일부 매립하였는바, 토양환경보전법 제10조의4 제1항 제1호의 정화책임자에 해당한다.

2) 甲은 1981년경부터 자신이 소유한 경기도 A시 소재 부지 20,000여㎡ 지상에서 15년간 비철금속제련공장을 운영해 온 자인바, 토양환경보전법 제10조의4 제1항 제2호의 정화책임자에 해당한다.

(3) 乙의 경우

甲사는 1997.12.경 乙사에 이 부지를 매도하고 소유권이전등기를 마쳤는바, 乙은 1996년 1월 5일 이후에 양수한 자로서 토양환경보전법 제10조의4 제1항 제4호의 정화책임자에 해당한다.

(4) 丙의 경우

丙의 건물철거공사과정에서 甲이 부지에 방치한 토양오염물질을 누출 및 유출시켰을 것으로 판단되는 바, 토양환경보전법 제10조의4 제1항 제1호의 정화책임자에 해당한다.

(5) 丁의 경우

丁은 이 지역에서 오랫동안 사업하여 온 자로 乙사로부터 이 부지를 싯가보다 싸게 매수하였으며 토양환경평가를 실시한 사정이 없어 선의 무과실 면책은 어려운 바, 토양환경보전법 제10조의4 제1항 제4호의 정화책임자에 해당한다.

(6) 소결

甲, 乙, 丙, 丁 모두 정화책임자에 해당된다.

3. A시의 행정조치

(1) 토양정밀조사 및 오염토양의 정화조치명령(토양환경보전법 제11조 제3항)

토지의 소유자 또는 점유자가 그 소유 또는 점유 중인 토지가 오염된 사실을 발견할 때에는 지체없이 시장에게 신고하여야 하고, 조사를 한 결과 오염도가 우려기준을 넘는 경우에는 A시장은 甲, 乙, 丙, 丁에게 토양관련전문기관에 의한 토양정밀조사의 실시, 오염토양의 정화 조치를 명할 수 있다.

(2) 토양오염방지 조치명령(토양환경보전법 제15조 제3항)

A시장은 상시측정, 토양오염실태조사 또는 토양정밀조사의 결과 우려기준을 넘는 경우에는 甲, 乙, 丙, 丁에게 기간을 정하여 토양오염관리 대상시설의 개선 또는 이전, 해당 토양오염물질의 사용제한 또는 사용중지, 오염토양의 정화에 해당하는 조치를 명할 수 있다.

(3) 비용부담명령(토양환경보전법 제18조 제3항)

A시장은 피해주민 지원 대책에 소요되는 비용의 일부를 그 정화책임자인 甲, 乙, 丙, 丁에게 부담하게 할 수 있다.

(4) 오염토양 개선사업실시명령(토양환경보전법 제19조 제1항)

A시장은 오염토양 개선사업의 전부 또는 일부의 실시를 정화책임자인 甲, 乙, 丙, 丁에게 명할 수 있다.

4. 결론

A시는 甲, 乙, 丙, 丁을 상대로 토양정밀조사 및 오염토양의 정화조치명령, 토양오염방지 조치명령, 비용부담명령, 오염토양 개선사업실시명령 등의 조치를 할 수 있다.

2015년도 제2회 변호사시험 모의시험

〈제2문〉

A는 2004년 10월 16일, B로부터 그 소유인 경상북도 경주시 소재 대지 131.01제곱미터 외 2필지(이하 '이 사건 토지'라 한다)를 임차하여 2004년 11월 1일부터 '행복석유'라는 상호로 주유소(이하 '이 사건 주유소'라 한다)를 운영하였다.

A와 B 간의 토지임대차계약서에는 이 사건 토지상에서 주유소영업을 한다는 내용은 없고, 단지 이 토지를 임차하여 사용한다는 내용만이 약정되어 있다. 이 사건 토지의 소유자인 B는 2000년 12월 1일 C로부터 이 사건 토지를 매수하여 소유해 왔다.

관할 행정청인 경주시장 甲은 2010년 7월 18일, 이 사건 주유소에 대하여 2010년 6월 21일자로 실시한 토양오염도 누출검사 결과 이 사건 토지의 지하에 설치된 유류저장탱크에 연결된 배관 중 실내등유 4번 주유배관이 불량하다고 판명되었다. 그리고, 이 사건 토지의 토양오염실태를 조사한 결과, 토양오염물질인 아연의 농도가 토양환경보전법상의 우려기준인 300mg/kg을 초과한 것으로 확인되었다.

1. A, B, C가 각각 토양환경보전법상의 정화책임자인지 여부에 대하여 검토하시오. (30점)

2. 위의 문제와 관련하여, 정화책임자가 복수인 경우에 정화책임문제와 관련하여 쟁점이 될 수 있는 사항을 검토하시오. (25점)

3. 정화책임자에게 甲은 어떠한 조치를 명할 수 있는지를 우려기준을 초과한 경우와, 대책기준을 초과한 경우로 나누어 검토하시오. (25점)

문제해설 [2015년 제2차 제2문] 문제 1. 해설

1. 문제
(1) 토양환경보전법상 정화책임의 법적성질, (2) A, B, C의 토양정화책임자 여부가 문제된다.

2. 토양환경보전법상 정화책임의 법적성질

(1) 토양환경보전법 제10조의3 제1항
토양오염으로 인하여 피해가 발생한 경우 그 오염을 발생시킨 자는 그 피해를 배상하고 오염된 토양을 정화하는 등의 조치를 하여야 한다.

(2) 사안의 경우
토양오염으로 인하여 피해가 발생한 경우의 정화책임은 사법상의 손해배상책임과는 달리 공법상의 책임이고, 무과실책임을 진다.

3. A, B, C의 토양정화책임자 여부

(1) 토양환경보전법 제10조의4 제1항
다음 각 호의 어느 하나에 해당하는 자는 정화책임자로서 제11조제3항, 제14조제1항, 제15조제1항·제3항 또는 제19조제1항에 따라 토양정밀조사, 오염토양의 정화 또는 오염토양 개선사업의 실시를 하여야 한다.
1. 토양오염물질의 누출·유출·투기·방치 또는 그 밖의 행위로 토양오염을 발생시킨 자
2. 토양오염의 발생 당시 토양오염의 원인이 된 토양오염관리대상시설의 소유자·점유자 또는 운영자
3. 합병·상속이나 그 밖의 사유로 제1호 및 제2호에 해당되는 자의 권리·의무를 포괄적으로 승계한 자
4. 토양오염이 발생한 토지를 소유하고 있었거나 현재 소유 또는 점유하고 있는 자

(2) 토양환경보전법 제10조의4 제2항
제1항에도 불구하고 다음 각 호의 어느 하나에 해당하는 경우에는 같은 항 제4호에 따른 정화책임자로 보지 아니한다. 다만, 1996년 1월 6일 이후에 제1항 제1호 또는 제2호에 해당하는 자에게 자신이 소유 또는 점유 중인 토지의 사용을 허용한 경우에는 그러하지 아니하다.
1. 1996년 1월 5일 이전에 양도 또는 그 밖의 사유로 해당 토지를 소유하지 아니하게 된 경우
2. 해당 토지를 1996년 1월 5일 이전에 양수한 경우
3. 토양오염이 발생한 토지를 양수할 당시 토양오염 사실에 대하여 선의이며 과실이 없는 경우
4. 해당 토지를 소유 또는 점유하고 있는 중에 토양오염이 발생한 경우로서 자신이 해당 토양오염 발생에 대하여 귀책사유가 없는 경우

(3) A의 토양정화책임자 해당여부
1) 제10조의4 제1항 제1호 - A가 토양오염물질의 누출·유출·투기·방치 또는 그 밖의 행위로 토양오염을 발생시킨 자인지 여부가 분명하지 않는바, 제1호의 정화책임자가 아니다.

2) 제10조의4 제1항 제2호 - A는 토양오염관리대상시설인 이 사건 주유소의 운영자로써 주유소로 인해 토양오염이 되었는바, 제2호의 정화책임자에 해당한다.

3) 제10조의4 제1항 제4호 - A는 토양오염이 발생한 토지를 현재 점유하고 있는 자로서 제4호의 정화책임자에 해당한다.

4) 소결 - A는 토양환경보전법 제10조의4 제1항 제2호 및 제4호의 정화책임자이다.

(4) B의 토양정화책임자 해당여부

1) 제10조의4 제1항 제4호 - 토양오염이 발생한 토지를 현재 소유하고 있는 자로서 제4호의 정화책임자에 해당된다.

2) 제10조의4 제2항 단서 - 1996. 1. 6. 이후에 제1항 제1호, 제2호의 정화책임자에게 자기 소유 토지의 사용을 허용한 경우에는 면책규정이 적용되지 아니하는바, B의 경우 A에게 그 토지사용을 허용한 경우이며, 이때 토지사용의 허용은 반드시 토양오염시설사용의 허용에 한정되는 것은 아니므로 면책규정의 적용이 없다.

3) 제10조의4 제2항 제2호 - B는 C로부터 1996. 12. 1. 이 사건 토지를 매수하였으므로 1996. 1. 5. 이전에 양수한 경우가 아니어서 제2호의 면책규정이 적용되지 않는다.

4) 소결 - B는 토양환경보전법 제10조의4 제1항 제4호의 정화책임자이다.

(5) C의 토양정화책임자 해당여부

1) 제10조의4 제1항 제4호 - 토양오염이 발생한 토지를 소유하고 있었던 자로서 제4호의 정화책임자의 요건을 갖추고 있다.

2) 제10조의4 제2항 제1호 - C는 양도로 인하여 더 이상 토지를 소유하지 않지만, C의 B에게로의 양도는 1996. 12 .1. 이루어졌으므로, 1996. 1. 5. 이전에 양도 또는 그 밖의 사유로 해당 토지를 소유하지 아니하게 된 경우의 면책규정에는 해당하지 않는다.

3) 소결 - C는 토양환경보전법상 제10조의4 제1항 제4호의 정화책임자이다.

4. 결론

(1) A는 토양환경보전법 제10조의4 제1항 제2호 및 제4호의 정화책임자이다.

(2) B는 토양환경보전법 제10조의4 제1항 제4호의 정화책임자이다.

(3) C는 토양환경보전법 제10조의4 제1항 제4호의 정화책임자이다.

문제해설 [2015년 제2차 제2문] 문제 2. 해설

1. 문제
(1) 복수정화책임자의 연대책임, (2) 복수정화책임자간의 우선순위, (3) 구상권이 문제된다.

2. 복수정화책임자의 연대책임

(1) 토양환경보전법 제10조의3 제2항
토양오염을 발생시킨 자가 둘 이상인 경우에 어느 자에 의하여 제1항의 피해가 발생한 것인지를 알 수 없을 때에는 각자가 연대하여 배상하고 오염된 토양을 정화하는 등의 조치를 하여야 한다.

(2) 사안의 경우
복수정화책임자인 A, B, C 간에는 연대채무관계가 성립한다.

3. 복수정화책임자간의 우선순위

(1) 토양환경보전법 제10조의4 제3항
시장은 토양정화 등을 명할 수 있는 정화책임자가 둘 이상인 경우에는 대통령령으로 정하는 바에 따라 해당 토양오염에 대한 각 정화책임자의 귀책정도, 신속하고 원활한 토양정화의 가능성 등을 고려하여 토양정화 등을 명하여야 하며, 필요한 경우에는 제10조의9에 따른 토양정화자문위원회에 자문할 수 있다.

(2) 토양환경보전법 시행령 제5조의3 제1항
법 제10조의4제3항에 따라 시장은 법 제10조의4제1항에 따른 정화책임자가 둘 이상인 경우에는 다음 각 호의 순서에 따라 토양정밀조사, 오염토양의 정화 또는 오염토양 개선사업의 실시를 명하여야 한다.
1. 법 제10조의4제1항제1호의 정화책임자와 그 정화책임자의 권리·의무를 포괄적으로 승계한 자
2. 법 제10조의4제1항제2호의 정화책임자 중 토양오염관리대상시설의 점유자 또는 운영자와 그 점유자 또는 운영자의 권리·의무를 포괄적으로 승계한 자
3. 법 제10조의4제1항제2호의 정화책임자 중 토양오염관리대상시설의 소유자와 그 소유자의 권리·의무를 포괄적으로 승계한 자
4. 법 제10조의4제1항제4호의 정화책임자 중 토양오염이 발생한 토지를 현재 소유 또는 점유하고 있는 자
5. 법 제10조의4제1항제4호의 정화책임자 중 토양오염이 발생한 토지를 소유하였던 자

(3) 사안의 경우
토양정화책임의 순서는 토양관리대상시설의 점유자 및 운영자의 지위를 가지는 A가 1순위, 현재의 토지소유자인 B가 2순위, C가 과거의 토지소유자로서 3순위로 정해진다.

4. 구상권

(1) 토양환경보전법 제10조의4 제4항

토양정화 등의 명령을 받은 정화책임자가 자신의 비용으로 토양정화 등을 한 경우에는 다른 정화책임자의 부담부분에 관하여 구상권을 행사할 수 있다.

(2) 사안의 경우

A, B, C 중에 토양정화의 명령을 받게 되는 자가 있는 경우, 이 자가 자신의 비용으로 토양정화를 한 경우에는 내부적으로 부담하는 다른 정화책임자의 부담부분에 대해서는 구상권을 행사할 수 있을 것이다.

5. 결론

(1) 정화책임자가 복수인 경우 복수의 정화책임자들 간에 연대채무가 성립한다.

(2) 복수의 정화책임자들 간의 우선순위는 동법 제10조의4 제3항 및 동법 시행령 제5조의3에 근거하여 A, B, C순으로 정하여 진다.

(3) 비용을 지출한 A, B, C는 내부적 부담 부분에 대한 구상권을 행사할 수 있다.

[2015년 제2차 제2문] 문제 3. 해설

1. 문제

경주시장 甲이 정화책임자 A, B, C에게 (1) 우려기준을 초과한 경우, (2) 대책기준을 초과한 경우에 취할 수 있는 조치가 문제된다.

2. 우려기준을 초과한 경우

(1) 토양오염우려기준

사람의 건강·재산이나 동물·식물의 생육에 지장을 줄 우려가 있는 토양오염의 기준을 환경부령으로 정한다(토양환경보전법 제4조의2).

(2) 토양환경보전법 제11조 제3항

경주시장 甲은 제2항의 조사를 한 결과 오염도가 우려기준을 넘는 토양에 대하여는 대통령령으로 정하는 바에 따라 기간을 정하여 정화책임자 A, B, C에게 토양관련전문기관에 의한 토양정밀조사의 실시, 오염토양의 정화 조치를 할 것을 명할 수 있다.

(3) 토양환경보전법 제14조 제1항

경주시장 甲은 특정토양오염관리 대상시설 즉, 유류저장탱크의 설치자인 A가 토양오염방지시설을 설치하지 아니하거나 그 기준에 맞지 아니한 경우 기간을 정하여 토양오염방지시설의 설치 또는 개선이나 그 시설의 부지 및 주변지역에 대하여 토양관련전문기관에 의한 토양정밀조사 또는 오염토양의 정화 조치를 할 것을 명할 수 있다.

(4) 토양환경보전법 제15조 제1항

경주시장 甲은 제5조 제4항 제1호 또는 제2호에 해당하는 지역의 정화책임자 A, B, C에 대하여 기간을 정하여 토양관련전문기관으로부터 토양정밀조사를 받도록 명할 수 있다.

(5) 토양환경보전법 제15조 제3항

경주시장 甲은 상시측정, 토양오염실태조사 또는 토양정밀조사의 결과 우려기준을 넘는 경우에는 기간을 정하여 토양오염관리대상시설인 유류저장탱크의 개선 또는 이전, 해당 토양오염물질의 사용제한 또는 사용중지, 오염토양의 정화에 해당하는 조치를 하도록 정화책임자에게 명할 수 있다.

3. 대책기준을 초과한 경우

(1) 토양오염대책기준

우려기준을 초과하여 사람의 건강 및 재산과 동물·식물의 생육에 지장을 주어서 토양오염에 대한 대책이 필요한 토양오염의 기준은 환경부령으로 정한다(토양환경보전법 제16조).

(2) 토양환경보전법 제19조 제1항

경주시장 甲은 제18조 제2항 제1호에 따른 오염토양 개선사업의 전부 또는 일부의 실시를 그 정화책임자 A, B, C에게 명할 수 있다.

(3) 토양환경보전법 제18조 제3항

경주시장 甲은 제2항 제4호에 따른 피해주민에 대한 지원 대책에 소요되는 비용의 일부를 그 정화책임자 A, B, C에게 부담하게 할 수 있다.

2015년도 제1회 변호사시험 모의시험

〈제1문〉

전선을 제작하는 회사인 A는 그가 소유하고 있던 경기도 평택시 소재 대지 2,177㎡의 토지(이하 '이 사건 토지')에 산업폐기물을 매립해왔고, 이 토지는 2000. 12. 1. 주택회사인 B에 매도하였다. 이후 B는 국민임대주택을 건설하기 위해 토양정밀조사를 실시했는데 그 결과 니켈, 카드뮴, 구리, 비소, 납 등 각종 유해물질이 토양환경보전법상의 우려기준을 넘는 수준으로 검출되었다.

이 사건 토지의 가액은 50억 원 정도로 평가되고 있고, 이 사건 토지상의 토양오염을 정화하는 데 소요되는 비용은 100억 원 정도의 비용이 들 것으로 전문가들은 보고 있다.

A는 이 사건 토지를 철강회사인 C로부터 1990년경에 매입을 했는데, C는 1970년대와 1980년대에 걸쳐 이 사건 토지상에서 금속제련업을 운영한 바 있다.

관할행정청인 평택시장 甲이 A 등에게 정화책임을 명할 것을 검토하고 있다는 정보를 입수하고서 과다한 정화비용을 우려한 A는 이 사건 토지 2,177㎡의 폐토사를 정화할 비용을 절감하고자 폐기물처리업의 허가를 받지 아니한 D에게 폐기물처리를 위탁하여 폐토사 8,700톤 상당을 현장에서 지정폐기물 2,900톤과 건설폐기물 5,800톤을 육안으로 구분하여 임의로 분리·선별하는 방법으로 처리하게 하였다.

1. A의 토양환경보전법 및 폐기물관리법상의 책임에 대하여 검토하시오. (25점)

2. 그 이후 2005. 3. 1. 이 사건 토지를 E가 양수하여, 매년 50억 이상의 순수익을 내는 기업을 운영하던 중 우려기준을 넘는 토양오염이 밝혀졌다고 가정하자. 이때 E가 양수하는 과정에서 이 사건 토지에 대한 토양환경평가를 실시한 경우와 그렇지 않은 경우의 E의 책임에 대하여 검토하시오. (30점)

3. 甲 시장이 정화책임을 검토하고 있는 과정에서, B는 토양오염에 대한 직접적인 원인을 제공한 바가 없는 그에게 토양환경보전법이 책임을 묻게 된다면 이는 위헌이라고 주장한다. 또한, C의 경우 오래 전에 매도하여 더 이상 자신과 관계없는 이 사건 토지상의 책임을 묻는 법률이 있다면 마찬가지로 위헌이라고 주장한다. B, C의 위헌시비 주장의 당부를 검토하시오. (25점)

문제해설 [2015년 제1차 제1문] 문제 1. 해설

1. 문제
(1) A의 토양환경보전법상 책임, (2) A의 폐기물관리법상 책임이 문제된다.

2. A의 토양환경보전법상 책임

(1) 토양환경보전법 제10조의4 제1항
다음 각 호의 어느 하나에 해당하는 자는 정화책임자로서 토양정밀조사, 오염토양의 정화 또는 오염토양 개선사업의 실시를 하여야 한다.
1. 토양오염물질의 누출·유출·투기·방치 또는 그 밖의 행위로 토양오염을 발생시킨 자
2. 토양오염의 발생 당시 토양오염의 원인이 된 토양오염관리대상시설의 소유자·점유자 또는 운영자
3. 합병·상속이나 그 밖의 사유로 제1호 및 제2호에 해당되는 자의 권리·의무를 포괄적으로 승계한 자
4. 토양오염이 발생한 토지를 소유하고 있었거나 현재 소유 또는 점유하고 있는 자

(2) 토양환경보전법 제10조의4 제2항
제1항에도 불구하고 다음 각 호의 어느 하나에 해당하는 경우에는 같은 항 제4호에 따른 정화책임자로 보지 아니한다. 다만, 1996년 1월 6일 이후에 제1항 제1호 또는 제2호에 해당하는 자에게 자신이 소유 또는 점유 중인 토지의 사용을 허용한 경우에는 그러하지 아니하다.
1. 1996년 1월 5일 이전에 양도 또는 그 밖의 사유로 해당 토지를 소유하지 아니하게 된 경우
2. 해당 토지를 1996년 1월 5일 이전에 양수한 경우
3. 토양오염이 발생한 토지를 양수할 당시 토양오염 사실에 대하여 선의이며 과실이 없는 경우
4. 해당 토지를 소유 또는 점유하고 있는 중에 토양오염이 발생한 경우로서 자신이 해당 토양오염 발생에 대하여 귀책사유가 없는 경우

(3) A의 경우
1) 제10조의4 제1항 제1호 - A가 토양오염물질의 누출·유출·투기·방치 또는 그 밖의 행위로 토양오염을 발생시킨 자이므로, 제1호의 정화책임자가 된다.
2) 제10조의4 제1항 제2호 - A는 토양오염관리대상시설에 오염부지는 포함되지 않으므로 제2호의 정화책임자에는 해당하지 않는다.
3) 제10조의4 제1항 제4호, 제10조의4 제2항 제2호 - 토양오염이 발생한 토지를 소유한 자이나 제10조의4 제2항 제2호의 1996. 1. 5. 이전에 양수한 자에 해당하여 면책되어 제4호의 책임을 지지 않는다.
4) 소결 - A는 토양환경보전법 제10조의4 제1항 제1호의 정화책임자이다.

3. A의 폐기물관리법상 책임

(1) 폐기물관리법 제18조 제1항 및 제65조 제11호

사업장폐기물배출자는 그의 사업장에서 발생하는 폐기물을 스스로 처리하거나 폐기물처리업의 허가를 받은 자, 폐기물처리 신고자, 폐기물처리시설을 설치·운영하는 자에게 위탁하여 처리하여야 한다. 이를 위반한 경우에는 3년 이하의 징역이나 3천만 원 이하의 벌금에 처한다.

(2) 오염토양의 폐기물 해당여부

판례는 토양은 폐기물 기타 오염물질에 의하여 오염될 수 있는 대상일 뿐 오염토양이라 하여 동산으로서 '물질'인 폐기물에 해당한다고 할 수 없고, 나아가 오염토양은 법령상 절차에 따른 정화 대상이 될 뿐 법령상 금지되거나 그와 배치되는 개념인 투기나 폐기 대상이 된다고 할 수 없다.

(3) A의 경우

A는 이 사건 토지 2,177㎡의 폐토사를 정화할 비용을 절감하고자 폐기물처리업의 허가를 받지 아니한 D에게 폐기물처리를 위탁하여 폐토사 8,700톤 상당을 현장에서 지정폐기물 2,900톤과 건설폐기물 5,800톤을 육안으로 구분하여 임의로 분리·선별하는 방법으로 처리하게 하였더라도 오염토양은 폐기물에 해당하지 않는바, 폐기물관리법상의 책임은 지지 않는다.

4. 결론

(1) A는 토양환경보전법 제10조의4 제1항 제1호의 정화책임자로써 책임을 진다.

(2) A는 오염토양은 폐기물에 해당하지 않는바, 폐기물관리법상의 책임은 지지 않는다.

문제해설 [2015년 제1차 제1문] 문제 2. 해설

1. 문제
(1) 토양환경평가를 실시한 경우 E의 토양정화책임, (2) 토양환경평가를 실시하지 않은 경우 E의 토양정화책임이 문제된다.

2. 토양환경평가를 실시한 경우 E의 토양정화책임

(1) 토양환경보전법 제10조의2 제1항 제2호
공장이 설치되어 있거나 설치되어 있었던 부지를 양도·양수 또는 임대·임차하는 경우에 양도인·양수인·임대인 또는 임차인은 해당 부지와 그 주변지역, 그밖에 토양오염의 우려가 있는 토지에 대하여 토양환경평가기관으로부터 토양오염에 관한 평가를 받을 수 있다.

(2) 토양환경보전법 제10조의2 제2항
제1항의 부지를 양수한 자가 양수 당시 같은 항에 따라 토양환경평가를 받고 그 부지 또는 토지의 오염 정도가 우려기준 이하인 것을 확인한 경우에는 토양오염 사실에 대하여 선의이며 과실이 없는 것으로 추정한다.

(3) 토양환경보전법 제10조의4 제2항 제3호
토양오염이 발생한 토지를 양수할 당시 토양오염 사실에 대하여 선의이며 과실이 없는 경우 토양환경보전법 제10조의4 제1항 제4호의 정화책임자로 보지 않는다.

(4) 소결
E가 이 사건 부지의 양수 당시 토양환경평가를 실시하여 그 사건 토지의 오염정도가 우려기준 이하인 것을 확인한 경우에는 선의·무과실이 추정되어 반증이 없는 한 면책을 받을 수 있다.

3. 토양환경평가를 실시하지 않은 경우 E의 토양정화책임

(1) 선의 무과실 추정여부
토양환경평가를 실시하지 않은 경우 상술한 선의 무과실 추정을 받지 못한다.

(2) 토양환경보전법 제10조의4 제1항 제4호
토양오염이 발생한 토지를 소유하고 있었거나 현재 소유 또는 점유하고 있는 자는 정화책임자로서 토양정밀조사, 오염토양의 정화 또는 오염토양 개선사업의 실시를 하여야 한다.

(3) 토양환경보전법 제10조의4 제2항 제4호
해당 토지를 소유 또는 점유하고 있는 중에 토양오염이 발생한 경우로서 자신이 해당 토양오염 발생에 대하여 귀책사유가 없는 경우에는 10조의4 제1항 제4호에 따른 정화책임자로 보지 아니한다.

(4) 소결
E는 선의 무과실 추정을 받지 못하므로, 자신이 해당 토양오염 발생에 대하여 귀책사유가 없음을 입증하지 못하는 한 10조의4 제1항 제4호의 정화책임을 진다.

문제해설 [2015년 제1차 제1문] 문제 3. 해설

1. 문제

오염부지의 전 소유자인 B와 C에게 토양정화책임을 묻는 토양환경보전법 제10조의4 제1항의 위헌 여부가 문제된다.

2. 비례원칙 위배여부

(1) 헌법 제37조 제2항

국민의 모든 자유와 권리는 공공복리를 위하여 필요한 경우에 한하여 법률로써 제한할 수 있으며, 제한하는 경우에도 자유와 권리의 본질적인 내용을 침해할 수 없다.

(2) 목적의 정당성

오염부지의 소유자 및 전 소유자에게 책임을 묻는 토양환경보전법 조항은 신속하고 확실하게 토양오염에 대한 책임자를 특정하고 그에 따른 책임이행을 확보할 수 있도록 오염원인자의 범위를 토양오염 관리대상시설의 소유자·점유자·운영자로 확장하여 이들에게 무과실의 책임을 부담시키고 있는 바, 입법목적의 정당성은 인정된다.

(3) 수단의 적합성

토양오염 관리대상시설의 소유자·점유자·운영자에게 손해배상책임 및 오염토양의 정화책임 등을 부과하는 것은 적합한 수단이다.

(4) 침해의 최소성

토양환경보전법 제10조의4 제2항에서 면책규정을 두어 침해의 최소성 원칙도 준수하고 있다.

(5) 법익의 균형성

토양환경보전법 제10조의4 제5항에서 토양정화 등을 하는데 드는 비용의 전부 또는 일부를 지원할 수 있도록 하고 있어, 제한되는 사익과 공익사이에 균형 또한 고려하고 있다.

(6) 소결

따라서, 동법 조항은 비례원칙에 위배되지 않는다.

3. 평등원칙 위배여부

(1) 헌법 제11조 제1항

모든 국민은 법 앞에 평등하고, 모든 영역에 있어서 차별을 받지 않는다.

(2) 차별의 합리적 이유

토양환경보전법 제10조의4 제1항은 소유자·점유자·운영자에게도 여러 면책수단 및 책임완화수단을 도입하고 있어 다른 정화책임자 보다 합리적 이유 없이 차별하고 있지 아니한바, 평등원칙에도 위배되지 않는다.

4. 소급입법금지원칙 위배여부

(1) 헌법 제13조 제2항
모든 국민은 소급입법에 의하여 재산권을 침탈당하지 아니한다.

(2) 부진정소급입법
과거 토지소유자의 책임은 소급적으로 파악하더라도 이는 법률상태 또는 사실상태가 계속되어 온 이른바 부진정소급입법으로 원칙적으로 허용된다.

(3) 경과규정
토양환경보전법이 제정·시행되기 이전에는 동법상의 책임이 없을 것이라고 신뢰했고, 이러한 신뢰는 보호되어야 하므로 일정한 기간을 정한 경과규정을 두어 이러한 신뢰를 보호해야 한다.

(4) 신뢰보호원칙위배
토양환경보전법 제10조의4 제2항에서 토양환경보전법의 시행시점을 기준으로 1996. 1. 5. 이전에 양도한 전 소유자나, 1996. 1. 5. 이전에 양수한 현소유자의 경우는 면책함으로써 일정한 시적 범위 내의 전 소유자의 신뢰를 보호하고 있는바, 신뢰보호원칙에 위배되지 않는다.

5. 결론
현행 토양환경보전법은 비례원칙, 평등원칙, 소급입법금지원칙에 위배되지 않는바, B, C의 위헌 주장은 부당하다.

2011년도 제1회 변호사시험 모의시험

〈제2문〉

정부는 1962년 중화학공업 육성정책의 일환으로 "J제련소"를 준공하여 운영하였는데, 1971년 민영화가 추진되어 "주식회사丙"(이하, "丙")이 설립되었고 이후 동회사가 "J제련소"를 계속 운영하였다. 그런데 1986년 "J제련소" 인근 부지에서 토양오염의 의심이 제기되고 이듬해 조사를 실시한 결과 "J제련소"가 그 오염원으로 판정되어 1989. 6. 30.까지 용광로를 폐쇄하였다. 丙은 정부의 명령에 따라 공법을 용광로 제련공법에서 오염발생이 없는 전기동 정련공법으로 전환한 후, "J제련소" 부지에서는 전기동 정련작업만을 수행하였다.

한편 丙은 1999. 4. "주식회사甲"(이하, "甲")에 흡수 합병되었고, 2005. 9. "주식회사乙"(이하, "乙")이 "J제련소" 내에 남아 있는 전기동 정련시설과 해당 부지를 양수하여 전기동정련사업을 영위하였다. 乙은 양수 당시, 국내 최고의 권위를 자랑하는 토양오염 조사업체 "K컨설팅"으로 하여금 해당 부지에 대하여 토양오염을 조사하도록 하였다. "K컨설팅"은 해당 부지가 우려할 만한 수준의 토양오염에 이르지 않는다는 내용의 조사결과를 보고한 바 있다.

한편 용광로 폐쇄 후에도 이미 오염된 제련소 부지 및 주변지역에 대한 처리문제가 계속 이슈화되다가 급기야는 주변지역 토양오염으로 농작물이 중금속에 오염되고 주민 50여 명이 암으로 사망하거나 고통을 겪고 있으며, 그 밖에 원인을 알 수 없는 질병으로 시달리고 있다는 민원이 접수되기에 이르렀다. 해당 지방자치단체의 장인 "군수 A"(이하, "A")가 해당 지역을 조사한 결과, "토양오염 우려기준"을 초과하는 것으로 나타났다. 그리고 오염된 토양의 정화비용은 대략 2000억 원 정도로 추정되고 있다.

甲과 乙은 제련소 부지 및 주변지역에 대한 주된 오염원은 1989. 6. 폐쇄된 용광로에서 배출되었던 분진이며, 용광로가 폐쇄된 이후로 추가로 토양오염을 일으킬 만한 사정은 없었다고 주장한다.

1. 해당 토지를 정화하기 위하여 A가 甲과 乙에 대하여 취할 수 있는 토양환경보전법상의 조치에 관하여 검토하고, 그 법적 근거를 밝히시오. (참고로 제련소는 동법 시행규칙 별표상의 특정토양오염 관리대상시설에는 포함되지 않음.) (25점)

2. 甲, 乙, 丙이 토양환경보전법상의 정화책임자에 해당하는지 여부를 검토하시오. (35점)

3. 甲, 乙, 丙은 2,000억 원 상당의 토양오염 정화비용 전부를 부담하여야 하는지에 대하여 검토하시오. (20점)

문제해설 **[2011년 제1차 제2문] 문제 1. 해설**

1. 문제
군수 A의 오염원인자 甲과 乙에 대한 토양환경보전법상 조치가 문제된다.

2. 토양환경보전법상 조치

(1) 토양정밀조사명령

1) 토양환경보전법 제2조 제6호

　토양정밀조사란 토양오염의 우려기준을 넘거나 넘을 가능성이 크다고 판단되는 지역에 대하여 오염물질의 종류, 오염의 정도 및 범위 등을 조사하는 것을 말한다.

2) 토양환경보전법 제11조 제3항

　군수는 오염도가 우려기준을 넘는 토양에 대하여는 기간을 정하여 정화책임자에게 토양관련전문기관에 의한 토양정밀조사의 실시를 명할 수 있다.

3) 토양환경보전법 제15조 제1항

　군수는 토양오염실태조사의 결과 우려기준을 넘는 지역의 정화책임자에 대하여 기간을 정하여 토양관련전문기관으로부터 토양정밀조사를 받도록 명할 수 있다.

4) 사안의 경우

　군수 A가 해당 지역을 조사한 결과, 토양오염 우려기준을 초과하는 것으로 나타났으므로 토양환경보전법 제11조 제3항, 제15조 제1항에 의해 토양정밀조사를 받도록 명할 수 있다.

(2) 오염토양의 정화조치

1) 토양환경보전법 제11조 제3항

　오염도가 우려기준을 넘는 토양에 대하여는 기간을 정하여 정화책임자에게 토양관련전문기관에 의한 오염토양의 정화조치를 명할 수 있다.

2) 토양환경보전법 제15조 제3항

　군수는 상시측정, 토양오염실태조사 또는 토양정밀조사의 결과 우려기준을 넘는 경우에는 대통령령으로 정하는 바에 따라 기간을 정하여 다음 각 호의 어느 하나에 해당하는 조치를 하도록 정화책임자에게 명할 수 있다. 다만, 정화책임자를 알 수 없거나 정화책임자에 의한 토양정화가 곤란하다고 인정하는 경우에는 군수가 오염토양의 정화를 실시할 수 있다.

　　1. 토양오염관리대상시설의 개선 또는 이전
　　2. 해당 토양오염물질의 사용제한 또는 사용중지
　　3. 오염토양의 정화

3) 사안의 경우

　토양정밀조사결과 우려기준을 넘는 경우 군수 A는 토양환경보전법 제11조 제3항, 제15조 제3항에 의해 오염원인자인 甲과 乙에게 기간을 정하여 오염토양의 정화조치를 명할 수 있다.

(3) 오염토양개선사업실시명령

1) 토양환경보전법 제19조 제1항

군수는 오염토양 개선사업의 전부 또는 일부의 실시를 그 정화책임자에게 명할 수 있다. 이 경우 군수는 토양보전을 위하여 필요하다고 인정하면 토양관련전문기관으로 하여금 오염토양 개선사업을 지도·감독하게 할 수 있다.

2) 사안의 경우

군수 A는 토양환경보전법 제19조 제1항에 의해 오염토양 개선사업의 전부 또는 일부의 실시를 그 오염원인자인 甲과 乙에게 명할 수 있다.

3. 결론

군수 A는 오염원인자 甲과 乙에게,

(1) 토양환경보전법 제11조 제3항, 제15조 제1항에 의해 토양정밀조사명령을 할 수 있다.

(2) 토양환경보전법 제11조 제3항, 제15조 제3항에 의해 오염토양의 정화조치명령을 할 수 있다.

(3) 토양환경보전법 제19조 제1항에 의해 오염토양개선사업실시명령을 할 수 있다.

문제해설 [2011년 제1차 제2문] 문제 2. 해설

1. 문제
甲, 乙, 丙이 토양환경보전법상 정화책임자에 해당되는지 여부가 문제된다.

2. 정화책임자 해당여부

(1) 토양환경보전법 제10조의4 제1항
다음 각 호의 어느 하나에 해당하는 자는 정화책임자로서 토양정밀조사, 오염토양의 정화 또는 오염토양 개선사업의 실시를 하여야 한다.
1. 토양오염물질의 누출·유출·투기·방치 또는 그 밖의 행위로 토양오염을 발생시킨 자
2. 토양오염의 발생 당시 토양오염의 원인이 된 토양오염관리대상시설의 소유자·점유자 또는 운영자
3. 합병·상속이나 그 밖의 사유로 제1호 및 제2호에 해당되는 자의 권리·의무를 포괄적으로 승계한 자
4. 토양오염이 발생한 토지를 소유하고 있었거나 현재 소유 또는 점유하고 있는 자

(2) 토양환경보전법 제10조의4 제2항
제1항에도 불구하고 다음 각 호의 어느 하나에 해당하는 경우에는 같은 항 제4호에 따른 정화책임자로 보지 아니한다. 다만, 1996년 1월 6일 이후에 제1항 제1호 또는 제2호에 해당하는 자에게 자신이 소유 또는 점유 중인 토지의 사용을 허용한 경우에는 그러하지 아니하다.
1. 1996년 1월 5일 이전에 양도 또는 그 밖의 사유로 해당 토지를 소유하지 아니하게 된 경우
2. 해당 토지를 1996년 1월 5일 이전에 양수한 경우
3. 토양오염이 발생한 토지를 양수할 당시 토양오염 사실에 대하여 선의이며 과실이 없는 경우
4. 해당 토지를 소유 또는 점유하고 있는 중에 토양오염이 발생한 경우로서 자신이 해당 토양오염 발생에 대하여 귀책사유가 없는 경우

(3) 甲의 경우
甲은 1999. 4. 합병으로 丙의 권리·의무를 포괄적으로 승계한 자인바, 제10조의4 제1항 제3호의 정화책임자에 해당한다.

(4) 乙의 경우
1) 제10조의4 제1항 제4호 - 乙은 토양오염이 발생한 토지를 현재 소유 또는 점유하고 있는 자로 4호의 정화책임자에 해당한다.
2) 제10조의4 제2항 제3호 - 다만, 乙은 양수 당시 국내 최고의 권위를 자랑하는 토양오염 조사업체 "K컨설팅"으로 하여금 해당 부지에 대하여 토양오염을 조사하도록 하였고, "K컨설팅"은 해당 부지가 우려할 만한 수준의 토양오염에 이르지 않는다는 내용의 조사결과를 보고하여, 토지 양수당시 토양오염 사실에 대하여 선의이며 과실이 없는 경우에 해당하는바, 제10조의4 제1항 제4호 해당하지 아니한다.

(5) 丙의 경우

1) 제10조의4 제1항 제1호 - 丙은 토지오염을 직접 발생시킨 자이므로 제1호 정화책임자에 해당한다.

2) 제10조의4 제1항 제2호 - 丙은 토양오염을 발생시킨 제련소는 동법 시행규칙 별표상의 특정토양오염관리대상시설에는 포함되지 않는바, 제2호의 정화책임자에는 해당되지 않는다.

3. 결론

(1) 甲은 토양환경보전법 제10조의4 제1항 제3호의 정화책임자에 해당한다.

(2) 乙은 토양환경보전법 제10조의4 제2항 제3호에 해당되어 제10조의4 제1항 제4호의 정화책임이 면책되는바, 정화책임자에 해당되지 않는다.

(3) 丙은 토양환경보전법 제10조의4 제1항 제1호의 정화책임자에 해당한다.

문제해설 [2011년 제1차 제2문] 문제 3. 해설

1. 문제
다수정화책임자 간에 비용부담 처리여부가 문제된다.

2. 비용부담자의 확정
상술한 바와 같이 甲은 제10조의4 제1항 제3호, 丙은 제10조의4 제1항 제1호의 정화책임자에 해당하는바, 甲과 丙 사이의 비용부담 처리여부가 논의되어야 한다.

3. 복수정화책임자의 연대책임

(1) 토양환경보전법 제10조의3 제2항
토양오염을 발생시킨 자가 둘 이상인 경우에 어느 자에 의하여 제1항의 피해가 발생한 것인지를 알 수 없을 때에는 각자가 연대하여 배상하고 오염된 토양을 정화하는 등의 조치를 하여야 한다.

(2) 토양환경보전법 제10조의4 제3항
군수는 토양정화 등을 명할 수 있는 정화책임자가 둘 이상인 경우에는 해당 토양오염에 대한 각 정화책임자의 귀책정도, 신속하고 원활한 토양정화의 가능성 등을 고려하여 토양정화 등을 명하여야 하며, 필요한 경우에는 제10조의9에 따른 토양정화자문위원회에 자문할 수 있다.

(3) 토양환경보전법 제10조의4 제4항
토양정화 등의 명령을 받은 정화책임자가 자신의 비용으로 토양정화 등을 한 경우에는 다른 정화책임자의 부담부분에 관하여 구상권을 행사할 수 있다.

(4) 토양환경보전법 제10조의4 제5항 제1호
국가는 제1항 제1호 3호의 정화책임자가 토양정화를 하는 데 드는 비용이 자신의 부담부분을 현저히 초과하거나 해당 토양오염관리대상시설의 소유·점유 또는 운영을 통하여 얻었거나 향후 얻을 수 있을 것으로 기대되는 이익을 현저히 초과하는 경우에는 토양정화비용의 전부 또는 일부를 지원할 수 있다.

(5) 사안의 경우
1) 군수 A는 토양오염에 대한 각 정화책임자의 귀책정도 등에 따라 토양정화 등을 명하고, 甲과 丙 중 일부가 자신의 비용으로 토양정화 등을 한 경우에 다른 정화책임자에게 부담부분에 한하여 구상권을 행사할 수 있다.
2) 국가는 甲과 丙이 토양정화를 하는 데 드는 비용이 자신의 부담부분을 현저히 초과하는 경우에는 전부 또는 일부를 지원할 수 있다.

4. 결론
(1) 甲과 丙은 정화책임자로서 2,000억 원 상당의 토양오염정화비용을 부담한다.
(2) 비용지출자는 다른 정화책임자에게 부담부분에 한하여 구상권을 행사할 수 있다.
(3) 국가는 그 비용이 과도하다고 판단되는 경우 일부 또는 전부를 지원할 수 있다.

지은이 **이관형** 변호사(辯護士), 법학박사(法學博士)

[학 력]
- 인천 세일고 졸업
- 성균관대 법학과 졸업
- 경북대 법학전문대학원 졸업
- 성균관대 일반대학원 법학과 졸업(Ph. D – 조세법)

[경 력]
- 제7회 변호사시험 합격, 법무법인 세지원 구성원 변호사
- 베리타스 법학원 민사법 전임강사
- 강남대학교 정경학부 세무학과 겸임교수(兼任教授)
- 한국조세법학회 우수 박사학위 논문상 수상
- 대법원 국선변호인
- 인천광역시 환경분쟁조정위원
- 인천광역시 부평구청 법률고문·재건축분쟁조정위원·행정자치위원·의정비심의위원

[저 술]
- 학위논문 "상속형 신탁 활성화를 위한 상속·증여 세제 개선방안에 관한 연구" – 지도교수 이전오
- 학술논문 "상속형 신탁과 유류분의 관계", 「법학논고」 제79권, 2022. 10. – 윤진수 교수님 著 친족상속법 강의 제5판 참고문헌 기재
- COMPACT 변시기출 연도별 민사법사례연습(학연, 2023)
- COMPACT 변시모의 연도별 민사법사례연습(학연, 2023)
- COMPACT 변시 청구별 민사기록연습(학연, 2023)
- 한 눈에 보는 COMPACT 민사집행법(학연, 2023)
- 한 눈에 보는 COMPACT 어음수표법(학연, 2023)
- 한 눈에 보는 COMPACT 친족상속법(학연, 2023)
- COMPACT 변시 진도별 민법사례연습(학연, 2024)
- COMPACT 변시 진도별 민사소송법사례연습(학연, 2024)
- COMPACT 변시 진도별 상법사례연습(학연, 2024)
- COMPACT 변시 진도별 민법선택연습(기출편)(학연, 2024)
- COMPACT 변시 진도별 민법선택연습(모의편)(학연, 2024)
- COMPACT 변시 진도별 민사소송법선택연습(기출편)(학연, 2024)
- COMPACT 변시 진도별 민사소송법선택연습(모의편)(학연, 2024)
- COMPACT 변시 민법의 感(판례편)(학연, 2024)
- COMPACT 변시 민법의 感(이론편)(학연, 2024)
- COMPACT 변시 민사소송법의 感(이론편/판례편)(학연, 2024)

COMPACT 변시 환경법의 感(이론과 사례)

발 행 일 : 2024년 06월 25일(제7판)
저　　자 : 이 관 형
발 행 인 : 이 인 규
발 행 처 : 도서출판 (주)학연
주　　소 : 충청북도 진천군 백곡면 명암길 341
출판등록 : 2012.02.06. 제445-251002012000013호
www.baracademy.co.kr / e-mail:baracademy@naver.com / Fax : 02-6008-1800

저자와 협의하여 인지를 생략함

정가 : 44,000 원　　　　　ISBN: 979-11-5824-993-9(93360)

* 파본은 구입하신 서점에서 바꿔드립니다
* 본 서는 저작권법에 의하여 보호를 받는 저작물이므로 무단 전재와 복제를 금합니다.